Deutschland und die Verfolgung der Juden
im rumänischen Machtbereich
1940–1944

SÜDOSTEUROPÄISCHE ARBEITEN

Für das

Institut für Ost- und Südosteuropaforschung

herausgegeben von

ULF BRUNNBAUER

und

KONRAD CLEWING

2014

OLDENBOURG VERLAG MÜNCHEN

SÜDOSTEUROPÄISCHE ARBEITEN

152

Hildrun Glass

Deutschland und die Verfolgung der Juden im rumänischen Machtbereich 1940–1944

2014

OLDENBOURG VERLAG MÜNCHEN

Gedruckt mit Unterstützung durch die Deutsche Forschungsgemeinschaft.

Bibliografische Information der Deutschen Nationalbibliothek
Die Deutsche Nationalbibliothek verzeichnet diese Publikation in der Deutschen Nationalbibliografie; detaillierte bibliografische Daten sind im Internet über <http://dnb.d-nb.de> abrufbar.

ISBN 978-3-486-72293-2

Satz: Kraus PrePrint, Landsberg am Lech
Druck und Bindung: AZ Druck und Datentechnik GmbH, Kempten

Inhaltsverzeichnis

Vorwort

Die Vorgeschichte dieser Studie reicht etliche Jahre zurück. Am 22. Oktober 2003 gab der damalige rumänische Staatspräsident Ion Iliescu die Einrichtung einer *Internationalen Kommission zur Erforschung des Holocaust in Rumänien* (*Comisia Internațională pentru studierea Holocaustului în România*) bekannt. Als deren Vorsitzender fungierte der Schriftsteller und Literaturnobelpreisträger Elie Wiesel. Vizepräsidenten waren der damalige Leiter des Israelischen Staatsarchivs Tuvia Friling, der rumänische Militärhistoriker Mihail E. Ionescu und der am *United States Holocaust Memorial Museum* (USHMM) leitend tätige Soziologe Radu Ioanid. Mitglieder der Kommission waren: Viorel Achim, Jean Ancel, Colette Avital, Andrew Baker, Lya Benjamin, Liviu Beriș, Irina Cajal Marin, Adrian Cioflâncă, Ioan Ciupercă, Alexandru Elias, Alexandru Florian, Mihai Dinu Gheorghiu, Chefrabbiner Menachem Hacohen, Vasile Ionescu, Corneliu Mihai Lungu, Daniel S. Mariaschin, Victor Opaschi, Andrei Pippidi, Meir Rosenne, Liviu Rotman, Michael Shafir, Paul Shapiro, Ioan Scurtu, William Totok, Raphael Vago, George Voicu und Leon Volovici. Auch die Autorin dieser Studie hatte die Ehre, Mitglied zu sein. Am 11. November 2004 legte die Kommission ihren Bericht der Öffentlichkeit vor.

Zusammen mit Jean Ancel arbeitete ich an dem Kapitel, das die deutsch-rumänischen Beziehungen behandelt. Aus dem dabei geführten Gedankenaustausch erwuchsen Idee und Konzeption dieser Studie. Gerne wäre ich im Dialog mit Jean Ancel verblieben; doch leider war dies nicht möglich, da er am 30. April 2008 nach längerer Krankheit verstarb. Dies war ein herber Verlust für alle, die ihm nahestanden und für alle, die ihn als einen für die Forschung lebenden, stets liebenswürdigen und hilfsbereiten Kollegen gekannt haben.

Mein erster Dank geht also an Jean Ancel. Ich möchte aber auch den anderen wissenschaftlichen wie nichtwissenschaftlichen Mitgliedern der Historikerkommission danken. Es war ein bereicherndes Erlebnis, an den teils kontroversen Debatten und dem Ringen um wissenschaftliche Wahrheit teilzunehmen. Insbesondere gilt der Dank Lya Benjamin, die meine Arbeit stetig mit Rat und Tat begleitet, und Radu Ioanid, der mich bei meinen Forschungen am USHMM in freundlichster Weise unterstützt hat.

Möglich geworden ist die vorliegende Studie durch die großzügige finanzielle Förderung seitens der Deutschen Forschungsgemeinschaft.

Nicht zuletzt konnten durch diese Förderung relevante Archivbestände an verschiedenen Standorten in Rumänien, Deutschland, den USA, der Schweiz, Großbritannien und

Österreich gesichtet werden. Den besuchten Archiven bin ich zu Dank verpflichtet für die heute überall herrschende Offenheit und Freundlichkeit.

Marie Janine Calic sei dafür gedankt, dass sie sich seit den Anfängen des Projekts für dieses engagiert und die Erarbeitung der Studie aufmerksam begleitet hat.

Der Aufgabe, das Manuskript zu lesen, haben sich Hannelore Baier, Lya Benjamin, Mariana Hausleitner, Armin Heinen und Dieter Pohl unterzogen. Allen danke ich ganz herzlich für ihre Korrekturen, Kommentare und Anregungen, die mir geholfen haben, den Text zu verbessern. Ich brauche eigentlich nicht hinzuzufügen, dass verbliebene Fehler in meiner Verantwortung liegen.

Die jahrelange Arbeit an dem Projekt wäre nicht möglich gewesen ohne den Rückhalt und die Unterstützung durch meinen Ehemann Karl-Heinz Schmidt, dem abschließend gedankt sei.

München, Juli 2013 Hildrun Glass

1 Einführung

1.1 Forschungsstand

Während des Zweiten Weltkriegs kamen im rumänischen Machtbereich Hunderttausende Juden zu Tode. Sie wurden ermordet oder verloren infolge Kälte, Hunger, Krankheit und Entbehrungen auf elende Art und Weise ihr Leben. Diesen Massenmord hat das Regime von Ion Antonescu zu verantworten. Ion Antonescu regierte das Land zwischen September 1940 und August 1944, zunächst von September 1940 bis Januar 1941 im Bündnis mit der legionären Bewegung, dann in Alleinherrschaft, nach innen ausschließlich gestützt auf die Armee.

Antisemitische Gesetze hatte es auch zuvor gegeben. Bereits in den Jahren der Königsdiktatur (Anfang 1938 bis Sommer 1940) war die bürgerliche Gleichberechtigung der Juden ausgehöhlt und schließlich, im Sommer 1940, zur Gänze aufgehoben worden. Gemeinsam mit der legionären Bewegung verschärfte Ion Antonescu die Entrechtung und begann mit der planmäßigen Enteignung der jüdischen Bevölkerung. Unter seiner Alleinherrschaft vollzog sich der Schritt von der Entrechtung und Enteignung hin zum Massenmord.

Jahrzehntelang bestritt der rumänische Staat diesen Massenmord. Dessen Leugnung war Teil der rumänischen Staatsraison, nicht nur in der letzten Phase der Antonescu-Diktatur, sondern auch unter den Koalitionsregierungen der Übergangszeit 1944–1947 sowie unter der kommunistischen Diktatur und schließlich über etliche Jahre hinweg nach deren Ende 1989.

In einem vom rumänischen Außenministerium im April 1946 vorbereiteten Papier über die Lage der Juden in Rumänien, das zusammen mit anderen Unterlagen bei der Friedenskonferenz in Paris die rumänische Position vor allem hinsichtlich des Anspruchs auf Nordsiebenbürgen stärken sollte, spiegelt sich das Muster der Leugnung des Massenmordes voll ausgebildet wider. Die Akten enthalten verschiedene Entwürfe. Den Ausgangstext[1] hatte der junge Diplomat Gheorghe Barbul verfasst, der unter dem Antonescu-Regime im Büro des Außenministers für die rumänisch-deutschen Beziehungen zuständig gewesen war.[2] Die

1 Soarta populației evreiești din România în timpul celui de al doilea război mondial. Date statistice, 3.4.1946. AMAE, fond Conferința de Pace Paris 1946, dosar 128, Bl. 133–151.

2 Kurze Zeit nach Verfertigung des hier interessierenden Dokuments ging Barbul ins Exil. Er ist Autor eines Werks über jene Zeit: Gheorghe BARBUL, Le IIIe homme de l'Axe. Paris 1950. (Der

weitere Bearbeitung[3] besorgte Edmond Ciuntu, ein erfahrener Diplomat aus dem Umfeld des zwischen 1928 und 1936 mehrfach als Außenminister amtierenden Nicolae Titulescu. Ciuntu war der erste rumänische Botschafter in Moskau nach Aufnahme diplomatischer Beziehungen zwischen beiden Staaten 1934 gewesen; nach dem Umsturz vom 23. August 1944 gehörte er der rumänischen Kommission für die Umsetzung des Waffenstillstandsabkommens an; 1946 war er Mitglied der rumänischen Delegation bei der Friedenskonferenz.[4]

Nicht die Unterschiede zwischen den Fassungen Barbuls und Ciuntus sind hier interessant – sie liegen in Details und in der Ausdrucksweise –, sondern das in beiden Entwürfen gezeichnete Bild des Schicksals der Juden in Rumänien zwischen 1940 und 1944. Es wird zugegeben, dass die rumänische Regierung eine Reihe von Gesetzen zur Entrechtung und Enteignung der Juden erlassen und umgesetzt hat; auch die Deportationen aus Bessarabien und aus der Bukowina finden Erwähnung. Indes wird entlastend angeführt, alle antijüdischen Maßnahmen seien auf deutschen Druck hin erfolgt. Gemessen am Schicksal der Juden in anderen Staaten, gemessen vor allem am Schicksal der ungarischen Juden, sei durch den rumänischen Widerstand das Los der Juden des Landes wesentlich milder ausgefallen.

Weiter heißt es bei Ciuntu, unter den aus Bessarabien und aus der Bukowina deportierten Juden habe der harte Winter 1941/1942 zwar Opfer gefordert, jedoch sei die rumänische Regierung dagegen eingeschritten, und infolge der von ihr initiierten Maßnahmen habe das Rote Kreuz die Situation in den jüdischen Lagern 1943 als „akzeptabel" bezeichnet.[5]

Von Massenmord ist nicht die Rede; im Gegenteil wird behauptet, in Rumänien seien vergleichsweise wenige Todesopfer zu beklagen. Diese Berechnung kommt mittels eines einfachen Tricks zustande: Obwohl die Deportationen aus Bessarabien und aus der Bukowina erwähnt werden, bezieht sich die Zahl der Todesopfer lediglich auf das „aktuelle Staatsgebiet Rumäniens", umfasst also nicht jene nach dem Krieg zur Sowjetunion gehörenden Provinzen.[6] Das Ergebnis liest sich dann so:

darin mit interessantem Inhaltsverzeichnis angekündigte zweite Band ist offenbar nie erschienen.) In einem 2001 als Buch erschienenen Interview beschreibt Barbul nochmals seine Sicht der Dinge: Liviu Vălenaş, Mareşalul Ion Antonescu şi frontul secret. Convorbiri cu Gheorghe Barbul. Bucureşti 2001.

3 Le traitement des Juifs en Roumanie pendant la deuxième guerre mondiale, 12.4.1946. AMAE, fond Conferinţa de Pace Paris 1946, dosar 128, Bl. 51–80.

4 Dies geht aus einer handschriftlichen Notiz Ciuntus vom Mai 1946 hervor: AMAE, fond Conferinţa de Pace Paris 1946, dosar 128, Bl. 51. Zur Person Ciuntus siehe Mihai Sorin Rădulescu, Un diplomate d'autrefois: Edmond Ciuntu, *Studii şi materiale de istorie contemporană* 4 (2005), 159–182.

5 Le traitement des Juifs en Roumanie pendant la deuxième guerre mondiale, 12.4.1946. AMAE, fond Conferinţa de Pace Paris 1946, dosar 128, Bl. 69.

6 In der Fassung von Barbul heißt es noch „Rumänien ohne Bessarabien und die Bukowina" (Soarta populaţiei evreieşti din România în timpul celui de al doilea război mondial. Date statistice, 3.4.1946. AMAE, fond Conferinţa de Pace Paris 1946, dosar 128, Bl. 143), was Ciuntu zu „aktuelles Staatsgebiet Rumäniens" verändert (Le traitement des Juifs en Roumanie pendant

„Nach den Angaben des zentralen Statistischen Instituts sind aus dem aktuellen Staatsgebiet Rumäniens 29935 Juden deportiert worden, unter ihnen 9230 aus der Region Dorohoi. (Nicht berücksichtigt ist hier Nordsiebenbürgen, wo großangelegte Deportationsmaßnahmen an einer noch unbekannten Zahl Betroffener durchgeführt wurden, allerdings von den ungarischen Besatzungsbehörden.)
Wenn wir berücksichtigen, dass Ende 1943 von den aus Dorohoi Deportierten 6107 in ihre Heimat zurückkehrten und im Herbst 1944 dank Unterstützung durch die sowjetischen Behörden 22300 Deportierte, dann folgt daraus, dass die Zahl der Todesopfer infolge der Deportationen nicht höher als 1528 liegt, natürlich ohne Nordsiebenbürgen."[7]

Hinzu kämen noch 3750 Opfer, die ihr Leben im „Landesinneren" verloren hätten, zumeist während des Legionärsaufstandes im Januar 1941. Mit Barbul stimmte Ciuntu darin überein, dass man somit auf 1,5% Opfer komme. Allerdings strich Ciuntu eine wichtige Passage, die sich in Barbuls Text findet:

„Bezieht man Bessarabien und die Nordbukowina in die Rechnung mit ein – Territorien, in denen Rumänien wegen der deutschen Einmischung nicht die volle Souveränität ausüben konnte –, wird der Prozentsatz viel höher. Von den 441293 Juden, die sich nach der Invasion deutscher und rumänischer Truppen in Bessarabien und in der Nordbukowina auf dem Gebiet des Landes befanden, sind 364287 am Leben geblieben, was bedeutet, dass 77000 gestorben sind. Der Anteil der Todesopfer läge dann bei 17%."[8]

Im Mai 1946 wurde in Bukarest Ion Antonescu, Mihai Antonescu und 22 weiteren ehemaligen Regierungsmitgliedern und Repräsentanten des Sicherheitsapparats als Hauptkriegsverbrechern öffentlich der Prozess gemacht. Dieser stand jedoch keineswegs im Zeichen der Aufklärung über die Zahl der jüdischen Opfer, sondern diente dazu, verharmlosende Legenden in die Welt zu setzen. Zwar wurden in der Anklageschrift Entrechtung und Enteignung der Juden erwähnt, auch die Deportation von 108000 Juden aus Bessarabien und aus der Bukowina kam zur Sprache. Opferzahlen wurden allerdings keine genannt.[9]

Im Prozess selbst stellten die Verbrechen an der jüdischen Bevölkerung in Bessarabien, in der Bukowina und in Transnistrien keinen eigenen Anklagepunkt dar. Dies erleichterte es Ion Antonescu, seine Verantwortung zu leugnen und die Angelegenheit so darzustellen, als sei es sein vorrangiges Bestreben gewesen, die Juden dieser Gebiete durch eine Umsiedlung vor den Deutschen und den rumänischen Antisemiten zu schützen. In seiner schriftlichen Antwort auf die Anklageschrift erklärte Ion Antonescu zu den Deportationen, er habe die

la deuxième guerre mondiale, 12.4.1946. AMAE, fond Conferința de Pace Paris 1946, dosar 128, Bl. 69).

7 Le traitement des Juifs en Roumanie pendant la deuxième guerre mondiale, 12.4.1946. AMAE, fond Conferința de Pace Paris 1946, dosar 128, Bl. 69.

8 Soarta populației evreiești din România în timpul celui de al doilea război mondial. Date statistice, 3.4.1946. AMAE, fond Conferința de Pace Paris 1946, dosar 128, Bl. 150.

9 Vgl. Actul de acuzare, 29.4.1946. Marcel-Dumitru Ciucă (Hg.), Procesul Mareșalului Antonescu. Documente, Bd. 2. București 1996, 109–111.

Juden aus Bessarabien und aus der Bukowina wegen der politischen und militärischen Sicherheit deportiert sowie zu ihrem eigenen Schutz.[10]

Wilhelm Filderman, Anwalt und prominenter Vertreter der Juden des rumänischen Altreichs, hatte im Prozess gegen Ion Antonescu und dessen Mitangeklagte die Zahl der unter dem Antonescu-Regime zu Tode gekommenen Juden auf 150 000 geschätzt, Mişu Benvenisti, Vorsitzender der Zionistischen Exekutive, auf 270 000. Allerdings sind diese Zahlen nicht im offiziellen Prozessprotokoll enthalten, sondern in der schriftlichen Einlassung Ion Antonescus vom 15. Mai 1946, die seinerzeit nicht veröffentlicht wurde. Energisch bestreitet Ion Antonescu die Angaben Fildermans und Benvenistis, deren Zahlen er jedoch keine eigenen gegenüberstellt.[11]

Zwar gab es in Rumänien in den Jahren bis zur Etablierung der kommunistischen Diktatur 1947 viele Veröffentlichungen, die das wahre Ausmaß der Tragödie nicht nur erahnen lassen, sondern dokumentarisch belegen; doch zeitigten sie keine unmittelbare Wirkung. Bis 1989 wurden die Ereignisse um die Verfolgung der Juden in Rumänien nach dem angeführten Muster dargestellt. Und nicht nur dort: In der Bagatellisierung der Verbrechen an den Juden waren sich kommunistisches Regime und weite Teile der rumänischen Emigration einig.

Selbst Wilhelm Filderman stimmte in seinem späteren Exil in den Chor der Verharmloser ein. Sein Leben hatte er der Verteidigung der Rechte der Juden in Rumänien gewidmet. Über die Verhältnisse im Land ausgezeichnet informiert, wusste er es sicherlich besser. Zu vermuten ist, dass Wilhelm Filderman zur Überzeugung gelangt war, die Interessen der rumänischen Juden nunmehr am besten durch eine verzerrte Darstellung zu vertreten. In einem im Januar 1956 in der *Stimme* – einer Zeitung für die in aller Welt verstreuten Juden aus der Bukowina – abgedruckten Interview wurde Filderman gefragt, wie er sich denn die Deportationen im Herbst 1941 erkläre, wo Ion Antonescu ihm doch versprochen habe, den Juden werde kein Haar gekrümmt, solange er an der Macht sei. Filderman antwortete, diese Deportationen seien auf „Befehl des deutschen Gesandten Killinger von der Gestapo verfügt" worden.

> „Wie sich später ergab, musste die Bukarester Regierung dem Druck der Deutschen weichen. Der deutsche Gesandte in Bukarest, Killinger, und die Gestapo erwiesen sich als stärker. Die Deportierungen wurden über Weisung dieser Stellen durchgeführt."

Nach Belegen für seine Behauptung gefragt, führte Filderman aus, im September 1941 sei Prof. Friedrich Burgdörfer aus Berlin nach Bukarest gekommen, um die Deportation zu organisieren. Zunächst habe er gefordert, die genaue Zahl der Juden festzustellen. Es habe sich allerdings nur ein Teil der ursprünglichen deutschen Absicht verwirklichen lassen.

> „Die Maßnahme wurde in der Folge unter der Aufsicht der deutschen Militärbehörden und der ihnen attachierten Gestapo-Organe in der Hauptsache auf die Juden aus der Bukowina

[10] Memoriul lui Ion Antonescu, 15.5.1946. Ebenda, 174f.

[11] Ebenda, 172f.

und Bessarabiens beschränkt. Diese Gebiete waren damals dem Kommando der deutschen Militär- und Gestapo-Behörden unterstellt.

Die Organe der rumänischen Regierung waren bloß Werkzeuge gewiegter deutscher ‚Experten', die für derlei Aktionen entsprechend geschult waren."[12]

Noch einmal fragte der Interviewer nach Beweisen dafür, dass die Lager in Transnistrien auf ausdrücklichen Befehl der deutschen Behörden errichtet worden seien. Filderman antwortete, aus eigener Erfahrung während seines Aufenthalts in Transnistrien zu der Überzeugung gelangt zu sein,

„dass die rumänische Verwaltung nicht imstande war, in einem dem deutschen Oberkommando unterstellten Operationsgebiet Deportierungslager zu errichten. Dass die rumänischen Behörden in Transnistrien dem deutschen Kommando unterstellt waren, ergibt sich auch aus der Tatsache, dass Tausende von jüdischen Männern und Frauen von den SS- und Gestapo-Stellen über den Bug verschleppt wurden."

Der letzte Teil des Interviews lässt vermuten, dass Filderman eine Begründung für Wiedergutmachungsforderungen Betroffener an Deutschland liefern wollte. Zugleich war es ihm sicherlich ein Anliegen, die Auswanderung von Juden aus dem kommunistischen Rumänien nicht zu stören. Was immer auch der Grund gewesen sein mag: Diese und weitere in dem Interview getroffene Feststellungen sind unrichtig.

Vorbild für die Darstellung der Ereignisse im kommunistischen Rumänien war die 1947 erschienene *Geschichte Rumäniens*, in der die Antonescu-Diktatur, der Zweite Weltkrieg und ihre unmittelbaren Folgen auf etwas über 40 Seiten abgehandelt werden.[13] Die Antonescu-Diktatur wird als Werkzeug Hitler-Deutschlands und einheimischer kapitalistischer Kreise aus den beiden großen bürgerlichen Parteien des Landes geschildert. Dieses Kapitel kommt ganz ohne die Erwähnung von jüdischen Opfern aus. Zwar erfährt der Leser, es habe sich bei der Legion um eine antisemitische Bewegung gehandelt, nicht jedoch, dass auch Juden beim Legionärsaufstand im Januar 1941 in Bukarest zu Tode kamen. Breiter Raum wird der Darstellung des (eigentlich unbedeutenden) antifaschistischen Widerstands gewidmet. Lediglich in dem Abschnitt „politischer Terror" findet sich die einzige dem Thema nahe kommende Passage: Mit Errichtung des nationallegionären Staates habe sich der „Terror gegen die Volksmassen und deren Führer" verschärft. Die „Führer der Arbeiterklasse" und andere Gegner des Regimes seien verhaftet und verurteilt worden.

„Diese Verhaftungen und Prozesse mehrten sich, nachdem Rumänien in den antisowjetischen Krieg hineingezogen worden war. Einige der Verhafteten wurden zum Tode verurteilt und hingerichtet (Filimon Sârbu, Ada Marinescu, Ing. Panet, Dr. Kornhauser, N. Mohănescu, P. Ştefu usw.), andere wurden ohne Prozess umgebracht (Justin Georgescu u. a.). Ebenso wurden viele in Lager nach Transnistrien deportiert, wo sie in organisierter Weise ermordet wurden (Andrei Bernat, Lazăr Grimberg usw.). In diesen Grausamkeiten zeigt sich die Nähe

12 Sind die Deutschen für Transnistrien verantwortlich?, *Die Stimme* [Januar 1956]. StA Frankenthal, 9 Js 143/61, Bd. 16, Bl. 3838.

13 Mihai Roller (Hg.), Istoria României. Bucureşti, 743–787.

der Diktatur Antonescus und der Legionäre zu den Verbrechen der hitleristischen Deutschen in den Todeslagern von Auschwitz, Treblinka, Mauthausen usw."[14]

Auf diese Weise werden die Vorgänge nicht gänzlich verschwiegen, die Juden als besonders betroffene Opfergruppe freilich völlig ausgeblendet.

Etwas modifiziert wurde die Lesart in den sechziger Jahren. Nunmehr wurden Juden als Opfer erwähnt; es erschienen historische Arbeiten zu den rechtsradikalen Organisationen, zu den Pogromen in Bukarest (Januar 1941) und Iaşi (Juni 1941).[15] Freilich wurde damit eine manipulative Auswahl getroffen. Einige spektakuläre antijüdische Exzesse werden herausgegriffen, die Verantwortung aber dadurch externalisiert, dass die Taten direktem oder indirektem deutschen Einfluss zugeschrieben werden. Gänzlich unerwähnt hingegen bleibt der Massenmord in Transnistrien.

In der nationalkommunistischen Variante liest sich jüdisches Schicksal in Rumänien während des Zweiten Weltkriegs in einer vom Unterrichtsministerium 1983 herausgegebenen Überblicksdarstellung folgendermaßen:

> „Im Mai 1941 ließ Antonescu viele Kommunisten in Lagern internieren. Im Juni 1941 wurde in Iaşi unter Beteiligung der Hitleristen ein Massaker organisiert, bei dem zum größten Teil Juden ermordet wurden. Es muss jedoch hinzugefügt werden, dass das Leben vieler Juden aufgrund der demokratischen Traditionen und des humanistischen Geistes, der unser Volk charakterisiert, gerettet wurde."[16]

Dieses Geschichtsbild ist in den Schulen und in den Massenmedien Rumäniens vermittelt worden. Erst während der 1990er Jahre erfolgte eine nachhaltige Erschütterung zentraler Elemente der rumänischen Selbstrechtfertigung.

Paradoxerweise bestätigte bis dahin die internationale Forschung wichtige Punkte der herrschenden rumänischen Sichtweise. Das Paradoxon erklärt sich daraus, dass sie sich zunächst im Wesentlichen auf die deutsche Aktenüberlieferung stützte. In dieser aber erscheint Rumänien als stets auf deutschen Druck reagierendes Objekt, nie als in kohärenter Weise agierendes Subjekt.

In seinem frühen Werk über die deutsch-rumänischen Beziehungen im Zweiten Weltkrieg widmete Andreas Hillgruber der „Judenfrage als Problem der deutsch-rumänischen Beziehungen" ein Kapitel im Anhang.[17] Er kommt zu dem Ergebnis, die Politik der rumänischen Regierung gegenüber den Juden im eigenen Machtbereich habe während des ganzen Krieges „ausschließlich unter taktischen und kommerziellen Gesichtspunkten" gestanden. Weder habe sie „moralische Verpflichtungen" gegenüber den eigenen Staatsbürgern

14 Ebenda, 767f.

15 Siehe z. B. Mihai Fătu / Ion Spălăţelu, Garda de fier, organizaţie teroristă de tip fascist. Bucureşti 1970; A. Simion, Regimul politic din România în perioada sept. 1940 – ian. 1941. Cluj-Napoca 1976; Aurel Kareţki / Maria Covaci, Zile însângerate la Iaşi (28 – 30 iunie 1941). Bucureşti 1978.

16 Probleme fundamentale ale istoriei României. Bucureşti 1983, 129.

17 Andreas Hillgruber, Hitler, König Carol und Marschall Antonescu. Die deutsch-rumänischen Beziehungen 1938–1944. Wiesbaden 1954, 236–246.

gekannt, noch sei sie „doktrinär antisemitisch" gewesen. „Sie folgte vielmehr den großen Linien der rumänischen Außenpolitik. Daher fallen die Wendepunkte in der Behandlung der Judenfrage mit den außenpolitischen Kurswechseln zusammen."[18]

Ähnlich argumentiert Raul Hilberg, wenn er feststellt, das Verhältnis der verantwortlichen Rumänen zu den Juden sei nicht zuletzt von Opportunismus gegenüber Deutschland gekennzeichnet gewesen.

> „Die rumänische Bürokratie vermittelte somit den Eindruck einer unzuverlässigen Maschine, die auf Kommandos nicht angemessen reagiert, deren Schritte unvorhersehbar sind, die manchmal stockt und manchmal durchdreht. Dieses ruckartige, durch Planlosigkeit, Launenhaftigkeit und Unregelmäßigkeit gekennzeichnete Vorgehen war das Produkt einer Mixtur aus Destruktivität und Opportunismus, einer von periodischen Gewaltausbrüchen unterbrochenen Lethargie. Das Resultat dieser Mixtur war ein beispielloses Register antijüdischer Ausschreitungen."[19]

Etwas anders war 1958 die Betrachtungsweise Martin Broszats in Gerichtsgutachten zur Frage der deutschen, juristisch festzumachenden Verantwortung für die Deportationen von Juden aus der Bukowina nach Transnistrien. Broszat schätzte die meisten Maßnahmen als von deutscher Seite veranlasst ein, war jedoch zurückhaltend hinsichtlich einer direkten deutschen Verantwortung. Er ging von einer erheblichen Mitschuld der Antonescu-Regierung am Schicksal der Juden in den beiden eroberten Provinzen aus, blieb aber letztlich der Vorstellung des „planlosen" rumänischen Vorgehens verhaftet.

> „Allenfalls darf man der Antonescu-Regierung zugute halten, dass sie sich zu den drakonischen und planlosen Austreibungen entschlossen hatte, weil sie davor zurückscheute, die geplante ethnische ‚Flurbereinigung' mit den Mitteln jener Massenliquidierung zu erreichen, wie sie die Einsatzgruppen praktizierten, um das rückwärtige Gebiet ‚judenrein' zu machen und wie sie später auch Hitler seinen Verbündeten empfahl."[20]

Richtigerweise wird zwar die rumänische Absicht einer „Flurbereinigung" benannt; gleichwohl hat dieser Aspekt für Broszats Argumentation keine Bedeutung.

Sobald die vor allem in Israel gesammelten Opferdokumente als zweite Quellenschicht hinzugezogen wurden, begannen sich die verheerenden Folgen des rumänischen Vorgehens in Bessarabien, in der Bukowina und in Transnistrien abzuzeichnen, und zwar in einem Umfang, wie er aus den deutschen Quellen allein nicht hervorgeht. Hauptsächlich aus solchen Erinnerungsberichten sind etwa die Bücher von Avigdor Shachan und Dora Litani erarbeitet, die gerade dadurch ein äußerst eindringliches Bild vom Leid der Juden in allen Phasen der Verfolgung in Transnistrien zeichnen.[21]

18 Ebenda, 246.

19 Raul Hilberg, Die Vernichtung der europäischen Juden. Berlin ^{2}1982, 517.

20 Martin Broszat, Das Dritte Reich und die rumänische Judenpolitik, in: Gutachten des Instituts für Zeitgeschichte, Bd. 1. München 1958, 148.

21 Avigdor Shachan, Burning Ice: The Ghettos in Transnistria. Boulder/CO 1996. Die hebräische Originalfassung erschien 1988 in Tel Aviv. Dora Litani, Transnistria. Tel Aviv 1981.

Indes zeichnet die Opferdokumente eine Tendenz zur Atomisierung des Geschehens aus. Alle konzentrieren sich vornehmlich auf Einzelschicksale, auf Einzeltaten und Einzeltäter. Diese Atomisierung teilen sie mit den frühen Quellenpublikationen in Rumänien bis 1948 und mit den Unterlagen aus den Kriegsverbrecherprozessen. Auf der Ebene solcher Atomisierung wird das rumänische Vorgehen als vollkommen chaotisch und planlos erfahren; was für bloß aus diesen Quellen schöpfende Darstellungen nicht ohne Folgen bleibt. Die Opferdokumente sind in vielem komplementär zu dem in deutschen Dokumenten gezeichneten Bild von der rumänischen Behandlung der „Judenfrage", wo Chaos, Planlosigkeit und Opportunismus als Charakteristika erscheinen.

Erst die Einbeziehung der rumänischen Akten, die nach Öffnung der lange verschlossenen Archive in den vergangenen fast 25 Jahren schrittweise in die internationale Forschung eingebracht worden sind, hat das Gebäude rumänischer Selbstrechtfertigung bröckeln lassen. Es konnte nämlich gezeigt werden, dass das Antonescu-Regime weit davon entfernt war, nur auf deutschen Druck zu reagieren oder aus reinem Opportunismus zu handeln. Tatsächlich verfolgte es eine eigenständige antisemitische Agenda mit weitreichenden Zielen.

Die sukzessive Aufdeckung des rumänischen Tatanteils am Massenmord an den Juden während des Zweiten Weltkriegs illustrieren am besten die Arbeiten des israelischen Historikers Jean Ancel, der sein Lebenswerk dieser Thematik gewidmet hat. Bereits 1985/1986 veröffentlichte er eine zwölfbändige Dokumentation über die rumänischen Juden.[22] Er konnte verstreute Dokumente aus dem rumänischen Machtapparat nutzen und veranschlagte schon auf dieser Grundlage den rumänischen Tatanteil höher als die Forschung vor ihm.[23] 1992 bis 1997 arbeitete Ancel in den Archiven von Moskau, Odessa, Kiew, Nikolajew, Cherson und Kischinew, seit 1994 immer wieder in den Beständen des United States Holocaust Memorial Museum in Washington/DC.[24] Diese Archivstudien veranlassten ihn, das Geschehen konzeptionell neu zu fassen, vor allem hinsichtlich des Ausmaßes und der Planmäßigkeit des rumänischen Vorgehens gegen die Juden in den besetzten Gebieten.[25]

22 Jean Ancel (Hg.), Documents Concerning the Fate of Romanian Jewry during the Holocaust, 12 Bde. New York 1985/86.

23 Vgl. z. B. seinen Aufsatz Jean Ancel, The Romanian Way of Solving the „Jewish Problem" in Bessarabia and Bukovina, June–July 1941, *Yad Vashem Studies* 19 (1988), 187–232. Anfang der neunziger Jahre hatte Ancel eine umfangreiche Studie druckfertig vorbereitet, die allerdings nie in der ursprünglich geplanten Form erschienen ist. Dies entgegen verschiedener Ankündigungen, auf die sich noch Dieter Pohl, Nationalsozialistischer Judenmord als Problem von osteuropäischer Geschichte und Osteuropa-Geschichtsschreibung, *Jahrbücher für Geschichte Osteuropas* 40 (1992) H. 1, 96–119, hier 107 bezieht.

24 Jean Ancel, Contribuţii la istoria României. Problema evreiască 1933–1944, Bd. 1 (2 Tlbde.). Bucureşti 2001; Bd. 2 (2 Tlbde.). Bucureşti 2003, hier Bd. 1, Tlbd. 1, 7.

25 Jean Ancel, Transnistria, 3 Bde. Bucureşti 1998. Eine erweiterte und überarbeitete Dokumentation für die Jahre 1941 bis 1942 findet sich in ders. (Hg.), Transnistria, 1941–1942: The Romanian Mass Murder Campaigns, 3 Bde. Tel Aviv 2003. Der erste Band enthält eine zusammenfassende Studie sowie die Inhaltsangaben der im zweiten und dritten Band wiedergegebenen Dokumente (Studie und Inhaltsangaben liegen in englischer Sprache vor; die Dokumente selbst sind nicht übersetzt). Umfassend ist die Thematik in der oben schon genannten viertei-

Die zweite, wesentliche neue Erkenntnis der Forschung seit den 1990er Jahren betrifft die lange geübte Verharmlosung von Entrechtung und Enteignung der Juden im gesamten rumänischen Machtbereich. Auch hier gab die Antonescu-Regierung nicht einfach dem – freilich vorhandenen und dokumentarisch gut belegten – deutschen Drängen nach; sie verfolgte ihre eigene Agenda bei der Verdrängung der Juden aus dem Wirtschaftsleben.[26]

Diese Intentionen werden erst in den neueren Forschungen deutlich, die vor allem von Lya Benjamin unter der Ägide des Forschungsinstituts des Verbandes der jüdischen Gemeinden Rumäniens, des *Zentrums zur Geschichte der Juden Rumäniens* (*Centrul de Istorie a Evreilor din România* – CSIER), unternommen worden sind.[27]

Vor diesem forschungsgeschichtlichen Hintergrund ist die Entscheidung des rumänischen Präsidenten Ion Iliescu von 2003 zu sehen, eine internationale Historikerkommission unter dem Vorsitz Elie Wiesels mit der Aufgabe zu betrauen, den Stand der Forschung zum Schicksal der Juden während des Zweiten Weltkriegs im rumänischen Machtbereich zusammenzufassen und Empfehlungen zum Umgang Rumäniens mit dieser traurigen Erblast auszusprechen. Mit der offiziellen Annahme dieses Berichtes im November 2004 hat die rumänische Regierung erstmals die Verantwortung für das volle Ausmaß der unter ru-

ligen Darstellung abgehandelt: DERS., Contribuţii la istoria României. Die wirtschaftliche Ausbeutung wird abgehandelt in DERS., The Economic Destruction of Romanian Jewry. Jerusalem 2007. Vgl. zur Gesamtthematik auch Radu IOANID, The Holocaust in Romania. The Destruction of Jews and Gypsies under the Antonescu Regime 1940–1944. Chicago 2000 mit einigen abweichenden Ergebnissen, vor allem hinsichtlich der Opferzahlen. Auf den genannten Forschungsergebnissen basieren weitgehend die entsprechenden Kapitel des Berichts der internationalen Historikerkommission zur Erforschung des Holocaust in Rumänien. Einblicke in die Entwicklung des Forschungsstandes bieten zwei Tagungsbände: Mariana HAUSLEITNER / Brigitte MIHOK (Hgg.), Rumänien und der Holocaust. Zu den Massenverbrechen in Transnistrien 1941–1944. Berlin 2001 und Wolfgang BENZ / Brigitte MIHOK (Hgg.), Holocaust an der Peripherie. Judenpolitik und Judenmord in Rumänien und Transnistrien 1940–1944. Berlin 2009. Zu den Formen der Gewalt und deren kulturellem Kontext siehe Armin HEINEN, Rumänien, der Holocaust und die Logik der Gewalt. München 2007.

26 Der Wandel in der Forschung hin zu einer stärkeren Betonung der rumänischen Initiative findet sich auch bei anderen mit Deutschland verbündeten Staaten in Ostmittel- und Südosteuropa. Vgl. etwa Tatjana TÖNSMEYER, Kollaboration als handlungsleitendes Motiv? Die slowakische Elite und das NS-Regime, in: Christoph DIECKMANN u. a. (Hgg.), Kooperation und Verbrechen. Formen der „Kollaboration" im östlichen Europa 1939–1944. Göttingen 2003, 25–54. In seinem Überblick resümiert diesen Befund für Ungarn und Rumänien Martin DEAN, Local Collaboration in the Holocaust in Eastern Europe, in: Dan STONE (Hg.), The Historiography of the Holocaust. Basingstoke 2004, 131–134.

27 Evreii din România între anii 1940–1944, 4 Bde. Bucureşti 1993–1998, davon insb. die Bde. 1 und 2: Lya BENJAMIN (Hg.), Legislaţia antievreiască. Bucureşti 1993; sowie DIES. (Hg.), Problema evreiască în stenogramele Consiliului de Miniştri. Bucureşti 1996. Siehe auch DIES., Anti-Semitism as Reflected in the Records of the Council of Ministers, 1940–1944. An Analytical Overview, in: Randolph L. BRAHAM (Hg.), The Destruction of Romanian and Ukrainian Jews During the Antonescu Era. New York 1997, 1–18; und DIES., Marschall Ion Antonescus Anschauungen über die „Lösung der jüdischen Frage" in Rumänien, *Südost-Forschungen* 59/60 (2000/2001), 442–461.

mänischer Herrschaft an Juden und Roma begangenen Verbrechen übernommen. In wesentlichen Teilen basiert dieser Bericht auf den verdienstvollen Arbeiten Jean Ancels und Lya Benjamins. Die in rumänischer und englischer Sprache erschienene Druckfassung hat durch das Internet inzwischen weite Verbreitung gefunden.[28]

1.2 Fragestellung

In der vorliegenden Studie wird die Frage nach der Verantwortung des nationalsozialistischen Deutschland für das Schicksal der Juden im rumänischen Machtbereich zwischen 1940 und 1944 im Lichte des erreichten Forschungsstandes und der heute zugänglichen Quellenbestände neu gestellt.

Dabei wird erstens auf die deutschen Versuche fokussiert, die Juden im rumänischen Machtbereich in die „Endlösung der Judenfrage" einzubeziehen, zweitens auf die Planungen und Absichten des Antonescu-Regimes gegenüber den Juden des Landes sowie schließlich drittens auf die diesbezügliche Interaktion deutscher und rumänischer Politik. Aufgrund der Machtkonstellation und der Tatsache, dass Deutschland die Übernahme antisemitischer Maßnahmen zu einem wichtigen Kriterium für die Treue der Verbündeten erhoben hatte, ist offensichtlich, von wem die Initiative ausging. Doch hatte Rumänien eigene Vorstellungen und verfolgte unabhängige Ziele. Zwar war das Antonescu-Regime zu allerlei Anpassungen an deutsche Vorgaben bereit, nie jedoch zur Preisgabe nationaler Interessen. die als essentiell betrachtetet wurden. Dabei handelte es sich nicht zuletzt darum, ungeachtet des übermächtigen deutschen Partners einen gewissen Handlungsspielraum zu bewahren.

In der bisherigen Forschung werden als Akteure vornehmlich zwei Personen genannt, die versuchten, deutsche Planungen in Rumänien umzusetzen: Freiherr Manfred von Killinger, deutscher Gesandter in Bukarest von Ende Januar 1941 bis August 1944 sowie SS-Hauptsturmführer (vom 30. Januar 1944 an SS-Sturmbannführer) Gustav Richter, seit April 1941 als „Berater für Judenfragen", außerdem seit Januar 1944 als Polizeiattaché an der deutschen Gesandtschaft in Bukarest tätig. Schon früh gelangte Gustav Richters Wirken in den Fokus der Öffentlichkeit, da Teile der von ihm in Bukarest angelegten Akten Ende 1944 in westalliierte Hände gerieten und sowohl in den Nürnberger Prozessen als auch im Eichmann-Verfahren Verwendung fanden; außerdem tauchen sie in verschiedenen Akteneditionen auf.[29]

Richters Treiben von April 1941 bis Ende 1942, wie er es selbst in seinen Berichten schilderte, und so, wie es sich aus der sonstigen Aktenüberlieferung des Auswärtigen Amtes

[28] Vgl. Raport final. Iași 2005, sowie unter <http://www.inshr-ew.ro>, <http://www.1yadvashem.org> und <http://www. ushmm.org>.

[29] So besteht Band 4 von United Restitution Organization [URO], Dokumentensammlung über die Judenverfolgung in Rumänien, 4 Bde. Frankfurt/M. 1959/60 überwiegend aus Dokumenten, die dem Richter-Archiv entnommen sind.

entnehmen lässt, bildet bis heute das Kernstück der in der Forschung mit verschiedener Akzentsetzung erzählten Geschichte deutscher Einflussnahme. Es besteht letztlich aus wenigen, immer gleichen Elementen:

- Verhandlungen Gustav Richters mit Mihai Antonescu und anderen Regierungsmitgliedern ab April 1941 bis zum Jahresende über die Entrechtung und Erfassung der Juden in Kernrumänien[30] sowie über die Einrichtung einer „Judenzentrale".
- Scheitern der Bemühungen Richters im Herbst 1942, die rumänischen Juden in die deutschen Vernichtungslager zu deportieren, obwohl er dafür im Sommer des Jahres eine grundsätzliche schriftliche Zustimmung Mihai Antonescus erhalten hatte.

Wie bereits erwähnt, hat Jean Ancel die Planungen der rumänischen Seite in die Forschung eingebracht. Bereits im 1980er Jahrzehnt entdeckte er, dass das Antonescu-Regime tiefer in den Holocaust verstrickt war als vordem gedacht.[31] In Aktenkopien über Gerichtsverfahren gegen Angehörige der in Bessarabien eingesetzten Gendarmerie stieß er auf einen Befehl zur „Säuberung des Terrains".[32] Im Laufe der 1990er Jahre legte Ancel die dahinterstehenden Pläne einer Deportation der Juden aus Bessarabien, aus der Bukowina und aus Transnistrien über den Bug hinaus nach Osten dar.[33]

Nach Ancel zielte die rumänische Führung unter Ion Antonescu auf die Entfernung aller Juden. Das sollte schrittweise geschehen. Zunächst sollten die Juden aus der Bukowina und aus Bessarabien deportiert werden, gefolgt von denen aus der Moldau und schließlich von denjenigen aus dem übrigen Rumänien. Deportiert werden sollte in zwei Bezirke in Transnistrien: Golta und Berezovca.[34] Dort sollten die Juden mit verschiedenen Methoden umgebracht oder, wenn möglich, über den Bug abgeschoben werden. Daneben waren auch Auswanderungen in andere Länder unter der Bedingung vorgesehen, dass die Betroffenen ihre Vermögenswerte zurückließen. Ab Mai 1941 konkretere Gestalt annehmend und bis Oktober 1942 kompromisslos in die Tat umgesetzt, wurde das rumänische Konzept erst im März oder April 1943 aufgegeben.[35]

Dieses Vorgehen stand Ancel zufolge in keinerlei Verbindung mit der deutschen Absicht, die rumänischen Juden in die deutschen Vernichtungslager im besetzten Polen zu deportieren. Zwar sei der rumänische Plan unter deutschem Einfluss entstanden, allerdings ohne direkten Druck. In manchen Teilen widersprächen die rumänischen Planungen den deutschen Intentionen.[36]

30 Unter „Kernrumänien" wird in dieser Studie verstanden: das Territorium des rumänischen Staates ohne Bessarabien, die Bukowina und Transnistrien sowie ohne Nordsiebenbürgen, das mit dem Zweiten Wiener Schiedsspruch (30.8.1940) an Ungarn gefallen war.

31 Jean Ancel, Plans for Deportation of the Rumanian Jews and Their Discontinuation in Light of Documentary Evidence, *Yad Vashem Studies* 16 (1984), 381–420.

32 Vgl. Ancel, The Romanian Way of Solving the „Jewish Problem".

33 Jean Ancel, Antonescu and the Jews, *Yad Vashem Studies* 23 (1993), 213–280.

34 Siehe hierzu die Karten Nr. 1 und Nr. 2 in diesem Band, 270f.

35 Ancel, Contribuții, Bd. 2, Tlbd. 2, 125.

36 Ebenda, 125.

Überdies interpretierte Ancel die Bestrebungen des Antonescu-Regimes zur Entfernung der Juden von rumänischem Boden als Teil einer weitergehenden Konzeption zur „ethnischen Säuberung“ des Landes von sämtlichen nationalen Minderheiten durch eine Kette von Bevölkerungsaustauschen mit den Nachbarstaaten.[37] Die Entfernung der Juden durch „einseitigen Transfer“ (solches war sonst nur noch den Roma zugedacht) bewertete Ancel freilich als Spezifikum jener Planungen.[38]

In einem 2005 erschienenen Aufsatz zu den deutsch-rumänischen Beziehungen und der „Endlösung“ finden sich die Gedanken hinsichtlich rumänischer Planungen nicht mehr so klar wieder. Wichtig ist jedoch für diesen Kontext Ancels dort gestellte Frage nach dem deutsch-rumänischen Zusammenwirken bei der Deportation der Juden aus der Bukowina und aus Bessarabien. Er geht von diesbezüglichen Abmachungen zwischen beiden Seiten vor dem Angriff auf die Sowjetunion aus. Dabei nimmt er eine entsprechende Absprache zwischen Ion Antonescu und Hitler auf ihrem Treffen am 12. Juni 1941 in München an.[39] Ancel geht noch einen Schritt weiter: Einiges spreche für die Annahme, so spekuliert er, schon im Frühjahr 1941 habe es Verhandlungen und Abmachungen zwischen Ion und Mihai Antonescu auf der einen und deutschen Vertretern auf der anderen Seite bezüglich einer Entfernung der Juden aus dem gesamten rumänischen Machtbereich gegeben.[40] Überzeugende Beweise hierfür konnte er indes nicht liefern.

Im Folgenden sollen die Modelle im Einzelnen analysiert werden, mit denen das nationalsozialistische Deutschland insbesondere 1940 bis 1942 versuchte, Einfluss auf die Formulierung der rumänischen Politik gegenüber den Juden im rumänischen Machtbereich zu nehmen. Das Reagieren der rumänischen Seite auf die deutschen Vorstöße wird in den Kontext eigener Vorstellungen und eigenen Handelns des Antonescu-Regimes gestellt.

Anfänglich ging ich von den skizzierten Überlegungen Ancels aus. Im Verlauf der Arbeit erwies sich aber deren Ergänzungs- und Korrekturbedürftigkeit. Größte Schwäche war, dass einige von Ancel postulierte Anknüpfungspunkte an die deutsche Entwicklung nicht ganz zu der in der übrigen Forschung etablierten Chronologie der Ereignisse passen.

Im Verlauf der Beschäftigung mit dem Thema zeigte sich aber auch, dass die Muster deutschen Vorgehens in der Literatur teilweise ungenügend sind. Desiderata betreffen ins-

[37] Vgl. hierzu Viorel Achim, The Romanian Population Exchange Project elaborated by Sabin Manuilă in October 1941, *Annali dell'Istituto storico italo-germanico in Trento / Jahrbuch des italienisch-deutschen Instituts in Trient* 27 (2001), 593–617; ders., Schimbul de populaţie în viziunea lui Sabin Manuilă, *Revista istorică* 13 (2002), H. 5/6, 133–150; ders., Romanian-German Collaboration in Ethnopolitics. The Case of Sabin Manuila, in: Ingo Haar / Michael Fahlbusch / Georg Iggers (Hgg.), German Scholars and Ethnic Cleansing, 1920–1945. Oxford 2004, 139–154. Den Gesamtkontext beleuchtet Vladimir Solonari, Purifying the Nation. Population Exchange and Ethnic Cleansing in Nazi-Allied Romania. Washington/DC 2010.

[38] Ancel, Contribuţii, Bd. 2, Tlbd. 2, 125.

[39] Jean Ancel, The German-Romanian Relationship and the Final Solution, *Holocaust and Genocide Studies* 19 (2005), H. 2, 255–258.

[40] Die Argumentation wird zusammengefasst in ebenda, 256.

besondere die Bedeutung deutscher Vorgaben sowie die Beteiligung deutscher Berater an den Deportationen der Juden aus Bessarabien und aus der Bukowina nach Transnistrien. Beides ist bislang unterschätzt bzw. übersehen worden.

In vorliegender Studie wird auf Quellen insbesonder aus deutschen, rumänischen und US-amerikanischen Archiven zurückgegriffen, vereinzelt auch auf Unterlagen aus Archiven anderer Staaten (Großbritannien, Schweiz, Österreich). Ausgiebiger Gebrauch wird von einer Quellenschicht gemacht, die bisher noch verhältnismäßig wenig in die Forschungen zum Schicksal der Juden Rumäniens eingeflossen ist. Dies sind die im Zeitraum von 1944 bis Anfang der 1980er Jahre getätigten Aussagen deutscher und rumänischer Protagonisten der Ereignisse, die teils als Angeklagte, teils als Zeugen in diversen Justizverfahren aufgetreten sind: in der Bundesrepublik Deutschland, in Rumänien und in der Sowjetunion. Die Einbeziehung solcher – unter teils sehr problematischen Bedingungen zustande gekommener – Aussagen hat einige inhaltliche Probleme gelöst; allerdings bedarf es einer besonders sorgfältigen Prüfung des Entstehungszusammenhangs und der damit verbundenen Glaubwürdigkeit.

Es ist nun möglich, verschiedene Quellenschichten zusammenzubringen. Da sind einmal Erinnerungen und Befragungen von Protagonisten und informierten Zeitzeugen; zweitens die in den letzten zwei Jahrzehnten neu in die Forschung eingebrachten Archivbestände aus Rumänien und aus den Nachfolgestaaten der Sowjetunion; drittens die ebenfalls erst seit dem 1990er Jahrzehnt vermehrt zugänglich gewordenen Unterlagen US-amerikanischer und britischer Geheimdienste aus der Zeit des Zweiten Weltkriegs; viertens schließlich die in der Forschung altvertrauten Dokumente.

Durch gleichzeitige Verwendung lassen sich zum einen vielen der durchaus geläufigen Ereignisse neue Aspekte abgewinnen; zum anderen treten manche bisher unbekannte oder wenigstens unbekanntere Geschehnisse zutage. Nicht zuletzt können etliche offene Detailfragen beim faktischen Ablauf der Ereignisse geklärt und damit einige Irrtümer ausgeräumt werden, die sich in die Forschung eingeschlichen haben, nicht zuletzt durch Benutzung von aus ihrem ursprünglichen Kontext herausgerissenen Einzeldokumenten.

Im Folgenden gilt es zunächst einmal, den Hintergrund der rumänischen Planungen zu beleuchten, zweitens die Kanäle, auf denen die deutsche Einflussnahme verlief und schließlich drittens, worin die Probleme bei der Untersuchung dieser Kanäle bestehen.

2 Kontext

2.1 Rumänien und die „jüdische Frage" 1937–1944: Ein Überblick

Von 1937 bis 1944 durchlebte Rumänien schwere innen- wie außenpolitische Krisen. Im Inneren löste sich das parlamentarische System auf; drei Formen von Diktatur folgten unmittelbar aufeinander. Die letzte parlamentarische Regierung der Zwischenkriegszeit wurde vom König, Carol II., ungeachtet einer hoffnungslosen parlamentarischen Unterlegenheit eingesetzt. Sie stand unter Führung der ausgesprochenen Antisemiten Octavian Goga und Alexandru C. Cuza. Ihr war nur eine kurze Zeit an der Macht beschieden, vom 29. Dezember 1937 bis zum 10. Februar 1938. Es folgte die offene Diktatur des Königs.

Außenpolitisch versuchte Carol II., wirtschaftliche Annäherung an Deutschland und politische Allianz mit den Westmächten zu verbinden. Nach Ausbruch des Zweiten Weltkrieges komplizierte sich die außenpolitische Situation für Rumänien. Im Sommer 1940 sah es sich gezwungen, umfangreiche Gebiete an die Sowjetunion, an Ungarn und an Bulgarien abzutreten.

Das wiederum löste eine innenpolitische Krise aus, über die Anfang September 1940 König Carol II. stürzte. Mit deutscher Unterstützung etablierte sich der nationallegionäre Staat. Zusammen mit der rechtsradikalen antisemitischen Bewegung der Legionäre richtete General Ion Antonescu Innen- wie Außenpolitik des Landes auf ein enges Bündnis mit Deutschland aus.[1] Nach Entfernung der Legionäre von der Macht im Januar 1941 regierte Ion Antonescu allein, weiterhin ausgestattet mit den umfangreichen diktatorischen Vollmachten, die ihm der Nachfolger Carols II., König Mihai, am 6. September 1940 mit der Ernennung zum „Staatsführer" erteilt hatte.[2]

1 Zum nationallegionären Staat siehe Armin Heinen, Die Legion „Erzengel Michael" in Rumänien. Soziale Bewegung und politische Organisation. Ein Beitrag zum Problem des internationalen Faschismus. München 1986, 428–441. Siehe auch ders. / Oliver Jens Schmitt (Hgg.), Inszenierte Gegenmacht von rechts. Die „Legion Erzengel Michael" in Rumänien 1918–1938. München 2013.

2 Zu diesen Ereignissen und der Karriere Ion Antonescus siehe als neuere Darstellung Dennis Deletant, Hitler's Forgotten Ally. Ion Antonescu and His Regime, Romania 1940–1944. Basingstoke 2006, 6–68. Zur außenpolitischen Lage Rumäniens in diesen Jahren siehe Sebastian Balta, Rumänien und die Großmächte in der Ära Antonescu (1940–1944). Stuttgart 2005.

Jene Jahre von 1937 bis 1944 kennzeichnet, dass über alle Regimewechsel hinweg Gesetze verabschiedet und Maßnahmen durchgeführt wurden, die sich gezielt und offen gegen die jüdische Bevölkerung richteten. Im Laufe der Zeit wurde der Antisemitismus zur Staatsdoktrin, die antijüdische Gesetzgebung schärfer, die staatlichen Maßnahmen eskalierten bis hin zu Deportation und Massenmord.

Auf diesem Weg sind drei – jeweils unterschiedlich lange – Radikalisierungswellen zu unterscheiden, wobei von Welle zu Welle die antijüdischen Maßnahmen nicht bloß einschneidender wurden, sondern ein immer breiteres Spektrum an Lebensbereichen umfassten. Diese Radikalisierungswellen mündeten jeweils in Phasen einer gewissen Konsolidierung, in denen zwar die wesentlichen Setzungen der vorangegangenen Radikalisierung beibehalten wurden, es jedoch auch Elemente einer relativen Beruhigung der Atmosphäre gab, was die Abmilderung der einen oder anderen Einzelmaßnahme beinhalten konnte.

Zu fragen ist nach dem jeweiligen Zentrum der Radikalisierungswellen, das im Unterschied zu Einzelmaßnahmen nicht zurückgenommen wurde, sondern die Basis für den nächsten Radikalisierungsschub bildete.

Die erste Welle, die Regierungszeit des Kabinetts Goga/Cuza, dauerte bloß wenige Wochen. Sie war jedoch einschneidend, weil mit ihr die antisemitische Diskriminierung begann. Gekennzeichnet ist sie durch die Ausbürgerung eines Teils der jüdischen Bevölkerung. Die zweite Welle währte vom Sommer 1940 bis zum Jahresanfang 1941, also von den letzten Monaten der Königsdiktatur bis zum Ende der nationallegionären Herrschaft. Gekennzeichnet ist sie durch die Aufhebung bürgerlicher Gleichberechtigung und durch Teilenteignung. Die dritte Welle ist anzusetzen vom Sommer 1941 (Angriff auf die Sowjetunion) bis zum Herbst 1942 (absehbare Niederlage in Stalingrad). Gekennzeichnet ist sie durch Totalenteignung, Ghettoisierung, Deportation und Massenmord.

Um die rumänischen Verhältnisse zu verstehen, ist ein weiterer Aspekt wichtig. Bedingt durch die mehrfachen territorialen Veränderungen zwischen Sommer 1940 und Sommer 1941 unterschied sich das Schicksal der Juden des großrumänischen Staates der Zwischenkriegszeit je nach Region, in der die Betroffenen lebten.

Formal gesehen betraf die erste Welle 1937/1938 zwar alle Juden im damaligen rumänischen Machtbereich, tatsächlich aber hauptsächlich diejenigen in den nach dem Ersten Weltkrieg neu angeschlossenen Provinzen. Die in Nordsiebenbürgen, in Bessarabien und in der Nordbukowina lebenden Juden waren von der zweiten Welle nicht betroffen, da diese zu einem Zeitpunkt einsetzte, 1940/1941, als die eben genannten Territorien gerade verloren gegangen waren. Bei der dritten Welle 1941/1942 wurden die Juden in den ehemals sowjetischen Gebieten (Nordbukowina, Bessarabien, Transnistrien) sowie in den an diese verwaltungsmäßig angegliederten Teilen (Südbukowina und ein Kreis der Moldau) anders behandelt als die Juden in Kernrumänien.

Die meist über Leben oder Tod entscheidende Grenzlinie verlief zwischen Kernrumänien auf der einen Seite sowie Bessarabien, der Bukowina und Transnistrien auf der anderen. Nach den Schätzungen der *Kommission zur Erforschung des Holocaust in Rumänien* ist die Opferzahl auf insgesamt 280 000 bis 380 000 Juden zu beziffern. Davon fanden in

Kernrumänien ungefähr 15 000 den Tod. 45 000 bis 60 000 wurden in den ersten Wochen nach der Eroberung Bessarabiens und der Bukowina umgebracht; fast alle Überlebenden dieses Massenmordes wurden von dort nach Transnistrien deportiert, wo die überwältigende Mehrheit der Opfer starb, nämlich 200 000 bis 300 000 der Deportierten und der einheimischen ukrainischen Juden.[3] In Kernrumänien waren die Juden einer Vielzahl diskriminierender Gesetze unterworfen, von enormen Geldsummen, die sie an die Staatskasse abführen mussten, bis hin zum Verlust von Haus- und Grundbesitz. Für die meisten blieb jedoch die physische Existenz gesichert.

In diesen regionalen Unterschieden drückt sich zugleich eine Hierarchisierung aus. Bereits in der ersten Radikalisierungswelle wurde unterschieden zwischen „schlechten" und „weniger schlechten" Juden. Zum besseren Verständnis dieses Phänomens ist ein kurzer Blick auf das Minderheitenproblem hilfreich. Alle Spielarten des rumänischen Nationalismus, von der extremen Rechten bis zur gemäßigten Mitte, waren sich einig im negativen Urteil über die Präsenz nationaler Minderheiten. Dabei gab es jedoch eine Hierarchie nach einem imaginären „Grad der Gefährlichkeit" für das rumänische Volk. Ganz oben auf der Liste standen die Juden, die Roma und die Ungarn; je nach Kontext, Region und Zeit variierte die Rangfolge der übrigen Minderheiten. Solange es ein Regime bürgerlicher Gleichberechtigung gab, und die Garantiemächte der Minderheitenschutzverträge politisch mächtig waren, hatte diese imaginäre Hierarchie noch vergleichsweise harmlose Auswirkungen.

In der zweiten und dritten Radikalisierungswelle der antijüdischen Politik geschah zweierlei. Zum einen spaltete sich das Rechtsstatut für die verschiedenen Minderheiten auf. Die Deutschen wurden zu einer privilegierten Minderheit, während zuunterst Juden, Roma und Ungarn als die „gefährlichsten" Minderheiten standen. Auch diese wurden wiederum ungleich behandelt. Während die Ungarn über einen Halt im ungarischen Staat verfügten und mit dem Deutschen Reich einen mächtigen Protektor besaßen, waren Juden und Roma allein auf sich gestellt. Darüber hinaus forderte der deutsche Bündnispartner von Rumänien den Ausschluss der Juden aus allen Lebensbereichen, deren Entrechtung und schließlich physische Vernichtung. Alle sonstigen Minderheiten rangierten zwischen bevorrechteter deutscher Minderheit und jenen drei „gefährlichen" Minderheiten.

Zum anderen wurde zwischen verschiedenen Kategorien von Juden differenziert: nach angenommener Nähe zur rumänischen Nation, Datum der Einbürgerung und gemutmaßter Kollaboration mit dem sowjetischen Kriegsgegner. In dieser Rangordnung fanden sich die rumänischsprachigen Juden des Altreichs ganz oben, ganz unten hingegen die jiddischsprachigen Juden Bessarabiens, denen pauschal eine Neigung zum Kommunismus unterstellt wurde. Die Auswirkungen waren dramatisch: Die Juden des rumänischen Altreichs überlebten fast alle. Im Gegensatz dazu wurden die bessarabischen Juden brutal vertrieben und fast vollständig der Vernichtung preisgegeben.

Mehr ins Einzelne gehend sind die genannten drei Radikalisierungswellen folgendermaßen zu charakterisieren:

[3] Raport final, 176, 178.

Mit der ersten Welle begann die offen antisemitische Gesetzgebung. Neben allerlei vexatorischen Maßnahmen gegen ausgewählte jüdische Gruppen (z. B. Journalisten und Schankinhaber) wurde ein Gesetz zur Überprüfung der Staatsbürgerschaft der Juden des Landes erlassen. Zwar wurden unter der anschließenden Königsdiktatur einige der zuvor getroffenen antijüdischen Maßnahmen abgeschwächt, doch die wichtigste blieb, eben jenes Gesetz zur Überprüfung der Umstände, unter denen die Juden die rumänische Staatsbürgerschaft erlangt hatten. Die administrative Umsetzung begann unter der Königsdiktatur; abgeschlossen wurde sie Ende 1939. Innerhalb kürzester Zeit mussten die Juden Dokumente vorlegen, die teilweise schwer oder gar nicht zu beschaffen waren. Das Ergebnis sah genauso aus, wie es die Initiatoren beabsichtigt hatten: Von den insgesamt 617 396 Überprüften wurde 225 222 die Staatsbürgerschaft entzogen; womit mehr als ein Drittel ausgebürgert war.

Am härtesten waren die Juden der nach dem Ersten Weltkrieg angeschlossenen Provinzen betroffen. Dort befanden sich fast alle, denen die Staatsbürgerschaft entzogen worden war. Von den überprüften bessarabischen Juden verloren 62 % die Staatsbürgerschaft, 50 % wegen Nichterfüllung der Vorbedingungen und weitere 12 % wegen angeblichen Betrugs.[4] Die Betroffenen waren nun staatenlos, denn ein Zurück zur russischen (bzw. nun sowjetischen), österreichischen (bzw. nun deutschen) oder ungarischen Staatsbürgerschaft stand unter den obwaltenden Umständen nicht zur Diskussion. Vorerst blieben konkrete Auswirkungen der Staatenlosigkeit weitgehend aus; noch gab es keine generelle Entrechtung und auch keine Ausweisungen.

Im Sommer 1940, in den letzten Wochen der Königsdiktatur, setzte die zweite Welle mit der Aufhebung der bürgerlichen Gleichberechtigung der Juden ein. Am 9. August 1940 wurde ein Gesetz über die Rechtsstellung der jüdischen Einwohner in Rumänien wirksam, mit dem unter anderem Ehen zwischen Juden und Nichtjuden verboten sowie die Möglichkeiten zur Berufsausübung und zu Erwerb und Besitz von Immobilien gravierend eingeschränkt wurden.[5] Weiters kam es zum Ausschluss der Juden von öffentlichen Ämtern, vom Staatsdienst und von einigen Berufszweigen, zunächst noch mit Ausnahmen für diejenigen, die in einem Krieg für Rumänien gekämpft oder die Staatsbürgerschaft vor dem 30. Dezember 1918 erworben hatten (Dekret vom 8.8.1940).[6]

Unter nationallegionärer Herrschaft wurde bis Ende 1940 eine Vielzahl neuer Maßnahmen getroffen, die darauf abzielten, die Juden weiter zu entrechten und sie aus dem Wirtschafts- wie aus dem öffentlichen Leben zu verdrängen. Entscheidende Schritte waren das Verbot der Teilnahme am staatlichen Unterrichtswesen (in allen Funktionen, als Lehrer und als Schüler) sowie die Entlassung der jüdischen Arbeiter und Angestellten in Privatwirtschaft und staatlicher Verwaltung (Dekret vom 12.11.1940).[7]

4 Benjamin (Hg.), Legislația antievreiască, XXIII; Dok. 2, 35f.
5 Ebenda, Dok. 4, 55.
6 Ebenda, XXIII; Dok. 3, 46–51.
7 Ebenda, Dok. 16, 76–79.

Außerdem wurden die Juden vom Militärdienst ausgeschlossen, zugleich mit einer Militärsteuer belegt und zur Ableistung eines Arbeitsdienstes verpflichtet (Dekret vom 4.12.1940). Dieser Arbeitsdienst fand am Wohnort oder auswärts statt, im Einzeleinsatz oder in Gruppen, je nach Bedarf des Staates oder der Kommunen. Die zum Arbeitsdienst herangezogenen Juden erhielten keinerlei Lohn, diejenigen, die an ihrem Wohnort arbeiten mussten, nicht einmal Verpflegung.[8]

Neben die Entrechtung trat die Enteignung, wobei der rumänische Staat es hauptsächlich auf die Immobilien abgesehen hatte. Ab dem 4. Oktober 1940 wurden durch verschiedene Gesetze sämtliche Immobilien und sämtlicher Grundbesitz außerhalb der Städte enteignet; am 27. März 1941 folgte ein Gesetz, mit dem alle städtischen Immobilien im Besitz jüdischer Privatpersonen oder Gesellschaften in Staatsbesitz übergingen.[9] Unternehmen wurden ihren jüdischen Eigentümern zwar formell belassen, doch ab Herbst 1940 externe Aufpasser mit der Aufgabe eingesetzt, die Geschäftstätigkeit und den Abbau der jüdischen Angestellten zu überwachen.

Als die Koalition zwischen Ion Antonescu und der Legion zerbrach, kam es Ende Januar 1941 zu pogromartigen Ausschreitungen von Legionären in Bukarest mit vielen Opfern. Ion Antonescus Alleinherrschaft begann mit hartem Vorgehen gegen seine ehemaligen Bündnispartner, wobei er viele von der Legion begangene Verbrechen aufdecken und Verantwortliche vor Gericht stellen ließ. Nicht rückgängig gemacht wurde indessen die Entrechtung von Juden, und die Enteignungen gingen weiter, wie das erwähnte Gesetz vom 27. März 1941 bezeugt.

2.2 Wege deutscher Einflussnahme

Alle drei Radikalisierungswellen der rumänischen Politik gegenüber der jüdischen Bevölkerung sind charakterisiert durch die Übernahme deutscher Vorbilder. Die kumulative Radikalisierung rumänischer Politik ist direkt bezogen auf die Radikalisierung des Vorgehens gegen die Juden im deutschen Herrschaftsbereich. So markiert das Einsetzen der jeweiligen Radikalisierungswelle immer auch eine neue Etappe in der deutsch-rumänischen Zusammenarbeit bei der „Lösung der Judenfrage".

Kennzeichen der ersten Etappe der deutsch-rumänischen Zusammenarbeit (Ende 1937– August 1940) unter der Regierung Goga/Cuza und der anschließenden Königsdiktatur ist eine Appeasement-Politik Rumäniens. Die „jüdische Frage" tauchte in den bilateralen diplomatischen Kontakten als Thema auf. Deutschland forderte deren „Lösung" als Beleg für die Ernsthaftigkeit der rumänischen Neuorientierung. Daher kopierte Rumänien aus vorwiegend außenpolitischen Erwägungen Komponenten der in Deutschland praktizierten

8 Ebenda, Dok. 25, 95–97.
9 Ebenda, Dok. 12, 65–68; Dok. 35, 127–132.

antisemitischen Politik. Diese Etappe setzte mit der ersten rumänischen Radikalisierungswelle ein und endete kurz nach Beginn der zweiten rumänischen Radikalisierungswelle.

Der nationallegionäre Staat leitete eine zweite Etappe ein, die geprägt war von aktiver Zusammenarbeit mit Deutschland. Auch in seiner anschließenden Alleinherrschaft setzte Ion Antonescu diese Politik fort. Mit dem Antisemitismus als gemeinsamer Leitideologie übernahm die rumänische Führung bereitwillig und direkt deutsche Modelle. Dabei leitete sie eine eigene antisemitische Agenda, die sich allerdings in die deutschen Planungen einfügte. Diese Etappe umfasst die zweite und die dritte rumänische Radikalisierungswelle.

So wie sich in den Jahren der Radikalisierung rumänischer Politik die deutsche Einflussnahme in unterschiedliche Etappen gliedern lässt, so sind verschiedene Wege auszumachen, auf denen die Einflussnahme erfolgte.

Die Machtübernahme der NSDAP 1933 hatte den antisemitischen Bewegungen in Rumänien, die bereits aus Gründen der sozialen Krise erstarkt waren, zusätzlich Aufwind verliehen. Deutschlands Aufstieg zur beherrschenden Macht auch in Südosteuropa machte die von den Nazis praktizierte antisemitische Politik sukzessive zum Leitbild für rumänisches Regierungshandeln; zumal von deutscher Seite aus, wie schon erwähnt, die Übernahme antisemitischer Ideologie und Praxis zunehmend als Indiz für die Ernsthaftigkeit rumänischer Annäherungsversuche gewertet wurde.[10]

Hinsichtlich der Frage, auf welchen Kanälen die deutsche Einflussnahme erfolgte, bedeutete die Regierung Goga/Cuza einen wichtigen Markstein. Bis dahin hatte das nationalsozialistische Deutschland auf vielfache – direkte wie indirekte – Art und Weise eine Verstärkung des Antisemitismus in Rumänien bewirkt. So waren die Parteien von Octavian Goga und Alexandru C. Cuza seit 1934 großzügig vom Außenpolitischen Amt (APA) der NSDAP unter Alfred Rosenberg unterstützt worden; die SS förderte die Legion unter Corneliu Z. Codreanu, wobei bis heute unklar ist, ob Gelder flossen. Nunmehr brachte die deutsche Seite das Thema antijüdischer Maßnahmen in diplomatischen Gesprächen und Verhandlungen zur Sprache, verknüpfte etwa Wirtschaftsverträge mit dem Verlangen nach Ausschaltung von Juden aus dem bilateralen Handel oder nach Entlassung jüdischer Bankdirektoren, soweit man sich einer bestimmten Bank für die Finanzierung bilateraler Geschäfte bedienen wollte. Zuvor hatten nur Vertreter der Auslandsorganisation der NSDAP in Bukarest solche Forderungen erhoben und damit rundweg Ablehnung der rumänischen Behörden geerntet.

Anfangs, von Sommer bis Herbst 1940, stand die zweite Radikalisierungswelle ganz im Zeichen einer überstürzten politischen Annäherung an Deutschland. König Carol sah sich in den letzten Monaten seiner Herrschaft vor einem politischen Scherbenhaufen: Innenpo-

[10] Zu dieser Periode vgl. Ioan CHIPER, România și Germania nazistă. Relațiile româno-germane între comandamente politice și interese economice. București 2000; und Rebecca HAYNES, Romanian Policy towards Germany, 1936–1940. New York 2000. Zum deutschen Einfluss bei Etablierung der Regierung Goga/Cuza, siehe Rebecca HAYNES, Germany and the Establishment of the Romanian National Legionary State, September 1940, *Slavonic and East European Review* 77 (1999), H. 4, 700–725.

litisch war er isoliert, außenpolitisch hatte er durch die Niederlage Frankreichs die Aussicht auf jede wirksame Hilfe der Westmächte für Rumänien verloren, die Neutralität Rumäniens (faktisch eine Anlehnung an die Westmächte) war kaum noch durchzuhalten.

Die antijüdischen Gesetze in dieser Phase folgen wiederum dem deutschen Vorbild, d. h. sie orientieren sich an den Nürnberger Gesetzen und an den Gesetzen zur Entrechtung der österreichischen Juden nach 1938. Sie waren eine Demutsgeste der Königsdiktatur gegenüber Deutschland, die belegen sollte, Rumänien meine es ernst mit der politischen Hinwendung zu Deutschland.

Der nationallegionäre Staat brachte die vollständige – auch ideologische – Hinwendung zu Deutschland. Zwar waren alle wesentlichen bis Ende 1940 verabschiedeten Gesetze zur weiteren Entrechtung und Enteignung bereits unter der Königsdiktatur vorbereitet worden, aber das antisemitische Klima verschärfte sich durch die Verbindung zwischen ideologischem Antisemitismus als neuer Staatsdoktrin und einer Vielzahl von Ausschreitungen und Plünderungen durch Anhänger der legionären Bewegung. Mit Entfernung der Legion von der Macht stellte sich wieder eine geordnetere Lage ein, Gewalttaten und Erpressungen hörten auf.

Das entsprach durchaus den Erwartungen der deutschen Seite. Auf diplomatischen wie geheimdienstlichen Kanälen hatte sie Ion Antonescu und Horia Sima signalisiert, die Beseitigung der Juden aus dem rumänischen Wirtschaftsleben müsse langsam und geordnet erfolgen, um die Versorgung der deutschen Kriegswirtschaft mit Öl, Getreide und anderen Rohstoffen nicht zu gefährden.

Viel enger als die vorhergehenden ist die dritte Radikalisierungswelle (Sommer 1941 bis Ende 1942) mit deutscher Einflussnahme verbunden. Zu den traditionellen Kanälen Auswärtiges Amt und Deutsche Gesandtschaft Bukarest (DGB) gesellten sich eine ganze Schar weiterer Organisationen und Personen, deren Tätigkeit allerdings unterschiedlich gut dokumentarisch belegt ist.

Nach wie vor erfolgte die ständige deutsche Einwirkung durch Institutionen vor Ort; aber in den Jahren des Antonescu-Regimes zusätzlich durch wiederholte direkte Gespräche auf höchster Ebene, zwischen Hitler und Ribbentrop auf der einen sowie Ion und Mihai Antonescu auf der anderen Seite.

Bleiben wir vorerst bei den deutschen Institutionen in Rumänien. Über vier Wege lief die Einflussnahme:

- Deutsche Gesandtschaft Bukarest;
- Wirtschaftsgesandtschaft;
- Deutsche Militärmission in Rumänien, inklusive aller ihr untergeordneten Dienststellen;
- Parteifraktionen.

Je größer das Gewicht Deutschlands in Rumänien wurde, desto mehr breiteten sich deutsche Vertretungen im Lande aus. Bis Ende des 1930er Jahrzehnts war das Deutsche Reich eigentlich nur durch die Bukarester Gesandtschaft samt einiger Konsulate und Vizekonsulate präsent gewesen. Mit der wirtschaftlichen Annäherung wuchs die Zahl der für solche Fragen an die Gesandtschaft abgeordneten Mitarbeiter sprunghaft. Außerdem entstand eine

Vielzahl von Gremien und Gesellschaften, die den bilateralen Handel intensivieren sollten; deutsche Firmen und Geschäftsleute lockte es in Massen nach Bukarest. Geradezu eine Überflutung Rumäniens mit deutschen Befehlsstäben und Einheiten folgte schließlich aus der politischen und militärischen Kooperation.

All diese offiziellen und halboffiziellen, geheim oder offen tätigen deutschen Stellen leitete ein übergeordnetes, gemeinsames Ziel: Rumänien für Zwecke der Kriegführung optimal auszunutzen. Im Mittelpunkt stand dabei die Rolle des Landes als Erdöllieferant, ohne den die deutsche Kriegsmaschinerie nicht hätte in Gang gebracht und am Laufen gehalten werden können. Kriegswichtig waren ferner die Getreide- und andere Lebensmittellieferungen. Mit dem Angriff auf die Sowjetunion kam der militärische Beitrag Rumäniens hinzu.

Nichtsdestoweniger kam es innerhalb dieses vielfältigen Bündels deutscher Institutionen und Organisationen immer wieder zu Reibereien. Dies verwundert nicht, wenn man bedenkt, dass jeweils unterschiedliche Aspekte der gemeinsamen Zielsetzung akzentuiert wurden – politische, wirtschaftliche oder militärische –, dass die einen kurzfristige, die anderen längerfristige Perspektiven im Auge hatten, und schließlich, dass es persönliche Konkurrenzkämpfe und Eifersüchteleien gab. Nicht selten bot sich übrigens deshalb der rumänischen Seite die Möglichkeit, durch Ausnutzung solcher internen deutschen Streitigkeiten die eigene Verhandlungsposition zu stärken.

2.2.1 Deutsche Gesandtschaft Bukarest

Nach Unterbrechung im Ersten Weltkrieg hatten Deutschland und Rumänien 1921 wieder reguläre diplomatische Beziehungen aufgenommen, die am 25. August 1944 abgebrochen wurden. Dazwischen war das Verhältnis beider Staaten durchaus inhomogen. An eine Normalisierung, die die 1920er und die erste Hälfte der 1930er Jahre bestimmte, schloss sich bis zum Sommer 1940 ein enger werdender Kontakt an, dem vom Herbst 1940 bis zum 23. August 1944 eine Bündnisbeziehung folgte.

Während des 1920er Jahrzehnts sah sich die deutsche diplomatische Vertretung mit der Aufgabe konfrontiert, überhaupt wieder normale Beziehungen zum ehemaligen Kriegsgegner herzustellen. Dabei spielte die engere Gestaltung wirtschaftlicher Beziehungen eine große Rolle. Dies war mühsam und stieß zunächst auf wenig Widerhall in der rumänischen Politik.

Neuen Anlass zu bilateralen Spannungen bot die Machtübernahme der Nationalsozialisten in Deutschland. Gleichwohl begann genau in jener Zeit, während der 1930er Jahre, nicht zuletzt im Zeichen der Weltwirtschaftskrise, die schrittweise Annäherung auf ökonomischem Terrain. Und gegen Ende dieses Jahrzehnts wurde die wirtschaftliche Verständigung vom rumänischen Versuch eines politischen Ausgleichs begleitet.

Als Rumänien 1940 vollends ins deutsche Lager übertrat, war die deutsche Gesandtschaft in Bukarest die diplomatische Vertretung eines übermächtigen Verbündeten, der sich auf verschiedenen Wegen bemühte, die rumänische Politik und Wirtschaft zu dominieren, um das zu erhalten, was das nationalsozialistische Deutschland damals von Rumänien brauchte: Erdöl, Getreide und Soldaten.

Dies war eine gewaltige Veränderung gegenüber dem bescheidenen Status, den die Deutsche Gesandtschaft in Bukarest vordem eingenommen hatte. Dabei änderte sich nicht allein die konkrete Arbeit vor Ort, die natürlich den jeweiligen Vorgaben des Auswärtigen Amtes entsprach, sondern vielmehr wandelten sich Zusammensetzung und Habitus des diplomatischen Personals.

Die Nazifizierung der DGB von der Spitze her begann 1936. NSDAP-Mitglieder waren sowohl der damals neu berufene Gesandte Wilhelm Fabricius als auch sein Stellvertreter Gerhard Stelzer. Das war bereits ein entscheidender Einschnitt. Fabricius war nur wenige Jahre jünger als seine Vorgänger im Amt: der zurückhaltende und unauffällige Hans Freytag (1921–1924), der kunstsinnige Gerhard von Mutius (1926–1931) und der weltgewandte Friedrich Graf von der Schulenburg (1931–1934). Dennoch repräsentierte Fabricius einen anderen Typus des Diplomaten. Alle seine Vorgänger kann man als unpolitische Karrierediplomaten ansehen; keiner von ihnen gehörte einer politischen Partei an, weder im Kaiserreich noch in der Weimarer Republik noch im Dritten Reich. Demgegenüber ist Fabricius als politisch anpassungsfähiger Karrierediplomat zu bezeichnen. Zwar nicht aktiv als Parteimitglied hervortretend und bestimmt kein eifriger Nationalsozialist, erachtete er doch augenscheinlich die Parteimitgliedschaft als unerlässliche Voraussetzung für das weitere Fortkommen im auswärtigen Dienst.

Indes reichte Ende 1940, als in Deutschland die Planungen für den Angriff auf die Sowjetunion liefen, ein karriereorientierter Opportunist wie Fabricius an der Spitze der Gesandtschaft beim kriegswichtigen rumänischen Verbündeten nicht mehr aus. Die Zeit war reif für einen altgedienten nationalsozialistischen Überzeugungstäter. Gefunden wurde er in Manfred Freiherr von Killinger.

Von 1904 bis 1920 aktiver Seeoffizier (zuletzt Kapitänleutnant), wirkte Killinger unmittelbar nach Weltkriegsende in republikfeindlichen Gruppierungen und arbeitete an der gewalttätigen Beseitigung der neuen Ordnung. So beteiligte er sich als Mitglied des Freikorps Ehrhardt am Kapp-Putsch und war 1921/1922 wegen seiner Beteiligung an der Ermordung Matthias Erzbergers einige Wochen in Haft. 1926 wurde er Mitglied von NSDAP und SA. Nach der Machtübernahme war er zwischen 1933 und 1935 Ministerpräsident von Sachsen.[11] Beim „Röhmputsch" stand Killinger auf der Liste der zu erschießenden SA-Führer; indes wurde sein Name durch Hitler persönlich gestrichen. Dieser hatte eine

[11] Vgl. Freiherr Manfred von Killinger, o. D. NA, T 120, reel 3972, E047221f. Eher apologetisch ausgerichtet ist die Biographie von Bert Wawrzinek, Manfred von Killinger (1886–1944). Ein politischer Soldat zwischen Freikorps und Auswärtigem Amt. Preußisch Oldendorf 2004. Zu Killingers Rolle in Sachsen siehe Andreas Wagner, Mutschmann gegen von Killinger: Konfliktlinien zwischen Gauleiter und SA-Führer während des Aufstiegs der NSDAP und der „Machtergreifung" im Freistaat Sachsen. Beucha 2001.

gewisse Schwäche für ihn; noch in den vierziger Jahren erinnerte sich Hitler nostalgisch an die Fähigkeiten Killingers als Fahrer in der „Kampfzeit".[12]

Von 1937 an war Manfred von Killinger im Auswärtigen Amt tätig, zunächst bis 1939 als Generalkonsul in San Francisco, danach als Sonderbeauftragter im Auswärtigen Amt für Fragen des Balkans mit der Verantwortung für Sabotageabwehr und Geheimdienstkoordination. Am 8. Juli 1940 zum Gesandten für die Slowakei ernannt, wurde Killinger schließlich am 25. Dezember 1941 nach Rumänien versetzt, wo er am 24. Januar 1941 eintraf.[13]

Killinger war nicht bloß Gesandter des Auswärtigen Amtes, sondern von Hitler persönlich mit der Aufgabe betraut, Rumänien als zuverlässigen Erdöl- und Weizenlieferanten sowie als treuen Militärpartner an der Seite Deutschlands zu halten. Hitler erachtete Ion Antonescu als Garant für den wirtschaftlichen und militärischen Beitrag Rumäniens zum deutschen Krieg. Daher schrieb er über Ribbentrop dem Auswärtigen Amt und der DGB eine nahezu bedingungslose Unterstützung Ion Antonescus vor und blieb auch dann dieser Linie verhaftet, als sich jener den verschiedentlich geäußerten deutschen Wünschen verschloss, wenigstens einige domestizierbar erscheinende Elemente der legionären Bewegung erneut in die Regierung aufzunehmen.

Killinger hatte einen persönlichen Draht zu Hitler und konnte in einigen entscheidenden Momenten darauf zurückgreifen – so bei seiner Auseinandersetzung mit dem Reichssicherheitshauptamt (RSHA) und Himmler um den Abzug des Sicherheitsdienstes (SD) aus Rumänien im Februar 1941 und bei seiner Auseinandersetzung mit dem Auswärtigen Amt und Ribbentrop im April 1942 um dessen Versuche, sich in einer Art und Weise in rumänische Belange einzumischen, die die rumänische Seite als unzulässige Beschneidung ihrer Souveränität wertete.[14]

12 Werner Jochmann (Hg.), Adolf Hitler. Monologe im Führerhauptquartier 1941–1944. Die Aufzeichnungen Heinrich Heims. München 1980, 278.

13 Biographisches Handbuch des deutschen Auswärtigen Dienstes 1871–1945, Bd. 2. Paderborn 2005, 532. Der Inhalt seiner Mission zu den deutschen Geheimdienstaktivitäten auf dem Balkan geht hervor aus NA, T 120, reel 622, reel 1757 und BStU, HA IX/11 ZR 920, Bd. 62, Bl. 28–133. Zur Aktivität Killingers in Rumänien siehe Cristian Troncotă, Mihail Moruzov şi Serviciul Secret de Informaţii al Armatei Române. Bucureşti [2]1997, 100, 433–437, 511–514, 531–537, 555.

14 Balta, Rumänien und die Großmächte, entgeht, wie schon vor ihm Hillgruber, Hitler, König Carol und Marschall Antonescu, Schwere und Länge der Auseinandersetzung zwischen Mihai Antonescu und Joachim von Ribbentrop im ersten Halbjahr 1942. Es war eben mehr als eine Verstimmung wegen einer antiungarischen Rede Mihai Antonescus und der Rückberufung des rumänischen Presseattachés aus Berlin. Dies muss jedoch annehmen, wer allein die Überlieferung des AA berücksichtigt. Killinger hatte sich mit Mihai Antonescu gegen den Reichsaußenminister solidarisiert. Nur ein Machtwort Hitlers verhinderte die Abberufung des deutschen Gesandten in Rumänien durch Ribbentrop. Erst eine Zusammenschau deutscher und rumänischer Quellen macht das klar. Vgl. hierzu Mihai Antonescu, Unterredung mit Killinger, 11.5.1942. AMAE, fond 71, România, dosar 84, Bl. 279–285; Mihai Antonescu, Unterredung mit Killinger, 19.5.1942. ANR, PCM, Cabinet Civil, 1941/442, Bl. 24–28; Weizsäcker an Ribbentrop, 30.4.1942. PAAA, R 29703, Bl. 404–409.

Killinger galt bei seiner Amtsausübung und auch im Umgang mit Untergebenen als impulsiv und brutal. Adolf Blücher, langjähriger Kanzler der DGB, schrieb nach dem Krieg:

> „Der Gesandte von Killinger war bestimmt einer der Schwierigsten meiner dienstlichen Laufbahn, und ich habe, wie die meisten von uns, wiederholt unter seiner Ungerechtigkeit und Launenhaftigkeit zu leiden gehabt, wenn er mir auch, wie ich hinzusetzen muss, zwischendurch Worte aufrichtiger Anerkennung gesagt hat."[15]

Hauptmitarbeiter Killingers in Bukarest war SA-Standartenführer Wilhelm Rödel, den Killinger als seinen persönlichen Adjutanten mitgebracht hatte. Rödel leitete auch den internen Nachrichtendienst der DGB.[16] Ein weiterer wichtiger Mitarbeiter war der Karrierediplomat Gerhard Stelzer, seit Mai 1938 Gesandtschaftsrat in der Politischen Abteilung der DGB und Stellvertreter des Gesandten.[17]

Zwecks Bewältigung der gewachsenen Aufgaben wurde die DGB personell enorm aufgestockt. Umfasste die deutsche diplomatische Vertretung in Bukarest bis 1939 insgesamt nur 15 Personen, betrug die Zahl der Mitarbeiter der DGB in den 1940ern über 600. War etwa die Presse- und Kulturarbeit bis 1940 von einem einzigen hauptamtlichen Mitarbeiter erledigt worden, so entstand später eine in fünf Zweige aufgegliederte Kultur- und Presseabteilung (Kultur, Presse, Propaganda, Rundfunk, Wissenschaft) mit fünf über diplomatischen Status verfügenden Referatsleitern, denen jeweils ein Stab von Mitarbeitern, Schreibkräften und Übersetzern zur Verfügung stand.[18]

Die DGB führte die Aufträge aus, die ihr über das Auswärtige Amt direkt oder im Einzelfall auch durch andere Institutionen – solange dies in Übereinstimmung mit dem Auswärtigen Amt geschah – zukamen. Wie schon erwähnt, hatte Killinger die Möglichkeit, sich in wichtigen Fragen direkt an Hitler zu wenden.

So wurde auch bei allen Direktiven vorgegangen, die Juden betrafen. Auftragsgemäß wurde interveniert, nachgefragt, Druck ausgeübt, um Entscheidungen in dem vom Auswärtigen Amt gewünschten Sinne herbeizuführen. Besonders wichtig war dabei der Karrierediplomat Gerhard Stelzer. Er hatte das eigentliche Tagesgeschäft auszuführen. In den 1940er Jahren sprach er fast täglich beim Generaldirektor im rumänischen Außenministerium vor. Ging es um die Entrechtung der rumänischen Juden in Deutschland, um den Passentzug für deutsche Juden in Rumänien oder um die Deportation von rumänischen Juden, wurden all diese Fragen inmitten der Tagesangelegenheiten vorgetragen.

15 Blücher, Rumänische Erinnerungen aus der Zeit von 1925 bis 1944, 9.4.1956, 47 Bll., hier Bl. 40. PAAA, NL Blücher.

16 Zu Rödels Person siehe BArch, BDC, DS F 0034/SA-P D 224.

17 Gerhard Stelzer, Deutsche Gesandtschaft in Bukarest, Mai 1938 bis August 1944, 10.10.1958, 174 Bll., Anhang. PAAA, NL Stelzer. Diese Erinnerungen sind in rumänischer Übersetzung publiziert: Rolf Pusch / Gerhard Stelzer, Diplomaţi germani la Bucureşti. Bucureşti 2001, 93–270.

18 The Information and Propaganda Department of the German Legation in Bucharest, 10.12. 1944. NA, RG 226, entry 108a, box 177.

2.2.2 Wirtschaftsgesandtschaft

Mehrheitlich waren die 600 Mitarbeiter der DGB in der Wirtschaftsabteilung tätig. Entstanden 1939, führte sie ein Eigenleben. In den Quellen wird sie deshalb oft als „Wirtschaftsgesandtschaft“ bezeichnet, was hier übernommen wird. Bis dahin waren Wirtschaftsfragen vom diplomatischen Personal der Gesandtschaft miterledigt worden. Zu Beginn der 1930er Jahre hatte es außerdem kurzzeitig Beauftragte für Landwirtschaftsfragen gegeben. Erst seit 1938 wurde der Posten eines Handelsattachés durchgängig besetzt, und dies zunächst auch nur, um dem Leiter der Auslandsorganisation (AO) der NSDAP Bukarest, dem bei den rumänischen Behörden ausnehmend unbeliebten Arthur Conradi, eine diplomatische Deckung zu verschaffen.[19]

Anfang 1943 umfasste die Wirtschaftsabteilung der DGB insgesamt 13 Referenten mit diplomatischem Status, während in der Politischen Abteilung der Gesandtschaft neben Killinger nur fünf Diplomaten tätig waren.[20] Die Wirtschaftsabteilung hatte also überproportional von der personellen Aufstockung der DGB profitiert.

Leiter der Wirtschaftsabteilung war Hermann Neubacher. Wie Killinger war er ein Seiteneinsteiger in den diplomatischen Dienst, denn seine Karriere hatte er in der NSDAP begonnen; wie Killinger war er „Sondergesandter“ mit erweiterten Vollmachten; wie Killinger besaß er einen direkten Draht zu Hitler. Von seiner Ausbildung her Forstingenieur, war Neubacher seit Ende des Ersten Weltkriegs in verschiedenen Funktionen in der österreichischen Holz- und Baustoffindustrie tätig gewesen.[21] Später machte Neubacher geltend, bereits seit 1933 in Österreich für die NSDAP aktiv geworden zu sein. Jedenfalls war er 1936 einige Monate wegen seiner Betätigung für die NSDAP inhaftiert gewesen und hatte Österreich nach seiner Enthaftung verlassen. Seit Februar 1937 war er bei der Zentralfinanzverwaltung der IG Farben in Berlin für die Region Südosteuropa zuständig.[22]

Nach der deutschen Besetzung Österreichs erhielt Neubacher am 13. März 1938 den Posten des Bürgermeisters und Landeshauptmanns von Wien, den er bis Januar 1940 bekleidete. Dann begann seine Karriere als Wirtschaftsdiplomat in Anbindung an das Auswärtige Amt. Am 18. Januar 1940 erhielt er den offiziellen Titel eines der DGB zugeordneten „Sonderbeauftragten für Wirtschaftsfragen“, und wenig später sah er sich zum Gesandten I. Klasse befördert. Im gleichen Jahr wurde er außerdem „Bevollmächtigter für Erdölangelegenheiten im Südosten“.

19 Pusch/Stelzer, Diplomaţi germani la Bucureşti, 68, wo allerdings der Beginn der Attachétätigkeit Conradis falsch auf 1935 datiert wird. Vgl. dazu PAAA, Bukarest, Karton 43, Mappe Handelsattaché Conradi sowie PAAA, R 112601.

20 Personalliste der Deutschen Gesandtschaft Bukarest, 10.1.1943. PAAA, R 143619.

21 Biographisches Handbuch des deutschen Auswärtigen Dienstes, Bd. 3, 350f.

22 Ebenda, 350; Neubacher, Gesuch des Gesandten Dr. Ing. Neubacher, 3.1.1941. BArch, BDC, Personalvorgang Neubacher, PK I 267, Aufn. 731–732; Wiens Bürgermeister hat Geburtstag, *Reichspost*, 24.6.1938. Ebenda, Aufn. 734.

Ihren Ursprung hatte diese überraschende Berufung in einer Konferenz am 2. Januar 1940 in Karinhall unter Leitung Görings zur Sicherung der Ölversorgung aus Rumänien. Dort war beschlossen worden, bei der DGB einen „Sonderbevollmächtigten für Wirtschafts- und Transportfragen“ einzusetzen. Göring hatte an den Wunsch Hitlers erinnert, Wiener Persönlichkeiten mit solchen Aufgaben zu betrauen. Vermutlich geht die Beauftragung Neubachers auf Ribbentrop zurück, der auf diese Weise einen weiteren SA-Führer mit gutem Verhältnis zu Hitler im Auswärtigen Amt installieren konnte. Neubacher bewährte sich auf dem Posten in Rumänien, so dass er schnell weitere Aufgaben zugewiesen bekam. Nach Beginn des Krieges mit der Sowjetunion war er als „Sonderbeauftragter für Ölfragen im Kaukasus“ vorgesehen.[23] Ab Oktober 1942 hatte Neubacher obendrein den Posten eines „Sonderbeauftragten der Reichsregierung für finanzielle und wirtschaftliche Fragen in Griechenland“ inne, und 1943 wurde er „Sonderbevollmächtigter des Auswärtigen Amtes für den Südosten“.[24]

Viele führende Mitglieder der Wirtschaftsgesandtschaft (nicht zuletzt Neubacher selbst) unterstützten die legionäre Bewegung, wenngleich die Legionärsherrschaft zahlreiche für Deutschland negative wirtschaftliche Folgen zeitigte.[25] Nach gescheitertem Legionärsaufstand passten sich diese Unterstützer der Legionäre in der Wirtschaftsgesandtschaft den neuen Gegebenheiten an. Die Wirtschaftsgesandtschaft war an Ruhe und Ordnung interessiert, damit die Wirtschaft florierte. Deshalb konnte sie sich anfänglich – trotz ihrer ideologischen Sympathien für die Legion – sehr gut mit dem Antonescu-Regime abfinden. Je stärker jedoch dessen Eigensinn in den Wirtschaftsverhandlungen erwachte, je größere Forderungen dieses stellte (etwa die Bezahlung der Öllieferungen in Gold), desto ausgeprägter die Neigung der Wirtschaftsvertreter, die in Deutschland untergeschlüpften Legionärsführer als Drohkulisse zu verwenden. Tatsächlich war in diesen Kreisen wohl die Überzeugung verbreitet, eine Herrschaft der legionären Bewegung würde die wirtschaftliche Ausbeutung erleichtern.

Freilich gab es auch die Auffassung, am besten wäre eine direkte deutsche Besatzungsherrschaft. Dies erklärte der Nachfolger Neubachers auf dem Posten des Leiters der Wirtschaftsgesandtschaft, Henrik Klugkist, noch nach dem Krieg. Zunächst beschreibt er die Position Hitlers, der Ion Antonescu mit Rumänien gleichgesetzt und Vorschläge zu einer Besetzung Rumäniens als Treubruch abgelehnt habe. Bestärkt darin hätten ihn jene, die, wie etwa Neubacher, der Ansicht gewesen seien, eine Besetzung Rumäniens wäre militärisch und wirtschaftlich unrentabel. Diese Auffassung

> „war ethisch begründet, wirtschaftlich aber anfechtbar, denn ich glaube, dass wir mit den Rumänen als Sklaven mehr Öl bekommen hätten, wie mit den Rumänen als Verbündeten. Unsere deutschen Gesellschaften hätten ihre Bohrgeräte und Apparaturen so einsetzen kön-

[23] Dietrich Eichholtz, Deutsche Ölpolitik im Zeitalter der Weltkriege. Studien und Dokumente. Leipzig 2010, 315f.

[24] Biographisches Handbuch des deutschen Auswärtigen Dienstes, Bd. 3, 350.

[25] Zum gespaltenen Verhältnis deutscher Repräsentanten in Rumänien zur Legion um die Jahreswende 1940/1941 siehe Heinen, Die Legion „Erzengel Michael“, 442–446.

nen, wie es am zweckmäßigsten gewesen wäre, und wir hätten uns die endlosen Schikanen und Erschwerungen erspart, die die Rumänen uns bis zum Schluss bereitet haben. Natürlich wären im Anfang Schwierigkeiten entstanden, nach einigen Wochen hätten wir aber die Sache fest in der Hand gehabt."[26]

Klugkist meint noch, Deutschland hätte Rumänien besetzen können; nicht die Fähigkeit habe gefehlt, sondern der Wille.

Bei solchen Überlegungen einer Besatzungsherrschaft scheinen militärische Erwägungen eine untergeordnete Rolle gespielt zu haben, denn es ist schlecht vorstellbar, dass ein besetztes Rumänien weiter mit seiner Armee an der Front gekämpft hätte. Um dies zu gewährleisten, hätte man zumindest die legionäre Bewegung unter Horia Sima als Marionettenregierung benötigt. Aber selbst in diesem Fall wäre es nötig gewesen, die zweifellos ablehnende Haltung der Militärführung gegenüber einer solchen Entwicklung zu berücksichtigen.

Eine ähnliche Position wie Klugkist scheint auch Carl Clodius vertreten zu haben.[27] Seit 1937 stellvertretender Leiter der Handelspolitischen Abteilung des Auswärtigen Amtes und ab 1940 maßgeblicher Teilnehmer an den deutsch-rumänischen Wirtschaftsverhandlungen, hatte er ab 1943 offiziell einen Sonderauftrag des Auswärtigen Amtes für die Führung handelspolitischer Verhandlungen mit Rumänien; im Mai 1944 kam ein weiterer Sonderauftrag für wirtschaftliche und politische Verhandlungen in Bukarest hinzu.[28]

Die Wirtschaftsgesandtschaft führte die Verhandlungen über die rumänischen Öl- und Lebensmittellieferungen, über die deutsche Beteiligung an rumänischen Schlüsselindustrien wie Ölförderung und Stahlproduktion oder über die Zusammenarbeit bei der Agrarproduktion. Sie hatte ein direktes Interesse am rumänischen Wirtschaftsleben.

Gegenüber den in Rumänien lebenden Juden war das Verhalten zwiespältig. Einerseits arbeitete die Wirtschaftsgesandtschaft darauf hin, die Juden im rumänischen Wirtschaftsleben zu marginalisieren; sie drängte die rumänische Regierung, sich bei der konkreten Vorgehensweise am deutschen Vorbild auszurichten. Andererseits benutzte die Wirtschaftsgesandtschaft im Einzelfall jüdische Zwischenhändler, suchte um Ausnahmegenehmigungen für jüdische Angestellte deutscher Firmen nach und intervenierte bei rumänischen Behörden, wenn sie durch antijüdische Maßnahmen die von ihr verfolgten Wirtschaftsinteressen gestört sah.

2.2.3 Deutsche Militärmission in Rumänien

Im Oktober 1940 kam die deutsche Militärmission – euphemistisch als „Lehrtruppe" bezeichnet – nach Rumänien. Sie bestand aus einer Heeresmission unter dem Befehl von General Eric Hansen sowie einer von General Wilhelm Speidel geführten Luftwaffenmis-

26 Klugkist an Hillgruber, 17.10.1953. BArch Koblenz, N 1683/1 (Hillgruber).

27 Vgl. OSS Bukarest an OSS Washington, The German Abwehr Organization, 6.11.1944. NA, RG 226, entry 108a, box 131.

28 Biographisches Handbuch des deutschen Auswärtigen Dienstes, Bd. 1, 378f.

sion. Daneben agierte ein Wehrwirtschaftsstab Rumänien, geleitet von Oberst Karl Spalke, dem späteren Militärattaché in Bukarest. Anfang 1941 trat noch eine Marinemission unter Konteradmiral Friedrich-Wilhelm Fleischer hinzu. Als Chef der Militärmission fungierte der jeweils ranghöchste Offizier: zunächst Eric Hansen, dann kurzzeitig Wilhelm Speidel, ab Sommer 1942 Arthur Hauffe und seit Januar 1943 wieder Eric Hansen.

Aufgabe der Militärmission war es, die Erdölfelder um Ploiești zu schützen und die rumänische Armee für gemeinsame Einsätze vorzubereiten. Im Vorfeld des Krieges mit der Sowjetunion war Rumänien Schauplatz eines massiven Aufmarsches deutscher Truppenteile, die nach Beginn des Angriffs das Gebiet Kernrumäniens schnell wieder verließen.

Später wurde die deutsche Militärmission umorganisiert, umbenannt und verkleinert. Bis 1944 nahm sie neben dem Schutz der Ölfelder, was nicht zuletzt die Überwachung des rumänischen Luftraums einschloss, die Sicherung der rumänischen Schwarzmeerküste und wichtige Aufgaben für die Logistik an der Ostfront wahr. Außerdem unterhielt der Chef der Militärmission die Verbindung zwischen der deutschen Militärführung einerseits sowie Ion Antonescu und dem rumänischen Generalstab andererseits. Es galt, den militärischen Beitrag Rumäniens zu gewährleisten; auch in schlechtester Lage sollte bei der rumänischen Führung die Zuversicht in den deutschen Endsieg gestärkt werden.

Ähnlich wie bei der Wirtschaftsgesandtschaft war das Verhalten der Militärmission gegenüber Juden in Rumänien zwiespältig. Einerseits hielt man sich an die antisemitischen Vorgaben des Regimes, dem man diente, andererseits gab es Notwendigkeiten, die um des eigenen Interesses willen beachtet werden mussten. Die deutschen Truppen waren an feste Kontingente rumänischer Währung gebunden, über die hinaus sie – laut den bilateralen Abkommen – keine Waren in Rumänien einkaufen durften. Eigentlich sollte ein eventueller Mehrbedarf mit direkten Lieferungen aus Deutschland gedeckt werden. Da es dort jedoch allenthalben an Rohstoffen und Lebensmitteln mangelte, mussten die Wehrmachtsversorgungsstellen sich auf dem Schwarzmarkt eindecken und fragten bei den Vermittlern, deren Dienste sie in Anspruch nahmen, nicht nach der Herkunft, sondern orientierten sich einzig an deren Erfolg bei der Beschaffung der gewünschten Waren.

Der deutsche militärische Geheimdienst, die Abwehr, war in Rumänien zunächst nur in der Person des Militärattachés präsent gewesen. Von August 1938 bis Oktober 1940 besetzte diesen Posten Carl Wahle,[29] dem Emil Just[30] folgte, der seinerseits im Herbst 1941 auf ausdrücklichen Wunsch der Abwehr und gegen den Widerstand Killingers und Neubachers durch den – oben genannten – Sowjetunionspezialisten Karl Spalke ersetzt wurde, der bis 1944 in dieser Stellung blieb.[31]

[29] Zu seiner Militärkarriere siehe <http://www.bridgend-powcamp.fsnet.co.uk/Generalmajor%20Carl%20Wahle.htm>.

[30] Seine Militärlaufbahn ist skizziert unter <http://www.geocities.com/~orion47/WEHRMACHT/HEER/Generalmajor2/ JUST_EMIL.html>.

[31] Karl Spalke war Berufsoffizier, zuletzt im Rang eines Generalmajors. Er hatte eine Dissertation über Die Diktatur des Proletariats bei Kautsky und Lenin. Tübingen 1930 vorgelegt. In den 1930er Jahren war er Russland-Referent der Abteilung Fremde Heere (Heinz Höhne, Der

Die erweiterte Arbeit der Abwehr in Rumänien begann offiziell 1939 als Kooperation mit dem rumänischen Armeegeheimdienst *Serviciul Secret de Informații* (SSI)[32] unter Mihail Moruzov.[33] Die im Januar 1940 gegründete und zuerst von Major Hans Wagner geführte Kriegsorganisation (KO) Rumänien hatte vor allem die Aufgabe, die Ölförderanlagen in Ploiești vor Sabotageaktionen zu schützen. Ende 1940 wurde eine Abwehrstelle (AST) Rumänien mit einem erweiterten Aufgabenspektrum geschaffen. Sie stand unter der Leitung von Oberstleutnant Erich Rodler, einem Österreicher, der bereits im Evidenzbüro (k. u. k. militärischer Nachrichtendienst) gearbeitet hatte. Die Verbindung zu den Rumänen lief über Oberstleutnant Hermann von Stransky.[34]

Die AST Rumänien konnte die gesamte Infrastruktur der Militärmission wie der DGB nutzen. Zwar blieb die Abwehr mit der Verhinderung von Aktionen gegnerischer Dienste – mit ihrer klassischen Aufgabe also – vor allem im Erdölgebiet weiterhin befasst. Nach dem Machtantritt Ion Antonescus erhielt sie eine Reihe neuer Aufgaben: Sie unterstützte die deutsche Militärmission bei der Absicherung von Ion Antonescus Herrschaft. Sie kümmerte sich um die nachrichtendienstliche Aufklärung an der sowjetischen Südfront. Nicht zuletzt organisierte die Abwehr in Rumänien auf verschiedenen Wegen und mit unorthodoxen Methoden Geschäfte zugunsten der deutschen Kriegswirtschaft, indem sie etwa essentielle Rohstoffe über die neutrale Türkei erwarb, um diese Güter dann über Bulgarien und Rumänien nach Deutschland zu verschieben. In Rumänien selbst kaufte die Abwehr außerhalb der offiziell bewilligten Kontingente illegal Waren auf und mischte tatkräftig auf dem Schwarzmarkt mit, vor allem durch den Verkauf von Gold und Schmuck in großem Stil.[35]

Während der Kriegsjahre wuchsen das Personal der Abwehr und die Zahl der für sie tätigen Agenten stark an. Die AST Rumänien bestand 1942 aus etwa 70 Personen, die direkt über die Zahlstelle der Deutschen Standortkommandantur in Bukarest bezahlt wurden. Hinzu kamen 20 reichsdeutsche und zehn rumänische Angestellte.[36] Die Agenten der Abwehr in Rumänien (schätzungsweise einige Tausend) rekrutierten sich überwiegend aus den

Orden unter dem Totenkopf. Die Geschichte der SS, München 2008 [Reprint], 215). Im November 1940 wurde er als Chef der Wehrwirtschaftsmission nach Rumänien entsandt. Diese Funktion führte in einen Dauerkonflikt mit Neubacher. Als Militärattaché setzte ihn der Chef der Abwehr, Admiral Canaris, gegen die Bedenken von DGB, AA und OKW durch. (Vgl. beispielsweise AA an Killinger, 27.9.1941. PAAA, Bukarest, Karton 11.)

32 Ab November 1940, bei gleicher Abkürzung: *Serviciul Special de Informații.*

33 Troncotă, Mihail Moruzov, 87–95.

34 Zur Arbeit der Abwehr in Rumänien vgl. Erich Rodler, Von Conrad zu Keitel. Erinnerungen eines österreichischen Nachrichtenoffiziers. ÖStA, KA, B/653:1. Außerdem gewähren zwei Dokumente über bzw. von Hans Freund Aufschlüsse: Synthèse des activités de L'Oberstleutnant Freund, [Dezember 1945]. NA, RG 319, IRR, Personal Name File, Hans Freund; Persönlicher Bericht von Oberstltn. Freund. BArch Freiburg, N 506/1a (Freund), Bl. 37–63.

35 Einen ersten Einblick in solche Geschäfte gewähren die späteren Aussagen verschiedener Kaufleute, die bis 1944 in Bukarest tätig gewesen waren. (Vgl. u. a. Walter Bernthal an StA Frankenthal, 3.7.1961. StA Frankenthal, 9 Js 143/61, Bd. 2, Bl. 281.)

36 Combined Services Detailed Interrogation Centre (UK), German Units and Personalities in Romania, 12.10.1944. NA, RG 165, entry 179, box 661.

Reihen der im Land lebenden Reichsdeutschen, wobei natürlich bei dem Aufgabenfeld der Abwehr innerhalb Rumäniens vor allem Geschäftsleute die interessantesten Informationen liefern und Verbindungen aufbauen konnten.[37]

Unter den Mitarbeitern und Agenten der Abwehr gab es etliche Parteimitglieder, so der erwähnte Stransky oder die Konsuln von Czernowitz (Fritz Schellhorn) und Galaţi (Alfred Lörner); es waren viele Nationalkonservative (etwa Erich Rodler) dabei; aber auch einige ausgesprochene Gegner des nationalsozialistischen Regimes machten mit, wie der von 1936 bis 1944 als Attaché in die DGB eingebaute Hermann von Ritgen, dessen wichtigste Aufgabe es dort war, die ständige Verbindung zwischen Manfred von Killinger und Mihai Antonescu zu gewährleisten. Man kann also keineswegs von einer einheitlichen ideologischen Ausrichtung der Abwehr sprechen.

Wie auch andernorts bediente sich die Abwehr in Rumänien jüdischer Agenten. Sie hatte ihre Hände bei verschiedenen Projekten zur Auswanderung von Juden mit im Spiel. Dabei ging es einerseits um die Sicherung der Lieferung von Rohstoffen und Lebensmitteln, andererseits aber auch darum, Juden als deutsche Agenten über die Türkei nach Palästina zu schleusen. Inwieweit es sich dabei tatsächlich um nachrichtendienstliche Unternehmungen oder um verdeckte Rettungsaktionen – womöglich gegen Geldbeträge – handelte, ist im Nachhinein, wenn überhaupt, nur im Einzelfall festzustellen.

2.2.4 Parteifraktionen der NSDAP

Bereits im 1930er Jahrzehnt war die NSDAP in Bukarest durch ihre Auslandsorganisation (AO) unter dem schon erwähnten Arthur Conradi vertreten. Desgleichen war der SD aktiv, dessen Tätigkeit aber ungleich schwerer nachzuweisen ist als die der AO. Mitte der dreißiger Jahre versuchte sich zudem das Außenpolitische Amt der NSDAP (APA) in die rumänischen Verhältnisse einzumischen.

Das APA unterstützte dabei ziemlich massiv mit Geld und Propagandamitteln die rechtsgerichtete *Nationale Agrarpartei* (*Partidul Naţional Agrar*) von Octavian Goga und bemühte sich aktiv um deren Fusion mit der fast ausschließlich dem Antisemitismus verschriebenen *National-Christlichen Verteidigungsliga* (*Liga Apărării Naţional-Creştine*) Alexandru C. Cuzas. Die Vereinigung zur *Nationalchristlichen Partei* (*Partidul Naţional-Creştin*) erfolgte denn auch 1935. Als Mittelsmann zwischen dem APA und den Parteien Gogas und Cuzas fungierte damals Radu Lecca, von dem wegen seiner Rolle als „Bevollmächtigter der rumänischen Regierung zur Regelung der jüdischen Frage in Rumänien“ noch die Rede sein wird.[38]

37 OSS Bukarest an OSS Washington, The German Abwehr Organization, 6.11.1944. NA, RG 226, entry 108a, box 131.

38 Zur Zusammenarbeit mit dem APA siehe schon Hans Günther Seraphim (Hg.), Das politische Tagebuch Alfred Rosenbergs. Göttingen 1956, 48, 52, 54, 58. Weitere Auskunft gibt ein Papier der israelischen Polizei: Anlage 1, o. O. o. D. StA Frankenthal, 9 Js 143/61, Bd. 2, Bl. 189f.

Im Unterschied zu Rosenbergs APA setzte Conradi als Vertreter der NSDAP/AO früh auf die legionäre Bewegung von Corneliu Z. Codreanu, die ebenfalls deutsche Unterstützung erfuhr, wenngleich bislang nicht geklärt ist, von wem und über welche Wege.[39]

Erst nach Ausbruch des Zweiten Weltkriegs ist die Präsenz des SD wirklich nachweisbar, mithin ab einem Zeitpunkt, als der SD gezwungenermaßen mit dem Auswärtigen Amt zusammenarbeitete. Per Erlass vom 3. September 1939 wurden nämlich sämtliche im Ausland tätigen Zivilbehörden und Parteidienststellen der diplomatischen Mission in dem betreffenden Land unterstellt.[40] Dies führte zu Konflikten des Auswärtigen Amtes mit verschiedenen Ministerien und Dienststellen, nicht zuletzt mit dem am 27. September 1939 gebildeten RSHA, in dem der SD mit der Sicherheitspolizei (Sipo) zusammengeführt worden war.

Wenig später, am 26. Oktober 1939, schlossen Auswärtiges Amt und RSHA eine erste Übereinkunft, die dem SD erlaubte, eigene Repräsentanten in die diplomatischen Vertretungen einzubauen und diesen damit eine Deckung zu verschaffen. Vordem hatte allein die Abwehr ein solches Privileg besessen. Darüber hinaus sicherte sich der SD in einem am 8. August 1940 geschlossenen Abkommen andere, bis dahin ebenfalls der Abwehr vorbehaltene Rechte. Die Dienststellen vor Ort durften direkte, dem Auswärtigen Amt nicht offenzulegende Verbindungen (über Funk und Kurier) mit dem RSHA und ein eigenes, ebenfalls dem AA nicht bekannt zu machendes Agentennetz unterhalten. Der unter Deckung des Auswärtigen Amtes arbeitende Sonderbeauftragte der Sipo war lediglich verpflichtet, dem jeweiligen Missionschef unmittelbar Belange des AA tangierende Berichte vorzulegen.[41]

Als dieses Abkommen geschlossen wurde, hielt sich schon ein Sonderbeauftragter des SD seit März 1940 in Rumänien auf, und zwar in der Person von Otto Albrecht Baron von Bolschwing, Kaufmann und Devisenberater, bis 1936 übrigens V-Mann des SD in Palästina.[42] Im Juli 1940 gesellte sich Kriminalkommissar Kurt Geissler hinzu, erst als Sonderbeauftragter der Sicherheitspolizei, dann als Polizeiattaché.[43] Doch waren Bolschwing und

Auch liegen inzwischen weitere Materialien des APA vor, die sich im Sonderarchiv in Moskau befinden: USHMM, RG 11.001M.07, reel 78. Vgl. auch die – mit Vorsicht zu lesende, weil in vielen Passagen märchenhaften Charakter tragende – Autobiographie von Radu Lecca, Eu i-am salvat pe evreii din România. București 1994, 77–127.

39 Hier gilt nach wie vor, was Armin Heinen 1986 konstatierte: Für die 1930er Jahre sind keine Belege für eine direkte Unterstützung der legionären Bewegung durch deutsche Stellen bekannt, sehr wohl aber für eine Unterstützung der Parteien von Goga und Cuza, vor allem eben durch das APA der NSDAP (Heinen, Die Legion „Erzengel Michael“, 246–252, 322–342).

40 „Führer-Erlasse“ 1939–1945. Edition sämtlicher überlieferter, nicht im Reichsgesetzblatt abgedruckter, von Hitler während des Zweiten Weltkrieges schriftlich erteilter Direktiven aus den Bereichen Staat, Partei, Wirtschaft, Besatzungspolitik und Militärverwaltung. Stuttgart 1997, 90.

41 Michael Wildt, Generation des Unbedingten. Das Führungskorps des Reichssicherheitshauptamtes. Hamburg 2003, 647f.

42 Zur Person Bolschwings vgl. NARA, RG 263, CIA Namefiles, Otto von Bolschwing; BArch, BDC, RS A 5073; BArch, BDC, SSO 88.

43 Ottmar Trașcă, Atașații de poliție SS din cadrul Legației germane din București și influența activității lor asupra evoluției relațiilor româno-germane, 1940–44, *Anuarul Institutului de Istorie „George Barițiu“* 46 (2007), 324f.

Geissler in den Legionärsaufstand vom Januar 1941 verwickelt, weshalb beider Namen auf der Liste derjenigen deutschen Repräsentanten von SS und SD stand, deren Abberufung aus Rumänien Ion Antonescu forderte.[44] Der gerade in Bukarest angekommene Manfred von Killinger begab sich zurück nach Deutschland und setzte diese Forderung im Laufe einer mehrwöchigen Auseinandersetzung mit Himmler und Heydrich schließlich durch, weil Hitler und Ribbentrop sich auf seine Seite stellten.

Diese Vorgänge nahm der Reichsaußenminister am 18. April 1941 zum Anlass, das Abkommen über den Einbau der Polizeiattachés in die diplomatischen Vertretungen zu kündigen. Mittels Runderlass forderte er alle Mitarbeiter des Auswärtigen Amtes im Ausland auf, zu erklären, ob sie für den SD oder die Abwehr tätig seien oder gewesen seien.[45] In monatelangen, zähen Verhandlungen zwischen AA und RSHA ging es nicht nur um die Stellung des Polizeiattachés, sondern letztlich um die gesamte Tätigkeit des RSHA im Ausland. Am 8. August 1941 unterzeichneten Himmler und Ribbentrop schließlich eine neue Vereinbarung. Demnach hatten sich in Zukunft die Polizeiattachés jeder die bilateralen Beziehungen gefährdender Aktivität zu enthalten; gleichzeitig waren sie für alle SD-Dienststellen im jeweiligen Land verantwortlich.[46]

Schon vor Abschluss des Abkommens hatte der SD die im April 1941 sistierte Tätigkeit in Rumänien zumindest im nachrichtendienstlichen Bereich wieder aufgenommen. Ende Juni waren einige der kurz zuvor abgezogenen Mitarbeiter Bolschwings erneut in Rumänien. Unter ihnen sind Kurt Auner und Roland Gunne hier erwähnenswert. Seit Anfang 1940 arbeiteten diese zwei jungen Siebenbürger Sachsen für das RSHA. Gunne wurde nunmehr Verbindungsmann zur Deutschen Volksgruppe, Auner neuer Hauptbeauftragter des SD.[47]

Mit der Deutschen Volksgruppe hatten sich die nationalsozialistischen Parteistellen im Herbst 1940 eine Fünfte Kolonne geschaffen. Beim Zweiten Wiener Schiedsspruch musste Rumänien seiner deutschen Minderheit volle Gleichberechtigung zusichern, was unter anderem tatsächlich bedeutete, dass die SS unter der nationallegionären Regierung direkten Zugriff auf diese Bevölkerungsgruppe erhielt. Im September 1940 ernannte die Volksdeutsche Mittelstelle (VOMI) den damals 28-jährigen Andreas Schmidt zum Volksgruppenführer, einen Siebenbürger Sachsen, dessen Hauptqualifikation es war, Gottlob Berger, Chef des SS-Hauptamts, zum Schwiegervater zu haben. Im November 1940 erkannte die natio-

44 Zur Tätigkeit Bolschwings und Geisslers in Rumänien und deren Verwicklung in den Legionärsaufstand vgl. ebenda, 324–337, 343–348, 354f.

45 Ribbentrop, Runderlass an alle Angehörigen des Auswärtigen Amtes im Ausland, o. D. PAAA, Personalabteilung, Pers.g. 12/1.

46 Höhne, Der Orden unter dem Totenkopf, 268; Wildt, Generation des Unbedingten, 649. Auch Angehörige der Abwehr unter der Deckung des AA erhielten die Erlaubnis, ihre Arbeit fortzusetzen, soweit sie selbst keine aktive Sabotage übten – andere dazu anleiten durften sie freilich. Diese Regelung bestätigte Ribbentrop nochmals Anfang September 1941. (Vgl. Karl Ritter, Notiz, 11.9.1941. BStU, MfS HA IX 20073, Bl. 8.)

47 Chief of Station Karlsruhe an Chief Pullach Operations Base, Kurt Auner, 10.3.1950. NARA, RG 263, CIA Name Files, second release, Kurt Auner.

nallegionäre Regierung die Deutsche Volksgruppe als eine Körperschaft des öffentlichen Rechts an, die verpflichtende Bestimmungen für ihre Angehörigen erlassen konnte. Überdies wurde die Gründung einer eigenen NSDAP der Deutschen Volksgruppe erlaubt. Für kurze Zeit wurde die deutsche Minderheit zu einem Staat im Staat.[48]

Der NSDAP/AO ging es vor allem darum, auf reichsdeutsche Firmen und Geschäftsleute in Rumänien sowie auf Firmen mit deutschen Anteilen dahingehend Druck auszuüben, die jüdischen Mitarbeiter und Vertreter zu entlassen. Dagegen hatte es die Deutsche Volksgruppe mehr auf das jüdische Eigentum abgesehen; wiederholt forderte sie von der rumänischen Regierung einen Anteil an dem den Juden geraubten Vermögen.

In seiner Tätigkeit in Rumänien war der SD ideologisch und personell eng mit der AO Bukarest der NSDAP und der Deutschen Volksgruppe verbunden. Hauptamtliche Mitarbeiter, Agenten und Informanten rekrutierten sich vor allem aus diesen Kreisen. Oftmals handelte es sich um junge und unerfahrene, aber dafür umso fanatischere Nationalsozialisten. Nicht zuletzt zeigt sich dies im mangelnden Informationsgehalt der Berichte des SD über die Lage in Rumänien. Meist unfähig, relevante Beobachtungen zu machen, sahen die Schreiber der dem RSHA zugestellten Meldungen die Ereignisse überwiegend durch die Brille ihrer ideologisch bestimmten Weltsicht und der darin gründenden Erwartungen.[49] In aller Regel lieferten die Mitarbeiter der Abwehr fundierteres Material.

2.2.5 Deutsche Berater

Bedeutsam für die Wege deutscher Einflussnahme während des Zweiten Weltkrieges war das Beratersystem bei den Verbündeten. Die Tiefe des Eindringens der Berater in die jeweilige Regierung und deren Verwaltungsstrukturen kann als Indikator für das deutsche Interesse an einem anderen Staat und für den Grad der Abhängigkeit desselben angesehen werden. Dabei ging die Initiative für die Entsendung der Berater eindeutig von Deutschland aus. Natürlich wurde versucht, die wahren Verhältnisse zu verschleiern, indem die Regierung des verbündeten Staates eine entsprechende Anfrage an das Auswärtige Amt richtete, das dann mit einer Zusage zu reagieren pflegte.

In Rumänien gingen die deutschen Vorstöße in die letzten Monate der Regierungszeit König Carols II. zurück. So traf Killinger – damals noch nicht Gesandter in Rumänien – am 25. Juni 1940 den Chef des rumänischen Geheimdienstes, Moruzov. Vorrangig war dieses Krisentreffen anberaumt wegen der für Rumänien bedrohlichen Entwicklung des Verhältnisses zur Sowjetunion. Moruzov bat seinen Gesprächspartner um „Ratschläge“ zu

[48] Vgl. hierzu Johann Böhm, Die Gleichschaltung der Deutschen Volksgruppe in Rumänien und das „Dritte Reich“: 1941–1944. Frankfurt/M. 2003. Die Entwicklung in Rumänien im südosteuropäischen Kontext betrachtet Geza C. Paikert, The Danube Swabians. German Populations in Hungary, Rumania, Yugoslavia and Hitlers Impact on their Patterns. The Hague 1967.

[49] Vgl. etwa die unter BArch, R 58/6387a und R 58/6387b erhaltene Rumänien-Berichterstattung des SD sowie die Berichte von Andreas Schmidt an Gottlob Berger in BArch, NS 19/2724.

Fragen wie „Behandlung des Judenproblems, Arbeitsfrieden, Organisationspläne, Parteigarde". Mit dieser Bitte um „Ratschläge" kam Moruzov deutschen Wünschen entgegen. Killinger ging denn auch darauf ein und schlug vor, Experten aus Deutschland „für längere Zeit einzuladen". Moruzov sagte dementsprechende Schritte zu.[50]

Diese Taktik kam auch andernorts zum Einsatz, etwa in der Slowakei. Am 28. Juli 1940 forderte Ribbentrop von den auf Schloss Kleßheim einbestellten slowakischen Politikern ultimativ die Umbildung der slowakischen Regierung („Salzburger Diktat"). Gleichzeitig wurde Killinger als neuer Gesandter eingesetzt, der das slowakische Außenministerium beraten und von einem Stab von Fachleuten begleitet werden sollte.[51] Am 29. Juli 1940, einen Tag nach den Gesprächen mit der slowakischen Führung in Salzburg, unterstrich Ribbentrop in einem Brief an Killinger die Notwendigkeit, wenigstens einen Teil der geplanten Berater sofort zu entsenden, und zwar diejenigen für Polizei, „Judenfragen", Propaganda, Wirtschaft und die Hlinka-Garden. Dabei war es dem Reichsaußenminister wichtig, dass die Anfrage aus der Slowakei kam, damit das wahre Ausmaß des deutschen Einflusses nicht offen zutage trat.[52]

Für die rumänische Regierung hatte die Idee, ausländische Berater einzusetzen, nichts Ungewöhnliches an sich. Während der 1930er Jahre war die Platzierung französischer Berater bei der rumänischen Nationalbank eine Bedingung für dringend benötigte Auslands-Kredite gewesen, und in derselben Zeit hatten britische Spezialisten die rumänische Polizei beim Kampf gegen die legionäre Bewegung beraten.[53] Die deutschen Pläne waren jedoch viel umfassender und tiefgreifender als das, was sich die rumänische Seite vorgestellt haben mag.

Im Herbst 1940 traf die erste Gruppe deutscher Berater in Bukarest ein. Mehrheitlich sollten sie sich mit Wirtschafts- und Finanzfragen befassen. Diese ersten deutschen Berater waren Fachbeamte deutscher Ministerien und Dienststellen (Wirtschafts- und Landwirtschaftsministerium, Kommissar für Preisbildung, Getreidehandelsstelle, Reichspost, Reichsbahn). Sie wurden in Bukarest der Dienststelle Neubachers zugeordnet. Es gab Berater für Preispolitik, für Außenhandelsfragen, für die Reform der Zentralbank und nicht zuletzt für „Arisierungen" in der Wirtschaft. Nach außen hin sollten diese Deutschen nicht in Erscheinung treten, sondern direkt in den rumänischen Ministerien tätig werden.[54] Die

[50] Vgl. Manfred von Killinger, Bericht über Rumänien, die russische Krise betreffend. Unterredungen mit General Moruzov, Minister Urdarianu und König Carol, 30.6.1940. NA, T 120, reel 622, F17098–F17105. Siehe auch TRONCOTĂ, Mihail Moruzov, 530.

[51] Tatjana TÖNSMEYER, Das Dritte Reich und die Slowakei 1939–1945. Politischer Alltag zwischen Kooperation und Eigensinn. Paderborn 2003, 63. Zur Entstehung des deutschen Beratersystems in der Slowakei siehe ebenda, 59–93.

[52] Katarína HRADSKÁ, Der deutsche Berater und die „Lösung der Judenfrage" in der Slowakei, *Theresienstädter Studien und Dokumente* 9 (2002), 301.

[53] Constantin ARGETOIANU, Însemnări zilnice, Bd. 2: 1 ianuarie–30 iunie 1937. București 1999, 301. Wenngleich in diesem Tagebuch vom „Secret Service" gesprochen wird, dürfte Scotland Yard oder MI5 gemeint sein und nicht der Secret Intelligence Service (SIS) bzw. MI6.

[54] Zeugenaussage Henrik Klugkist, 13.5.1955. StA Frankenthal, 9 Js 143/61, Bd. 16, Bl. 3771; Zeugenaussage Walter Schulte-Meermann, 16.10.1968. BArch Ludwigsburg, B 162/3812,

Details ihrer Entsendung und Verwendung hatten Clodius und Neubacher unmittelbar mit Ion Antonescu ausgehandelt.[55] Mitte Oktober hatte Neubacher der rumänischen Regierung dann eine Liste mit Namen und Qualifikation der vorgesehenen Wirtschafts- und Finanzberater überreicht.[56]

Die „Arisierungsbemühungen" der Wirtschaftsgesandtschaft waren auf Unternehmen unter deutschem Einfluss beschränkt; zumindest legt das die gegenwärtige Quellenlage nahe. Noch nicht nachweisen lässt sich der weiter gefasste Aktionsradius Neubachers, wie er in Äußerungen anklingt, die er im Januar 1941 gemacht haben soll. Am 10. Februar 1941 berichtete der amerikanische Gesandte Franklin M. Gunther an das Außenministerium in Washington u. a., Neubacher habe gegenüber dem amerikanischen Militärattaché John Ratay angekündigt, es werde eine mit allen Vollmachten ausgestattete Kommission zur Erarbeitung antijüdischer Gesetze eingesetzt; aus Wien werde er einen Experten kommen lassen, der sich darum zu kümmern habe.[57] Vermutlich handelte es sich hierbei um Planungen, die nach Entfernung der Legionäre aus der Regierung Makulatur waren.

Mitte November 1940 sahen die Verhältnisse noch anders aus. Man einigte sich über die Entsendung weiterer Berater. Fabricius erwähnt in einem Telegramm Berater für Wohlfahrtsangelegenheiten, Propaganda, Jugend, Organisierung der Ärzteschaft sowie Frauen. Sie sollten der DGB beigeordnet sein.[58]

Im ersten Quartal 1941 trafen weitere Berater ein. Das deutsche Innenministerium hatte verschiedene Experten für Verwaltungsreform und Kommunalpolitik (Karl Pflaumer, Theodor Ellgering, Hans-Karl von Reinhard) abgeordnet. Und das RSHA schickte einen Berater für Polizeifragen (Hans Flade) sowie einen „Berater für Judenfragen und Arisierung" (Gustav Richter).[59]

„Diese Berater waren gedacht für eine Legionärsregierung unter Horia Sima", erklärte Gustav Richter 1957 als Zeuge in einem Wiedergutmachungsverfahren, um fortzufahren: „Der Putsch der Legionäre 1941 misslang jedoch und es wurde Antonescu Chef der Regie-

Bl. 1053f.

55 Clodius, Aufzeichnung, 11.12.1940. PAAA, R 29699, Bl. 356–359.

56 Brabețianu an MAE, 26.10.1940. AMAE, fond 71, Germania, telegrame 1935–1944, dosar 2, Bl. 198.

57 Gunther an Hull, 10.2.1941. Ancel (Hg.), Documents, Bd. 2, Dok. 81, 259f.

58 Fabricius an AA, 16.11.1940. PAAA, R 29699, Bl. 253f.

59 Solche „Judenberater" aus Deutschland kamen auch anderswo zum Einsatz. Siehe Claudia Steur, Eichmanns Emissäre. Die „Judenberater" in Hitlers Europa, in: Gerhard Paul / Klaus-Michael Mallmann, Die Gestapo in Europa: Heimatfront und besetztes Europa. Darmstadt 2000, 403–436. Grundlage bildet die Studie der Autorin zu Theodor Dannecker, der in dieser Funktion vom RSHA in verschiedenen besetzten wie verbündeten Staaten – Frankreich, Bulgarien, Italien, Ungarn – verwendet wurde (Claudia Steur, Theodor Dannecker. Ein Funktionär der „Endlösung". Essen 1997). Die Lage in Rumänien und die Aktivitäten Gustav Richters werden in dem Aufsatz von 2000 auf Grundlage inzwischen überholter Sekundärliteratur beleuchtet. Für Rumänien wurde Dieter Wisliceny indirekt wichtig. Zu seiner Tätigkeit als „Berater für Judenfragen" in der Slowakei siehe Hradská, Der deutsche Berater, 300–317; sowie Tönsmeyer, Das Dritte Reich und die Slowakei, 137–161.

rung. Damit wurde die eigentliche Aufgabe der Berater schon eingeschränkt."[60] Ähnlich sah das schon zu jener Zeit Killinger. Am 28. Januar 1941 telegraphierte er aus Bukarest nach Berlin, aufgrund der veränderten politischen Verhältnisse solle vorerst von der Entsendung der „Sachverständigen aus den Gliederungen der NSDAP", die Rudolf Heß dem Reichsaußenminister vorgeschlagen habe, abgesehen werden. Sie sollten sich aber weiterhin auf Abruf zur Verfügung halten.[61]

Nachdem Ion Antonescu Ende Januar 1941 die Legionäre von der Macht entfernt und seine Alleinherrschaft gefestigt hatte, suchte er in der Tat den direkten Einfluss der Berater einzudämmen, indem er diejenigen, die bereits in Ministerien arbeiteten, von dort sukzessive entfernen ließ und dafür sorgte, dass sie ihre Tätigkeit nur noch aus der Gesandtschaft heraus fortsetzen konnten. Ion Antonescu wollte die deutschen Berater durchaus weiter nutzen, allerdings zu seinen eigenen Bedingungen. Die Berater aus der NSDAP (Arbeitsdienst, Jugend, soziale Fragen) durften ebenso einreisen wie die Vertreter des Innenministeriums. Mit Richter war es sogar einem Angehörigen des RSHA gestattet, seine Tätigkeit im Rahmen der DGB aufzunehmen.

Nur einen lehnte die rumänische Regierung umgehend ab: den als Berater für Polizeifragen vorgesehenen Hans Flade. Dessen Dienste waren im Februar 1941 in Rumänien nicht mehr gefragt. Flade selbst erklärte später dazu, er sei in Rumänien nicht tätig geworden, „da meine Verwendung von der besonderen Anordnung des Gesandten abhing und dieser nicht in Bukarest war". (Wirklicher Grund war natürlich die bereits erwähnte Rückberufung aller SD-Mitarbeiter aus Rumänien.) Er sei dann nach sechs Wochen aus Rumänien abberufen und anderweitig verwendet worden.[62] Nach Rumänien kehrte er nicht mehr zurück.[63]

Zu einem Konflikt kam es, nach Beginn des gemeinsamen Feldzugs gegen die Sowjetunion, auch um den von Deutschland geplanten Einsatz direkt dem Wirtschaftsstab Ost unterstellter landwirtschaftlicher Berater in der Bukowina, in Bessarabien und in Transnistrien. Zwar gestattete schließlich die rumänische Regierung deren Entsendung; sie durften jedoch bloß als „verlängerter Arm" der DGB tätig werden, waren also der Wirtschaftsgesandtschaft untergeordnet.[64]

Unter Ion Antonescus Alleinherrschaft hatte die rumänische Seite ihre eigene Vorstellung von der Arbeit der Berater. Sie erhoffte sich Einblick in deutsche Methoden und Techniken. Dabei wollte sie selbst bestimmen, was davon zu übernehmen bzw. wie es den landesspezifischen Bedingungen anzupassen sei. Deutscherseits war man keineswegs so naiv anzunehmen, deutsche Konzepte könnten in Rumänien eins zu eins umgesetzt werden; doch versprach man sich von der Präsenz von Beratern in den wichtigsten Ministerien eine direkte Einflussnahme zugunsten Deutschlands. Misst man die wirklichen Ergebnisse der

60 Zeugenaussage Gustav Richter (Landgericht Stuttgart, Josef Müller gegen Baden-Württemberg EGR 4101), [1957]. StA Frankenthal, 9 Js 143/61, Bd. 1, Bl. 105.

61 Vgl. Luther an Friedrichs, 4.2.1941. PAAA, R 27658, Bl. 194.

62 Vgl. Zeugenaussage Hans Flade, 2.5.1968. BArch Ludwigsburg, B 162/3811, Bl. 850f.

63 Vgl. Personalvorgang Hans Flade. BArch, BDC, SSO 211.

64 Zeugenaussage Gustav Tilmann, 8.7.1968. BArch Ludwigsburg, B 162/3811, Bl. 776–778.

Berater in Rumänien an den ursprünglich in sie gesetzten Hoffnungen, so war das Resultat aus deutscher Sicht recht ernüchternd: Die meisten scheiterten.[65]

Auf deutsche Initiative hin wurden die Berater 1942 schrittweise abgezogen. Im Oktober 1942 waren noch vier Berater in Rumänien zu finden: SS-Sturmbannführer Franz Langer (Berater für soziale und Arbeiterfragen), Oberstarbeitsführer Herbert Freiherr von Stetten-Erb (Berater für Arbeitsdienst), Hauptbannführer Günther Muths (Berater für Jugendfragen) sowie SS-Hauptsturmführer Gustav Richter (Berater für Judenfragen). Zu diesem Zeitpunkt hielt Killinger alle bis auf Langer für entbehrlich.[66]

DGB, Wirtschaftsgesandtschaft, militärische Dienststellen, dazu Vertretungen deutscher Ministerien, von NSDAP, SS und RSHA vertraten gemeinsam den vom nationalsozialistischen Deutschland propagierten Antisemitismus und beteiligten sich, jeweils in ihrem eigenen Betätigungsfeld, an der Durchsetzung daraus abgeleiteter Regelungen und Maßnahmen. Freilich kam es nicht selten vor, dass sie aus Erwägungen der Nützlichkeit und Wirtschaftlichkeit mit Juden zusammenarbeiteten und verschiedentlich sogar für Juden bei den rumänischen Behörden intervenierten.

2.3 *Quellenfragen*

Trotz der Vielfalt in Rumänien tätiger Institutionen und Personen bündelte sich die deutsche Einflussnahme auf die rumänische Politik gegenüber den Juden in wenigen Kanälen. Quellenmäßig (nach deutschen Archiven) am besten dokumentiert und daher bislang in der Forschung vorrangig beachtet ist der über die DGB laufende Kanal vom AA und vom RSHA zur rumänischen Regierung. Innerhalb der DGB waren damit befasst der Gesandte Manfred von Killinger (in seiner Abwesenheit sein Stellvertreter Gerhard Stelzer) und der „Berater für Judenfragen" Gustav Richter, der seine Anweisungen vom RSHA erhielt, direkt an dieses berichtete, aber insofern in die DGB eingebunden war, als er disziplinarisch dem Gesandten unterstand und diesem alle die bilateralen Beziehungen direkt betreffenden Berichte vorzulegen hatte.

Gustav Richters Korrespondenz ist vor allem in jenen Teilen erhalten geblieben, die durch das Auswärtige Amt übermittelt wurden. Bis 1942 sind die Akten der DGB im Wesentlichen vorhanden; ergänzt werden sie durch die zentrale Überlieferung des Auswärtigen Amtes. Infolge eines historischen Zufalls ist ein Teil der von Gustav Richter in Bukarest geführten Akten getrennt erhalten geblieben. Sie wurden für das Nürnberger Verfahren als Beweisdokumente ausgewertet und sind dadurch in die Forschung eingegangen.[67]

65 Zu einem ähnlichen Fazit gelangt für die Slowakei TÖNSMEYER, Das Dritte Reich und die Slowakei, 320–348.

66 Killinger an AA, 6.10.1942. PAAA, R 99396.

67 Die heute in den erhaltenen Akten des OSS (NA, RG 226) befindlichen Unterlagen waren im Herbst 1944 einer in Bukarest tätigen OSS-Mission in die Hände gefallen. Siehe zum Kontext

Gesprächspartner Killingers waren rumänischerseits in der Regel Ion und Mihai Antonescu. Stelzer verhandelte eher mit Mihai Antonescu oder mit dem Generalsekretär im rumänischen Außenministerium, Gheorghe Davidescu. Für Richter hingegen ist keine einzige Unterredung mit Ion Antonescu belegt. Richter sprach mit Ministern der rumänischen Regierung, wobei die höchste Ebene für ihn der stellvertretende Ministerpräsident Mihai Antonescu war. Die hier erstmals vorgelegte Auswertung einschlägiger rumänischer Quellen verdichtet das Bild der Ereignisse wesentlich und erlaubt zudem eine ausgewogenere Einschätzung.

Eine wichtige Ergänzung sind die Nachkriegsbefragungen der Protagonisten; denn oftmals gestatten sie eine Deutung von Zusammenhängen, die sich in den – ohnehin nur fragmentarisch überlieferten – Quellen nicht widerspiegeln. Allerdings bedürfen diese Äußerungen, die unter ganz unterschiedlichen Bedingungen, aber stets unter dem Druck der späteren Rechtfertigung eigenen Verhaltens, zustande gekommen sind, einer sorgfältigen Analyse. Vor allem sind damit die jeweils verfolgte Verteidigungsstrategie in Justizverfahren und die Abgleichung mit anderen Quellen angesprochen.

Doch mit den in Rumänien ansetzenden Kanälen allein ist die deutsche Einflussnahme nicht hinreichend beschrieben. Unerlässlich ist die Einbeziehung der obersten politischen Ebene. Solche persönlichen Kontakte wurden erst nach dem Sturz Carols II. unter der nationallegionären Regierung bedeutsam und dann in den Jahren der Alleinherrschaft Ion Antonescus durch das Vertrauensverhältnis zwischen Hitler und dem rumänischen „Staatsführer" maßgebend.

Wie im nationalsozialistischen Deutschland Hitler der entscheidende Faktor bei der Formulierung antisemitischer Politik war, war es im rumänischen Kontext der diktatorisch regierende Ion Antonescu. Hier gibt es jedoch ein gravierendes Quellenproblem. Nach den heute vorliegenden deutschen Dokumenten zu den Kontakten auf Regierungsebene gab es bis Herbst 1942 kein einziges Gespräch zwischen Ion Antonescu und Hitler oder einem anderen führenden Mitglied der NS-Regierung, in dem die „Judenfrage" angesprochen wurde. Ebensowenig wurde das Thema in den überlieferten Gesprächen Mihai Antonescus mit Hitler, Ribbentrop und anderen Ministern in diesem Zeitraum berührt. An diesem zentralen Punkt liefert auch die ansonsten reichlich sprudelnde rumänische Überlieferung keinerlei weitergehende Aufschlüsse.

So ist man mit dem Befund konfrontiert, dass ausgerechnet für die Phase der Kongruenz deutscher und rumänischer Planungen hinsichtlich der „Lösung der Judenfrage" keinerlei direkte Quellen über Absprachen existieren, die auf höchster Ebene stattgefunden haben müssen. Denn ohne solche Absprachen ist die Form der Übernahme deutscher Modelle, wie sie stattfand, undenkbar.

Eduard MARK, The OSS in Romania 1944–1945. An Intelligence Operation in the Early Cold War, Intelligence and National Security 9 (1994), 320–344; Shlomo ARONSON, Preparation for the Nuremberg Trial: The OSS, Charles Dwork and the Holocaust, *Holocaust and Genocide Studies* 12 (1998), 257–281. In den 1970er Jahren wurde ein Teil der Unterlagen aus Gustav Richters Büro als Ergänzung zu den Himmler-Files mikroverfilmt (NA, T 175, reel 657–663).

Dieses Schweigen aller Quellen zur Entscheidungsfindung von Herbst 1940 bis Herbst 1942 ist auch deshalb höchst bemerkenswert, weil die Thematisierung der „Judenfrage" in den bilateralen Gesprächen aus den letzten Monaten der Königsdiktatur in der deutschen wie in der rumänischen Überlieferung protokolliert ist. Ebenso beinhalten die deutschen Zusammenfassungen der Unterredungen Hitlers mit ausländischen Staatsmännern auch für diesen Zeitraum verschiedentlich Erwähnungen der „Judenfrage", etwa mit den ungarischen oder kroatischen Gesprächspartnern. Aus den Jahren 1943 und 1944 sind in den Dokumenten über die Treffen Hitlers und Ribbentrops mit den beiden Antonescus ohne erkennbaren Gesprächszusammenhang einige Wortwechsel zur „Judenfrage" festgehalten.

Dieser weiße Fleck für die entscheidende Zeitperiode erschwert die Interpretation ungemein, wie ja auch bereits die in der Einleitung erwähnte Forschungsgeschichte zeigt. Es ist also der mühsame Weg zu beschreiten, aus den heute zur Verfügung stehenden Quellen Indizien zusammenzutragen, um wenigstens die wichtigsten Konturen eines Gesamtbildes zu zeichnen.

Erst aus einem solchen Vorgehen schält sich etwa heraus, dass die deutschen Berater Karl Pflaumer und Theodor Ellgering, die so harmlos als Berater für Verwaltungsfragen firmierten, tatsächlich auch als „Berater für Judenfragen" auftraten und mithalfen, Vertreibung und Mord der Juden aus der Bukowina und aus Bessarabien zu planen und durchzuführen. Quellen über solche untergeordneten Verwaltungsebenen erlauben wiederum Rückschlüsse auf Abmachungen auf höchster Ebene, so dass es doch möglich ist, die weißen Flecken skizzenhaft auszufüllen.

Von entscheidender Bedeutung für diese Aspekte – wie für die gesamte vorliegende Interpretation – sind die seit 1990 in die Forschung eingebrachten Bestände des rumänischen Regierungsapparats der Antonescu-Zeit. Deshalb sind einige Anmerkungen zur Entstehung und zum Schicksal der archivalischen Hinterlassenschaften des Antonescu-Regimes nötig.

Zwischen 1940 und 1944 war Rumänien eine Militärdiktatur. Ion Antonescu vereinte in seiner Person die neu geschaffene Position des „Staatsführers", dazu die Ämter des Ministerpräsidenten und des Oberbefehlshabers der Streitkräfte. Zur Ausübung seiner Herrschaft bediente er sich weitgehend des bestehenden Regierungs- und Militärapparats. Ion Antonescu war ein altgedienter Generalstabsoffizier. Nach steiler Armeekarriere 1937/1938 Verteidigungsminister geworden, geriet er in Konflikt mit König Carol II. und wurde kaltgestellt, aber schließlich von demselben Carol am 4. September 1940 zum Ministerpräsidenten ernannt, was er bis zum 23. August 1944 blieb. Ab dem 6. September 1940 war er außerdem noch „Staatsführer".

Dem Ministerpräsidenten stand in Rumänien die Präsidentschaft des Ministerrats (Preşedinţia Consiliului de Miniştri) zur Verfügung. Wie seine Vorgänger nutzte auch Ion Antonescu dieses Organ als Schaltstelle der Macht. Allerdings baute er es seinen Bedürfnissen entsprechend aus. Ab Sommer 1941 unterhielt Ion Antonescu drei Kanzleien:

- Zivilkabinett (Cabinet Civil): Es überwachte die Ministerien, darunter auch das Innenministerium, dem Polizei, Geheimpolizei (Siguranţa) und Gendarmerie unterstanden.

(Die Polizei operierte in den Städten, die Gendarmerie im ländlichen Bereich; die Geheimpolizei bediente sich der Strukturen beider.)

- Militärkabinett (Cabinet Militar): Mittels dieser Institution beherrschte er den Generalstab und die Armee. Der Generalsekretär des Militärkabinetts, Oberst Radu Davidescu, war gleichzeitig Leiter des ebenfalls hier angesiedelten Zentralen Informationsdienstes (Serviciul de Centralizare al Informaţiilor). Durch diesen wurden alle Nachrichten ausgewertet, die der Zentrale von den verschiedenen Sicherheits- und Geheimdiensten zugingen, insbesondere vom militärischen Geheimdienst SSI – seit 1940 direkt dem Präsidium des Ministerrats unterstellt –, von der Nachrichtenabteilung (Abt. II) des Generalstabs und von der Siguranţa.
- Zivil-militärisches Kabinett für Bessarabien, die Bukowina und Transnistrien (Cabinetul civilo-militar pentru Basarabia, Bucovina şi Transnistria). Alle drei Provinzen wurden jeweils von einem Gouverneur regiert, der direkt Ion Antonescu unterstand. Dem Gouverneur wiederum waren die Zivilverwaltung der Provinz, und damit auch Polizei und Gendarmerie unterstellt.

Zweiter Mann im Staat war der mit Ion Antonescu nur sehr entfernt verwandte Mihai Antonescu, Anwalt und Dozent für internationales Recht in Bukarest. 1940 begann er als Justizminister, baute seine Stellung in der Regierung aber rasch aus, so dass er ab Sommer 1941 zunächst Ion Antonescu während dessen Abwesenheit als Ministerpräsident und Außenminister vertrat, dann immer mehr beide Positionen auch tatsächlich ausübte. Formell blieb er während der ganzen Zeit stellvertretender Ministerpräsident, das Außenministerium übernahm er 1943 auch offiziell.

In der Zeit der Antonescu-Diktatur sind weit mehr Regierungsakten produziert worden als in der parlamentarischen Periode zuvor. So liegen Wortprotokolle der Ministerratssitzungen vor – ein Novum im rumänischen politischen Leben. Des Weiteren ist eine Fülle von Entscheidungsprozessen schriftlich dokumentiert, gerade weil Ion Antonescu immer das letzte Wort hatte, und weil andere Kabinettsmitglieder eigene Entscheidungen scheuten. Schriftlichkeit diente Ministern und hoher Bürokratie als Absicherung. Außerdem gibt es zuhauf schriftliche Kommentare und Weisungen Ion Antonescus zu allen möglichen Fragen auf den dem „Staatsführer" vorgelegten Akten.

In bestimmten Fällen vermied Ion Antonescu jedoch gezielt Schriftlichkeit. So erteilte er einige Befehle bloß mündlich und ordnete an, alle im Verlauf der Befehlskette entstandenen schriftlichen Spuren zu vernichten – was freilich nicht immer geschehen ist. Diese Vorgehensweise betrifft konkrete Anordnungen wie die zur Deportation der Juden aus der Bukowina und aus Bessarabien oder Befehle zur physischen Vernichtung von Juden. Hier haben sich auch bisher auf der Ebene der Zentralregierung keine Hinweise gefunden. Allerdings sind auf lokaler Ebene in Transnistrien Spuren solcher Befehle erhalten geblieben. Dies hat Jean Ancel in einigen Fällen überzeugend demonstrieren können.[68]

68 Siehe z. B. die Rekonstruktion der Befehlskette zur Ermordung der Juden im Lager Bogdanovka: Ancel, Contribuţii, Bd. 2, Tlbd. 1, 117–120.

Wenig plausibel ist hingegen eine andere von Jean Ancel vertretene Interpretation. Demnach hat Mihai Antonescu nicht nur Akten verschwinden, sondern auch Schlüsseldokumente fälschen lassen, um Spuren zu verwischen und nachträglich Meinungen und Handlungen zu produzieren, die er in Wahrheit nie geäußert bzw. vollzogen hat. Angesichts der schier zahllosen Notizen Mihai Antonescus über Gespräche mit ausländischen Diplomaten fällt es schwer zu glauben, mit der Manipulation einzelner Dokumente wäre viel auszurichten gewesen. Seit Herbst 1942 plädierte Mihai Antonescu gegenüber deutschen, italienischen, türkischen, Schweizer und einigen anderen Repräsentanten dafür, dass die deutsche Politik den kleineren Völkern Europas Perspektiven aufzeigen und Lebensmöglichkeiten gewähren müsse, und auch – zunächst vorsichtig, dann immer deutlicher – für einen Kompromissfrieden mit den Westalliierten.

Dies geht nicht allein aus den von ihm diktierten Gesprächszusammenfassungen hervor, sondern auch aus Berichten und Erinnerungen einiger Gesprächspartner Mihai Antonescus. Vor allem gilt das für den Schweizer Gesandten René de Weck.[69] Auch Killinger hat solcherlei kritische Äußerungen Mihai Antonescus festgehalten, die das Auswärtige Amt, so sie an sein Ohr gelangten, schroff zurückzuweisen pflegte.

Die vorliegende Studie geht davon aus, dass nicht durch die Manipulation von Dokumenten gefälscht wurde, sondern Verfälschungen dadurch hervorgerufen wurden, dass viele Vorgänge niemals schriftlich fixiert oder als kompromittierend empfundene Schriftstücke zu gegebener Zeit aussortiert und vernichtet wurden. Folgt man beispielsweise den chronologisch im rumänischen Außenministerium abgelegten Akten, sprach Mihai Antonescu zwischen März und September 1942 kein einziges Mal mit Gustav Richter, wo doch dessen Berichte belegen, dass ihn genau in jenem Zeitraum der stellvertretende Ministerpräsident verschiedentlich empfing.

Allein aus deutschen Quellen ist bekannt, dass von Frühjahr bis Herbst 1942 Verhandlungen über die Deportation der rumänischen Juden in die deutschen Vernichtungslager geführt wurden. Den heute in den rumänischen Archiven vorhandenen Akten lässt sich kein direkter Hinweis darüber entnehmen. Es finden sich dort der Wortlaut der deutschen Planungen (Konzept Richter und Konzept Lecca) oder Korrespondenzen zur deutschen Anfrage wegen der Fahrplanerstellung für die Deportationszüge, jedoch kein einziges Dokument über die sich offenbar monatelang hinziehenden rumänisch-deutschen Verhand-

[69] Generell ist neben seinen Berichten an die Berner Zentrale sein Tagebuch interessant (René de Weck, Journal. BCU/KUB, fonds René de Weck (1887–1950), VI A). Dieses Tagebuch ist veröffentlicht in einer französischen Fassung und einer rumänischen Übersetzung (René de Weck, Journal de guerre (1939–1945). Un diplomate suisse à Bucarest. Genève 2001; René de Weck, Jurnalul unui diplomat elveţian în România 1939–1945. Bucureşti 2000). Beide Editionen enthalten größere Auslassungen, wobei sie sich in deren Auswahl unterscheiden. In der französischen Fassung sind vor allem persönliche Angelegenheiten weggelassen worden, in der rumänischen Übersetzung die literarischen Betrachtungen des Schweizer Diplomaten. Wie ein Vergleich mit dem Original im Archiv ergeben hat, fehlen in keiner der beiden Editionen Passagen, die für die vorliegende Studie relevant sind.

lungen, über den Entscheidungsprozess und über die zeitweilige, schriftlich fixierte Zustimmung der rumänischen Regierung.

Zu einer weiteren Welle der Zerstörung von Dokumenten kam es nach dem Sturz des Antonescu-Regimes. Nun waren vor allem Unterlagen der Armee und der Geheimdienste betroffen. So ist belegt, dass nach dem 23. August 1944 in den Dienststellen des militärischen Geheimdienstes SSI wochenlang Dokumente verbrannt wurden. Im November 1944 ordnete das Kriegsministerium an, alle Papiere der Sektion Ostfront des SSI zu vernichten.[70]

Unmittelbar nach Amtsübernahme der kommunistisch dominierten Regierung unter Petru Groza im März 1945 begann die sowjetische Besatzungsmacht mit einer Durchforstung der Akten rumänischer Behörden. Allein im April 1945 entnahm sie den Archiven des SSI, der Siguranța, der Gendarmerie und des Kriegsministeriums 87 640 Blatt, die sich auf Aktivitäten in Transnistrien, in Bessarabien und in der Bukowina beziehen. Ein Übergabeprotokoll vom April 1945 aus dem Archiv des Generalstabs ist erhalten geblieben. Demnach wurden die Dokumente, verpackt in 129 Kisten, Richtung Sowjetunion abtransportiert.[71] Überdies holten sich die Sowjets Dokumente aus den Archiven anderer Ministerien und Behörden. Rumänischerseits wurden Archivdokumente zwecks Vorbereitung der Kriegsverbrecherprozesse verwendet, wovon viele (darunter sogar etliche der im Schwarzbuch von Matatias Carp abgedruckten) heute nicht mehr auffindbar sind.

Eine neue Welle von Entnahmen aus den Archivbeständen ereignete sich im 1960er Jahrzehnt. Das geschah verschiedener Gründe wegen. So zog die Securitate all diejenigen Dokumente aus dem SSI-Archiv heraus, die sich auf die kommunistische, sozialistische und Gewerkschaftsbewegung beziehen. Augenscheinlich im Gefolge gespannterer Beziehungen zur Sowjetunion wurden zwischen 1962 und 1968 wichtige Dokumente über die Repressalien in Odessa im Herbst 1941 aus den Akten des Verteidigungsministeriums entfernt.[72]

Dies alles hat dazu geführt, dass die archivalischen Hinterlassenschaften des rumänischen Machtapparats aus der Zeit des Zweiten Weltkriegs weit verstreut sind. Sie liegen in Russland, in der Ukraine, in der Republik Moldau. In Rumänien selbst ist man noch weit davon entfernt, die unter kommunistischer Herrschaft aus den Staatsarchiven durch Justiz-, Sicherheits- und Parteiorgane entnommenen Akten wieder zusammenzuführen.

Abschließend soll an dieser Stelle auf die Quellenlage hinsichtlich der direkten Kontakte auf Regierungsebene eingegangen werden, um zu verdeutlichen, weshalb das Problem der weißen Flecken auch durch die erweiterte Quellenbasis nicht vollständig gelöst werden kann.

Ion Antonescu traf während der deutsch-rumänischen Kooperation in der „Judenfrage" fünfmal mit Hitler zusammen. Die Begegnungen konzentrieren sich auf den Zeitraum zwischen November 1940 und August 1941. Vor dem Angriff auf die Sowjetunion sah man sich in Deutschland: am 22. und 23. November 1940 in Berlin, am 11. Januar 1941 auf dem Obersalzberg sowie am 12. Juni 1941 in München. (Wichtig ist außerdem das Treffen Ion Antonescus mit Hermann Göring in Wien am 5. März 1941.) Gut sechs Wochen nach

70 Cristian Troncotă, Istoria serviciilor secrete românești. De la Cuza la Ceaușescu. București 1999, 304.

71 Ebenda, 306.

72 Ancel, Contribuții, Bd. 2, Tlbd. 2, 180.

Kriegsbeginn im Osten begegneten sich Ion Antonescu und Hitler am 7. August 1941 in Berditschew in der besetzten Ukraine. Dann trat eine Pause von fast einem halben Jahr ein, ehe sich beide am 11. Februar 1942 in der Wolfsschanze das einzige Mal im Jahr 1942 sahen.

Im September 1942 reiste nicht Ion Antonescu nach Winniza, sondern Mihai Antonescu führte die dortigen Gespräche allein, ohne den „Staatsführer". Bereits Ende November 1941 hatte der Vizeministerpräsident in Berlin in Abwesenheit Ion Antonescus konferiert: am 26. November 1941 mit Göring und Ribbentrop sowie am 27. und 28. November 1941 mit Hitler.

Der Inhalt der Gespräche Hitlers, Görings und Ribbentrops mit Ion und Mihai Antonescu ist auf deutscher Seite als Zusammenfassung von Paul-Otto Schmidt, Chefdolmetscher des Auswärtigen Amtes, dokumentiert worden.[73]

Lückenhafter ist die rumänische Überlieferung.[74] Zu den Ergebnissen seines ersten Treffens mit Hitler gab Ion Antonescu am 26. November 1940 eine Erklärung im Ministerrat ab.[75] Über sein zweites Treffen am 11. Januar 1941 liegt ein drei Tage später datierter Überblick in den Hinterlassenschaften des Militärkabinetts.[76] Dort gibt es auch eine kurze Notiz zum zeitlichen Ablauf der Begegnung zwischen Ion Antonescu und Hermann Göring am 5. März 1941.[77] Keinerlei rumänische Quellen sind bisher über die Gespräche zwischen Hitler und Ion Antonescu am 12. Juni und am 7. August 1941 aufgetaucht.

In ausführlichen Diktaten hat Mihai Antonescu die von ihm Ende November 1941 in Deutschland geführten Besprechungen schriftlich fixiert; diese Dokumente sind auch erhalten geblieben.[78] Das Gleiche gilt für seine Treffen mit Hitler und Ribbentrop am 27. und 28. September 1942.[79]

73 Die meisten sind veröffentlicht in Andreas HILLGRUBER (Hg.), Staatsmänner und Diplomaten bei Hitler. Vertrauliche Aufzeichnungen über Unterredungen mit Vertretern des Auslandes 1939–1944, 2 Bde. Frankfurt/M. 1967/1970. Siehe zusätzlich: Akten zur deutschen auswärtigen Politik [ADAP] 1918–1945, Serie D (1937–1941) und Serie E (1941–1945). Göttingen 1950–1979.

74 Neben überwiegend deutschen Dokumenten in rumänischer Übersetzung sind auch einige Protokolle aus rumänischen Archiven abgedruckt in Ion CALAFETEANU (Hg.), Români la Hitler. Bucureşti 1999.

75 Marcel-Dumitru CIUCĂ (Hg.), Stenogramele şedinţelor Consiliului de Miniştri. Guvernarea Ion Antonescu, Bd. 1. Bucureşti 1997, 492–496.

76 Sinteza asupra vizitei din 14.1.1941 a generalului Ion Antonescu la Hitler, 15.1.1941. CALAFETEANU, Români la Hitler, 71–73. Der Autor dieses Dokuments ist unbekannt. Dabei handelt es sich nicht ausschließlich um eine Protokollierung der Unterredungen, sondern um einen zusammenfassenden Reisebericht.

77 Gheorghe Davidescu, Unterredung zwischen Ion Antonescu und Göring am 5.3.1941, 7.3. 1941. AMAE, fond 71, Germania, dosar 82, Bl. 167–170.

78 Mihai Antonescu, Unterredungen mit Hitler, Göring, Ribbentrop, Rosenberg, Luther, Clodius, Paul Karl Schmidt in Berlin vom 24.–29.11.1941, o. D. ANR, PCM, Cabinet Militar, 1941/107, Bl. 1–31, 36–41, 47f., 51–56; mikroverfilmt sind die Protokolle aus dieser Akte in USHMM, RG 25.013M, reel 10.

79 Mihai Antonescu, Unterredungen mit Hitler und Ribbentrop am 22./23.9.1942 im FHQ, o. D. AMAE, fond 71, România, dosar 85, Bl. 180–194. Außerdem sind die Aufzeichnungen

Vergleicht man diese Parallelüberlieferungen, so sind Hauptthemen der Unterredungen die Rolle Rumäniens als Lieferant von Öl und Lebensmitteln sowie die militärische Zusammenarbeit Rumäniens mit Deutschland. Zwischen deutschen und rumänischen Quellen bestehen jedoch Akzentunterschiede, die erkennen lassen, welche Inhalte die jeweilige Seite als zentral erachtete. In den deutschen Dokumenten stehen eher die Wirtschaftsverhandlungen im Vordergrund, während in den rumänischen Zusammenfassungen die Siebenbürgenfrage breiten Raum einnimmt. Gewiss gründen diese Unterschiede auch darin, dass in der deutschen Überlieferung die Äußerungen Hitlers und Ribbentrops stets ausführlich präsentiert, die ihrer Gesprächspartner hingegen stark verkürzt werden. In den rumänischen Schriftstücken verhält es sich umgekehrt.

Als Beispiel diene das Treffen zwischen Joachim von Ribbentrop und Mihai Antonescu vom 26. November 1941. Laut deutscher Fassung schilderte der Reichsaußenminister zunächst ausführlich die internationale Lage (was etwa die Hälfte des gesamten Textes ausmacht), lobte den Einsatz der rumänischen Truppen und sprach alsdann die wirtschaftlichen Bedürfnisse Deutschlands unmissverständlich aus: Er forderte eine Erhöhung der rumänischen Öl- und Getreidelieferungen. Mihai Antonescu sicherte das zwar zu, wies jedoch auf die „inflationistischen Wirkungen" der Präsenz deutscher Truppen in Rumänien und auf die Belastungen für den rumänischen Staatshaushalt hin. „Da die Rumänische Zentralbank nur eine ungenügende Golddeckung besäße, sei die Lage für die rumänische Währung sehr kritisch."[80] Deshalb bat Mihai Antonescu um eine Verringerung der deutschen Truppen in Rumänien, und er plädierte für eine teilweise Bezahlung der rumänischen Lieferungen in Gold.

Abschließend sprach Mihai Antonescu „die Spannung mit Ungarn" an. Dieses Thema füllt das letzte Viertel der deutschen Aufzeichnung. Darüber entspann sich ein Wortwechsel. Als Mihai Antonescu sagte, „dass die siebenbürgische Grenze eine zu große Belastung Rumäniens im Hinblick auf sein Recht, die Einheit des rumänischen Volkes zu fordern, darstelle", unterbrach ihn Ribbentrop mit der Bemerkung,

> „dass er über den Wiener Schiedsspruch nicht sprechen könne und dass unter allen Umständen die Ruhe zwischen Rumänien und Ungarn gewahrt werden müsse. Er sei sich der schwierigen Lage wohl bewusst. Rumänien werde beschuldigt, viel Revisionspropaganda zu betreiben, und auch Ungarn mache Fehler. Für die Erfüllung der großen Aufbauaufgaben müsse jedoch in Europa Ruhe und Ordnung herrschen. Es wäre ein Frevel, wenn man sich mit Dingen beschäftigen wollte, die gegenüber den riesigen Aufgaben im Osten von geringerer Bedeutung seien."[81]

Ribbentrop gestand ein, „auch Deutschland habe von seinen eigenen Volksdeutschen in Ungarn dauernd Klagen zu hören bekommen", fügte jedoch sogleich einschränkend hinzu, Deutschland vergesse niemals, „dass jeder deutsche Volksgenosse in Ungarn gleichzeitig

enthalten in AMAE, fond 71, Germania, dosar 90, Bl. 103–117.

80 Paul-Otto Schmidt, Unterredung zwischen Ribbentrop und Mihai Antonescu in Berlin am 28.11.1941, o. D. ADAP, D, Bd. 13/2, Dok. 513, 710–714, Zitat 712.

81 Ebenda, 713.

auch ungarischer Staatsangehöriger sei". Weiter wird festgehalten, Mihai Antonescu habe ein Memorandum zur Lage der Rumänen in Ungarn überreicht, woraufhin Ribbentrop erklärt habe, „möglicherweise" senke sich die „Waagschale der Schuld" auf Ungarns Seite; man solle „aber trotzdem keine Polemik beginnen", „denn in der Beschränkung liege der Meister".[82] Mihai Antonescu erwiderte, auf die Gerechtigkeit Hitlers zu vertrauen; jedoch untergrüben die Aktionen der Ungarn die Stellung Ion Antonescus.

Mihai Antonescu notierte seinerseits, das Treffen mit dem deutschen Außenminister sei in freundlicher Atmosphäre verlaufen und habe zweieinhalb Stunden gedauert. Über den Inhalt berichtete er, zunächst habe Ribbentrop des Längeren die politische und militärische Lage geschildert und dann Rumänien gebeten, weiterhin das nötige Öl und Getreide an Deutschland zu liefern.[83]

Dann habe Ribbentrop ausführlich über die deutsche Haltung zur Frage der legionären Bewegung gesprochen, und dabei betont, seit dem ersten Treffen mit Ion Antonescu habe Hitler unbegrenztes Vertrauen gehabt und bei den Januar-Unruhen eindeutig für Ion Antonescu Stellung bezogen. Weiterhin sprach Ribbentrop über die Weigerung Hitlers im Frühjahr 1941, ein von Horia Sima verfasstes politisches Memorandum zu lesen; stattdessen habe Hitler angeordnet, Sima auszuweisen.[84]

Laut eigener Aufzeichnung begann Mihai Antonescu mit einer Aufzählung der wirtschaftlichen Probleme Rumäniens. Sein Land brauche Gold, Devisen, Rohstoffe, Landmaschinen und militärische Ausrüstung sowie ein Abkommen über die Regelung all dieser Fragen. Der Reichsaußenminister habe sich einverstanden erklärt, allerdings zum Verlangen nach Gold angemerkt, es werde sehr schwer sein, die angesprochenen drei Waggons freizubekommen; darüber müsse er sich erst mit seinen Mitarbeitern beraten.[85]

Danach sei von ihm, Mihai Antonescu, die allgemeine politische Lage angesprochen worden und in diesem Zusammenhang die ungarischen Übergriffe auf die rumänische Bevölkerung Nordsiebenbürgens. Ribbentrop habe erwidert, er wisse, dass es dies gebe, denn auch die deutsche Bevölkerung leide darunter. Doch habe der Reichsaußenminister von seinem Gesprächspartner Geduld eingefordert; dem Russland-Feldzug gebühre Vorrang vor allen anderen Fragen.

Doch Mihai Antonescu ließ nicht locker. Abermals berührte er die Siebenbürgenfrage, indem er den deutschen Außenminister fragte, ob dieser sein, Mihai Antonescus, Schreiben an Killinger darüber gelesen habe, was Ribbentrop bejahte. Alsdann urteilte Mihai Antonescu:

> „Ich habe Herrn von Ribbentrop in aller Form erklärt: Herr Minister, ich betrachte es als meine oberste Pflicht, heute, wo sie mich in Berlin empfangen und wo ich mit Ihnen die für

[82] Ebenda, 714.

[83] Mihai Antonescu, Unterredung mit Ribbentrop, 26.11.1941. ANR, PCM, Cabinet Militar, 1941/107, Bl. 1–10, hier Bl. 2.

[84] Ebenda, Bl. 3.

[85] Ebenda, Bl. 4.

> das rumänische Volk wichtigen Fragen erörtere, Ihnen offen und entschieden zu sagen, dass der Wiener Vertrag von 1940 eine Totgeburt ist."[86]

Dieser Vertrag könne keinen Bestand haben, das rumänische Volk werde ihn so oder so abschütteln.

> „Herr von Ribbentrop fragte mich, als ob er mich nicht verstanden hätte: ‚Sie sprechen vom Wiener Vertrag?' Seine ganze Gestik drückte Unverständnis aus. Da habe ich ihm erklärt: ‚Ja, Herr Minister, ich spreche vom Vertrag, der schwer auf dem rumänischen Volk lastet, von Ihrem Vertrag, dem Wiener Diktat von 1940.'"

Ausführlich gibt Mihai Antonescu in seiner Aufzeichnung seine weiteren Argumente wieder, mit denen er Ribbentrop beizubringen suchte, Rumänien werde niemals jenen Wiener Schiedsspruch akzeptieren. Als Antwort Ribbentrops zitiert er dessen Bitte um Geduld wegen des Krieges gegen die Sowjetunion.[87]

Wie sich an diesem Beispiel zeigt, stimmen trotz aller Unterschiede im Einzelnen sowie in der Gewichtung rumänische und deutsche Dokumente über Gespräche auf hoher und höchster Ebene substantiell überein, und zwar sowohl darin, worüber geredet wurde als auch darin, worüber nicht geredet wurde: Weder nach den deutschen noch nach den rumänischen Dokumenten wurde in diesen Gesprächen die „Judenfrage" auch nur am Rande erwähnt – und das ausgerechnet in der Konvergenzphase der Planungen in Deutschland und Rumänien zu ihrer „Lösung".

Das ist umso unglaubhafter, als dazu für die letzten Wochen der Königsdiktatur, also für die Zeit unmittelbar vor der Herrschaft Ion Antonescus, einiges dokumentiert vorliegt. Am 26. Juli 1940 empfing Hitler den rumänischen Ministerpräsidenten Ion Gigurtu auf dem Berghof zu einem zweistündigen Gespräch. Anwesend waren außerdem Reichsaußenminister Ribbentrop, der rumänische Außenminister Manoilescu und der deutsche Gesandte in Bukarest, Fabricius. Hauptsächlich wurde über die Abtretung von Teilen Siebenbürgens durch Rumänien an Ungarn verhandelt.[88]

Bei dieser Gelegenheit bekräftigten die zwei rumänischen Vertreter die bedingungslose Abkehr von der Neutralitätspolitik vorhergehender Regierungen und die Hinwendung zu Deutschland. In einer Zusammenfassung des rumänischen Außenministeriums wird als Gesprächspunkt auch die „jüdische Frage" genannt.[89]

Das deutsche Protokoll ist ausführlicher, stimmt jedoch in allen wesentlichen Aussagen recht genau mit dem rumänischen Resümee überein. Eingangs, so heißt es da, habe Gigurtu seine Einschätzung der innen- wie außenpolitischen Lage Rumäniens hinsichtlich der aktuellen Verhandlungen über Gebietsabtretungen präsentiert. Seine Ausführungen seien in die Feststellung gemündet, dass die Schwierigkeit in der Volksstimmung liege. Man könne

86 Ebenda, Bl. 5.
87 Ebenda, Bl. 8–10.
88 Unterredung Gigurtus und Manoilescus mit Hitler und Ribbentrop am 26.7.1940, o. D. AMAE, fond 71, Germania, dosar 91, Bl. 115–120.
89 Ebenda, Bl. 118.

nicht dem Land so große Gebietsverluste zumuten und dann der Bevölkerung erhöhte Arbeitsleistungen und Kampfbereitschaft abfordern. Um diese schwierige Aufgabe zu lösen, habe Gigurtu deutsche Hilfe verlangt. Demnach erwähnte er drei Bereiche: Rüstungshilfe, Propaganda und „Judenfrage".[90]

Zu letzterem Thema hat das deutsche Gesprächsprotokoll festgehalten:

> „Auf die Judenfrage übergehend, bemerkte Gigurtu, dass man deren Lösung zwar begonnen hätte, aber zu ihrer endgültigen Regelung ohne die Hilfe des Führers, der für ganz Europa eine Totallösung durchführen müsse, nicht schreiten könne."[91]

Hierzu ist die rumänische Zusammenfassung fast identisch. Rumänien habe seine innere Ordnung geändert und eine neue Einheitspartei geschaffen. Um dieses Unterfangen zu einem gelungenen Abschluss zu bringen, sei es unabdingbar, die „jüdische Frage" zu lösen. Man habe bereits entsprechende Gesetze vorbereitet. Diese könnten jedoch wegen der großen Anzahl von Juden im Lande nicht die beabsichtigten Ergebnisse zeitigen, solange Hitler die „jüdische Frage" nicht auf europäischer Ebene löse.[92]

Laut dem deutschen Protokoll rechtfertigte Hitler seine Politik gegenüber Rumänien und gab den früheren rumänischen Regierungen die Hauptschuld an der aussichtslosen Lage, in die das Land geraten sei. Mehrfach betonte Hitler die Bedeutung Deutschlands für Rumänien als Handelspartner, da man nicht nur die eigenen Produkte in Rumänien verkaufen wolle, sondern vielmehr der landwirtschaftlichen Produktion Rumäniens einen Absatzmarkt biete. Hitler erwähnte die – für die deutsche Kriegführung tatsächlich unverzichtbaren – Öllieferungen Rumäniens bloß nebenbei, betonte hingegen wiederholt die landwirtschaftliche Produktion.[93]

Weder im deutschen Protokoll noch in der rumänischen Zusammenfassung ist eine Antwort Hitlers auf Gigurtus Bemerkung zur „Judenfrage" überliefert. Beim anschließenden Tee wurde dieses Sujet jedoch erneut aufgegriffen und ist deutscherseits schriftlich festgehalten worden:

> „Gigurtu schilderte eingehend die starke Durchsetzung des rumänischen Wirtschaftslebens mit jüdischen Elementen (Handel bis zu 70 %), die nicht ohne eine Schädigung der Wirtschaft entfernt werden könnten. Er sei aber entschlossen, schrittweise auf dem Wege der Entjudung vorwärts zu gehen."[94]

Dem widersprach Hitler:

> Der Führer wies anhand von zahlreichen Beispielen aus der deutschen Entwicklung nach, dass trotz allen gegenteiligen Geredes die Juden sich als absolut entbehrlich erwiesen hätten."

[90] Hillgruber (Hg.), Staatsmänner und Diplomaten bei Hitler, Bd. 1, Dok. 24, 169–181.
[91] Ebenda, 171.
[92] Unterredung Gigurtus und Manoilescus mit Hitler und Ribbentrop am 26.7.1940, o. D. AMAE, fond 71, Germania, dosar 91, Bl. 115f.
[93] Vgl. Hillgruber (Hg.), Staatsmänner und Diplomaten bei Hitler, Bd. 1, Dok. 24, 171–181.
[94] Ebenda, 180.

Betrachtet man die von Hitler zwischen 1940 und 1942 mit anderen Verbündeten aus Südosteuropa geführten Gespräche, fällt auf, dass dort die „jüdische Frage“ noch viel offener thematisiert wurde. Am 20. November 1940 kam Hitler in Wien mit dem ungarischen Ministerpräsidenten Pál Teleki und Außenminister István Csáki zusammen. Unter anderem drückte er seine Befriedigung über die Regelung mit Rumänien im Wiener Schiedsspruch aus.

> „Er sei froh, dass die Revision auf diese Weise durchgeführt werden konnte, da andernfalls ein Chaos auf dem Balkan eingetreten und die slawische Welle über alles hinweggebraust wäre.“[95]

Hitler fuhr fort, er sei sich des Sieges sicher. Früher oder später müsse der Krieg zur Niederlage Englands führen. Csáky sagte, der Krieg sei möglichst schnell zu beenden, da kleinere Staaten ihn wirtschaftlich nicht mehr lange durchhalten würden. Dann heißt es weiter im deutschen Protokoll:

> „Graf Teleki warf die Judenfrage auf und erklärte, dass die Juden bei Friedensschluss aus Europa herausgebracht werden müssten.“[96]

Hierauf erwiderte Hitler,

> „dass er die Lösung der Judenfrage für Europa als eine der größten Aufgaben des Friedens ansehe. Er habe die Absicht, in dem zukünftigen Friedensvertrag für alle Staaten, die sich an seiner Lösung beteiligen wollten, dadurch eine Möglichkeit vorzusehen, dass Frankreich gezwungen würde, einige seiner Besitzungen zur Verfügung zu stellen.“

Am 21. Juli 1941 empfing Hitler den kroatischen Kriegsminister Slavko Kvaternik im FHQ und konferierte mit seinem Gast über den Krieg im Osten und die Lage in Kroatien. Gegen Ende der Aussprache berührte Hitler die „Judenfrage“ und äußerte dabei, was er seinen ungarischen Gästen wohlweislich verschwiegen hatte – sein Misstrauen gegenüber Ungarn:

> „Denn, wenn auch nur ein Staat aus irgendwelchen Gründen eine jüdische Familie bei sich dulde, so würde diese der Bazillenherd für eine neue Zersetzung werden. Gäbe es keine Juden mehr in Europa, so würde die Einigkeit der europäischen Staaten nicht mehr gestört werden. Wohin man die Juden schicke, nach Sibirien oder nach Madagaskar, sei gleichgültig. Er werde an jeden Staat mit dieser Forderung herantreten. Der letzte Staat, in dem die Juden sich noch halten würden, werde Ungarn sein. Man müsse diesem Staat dann eine allgemeine intereuropäische Aufforderung schicken, damit er sich diesem eisernen Willen Europas fügt.“[97]

95 Hillgruber (Hg.), Staatsmänner und Diplomaten bei Hitler, Bd. 1, Dok. 46, 344–349, Zitat 347.
96 Ebenda, 348.
97 Hillgruber (Hg.), Staatsmänner und Diplomaten bei Hitler, Bd. 2, Anhang, 551–557, Zitat 557.

3 Kongruenz der deutschen und rumänischen Planungen: 1940/1941

3.1 Die Juden in Kernrumänien: Erfassung, Enteignung, Separierung

Mit dem Angriff auf die Sowjetunion setzte die dritte Radikalisierungswelle antijüdischer Politik in Rumänien ein. Auch in Deutschland ging die weitere Radikalisierung der antisemitischen Politik mit dem Kriegsbeginn im Osten einher.

Anfang 1944 erwähnte Mihai Antonescu in einem Schreiben an die rumänische Gesandtschaft in Ankara rückblickend, im März 1941 seien Sondergesandte Hitlers und Himmlers in Rumänien eingetroffen, um mit ihm über das Schicksal der Juden zu verhandeln. Konkret genannt werden die Namen Gustav Richter, Karl Pflaumer, Karl Hoffmann und ein gewisser Eitzen.[1] Sie hätten gefordert, die Regelung der „Judenfrage" in Rumänien vollkommen in deutsche Hände zu legen, da Deutschland die „internationale Lösung der Judenfrage" vorbereite. Mihai Antonescu behauptete, sich damals diesem Ansinnen verweigert zu haben.[2]

Jean Ancel hat dieses Dokument für so bedeutsam gehalten, dass er es zu einem der beiden Kernpunkte seiner Interpretation der deutschen Pläne des Jahres 1941 für das Schicksal der Juden im rumänischen Machtbereich erhoben hat. Seiner Ansicht nach feilte Mihai Antonescu bereits an seiner Verteidigungsstrategie und bemühte sich, den eigenen Beitrag an der Verfolgung der Juden herunterzuspielen. Mihai Antonescus Behauptung, schon seit Anfang 1941 die Zusammenarbeit mit den Deutschen verweigert zu haben, hat Ancel als glatte Lüge identifiziert – die sie in der Tat ist. Jedoch hat Ancel die von Mihai Antonescu vorgenommene Datierung als korrekt akzeptiert und ist davon ausgegangen, eine solche Mission mit umfassenden Absichten bis hin zur Deportation habe es zu diesem frühen Zeitpunkt gegeben. Einerseits hat Ancel angenommen, mit der „internationalen Lösung

[1] Die letzten beiden Namen geben Rätsel auf. In den übrigen Quellen werden Karl Hoffmann und Eitzen nicht erwähnt. Ein Karl Hoffmann war als Polizeiattaché an der Gesandtschaft Sofia eingesetzt. Möglicherweise verwechselte Mihai Antonescu den Vornamen und meinte Emil Hoffmann, der 1941/1942 Berater für Propaganda in Rumänien war, und mit dem er eng zusammenarbeitete. Emil Hoffmann spielt in den nachfolgenden Ausführungen dieses Kapitels eine Rolle. Über Eitzen hingegen sind nicht einmal sinnvolle Spekulationen möglich.

[2] Ancel, The German-Romanian Relationship, 255.

der Judenfrage" sei damals die Auswanderung aus Europa gemeint gewesen; andererseits hat er dieser Quelle entnommen, von den Vertretern des RSHA sei im März 1941 mit Mihai Antonescu die „Deportation und Ausrottung der Juden Bessarabiens und der Bukowina" vereinbart worden.[3]

Wie im Folgenden gezeigt werden soll, ist es aber durchaus zweifelhaft, ob ein solches Ansinnen im März 1941 erfolgte, oder ob nicht vielmehr die von Mihai Antonescu vorbereitete Verteidigungsstrategie darin bestand, einen Vorgang, der sich über fast zwei Jahre hingezogen hat, zu einem einzigen Ereignis zu verdichten und dieses dann auch noch auf einen möglichst frühen Zeitpunkt zu verlegen.

Zweiter Kernpunkt der Argumentation Ancels ist die Annahme, Ion Antonescu und Hitler hätten bei ihrem Treffen in München am 11. Juni 1942 nicht bloß die Teilnahme Rumäniens am Feldzug gegen die Sowjetunion besprochen – wie es das deutsche Protokoll nahelegt –, sondern außerdem die Deportation der Juden aus Bessarabien und aus der Bukowina vereinbart. Als Erster hat Ancel erkannt, dass einige seit Langem bekannte Dokumente des Auswärtigen Amtes in diesem Sinne zu lesen sind. Es handelt sich um die Korrespondenz über eine Beschwerde Ion Antonescus von Mitte August 1942 darüber, dass deutsche Stellen über den Dnjestr geflüchtete Juden aus Bessarabien wieder in diese Provinz zurückschickten. Ion Antonescu argumentierte, ein solches Verhalten widerspreche dem, was ihm Hitler in München über die „Richtlinien zur Behandlung der Ostjuden" eröffnet habe.[4] Weitere Indizien für eine solche Abmachung sieht Ancel darin, dass Ion Antonescu nach seiner Rückkehr vom Treffen mit Hitler drei Entscheidungen fällte, die belegten, er habe verstanden, was Hitler tun wollte, und er habe diese Vorgehensweise übernehmen wollen:

Erstens die Schaffung einer Einheit nach dem Vorbild der Einsatzgruppen (Befehl vom 14./15. Juni 1942). Vermutlich hat Ancel diese Vorstellung Verfahrensakten gegen Angehörige rumänischer Gendarmerieeinheiten entnommen. In einem Prozess vertrat 1950 die Anklage den Standpunkt, Deutschland habe die verbündeten Satellitenstaaten gedrängt, Sondereinheiten nach dem Vorbild der deutschen Einsatzgruppen aufzustellen.[5] Ganz im Sinn dieser Quelle meint Ancel, die beiden „echalon" genannten Gruppen des militärischen Geheimdienstes SSI seien das rumänische Pendant der deutschen Einsatzgruppen gewesen.[6] Nach heutigem Informationsstand waren die „echalons" des SSI jedoch eher mobile, frontnahe Einsatzzentralen, die ganz andere Funktionen hatten als eine Einsatzgruppe.

Zweitens der Befehl vom 19. Juni 1941 an die Armee, Kommunisten und Juden zu identifizieren und festzusetzen, damit zu gegebener Zeit Maßnahmen gegen sie ergriffen

3 Ebenda.
4 Vgl. ebenda, 255–258.
5 Republica Populară Română, Parchetul Curții București, Dosar 547/950, Rechizitor de urmărire [Vasile Eftimie u. a., 1950]. Ancel (Hg.), Documents, Bd. 6, Dok. 41, 443.
6 Ancel, The German-Romanian Relationship, 256f.

werden könnten. Dieser Befehl entsprach laut Ancel einem Befehl Keitels vom 19. Mai 1941 an die deutsche Wehrmacht.[7]

Drittens der Befehl an die Gendarmerie zur „Säuberung des Terrains" („Curățirea terenului") als Code für Vertreibung und Mord, von dem vor allem Juden betroffen waren.[8] Die rumänische Entsprechung der deutschen „Richtlinien für die Behandlung der Judenfrage"[9] (worauf Antonescu sich bezieht, wenn er „Richtlinien zur Behandlung der Ostjuden" schreibt) war eben jener Geheimbefehl zur „Säuberung des Terrains". Dessen Existenz kam erst in den Verfahren gegen Angehörige von in Bessarabien und in der Bukowina eingesetzten Gendarmerieeinheiten zur Sprache. Diese Verfahren fanden allesamt Anfang der 1950er Jahre unter Ausschluss der Öffentlichkeit statt. Zu Vorgeschichte und Inhalt des Geheimbefehls heißt es beispielsweise in einem 1950 ergangenen Haftbefehl gegen Angehörige der Gendarmerieeinheit Orhei (Bessarabien): Einige Tage vor Beginn des Angriffs auf die Sowjetunion habe in Roman eine Versammlung der Gendarmerieeinheiten für die Județe Orhei, Lăpușna und Bălți stattgefunden. Die Unteroffiziere seien anlässlich einer Ansprache des Generalinspekteurs der Gendarmerie, damals Constantin Z. (Piki) Vasiliu,[10] versammelt worden. Dieser habe ihnen eröffnet, die erste Aufgabe nach Ankunft in den eroberten Gebieten sei die „Säuberung des Terrains". Der Befehl galt für Bessarabien und für die Nordbukowina. Unter anderem sah er die sofortige Liquidierung der Juden in den Dörfern vor, die Ghettoisierung der Juden in den Städten sowie die Verhaftung aller Funktionäre der Kommunistischen Partei und sonstiger sowjetischer Funktionsträger.[11]

Ancel argumentiert weiter, etwa zu dieser Zeit habe auch Mihai Antonescu bei seinen Gesprächen „mit den Abgesandten der SS" über die Entfernung der Juden aus Bessarabien und aus der Bukowina verhandelt.[12] Zusammenfassend lautet Ancels Interpretation:

> „On the basis of Hitler's revelation on June 12, 1941 and Mihai Antonescu's understanding with the RSHA delegation, Ion Antonescu launched his own ‚cleansing of the land' policy."[13]

Diese geheime Übereinkunft zwischen Hitler und Ion Antonescu wurde in den Akten des rumänischen Außenministeriums festgehalten und dann später, bei der Friedenskonferenz in Paris 1946, vorgebracht, um Rumänien von der Verantwortung für die hohe Opferzahl bei der Deportation von Juden nach Transnistrien zu entlasten. Diese sei einfach darauf

7 Vgl. Trials of War Criminals before the Nuernberg Military Tribunals, Bd. 10 (NOKW-3485). Washington/DC o. J. 990–995.

8 Ancel, The German-Romanian Relationship, 265f.

9 Vgl. Richtlinien für die Behandlung der Judenfrage, o. D. [1941]. Trial of the Major War Criminals before the International Military Tribunal, Nuremberg 14 November 1945 – 1 October 1946 [IMT], Bd. 25, Nürnberg 1947, Dok. PS-212, 302–306.

10 Ab dem 3.1.1942 war er Unterstaatssekretär im Innenministerium – subsecretar de Stat la Ministerul de Interne (pentru Poliție și Siguranță).

11 Republica Populară Română, Parchetul Curții București, Dosar 547/950, Rechizitor de urmărire [Vasile Eftimie u. a., 1950]. Ancel (Hg.), Documents, Bd. 6, Dok. 41, 445.

12 Ancel, The German-Romanian Relationship, 266.

13 Ebenda, 267.

zurückzuführen, dass die Deutschen ihre Zusage nicht eingelöst hätten, der rumänische Bündnispartner könne die Juden über den Bug und damit in den deutschen Herrschaftsbereich abschieben.[14]

In dem eingangs angeführten, von Gheorghe Barbul entworfenen Papier des rumänischen Außenministeriums für die Friedenskonferenz in Paris 1946 wird erzählt, im Herbst 1941 sei die DGB an die rumänische Regierung mit dem Projekt herangetreten, die Juden der Slowakei, Polens, Ungarns und Rumäniens in eine Region nordöstlich des Schwarzen Meeres, jenseits der Linie Rostow – Charkow zu deportieren, wo „ein riesiges Ghetto" für die europäischen Juden eingerichtet werden sollte. Daher sollten die Juden aus Rumänien gesammelt und nach Transnistrien deportiert werden. Transnistrien hatte demnach also bloß als erste Etappe zu dienen, von wo aus die Juden weiter nach Osten abgeschoben werden sollten.[15] Eine ähnliche Schilderung – allerdings wird die DGB durch Hitler ersetzt – enthält ein 1950 erschienenes Erinnerungswerk von Gheorghe Barbul. Hitler habe Antonescu Ende 1941 erklärt, die Juden in eine Region nördlich der Krim und des Azowschen Meeres zu verbringen, wo ein riesiges Ghetto geplant sei, in dem die Juden aus ganz Europa isoliert werden sollten.[16]

Die Aussagen Ion und Mihai Antonescus nach Verlust ihrer Macht liefern hierzu keine eindeutige Aufklärung. In sich widersprüchlich und unehrlich, verbergen sie mehr als sie enthüllen. Zu verbergen galt es die eigenen Pläne sowie die daraus entspringenden Handlungen.

Bei den Befragungen im Vorfeld der Bukarester Kriegsverbrecherprozesse im April 1946 bildeten die antisemitische Politik des Antonescu-Regimes sowie die „ethnischen Säuberungen" in Bessarabien und in der Bukowina nur Randthemen. Am 17. April 1946 etwa erläuterte Mihai Antonescu seine Haltung zur Minderheitenfrage und zur „jüdischen Frage". Während der Zeit der Legionärsherrschaft habe er als Justizminister alles getan, um die Exzesse gegen die Juden in Grenzen zu halten. Dann folgt die schon 1944 vorgeformte Legende, alles in seiner Macht Stehende getan zu haben, um sich den deutschen Forderungen entgegenzustemmen, insbesondere als seinerzeit „mehrere Delegierte Himmlers" gekommen seien und die Deportation der gesamten jüdischen Bevölkerung verlangt hätten. Er habe sich bemüht, diese Pläne zu verhindern.[17]

Einige Tage zuvor, am 13. April 1946, hatte Mihai Antonescu detailliertere Angaben gemacht, und zwar ausgehend von der Frage nach der Aufgabe Radu Leccas. 1941 hätten die Deutschen darauf gepocht, die „jüdische Frage" auf internationaler Ebene zu lösen, und sie hätten sogenannte Experten ins Land entsandt, um die geplante Vorgehensweise zu erläutern.

14 Ebenda, 269f.

15 Vgl. Le régime des juifs de 1940 au 23 août 1944. AMAE, fond Conferința Păcii Paris 1946, Bd. 128, Bl. 58–79, hier Bl. 67.

16 Barbul, Le IIIe homme de l'Axe, 133f.

17 Ciucă (Hg.), Procesul, Bd. 3, 113.

> „Sie haben ein Gebiet festgelegt, wohin die Juden aus ganz Europa hin deportiert werden sollten und verlangten dafür die Freiheit, diese Deportationen hier im Lande organisieren und über die Lebensbedingungen der Juden in Rumänien bestimmen zu können. Dies alles auf der Grundlage eines Dekrets. In anderen Worten sollten die Juden außerhalb der Gesetze gestellt und der sogenannten internationalen, d. h. deutschen Kontrolle unterstellt werden. Tatsächlich war es deutsche Politik, die Frage der Behandlung der Juden direkt von Bukarest aus zu kontrollieren. Sie haben dann verlangt, eine öffentliche Institution ins Leben zu rufen, in der deutsche Experten arbeiten sollten. Ich habe gesagt, dass dies die rumänische Souveränität verletzt. Ich habe es nicht zugelassen. Dann hat man verlangt, eine öffentliche rumänische Institution zu gründen, die von deutschen Experten beraten wird. Man hat gesagt, dass die jüdische Frage gelöst werden muss. In dieser Zeit lag die Betonung der täglichen legionären Propaganda auf dem Punkt, dass die Regierung keine Maßnahmen ergreife."[18]

Er habe den Deutschen mitgeteilt, von seiner Regierung seien Maßnahmen zur Beschränkung des jüdischen Einflusses im wirtschaftlichen Bereich ergriffen worden; mehr könne man nicht fordern.

> „Man hat eine öffentliche Institution verlangt und gesagt, man müsse ja doch eine gewisse Kontrolle ausüben. Es sei gut, wenn der rumänische Staat eine gewisse Kontrolle ausübe, weil das jüdische Komitee, das über große finanzielle Mittel verfügen würde, diese gegen die deutschen und rumänischen Interessen verwenden könnte. Ich habe gesagt, dass ich nicht glaube, dass dies ein Problem ist, aber dass die jüdische Frage in jedem Fall eine Lösung finden wird."[19]

Am 16. April 1946 wurde Ion Antonescu gefragt, wer die Enteignung der jüdischen Bevölkerung betrieben habe. Ion Antonescu antwortete, das seien die Legionäre gewesen. Diese hätten damals dem Druck der Straße nachgegeben, von der umfangreiche antisemitische Aktionen gefordert worden seien. So hätten die Legionäre von Anfang an auch auf der Enteignung der Juden beharrt. Die Regierung habe also etwas tun müssen. Damals seien die jüdischen Immobilien enteignet worden, weil durch den Zustrom von Flüchtlingen große Wohnungsnot geherrscht habe. Auch habe man der Armee und den Beamten etwas geben müssen. Nicht enteignet worden seien aber die eigentlich wichtigen, produktiven Vermögenswerte, die Betriebe in Handel und Industrie. Die Juden aus den Dörfern und Kleinstädten habe man in die größeren Zentren umgesiedelt. Das sei politischer Erwägungen halber geschehen, aber auch aus Sicherheitsgründen, damit diesen Juden bei dem aufgeheizten antisemitischen Klima nichts geschähe.[20]

In seiner schriftlichen Antwort auf die Anklageschrift schrieb Ion Antonescu am 15. Mai 1946 über die Deportationen, die Juden aus Bessarabien und aus der Bukowina seien wegen der politischen und militärischen Sicherheit sowie zu ihrem eigenen Schutz deportiert

[18] Ebenda, 45f.
[19] Ebenda, 46.
[20] Ebenda, 399f.

worden. Denn die Deutschen hätten von ihm gefordert, alle Juden auszuliefern, um sie in Deutschland zur Arbeit einzusetzen, was er abgelehnt habe.[21]

Wie Ion Antonescu die Lage Rumäniens nach seinem ersten Gespräch mit Hitler beurteilte, zeigen seine Rechenschaftsberichte gegenüber Regierung und Militärführung. Am 26. November 1940 unterrichtete er den Ministerrat über die Ergebnisse seiner ersten Unterredungen in Deutschland.[22] Rumänien, so habe er Hitler erklärt, werde sich mit der derzeitigen Lage nicht abfinden. Hinsichtlich der Westgrenze habe ihm Hitler geantwortet, der Wiener Schiedsspruch sei nicht das letzte Wort. In der Interpretation Ion Antonescus bedeutete das

> „eine Zusicherung, dass wir bei der Friedenskonferenz oder schon vorher, wenn sich eine günstige Gelegenheit ergibt, unsere Forderungen vor den Großmächten vorbringen können. Dieses Versprechen ist viel bedeutsamer als irgendein Papier."[23]

Zur Frage der Ostgrenze führte Ion Antonescu aus, diese könne nur auf gesamteuropäischer Ebene gelöst werden, sobald die Umstände es erlaubten und alle „interessierten Kräfte" gemeinsam gegen die slawische und bolschewistische Gefahr vorgingen.

> „Folglich haben wir auch in diesem Punkt eine Garantie dafür, dass wir früher oder später Großrumänien auch im Osten verwirklichen können."

Zwei Tage später, am 28. November 1940, gab Ion Antonescu vor einer Versammlung der leitenden Offiziere aller Waffengattungen, des Generalstabs und der Unterstaatssekretäre[24] aller kriegswichtigen Ministerien eine längere Erklärung zu seinen politischen und militärischen Intentionen ab. Politisch habe er die legionäre Bewegung in den Prozess einer friedlichen Revolution einzubinden beabsichtigt, womit er gescheitert sei. Nach den Morden in Jilava sei er bereit gewesen zurückzutreten, habe sich jedoch überzeugen lassen, auf seinem Posten zu verbleiben und der Legion, die Besserung gelobt habe, noch eine Chance zu geben. Zukünftig werde er jedoch eine Störung der öffentlichen Ordnung nicht mehr zulassen. Zum Zeitpunkt seiner Machtergreifung habe er in außenpolitischer Hinsicht eine sehr schwere Lage vorgefunden; Rumänien sei vollkommen isoliert gewesen.

> „Wir sind ein kleines Land. Im internationalen Kontext ist die Lage so verwickelt, dass wir manchmal nicht das tun können, was wir wollen, sondern nur das, was die Umstände erlauben. Ich habe entschieden, dass wir uns an die Achsenmächte anlehnen, insbesondere an Deutschland, das heute den eigentlichen Machtfaktor auf dem Kontinent darstellt."[25]

21 Ciucă (Hg.), Procesul, Bd. 2, 174f. Auf den Wahrheitsgehalt der Ausführungen Ion Antonescus wird im weiteren Verlauf eingegangen.

22 Ciucă (Hg.), Stenogramele, Bd. 1, 493–496.

23 Ebenda, 494.

24 Ein Unterstaatssekretär (subsecretar de Stat) in der rumänischen Regierung entsprach einem Staatssekretär in der deutschen Regierung.

25 Convocarea comandanţilor de mari unităţi 28.11.1940, o. D. Gheorghe Buzatu / Stela Cheptea / Marusia Cîrstea (Hgg.), Pace şi război (1940–1944). Jurnalul Mareşalului Ion Antonescu, Bd. 1, Anexa 6. Iaşi 2008, 371–379, Zitate 372.

Bei seinen Besuchen in Rom und Berlin sei es ihm gelungen, das Eis zu brechen und die Basis für eine künftige Zusammenarbeit zu legen. In dem Bündnis mit Deutschland lägen zwei Vorteile: auf dem Gebiet der Wirtschaft eine langfristig gesicherte Zusammenarbeit und Kredite zu günstigen Bedingungen; auf militärischem Gebiet Hilfe bei der Ausrüstung der rumänischen Armee sowie Unterstützung gegen die Sowjetunion.

> „Die einzige Gefahr für Deutschland auf dem europäischen Kontinent stellt die slawische und kommunistische Gefahr dar. Deutschland ist entschlossen, diese so schnell wie möglich umfassend zu beseitigen. Dieser Umstand kommt uns wie gerufen, denn neben gemeinsamen Wirtschaftsinteressen verbindet uns auch noch ein gemeinsamer Gegner."

Trotz seiner Sympathien für England, so erklärte Antonescu an anderer Stelle, habe er sich zu dieser Linie entschlossen, weil sie den Interessen des Landes entspreche.

> „Meine Herren, ich habe einige Jahre in London gelebt; ich kenne das englische Volk gut und bin ihm durch persönliche Beziehungen und gefühlsmäßig verbunden. In der Politik zählen jedoch nicht Gefühle, sondern es geht darum, die vitalen Interessen des rumänischen Volkes in der gegenwärtigen Lage zu verteidigen."

Antonescu begründete damit intern gegenüber Regierung und Militärführung die alleinige Ausrichtung seiner Politik auf Deutschland mit wirtschaftlichen Vorteilen und mit der Perspektive, dank militärischer Rückendeckung des Deutschen Reiches zunächst die an die Sowjetunion verlorenen Gebiete zurückzuholen und später das an Ungarn abgetretene Nordsiebenbürgen. Folgt man den überlieferten Protokollen, blieb in diesen Ansprachen die „Judenfrage" gänzlich unerwähnt.

Tatsächlich wurde gleichzeitig zu jenen nichtöffentlichen Reden im Kreis hoher politischer und militärischer Funktionsträger in der Praxis des nationallegionären Staates die unter der Königsdiktatur begonnene zweite Radikalisierungswelle verschärft, nicht allein durch verschiedene Gesetzesvorhaben, sondern vielmehr durch ein allgemeines Klima von Unsicherheit, Gewalt, Plünderung und Erpressung. Dazu gehörte, dass der jüdischen Bevölkerung kein staatlicher Schutz gegen Übergriffe gewährt wurde, falls die Aktionen von Tätern ausgingen, die sich der legionären Bewegung zuordnen ließen.

Trotz dieser Außerkraftsetzung staatlichen Schutzes gegen legionäre Übergriffe war Ion Antonescu mehr als die Legionäre auf Mäßigung und Wahrung von Ruhe und Ordnung bedacht. Beständig drängten die Legionäre auf noch radikalere Schritte gegen die jüdische Bevölkerung. Die Gründe für Ion Antonescus besonnenere Haltung sind aber rein situativ und nicht grundsätzlich zu sehen. Am 9. September 1940 entwickelte er vor dem neu konstituierten Ministerrat die Grundprinzipien, die dessen Tätigkeit leiten sollten. Zur „Judenfrage" führte er aus, sich bisher in allen öffentlichen Reden davor gehütet zu haben sie anzugehen, weil es seiner Erfahrung nach nicht gut sei, zu viele Probleme gleichzeitig lösen zu wollen. Gerade eben habe er die Krise des Königshauses gemeistert, nun habe er große innenpolitische Probleme zu bewältigen: Fragen des Neuaufbaus des Staates und des Militärs. Es sei gut möglich, dass schon bald die Gelegenheit komme, zumindest einen Teil der über das Land gekommenen „Schande" auszulöschen. Und dafür benötige man eine schlagkräftige Armee.[26]

In den wenig später erlassenen Richtlinien Ion Antonescus für Presse und Propaganda heißt es:

> „Ich werde mit zivilisierten Mitteln die schrittweise Ausschaltung der Juden aus dem Wirtschaftsleben Rumäniens verfolgen."[27]

Auch sollten alle Juden, die nach dem Ersten Weltkrieg „heimlich ins Land gekommen sind", das Land wieder verlassen müssen. Das Problem dürfe nicht ignoriert werden; oberflächliche Maßnahmen seien Verrat.

> „Aber Gewalt in Wort und Tat erniedrigt denjenigen, der sie verwendet. General Antonescu verpflichtet sich, dieses Problem methodisch und schrittweise anzugehen, damit kein Ungleichgewicht im Wirtschaftsleben entsteht. Die fremden Elemente können nur insoweit beseitigt werden, als sie mit autochthonen Kräften zu ersetzen sind."

Auf eine Petition Wilhelm Fildermans, Präsident des *Verbands der rumänischen Juden* (*Uniunea Evreilor Români* – UER) und der *Union der Verbände der jüdischen Gemeinden* (*Federația Uniunilor a Comunităților Evreiești* – FUCE), vom 16. September 1940 schrieb Ion Antonescu, vermutlich am 18. September:

> „Ich sichere Herrn Filderman zu, dass, solange seine Glaubensgenossen weder offen noch geheim, weder wirtschaftlich noch politisch das Regime sabotieren, auch die jüdische Bevölkerung nicht zu leiden haben wird."[28]

Diese Bemerkung war verbunden mit dem Auftrag, sie Wilhelm Filderman zukommen zu lassen. Beide waren im Lyzeum *Matei Basarab* Klassenkameraden gewesen. Nachdem Ion Antonescu an die Macht gekommen war, empfing er Filderman schon aufgrund dieser alten Bekanntschaft in Audienz. 1946 erklärte Ion Antonescu, Filderman habe diese Bekanntschaft ausgenutzt und letztlich zu viel verlangt.

> „Ich habe ihn einen Monat lang empfangen. Am Anfang kam er mit je zwei bis drei Petitionen, schließlich jede Woche mit acht bis zehn Petitionen, einige davon drei bis vier Seiten lang. Es waren Beschwerden von Juden, die belästigt worden waren."[29]

Diese Besuche hätten große Aufregung unter den Legionären verursacht; daraufhin habe er Filderman auch nicht mehr empfangen. (Jedenfalls nicht mehr in dieser Phase, so ist hier zu vervollständigen; denn im Herbst 1941 sprach Ion Antonescu nochmals mit Wilhelm Filderman.)

Tatsächlich klagte Horia Sima am 27. September 1940, bisher seien keine Maßnahmen gegen die Juden ergriffen, im Gegenteil sogar einige unter der Königsdiktatur getroffene wieder rückgängig gemacht worden. Sima sprach ein am 9. September 1940 in Kraft

26 Ciucă (Hg.), Stenogramele, Bd. 1, 5f.
27 Benjamin (Hg.), Problema evreiască, Dok. 44, 129f., Zitate 129.
28 Ancel (Hg.), Documents, Bd. 1, Dok. 105, 495.
29 Ciucă (Hg.), Procesul, Bd. 3, 401.

getretenes Gesetz an, das der jüdischen Glaubensgemeinschaft die offizielle Anerkennung entzogen hatte. Filderman hatte in dieser Sache am 14. September bei Ion Antonescu interveniert, der die Rücknahme dieses Dekrets zusicherte. Sima bestand im Ministerrat auf Sofortmaßnahmen gegen die jüdische Bevölkerung. Schließlich wurde die Erarbeitung eines Gesetzes zur Enteignung des ländlichen Grundbesitzes aller Juden in Form einer Zwangsanleihe in Auftrag gegeben, ebenso wie eines zweiten Gesetzes zur Kontrolle und Übernahme jüdischer Unternehmen.[30]

Beide Gesetze wurden bereits am 4. Oktober vorgelegt und beschlossen: Enteignung aller jüdischen Immobilien, landwirtschaftlichen Flächen sowie von Industrie- und Handelsunternehmen auf dem Land (Dekret vom 4.10.1940).[31] Das Dekret zur Einsetzung von Kommissaren der Rumänisierung vom 4. Oktober 1940 ermächtigte das Wirtschaftsministerium, nach eigenem Ermessen bei allen Firmen, inländischen wie ausländischen, einen kommissarischen Verwalter einzusetzen, ebenso die Umwandlung aller Aktien in Namensaktien zu verlangen und den weiteren Handel mit ihnen zu verbieten.[32] Tatsächlich wurden solche Rumänisierungsbeauftragte bei jüdisch geführten Firmen großflächig eingesetzt, ebenso bei ausländischen Unternehmen, die – wie insbesondere Ölfirmen – von zentraler Bedeutung für die Wirtschaft des Landes waren.

In besagter Kabinettssitzung kam Ion Antonescu wiederum auf seine Vorstellung zurück, die Juden sollten schrittweise in der Wirtschaft ersetzt werden. Das sollte zuerst geschehen durch Staatsangestellte, die aus den abgetretenen Gebieten geflüchtet waren. Wie vordem sollten diese ihr Gehalt vom Staat beziehen, aber in den jüdischen Unternehmen tätig sein, sich dort einarbeiten und die Unternehmen später ganz übernehmen.[33]

Ein Gesetz über die Entlassung der jüdischen Arbeiter und Angestellten, sowohl in der Privatwirtschaft als auch im Bereich der staatlichen Verwaltung, wurde bald verabschiedet und trat am 12. November 1940 in Kraft.[34] Demnach sollte die Entlassung aller jüdischen Arbeitnehmer bis zum 31. Dezember 1941 abgeschlossen sein. Indes war das problematischer als gedacht, und so wurde die Frist mehrfach verlängert. Am 1. März 1943 stellte die Regierung fest, von ursprünglich 28 225 jüdischen Arbeitnehmern (so viele waren am 16. November 1940 gezählt worden) seien immer noch 6416 übrig geblieben.[35]

Zu dieser Zeit begannen die deutschen diplomatischen Vertreter vor Ort unzufrieden zu werden mit einer Regierung, an deren Installierung sie mitgewirkt hatten. So forderte der Gesandte Fabricius Mitte November 1940, als Berichte über „dilettantische Experimente, Disziplinlosigkeit und Übergriffe aller Art in Wirtschaft und Verwaltung“ überhandnah-

30 Benjamin (Hg.), Problema evreiască, Dok. 46, 133–135.
31 Benjamin (Hg.), Legislația antievreiască, Dok. 12, 65–68.
32 Ebenda, Dok. 13, 68f.
33 Benjamin (Hg.), Problema evreiască, Dok. 60, 167f.
34 Benjamin (Hg.), Legislația antievreiască, Dok. 16, 76–78.
35 Ebenda, XXXVII. Ende Dezember 1941 waren es 17 134 gewesen und zwei Monate später, am 28. Februar 1942, 16 292 (Weniger Juden in den Unternehmungen / Eine Aufstellung des Hauptamtes für Rumänisierung, *Bukarester Tageblatt*, 9.10.1942, 3).

men, von Ion Antonescu die „Beendigung revolutionärer Störungen auf wirtschaftlichem Gebiet".[36]

Bessere Kontakte zur legionären Bewegung – deren Führer dem deutschen Gesandten Fabricius misstrauten – hatte Hermann Neubacher. Ihm gelang es, direkten Einfluss zu nehmen.[37] Neubacher ging in Rumänien wenig zimperlich vor und mischte sich in innerste Belange des Gastlandes ein. So drang er am 19. September 1940 bei Finanzminister George Cretzianu darauf, die Budgetplanung vorgelegt zu bekommen; er empfahl eine Demobilisierung der Armee, um Kosten zu sparen; ebenso stellte er in Aussicht, den Wirtschaftsminister genauer über die Wirtschaftsorganisation in Deutschland zu informieren.[38] Am 21. November 1940 telegraphierte Neubacher nach Berlin:

> „In Fortsetzung meiner Aktion zur Anbahnung Beruhigung auf wirtschaftlichem Gebiet hatte gestern längere Unterredung mit Horia Sima. Habe Sima auf verschiedene Vorgänge aufmerksam gemacht, die geeignet sind, wirtschaftliche Entwicklung zu stören. Hinweis insbesondere darauf hin, dass Bereinigung der Judenfrage allein in Rumänien große wirtschaftliche Probleme aufrollen, und dass über diese notwendige Aktion hinaus Experimente verhindert werden müssen. Der Legionärsstaat habe Zeit genug, wirtschaftlichen Neuaufbau in aller Ruhe in Angriff zu nehmen."[39]

Hierbei wird deutlich, wo für Neubacher die Probleme lagen: Die „Bereinigung der Judenfrage" war für ihn eine Selbstverständlichkeit, für die auch „wirtschaftliche Probleme" in Kauf zu nehmen waren. Abzustellen waren indessen die über diese „notwendige Aktion" hinausgehenden „Experimente". Zwar ist die Quellenlage dünn, jedoch spricht einiges dafür, dass Neubacher anbot, der rumänischen Regierung bei der „Bereinigung der Judenfrage" behilflich zu sein.

Wie im Zusammenhang deutscher Berater oben bereits erwähnt, sandte unter dem Datum des 10. Februar 1941 der amerikanische Gesandte in Bukarest einen Bericht nach Washington, in dem er nicht bloß die Ankündigung Neubachers wiedergab, einen Experten aus Wien kommen zu lassen, sondern darüber hinaus auch, wie Neubacher gegenüber dem amerikanischen Militärattaché John Ratay die Vorgehensweise in der „jüdischen Frage" in Rumänien beschrieben hatte:

> „Die Juden müssen gehen, aber sie werden schrittweise und gemäß den Gesetzen und Ausführungsbestimmungen, die noch verabschiedet werden, ausgeschaltet. Diese Gesetze werden nach dem Vorbild der Gesetze entworfen, die ich für diesen Zweck als Bürgermeister von Wien verabschiedet habe."[40]

36 Fabricius an AA, 20.11.1940. PAAA, R 29699, Bl. 268.

37 Die Memoiren Neubachers geben keinerlei Aufschluss zu solch heiklen Aspekten. Vgl. die Ausführungen zu Rumänien: Hermann Neubacher, Sonderauftrag Südost 1940–1945. Bericht eines fliegenden Diplomaten. Göttingen, Berlin, Frankfurt/M. 1957, 38–65.

38 Cretzianu, Unterredung mit Neubacher, 19.9.1940. ANR, PCM, 1940/330, Bl. 1f.

39 Neubacher an AA, 21.11.1940. PAAA, R 29699, Bl. 274. Das Zitat Neubachers wird mit allen sprachlichen Eigenheiten des verwendeten Telegrammstils wiedergegeben.

40 Gunther an Hull, 10.2.1941. Ancel (Hg.), Documents, Bd. 2, Dok. 81, 259f., Zitat 260. Ratay unterhielt damals enge Kontakte zu den deutschen Vertretern in Bukarest und war außerge-

In der Tat erklärte Wirtschaftsminister Mircea Cancicov in der Kabinettssitzung vom 4. Oktober 1940, das Gesetz zur Einsetzung von kommissarischen Vertretern in Unternehmen sei eine Kopie der in Wien angewandten Bestimmungen.[41]

Zum Zeitpunkt des Gesprächs mit Ratay (vermutlich Ende Januar 1941) hatte Neubacher weitere Zukunftspläne. Die „Judenfrage“ sei ein weltweites Problem, das bei Kriegsende gelöst werden müsse, am besten durch eine internationale Konferenz. Es sei dann ein Territorium zu finden, groß genug, 15 bis 20 Millionen Menschen aufzunehmen. Die Juden müssten dorthin einige Sachen mitnehmen, und sie würden eine Starthilfe anderer Staaten benötigen.[42]

In einigen Punkten trifft sich die von Neubacher vertretene Linie mit den Vorstellungen Ion Antonescus. Gewiss hatte dieser nichts gegen eine Übernahme deutscher Modelle, freilich – und hier endet die Gemeinsamkeit mit Neubacher – sollte die Umsetzung in rumänischen Händen bleiben und das Ergebnis nicht anderen Minderheiten Chancen eröffnen. Befürchtungen, die deutsche Minderheit könnte von der antisemitischen rumänischen Politik profitieren, kommentierte Ion Antonescu am 20. Dezember 1940 im Ministerrat mit den Worten, man solle später nicht sagen: „Was hat General Antonescu getan? Er hat die Juden hinausgeworfen und die Deutschen hereingelassen.“[43]

Mit Entfernung der legionären Bewegung von der Macht endeten die direkten Interventionen Neubachers in diesem Bereich. Ion Antonescu misstraute Neubacher wegen dessen enger Bindung an die Legionäre und hielt daher Distanz.[44] Neubachers Stellung als Leiter der Wirtschaftsgesandtschaft tat dies jedoch keinen Abbruch. Noch während des Legionärsaufstandes wurden seine Kompetenzen durch das Auswärtige Amt am 17. Januar 1941 erweitert. Er sollte „nicht nur über die Wirtschaft in Rumänien und die handelspolitischen Beziehungen zwischen Deutschland und Rumänien“ berichten, sondern vielmehr über solche Fragen, die „für die südosteuropäische Wirtschaft im ganzen von Interesse sind“.[45]

Äußerlich bewirkte die Beseitigung der Legionäre aus allen verantwortlichen Posten eine Beruhigung der Lage, gerade auch bei der jüdischen Bevölkerung, die Hoffnung auf ein Leben in größerer Sicherheit hegte. Tatsächlich wurde aber auch danach der Antisemitismus nicht gemildert. Im Gegenteil. Schon für Anfang Februar 1941 offenbaren die Quellen eine Verschärfung der Linie Ion Antonescus gegenüber den Juden. Es beginnt der Topos der „günstigen Gelegenheit“ aufzutauchen, die man nutzen müsse.

wöhnlich gut informiert, wie auch seine übrigen Berichte zeigen (NA, RG 319, entry 57, box 575). Die Witwe Neubachers war Ratay noch 1968 dafür dankbar, dass dieser nach 1945 für ihren Mann interveniert hatte (Zeugenaussage Caroline Neubacher, 2.12.1968, BArch Ludwigsburg, B 162/3813, Bl. 1369f.).

41 Benjamin (Hg.), Problema evreiască, Dok. 60, 167f.

42 Gunther an Hull, 10.2.1941. Ancel (Hg.), Documents, Bd. 2, Dok. 81, 260.

43 Benjamin (Hg.), Problema evreiască, Dok. 62, 174.

44 Zu den Umständen und Folgen dieser Entfremdung siehe Hillgruber, Hitler, König Carol und Marschall Antonescu, 121f. sowie die dazugehörige Anm. auf Seite 309. Die Darstellung Hillgrubers beruht auf einer Mitteilung Neubachers vom 12.10.1953.

45 AA an Neubacher [Entwurf], 17.1.1941. NA, T 120, reel 3284, E566862f.

So holte beispielsweise das rumänische Außenministerium in der Frage des Rechtsstatus der Juden mit ausländischer Staatsbürgerschaft ein Gutachten des Rechtsbeirats ein und legte es am 11. Februar 1941 Ion Antonescu vor. Tags darauf, am 12. Februar 1941, merkte dieser an, wie er sich das weitere Vorgehen gegen alle in Rumänien lebenden Juden vorstellte. Demnach befürwortete er unverändert ein Vorgehen in mehreren Etappen. Erst einmal müssten die Juden mit ausländischer Staatsbürgerschaft ausreisen, dann sei denjenigen Juden samt Nachfahren, die sich nach 1914 im Lande niedergelassen hatten, die Staatsbürgerschaft zu entziehen, und anschließend sollten auch die Juden samt Nachfahren, die seit 1878 in Rumänien lebten, ausgeschaltet werden. Diese Ziele seien mit entsprechenden Gesetzen zu erreichen. Der Justizminister, Mihai Antonescu also, wurde beauftragt, die einschlägigen Gesetze vorzubereiten[46] – was nie geschah.

Interessant sind bestimmte Aspekte im Geschichtsbild Ion Antonescus. Rumänien lebe hinsichtlich der Juden in einem ihm von den Großmächten aufgezwungenen Rechtszustand; was schon anlässlich der Staatsgründung, mehr noch aber bei den Friedensverträgen nach Weltkriegsende zu konstatieren sei. Die „Invasion der Fremden und insbesondere der Juden" nach dem Krieg sei von vielfältigen Demütigungen, Raubzügen und Ausbeutung begleitet gewesen. Solange keine Hoffnung bestanden habe, die mit dem Friedensvertrag auferlegten Bestimmungen zu ändern, habe man sich damit abfinden müssen.

> „Heute müssen wir heroische und brutale Maßnahmen treffen, um aus der Lage herauszukommen, in die wir gebracht worden sind. Rumänien muss energisch, methodisch und nachhaltig von dem ganzen Geschmeiß, das die Lebenssäfte des Volkes ausgesaugt hat, befreit werden. Die internationale Lage ist günstig, und wir dürfen diesen Moment nicht verpassen."[47]

Dies war also die Stimmungslage Ion Antonescus Anfang 1941, als in Bukarest deutsche Berater auftauchten, die sich gezielt mit der Übernahme deutscher Modelle bei der Behandlung der jüdischen Bevölkerung im rumänischen Machtbereich beschäftigten.

Für das Jahr 1941 gilt es dabei zum einen, der Tätigkeit Gustav Richters als dem vom RSHA entsandten „Berater für Judenfragen" nachzugehen. Richter empfahl der rumänischen Seite, sich am Modell der nationalsozialistischen Vorgehensweise gegenüber den Juden in der Slowakei zu orientieren. Zum anderen soll das Wirken Karl Pflaumers und Theodor Ellgerings geschildert werden. Unter einem breiteren und unverfänglicheren Aufenthaltstitel als Richter nach Rumänien gekommen, waren beide in Wirklichkeit auch „Berater für Judenfragen". Im Unterschied zu Richter versuchten sie, der rumänischen Seite die im Generalgouvernement bis dahin (Frühsommer 1941) angewandten Methoden zur „Lösung der Judenfrage" nahezubringen.

Bisher ist die Aufmerksamkeit der Forschung ausschließlich auf Gustav Richter orientiert gewesen. Das hat nachvollziehbare Gründe. Einige von dessen Berichten sind erhalten geblieben, teils im Archiv des Auswärtigen Amtes, teils in den Beständen des OSS. Durch

46 [Ion Antonescu], Chestiunea regimului evreilor străini, 12.2.1941. USHMM, RG 25.006M, reel 3.

47 Ebenda.

Verwendung in den Kriegsverbrecherprozessen haben sie früh den Weg in die Öffentlichkeit gefunden. Mangels anderer Quellen haben diese Dokumente, die letztlich nur fragmentarische Informationen enthalten, jahrzehntelang die Darstellung der Tätigkeit Richters in Rumänien bestimmt. Durch die Konfrontation dieser bekannten Dokumente mit den rumänischen Quellen aus der Zeit bis 1944 sowie verschiedenen Nachkriegsbefragungen lassen sich etliche bisher unbeantwortete Fragen klären, neue Verbindungen geraten in den Blick, und natürlich stellen sich zugleich neue Fragen, die einer Beantwortung harren.

Über Pflaumer und Ellgering ist zwar aus verschiedenen Akten, hauptsächlich aus denen des Auswärtigen Amtes, bekannt gewesen, dass sie in Rumänien tätig waren. Jedoch breitet die deutsche Quellenüberlieferung einen Mantel vollständigen Schweigens über die Tätigkeit bei der „Lösung der Judenfrage". Auch nach 1989 ist die Quellenlage äußerst schwierig geblieben; doch sind Dokumente aufgetaucht, die eine Neubewertung der Rolle dieser deutschen Berater nötig machen.

Am 11. Juli 1941 verfasste Gustav Richter einen ausführlichen Bericht über seine bisherige Tätigkeit in Rumänien. Es handelte sich um die Präsentation einer Erfolgsbilanz. Richter betonte, alle ihm von SS-Sturmbannführer Eichmann gestellten Aufgaben erfüllt zu haben: Er habe dem Vizeministerpräsidenten Mihai Antonescu und dem im Wirtschaftsministerium für Rumänisierungsfragen zuständigen Unterstaatssekretär, General Eugen Zwiedeneck, die besprochenen Maßnahmen vorgeschlagen, deren prompte Einwilligung erlangt und mit Zustimmung Manfred von Killingers der rumänischen Seite am 6. Juli 1941 die fertigen Gesetzentwürfe vorgelegt.[48]

Daraufhin verschwand Richter für einige Zeit aus Rumänien. Über die Gründe kursieren in den Quellen verschiedene Versionen, die zu einer entsprechend widersprüchlichen Darstellung in der Forschung geführt haben. Erst als sich die rumänische Regierung nach seinem Verbleib erkundigt und seine Rückkehr gefordert hatte, tauchte Richter Anfang Oktober 1941 wieder in Bukarest auf und setzte die Verhandlungen mit Mihai Antonescu über die vorgelegten Gesetzentwürfe fort.

Beleuchtet werden soll, was die deutsche Seite von der rumänischen forderte, wie die rumänische reagierte und worin beide Seiten politisch übereinstimmten. Ebenso sollen das taktische Vorgehen beider Seiten sowie die schon 1941 erkennbaren unterschiedlichen Interessenlagen aufgezeigt werden.

[48] Vgl. Richter's Activity, Report written by himself, 11.7.1941. NA, RG 226, entry 108a, box 178. Dieses zentrale und in der Forschung viel verwendete Dokument ist bisher im Urtext nicht aufgefunden worden, auch nicht in den heute noch in Originalordnern erhaltenen Unterlagen aus dem Büro von Gustav Richter. (NA, RG 226, entry 19, boxes 178–182/184–185/198; zum größten Teil verfilmt als NA, T 175, reel 657–663.) Überliefert ist lediglich die von OSS Bukarest am 18.1.1945 an die Zentrale in Washington/DC geschickte englische Übersetzung. Im Original dagegen liegt ein Tätigkeitsbericht Richters an Killinger vom 21.5.1941 vor, enthaltend einige Passagen, die Richter auch für seinen Bericht vom 11.7.1941 verwendete (Richter, Tätigkeitsbericht, [21.5.1941]. Ancel (Hg.), Documents, Bd. 2, Dok. 129, 401–404).

Am 1. April 1941 traf Gustav Richter in Bukarest ein. Der damals 29-jährige SS-Hauptsturmführer hatte seine ganze Karriere im SD gemacht. Aus dem bayerisch-pfälzischen Ludwigshafen stammend, wo er 1933 das Abitur an der Oberrealschule abgelegt hatte, war er im April 1932 dem nationalsozialistischen Schülerbund beigetreten, der 1933 in die Hitlerjugend überführt wurde. Nach dem Abitur nahm Richter an einem von der Deutschen Studentenschaft organisierten Werkhalbjahr als Kolonnenführer im Straßenbau teil. Im Oktober 1933 erhielt er eine unbezahlte Praktikumsstelle beim Sonderbeauftragten des Obersten SA-Führers im Bezirksamt Ludwigshafen.[49] Er habe Verwaltungsbeamter werden wollen, erklärte er in seiner ersten Vernehmung als Angeklagter in der Bundesrepublik 1962. Auf Vermittlung eines Bekannten erhielt er am 1. März 1934 eine Stelle beim SD. Zunächst kam er zur Nachrichtenstelle in der Pfalz. Im Herbst 1934 trat er der SS bei. Ab Herbst 1936 war Richter im SD-Abschnitt Baden in Karlsruhe tätig.[50] 1937 wurde er zum SD-Oberabschnitt nach Stuttgart versetzt. Von September bis November 1938 war er Leiter eines Kommissariats der Geheimen Staatspolizei in Tachau (Sudetenland).[51] Bei der Aufzählung seiner Posten im SD während der 1930er Jahre vermerkt Richter, in allen Dienststellen in den Referaten Freimaurerei und Judentum gearbeitet zu haben.[52]

Im April 1938 zum Untersturmführer ernannt, 1939 zum Obersturmführer und 1940 zum Hauptsturmführer, musste Richter auf seine nächste Beförderung vier Jahre warten. Schließlich wurde er im Januar 1944 zum Sturmbannführer befördert, dem höchsten SS-Rang, den er erreichte. Seit Beginn des Frankreich-Feldzugs war Richter im Rahmen des SD und der Sipo zunächst im elsässischen Mülhausen und dann in Dijon tätig, von wo er im Februar 1941 abberufen und nach Rumänien versetzt wurde.[53]

Als „Judenberater" in Bukarest war Richter disziplinarisch der DGB unterstellt, fachlich dem RSHA, und zwar dem von Adolf Eichmann geleiteten Referat Judentum (zunächst Referat IV B 4, dann trug es die Bezeichnung IV A 4b). Am 29. Dezember 1943 übernahm Richter den Posten des Polizeiattachés in Rumänien. Im September 1944 in sowjetische Gefangenschaft geraten und 1953 zu einer Haftstrafe von 25 Jahren verurteilt, kehrte er 1955 aus der Sowjetunion nach Deutschland zurück.[54]

In der Bundesrepublik wurde 1961 im Zusammenhang mit dem Eichmann-Prozess ein Ermittlungsverfahren gegen ihn eröffnet. Die Staatsanwaltschaft Frankenthal ging verschie-

[49] Dürk (Leitender Oberstaatsanwalt), Vermerk, 31.10.1972. StA Frankenthal, 9 Js 143/61, Bd. 21, Bl. 5930; siehe auch BArch, BDC, Personalvorgang Gustav Richter, SSO.

[50] Vernehmungsniederschrift Gustav Richter, 28.5.1962, StA Frankenthal, 9 Js 143/61, Bd. 3, Bl. 431.

[51] Dürk (Leitender Oberstaatsanwalt), Vermerk, 31.10.1972. StA Frankenthal, 9 Js 143/61, Bd. 21, Bl. 5931.

[52] Vernehmungsniederschrift Gustav Richter, 15.02.1980. StA Frankenthal, 9 Js 143/61, Bd. 22, Bl. 6480.

[53] Vernehmungsniederschrift Gustav Richter, 28.5.1962, StA Frankenthal, 9 Js 143/61, Bd. 3, Bl. 432.

[54] Übersetzung einer Note des sowjetischen Außenministeriums, Nr. 164/300, 11.12.1968. STA Frankenthal, 9 Js 143/61, Bd. 18, Bl. 4815.

denen Beschuldigungen nach, sammelte über Jahrzehnte Unterlagen und Zeugenaussagen. Mehrere Male wurden die Ermittlungen eingestellt und wieder aufgenommen. Zur Anklage 1981 führte bloß noch ein Punkt aus einer ehemals recht umfangreichen Liste. Vorgeworfen wurde Richter seine Mitwirkung bei der Deportation rumänischer Juden aus Frankreich nach Auschwitz 1942. Das Urteil lautete auf vier Jahre Haft, wobei die Jahre in der Sowjetunion angerechnet wurden, so dass er den Gerichtssaal als freier Mann verließ.[55]

Zwischen 1945 und 1981 gab Gustav Richter eine Vielzahl von Erklärungen zu seiner Rolle in Rumänien von 1941 bis 1944 ab, zunächst als Häftling in der Sowjetunion, dann in der Bundesrepublik als Gutachter (!) in Wiedergutmachungsprozessen von aus Rumänien stammenden Juden, als Zeuge in Verfahren gegen NS-Kriegsverbrecher, dann als Beschuldigter und schließlich als Angeklagter.

Richters Aussagen aus der Zeit der elfjährigen Haft in der Sowjetunion (September 1944 bis Oktober 1955) sind heute nur deshalb teilweise zugänglich, weil ein Rechtshilfeersuchen der Staatsanwaltschaft Frankenthal an die sowjetische Generalstaatsanwaltschaft während der Vorermittlungen gegen Gustav Richter auf verschlungenen Wegen beantwortet wurde.[56] Mittler für die Übergabe des Materials war das MfS,[57] das nur einen kleinen Teil der aus Moskau übermittelten Dokumente über die Generalstaatsanwaltschaft der DDR an die Staatsanwaltschaft in Frankenthal weiterleitete.[58]

Aus dem Abgleich all dieser Aussagen sowie aus deren Vergleich mit anderen Zeugenaussagen und zeitgenössischen Dokumenten lassen sich etliche Ereignisabläufe und Zusammenhänge als gut gesichert herausschälen. Es verbleiben allerdings immer noch wichtige Geschehnisse, die trotz so vieler Einzeldokumente nicht eindeutig oder überhaupt nicht zu klären sind.

In sowjetischer Gefangenschaft schilderte Richter Anfang Februar 1945 ausführlich die Vorgeschichte seiner Entsendung nach Rumänien. Ende März 1941 habe er sich beim Personalreferenten des RSHA, Sturmbannführer Fritz Braune, gemeldet, um Näheres über seine Kommandierung nach Rumänien zu erfahren. Ihm sei von Braune mitgeteilt worden, das Auswärtige Amt habe einen „Berater für Juden- und Arisierungsfragen“ angefordert. Braune, früher Personalreferent beim SD-Oberabschnitt in Stuttgart, kannte Richter persönlich und hatte diesen für den Posten in Bukarest vorgeschlagen, was von Himmler genehmigt worden war.[59]

[55] Vgl. die Urteilsbegründung vom 11.1.1982. StA Frankenthal, 9 Js 143/61, Bd. 25, Bl. 6966–7000.

[56] Das USHHM hat bislang trotz verschiedener Anfragen keinerlei Unterlagen zu Gustav Richter aus dem Archiv des FSB erhalten. In den am USHMM vorhandenen Mikrofilmen aus FSB-Beständen finden sich die Befragungen des Luftwaffenattachés Alfred Gerstenberg und darin auch eine Aussage Richters über Gerstenberg (USHMM, RG 06.025, reel 53).

[57] Heute verfügbar unter BStU, MfS, HA IX/11 RHE West 270, Bd. 1–3.

[58] Vgl. StA Frankenthal, 9 Js 143/61, Bd. 20, Bl. 5693–5714.

[59] Richter, Meine Tätigkeit als Berater für Judenfragen an der Deutschen Gesandtschaft in Bukarest, 20.2.1945. BStU, MfS, HA IX/11 RHE West 270, Bd. 3, Bl. 13.

Erste Informationen über Rumänien holte Richter beim Volkstumsreferenten von Amt III, Sturmbannführer Heinz Hummitzsch, und beim dortigen Sachbearbeiter für Volkstumsfragen in Rumänien, Hauptsturmführer Hans Herrschaft, ein. Des Weiteren wurde er an Eichmann verwiesen. Dieser habe ihm keine Einzelheiten über seinen Auftrag genannt, sondern ihm „zur Interpretation" Akten über die „Judenfrage" in der Slowakei, wo Dieter Wisliceny seit September 1940 tätig war, ausgehändigt.

> „Anhand dieser Akten, es handelte sich um Berichte und Gesetze, sollte ich entnehmen, in welcher Weise Wisliceny an seine Aufgabe herangegangen ist."

Eichmann habe ihn angewiesen, sich zunächst einmal über die Lage in Rumänien zu informieren und dann zwecks Berichterstattung nach Berlin zu kommen. Richter sollte über Preßburg nach Bukarest reisen und unterwegs Rücksprache mit Wisliceny nehmen. Wegen einer Erkrankung Wislicenys kam das geplante Treffen in Preßburg nicht zustande.[60]

In einer Zeugenaussage im RSHA-Verfahren gab Richter 1967 an, in Bukarest habe er grundsätzlich die Aufgabe gehabt, für die „zahlenmäßige Erfassung" der Juden zu sorgen und nach Möglichkeit die spätere Aussiedlung vorzubereiten. Es sei ihm von Eichmann jedoch kein „fest umrissenes Programm" mitgegeben worden. Er habe erst sehen sollen, wie sich die Lage weiterentwickle.[61]

Bei dieser Gelegenheit beschrieb Richter die im RSHA verbrachte Vorbereitungszeit ähnlich wie 1945, wobei er hinzufügte, in einem Raum mit dem Sachbearbeiter Herbert Mannel gesessen zu haben, der damit beschäftigt gewesen sei, statistische Angaben über Juden in verschiedenen Ländern zusammenzutragen. Die Wände des Zimmers seien mit Karten von Staaten der ganzen Welt bedeckt gewesen; wobei jeweils die Anzahl der dort lebenden Juden eingetragen gewesen sei.

> „Eichmann gab mir Leitzordner mit Unterlagen über die Judenfrage in der Slowakei. Im wesentlichen enthielten die Akten Berichte Wislicenys über die Judenfrage in der Slowakei, sowie Einzelheiten über die mit der Behandlung der Judenfrage betrauten Behörden in der Slowakei."[62]

SS-Hauptsturmführer Dieter Wisliceny war zwischen 1940 und 1944 als „Beauftragter für jüdische Angelegenheiten" in verschiedenen Ländern aktiv, zunächst in der Slowakei, dann in Ungarn und Griechenland. Am 1. September 1940 hatte er seine Tätigkeit in der Slowakei aufgenommen. Als Erstes kümmerte er sich um die „Arisierung" jüdischen Vermögens. Zusammen mit Augustin Morávek, dem späteren Leiter des sogenannten Zentralen Wirtschaftsamtes, das als „Arisierungsinstitution" fungierte, unternahm er eine Studienreise nach Prag und Wien, um sich dort über Fragen der jüdischen Auswanderung, der Sicher-

[60] Ebenda.

[61] Zeugenaussage Gustav Richter (1 Js 1/65), 13.6.1967. StA Frankenthal, 9 Js 143/61, Bd. 13, Bl. 2038.

[62] Ebenda, Bl. 2037.

stellung jüdischen Vermögens, des organisatorischen Aufbaus der „Arisierungskanzlei", der Enteignung von Immobilien und der Übernahme jüdischer Betriebe zu informieren.[63]

Nach Rückkehr von dieser Reise schlug Morávek der slowakischen Regierung ein 20-Punkte-Programm zur weiteren Behandlung der „Judenfrage" vor, das darauf hinauslief, den Betroffenen Freiheit und Eigentum zu nehmen. Morávek riet, die Juden zu kennzeichnen (gelbe Armbinde) und sie nur zu festgesetzten Zeiten in besonderen Geschäften einkaufen zu lassen. Es sollten ein „Arisierungsfonds" und ein Auswanderungsfonds eingerichtet, die „Arisierung" des Vermögens vorangetrieben und diese Arbeiten beim Amt des Ministerpräsidenten konzentriert werden. Beginnen sollte die „Arisierung" mit den Immobilien, längerfristig seien die den Juden zur Verfügung stehenden Geldbeträge auf 10000 slowakische Kronen zu beschränken. Ferner hatte Morávek einen ins Einzelne gehenden Plan zur Enteignung des jüdischen Vermögens ausgearbeitet.[64]

Eichmann erklärte in den 1950ern zu den Aufgaben der „Judenberater", er habe in Bukarest den Hauptsturmführer Richter gehabt, von dem dieselbe Funktion wie von Wisliceny in Preßburg, von Dannecker in Paris oder von Burg in Athen ausgeübt worden sei.

> „Was die Beauftragten von mir nun dort mit den örtlichen Reg. z. B. mit der rum. Reg. erreichten, das weiss ich heute nicht mehr, jedenfalls steht aber fest, dass ein jeder meiner mir damals unterstellten Offiziere genaueste Richtlinien mit auf den Weg bekamen, sie gingen ab als Berater für Judenfragen der jeweiligen Gesandtschaft oder deutschen Botschaft oder wie in Paris als Berater für Judenfragen bei dem Befehlshaber des SIPO und des SD, und haben hier genau das durch zu drücken gehabt, was der RF im generellen, der Chef des SIPO [und] des SD im besonderen, und von mir als den verantwortlichen Dezernenten in Kleinarbeit ausgearbeitet, vorgeschrieben bekamen."[65]

Bei dem einen habe es Schwierigkeiten mit seiner Regierung gegeben, bei dem anderen sei alles reibungslos verlaufen.

> „Im Prinzip wurde ja eines überall erreicht, dass überall eine Konzentrierung vorgenommen wurde, in vielen Fällen sträubten sich anfänglich die Reg. die Juden auch zur Evak. freizugeben, weil hier die landesüblichen Gesetze dagegen sprachen und erst neue Gesetze durchgepaukt werden mussten, auch das war eine Aufgabe des jeweiligen Judenberaters über seine

63 Hradská, Der deutsche Berater, 303. Solche Einzelheiten zum Beginn seiner Tätigkeit finden sich nicht in den Nachkriegsaussagen Dieter Wislicenys, die um seine Beteiligung an den Deportationsmaßnahmen kreisen. Vgl. seine Zeugenaussage vom 3.1.1946. IMT, Bd. 4, 355–373 und die eidesstattliche Erklärung vom 29.11.1945. Nazi Conspiracy and Aggression, Bd. 8., Washington/DC 1946, 606–619.

64 Hradská, Der deutsche Berater, 304f.

65 Auszugsweise Abschrift [Sassen-Interviews mit Adolf Eichmann], o. O. o. D. StA Frankenthal, 9 Js 143/61, Bd. 2, Bl. 227. (Dieses und das folgende Zitat sind nach vorliegender Abschrift mit allen Fehlern und Eigentümlichkeiten wiedergegeben.) Ende der 1950er Jahre ließ sich Adolf Eichmann in Buenos Aires von dem Niederländer Willem Sassen über mehrere Jahre hinweg regelmäßig interviewen. Dabei machte Sassen Tonbandaufnahmen. Sassen hatte Eichmann mit der Idee geködert, gemeinsam ein Buch über das RSHA zu verfassen. Der StA in Frankenthal gingen aus Ludwigsburg Transkripte der Tonbandaufzeichnungen zu, und zwar verschiedene Passagen, in denen sich Eichmann mit den Vorgängen in Rumänien befasste.

örtlichen Vorgesetzten eine solche Sache vorzutragen bis zur endlichen Erreichung dieses Zieles, nämlich zur endgültigen Freigabe der Transp. dem Befehl gemäss denn dieser von mir und ich vom Chef der SIPO und der vom RF hatte. Das ist die gerade Linie."

1945 schilderte Richter die Umstände seiner Ankunft in Bukarest. Killinger hielt sich gerade in Berlin auf, so dass Richter sich erst acht Tage später offiziell bei diesem zum Dienst anmelden konnte. In einer ersten Besprechung habe Killinger offen erklärt, die Berater seien eigentlich nicht mehr erforderlich, da durch die veränderten politischen Verhältnisse die Voraussetzungen hierfür nicht mehr vorlägen. Daraufhin habe er, Richter, erklärt, dann nicht zu verstehen, weshalb man beim Auswärtigen Amt und der Gesandtschaft darauf gedrängt habe, die Tätigkeit in Bukarest baldmöglichst zu beginnen. Er habe Killinger vorgeschlagen, die Lage der Dinge dem Auswärtigen Amt mitzuteilen und seine Rückberufung zu beantragen. Das habe Killinger jedoch aufgrund der Befürchtung abgelehnt, dann würden auch die anderen Berater abberufen. Er habe diese aber bei der rumänischen Regierung angemeldet, und eine solche Abberufung könnte falsch verstanden werden.

Seine Tätigkeit, so Killinger schließlich, könne Richter erst aufnehmen, nachdem er mit Mihai Antonescu darüber gesprochen und Richter sich bei diesem vorgestellt habe. Killinger habe betont, er werde Richter weitere Weisungen erteilen.

„Ferner wolle er von vorherein klarstellen, dass, falls es zu einer Zusammenarbeit mit den Rumänen in der Judenfrage komme, kein Druck auf die Rumänen ausgeübt werden, sondern nur den Wünschen rumänischerseits entsprochen werden soll."[66]

Dies ist eine durchaus glaubwürdige Darstellung der Haltung Killingers, die freilich Richter entlastete, da er demnach bloß unverbindliche Vorschläge unterbreiten durfte. Allerdings war das nicht die ganze Wahrheit über seine Mission und seine Aufgaben, wie schon allein aus den späteren Aussagen Richters hervorgeht. Noch 1970 war er offenkundig pikiert über die Umstände, die es ihm nicht erlaubten, wie geplant tätig zu werden, nämlich direkt bei der rumänischen Regierung: „Es war vorgesehen, dass ich bei dem Minister für Romanisierungsfragen ein Büro erhalten sollte."[67] Hierzu sei es jedoch praktisch nicht gekommen.

„Ich merkte sehr bald, dass dieses Büro nur der Form halber eingerichtet worden war und die Rumänen alles taten um die Judenangelegenheiten in eigener Hand zu behalten und sie nach ihren eigenen Vorstellungen behandelten."

Von Anfang an hatte Richter die Anweisung erhalten, die Linie des RSHA auf jeden Fall durchzusetzen. In den Sassen-Interviews legte Eichmann dar, bei Widerständen in den deutschen Botschaften oder Gesandtschaften versucht zu haben, diese Angelegenheiten über Eberhard von Thadden (seit April 1943 Referatsleiter in der Abt. Inland II des AA, die für die Durchführung von ‚Judenmaßnahmen' zuständig war) zu regeln. Bei Widerstand im jeweiligen Land habe Thadden die entsprechenden Berichte im Auswärtigen Amt weiter

66 Richter, Meine Tätigkeit als Berater für Judenfragen an der Deutschen Gesandtschaft in Bukarest, 20.2.1945. BStU, MfS, HA IX/11 RHE West 270, Bd. 3, Bl. 14.

67 Zeugenaussage Gustav Richter (1 Js 1/65), 1.4.1970. StA Frankenthal, 9 Js 143/61, Bd. 20, Bl. 5833.

nach oben bis zu Ribbentrop reichen müssen. Habe die Gefahr bestanden, dass der Minister sich gegen eine Maßnahme aussprach, bereitete Eichmann das Terrain über den Chef der Sipo und des SD oder gar über Himmler vor, „so dass er gar nicht anders entscheiden konnte, als es im Sinne des RF war", denn Himmler habe sich dann auf Führeranordnungen berufen, „denen sich auch ein von Ribbentrop nicht entziehen konnte". Es sei die Aufgabe des Auswärtigen Amtes gewesen, vor Ort politischen und wirtschaftlichen Druck auf die jeweiligen Regierungen auszuüben und eine Gesetzeslage entsprechend den deutschen Wünschen zu schaffen. In aller Regel habe der „Führerbefehl" durchgedrückt werden können. Nur in einzelnen Ländern, wie etwa in Rumänien, seien die Verantwortlichen von einer gewissen „politischen Weichheit" beseelt gewesen. Von ihnen vorgeschützte bürokratische Schwierigkeiten hätten tatsächlich mit einem Federstrich beseitigt werden können.

> „Das war die Kunst und das Geschick des Beraters das sie den Gesandten so in Trapp hielten, dass der Gesandte die entspr. Beamten des Protokolls beschossen, um dort an den Aussenminister heran zu kommen, um es ihm als so massiv vorzutragen, wie nur möglich. Killinger und Ludin, das waren an sich sehr ordentliche Leute für uns. Ideen, das ist gar kein Zweifel, Ludin war massiv, robuster, brutaler – Killinger war der elegante, und über den hatte sich mein Richter sehr oft zu beschweren, obwohl Richter die grösste Wertschätzung Killingers genoss, wie es überhaupt bemerkbar ist, dass die Judenberater in allen Ländern grösste Wertschätzung genossen, denn sie waren ja an sich der verlängerte Arm des RF – ein Wörtchen vom RF und vielleicht waren sie ihres Postens enthoben gewesen."[68]

Wie hielt Richter Verbindung zum RSHA? Er erklärte, eigentlich habe er keine Berichte schreiben müssen, dies dennoch bisweilen getan, und diese dann über die DGB und das AA an das RSHA weitergeleitet.[69] Erwartet wurden in der Hauptsache mündliche Vorträge. Richter erhielt eine über die Kanäle des AA geleitete Nachricht des RSHA, sobald er in der Reichshauptstadt erscheinen sollte. Zu Beginn seiner Tätigkeit geschah dies recht selten; zwischen April und Sommer 1941 erinnert sich Richter daran, nur ein- oder zweimal in Berlin gewesen zu sein.[70]

Eichmann erklärte, seine Leute in kurzen Abständen zu sich gerufen zu haben. Dem Betreffenden sei ein Telegramm des Inhalts zugegangen, sich zu melden, woraufhin dieser nach Berlin gereist sei. Richter habe er wohl monatlich zum Rapport bestellt, Wisliceny alle zwei Monate, nach Paris zu Dannecker sei er persönlich gefahren oder habe auch ihn nach Berlin befohlen.[71]

[68] Mit allen offensichtlichen Fehlern und sprachlichen Eigenheiten wiedergegeben nach: Auszugsweise Abschrift [Sassen-Interviews mit Adolf Eichmann], o. O. o. D. StA Frankenthal, 9 Js 143/61, Bd. 2, Bl. 229.

[69] Zeugenaussage Gustav Richter (1 Ks 1/71), 7.1.1972. StA Frankenthal, 9 Js 143/61, Bd. 20, Bl. 5853.

[70] Zeugenaussage Gustav Richter (1 Js 1/65), 1.4.1970. StA Frankenthal, 9 Js 143/61, Bd. 20, Bl. 5834.

[71] Auszugsweise Abschrift [Sassen-Interviews mit Adolf Eichmann], o. O. o. D. StA Frankenthal, 9 Js 143/61, Bd. 2, Bl. 229.

Während solcher Aufenthalte trug Richter freilich nicht nur Eichmann vor, sondern auch SS-Gruppenführer Heinrich Müller, Leiter von Amt IV des RSHA und damit Chef der Gestapo.[72] Zuerst meldete sich Richter in der Regel bei Eichmann, um ihn über seine Tätigkeit als „Judenberater" zu informieren und Anweisungen entgegenzunehmen. Dann ging er weiter zu Heinrich Müller, dem er einen nachrichtendienstlichen Bericht über die allgemeine Lage in Rumänien erstattete. Heinrich Müller habe aus erster Hand über Vorgänge im Ausland informiert werden wollen; die Abhängigkeit im Bereich Auslandsnachrichten von Schellenberg (Amt VI) habe er umgehen wollen. Rumänien sei für Heinrich Müller besonders interessant gewesen, da insbesondere Bukarest einer der „Hauptumschlagplätze für Nachrichten" gewesen sei,

> „weil dort Agenten aller Länder saßen und sich in Anbetracht des Lavierens der rumänischen Regierung, die sich nach allen Seiten den Rücken freihalten wollte, ziemlich frei bewegen konnten."[73]

In der bereits erwähnten Darstellung vom 11. Juli 1941 beschreibt Richter, am 6. Mai 1941 das erste Mal mit Mihai Antonescu gesprochen zu haben. Dieser habe ihm die vom rumänischen Staat gegen die Juden ergriffenen Maßnahmen erläutert und betont, der entscheidende Schritt zur „Lösung der Judenfrage" sei mit der Gründung eines Amtes für Rumänisierung getan worden.[74]

Ein deutlicheres Bild sowohl der Umstände als auch des Inhalts vermitteln die Aussagen Richters 1945 in sowjetischer Haft. Als Termin des Gesprächs wird diesmal der 5. Mai 1941 genannt. Eingeführt beim stellvertretenden Ministerpräsidenten Mihai Antonescu wurde Richter demnach von Emil Hoffmann – zwischen Februar 1941 und dem gleichen Monat 1942 als deutscher Berater für Propaganda bei der rumänischen Regierung tätig, dabei zeitweise eng mit Mihai Antonescu zusammenarbeitend.[75] Beim ersten Gespräch zwischen Gustav Richter und Mihai Antonescu war Emil Hoffmann anwesend und dolmetschte. Richter erinnerte sich 1945, Mihai Antonescu habe ihn sehr freundlich empfangen und sich mit ihm allgemein über die „Judenfrage" in Rumänien unterhalten. Zunächst habe Mihai Antonescu die von rumänischer Seite getroffenen Maßnahmen geschildert und anschließend Richter gebeten, die Lage in Rumänien zu studieren sowie „aufgrund der Erfahrungen, die man in der Lösung der Judenfrage deutscherseits gesammelt habe" Vorschläge zu unterbreiten. Eine interessante Aussage legte Richter bei der Erklärung 1945 Mihai Antonescu in den Mund:

[72] Dürk (Leitender Oberstaatsanwalt), Vermerk, 31.10.1972. StA Frankenthal, 9 Js 143/61, Bd. 21, Bl. 5932.

[73] Zeugenaussage Gustav Richter (1 Js 1/65), 1.4.1970. StA Frankenthal, 9 Js 143/61, Bd. 20, Bl. 5834.

[74] Richter's Activity, Report written by himself, 11.7.1941. NA, RG 226, entry 108a, box 178; Richter, Tätigkeitsbericht, [21.5.1941]. Ancel (Hg.), Documents, Bd. 2, Dok. 129, 401.

[75] Biographisches Handbuch des deutschen Auswärtigen Dienstes, Bd. 2, 341; Zeugenaussage Emil Hoffmann, 5.11.1964. StA Frankenthal, 9 Js 143/61, Bd. 4, Bl. 592f.

„Er führte damals aus, dass die Rumänische Regierung die Judenfrage lösen wolle, aber auf eine humane Art."[76]

Die Wiedergabe einer solchen Aussage Mihai Antonescus sucht man in dem Bericht Richters vom 11. Juli 1941 vergeblich.

Noch prägnanter als 1945 fasste Richter 1970 den Inhalt jener ersten Unterredung mit Mihai Antonescu zusammen. Diese habe er nach wochenlangem Warten geführt. Dabei seien ihm die rumänischen Vorstellungen klargeworden.

„Sie liefen darauf hinaus, unter Berücksichtigung der besonderen rumänischen Verhältnisse, die Juden nach und nach aus ihrer äußerst starken Position im Wirtschaftsleben auszuschalten und ihr Vermögen anders zu verteilen."[77]

In diesem Sinne seien von Mihai Antonescu auf den Weg gebrachte Gesetze bereits in Kraft getreten.

„Er war auf diese Gesetze sehr stolz und erklärte mir ausdrücklich, dass sie zum Ziele hätten, den Juden das wieder abzunehmen, was sie sich auf Kosten der sogenannten ‚Blutsrumänen' ergaunert hätten."

Auf Empfehlung Mihai Antonescus traf Richter am nächsten Tag mit General Eugen Zwiedeneck im Wirtschaftsministerium zusammen und erläuterte diesem die großen Linien der in Rumänien durchzuführenden antijüdischen Maßnahmen.[78] Seit dem 27. Januar 1941 leitete Zwiedeneck als Unterstaatssekretär im Wirtschaftsministerium das Referat für Flüchtlings- und Kolonisierungsfragen; am 2. Mai 1941 wurde dieses Referat direkt dem Ministerrat unterstellt und zugleich hochgestuft als Unterstaatssekretariat für Rumänisierung, Kolonisierung und Inventarisierung.[79] Zwiedeneck informierte Richter über die Rumänisierungsbestrebungen und die dabei aufgetretenen Probleme; er bat ihn um Unterlagen zu den „in Deutschland erschienenen Gesetzen über die Überleitung des jüdischen Vermögens in deutsche Hände und die Erfassung des jüdischen Vermögens".[80]

Während er in seinen späteren Aussagen lediglich erwähnt, die gewünschten deutschen Gesetzestexte Zwiedeneck übergeben zu haben, listet Richter in seinen zeitgenössischen Berichten an Killinger und an das RSHA einzeln auf, was er alles in seinem am 12. Mai 1941 geführten zweiten Gespräch bei Zwiedeneck habe erreichen können:

[76] Richter, Meine Tätigkeit als Berater für Judenfragen an der Deutschen Gesandtschaft in Bukarest, 20.2.1945. BStU, MfS, HA IX/11 RHE West 270, Bd. 3, Bl. 15.

[77] Zeugenaussage Gustav Richter (1 Js 1/65), 1.4.1970. StA Frankenthal, 9 Js 143/61, Bd. 20, Bl. 5833.

[78] Richter's Activity, Report written by himself, 11.7.1941. NA, RG 226, entry 108a, box 178; Richter, Tätigkeitsbericht, [21.5.1941]. Ancel (Hg.), Documents, Bd. 2, Dok. 129, 401f.

[79] Stelian Neagoe, Istoria guvernelor României de la începuturi până în zilele noastre, 1859–1995. București 1995, 141, 143.

[80] Richter, Meine Tätigkeit als Berater für Judenfragen an der Deutschen Gesandtschaft in Bukarest, 20.2.1945. BStU, MfS, HA IX/11 RHE West 270, Bd. 3, Bl. 14f.

- Alle Gesetzentwürfe des von Zwiedeneck geleiteten Unterstaatssekretariats werden Richter vorgelegt, ehe sie an Ion Antonescu weitergereicht werden.
- Die bestehenden jüdischen Organisationen (mit Ausnahme der Gemeinden) werden per Gesetz aufgelöst, ihre Vermögenswerte enteignet.
- Es wird eine „Judenzentrale" gegründet, die die enteigneten Vermögenswerte übernimmt.
- Ein Auswanderungsfonds wird eingerichtet, gespeist aus einem Teil der jüdischen Vermögenswerte, die von Zwiedenecks Ressort verwaltet werden.[81]

Nachdem Richter die Zustimmung des Gesandten eingeholt hatte, unterbreitete er Zwiedeneck am 6. Juli 1941 die konkreten Entwürfe: einen Gesetzesentwurf über die Auflösung aller politischen Organisationen und Verbände der rumänischen Juden, einen über die Einrichtung der „Judenzentrale" sowie den Entwurf für ein Statut dieser „Judenzentrale".[82] Alle Texte beruhen auf dem Vorbild der von Wisliceny initiierten slowakischen Regelungen.[83]

Am 11. Juli überreichte Richter die Entwürfe Mihai Antonescu, wobei er deutlich machte, diese seien mit Killinger abgesprochen und entsprächen den Wünschen Berlins zur „Lösung der Judenfrage" in Europa. Der stellvertretende rumänische Ministerpräsident bescheinigte, nichts hinzuzufügen zu haben; er werde die Entwürfe sogleich unterschreiben. Zudem bat er Richter, passendes Führungspersonal auszuwählen; worauf Richter eröffnete, bereits mit geeigneten Personen Fühlung aufgenommen zu haben.

Tatsächlich hatte er für den Führungsposten den Journalisten Mathias Grünberg alias Willman[84] in Aussicht genommen, der Ende 1937 eine *Jüdische Territorialbewegung* (Mişcarea teritorialistă evreiască) ins Leben gerufen hatte, die die Auswanderung der Juden aus Rumänien propagierte. Grünberg-Willman sei aufgefordert worden, bei Richter eine Liste von Mitarbeitern einzureichen, die dann wiederum Mihai Antonescu vorgelegt würde. Hier erwähnte Richter erstmals Radu Lecca, den späteren „Beauftragten der rumänischen Regierung für Judenfragen".

Richter unterbreitete Mihai Antonescu einen weiteren Vorschlag. Die rumänische Regierung solle die verschiedenen die Juden betreffenden Bestimmungen vereinheitlichen und in einem eigenen Statut zusammenfassen. Mihai Antonescu bat Richter, ein solches Statut nach deutschem Vorbild auszuarbeiten.[85]

Mitte Juli 1941 reiste Richter zur Berichterstattung nach Berlin. Laut seinen Erklärungen vom 8. April 1945 in der Sowjetunion hatte er selbst mit einem Aufenthalt von

[81] Richter's Activity, Report written by himself, 11.7.1941. NA, RG 226, entry 108a, box 178; Richter, Tätigkeitsbericht, [21.5.1941]. Ancel (Hg.), Documents, Bd. 2, Dok. 129, 403.

[82] Richter's Activity, Report written by himself, 11.7.1941. NA, RG 226, entry 108a, box 178.

[83] Vgl. Richter, Meine Tätigkeit als Berater für Judenfragen an der Deutschen Gesandtschaft in Bukarest, 20.2.1945. BStU, MfS, HA IX/11 RHE West 270, Bd. 3, Bl. 16.

[84] Im weiteren Text wird diese Person der Eindeutigkeit halber „Grünberg-Willman" genannt, obwohl ihr bürgerlicher Name „Grünberg" war, „Willman" hingegen ein Alias für die journalistische Arbeit.

[85] Richter's Activity, Report written by himself, 11.7.1941. NA, RG 226, entry 108a, box 178.

zwei oder drei Tagen gerechnet. Am zweiten Tag habe ihm Eichmann jedoch im Auftrag von Heinrich Müller mitgeteilt, er könne nicht mehr nach Bukarest zurückkehren. Eine Begründung sei ihm zu diesem Zeitpunkt nicht gegeben worden. Als ihm auch die Erlaubnis für eine Rückreise nach Bukarest zwecks Abwicklung seiner privaten Angelegenheiten verwehrt worden sei, habe man ihm eröffnet, Killinger ließe ihn dann möglicherweise nicht mehr aus Bukarest abreisen. Angesichts dessen habe er ein Urlaubsgesuch eingereicht und sei zu seiner Familie in Ludwigshafen gefahren. Ende August sei ihm ein Schreiben des Personalreferenten Braune zugegangen: Seine Kommandierung nach Bukarest sei aufgehoben und bis zu weiterer Verwendung habe er sich beim Referat IV B 4b zu melden. Dort sei er einen Monat, bis Ende September 1941, geblieben.

> „Ich sollte die vom Auswärtigen Amt und vom Amt VI und anderen Stellen eingehenden Berichte über die Judenfrage im Ausland und auch die Mitteilungen in der Presse des In- und Auslandes auswerten (Karteiliche Auswertung und Zusammenfassung von Länderberichten)."

Damit sei jedoch bereits ein Unterführer befasst gewesen; deshalb habe er diese Tätigkeit als Zurückstufung betrachtet.[86]

Von Werner Picot, dem Verbindungsführer zwischen AA und RSHA, mit dem er bekannt gewesen sei, habe er erfahren, auch Dieter Wisliceny sei aus Preßburg abberufen worden, und zwar wegen heftiger Meinungsverschiedenheiten zwischen Himmler und Ribbentrop über Aufgaben, Befugnisse und Stellung der Polizeiattachés. Als Grund dieser geplanten Abberufungen gab Richter an, Himmler habe versucht, durch die Abberufungen aus Bukarest und Bratislava Druck auf das Auswärtige Amt auszuüben und dieses in der Polizeiattachéfrage zum Nachgeben zu veranlassen.[87]

Richter berichtete 1945 weiter, Wisliceny sei dann doch in Preßburg geblieben, weil der Gesandte Hanns Elard Ludin sich dafür eingesetzt und das mit politischen Rücksichten gegenüber der slowakischen Regierung begründet habe. Von Picot sei ihm auch mitgeteilt worden, Killinger wirke „durch laufende Telegramme" auf das Auswärtige Amt ein, um „meine Rückkommandierung zu erreichen, da auch Mihai Antonescu nach dem Grund meines Ausbleibens gefragt hätte". Ende September 1941 habe ihm Picot dann avisiert, wahrscheinlich könne er nach Bukarest zurückkehren, da in der Frage der Polizeiattachés inzwischen eine Einigung zwischen Himmler und Ribbentrop erzielt worden sei. Einige Tage darauf habe ihm Eichmann dann den Befehl zur Rückkehr nach Bukarest erteilt, wo er am 9. Oktober 1941 eingetroffen sei.[88]

Nach seiner Ankunft in Bukarest sei ihm von Emil Hoffmann erzählt worden, Mihai Antonescu habe seinetwegen zweimal an Himmler geschrieben. Während einer Besprechung habe Mihai Antonescu Hoffmann die Antwort Himmlers gezeigt, der behauptete,

[86] Richter, Meine Tätigkeit als Berater für Judenfragen an der Deutschen Gesandtschaft in Bukarest, 20.2.1945. BStU, MfS, HA IX/11 RHE West 270, Bd. 3, Bl. 17.

[87] Ebenda, Bl. 18.

[88] Ebenda.

nur ein Schreiben erhalten zu haben, verbunden mit der Aussage, die Angelegenheit sei durch Richters Rückkehr geregelt worden.[89]

Das stimmt mit anderen Quellen überein. Mihai Antonescu hatte am 7. August 1941 Himmler für die Entsendung Richters nach Rumänien gedankt, gleichzeitig sein Bedauern über dessen Rückberufung nach Berlin geäußert und gebeten, Richter nach Rumänien zurückzuschicken.[90] Killinger befürwortete diese Bitte; am 18. September 1941 telegraphierte er nach Berlin, Mihai Antonescu habe sich darüber verwundert gezeigt, dass Himmler sein Anschreiben wegen des „Beraters für Arisierungsfragen" nicht beantwortet habe.[91] Daraufhin ließ Himmler dem AA mitteilen, das angesprochene Handschreiben Mihai Antonescus vom 7. August 1941 betreffs „Arisierungsberater Richter" sei zwar eingegangen, doch „versehentlich" nicht bearbeitet worden. Sein persönlicher Stab werde ihm ein in „herzlichen Worten gehaltenes Dankschreiben" für Mihai Antonescu vorbereiten, verbunden mit der Bemerkung, dass die Angelegenheit durch die erneute Entsendung Richters ihren gewünschten Abschluss gefunden habe.[92]

Etwas anders stellte Richter in seinen Aussagen vor bundesdeutschen Justizbehörden die Angelegenheit dar. Als Zeuge erzählte er 1961 über die Gründe seines Verbleibens in Berlin, man habe ihm damals mitgeteilt, seine Rückkehr nach Rumänien sei nicht vorgesehen, da sich „die Regierung dort widerstrebend verhalte". Er habe seinen Urlaub genommen, aus dem er dann von Eichmann mit der Mitteilung zurückgerufen worden sei, doch wieder nach Bukarest zu fahren, wo er am 1. Oktober 1941 eingetroffen sei,[93] also neun Tage früher als nach der Aussage von 1945. Letztere kommt – jedenfalls hinsichtlich des Termins – der Wahrheit näher, denn zeitgenössische Dokumente des Auswärtigen Amtes besagen, Richter sei am 3. September 1941 „zur Erledigung privater Angelegenheiten" nach Ludwigshafen gereist und von dort Anfang Oktober nach Berlin zurückgerufen worden. Die Abreise nach Bukarest war auf den 8. Oktober 1941 festgelegt.[94]

Grund für die Rückkehr, so schilderte es Richter 1961, seien zwei Handschreiben Mihai Antonescus an Himmler gewesen, worin jener seine nunmehrige Bereitschaft bekundet habe, „der Erledigung der Judenfrage im deutschen Sinne näher zu treten und ich solle kommen". Vor seiner Abreise nach Bukarest habe ihn Eichmann nochmals auf die Aufgabe hingewiesen, eine Zentralstelle zu errichten und die Zählung der Juden durchzuführen. Darüber habe er Killinger informiert, und den Sachverhalt auch Mihai Antonescu vorgetragen.[95]

89 Ebenda.
90 Mihai Antonescu an Himmler, 7.8.1941. Ancel (Hg.), Documents, Bd. 9, Dok. 81, 185.
91 Killinger an AA, 18.9.1941. PAAA, R 10113.
92 Luther, Aufzeichnung, 6.10.1941. PAAA, R 10113.
93 Zeugenaussage Gustav Richter (Zentrale Stelle Ludwigsburg, Vorermittlungen gegen Krumey u. a.), 31.1.1961. StA Frankenthal, 9 Js 143/61, Bd. 1, Bl. 8.
94 Vgl. Luther, Aufzeichnung, 6.10.1941. PAAA, R 10113.
95 Zeugenaussage Gustav Richter (Zentrale Stelle Ludwigsburg, Vorermittlungen gegen Krumey u. a.), 31.1.1961. StA Frankenthal, 9 Js 143/61, Bd. 1, Bl. 8.

1967 bestätigte Richter – nunmehr als Beschuldigter befragt – seine Erklärungen von 1961, staffierte sie aber mit einigen neuen Details aus. „Da ich vorerst nicht nach Rumänien zurück konnte, war ich jetzt einige Zeit arbeitslos." Er sei wieder im RSHA in ein Zimmer mit Sachbearbeiter Mannel gesetzt worden. Dieser habe ihm Berichte über Juden in allen möglichen Ländern „sozusagen als Beschäftigungstherapie" zum Lesen gegeben. Auch den Madagaskarplan habe er gesehen; laut Mannel sei dieser im Wesentlichen von Dannecker entworfen worden. Vor seiner Rückkehr nach Bukarest habe ihn Eichmann beauftragt, die Einrichtung einer „Zentralstelle für Judenfragen" mit dem Ziel voranzutreiben, die Juden „in irgendeiner Form" zu erfassen. „Ich versuchte dann in Rumänien diesem Auftrage gerecht zu werden."[96]

Bei einer erneuten Befragung in eigener Sache 1970 kam Richter abermals auf die Hintergründe seines mehrmonatigen Verbleibs in Berlin zu sprechen und lieferte eine Begründung, die den Moskauer Ausführungen von 1945 nahekommt: Während seines Besuchs im Sommer 1941 habe ihm Eichmann unvermutet mitgeteilt, von Heinrich Müller sei entschieden worden, er solle nicht mehr nach Bukarest zurückkehren. Erst später habe er erfahren, dass der eigentliche Hintergrund Kompetenzstreitigkeiten zwischen Himmler und Ribbentrop über den Auslandsnachrichtendienst gewesen seien.[97]

1980 rückte Richter mit einem Aspekt heraus, den er zuvor nicht erwähnt hatte, auch nicht 1945 in Moskau. In seinem Fall hätten die Meinungsverschiedenheiten zwischen Himmler und Ribbentrop vor allem die „Nachrichtenübermittlung" betroffen, der er mit Wissen Killingers nachging.

> „Die mir vom Gesandten von Killinger zur Verfügung gestellten politischen Nachrichten habe ich in seinem Einverständnis, da die Stelle des Polizeiattachés derzeit vakant war, an Gruppenführer Müller geschickt. Wie ich erfahren habe, hat Gruppenführer Müller diese Nachrichten an den Reichsaußenminister von Ribbentrop geschickt, der beanstandete, dass ich nachrichtendienstliche Tätigkeit ausübe."[98]

Im Oktober 1941 sei er dann jedoch mit dem gleichen Auftrag wie zuvor nach Bukarest zurückgekehrt. Neben seiner Tätigkeit als „Judenberater" habe er auch weiterhin nachrichtendienstliche Funktionen versehen.

Mithin wandelte sich im Laufe der Jahre die Darstellung Gustav Richters über die Ursachen seines mehrmonatigen Aufenthalts in Berlin im Sommer 1941: der Konflikt zwischen Himmler und Ribbentrop über die Polizeiattachéfrage, die Haltung der rumänischen Regierung, seine eigene nachrichtendienstliche Tätigkeit für Heinrich Müller. Auf den ersten Blick erscheinen diese verschiedenen Erklärungen widersprüchlich; sie müssen sich aber nicht ausschließen.

96 Zeugenaussage Gustav Richter (1 Js 1/65), 13.6.1967. StA Frankenthal, 9 Js 143/61, Bd. 13, Bl. 2039.

97 Zeugenaussage Gustav Richter (1 Js 1/65), 1.4.1970. StA Frankenthal, 9 Js 143/61, Bd. 20, Bl. 5834f.

98 Vernehmungsniederschrift Gustav Richter, 15.2.1980. StA Frankenthal, 9 Js 143/61, Bd. 22, Bl. 6481.

Von Beginn seiner Stellung an betätigte sich Richter mit Wissen – und damit unter Kontrolle – Killingers direkt für Gestapo-Chef Heinrich Müller, den er mit politischen Nachrichten aus Rumänien versorgte. Dies war ein weiterer Kanal des RSHA neben den Berichten der SD-Dienststelle unter Kurt Auner und den Berichten der Deutschen Volksgruppe. Lange vor der offiziellen Betrauung mit dem Amt des Polizeiattachés nahm Richter einen Teil von dessen Aufgaben wahr. Dabei handelte es sich wohl um eine Art Notlösung, denn der ursprünglich für den Posten ausersehene Hans Flade hatte (wie bereits erwähnt), nicht mehr die Zustimmung der rumänischen Regierung für die Aufnahme seiner Tätigkeit gefunden, als er kurz nach Entfernung der Legionäre von der Macht eingereist war.

Die Polizeiattachéfrage war Teil des Kompetenzstreits zwischen Himmler und Ribbentrop im Bereich des Auslandsnachrichtendienstes, der sich an der Abberufung der in die Strukturen des Auswärtigen Dienstes eingebauten SD-Leute aus Rumänien entzündet hatte. Infolge einiger Gespräche der Beteiligten konnten bis Ende März 1941 die teilweise persönlichen Auseinandersetzungen zwischen Himmler und Heydrich einerseits sowie Killinger andererseits beendet werden. Himmler gab seinen Widerstand gegen eine Rückkehr Killingers nach Rumänien auf und erklärte sich zudem bereit, jegliche Aktivität des SD in Rumänien so lange „vollkommen still zu legen“, bis die Polizeiattachéfrage gelöst sei. Freilich hatte Himmler einen ersten Einigungsentwurf des Auswärtigen Amtes in der Polizeiattachéfrage zurückgewiesen, weil dieser eine „uneingeschränkte Unterstellung des Auslandsapparates der deutschen Polizei“ unter das Auswärtige Amt verlangt hatte, er hingegen eine „Herauslösung des SD-Apparates aus der Dienstanweisung“ erreichen wollte.[99]

Dazu schrieb Karl Wolff, Chef des Persönlichen Stabes Himmlers als Reichsführer-SS, an Ribbentrop, nach seiner Gesundung wolle Himmler die Frage der Polizeiattachés persönlich mit dem Reichsaußenminister klären:

> „Da ich aus meiner Unterhaltung mit Dir und Deinen beauftragten Herren den Eindruck erhalten habe, dass einerseits die baldige Rückkehr des Gesandten von Killinger nach Rumänien dringend erforderlich ist, dass aber andererseits diese Rückkehr nicht vor Erledigung der Polizei-Attachéfrage von Dir für möglich erachtet wird, habe ich den Reichsführer-SS auf diesen Sachverhalt hingewiesen. Der Reichsführer-SS möchte keineswegs, dass durch die Divergenz unserer Meinungen in der Frage der Polizei-Attachés und des Nachrichtendienstes im Ausland Deine Entschließung bezüglich der Rückkehr des Gesandten von Killinger nach Rumänien beeinträchtigt wird. Er hat daher – ungeachtet, wie Du bezüglich Killinger entscheidest – auf alle Fälle die sofortige Abberufung aller SD- und Polizeibeauftragten aus Rumänien angeordnet.“[100]

Dennoch nahm Ribbentrop diese Vorgänge zum Anlass, am 18. April 1941 das Abkommen über den Einbau der Polizeiattachés in die diplomatischen Vertretungen auch offiziell zu kündigen; ein neues Abkommen kam erst einige Monate später, am 8. August 1941, zustande.[101]

[99] O.V., Aufzeichnung, 31.3.1941 PAAA, R 29700, Bl. 464f.
[100] Wolff an Ribbentrop, 2.4.1941. PAAA, R 29701, Bl. 17.
[101] Höhne, Der Orden unter dem Totenkopf, 649.

Nach Kündigung des Abkommens wurde Flade im März oder April abgezogen;[102] der eben erst angereiste Richter blieb vorerst. Als im Sommer immer noch keine Einigung erzielt worden war, hielt man den nach Berlin gereisten Richter dort zurück. Die Tatsache, dass er wochenlang untätig herumsaß, deutet darauf, dass seine Abberufung nie wirklich beschlossene Sache war. Dabei erhebt sich freilich die Frage, weshalb Richter erst Anfang Oktober wieder nach Bukarest entsandt wurde, während die Einigung schon am 8. August 1941 erfolgt war. Es drängt sich die Vermutung auf, dass es weitere interne Querelen um die Aufgaben Richters in Bukarest gab, ein Sachverhalt, der sich in dessen Aussagen andeutet. Nicht zuletzt seine Informationen für den Chef der Gestapo Heinrich Müller dürften hierfür maßgeblich gewesen sein. Jedenfalls kehrte Richter im Oktober 1941 als „Judenberater" zurück. Und unter dieser Deckung ging er auch den geheimdienstlichen Aufgaben eines Polizeiattachés nach.

Mittlerweile war jedoch in der Auseinandersetzung zwischen RSHA und AA um die Rückbehaltung Richters in Berlin das Argument eingeführt worden, dieser Schritt habe etwas mit dem Gebaren der rumänischen Regierung zu tun. Nachdem Killinger mit Fernschreiben vom 7. August 1941 die Bitte Mihai Antonescus um eine Rückkehr Gustav Richters nach Bukarest befürwortet hatte, beantwortete Heydrich ein entsprechendes Ersuchen des Auswärtigen Amtes. Die Rückkehr Richters nach Rumänien sei untragbar und unnötig. Soweit ihm bekannt, habe die rumänische Regierung gegenüber dem „Judenproblem" keine einheitliche Haltung an den Tag gelegt. Das Vorgehen der Rumänen in den „neubesetzten Ostgebieten" lasse „erneut eine starke Judenfreundlichkeit erkennen", wie er auch bei einem Einsatz als Jagdflieger in Bessarabien und in der Ukraine habe feststellen können.[103] In einer Denkschrift vom 21. August 1941 kam Unterstaatssekretär Martin Luther in einer Darlegung der Haltung des Auswärtigen Amtes zum gleichen Ergebnis wie Heydrich, nämlich Verzicht auf eine erneute Entsendung Richters nach Bukarest, freilich aus genau entgegengesetztem Grund: Richters Abberufung solle erfolgen, weil man den Auftrag, die Anpassung der rumänischen Judengesetzgebung an die deutschen Vorstellungen, als im Wesentlichen beendet ansehe.[104]

Das ist ein scheinbarer Widerspruch, der sich durch die Interessenlagen der jeweiligen Institutionen samt der schwelenden Konflikte und Animositäten zwischen den handelnden Personen erklärt. Heydrich und Killinger hatten ein denkbar schlechtes Verhältnis zueinander, spätestens seitdem Killinger dafür gesorgt hatte, dass wichtige Agenten des SD Rumänien hatten verlassen müssen. Außerdem ist die Annahme begründet, Heydrich sei auf die rumänische Regierung nicht gut zu sprechen gewesen und habe diesen Anlass genutzt, um Druck auszuüben, ganz unabhängig von den eigentlichen Gründen für das vorläufige Fernbleiben Richters. Das Auswärtige Amt hatte seinerseits kein besonderes Interesse an

[102] Vgl. Zeugenaussage Hans Flade, 2.5.1968. BArch Ludwigsburg, B 162/3811, Bl. 850f.

[103] Aus einem Fernschreiben Luthers an Killinger vom 27.8.1941 gehen das Schreiben Killingers vom 7.8.1941 und das Schriftstück Heydrichs hervor. Zitiert wird das Dokument in Broszat, Das Dritte Reich und die rumänische Judenpolitik, 145f.

[104] Wiedergegeben in ebenda, 146.

dessen Verbleib in Bukarest, abgesehen von dem durch Killinger übermittelten Wunsch der rumänischen Regierung. Daraus erwuchs jedoch die Schwierigkeit, wie gegenüber der rumänischen Regierung begründet werden sollte, dass man zuerst einen Berater schickte und dann ohne vorherige Konsultation oder Erläuterung wieder abzog.

Heydrich schuf eine solche Lesart und verwandelte eine Defensiv- in eine Offensivposition: Statt sich für den Abzug Richters zu rechtfertigen, schob er den Rumänen die Schuld zu und setzte sie in Erklärungszwang. Die Taktik ging auf. Am 1. September 1941 sah sich Killinger veranlasst, ein barsches Telegramm an das Auswärtige Amt zu senden, worin er dem Vorwurf Heydrichs entgegnete, weit davon entfernt, „judenfreundlich" zu sein, greife die rumänische Regierung vielmehr hart durch. In Deutschland solle man sich lieber mit dem Problem der Juden in Ungarn auseinandersetzen, denn die Ungarn erklärten, die Rumänen hätten durch ihr unmenschliches Vorgehen das Recht auf Siebenbürgen verloren. Killinger bat um die schnelle Entsendung eines „Spezialisten", der fähig sei Richter zu ersetzen, falls dieser nicht zurückkehren könne.[105]

Auch Ion und Mihai Antonescu, denen die Vorwürfe Heydrichs zu Ohren gekommen waren, reagierten verärgert. Mihai Antonescu beklagte sich bei Richter nach dessen Rückkehr über die Intrigen in Deutschland gegen Rumänien.[106] Wenige Tage später ging Killinger gegenüber Mihai Antonescu abermals auf die Vorgänge ein und bezog sich auf sein Telegramm vom 1. September 1941. Er habe gehört – so sagte Killinger laut der Aufzeichnung Mihai Antonescus –, die rumänische Regierung sei unterrichtet über die Intrigen gegen Rumänien in der Frage der Behandlung der Juden. Er selbst habe Berlin empfohlen nachzuprüfen, ob solche Nachrichten ihren Ursprung in Budapest hätten, wo die Lage der Juden ungleich besser sei.[107] Am 14. Oktober 1941 wies Mihai Antonescu den rumänischen Gesandten in Berlin, Raoul Bossy, an, beim Auswärtigen Amt im Namen Ion Antonescus gegen die „Unterstellung" zu protestieren, die rumänische Regierung betreibe eine „judenfreundliche Politik". Ribbentrop möge der Vorschlag unterbreitet werden, eine Kommission nach Rumänien zu entsenden, die sich über die tatsächliche Behandlung der Juden informieren solle.[108]

Richters lange Abwesenheit verunsicherte die rumänische Regierung. Vorerst wurden die von Richter angestoßenen Maßnahmen nicht umgesetzt, weil man erst auf dessen Rückkehr oder die Ankunft eines Ersatzberaters wartete. Grundsätzlich war man zwar geneigt, die

[105] Killinger an AA, 1.9.1941. PAAA, R 29702, Bl. 182f.

[106] Mihai Antonescu, Unterredung mit Rödel, Ritgen, Richter, 11.10.1941. AMAE, fond 71, Germania, dosar 84, Bl. 331f.

[107] Mihai Antonescu, Unterredung mit Killinger, 16.10.1941. AMAE, fond 71, Germania, dosar 84, Bl. 388.

[108] Mihai Antonescu an Rumänische Gesandtschaft Berlin, 14.10.1941. AMAE, fond 71, Germania, dosar 84, Bl. 365; abgedruckt in 1940–1942: Perioada unei mari restriști. București 1997 (Evreii din România între anii 1940–1944, Bd. 3, 2 Tlbde.), Bd. 3, Tlbd. 2, Dok. 359, 24f. Prompt wurde dieser Vorschlag übermittelt, wie aus einer Aufzeichnung des Gesandten v. Erdmanndorff vom 15.10.1941 hervorgeht (Broszat, Das Dritte Reich und die rumänische Judenpolitik, 146).

von Richter vorgelegten Gesetzentwürfe zu übernehmen, wollte diese aber in verschiedenen Punkten anpassen; was man sich wiederum nicht ohne weitere Konsultationen traute.

Dies wurde deutlich, als am 2. September 1941 im Ministerrat über Ausnahmeregelungen bei der Anwendung antijüdischer Gesetze gesprochen wurde. Mihai Antonescu argumentierte, es müsse eine gesetzliche Möglichkeit geschaffen werden, in bestimmten Einzelfällen die Betroffenen von einer Anwendung der antijüdischen Gesetze freizustellen. Das sei auch in Deutschland so vorgesehen. Der Finanzminister, General Nicolae Stoenescu, fragte an dieser Stelle nach, ob eine derartige Bestimmung nicht am besten in ein eigenes „Judenstatut" passe. Mihai Antonescu erwiderte, selbst erwogen zu haben, ein solches zu erarbeiten; auch Zwiedeneck sei damit befasst gewesen. Allerdings müsse die Frage des Statuts im Zusammenhang mit einer internationalen „Lösung" gesehen werden. Ein „Judenstatut" im Sinne einer rigiden Definition, wer Jude ist, sei wenig hilfreich. Einerseits sei mit einem solchen „Judenstatut" ein vorläufiger Rechtsstatus für die jüdischen Gemeinden im Lande zu sichern, andererseits sei eine flexible Regelung zu schaffen, die es erlaube, dieses System für die internationale „Lösung" weiterzuentwickeln. Da jedoch der „deutsche Delegierte, mit dem ich zusammengearbeitet habe", ausgetauscht worden sei und man möglicherweise wieder von vorn beginnen müsse, könnte sich die Verabschiedung eines solchen Statuts weiter verzögern. Daher war es nach Meinung Mihai Antonescus angebracht, eine Ausnahmeregelung durch den Ministerrat in das anstehende Enteignungsgesetz einzufügen.[109]

Mihai Antonescu empfing am 11. Oktober 1941 Gustav Richter im Außenministerium, also kurz nach dessen Rückkehr. Bei dieser Gelegenheit begleiteten den „Judenberater" zwei Mitarbeiter der DGB: Wilhelm Rödel, Adjutant des Gesandten und Leiter des internen Nachrichtendienstes der Gesandtschaft, sowie Hermann von Ritgen, ständiger Verbindungsmann der DGB zu Mihai Antonescu, außerdem für den Nachrichtendienst der DGB tätig und gleichzeitig für die Abwehr. Mit einer kurzen Unterbrechung seit 1937 in Bukarest stationiert, verfügte Ritgen über beste Verbindungen nicht nur zu Pressekreisen, sondern vielmehr zur Bukarester politischen Welt.[110] Mit dieser Unterredung taucht Richter erstmals in den erhalten gebliebenen Notizen Mihai Antonescus auf. Der stellvertretende Ministerpräsident hielt fest, mit den drei Deutschen über ein Reglement für die jüdischen Gemeinden, über den schrittweisen Ersatz der Juden im Wirtschaftsleben und über eine „Lösung der jüdischen Frage" durch Auswanderung diskutiert zu haben.[111]

[109] Ciucă (Hg.), Stenogramele, Bd. 4, 498–502.

[110] Hermann von Ritgen ist eine interessante und vielschichtige Person. Erst aus rumänischen Dokumenten und aus Zeugenaussagen vermag der Forscher die Bedeutung seiner Tätigkeit für das deutsch-rumänische Verhältnis zu ermessen. Hervorzuheben sind insbesondere Ritgens verschiedentlich nachweisbare Versuche, Richters Tätigkeit wenigstens einzuhegen und letztendlich zu sabotieren, was möglicherweise eine Rolle bei Ritgens Verhaftung im Juni 1944 spielte. Auf Ritgen wird bloß in solchen Fällen eingegangen, die im vorliegenden Kontext relevant sind. Tätigkeit und Schicksal Ritgens sollen Gegenstand einer eigenen Studie sein.

[111] Mihai Antonescu, Unterredung mit Rödel, Ritgen, Richter, 11.10.1941. AMAE, fond 71, Germania, dosar 84, Bl. 331f.

Am 26. Oktober 1941 begleiteten Rödel und Ritgen abermals Gustav Richter bei einem Besuch im Büro Mihai Antonescus. Laut dessen Aufzeichnung hätten sie mit ihm eine Zusammenarbeit bei der „Lösung der jüdischen Frage" erörtert. Erneut brachte Mihai Antonescu deutsche Vorwürfe der „Judenfreundlichkeit" zur Sprache. Seine deutschen Partner habe er darauf hingewiesen, in Rumänien stelle sich die „jüdische Frage" anders als in Deutschland. Richter habe zugegeben, in Deutschland sei behauptet worden, nur die armen Juden würden in Rumänien von den antijüdischen Maßnahmen berührt; er selbst habe gegen solche Gerüchte interveniert und gefordert, die sie verbreiteten, müssten Rumänien verlassen.[112] In den Aufzeichnungen und Aussagen Richters findet sich kein Hinweis auf den von Mihai Antonescu notierten Konflikt Richters mit Teilen der deutschen Politik.

Am 12. Dezember 1941 legte Gustav Richter dem stellvertretenden Ministerpräsidenten die von ihm gemeinsam mit Radu Lecca erarbeiteten Gesetzentwürfe vor: über die „Zählung sämtlicher Einwohner jüdischen Blutes", über die Auflösung der FUCE unter Filderman und über die Errichtung einer „Judenzentrale". Mihai Antonescu erklärte sich mit allem einverstanden und versicherte, die Entwürfe würden bis zum 17. Dezember 1941 als Gesetze im Amtsblatt veröffentlicht und damit Gültigkeit erlangen. Bei dieser Gelegenheit überreichte Richter ein Papier über die „politische Tätigkeit und Vergangenheit" Fildermans, wobei er hinzufügte, mit Unterzeichnung des Gesetzes über die Auflösung der FUCE sei auch das „Problem Filderman" gelöst, d. h. Filderman auch formaljuristisch als Vertreter der jüdischen Gemeinden abgesetzt.[113]

Nach seiner Rückkehr am 9. Oktober 1941 habe ihn Mihai Antonescu gefragt, erklärte Richter 1945 in der Sowjetunion, ob er einen Vorschlag für die Person des Beauftragten machen könne, der sich seitens des rumänischen Staates mit der „Judenfrage" beschäftigen solle. Richter empfahl demnach Radu Lecca, womit Mihai Antonescu einverstanden gewesen sei. Ende Oktober 1941 sei ein von Mihai Antonescu unterzeichnetes Dekret mit dem Auftrag an Lecca erschienen, sich mit der Erarbeitung eines rechtlichen Rahmens für die Stellung der Juden in Rumänien zu beschäftigen. Auf Vorschlag von Mathias Grünberg-Willman und Nandor Gingold habe Lecca alsdann die leitenden Personen der „Judenzentrale" ernannt.

> „Nach seiner Ernennung hat Lecca selbständig gearbeitet. Ab und zu unterrichtete er mich über seine Arbeit und die Schwierigkeiten, die er mit den verschiedenen rumänischen Stellen hatte. Dagegen war er öfters bei von Killinger, um sich mit diesem über seine Arbeit zu besprechen."[114]

112 Mihai Antonescu, Unterredung mit Rödel, Ritgen, Richter, 26.10.1941. AMAE, fond 71, România, dosar 83, Bl. 344–348; abgedruckt in Ancel (Hg.), Documents, Bd. 9, Dok. 96, 240–243; 1940–1942, Bd. 3, Tlbd. 2, Dok. 364, 29f. (dort wiedergegeben nach AMAE, fond 71, Germania, dosar 84, Bl. 448–451).

113 Richter, Unterredung mit Mihai Antonescu am 12.12.1941, 15.12.1941. NA, RG 226, entry 19, XL 13179; Eichmann Trial Exhibit T/1004; abgedruckt in Ancel (Hg.), Documents, Bd. 3, Dok. 284, 462–464.

114 Richter, Meine Tätigkeit als Berater für Judenfragen an der Deutschen Gesandtschaft in Bukarest, 20.2.1945. BStU, MfS, HA IX/11 RHE West 270, Bd. 3, Bl. 18f., Zitat Bl. 19.

Wie kam Gustav Richter darauf, den Journalisten Mathias Grünberg-Willman und den Arzt Nandor Gingold für die Spitze der „Judenzentrale" zu empfehlen, und wie kam überhaupt die DGB auf Radu Lecca?

Beginnen wir mit letzterer Frage. Über die Umstände, wie er mit Lecca bekannt wurde, erklärte Richter 1970, der Kontakt sei entstanden, weil Lecca fast jeden Tag Killinger in der Gesandtschaft aufgesucht und mit diesem über politische Fragen gesprochen habe. Soweit „Judenangelegenheiten" betroffen gewesen seien, habe ihn Killinger nachträglich unterrichtet.[115] Radu Lecca ist hier bereits als Mittelsmann zwischen Rosenberg sowie Goga und Cuza eingeführt worden. Aus den vorliegenden Dokumenten ergibt sich, dass er gebildet und weltläufig war, zugleich jedoch ein skrupelloser Geschäftemacher, dem es gleichgültig war, womit er Geld verdiente; Hauptsache die Gewinne sprudelten. In Constantin Argetoianus Tagebuch ist einer Notiz über das geplante „Judenstatut" die Beurteilung angefügt:

> „Was aber kaum zu glauben ist (und es ist doch so), ist die Tatsache, dass mit der Vorbereitung des Statuts ein gewisser Lecca beauftragt wurde, der vor einigen Jahren in Frankreich wegen Spionage und Betrugs verurteilt wurde – ein Schurke ohnegleichen! Haben die Antonescus komplett den Verstand verloren?"[116]

1890 geboren, entstammte Radu Lecca einer ursprünglich wohlhabenden Großgrundbesitzerfamilie mit Sitz in der Gemeinde Lecca im Kreis Băcău. Sein Vater war politisch in der Liberalen Partei aktiv und hatte es bis zum Abgeordneten und Präfekten des Kreises Bacău gebracht. Nach seinem Tod 1907 verschlechterte sich die finanzielle Lage der Familie. Für den Bildungsgang Leccas hatte dieser Umbruch jedoch keine direkten Konsequenzen. Seine Eltern hatten den Zehnjährigen 1900 nach Wien geschickt, wo er das Collegium Theresianum besuchte und 1908 mit der Reifeprüfung abschloss. Lecca blieb bis 1911 im Theresianum, da er anschließend noch drei Jahre an der angeschlossenen Konsularakademie studierte. Dann zog es ihn zum weiteren Studium nach Paris, wo er sich mit Volkswirtschaft beschäftigte und sich auf Fragen des Finanzsystems spezialisierte. Nach langjähriger Abwesenheit kehrte Lecca 1915 nach Rumänien zurück, um seinen Wehrdienst abzuleisten.[117] 1918 befand sich Radu Lecca in Iaşi, wo er durchreisende Mitarbeiter der US-amerikanischen Hilfsorganisation *The American Committee for Syrian and Armenian Relief* traf, für die er bis 1920 in Tiflis arbeitete.[118]

Im 1920er Jahrzehnt versuchte er verschiedene Geschäftsideen (Fischfangflotten, Selbstbedienungsrestaurants) in einigen europäischen Ländern (Rumänien, Frankreich, Italien) zu verwirklichen. Ein dauerhafter wirtschaftlicher Erfolg blieb ihm jedoch versagt, so dass er, wohl Anfang der 1930er Jahre, auf die Idee verfiel, sich auf den Nachrichtenhandel zu verlegen. In seiner Autobiographie schreibt er, damals seien ihm in Paris rein zufällig Doku-

[115] Zeugenaussage Gustav Richter (1 Js 1/65), 1.4.1970. StA Frankenthal, 9 Js 143/61, Bd. 20, Bl. 5835.
[116] Argetoianu, Însemnări zilnice, Bd. 9, 438.
[117] Lecca, Eu i-am salvat, 54f.
[118] Diese 1915 gegründete Organisation existiert noch heute als *Near East Foundation* (NEF). Zu ihrer Geschichte siehe <http://www.neareast.org/whoweare/history>.

mente aus dem französischen Außenministerium angeboten worden, die von Interesse für König Carol II. gewesen seien (Berichte des damaligen französischen Gesandten in Bukarest, Gabriel Puaux). Er habe diese weitergegeben, sei jedoch in Frankreich festgenommen und in geheimer Verhandlung zu zwei Jahren Haft verurteilt worden.[119] Nach der Haftentlassung verlagerte Radu Lecca seine Tätigkeit nach Deutschland, wo er 1934 vergeblich dem Auswärtigen Amt seine Dienste anbot.[120] Bei Rosenberg hatte er mehr Erfolg; womit die – obendrein finanziell lukrative – Karriere als Mittelsmann zwischen dem APA und den rumänischen Rechtsparteien begann.

Ein Bruder Radu Leccas, Gheorghe Lecca, war derweil im diplomatischen Dienst aufgestiegen, wo er es schließlich bis zum Chef des Protokolls im rumänischen Außenministerium brachte. Ein zweiter Bruder, Sergiu Lecca, schlug sich nach Art von Radu Lecca als Nachrichtenhändler (und als Revolverjournalist) durch, bis er es endlich 1941 ebenfalls, wie der Bruder Gheorghe, in den diplomatischen Dienst schaffte, zunächst als Kulturattaché in Lissabon, anschließend situiert in Bukarest. Zugleich war Sergiu Lecca Informant für Gustav Richter und desgleichen für den Ribbentropschen Nachrichtendienst.[121] Sergiu Leccas geheimdienstliche Betätigung war damit keineswegs erschöpft; denn er spionierte auch für die britische SOE, wo seine Informationen aber als eher unzuverlässig galten.[122]

Seit Mitte der 1930er Jahre machte Radu Lecca aus dem Nachrichtenhandel ein profitables Gewerbe. Antisemitismus war Teil seines Geschäftsmodells. Damit ließen sich einerseits deutsche Gelder abgreifen, andererseits durch die Agitation für die Neubesetzung der Industrievertretungen deutscher Firmen in Rumänien lukrative Posten generieren – die gegen Kommission vermittelt wurden. Dies alles lässt sich Leccas Memoiren entnehmen, wiewohl das selbstredend nicht die Kategorien sind, in denen er seinen Lebensweg darlegt. Er selbst gibt vor, aus ideellen Motiven gehandelt zu haben – eine sich bei näherer Betrachtung regelmäßig in Luft auflösende Argumentation. Insbesondere stilisiert er sich als Wohltäter der ärmeren jüdischen Bevölkerung, deren Interessen er gegen die reiche jüdische Bourgeoisie habe durchsetzen müssen, die nicht willens gewesen sei, ihren Glaubensbrüdern in der Not zu helfen. Leccas Hauptfeind ist dabei Wilhelm Filderman, dessen Person und Rolle grob verzeichnet wird.

Indes darf man Lecca nicht derart dämonisieren, wie es bisweilen in der Literatur geschieht. Er war keineswegs einfach ein deutscher Agent, sondern arbeitete von Fall zu Fall für die deutsche oder für die rumänische Seite, wobei er vor allem anderen die eigenen Finanzen im Blick behielt. Sein Aufstieg zu einer gewissen politischen Bedeutung begann damit, dass er Ion Antonescu nach Niederschlagung des Legionärsaufstandes Informationen über die Involvierung der SD-Repräsentanten Geissler und Bolschwing zukommen

[119] Vgl. Lecca, Eu i-am salvat, 56–75.
[120] Vgl. [APA], Aktennotiz, 21.7.1937. USHMM RG 11.001M.07, reel 78.
[121] Killinger an AA, 28.5.1942. PAAA, R 29702, Bl. 272–274.
[122] Vgl. TNA:PRO, HS 7/186.

ließ.[123] Ion Antonescu seinerseits schickte daraufhin Lecca mit der Aufgabe zu Killinger, diesen über die Rolle des SD zu informieren. Dem deutschen Gesandten gefiel Lecca, der sich daraufhin als Mittelsmann zwischen Killinger und den beiden Antonescus in Szene zu setzen wusste. Ausgangspunkt dafür war die Haltung Killingers gegenüber Lecca. Wenn also der Kanzler der DGB, Adolf Blücher, in seinen Erinnerungen als Beleg für die mangelnde Menschenkenntnis Ion Antonescus ausführt, diese habe sich an der Auswahl seiner Mitarbeiter gezeigt, und dann einzig Radu Lecca nennt („der zu seinen Informatoren gehörte und doch ein allgemein bekanntes verworfenes Subjekt war"), so trifft die Ion Antonescu zugeschriebene Menschenunkenntnis wohl eher auf Killinger zu.[124]

Lecca erzählt in seinen Memoiren, dank der Vermittlung Hermann von Ritgens den Posten des „Bevollmächtigten der rumänischen Regierung zur Regelung der Judenfrage" übernommen zu haben. Ritgen, dessen Hauptaufgabe es war, den Kontakt mit Mihai Antonescu zu pflegen, habe von diesem nach Vorstellung der Projekte Richters „für die Neuordnung der Lage der Juden" im Herbst 1941 erfahren, eigentlich wünsche Mihai Antonescu umfassendere Änderungen, als er es gegenüber Richter zugegeben habe, befürchte jedoch, Killinger oder gar Himmler zu verärgern. Daraufhin habe Ritgen dem stellvertretenden Ministerpräsidenten geraten, Lecca zum „Bevollmächtigten der rumänischen Regierung zur Regelung der Judenfrage" zu ernennen, damit dieser als Mittelsmann mit Richter über die notwendigen Änderungen verhandeln könne. Ritgen sei sich sicher gewesen, dass Lecca die Unterstützung Killingers genieße und dass er deswegen eventualiter gegen Richter auftreten könne. Über diesen Vorschlag habe Ritgen nachträglich Lecca informiert. Lecca will daraufhin Mihai Antonescu und Killinger konsultiert haben, die ihm beide zugeraten hätten.[125]

Zudem schildert Lecca, Ritgen sei von Anfang an „sehr unglücklich" über die Präsenz Richters in Bukarest gewesen. Indessen habe Ritgen geglaubt, die gleiche Taktik anwenden zu können, die er bereits bei Kurt Geissler erprobt hatte: sich als überaus dienstfertig und hilfsbereit auszugeben, um Richter zu „domestizieren".[126] Lecca lernte Richter im Büro Ritgens kennen. Richter machte auf Lecca den Eindruck eines überzeugten SS-Mannes, der jedoch bei Weitem umgänglicher als Geissler gewesen sei.[127]

Für die Durchführung seiner Pläne zur Schaffung einer „Judenzentrale" benötigte Lecca eine Gruppe „willfähriger Juden", die gegen materielle Vergünstigungen bereit waren, mit ihm zusammenzuarbeiten und in die zu schaffende „Judenzentrale" einzutreten. Lecca behauptet, ein weiteres Mal sei es Hermann von Ritgen gewesen, der sich eingeschaltet und ihm diese Kandidaten zugeführt habe. Dabei sei Ritgen von der Absicht geleitet worden,

[123] Lecca, Eu i-am salvat, 144–152. Ion Antonescus Tageskalender weist aus, dass Lecca am 2.2.1940, 7.2.1940 und 11.2.1940 empfangen worden ist. Keine weiteren Treffen sind verzeichnet. (ANR, PCM, dosar 1940/314, Bl. 83, 86, 89.)

[124] Vgl. Blücher, Rumänische Erinnerungen aus der Zeit von 1925 bis 1944, 9.4.1956, 47 Bll., hier Bl. 26–28, Zitat Bl. 27. PAAA, NL Blücher.

[125] Lecca, Eu i-am salvat, 177–179.

[126] Ebenda, 175.

[127] Ebenda, 177.

seinem großen jüdischen Bekanntenkreis ein Auskommen zu verschaffen. Aus der Zahl der zu Versorgenden erwähnt Lecca insbesondere „Dr. Schöfer" (gemeint ist der seinerzeit renommierte Bukarester Frauenarzt Samuel Schäfer). Ritgens Ehefrau habe erklärt, ohne Dr. Schäfer nicht leben zu können. Unter anderem habe sie darauf gedrängt, Schäfer eine Bestätigung deutscher Abstammung zu verschaffen. Es sei allerdings schwer gefallen, dem zu entsprechen, weil Schäfer in Bukarest sehr bekannt gewesen sei und jeder gewusst habe, dass er ein Jude aus Czernowitz war. Bis dahin habe sich Schäfer den antijüdischen Gesetzen dadurch entziehen können, dass er in Ritgens Haus gezogen sei.[128] So unglaublich sich gerade diese Geschichte anhört, lässt sie sich doch durch weitere Quellen bis ins Detail belegen. (Andere Stellen in Leccas Memoiren, die vorderhand plausibel klingen, sind demgegenüber gänzlich erlogen.)

Die von Lecca erzählte Geschichte wird bestätigt und ergänzt durch die Darstellungen Nandor Gingolds und Mathias Grünberg-Willmans darüber, wie sie in führende Positionen der „Judenzentrale" gelangten.

Nandor Gingold, geboren 1905 in Suceava (Bukowina), hatte Medizin studiert, war bereits im Alter von 24 Jahren Assistent am Institut für Hygiene in Bukarest, machte sich rasch einen Namen als guter Arzt und arbeitete an renommierten Kliniken. Durch die antijüdischen Gesetze verlor er diese Anstellungen 1940, weshalb er seitdem frei praktizierte. Am 14. November 1944 verfasste Gingold eine Rechtfertigungsschrift, in der er unter anderem beschrieb, wie er überhaupt zur „Judenzentrale" gekommen war.[129]

Hermann von Ritgen ließ seine Familie ausschließlich von jüdischen Ärzten behandeln – zu einer Zeit, als alle anderen Mitglieder der DGB solche Kontakte zu Juden längst eingestellt hatten.[130] So konsultierte Ritgen auch Gingold im Sommer 1941. Als die beiden einander auf diese Weise kennenlernten, habe Ritgen, so erzählt Gingold, gerade den „Berater für Judenfragen", den sich in Deutschland aufhaltenden Gustav Richter, vertreten. Zunächst hätten sie allgemeine Gespräche geführt: über die Ereignisse beim Putsch der Legionäre, über das Schicksal der jüdischen Bevölkerung, über den Pogrom in Iaşi sowie über die Deportationen nach Transnistrien. Dabei will sich Gingold davon überzeugt haben, in Ritgen einen Gegner des Nationalsozialismus vor sich zu haben. Ritgen habe ihm erklärt, eine Reorganisation der Vertretung der jüdischen Bevölkerung sei unabdingbar, da Filderman nicht mehr gut bei der Regierung angesehen sei. Ohnehin könne er nach dem offenen Brief von Ion Antonescu an ihn offiziell nichts mehr ausrichten. Im Laufe der Gespräche sei Ritgen konkreter geworden; er habe ihn, Gingold, gedrängt, eine Rolle in dieser neuen Führung zu übernehmen. Demnach führte ihm Ritgen vor Augen, seine Teilnahme sei

128 Ebenda, 176.

129 Gingold, [Memoriu], 14.11.1944. ANR, PCM, SSI, 1944/41, Bl. 2–13. Dieses Dokument ist auch – nach einer an der Universität Haifa (Israel) befindlichen Kopie – kommentiert und wiedergegeben in Raoul SORBAN, Invazie de stafii, unter <http://www.geocities.ws/rsorban/variante_de_justificare.htm>.

130 Dies ergibt sich beispielsweise aus den Aussagen des Kinderarztes Cornel Iancu, der in den 1950ern als Zionist in kommunistischen Gefängnissen einsaß (USHMM, RG 25.033, reel 10).

sogar eine Pflicht, damit die Führung nicht mit eigennützigen und gewissenlosen Personen besetzt würde. Als er zugestimmt hatte, habe ihn Ritgen zunächst mit Mathias Grünberg-Willman zusammengebracht und ihn dann Lecca und Richter vorgestellt.[131]

Der 1893 in Galați geborene Mathias Grünberg-Willman hatte als Journalist für die liberalen Bukarester Zeitungen *Adevărul* und *Dimineața* geschrieben. Durch die Einstellung beider Blätter unter der Regierung Goga/Cuza arbeitslos geworden, rief er die *Territorialbewegung* ins Leben und erhielt – von derselben Regierung Goga/Cuza – die Erlaubnis, eine eigene Zeitung herauszubringen, *Acțiunea Nouă*, wodurch er in eine Auseinandersetzung mit der zionistischen Presse geriet. 1939 ging die Siguranța dem naheliegenden Verdacht nach, das ganze Unternehmen sei von der Regierung finanziert worden; was sich indessen nicht bestätigte.

Grünberg-Willman argumentierte in seiner Zeitung, Palästina sei zu klein, um alle Juden aufzunehmen, außerdem sei mit dem Widerstand der dort lebenden Araber zu rechnen. Die Juden benötigten ein Territorium, in dem alle Juden der Welt einen Aufenthalt finden könnten und das ihnen auf Generationen hinaus genügend Raum gäbe. Er sah den Platz der Juden in Afrika, etwa in Rhodesien oder Kenia. Grünberg-Willman hatte im Januar 1938 entsprechende Broschüren veröffentlicht.[132]

Durch einen gemeinsamen Bekannten, Maximilian Obler, lernte Grünberg-Willman im Herbst 1940 Ritgen kennen. Er habe einen direkten Kontakt zur DGB gesucht, um seine Ideen zu präsentieren. Es habe ihn überrascht, in Ritgen auf einen entschiedenen Gegner des Nationalsozialismus zu treffen, der auch bereit gewesen sei, den Juden zu helfen, womit freilich auch die Erwartung einer Geldeinnahme verbunden gewesen sei. Wie Gingold meinte Grünberg-Willman – fälschlich –, Ritgen habe im Sommer 1941 Richter vertreten, denn dieser sei zu einem längeren Urlaubsaufenthalt in Deutschland gewesen. Jedenfalls legte Ritgen die Grundlagen für die personelle Besetzung der Führungsgremien der „Judenzentrale“. Er machte schließlich Grünberg-Willman mit Gingold, Lecca und Richter bekannt.[133]

Weitere Aspekte klärt ein 1951 abgefasster Untersuchungsbericht der Securitate, in dem es um Ermittlungen gegen Juden geht, die verdächtigt wurden, während der Antonescu-Zeit deutschen und rumänischen Stellen als Informanten gedient zu haben. Neben Lecca, Gingold und Grünberg-Willman befragte man zahlreiche Mitarbeiter des vormaligen Polizei- und Sicherheitsapparates und wertete Teile der Korrespondenz der „Judenzentrale“ aus.[134] (Diese Korrespondenz ist übrigens bis heute verschollen.)

Demnach kam Grünberg-Willman 1941 mit Ritgen nochmals in Berührung, weil er durch diesen Befreiungen vom rumänischen Arbeitsdienst für sich und die Mitglieder seiner *Territorialbewegung* bekommen wollte. Im Gegenzug stellte Grünberg-Willman seine Zusammenarbeit in Aussicht. Ritgen ging darauf ein, verlangte eine Liste der zu Begünsti-

131 Gingold, [Memoriu], 14.11.1944. ANR, PCM, SSI, 1944/41, Bl. 3.
132 Corpul Detectivilor, Brigada Mobilă, Notă, 2.9.1938. USHMM, RG 25.004M, reel 28.
133 Grünberg, Memoriu, [1945]. USHMM, RG 25.004M, reel 28.
134 Vgl. Filip, Referat, 30.10.1951. USHMM, RG 25.004M, reel 184.

genden und eine Zahlung von 25 000 Lei pro Person. Alle Kontakte liefen über Maximilian Obler. Die Liste passierte verschiedene Hände und umfasste schließlich 57 Personen, die auch alle auf Wunsch der DGB eine Befreiung vom rumänischen Arbeitsdienst erhielten. (Lecca ging dabei so vor, dass er die Ausweise zur Befreiung von der Arbeitsdienstpflicht aus den Nummern 1 bis 200 als Blankounterlagen an die interessierten deutschen und rumänischen Stellen ausgab, die damit jeweils ihre jüdischen Agenten ausstatten konnten.) Im Laufe der Ausarbeitung dieser Liste stellte Ritgen einige seiner Schützlinge Richter als Kandidaten für die Besetzung der Posten bei der „Judenzentrale" vor.[135]

Die Securitate hatte 1951 bereits die Mehrzahl dieser 200 von der Arbeitsdienstpflicht Befreiten namentlich identifiziert und in drei Kategorien eingeteilt: diejenigen, deren Agententätigkeit als belegt galt; diejenigen, bei denen eine Agententätigkeit wahrscheinlich schien; sowie diejenigen, die wohl aus anderen Gründen auf diese Liste gekommen waren. Soweit man ihrer habhaft wurde, verhaftete man die unter die erste und zweite Kategorie Subsumierten. Eine interessante und vielsagende Ausnahme ist Dr. Schäfer, der zwar in der ersten Kategorie auftauchte und infolgedessen verhaftet war, bei dem aber handschriftlich vermerkt ist, er sei wieder freigelassen worden.[136]

1952, in Haft, sagte Gingold aus, Lecca habe mit dem Antisemitismus der rumänischen Regierung Geld gemacht. Zwar sei Lecca Antisemit gewesen, aber doch auch intelligent genug, um zu sehen, dass man die „jüdische Frage" in Rumänien nicht so angehen könne wie in Deutschland.

> „So hat er die ganze jüdische Frage in ein großes Finanzgeschäft verwandelt, aus dem alle Welt, darunter auch Juden, Gewinn schöpften. Er hat sogar Killinger davon überzeugen können, dass dies die einzige Art und Weise sei, wie man die jüdische Frage angehen könne. Ohne recht zu verstehen, was um ihn herum geschah, musste Richter mitansehen, wie sich Lecca hauptsächlich mit Juden umgab, obwohl er mit ihnen eigentlich nur über die Judenzentrale verkehren sollte."[137]

Richter wird von Gingold charakterisiert als jung, ziemlich unerfahren, sehr von sich eingenommen und arrogant, zugleich als „auf typisch deutsche Art" außerordentlich naiv. Im ersten Gespräch (vermutlich Herbst 1941) habe Richter von den Statuten und Regeln gesprochen, nach denen die „jüdische Frage" zu lösen sei und seine Empörung geäußert über die sinnlosen Ausschreitungen und Deportationen aus Bessarabien und aus der Bukowina. Dementgegen, habe Richter erklärt, müsse die „jüdische Frage" im „Rahmen von Gesetzen und zivilisiert" gelöst werden.[138] Anders als Lecca sei Richter offenbar nicht korrupt gewesen. Gingold erzählte, ein einziges Mal versucht zu haben, anlässlich irgendeines Feiertages Richter eine Schachtel Süßigkeiten für dessen kleinen Sohn zu überreichen – in der Hoffnung, derart Richters Haltung vielleicht zu mildern. Verhältnismäßig höflich, aber sehr bestimmt habe Richter das Geschenk abgelehnt und erklärt, zwischen ihnen könne es keine

[135] Ebenda.
[136] Vgl. ebenda.
[137] Gingold, Declarație, 1.1.1952. CNSAS, I 210516, Bd. 13, Bl. 101.
[138] Ebenda, Bl. 91.

andere Beziehung geben als die zwischen dem Präsidenten der „Judenzentrale" und dem Berater der DGB.[139]

Natürlich auch um Selbstrechtfertigung bemüht, meinte Gingold, Richter sei in jeder Hinsicht erfolglos gewesen. Als Beispiel führte Gingold an, Richter habe nichts dagegen machen können, dass die deutsche Heeresintendantur in Bukarest ihre Geschäfte vorwiegend mit Juden getätigt habe.[140] Richter sei in jeder Hinsicht Lecca unterlegen gewesen. Dieser habe jenen als seinen „Schüler" bezeichnet. Umgekehrt habe Richter blindes Vertrauen in Lecca gesetzt. Lecca habe Richter so wenig ernst genommen, dass er sich kaum um dessen Vorschläge gekümmert, sie meist nicht einmal gelesen, sondern gleich in den Papierkorb geworfen habe. Erkundigte sich Richter nach Erledigung, habe Lecca geantwortet, Ion Antonescu sei mit allem einverstanden, die Frage werde jedoch erst später behandelt. Diese Antwort habe zwar auf reiner Erfindung beruht, jedoch ihren Zweck erfüllt: Richter zufriedenzustellen.[141]

So wenig diese Beurteilung ganz aus der Luft gegriffen ist – sie beschreibt ziemlich korrekt die Jahre 1943 und 1944 –, sah es 1941 und 1942 doch anders aus. Da war Richter auf dem Höhepunkt seines Einflusses und konnte sich sogar gegenüber Mitgliedern der rumänischen Regierung ein hochfahrendes Auftreten erlauben; der stellvertretende Ministerpräsident Mihai Antonescu nahm ihn ernst und bemühte sich, seinen Forderungen möglichst zu entsprechen.

Was hatte Richter bis Ende 1941 also von dem erreicht, was er im Mai Mihai Antonescu und Eugen Zwiedeneck vorgeschlagen hatte? Durchgesetzt hatte Richter die Enteignung und Auflösung einiger jüdischer Organisationen sowie die Gründung der „Judenzentrale" als Zwangsverband für die gesamte jüdische Bevölkerung, wobei dieser auch die enteigneten Vermögenswerte jener jüdischen Organisationen zufielen.

Die Verfügung, mit der Lecca Macht über die jüdische Bevölkerung des Landes erlangte, galt vom 31. Oktober 1941 an. Sie enthält bloß einen einzigen Artikel, in dem es lapidar heißt:

> „Herr Direktor Radu Lecca vom Präsidium des Ministerrats wird damit beauftragt, Vorbereitungen für die Erarbeitung eines Statuts für die Behandlung der jüdischen Bevölkerung zu treffen."[142]

Am 17. Dezember 1941 trat Gesetz Nr. 1090 in Kraft, das die Bildung einer „Judenzentrale" beinhaltete.[143] Diese sollte an die Stelle der im selben Gesetz aufgelösten UCE des Altreichs treten.

Das Statut, nach dem die „Judenzentrale" organisiert werden sollte, wurde am 31. Januar 1942 gültig; eine Woche später, am 8. Februar, ernannte Lecca die Führung der „Juden-

[139] Ebenda, Bl. 96.
[140] Ebenda, Bl. 104.
[141] Ebenda, Bl. 95.
[142] Activitatea Centralei Evreilor din România. Bucureşti 1944 [Reprint Bucureşti 1998], 10.
[143] Benjamin (Hg.), Legislaţia antievreiască, Dok. 53, 178.

zentrale". Laut Statut war die „Judenzentrale" die einzige staatlich anerkannte Organisation, die die Interessen der Juden in Rumänien vertrat. Verantwortlich war sie dem Regierungsbeauftragten Lecca, der den Präsidenten der „Judenzentrale" ernannte und entließ sowie die Aktivitäten der „Judenzentrale" überprüfte. Monatlich musste ihm ein umfassender Tätigkeitsbericht vorgelegt werden. Sitz der Organisation war Bukarest. Dem Präsidenten der „Judenzentrale" standen ein Generalsekretär und ein achtköpfiges Komitee zur Seite. Auch diese Posten besetzte, auf Vorschlag des Präsidenten, Radu Lecca. In jedem Judeţ und in jeder Stadt mit großer jüdischer Bevölkerung war eine Regionalstelle einzurichten, geleitet von einem Präsidenten und zwei Mitarbeitern, die vom Präsidenten der „Judenzentrale" ernannt wurden, was der Bestätigung des Regierungsbeauftragten Lecca bedurfte.[144]

Die „Judenzentrale" hatte verschiedene Aufgaben zu erfüllen: Vertretung der Interessen der jüdischen Bevölkerung; Organisierung des jüdischen Lebens entsprechend den Vorgaben der rumänischen Regierung; Umschulung und Ausbildung der Juden für Arbeit und Handwerk; Vorbereitung der Juden auf die Auswanderung; Organisation des Kultus, der Schulen und der Hilfseinrichtungen; Einrichtung des jüdischen Arbeitsdienstes nach den Vorgaben der Regierung; Organisation der Berufsausübung der Juden im Rahmen der staatlich festgelegten Bestimmungen; Herausgabe eines eigenen Verlautbarungsorgans; Bereitstellung aller von der Regierung für die Rumänisierung benötigten Daten; Zentralisierung und Aufarbeitung der Matrikeldaten für alle Juden Rumäniens; Annahme von Gesuchen der jüdischen Bevölkerung, die an die entsprechenden Stellen weitergegeben werden sollten; Ausführung und Umsetzung aller Anordnungen der Regierung bezüglich des Status der Juden in Rumänien; Ausgabe von Ausweispapieren für die jüdische Bevölkerung. Zur Bewältigung dieser Aufgaben wurden acht Abteilungen ins Leben gerufen: Umschulung, Auswanderung, Soziales, Schulen und Kultur, Statistik, Presse, Finanzen, Kultus.[145]

Die „Judenzentrale" übernahm Personal und Archiv der UCE (des Altreichs) sowie der FUCE (Gesamtrumäniens) und schuf sich sehr schnell einen neuen Apparat. Ende Dezember 1941 führte Lecca im Interview mit einer deutschsprachigen Zeitung aus, durch die jüngst verabschiedeten Gesetze sei in Rumänien erstmals die Voraussetzung für eine einheitliche Behandlung der „Judenfrage" geschaffen worden. Die neu geschaffene „Judenzentrale" solle den Einfluss Fildermans beenden und diene einem ganz anderen Zweck als die aufgelösten jüdischen Dachverbände.

> „Nach der Ausmerzung aller politischen Nebeneinflüsse wird die Judenzentrale dem großen Ziel zu dienen haben, bis zur großen europäischen Lösung der Judenfrage, die Juden Rumäniens vollständig zu erfassen und weitgehend zum Nutzen der Allgemeinheit produktiv einzusetzen."[146]

[144] Activitatea Centralei Evreilor din România, 13–21.

[145] Ebenda.

[146] Georg Streiter, Rumänien löst Judenfrage, *Donauzeitung*, 30.12.1941, 3. In dem Artikel wird das Interview in indirekter Rede wiedergegeben. Der Autor, Georg Streiter, war Bukarester Korrespondent der zur Jahresmitte 1941 gegründeten, in Belgrad ansässigen und über ganz Südosteuropa berichtenden *Donauzeitung*. Streiter wurden gute Beziehungen zu Mihai Anto-

Nun fiel die deutsche Einflussnahme geringer aus als von Berlin intendiert, da die rumänische Regierung keinen direkten Zugriff gewährte. Nicht nur formell, sondern auch faktisch unterstellte sie die „Judenzentrale" ihrer eigenen Aufsicht, vermittelt durch Radu Lecca. Darauf berief sich Richter 1961. So habe Lecca seine, Richters, Vorschläge für die „Errichtung einer jüdischen Zentralstelle" mit dem Argument abgelehnt, die deutschen Verhältnisse seien auf Rumänien nicht einfach übertragbar.[147]

Gleichwohl war der deutsche Einfluss innerhalb der „Judenzentrale" zunächst immer noch erheblich. Das gilt schon für die Besetzung der Führungsposten. Im Februar 1942 ernannte Lecca keinen anderen als Nandor Gingold zum Generalsekretär, Mathias Grünberg-Willman zum Leiter der Presseabteilung, zum Präsidenten aber den betagten Publizisten Henry Stefan Streitman. Den deutschen Wünschen war man nur in letzterem Fall nicht nachgekommen. Ritgen hatte nämlich ursprünglich Grünberg-Willman zum Präsidenten der „Judenzentrale" machen wollen, war davon jedoch abgekommen, als man ihm aufgezeigt hatte, dass dieser innerhalb der jüdischen Bevölkerung keinen guten Ruf genieße.[148] Wie auch immer dieses „Aufzeigen" konkret vor sich gegangen sein mag – entscheidend war, dass damit die Deutschen ihren Wunschkandidaten nicht durchgebracht hatten. Indes verhinderten sie ihrerseits den von rumänischer Seite favorisierten Aspiranten Herman Clejan. Vermutlich gab es außerdem auch unter den Deutschen Differenzen um diese Frage. Offenbar war die Gesandtschaft zunächst mit dem rumänischen Kandidaten einverstanden, vermutlich das RSHA aber nicht, und dessen Votum beugte sich dann auch die Gesandtschaft.

In dieser Konstellation war die Ernennung Streitmans als Präsident der „Judenzentrale" ein Kompromiss. 1873 geboren, hatte Streitman Chemie und Physik in Zürich und an deutschen Universitäten (Berlin, Göttingen, Stuttgart) studiert, sich dann aber vorwiegend journalistisch betätigt. Für die Nationalliberale Partei hatte er als Senator im Parlament gesessen. Dem langjährigen Außenminister Titulescu, durch den er jahrelang subventioniert wurde, stand er sehr nahe.[149] Dies geht auch aus dem Tagebuch Argetoianus hervor, der Streitmann 1936 als „sehr intelligenten und sympathischen Zeitungsmann" charakterisierte, der zwar wenig schreibe, doch sei das, was er verfasse, immer gediegen.

> „Seine Schwäche ist es, dass er an die Türen aller Ministerien anklopft und Geld verlangt. Ein Scherzbold hat einen ‚Streitman-Gruß' erfunden: nicht mit der Handfläche nach unten und mit dem Arm nach oben, wie bei den Faschisten, nicht mit geballter Faust, wie bei den Kommunisten, sondern mit ausgestrecktem Arm die Handfläche nach oben, auf dass etwas in diese gelegt werde."[150]

nescu nachgesagt. (AD-426 [Karl-Hermann Theil], Georg Streiter, 12.1.1945. NA, RG 226, entry 108a, box 177.)

147 Zeugenaussage Gustav Richter (Zentrale Stelle Ludwigsburg, Vorermittlungen gegen Krumey u. a.), 31.1.1961. StA Frankenthal, 9 Js 143/61, Bd. 1, Bl. 8.

148 Filip, Referat, 30.10.1951. USHMM, RG 25.004M, reel 184.

149 Vgl. Corpul Detectivilor, Centrala Evreilor din România, 23.3.1942. USHMM RG 25.004M, reel 28.

150 Argetoianu, Însemnări zilnice, Bd. 1, 369.

Als Jude geboren und aufgewachsen, trat Streitman später zum Christentum über und nahm den Namen Stefan an, kehrte dann wieder zum Judentum zurück und betätigte sich in Grünberg-Willmans Bewegung.[151]

Indes war Streitman bloß eine Marionette ohne eigenen Einfluss. Richter benutzte Grünberg-Willman als Informanten und wollte diesen offensichtlich auch zum starken Mann innerhalb der „Judenzentrale" aufbauen, auch wenn es misslungen war, den Präsidentenposten mit seiner Person zu besetzen. Vor Ernennung des Führungskomitees der „Judenzentrale" wurden alle Beteiligten zu Richter gerufen, der sie anwies, den Anordnungen Grünberg-Willmans zu folgen, obgleich dieser bloß Leiter der Abteilung Presse und Propaganda war.[152]

Wiewohl gleichfalls von deutscher Seite aus protegiert, verfolgte Gingold offenbar eine andere Linie als Grünberg-Willman. Er stützte sich auf das alte, von der „Judenzentrale" übernommene Personal von UCE und FUCE und versuchte, nach und nach Repräsentanten der jüdischen Gruppen, die Richter hatte ausschließen wollen (die UER Fildermans und die Zionisten) in leitende Positionen der „Judenzentrale" zu bringen.[153] In diesem Machtkampf erzielte Gingold im April 1942 zunächst einen Erfolg: die Absetzung Grünberg-Willmans, dem der Historiker Theodor Lavi-Löwenstein folgte. Aufgrund seiner guten Beziehungen blieb Grünberg-Willman allerdings Beschäftigter derjenigen Abteilung, deren Chef er bis dahin gewesen war; nicht zuletzt übersetzte er die Zeitung der „Judenzentrale" ins Deutsche.[154]

Hintergrund für die Einsetzung Lavi-Löwensteins war, dass nach Gründung der „Judenzentrale" nicht allein Filderman faktisch mitarbeitete. Auch die Zionistische Exekutive kooperierte; sie wollte unter allen Umständen ihre Organisation retten. Dadurch sollten die Auswanderung und deren Vorbereitung, soweit überhaupt noch möglich, gesichert werden.[155] Lavi-Löwenstein nahm den Posten in der „Judenzentrale" auf Empfehlung der Zionistischen Exekutive an.[156]

151 Corpul Detectivilor, Centrala Evreilor din România, 23.3.1942. USHMM, RG 25.004M, reel 28.

152 Interogatoriu luat Dlui Nandor Gingold în ședința din 27.3.1945 în pretoriul Trib. Poporului. CSIER, fond VII, MR, dosar 78, Bl. 91–98, hier Bl. 97.

153 Vgl. ebenda, Bl. 95f.

154 Mit solchen Übersetzungsarbeiten hatte er seine Karriere bei Richter auch begonnen. Dieser erinnerte sich später (die Betätigung Grünberg-Willmans als Informant natürlich mit Schweigen übergehend): „Er war in der Judenzentrale in Bukarest als Pressereferent tätig. Da ich anfänglich die rumänische Sprache nicht beherrschte, hatte ich mir von Grünberg des öfteren Auszüge aus der rumänischen Presse in deutscher Sprache fertigen lassen, um einen Überblick über die politische Lage in Rumänien aus der Sicht der Rumänen zu erhalten." (Vernehmungsniederschrift Gustav Richter, 30.11.1964. StA Frankenthal, 9 Js 143/61, Bd. 4, Bl. 618.)

155 Mișu Benvenisti, Sionismul în vremea prigoanei. București 1944, 9–13.

156 So Lavi-Löwenstein als Zeuge im Verfahren gegen Adolf Eichmann, unter <http://www.nizkor.org/hweb/people/e/eichmann-adolf/transcripts/Sessions/Session-048-05.html>.

Allerdings scheiterte der Versuch, die Organisation zu retten. Im Juli 1942 konnte die Zeitung der deutschen Gesandtschaft, das *Bukarester Tageblatt*, die Auflösung des *Zionistischen Landesverbandes in Siebenbürgen* vermelden[157] und im Monat darauf die Auflösung der zionistischen Organisationen des Altreichs.[158]

Offenbar in Zusammenhang mit der veränderten deutschen Politik gegenüber den Juden hatte Richter schon Ende 1941 von der rumänischen Regierung die Auflösung der zionistischen Organisationen verlangt. Auf Anraten Radu Leccas hatte Mişu Benvenisti (zusammen mit einem namentlich ungenannten Freund) im Januar 1942 Richter getroffen.

> „Wir haben ihm offen unseren Standpunkt dargelegt, indem wir vor allem erklärten, das Ziel unserer Organisation sei die Auswanderung der Juden nach Palästina. Er hat uns in schneidendem Ton geantwortet, diese Lösung sei inakzeptabel, da der Führer dem Mufti von Jerusalem versprochen habe, die zionistische Bewegung zu liquidieren, weil Palästina ein arabisches Land bleiben müsse.
> Richter hat uns auch gesagt, der Führer ziele auf eine andere Lösung für die Beseitigung des Problems der Juden, die in Osteuropa lebten. Er hat uns nicht erklärt, worin diese Lösung bestehen sollte. Als wir Richter darlegten, die jungen Juden bereiteten sich auf den Gang in den Untergrund vor, hat er uns geantwortet, er werde unser Problem seinen direkten Vorgesetzten in Berlin schildern."[159]

Selbstredend reichte den deutschen Vertretern das Verbot der zionistischen Organisationen nicht; auch die zionistischen Führer sollten verschwinden. So wird in einem Artikel des *Bukarester Tageblatts* vom 18. Juli 1942 gegen zwei Personen polemisiert; wobei der Unterschied bemerkenswert ist. Es handelte sich um Benvenisti und Filderman – also Führungspersönlichkeiten der beiden jüdischen Richtungen, die entgegen deutschen Vorstellungen in der „Judenzentrale" Einfluss gewonnen hatten. Unverhüllt werden die rumänischen Behörden aufgefordert einzuschreiten.

> „So wäre auch zum Beispiel die Tätigkeit des im Lande weilenden Zionistenführers Benvenisti einer genaueren Überprüfung zu unterziehen, da er nicht nur mit den jüdischen oder den zuständigen rumänischen Stellen Beziehungen zu unterhalten sich bemüht."[160]

Hinsichtlich Fildermans schien man aber keineswegs über dessen Einfluss im „Judenrat" informiert zu sein. Denn über Filderman ist zu lesen, früher sei dieser ein „sehr maßgeblicher Mann unter den Juden" gewesen, „der ungekrönte König der Juden Rumäniens" genannt; „heute" dagegen sei er „glücklicherweise völlig ausgeschaltet".

Hatte die deutsche Seite mit der Ersetzung Grünberg-Willmans durch den Zionisten Lavi-Löwenstein eine Schlappe erlitten, rächte sie sich mit einem Direktangriff im *Bukarester Tageblatt*. Mit einer Fülle von Zitaten aus Lavi-Löwensteins Schriften hielt die Zeitung diesem Gegnerschaft zum Nationalsozialismus vor.

[157] Die eigenen Rassegenossen betrogen, *Bukarester Tageblatt*, 18.7.1942, 3.
[158] Dr. R. [Lothar Rossipaul], Wieder ein Schritt, *Bukarester Tageblatt*, 8.8.1942, 3; abgedruckt in Ancel (Hg.), Documents, Bd. 4, Dok. 51, 96.
[159] Zeugenaussage Mişu Benvenisti, 27.2.1962. StA Frankenthal, 9 Js 143/61, Bd. 3, Bl. 412.
[160] Die eigenen Rassegenossen betrogen, *Bukarester Tageblatt*, 18.7.1942, 3.

> „Wir können uns nur wundern, dass der Mann, der auch, wenn seither Jahre vergangen sind, einmal solches schrieb, heute noch an führender Stelle in der amtlichen rumänischen Judenzentrale sitzt. Umso mehr, als Dr. Loewenstein damit ja vollkommen in Widerspruch steht zu den Anschauungen der rumänischen Staatsführung. [...] Wir können nur annehmen, dass über Dr. Loewenstein und seine Einstellung zu wenig bekannt ist."[161]

Daraufhin sagte Gingold zu Lavi-Löwenstein, jetzt könne er ihn nicht mehr halten.[162]

Ursprünglich wollte man rumänischerseits den Architekten Herman Clejan als Präsidenten der „Judenzentrale" einsetzen. Dieser hatte für Ion Antonescu ein Haus in Predeal erbaut und war in guter Beziehung zum nunmehrigen „Staatsführer" geblieben. Wilhelm Filderman hatte sich Anfang September 1941 an Clejan gewandt, nachdem ein Memorandum an Ion Antonescu ohne Antwort geblieben war, und Clejan gebeten, ein Gespräch mit Ion Antonescu zu vermitteln, was Clejan auch tat.[163]

Clejan teilte Filderman am 23. Dezember 1941 mit, sowohl die Regierung als auch die DGB hätten ihm das Amt des Präsidenten der „Judenzentrale" angeboten. Annehmen würde er aber nur, falls Filderman zustimme und ihm helfe. Filderman ermutigte ihn zwar, den Posten zu akzeptieren, doch stellte er seinerseits die Bedingung, nur dann so wie von Clejan vorgesehen zu handeln, falls es auch dem Willen Ion Antonescus entspreche.[164]

Clejan verhandelte mit der rumänischen Regierung, wobei er eine Übernahme der Leitung der „Judenzentrale" an Bedingungen knüpfte, die ihm von Wilhelm Filderman angeraten worden waren: Sicherheit Fildermans, ebenso Sicherheit der jüdischen Bevölkerung vor Kennzeichnung, Ghettoisierung und Deportation. In einer Audienz wollte er sich von Ion Antonescu dies sowie die persönliche Unterstützung für seine Person bestätigen lassen.[165] Clejan verfasste eine auf den 30. Dezember 1941 datierte Denkschrift, die er Lecca übergab.[166]

Ion Antonescu empfing Clejan am 21. Januar 1942 zu einer einstündigen Aussprache. Clejan trug seine Sache vor. Ion Antonescu erging sich in antisemitischen Tiraden, fällte jedoch keine Entscheidung.[167] Am 6. Februar 1942 verbarg Ion Antonescu die Ablehnung Clejans als Präsidenten der „Judenzentrale" hinter schönen Worten. Unter diesem Datum ließ er Clejan wissen, persönlich schätze er ihn sehr und hätte nichts dagegen, übernähme

161 Dr. R. [Lothar Rossipaul], Dr. Theodor Loewenstein / Jüdischer Skribent gegen den Nationalsozialismus, *Bukarester Tageblatt*, 17.9.1942, 3. Verfasser des langen, äußerst aggressiven Artikels ist Lothar Rossipaul. Er war von der Deutschen Militärmission als Redakteur abgeordnet worden und bekleidete diesen Posten 1941–1942.

162 Siehe hierzu die Aussage Lavi-Löwensteins im Verfahren gegen Adolf Eichmann, unter <http://www.nizkor.org/hweb/people/e/eichmann-adolf/transcripts/Sessions/Session-048-06.html>.

163 Vgl. Filderman / Clejan, Unterredung mit Ion Antonescu, 8.9.1941. Ancel (Hg.), Documents, Bd. 3, Dok. 74, 130–132.

164 Filderman, Unterredung mit Clejan, 23.12.1941. Ebenda, Dok. 296, 475.

165 Filderman, [Notă], 22.[?].12.1941. Ebenda, Dok. 295, 474.

166 Clejan, Priveşte centrala evreilor din România, 30.12.1941. Ebenda, Dok. 299, 480.

167 Vgl. Tageskalender Ion Antonescu, 21.1.1942. ANR, PCM, dosar 1940/314, Bl. 385; und Filderman, Unterredung mit Clejan, 21.1.1942. Ancel (Hg.), Documents, Bd. 3, Dok. 309, 492.

er die Führung der Juden. Jedoch werde er sich aufgrund grundsätzlicher Erwägungen nicht in diese Angelegenheit einmischen.[168]

In dieser Frage hatte Gustav Richter am 23. Januar 1942 energisch bei Mihai Antonescu interveniert, weshalb die Annahme naheliegt, dass Ion Antonescu vor allem wegen der deutschen Haltung Clejan fallenließ. Folgt man Richters Bericht an das RSHA, kritisierte er gegenüber Mihai Antonescu direkt Ion Antonescu, weil der „Staatsführer" einen Juden empfangen hatte, darauf verweisend, das könne seinen Einfluss – offenbar bei den Deutschen – in Zukunft schwächen. Richter monierte, während sich Clejan früher nie um jüdische Belange gekümmert habe, wolle er nun die Rolle eines jüdischen Führers spielen. Clejan habe sogar in einem Schreiben an Lecca für die Übernahme des Amtes bei der „Judenzentrale" Bedingungen gestellt.

> „Ich wies den Stv. Ministerpräsidenten darauf hin, dass es heute nicht mehr angängig ist, von Juden sich Bedingungen vorsetzen zu lassen. Der Jude Clejan habe inzwischen auch eingesehen, dass er mit seinem Schreiben an Ministerialdirektor Lecca eine große Dummheit begangen hat."[169]

Richter bezeichnete Clejan als untragbar für die Position eines Vorsitzenden der „Judenzentrale". Er habe Mihai Antonescu vorgeschlagen, mit dem Marschall zu reden.

Wenngleich die rumänische Seite bei Besetzung des Postens des Präsidenten der „Judenzentrale" zurückwich, gab es doch andere Bereiche, in die sie sich weniger hineinreden ließ. Die Idee Richters, alle Gesetzentwürfe des von Zwiedeneck geleiteten Unterstaatssekretariats vor Weiterreichung an Ion Antonescu ihm, Richter, vorzulegen, ließ sich ebenso wenig verwirklichen wie der geforderte Auswanderungsfonds.

Gleichzeitig wurde in Kernrumänien eine Vielzahl von Maßnahmen gegen die jüdische Bevölkerung getroffen, die in Richters überliefertem Forderungskatalog nicht enthalten sind, von denen also nicht nachweisbar ist, dass sie auf direkte deutsche Einflussnahme zurückgehen (die indirekte Wirkung des deutschen Vorbilds ist jedoch allemal festzustellen).

Hier ist zum einen die Arbeitsdienstpflicht für die jüdischen Männer zu erwähnen. Am 4. Dezember 1940 waren alle Juden vom Militärdienst ausgeschlossen worden. Stattdessen wurde ihnen auferlegt, eine Militärsteuer zu zahlen, und alle im Alter zwischen 18 und 50 Jahren mussten Arbeitsdienst (muncă de interes obştesc) leisten. Dies konnte vor Ort oder auswärts geschehen, im Einzeleinsatz oder in Gruppen, je nach Bedarf des Staates oder der Kommunen. Wie schon erwähnt, erhielten die zu Arbeitsdienst verpflichteten Juden keinerlei Lohn, wer am Wohnort arbeitete, nicht einmal Verpflegung.[170] Mit dem Eintritt Rumäniens in den Krieg am 22. Juni 1941 wurde dieser Arbeitsdienst militarisiert. Die Eingezogenen unterlagen dem Kriegsrecht. Ehemalige Offiziere und Akademiker konnten zu Tätigkeiten in verschiedenen Armeeeinheiten herangezogen werden, die ihrer Ausbil-

[168] Ion Antonescu an Clejan, 6.2.1942. Ebenda, Dok. 325, 521–523.

[169] Richter, Unterredung mit Mihai Antonescu am 23.1.1942, 23.1.1942. PAAA, R 99394; Eichmann Trial Exhibit T/1009; abgedruckt in URO, Dokumentensammlung, Bd. 3, 496.

[170] Benjamin (Hg.), Legislaţia antievreiască, Dok. 25, 95–97.

dung entsprachen; bei längeren Einsätzen erhielten sie den ihrem *de facto* eingenommenen Rang entsprechenden Sold; allerdings hatten sie eine besondere Uniform zu tragen, die sich von der der übrigen Militärangehörigen unterschied. Für die Mehrheit der von der Arbeitsdienstpflicht Betroffenen verschärften sich die Bedingungen unter Kriegsrecht jedoch erheblich.[171]

Wiederholt wurde die jüdische Bevölkerung des Landes gezwungen, Kontributionen – in Geld und in Naturalien – zu entrichten. Diese Form der Ausplünderung begann im Sommer 1941 mit der ultimativen Aufforderung zur Zeichnung staatlicher Anleihen. Am 29. Oktober 1941 fand sich Filderman mit etlichen anderen jüdischen Würdenträgern auf Anordnung des Finanzministers General Stoenescu bei diesem ein, um Rechenschaft abzulegen, wie viel von den geforderten 10 Milliarden Lei an Anleihen von der jüdischen Bevölkerung gezeichnet worden waren. Filderman legte dar, bisher seien es 340 Millionen Lei gewesen, wobei er den Patriotismus der rumänischen Juden betonte, deren Enteignung und Verarmung es jedoch erschwerten, einen größeren Beitrag zu leisten. Stoenescu zeigte sich unzufrieden, setzte eine letzte Frist bis zum 1. Dezember 1941, um das Zahlungsziel zu erreichen, und machte die Anwesenden persönlich haftbar.[172]

Ein Gesetz vom 20. Oktober 1941 verpflichtete die Juden z. B., je nach Steuerleistung eine bestimmte Anzahl neuwertiger Kleidungs- und Wäschestücke dem Staat zur Verfügung zu stellen. Wer kein Einkommen hatte, musste wenigstens ein Hemd, ein Paar Unterhosen, ein Paar Socken, zwei Taschentücher und ein Handtuch abgeben.[173] Ein neues Gesetz vom 17. Januar 1942 legte die Summe fest, mit der die Sachleistungen abgelöst werden konnten. Für die oben genannten Kleidungs- und Wäschestücke, die ein Mittelloser hinterlegen musste, kamen 1 750 Lei zusammen. Die Strafe für diejenigen, die nichts abgaben oder zahlten, war auf fünf bis zehn Jahre Gefängnis mitsamt 100 000 bis 500 000 Lei bemessen. Trotzdem kamen rund 44 000 Menschen dieser Vorschrift nicht nach. Die „Judenzentrale" begann daraufhin Verhandlungen mit der Regierung, die schließlich gegen Zahlung einer Pauschalsumme von 100 Millionen Lei – eingetrieben von der „Judenzentrale" bei den begüterten Juden des ganzen Landes – auf eine weitere Strafverfolgung verzichtete (Dekret vom 31.7.1943). Bis Januar 1943 hatten die Juden Rumäniens Gegenstände im Wert von 1 800 Millionen Lei zusammengebracht.[174]

Seit Sommer 1941 setzte die rumänische Regierung auch in Kernrumänien einige Maßnahmen zur räumlichen Konzentrierung der jüdischen Bevölkerung durch. In einer Verwaltungsanordnung vom 21. Juni 1941 diktierte das Innenministerium, alle Juden aus den ländlichen Gebieten Kernrumäniens auszuweisen und in Städten zu konzentrieren. Davon

[171] Ebenda, LI.

[172] Filderman, Unterredung mit Stoenescu, 29.10.1941. Ancel (Hg.), Documents, Bd. 3, Dok. 203, 308–310.

[173] Benjamin (Hg.), Legislația antievreiască, Dok. 47, 167–169.

[174] Ebenda, Dok. 56, 183–185.

waren 50 000 bis 60 000 Menschen betroffen.[175] Pläne zur Kennzeichnung wurden intern diskutiert, jedoch nicht realisiert.[176]

Am 17. Dezember 1941, also genau an dem Tag, als die von Richter erwirkten Bestimmungen zur Gründung der „Judenzentrale" Gültigkeit erlangten, sprach Richter, diesmal begleitet von Radu Lecca, erneut bei Mihai Antonescu vor. Es wurde das Projekt einer Zählung der Juden erörtert sowie der weitere Aufbau der „Judenzentrale"; was alles dazu dienen sollte, „die zukünftige internationale Lösung vorzubereiten". Doch darin erschöpfte sich das Treffen nicht. Mihai Antonescu notierte eingangs als Zweck des Besuchs, Richter wolle ihn in Kenntnis setzen über einen „Plan zur internationalen Lösung der Judenfrage", den Reichsmarschall Göring vorbereite. Mit keinem Wort geht Mihai Antonescu in seiner Zusammenfassung auf den Inhalt der diesbezüglichen Ausführungen Richters ein, so dass aus diesem Dokument nicht zu erschließen ist, was Richter dem stellvertretenden Ministerpräsidenten dazu vortrug.[177] (Eine deutsche Überlieferung des Gesprächs ist nicht auffindbar gewesen, ebensowenig eine Zeugenaussage dazu.)

Bei einem vorherigen Besuch, am 12. Dezember 1941, als Richter dem stellvertretenden Ministerpräsidenten die von Lecca erarbeiteten Gesetzentwürfe vorlegte, hatte er nach eigenem Bekunden noch einen weiteren Punkt angesprochen: Er informierte Mihai Antonescu, neuerdings lehne der Reichsführer-SS und Chef der Deutschen Polizei – namentlich bleibt Himmler ungenannt – jede Einzel- oder Massenauswanderung von Juden aus Europa ab; die von rumänischer Seite ins Auge gefasste Auswanderung von 5 000 Juden nach Palästina sei daher nicht möglich; Gerüchte über ein deutsches Abkommen mit Ungarn über die Auswanderung von Juden seien falsch. Gerne würde er, Richter, Berlin mitteilen können, auch die rumänische Regierung werde künftig jede weitere Auswanderung der Juden aus Rumänien verhindern.[178] Diesem Ansinnen stimmte Mihai Antonescu zu. Allerdings ist das nicht Richters Aufzeichnung über die Besprechung vom 12. Dezember 1941 zu entnehmen, sondern geht aus dem Protokoll Richters über das Treffen vom 23. Januar 1942 hervor, wonach Mihai Antonescu am 12. Dezember

> „meinem Vorschlag, die Auswanderung von Juden aus Rumänien künftighin zu unterbinden, zustimmte."[179]

In der Tat hatte Himmler im Herbst des Jahres die Auswanderung von Juden verboten. In einem Erlass des RSHA vom 23. Oktober 1941 heißt es:

175 Ebenda, XLVII.
176 Vgl. Filderman / Clejan, Unterredung mit Ion Antonescu, 8.9.1941. Ancel (Hg.), Documents, Bd. 3, Dok. 74, 131.
177 Vgl. Mihai Antonescu, Unterredung mit Richter, 17.12.1941. ANR, PCM, 1941/344, Bl. 392; auch in AMAE, fond 71, România, dosar 83, Bl. 487.
178 Richter, Unterredung mit Mihai Antonescu am 12.12.1941, 15.12.1941. NA, RG 226, entry 19, XL 13179; Eichmann Trial Exhibit T/1004; abgedruckt in Ancel (Hg.), Documents, Bd. 3, Dok. 284, 462f.
179 Richter, Unterredung mit Mihai Antonescu am 23.1.1942, 23.1.1942. PAAA, R 99394; Eichmann Trial Exhibit T/1009; abgedruckt in URO, Dokumentensammlung, Bd. 3, 496.

> „Reichsführer-SS und Chef der Deutschen Polizei hat angeordnet, dass die Auswanderung von Juden mit sofortiger Wirkung zu verhindern ist.“[180]

Nur in besonders gelagerten Fällen könne es noch Ausnahmen geben. Die grundsätzliche Entscheidung muss zwischen dem 13. und dem 17. Oktober 1941 gefallen sein. Noch in einer Notiz vom 13. d.M. hatte Luther zustimmend auf Pläne zur Abschiebung von Juden aus Frankreich nach Spanisch-Marokko reagiert; am 17. d.M. hieß es plötzlich, es gebe Einwände „wegen den nach Kriegsende zu ergreifenden Maßnahmen zur grundsätzlichen Lösung der Judenfrage“.

Rumänischerseits passte man sich dieser Kehrtwende also auf der Stelle an. In dem oben zitierten Interview mit der *Donauzeitung*, veröffentlicht am 30. Dezember 1941, erklärte Radu Lecca, die Auswanderung sei „lange Zeit als Patentlösung angesehen worden“. Jedoch sei es

> „vom rumänischen, sowohl wie vom gemeinsamen europäischen Standpunkt [...] heute nicht mehr erwünscht, wenn jüdische Familien einzeln aus Europa herausgingen. Erfahrungsgemäß lieferten sie den gemeinsamen Feinden Soldaten und politische Propagandisten. Die reichen Juden aber reisten ihrem Gelde nach, das sie durchweg schon seit Jahren im Ausland angelegt hätten. Alle diese Versuche, sich der künftigen allgemeinen Regelung der europäischen Judenfrage zu entziehen, müssten demnach verhindert werden.“[181]

Trotz rumänischer interner und öffentlicher Zustimmung zur neuen Linie war man deutscherseits unzufrieden. Denn im Widerspruch zu Mihai Antonescus Zusage hielt die Auswanderung aus Rumänien an. So lief just am 12. Dezember 1941 das Schiff *Struma* mit 768 Juden an Bord vom Hafen Constanţa aus.[182] Auf diesen Fall ging Mihai Antonescu am 23. Januar 1942 des Näheren ein. Gegenüber seinem Gesprächspartner entschuldigte er sich.

> „Wenn die Abstoppung der Auswanderung von Juden nicht restlos durchgeführt werden konnte, so lag es daran, dass er durch den Staatsbesuch in Berlin sich um diese Angelegenheit nicht recht kümmern konnte.“[183]

Freilich war dieser Staatsbesuch auf Ende November 1941 gefallen. Laut Protokoll diskutierte Richter nicht über die Validität der Aussage Mihai Antonescus. Er wiederholte aber noch einmal Entscheidungen der deutschen Seite, diesmal sich berufend auf den Chef der Sicherheitspolizei und des SD, also Heydrich. Dieser habe Richter davon in Kenntnis gesetzt,

[180] Zitiert nach Peter LONGERICH, Politik der Vernichtung. Eine Gesamtdarstellung der nationalsozialistischen Judenverfolgung. München 1998, 447.

[181] Georg Streiter, Rumänien löst Judenfrage, *Donauzeitung*, 30.12.1941, 3.

[182] Zur späteren Tragödie der *Struma* siehe Jürgen ROHWER, Die Versenkung der jüdischen Flüchtlingstransporter Struma und Mefkure im Schwarzen Meer (Februar 1942, August 1944). Frankfurt/M. 1965, 31–38.

[183] Richter, Unterredung mit Mihai Antonescu am 23.1.1942, 23.1.1942. PAAA, R 99394; Eichmann Trial Exhibit T/1009; abgedruckt in URO, Dokumentensammlung, Bd. 3, 496.

> „dass die Auswanderung von Juden aus dem Reichsgebiet einschließlich Protektorat Böhmen und Mähren und den besetzten Gebieten im Hinblick auf die kommende Endlösung der europäischen Judenfrage generell eingestellt wurde."
> „[Heydrich] wünsche nun, dass auch die Auswanderung von Juden aus Rumänien unter allen Umständen unterbunden wird."

Wie schon am 12. Dezember 1941 war Mihai Antonescu damit „sofort einverstanden".

Von Richter wurde nicht protokolliert, worüber er in einer Vernehmung 1945 in der Sowjetunion aussagte. Demnach hatte ihn nicht Heydrich direkt, sondern Eichmann Mitte Januar 1942 angewiesen,

> „der rumänischen Regierung vorzutragen, dass die Auswanderung der Juden im Hinblick auf die Endlösung der Judenfrage aus Deutschland und den besetzten Gebieten eingestellt worden sei, und auch die rumänische Regierung die Auswanderung der Juden aus Rumänien unterbinde."[184]

Nach Rücksprache mit Killinger sei er, Richter, zu Mihai Antonescu gegangen – vermutlich handelte es sich um das Treffen vom 23. Januar 1942 –, und habe diesem eine Abschrift der Anweisung Eichmanns überreicht und die Ansicht des stellvertretenden Ministerpräsidenten erbeten. Der Text der Botschaft stimmt mit dem Protokoll inhaltlich, z. T. im Wortlaut überein, obwohl Richter in Moskau aus dem Gedächtnis zitierte. Im Gleichklang mit dem Protokoll heißt es schließlich, Mihai Antonescu sei „damit einverstanden" gewesen.

An dieser Stelle ist wiederum ein Blick vonnöten auf die Vorgänge in Berlin. Heydrich hatte am 29. November 1941 zu einer Besprechung über Einzelheiten der „Gesamtlösung der Judenfrage in Europa" eingeladen, die am 9. Dezember 1941 stattfinden sollte. Damals, so analysiert Peter Longerich,

> „war die ursprüngliche Absicht der NS-Führung, die ‚Endlösung' der ‚Judenfrage' *nach Kriegsende* vorzunehmen, also in irgendeiner Weise das physische Ende der unter deutscher Herrschaft lebenden Juden herbeizuführen, bereits durchbrochen worden: Es waren bereits mehrere hunderttausend Menschen umgebracht worden, ohne dass die ‚Judenpolitik' in der offiziellen Sprachregelung das Stadium der ‚Endlösung' erreicht hatte."[185]

Hauptzweck der Konferenz war es nach dieser Analyse, wichtige Reichsbehörden zu Mitwissern und damit zu Mitverantwortlichen zu machen. Die Juden innerhalb des deutschen Herrschaftsbereichs sollten nach Osten verschleppt, dort harten Existenzbedingungen ausgesetzt und schließlich zu Tode erschöpft oder ermordet werden. Diesen Plan verfolgte Heydrich seit Anfang 1941. Zur Durchführung wurde er Ende Juli 1941 von Göring er-

[184] Richter, Meine Tätigkeit als Berater für Judenfragen an der Deutschen Gesandtschaft in Bukarest, 20.2.1945. BStU, MfS, HA IX/11 RHE West 270, Bd. 3, Bl. 19. Im Unterschied zum Protokoll über die Unterredung vom 23.1.1942 sagte Richter in dieser Moskauer Vernehmung aus, auch Lecca sei anwesend gewesen. Das ist wahrscheinlich, denn es wurde auch die Lecca unmittelbar berührende Angelegenheit Clejan besprochen.

[185] Longerich, Politik der Vernichtung, 466. Die hier kursiv ausgezeichneten Worte sind im Original fett gesetzt.

mächtigt. Die praktische Umsetzung begann im Oktober mit der Deportation zentraleuropäischer Juden.[186]

Als Vorbereitung auf diese Sitzung mit Heydrich legte das Auswärtige Amt am 8. Dezember 1941 ein Papier über „Wünsche und Ideen des Auswärtigen Amtes der vorgesehenen Gesamtlösung der Judenfrage in Europa" vor. Unter anderem heißt es darin, gegenüber den Regierungen verbündeter Staaten (Rumänien, Slowakei, Kroatien, Bulgarien und Ungarn) sei eine „Erklärung der Bereitwilligkeit" des Inhalts abzugeben, dass Deutschland bereit sei, „die in diesen Ländern lebenden Juden ebenfalls nach dem Osten abzuschieben".[187]

Außerdem wollte das Auswärtige Amt auf die ungarische und auf die bulgarische Regierung einwirken, möglichst „Judengesetze nach Nürnberger Vorbild" einzuführen – ein Hinweis darauf, dass dieser Stand nach Einschätzung des Auswärtigen Amtes in Rumänien bereits erreicht worden war.

Die von Heydrich ursprünglich für den 8. Dezember 1941 anberaumte Sitzung fand nicht statt. Longerich benennt in seiner Darstellung zwei Gründe für die Verschiebung: die bevorstehende deutsche Kriegserklärung an die USA sowie die Anfang Dezember 1941 einsetzende sowjetische Großoffensive, die alle Hoffnungen auf eine baldige Realisierung der umfassenden Deportationspläne vereitelte.[188] Schließlich kam die Sitzung am 20. Januar 1942 zustande und erlangte als Wannseekonferenz traurige Berühmtheit.

3.2 *Die Juden in Bessarabien, in der Bukowina und in Transnistrien: Deportation, Ghettoisierung, Massenmord*

Mit dem erklärten Ziel, die ein Jahr zuvor zwangsweise der Sowjetunion überlassenen Territorien wieder dem eigenen Staatsgebiet einzugliedern, beteiligte sich Rumänien unter Ion Antonescu am deutschen Angriff auf die Sowjetunion.[189] Von Rumänien aus trat die Heeresgruppe Antonescu in Aktion, die unter dem Oberbefehl des rumänischen „Staatsführers" General Ion Antonescu stand.[190] Daher hielt sich dieser bereits zu Beginn der „Operation

[186] Ebenda.

[187] Wünsche und Ideen des Auswärtigen Amtes der vorgesehenen Gesamtlösung der Judenfrage in Europa, 8.12.1941. ANCEL (Hg.), Documents, Bd. 3, Dok. 270, 447.

[188] LONGERICH, Politik der Vernichtung, 466.

[189] Vgl. zum Gesamtgeschehen Horst BOOG u. a., Der Angriff auf die Sowjetunion. Frankfurt/M. 1991 (Das Deutsche Reich und der Zweite Weltkrieg, Bd. 4). Zur rumänischen Beteiligung siehe Mark AXWORTHY, Third Axis, Fourth Ally. Romanian Armed Forces in the European War 1941–1945. London 1995; Platon CHIRNOAGĂ, Istoria politică și militară a războiului României contra Rusiei Sovietice. 22 iunie 1922–23 august 1944. Madrid ^{3}o. J.; Alesandru DUȚU / Florica DOBRE / Leonida LOGHIN, Armata română în al doilea război mondial (1941–1945). Dicționar enciclopedic. București 1999.

[190] AXWORTHY, Third Axis, 45.

Barbarossa“ in seinem mobilen Hauptquartier (Codename „Patria“), das sich in einem Zug befand, in der Moldau auf. Im Zentrum der Truppen, die den Angriff von rumänischem Territorium aus führen sollten, stand die deutsche 11. Armee (unter General Eugen von Schobert), links flankiert von der rumänischen 3. Armee (unter General Petre Dumitrescu), rechts von der rumänischen 4. Armee (unter General Nicolae Ciupercă).[191]

Entlang der gesamten rumänischen Front begann die Offensive am 2. Juli 1941. Im Zentrum stieß die 11. Armee von der Gegend um Iași aus in Richtung Moghilev vor. Die 3. rumänische Armee überschritt die bis dahin gültige Grenze am 3. Juli und rückte an der Flanke der 11. Armee in die Nordbukowina ein, wo sie noch am Abend desselben Tages Storojineț erreichte und am 5. Juli Czernowitz. Sie setzte ihren Weg fort über Hotin bis nach Moghilev, wo die Haupteinheiten zwischen dem 17. und 19. Juli den Djnestr überschritten. Zeitgleich drang die 4. rumänische Armee in den Süden Bessarabiens Richtung Albița – Kischinew – Dubăsari ein. Zusammen mit deutschen Einheiten eroberte sie Kischinew am 16. Juli 1941. Der Einmarsch in Cetatea Albă am 26. Juli schloss die Eroberung Bessarabiens ab.[192] Noch verbliebene sowjetische Truppen zogen sich über den Dnjestr zurück; die Heeresgruppe Antonescu hatte ihr Ziel erreicht und wurde aufgelöst.[193] Mit deutscher Hilfe hatte Rumänien die Nordbukowina und Bessarabien in weniger als einem Monat zurückgewonnen.

Hitler und Ion Antonescu hatten das Zusammenwirken beider Länder auf militärpolitischem und operativem Gebiet am 12. Juni 1941 in München besprochen. Hier hatte Ion Antonescu angeboten, vom ersten Tag an aktiv mitzukämpfen. Wenige Tage vor dem Angriff führte Hitler zur Frage des Oberkommandos in einem an Ion Antonescu gerichteten Schreiben aus:

> „Eine Operation, die vom Eismeer bis zum Schwarzen Meer reicht, bedarf einer zentralen einheitlichen Führung. Sie liegt naturgemäß in unserer Hand. Die Fehler früherer Koalitionskriege müssen wir vermeiden. Jeder Verbündete nimmt Teil am Gesamtruhm. Ich möchte aber, dass Sie, General Antonescu, Ihrem Volke gegenüber und vor der Geschichte auch als der siegreiche Führer Ihrer Wehrmacht in diesem weltgeschichtlichen Kampf voll in Erscheinung treten.“[194]

Hitler schlug vor, alle deutschen Wünsche an rumänische Einheiten direkt über Ion Antonescu laufen zu lassen. Das Oberkommando der 11. Armee sollte dabei als Antonescus Arbeitsstab fungieren und die deutschen Anforderungen in militärische Befehle umsetzen, die – mit der Unterschrift Ion Antonescus versehen – erlassen werden sollten. Ion Antonescu stimmte diesem Verfahren zu.

Mithin waren die Befehlsstrukturen verwickelt. Die die Bukowina erobernden rumänischen Einheiten waren der 11. Deutschen Armee untergeordnet, die ihrerseits bis zum

[191] Duțu u. a., Armata română, 5f., 31.
[192] Ebenda, 6, 31f., 35, 84, 87.
[193] Chirnoagă, Istoria politică și militară, 138; Axworthy, Third Axis, 47.
[194] Zitiert nach Jürgen Förster, Die Gewinnung von Verbündeten in Südosteuropa, in: Horst Boog u. a., Der Angriff auf die Sowjetunion, 345.

Überschreiten des Dnjestr Teil der Heeresgruppe Antonescu war, wobei Ion Antonescu wiederum in seiner Eigenschaft als Kommandeur einer gemischten deutsch-rumänischen Heeresgruppe dem OKW und Hitler unterstand.

Am 27. Juli 1941 beglückwünschte Hitler Ion Antonescu zur Eroberung Bessarabiens und der Nordbukowina. Für diese Anerkennung der militärischen Leistung der rumänischen Truppen dankte Ion Antonescu am 31. Juli; zugleich versicherte er Hitler, die vorgesehene Aufgabe zu erfüllen und bedingungslos weiterzukämpfen.[195] Um das weitere Vorgehen zu besprechen, trafen beide am 6. August 1941 im Stabsquartier der Heeresgruppe Süd (von Rundstedt) in Berditschew zusammen.[196] In Anwesenheit Keitels und Schmundts rekapitulierte Hitler die errungenen Erfolge und stellte in Aussicht, innerhalb eines Monats oder zumindest vor Einsetzen des schlechten Wetters

> „Leningrad nebst seinem Industriezentrum, die Erzgebiete in der südlichen Ukraine, das Industriegebiet um Charkow und das Industriegebiet Moskau zu besetzen."[197]

Laut Protokoll wurden im weiteren Verlauf des Gesprächs strategische Fragen über das weitere Vorgehen in der Ukraine erörtert. Demnach erklärte Ion Antonescu, „im Süden nicht nur Odessa, sondern auch Sewastopol und die Krim besetzen" zu wollen,

> „um auf diese Weise die Flugstützpunkte der Russen in die Hand zu bekommen, von denen aus die russische Luftwaffe mit ihren neuen Bombern, die eine Geschwindigkeit von 500 km besäßen, Konstanza stark angriffen."[198]

Nicht erwähnt wird im deutschen Protokoll, inwieweit das Schicksal Bessarabiens und der Nordbukowina erörtert wurde. Zu deren Status hatte sich Hitler im Vorfeld nicht eindeutig geäußert. Ohne deutsche Billigung vermochte Rumänien in dieser Frage nichts zu tun. Offenbar gab jedoch Hitler am 6. August 1941 Antonescu die ersehnte endgültige Zusage, dass diese Territorien Rumänien gehören sollten. Jedenfalls schrieb drei Tage später der ebenfalls anwesende Keitel:

> „Da es feststeht, dass Bessarabien und die Bukowina an Rumänien entsprechend der Grenze von 1939 zurückgegeben werden, bestehen von Seiten des Oberkommandos der Wehrmacht im Einvernehmen mit dem Auswärtigen Amt keine Bedenken, ganz Bessarabien und die Bukowina in rumänische Zivilverwaltung übergehen zu lassen, mit dem Vorbehalt, dass die zur Führung der Operationen der 11. Armee erforderlichen deutschen Ordnungsdienste und [Sicherungstruppen] in diesen Gebieten verbleiben. Die formelle völkerrechtliche Wiedervereinigung Bessarabiens und der Bukowina mit Rumänien wird den Verträgen bei Kriegsschluss vorbehalten bleiben.

[195] Florin Constantiniu (Hg.), Antonescu–Hitler. Corespondență și întîlniri inedite (1940–1944), Bd. 1. București 1991, 115–119.
[196] Hillgruber (Hg.), Staatsmänner und Diplomaten bei Hitler, Bd. 1, Dok. 85, 615–620.
[197] Ebenda, 618.
[198] Ebenda, 619f.

Die Übergabe an die rumänische Zivilverwaltung regelt OKW und teilt den Vollzug dem OKW/WFSt/Abt. L mit."[199]

Der von Keitel gegen Ende des Schriftstücks eingefügte Vorbehalt kümmerte die rumänische Regierung wenig. Offiziell wurde die Wiedervereinigung Bessarabiens und der Nordbukowina mit Rumänien am 3. September 1941 mit der Verabschiedung verschiedener Erlasse für die Neuordnung der Verhältnisse der Provinzen vollzogen. Durch das Außenministerium ließ die rumänische Regierung dies allen Staaten formal mitteilen, mit denen sie diplomatische Beziehungen unterhielt.[200]

Grundlage der neuen Rechtsordnung beider Provinzen war das Dekret Nr. 2506 über die Organisierung Bessarabiens und der Bukowina, mit dem besondere Verwaltungsstatuten in Kraft gesetzt wurden. An der Spitze der Zivilverwaltung stand je ein direkt dem „Staatsführer" Ion Antonescu verantwortlicher Gouverneur. Laut diesem Gesetz umfasste die Provinz Bukowina nicht allein das gerade eroberte, seit 1940 sowjetische Gebiet, also die Nordbukowina, sondern auch die 1940 bei Rumänien verbliebene Südbukowina.[201]

Ab dem 3. September 1941 galten drei weitere wichtige Dekrete. Mit dem Dekret Nr. 2507 erlangten alle Gesetze Gültigkeit, die in Rumänien bis zum 28. Juni 1940 erlassen, ebenso wie diejenigen, die seit jenem Tag in Bukarest verabschiedet worden waren. Allerdings war den Gouverneuren erlaubt, mit Zustimmung des Justizministeriums und des „Staatsführers" einzelne Gesetze oder Teile von Gesetzen für die eroberten Gebiete außer Kraft zu setzen. Alle Verordnungen und Erlasse der rumänischen Verwaltung zwischen Wiedereroberung und Wiedervereinigung am 3. September 1941 behielten nur insoweit ihre Gültigkeit, als sie erneut im Amtsblatt publiziert wurden. Unangetastet blieb das Recht der Gouverneure, in Übereinstimmung mit Ion Antonescu Sonderbestimmungen für Bessarabien und die Bukowina zu erlassen.[202] Das Dekret Nr. 2508 regelte die Wiederaufnahme der Tätigkeit der Justiz in der Nordbukowina, so wie sie bis zum 28. Juni 1940 funktioniert hatte,[203] und das Dekret Nr. 2509 behandelte die Frage der Staatsbürgerschaft der Bewohner Bessarabiens und der Nordbukowina.[204]

[199] Keitel, Rumänische Zivilverwaltung in Bessarabien und der Bukowina, 9.8.1941. Hermann Weber, Die Bukowina im Zweiten Weltkrieg. Völkerrechtliche Aspekte der Lage der Bukowina im Spannungsfeld zwischen Rumänien, der Sowjetunion und Deutschland. Hamburg 1972, Dok. 6, 61.

[200] Pavel Moraru, Bucovina sub regimul Antonescu (1941–1944), Bd. 1: Administrație, economie, societate, Chișinău 2004, 58.

[201] Ebenda, 44, 56; deutsche Übersetzung des Dekrets Nr. 2506 in Weber, Die Bukowina im Zweiten Weltkrieg, Dok. 7, 62–69.

[202] Moraru, Bucovina sub regimul Antonescu, Bd. 1, 75; deutsche Übersetzung des Dekrets Nr. 2507 in Weber, Die Bukowina im Zweiten Weltkrieg, Dok. 8, 69f.

[203] Moraru, Bucovina sub regimul Antonescu, Bd. 1, 75; deutsche Übersetzung des Dekrets Nr. 2508 in Weber, Die Bukowina im Zweiten Weltkrieg, Dok. 9, 71.

[204] Moraru, Bucovina sub regimul Antonescu, Bd. 1, 76f.; deutsche Übersetzung des Dekrets Nr. 2509 in Weber, Die Bukowina im Zweiten Weltkrieg, Dok. 10, 72f.

Für die Juden beider Gebiete begann der Terror bereits mit dem Abzug der sowjetischen Truppen, noch vor Eintreffen der deutschen und rumänischen Armeen. Vielerorts rotteten sich örtliche Banden – oft angestachelt von rumänischen Agenten – zusammen, um Juden auszurauben und zu ermorden. Als nach der ersten Mordwelle Armee- und dann Gendarmerieeinheiten einrückten, gingen die Gewalttaten weiter, doch nunmehr zielgerichteter.

Auch ist von da an eine Zweiteilung zu konstatieren. Während Juden aus größeren Städten zunächst nicht deportiert wurden, wurden die Überlebenden der ersten Mordwelle aus Dörfern und Kleinstädten teils direkt Richtung Dnjestr getrieben, mit dem Ziel, die Unglücklichen vom Territorium Bessarabiens und der Bukowina zu entfernen; teils wurden sie in die Hauptorte der Bezirke gebracht und mit den einheimischen jüdischen Einwohnern in Ghettos und Lagern konzentriert.[205]

Von Juli bis August 1941 zwangen die rumänischen Sicherheitskräfte etwa 32 000 Juden aus Bessarabien und aus der Nordbukowina über den Dnjestr, in damals weitgehend von deutschen Truppen besetztes Gebiet (später teilweise unter deutscher Besatzung verbleibend, teilweise dem rumänisch verwalteten Transnistrien zugeschlagen). Etwa 16 000 der solcherart Deportierten schickte die deutsche Seite nach den bisher vorliegenden Quellen wieder auf die andere Seite des Dnjestr zurück. Die übrigen wurden in Lagern gesammelt und dann ab Anfang Oktober schrittweise nach Transnistrien gebracht.[206] Angaben zu diesen frühen Deportationen aus Bessarabien und aus der Nordbukowina finden sich vor allem in Schriftwechseln zwischen deutschen und rumänischen Militärbehörden um die Rückführung der Konvois, durch die sich die deutsche Seite in ihren militärischen Operationen gestört sah. Jedoch gewähren diese Quellen lediglich fragmentarische Einblicke in das eigentliche Deportationsgeschehen. Letztlich unklar bleiben die Routen, die die Deportierten einschlagen mussten.[207]

Mit den deutschen und rumänischen Kampftruppen tauchten die Einsatzkommandos der Einsatzgruppe D in Bessarabien und in der Bukowina auf.[208] An allen Standorten, die sie berührten, verhafteten und ermordeten sie willkürlich Juden, ermutigten Ausschreitungen der lokalen Bevölkerung und regten die Errichtung von Ghettos an. Freilich hielt die Einsatzgruppe D das antijüdische Vorgehen der rumänischen Behörden für unzureichend. So beklagte das Einsatzkommando 10a am 10. Juli 1941, die rumänische Polizei in Czernowitz habe vorwiegend ärmere Juden verhaftet und kaum Angehörige der Intelligenz.

205 Einige Details dieser Vorgänge kamen nach 1944 in Verfahren gegen beteiligte Armee- oder Gendarmerieeinheiten ans Licht. Auch die von Yad Vashem gesammelten Aussagen Überlebender beleuchten die Ereignisse in einigen Orten. Die Darstellung der Plünderungen und Morde während der ersten Wochen nach Eroberung der Bukowina in Ancel, Contribuţii, Bd. 1, Tlbd. 2, 119–124 nutzt beide Quellengruppen.

206 Ancel, Contribuţii, Bd. 2, Tlbd. 2, 344f., Anm. 11.

207 Eine Darstellung anhand dieser Quellen versucht Ancel, Contribuţii, Bd. 1, Tlbd. 2, 146–166.

208 Zur Tätigkeit der Einsatzgruppe D in der Bukowina und in Bessarabien siehe Andrei Angrick, The Escalation of German-Romanian Anti-Jewish Policy after the Attack on the Soviet Union, *Yad Vashem Studies* 26 (1998), 203–238; ders., Besatzungspolitik und Massenmord. Die Einsatzgruppe D in der südlichen Sowjetunion 1941–1943. Hamburg 2003, 131–171.

Daraufhin erhielt das Einsatzkommando die Weisung, auf die rumänischen Stellen dahingehend einzuwirken, in der „Judenfrage schärfer vorzugehen".

> „Jüdische Versammlungen sollen von uns ausgehoben und jüdische Komplotte aufgedeckt werden, um das Vorgehen der Rumänen auch gegen jüdische Intelligenz zu aktivieren und selbst eingreifen zu können."[209]

Ende August 1941 hatten alle deutschen Einsatzkommandos die beiden Provinzen wieder verlassen.

Anfänglich herrschte Kompetenzwirrwarr um die eroberten Gebiete. Einerseits hatte Ion Antonescu am 6. Juli 1941 Oberstleutnant Alexandru Rioşanu nach Czernowitz entsandt, versehen mit dem Recht, gültige Verordnungen zu erlassen, um die Verwaltung und das gesamte öffentliche Leben der Provinz neu zu ordnen.[210] Andererseits trafen drei Tage darauf, am 9. Juli 1941, aus Bukarest entsandte Spitzenbeamte der neuen rumänischen Verwaltung in Czernowitz ein. Der sie begleitende General Constantin Voiculescu meldete zurück, „alle Maßnahmen zur Sicherung der Ordnung und zur Säuberung des Terrains" seien bereits getroffen worden.[211] Es war unklar, wer welche Befugnisse besaß und wer wem übergeordnet war. Diese verworrene Lage besserte sich auch nicht, als am Abend des 12. Juli 1941 Mihai Antonescu aus Bukarest Instruktionen an Rioşanu schickte, womit er diesem gegenüber die Richtlinien bestätigte, die von ihm, Mihai Antonescu, der Gruppe um Voiculescu erteilt worden waren, als diese sich noch in Bukarest aufgehalten hatte.[212]

Inhaltlich ist an den Instruktionen Mihai Antonescus relevant, dass die Herrschaft in der Bukowina zunächst als militärische Besetzung (*occupatio bellica*) ausgeübt werden solle, bis eine Annexion ausgesprochen sei. Mit der Neuorganisation des noch zu erobernden Bessarabien habe Ion Antonescu General Voiculescu betraut. Für beide Provinzen – und hier spiegelt sich der Kompetenzwirrwarr wider – solle Voiculescu überwachen, dass die Neuorganisation auf Grundlage der gleichen Prinzipien erfolge. Eine im Zusammenhang dieser Studie besonders wichtige Anweisung lautet: Oberstleutnant Rioşanu sei von Ion Antonescu mit der Verwaltung der Bukowina betraut worden, und zwar gemeinsam mit den Beratern, die General Voiculescu begleiten. Diese Berater hätten eine „Richtlinienkompetenz" (funcţiunea de îndrumători).[213] Zu den vordringlichen Maßnahmen zählte Mihai Antonescu die „Säuberung des Terrains" und die „Beseitigung" der Juden aus den Dörfern.[214]

Am 17. Juli 1941 wies Rioşanu die Sicherheitsbehörden an, verschieden farbige provisorische Ausweise für die Bevölkerung auszustellen. Drei Gruppen sollten unterschieden

[209] Zitiert nach Broszat, Das Dritte Reich und die rumänische Judenpolitik, 143f.

[210] Moraru, Bucovina sub regimul Antonescu, Bd. 1, 44.

[211] Voiculescu an Mihai Antonescu, 9.7.1941. ANR, PCM, 1941/109, Bl. 219.

[212] Vgl. Mihai Antonescu an Rioşanu, 12.7.1941. ANR, PCM, Cabinet Militar, 1941/559, Bl. 60–63.

[213] Ebenda, Bl. 60.

[214] Ebenda, Bl. 62.

werden: ethnische Rumänen, Angehörige nationaler Minderheiten und Juden.[215] Eine Verordnung zur Regelung des Lebens der Juden erließ Rioşanu am 4. August 1941. Pflicht war das Tragen eines gelben Judensterns. Juden durften sich in der Öffentlichkeit nur zwischen 6.00 und 20.00 Uhr zeigen und dabei nicht in Gruppen von mehr als drei Personen beisammenstehen. Sie durften nur noch zwischen 9.30 und 11.00 Uhr morgens einkaufen. Alle jüdischen Freiberufler wurden verpflichtet, an ihren Wohnungen Namensschilder mit Berufsbezeichnung und dem Zusatz „Jude" anzubringen.[216] Kurz vorher, am 30. Juli, hatte Rioşanu verkündet, 50 Czernowitzer jüdische Persönlichkeiten seien als Geiseln festgesetzt worden; sie würden erschossen, sollte es zu feindlichen Aktionen der jüdischen Bevölkerung der Stadt kommen. Bis zum 23. Januar 1942 blieben diese Geiseln interniert.[217] Ein Ghetto wurde in Czernowitz allerdings noch nicht eingerichtet.

Noch härter waren die antijüdischen Maßnahmen in Kischinew, der Hauptstadt Bessarabiens, die rumänische und deutsche Truppen am 16. Juli betreten hatten. Vor Ankunft dortselbst am 19. Juli 1941 notierte Voiculescu über die zu ergreifenden Maßnahmen:

> „Alle Juden müssen in einem Viertel konzentriert und gezählt werden. Ausnahmslos alle Juden werden in der Stadt mit Aufräum- oder anderen Arbeiten beschäftigt. Es sollen so viele Trupps gebildet werden wie nötig. Die Verantwortlichen und die Führer werden von den Juden selbst gewählt."

Bereits am 20. Juli 1941 telegraphierte Voiculescu an Mihai Antonescu:

> „Ich habe Maßnahmen ergriffen, um alle Juden im unteren Teil von Kischinew Richtung Visterniceni zu sammeln, und in einigen Tagen werden wir mit der Lösung des jüdischen Problems beginnen."

Am 24. Juli 1941 erging der Befehl, Lager für die Juden aus der Provinz zu schaffen,

> „wo sie mit schweren Arbeiten beschäftigt werden. In Kischinew sind die Vorbereitungen für die Einrichtung eines Ghettos, so wie ich es angeordnet habe, zu beschleunigen."[218]

Dumitru Tudose, Militärkommandant der Stadt, meldete am 12. August 1941 seiner vorgesetzten Dienststelle, er habe Kischinew

> „von Juden und feindlichen Resten gesäubert und ihr ein rumänisches, vor allem aber ein christliches Antlitz verliehen".

Von ihm sei „das jüdische Ghetto in der Stadt so organisiert" worden, dass „diese Elemente keine Gefahr mehr darstellen, weder in der Gegenwart noch in der Zukunft".[219]

[215] O. V., Notă, 17.7.1941. ANR, PCM, Cabinet Militar, 1941/116, Bl. 41f.

[216] Documente, hg. von: Comisia Internaţională pentru Studierea Holocaustului în România. Iași 2005, Dok. 78, 216f.

[217] Moraru, Bucovina sub regimul Antonescu, Bd. 1, 84.

[218] (Alle drei Zitatstellen:) Fragment aus dem Urteil des Berufungsgerichts, das Voiculescu nach seiner am 28.2.1948 erfolgten Verurteilung angerufen hatte, o. D. USHMM, RG 25.004M, reel 26.

[219] Zitiert nach Ancel, Transnistria (Tel Aviv), Bd. 2, Dok. 18, 28.

Trotz Unterschieden überwogen die Gemeinsamkeiten zwischen der Bukowina und Bessarabien. In beiden Provinzen wurden die meisten Juden der ländlichen Gebiete vertrieben oder ermordet, die übrigen in den Städten konzentriert und ghettoisiert. Gleichzeitig erfolgte die umfassende Entrechtung, mit Kennzeichnung, Arbeitszwang, Enteignung. Als nächste Etappe begann im Herbst 1941 die Deportation in Richtung Transnistrien.

Nachdem sich zwischen Ende Juli und Anfang August 1941 Hitler und Ion Antonescu grundsätzlich geeinigt hatten, das Gebiet zwischen Dnjestr und Bug solle Rumänien verwalten, begannen am 17. August 1941 Verhandlungen vor Ort über die Details. Die entsprechende Vereinbarung über Grenzen und Zuständigkeiten wurde am 30. August 1941 als Abkommen von Tighina unterzeichnet.

Darin behielt sich die deutsche Seite verschiedene Sonderrechte vor. Während Rumänien die Verwaltung und die wirtschaftliche Ausbeutung des nunmehr „Transnistrien" genannten Gebietes zugesprochen bekam, übte Deutschland die Kontrolle über wichtige Eisenbahnverbindungen aus, unterhielt Ortskommandanturen, Versorgungs- und Waffendepots für durchziehende Truppen, Marinestützpunkte in Oceacov und Odessa sowie Luftwaffenstützpunkte in Golta und Odessa.

Überdies wurden die deutschen Siedlungen im Süden Transnistriens zu einem kleinen Staat im Staate unter SS-Kommando ausgebaut. Dieser seit Anfang des rumänisch-deutschen Vormarsches herrschende Zustand war am 13. Dezember 1941 durch eine Vereinbarung zwischen dem rumänischen Gouverneur Transnistriens, Gheorghe Alexianu, und SS-Oberführer Horst Hoffmeyer offiziell bestätigt worden. Danach war die VOMI allein berechtigt zu bestimmen, wer Volksdeutscher ist, und nur sie konnte diesen Menschen eine Bescheinigung über ihre Zugehörigkeit ausstellen. Außerdem wurde eine Umsiedlung der Deutschen in deutsche Dörfer gestattet. Dort durfte die VOMI Bürgermeister und Lokalverwaltungen einsetzen.[220]

Am 19. August 1941 ordnete Ion Antonescu die Konstituierung einer rumänischen Besatzungsverwaltung in den Gebieten östlich des Dnjestr an. Auf diesen Tag ist auch das erste Dekret des rumänischen Gouverneurs von Transnistrien, Gheorghe Alexianu, datiert. Grundlage des rumänischen Besatzungsregimes für die jüdische Bevölkerung Transnistriens bildete der Befehl Nr. 1 der rumänischen Militärkommandantur. Dieser ist undatiert, wurde aber seit August 1941 wiederholt plakatiert. Darin heißt es:

> „Die Juden werden in Ghettos, Kolonien und Arbeitslagern leben. Alle Juden, die im Territorium Transnistriens leben und die sich nicht binnen 10 Tagen nach Veröffentlichung dieses Befehls bei den Behörden melden, damit ihnen ihr Wohnsitz zugewiesen wird, werden mit dem Tode bestraft. Den Juden ist das Verlassen der Ghettos, Arbeitslager oder Kolonien ohne behördliche Genehmigung verboten. Zuwiderhandelnde werden mit dem Tode bestraft. [...] Jeder Jude, dem in Transnistrien ein Wohnsitz zugewiesen wurde und der versucht, nach Rumänien zu gelangen, ohne zuvor die Genehmigung der zuständigen Behörden eingeholt

[220] Alexianu / Hoffmeyer, Înţelegere, 13.12.1941. USHMM, RG 31.004M, reel 18.

> zu haben, wird mit dem Tode bestraft. Jeder, der einen Juden beherbergt [...] wird mit Gefängnis von drei bis zwölf Jahren und einer Geldbuße von 100 bis 200 RKK bestraft."[221]

In den Monaten September bis November 1941 etablierten sich die rumänischen Behörden in den einzelnen Judeţen und Raions. So nahm der Präfekt des Judeţ Golta seine Dienstgeschäfte am 7. d. M. auf.[222] Offiziell abgeschlossen wurde die Konstituierung der Besatzungsverwaltung aber bereits am 17. Oktober 1941, als Ion Antonescu in dem von ihm unterzeichneten Dekret Nr. 3 Odessa zur Hauptstadt der neuen Provinz erklärte.[223]

An die rumänische Gendarmerie in Transnistrien war die Anweisung ergangen, mit Aufnahme des Dienstes vor Ort die Zahl dort lebender Juden festzustellen und Ghettos einzurichten.[224] Unmittelbar nach Ankunft im neuen Dienstort erließ beispielsweise der Präfekt des Judeţ Balta, Vasile Nica, am 3. September 1941 eine Verordnung zur Ghettoisierung der Juden. Innerhalb von drei Tagen sollten diese sich in dem aus vier Straßenzügen bestehenden Ghettobezirk einfinden. Der Präfekt ernannte einen Vorsteher des Ghettos und ermächtigte ihn, eine jüdische Polizei zu bilden; den Juden war verboten, das Ghetto ohne Genehmigung zu verlassen; überdies mussten die Ghettoinsassen ein Erkennungszeichen mit einer Registriernummer tragen und, sofern sie zwischen 14 und 60 Jahre alt waren, den Behörden für verschiedene Arbeiten zur Verfügung stehen.[225]

Am 8. November 1941 erreichte der Prätor des Raions Cicelnic seinen Dienstort, die gleichnamige Stadt. In seinem Bericht hielt er sich zugute, die Ordnung wiederhergestellt und insbesondere die Gewalttaten der ukrainischen Hilfspolizei eingedämmt zu haben. Hinsichtlich der jüdischen Bevölkerung ist zu lesen, bei seiner Ankunft habe diese in der ganzen Stadt verstreut gelebt, und kein Jude habe gearbeitet.

> „Ich habe alle Juden eingesammelt, ein Ghetto eingerichtet und jedem eine Arbeit nach seinen Fähigkeiten zugeteilt. Diese Juden stellten die größte Gefahr für die öffentliche Sicherheit dar, denn erst seit Einrichtung des Ghettos habe ich die nötige Ruhe, um mit dem Wiederaufbau zu beginnen."[226]

Des Weiteren schrieb der Prätor, verschiedene Gebäude in der Stadt seien mittels „Arbeit der Juden" repariert worden.

Jean Ancel unterscheidet bei der Deportation der jüdischen Bevölkerung aus Bessarabien und aus der Bukowina nach Transnistrien zwischen den „ungeordneten" Deportationen der ersten Wochen und den besser organisierten „geordneten" Deportationen ab Mitte September 1941, von denen die Bevölkerung in den zunächst verschont gebliebenen

221 Ancel, Contribuţii, Bd. 2, Tlbd. 2, 42f.
222 Darea de seamă asupra activităţii din Judeţul Golta, o. D. USHMM, Acc.1996A0340, Bl. 190.
223 Otmar Traşcă, Ocuparea oraşului Odessa de către armata română şi măsurile adoptate faţă de populaţia evreiască, octombrie 1941 – martie 1942, *Anuarul Institutului de Istorie „George Bariţiu"* 47 (2008), 385.
224 Ancel, Contribuţii, Bd. 2, Tlbd. 1, 44.
225 Ebenda, 43. Das Dokument ist auf Rumänisch und Russisch abgedruckt in Ancel, Transnistria (Tel Aviv), Bd. 2, Dok. 29, 52f.
226 Ancel, Contribuţii, Bd. 2, Tlbd. 1, 44f.

städtischen Zentren betroffen war. In Vorbereitung dieser Operation hatte das Gouvernement Transnistrien am 6. September 1941 „Richtlinien für die Organisation einiger Trecks zur Verlagerung der Bevölkerung aus überbevölkerten Regionen in weniger dicht besiedelte Regionen“ erlassen. Darin werden die Übergangspunkte über den Dnjestr, die Deportationsrouten und die Zielzonen der Deportation benannt.[227]

Mit der Annexion Bessarabiens und der Nordbukowina am 3. September 1941 fand bloß die erste Phase der „ungeordneten“ Deportationen ihren Abschluss; die „geordneten“ Deportationen standen noch bevor. Fünf Stellen waren für den Transit über den Dnjestr vorgesehen: Atachi – Moghilev; Cosăuţi – Iampol; Rezina – Râbniţa; Tighina – Tiraspol; Olăneşti – Iasca. Die meisten Juden wurden über die ersten drei Transitpunkte deportiert, am häufigsten über Atachi – Moghilev.[228]

Am 16. September 1941 begannen die Deportationen nach Transnistrien mit Insassen aus dem Lager Vertujeni.[229] Dieses Lager bestand spätestens seit dem 11. August 1941, als dort die Überlebenden der Massaker von Soroca (ebenfalls Bessarabien) ankamen. Eine Woche darauf, am 17. August, erreichte das Lager ein Konvoi von etwa 13 000 Juden aus der Nordbukowina, die wochenlang durch Nordbessarabien geführt worden waren. Anfang September 1941 befanden sich 26 000 Menschen in dem Lager.[230] Die Deportationen erfolgten in Konvois von je etwa 1 600 Personen auf zwei Transferrouten über den Dnjestr (Cosăuţi – Iampol und Rezina – Râbniţa).[231]

Es gab noch drei weitere Durchgangslager im Norden Bessarabiens, die ebenfalls von Deportierten aus der Nordbukowina passiert wurden: Mărculeşti, Edineţ und Secureni. In Mărculeşti wurden die Überlebenden der ersten Mordwelle aus Bessarabien und aus der Nordbukowina gesammelt. Anfang September 1941 hielten sich dort 11 000 Deportierte auf. Ferner diente Mărculeşti ab Anfang Oktober als Durchgangslager für die Deportation der Juden aus den Städten Czernowitz und Storojineţ sowie der Juden aus der (zuvor nicht sowjetisch besetzten) Südbukowina.[232] Die Transferrouten über den Dnjestr waren dieselben wie bei Vertujeni: Cosăuţi – Iampol und Rezina – Râbniţa.[233]

Das Lager Edineţ umfasste fünf Straßenzüge und war später mit Stacheldraht abgesperrt. Es bestand eigentlich seit Ende Juli 1941 als Sammelpunkt für Juden aus dem Norden Bessarabiens, offiziell allerdings erst seit dem 20. August 1941, als Juden aus der Nordbukowina, aus den Kreisen Czernowitz, Storojineţ und Rădăuţi hinzukamen. Am 11. September 1941 zählten die Gendarmen 11 224 Insassen. Beginnend am 10. Oktober 1941, dauerten die Deportationen aus Edineţ mindestens bis zum 18. d. M. Im Umfang von jeweils 2 500 Personen führten die Transporte teils über Atachi – Moghilev, teils über Cosăuţi – Iampol.

227 Ebenda, 46.
228 Ancel, Contribuţii, Bd. 1, Tlbd. 2, 162f.
229 Ebenda, 162.
230 Ebenda, 167, 186.
231 Ebenda, 170f.
232 Ebenda, 175, 177.
233 Ebenda, 180.

Während die erste Route ca. 50 km lang war, erstreckte sich die zweite über ca. 60 km. Alle Wege mussten zu Fuß zurückgelegt werden.[234]

Im Durchgangslager Secureni zählte die Gendarmerie im September 10210 Insassen, die vorwiegend aus Bessarabien, daneben aus der Nordbukowina stammten. Besser ausgestattet als andere Durchgangslager, gab es in Secureni Lebensmittel und Medikamente. Deportationen von dort begannen am 2. Oktober 1941 und dauerten bis zum 12. des Monats. Die Routen führten über Atachi – Moghilev und Cosăuți – Iampol.[235]

In allen Übergangslagern achtete man darauf, die Insassen zwar zu zählen, jedoch Namenslisten zu vermeiden.[236] Spätestens vor Überschreiten des Dnjestr wurden den Juden alle Ausweispapiere und Dokumente abgenommen und vernichtet. So verloren sie ihre Staatsbürgerschaft, ihren Namen, ihre Identität.[237]

In Czernowitz setzten die Deportationen nach Transnistrien am 13. Oktober 1941 ein und währten bis zum 15. November. Zwecks Konzentrierung und anschließender Deportation wurde ein Ghetto eingerichtet. Etwa 30000 Menschen wurden aus Czernowitz deportiert, dann wurde die Operation abgebrochen.[238] Meistenteils hatten die zu diesem Zeitpunkt im Ghetto verbliebenen 20000 Personen Genehmigungen der rumänischen Behörden für den weiteren Aufenthalt in der Stadt erhalten. Mit dem Ende der Deportationen wurde das Ghetto schnell wieder aufgelöst, und die jüdische Bevölkerung verteilte sich über die Stadt. Indes durften sie ohne Erlaubnis der Behörden Czernowitz nicht verlassen und unterlagen auch sonst vielfachen Beschränkungen.[239]

Aus Kischinew wurden die Juden vom 4. bis zum 29. Oktober 1941 in verschiedenen Etappen deportiert. Den Dnjestr überschritten die Konvois entweder bei Râbnița, oder sie nahmen einen noch größeren Umweg über das weiter nordwestlich gelegene Iampol. Die Deportationen aus Bessarabien erfolgten weitgehend zu Fuß (viele aus der Bukowina Deportierte waren größere Teilstrecken mit der Bahn transportiert worden), die Menschen wurden über hunderte von Kilometern auf schlechten Wegen ohne Verpflegung oder sonstige Versorgung vorangehetzt, Zurückbleibende erschossen. Ziel der Konvois war eine unmittelbar an den Bug angrenzende Region des Județ Balta. Dort waren die Bedingungen noch weitaus schlimmer als in den Ghettos und Lagern des Județ Moghilev. Deshalb war die Todesrate unter den bessarabischen Juden beträchtlich höher als unter den Juden aus der Bukowina.[240]

Grundlage für die rechtliche Stellung der Juden im rumänisch besetzten Transnistrien bildete die auf den 11. November 1941 datierte Verordnung Nr. 23 des Gouverneurs

[234] Ebenda, 186, 188.
[235] Ebenda, 194–199.
[236] Ebenda, 198.
[237] Ebenda, 184.
[238] Carp, Cartea Neagră, Bd. 3, 144, 147.
[239] Manfred Reifer, Geschichte der Juden in der Bukowina (1919–1944), in: Hugo Gold (Hg.), Geschichte der Juden in der Bukowina, Bd. 2. Tel Aviv 1962, 17–21.
[240] Carp, Cartea Neagră Bd. 3, 91–93.

Gheorghe Alexianu. Sie bekräftigte die Ghettoisierung. Allen Juden wurde nochmals ausdrücklich verboten, den ihnen von der Gendarmerie zugewiesenen Wohnort eigenmächtig zu verlassen; der örtlichen rumänischen Verwaltung wurde die Befugnis erteilt, „Judenräte" zur Leitung der Ghettos zu ernennen.[241] Hierin ist eine Anerkennung bereits bestehender Verhältnisse zu sehen.

Wichtig ist, dass die Verordnung Nr. 23 erstmals Regeln für die Heranziehung jüdischer Arbeitskräfte aufstellte. Auch vorher hatten deutsche Truppen sowie rumänische Truppen und Behörden Juden zu allen möglichen Arbeiten verpflichtet; freilich war das ohne jede rechtliche Grundlage geschehen. In Artikel 6 der Verordnung Nr. 23 ist nun zu lesen, die jeweiligen „Judenräte" seien verpflichtet, Listen aller Arbeitsfähigen mit Nennung der jeweiligen Qualifikation anzufertigen. Betroffene hätten alle Arbeiten auszuführen, zu denen die rumänischen Behörden oder die „Judenräte" sie heranzögen. Diese Arbeit sollte entlohnt werden. Demnach erhielten unqualifizierte Arbeitskräfte für einen Tag Arbeit Lebensmittel im Gegenwert von einem Reichskassenschein (RKK), qualifizierte von zwei RKKs.[242]

In den folgenden Jahren kam es zu einer Vielzahl weiterer Verordnungen, die teils für ganz Transnistrien, teils bloß auf lokaler Ebene Gültigkeit besaßen, und die in diversen Details widersprüchlich waren. So gab es in Bezug auf die Kriterien einer Befreiung Alter, Kranker und Kinder von der Arbeitsdienstpflicht keine einheitlichen Regeln. Auch die Altersgrenzen wurden variabel gehandhabt, je nach Ort, Zeit und Arbeitsvorhaben. Die Verordnung Nr. 2927 des Gouvernements Transnistrien vom 7. Dezember 1942 wiederum legte die Arbeitsdienstpflicht auf die Gruppe im Alter zwischen 12 und 60 Jahren fest.[243]

Hervorzuheben ist noch, dass in den Ghettos und Lagern Transnistriens ein Regime der Selbstversorgung herrschte. Ion Antonescu hatte die Parole ausgegeben, die Deportation dürfe den rumänischen Steuerzahler nichts kosten. In einem Bericht über den Stand der Deportationen aus Bessarabien und aus der Bukowina vom 11. Oktober 1941 schrieb Gheorghe Alexianu, für die bisher eingetroffenen 15 000 und die noch zu erwartenden etwa 150 000 Juden gelte:

> „In den für ihren Aufenthalt bestimmten Dörfern wird es den Juden freistehen, auf eigene Kosten zu wohnen und zu leben, ohne allerdings das Dorf verlassen zu dürfen."[244]

Die Operationen würden von Gendarmerie und Verwaltung „entsprechend den Befehlen von höchster Stelle" durchgeführt:

> „Mit den transnistrischen Juden wird genauso verfahren wie mit den bessarabischen und Bukowinaer Juden, die erforderlichen Maßnahmen sind bereits im Gange."

In den Vorgaben für die rumänische Besatzungsverwaltung waren 1941 und 1942 keinerlei Mittel für die Versorgung der Deportierten vorgesehen. Übereinstimmend mit Verordnung

241 Ancel, Transnistria (Tel Aviv), Bd. 2, Dok. 157, 303–305.
242 Ebenda.
243 Ancel, Transnistria (Tel Aviv), Bd. 3, Dok. 1059, 1964f.
244 Alexianu an Oberkommandierender der 4. Armee, Abt. 2, 11.10.1941. USHMM, RG 25.003M, reel 11; abgedruckt in Ancel, Transnistria (Tel Aviv), Bd. 2, Dok. 72, 137f.

Nr. 23 wurde davon ausgegangen, die Juden hätten sich – so Leonida Popp, ehemals Präfekt des Județ Berezovca, am 26. Juli 1945 in einer Verteidigungsschrift vor Gericht – „aus eigenen Mitteln und durch ihre Arbeit zu ernähren".[245] Nur Arbeitende erhielten im Austausch für ihre Entlohnung Lebensmittel von den rumänischen Besatzungsbehörden.

Während der rumänischen Besatzung kamen in Transnistrien hunderttausende Juden zu Tode. Teils starben sie an Entkräftung, Hunger, Kälte und Krankheiten, teils wurden sie direkt ermordet. Eine erste Welle von Mordaktionen fand im Zuge der militärischen Eroberung durch deutsche und rumänische Armeeeinheiten statt, wobei auch die Einsatzgruppe D in diesem Raum aktiv war. Im Winter 1941/1942 sowie in der ersten Jahreshälfte 1942 kam es zu weiteren Massenmorden, insbesondere in den Regionen entlang des Bug, und zwar durch Einheiten der rumänischen Armee und Gendarmerie, der lokalen – vorwiegend ukrainischen – Hilfspolizei, aber auch durch Einheiten des „volksdeutschen Selbstschutzes" und der in den „volksdeutschen" Siedlungsgebieten stationierten SS.

Anfänglich handelte es sich bei den Opfern um die lokalen ukrainischen Juden, seit Mitte September 1941 auch um die aus Bessarabien und aus der Bukowina nach Transnistrien Deportierten. Bis heute sind diese Verbrechen bloß lückenhaft dokumentiert und die genauen Opferzahlen umstritten. Es gibt eine Fülle widersprüchlicher Angaben in den Quellen und in der Literatur. Im Bericht der von der rumänischen Regierung eingesetzten Historiker-Kommission zur Untersuchung des Holocaust in Rumänien einigte man sich schließlich darauf, dass in Bessarabien und in der Bukowina 45 000 bis 60 000 Juden von deutschen und rumänischen Einheiten in den ersten Wochen nach der Eroberung ermordet wurden, dass in Transnistrien 105 000 bis 120 000 der aus Bessarabien und aus der Bukowina deportierten Juden und zwischen 115 000 und 180 000 der einheimischen ukrainischen Juden zu Tode kamen.[246]

Wie schon erwähnt, spielten im Prozess gegen Ion Antonescu und Mitangeklagte 1946 die antijüdischen Taten kaum eine Rolle. Etwas anders verhielt es sich während der Befragungen im Vorfeld des Prozesses. Immerhin wurde hier das Verhalten in den von der Sowjetunion eroberten Gebieten thematisiert – charakteristischerweise freilich auf Rückfragen verzichtet. Diese wären jedoch dringend nötig gewesen, da nachweislich falsche Aussagen getätigt wurden. So gab Mihai Antonescu am 13. April 1946 zwar allgemein zu, von diesen Maßnahmen gewusst zu haben, behauptete indes, nie selbst damit befasst gewesen zu sein. Der Ministerrat habe die Deportation der Juden aus Bessarabien und aus der Bukowina nicht behandelt. Dies sei in den Verantwortungsbereich des Militärs gefallen und ausschließlich von der Armee und mit Hilfe von Polizeikräften durchgeführt worden. Es sei nicht Verantwortung der zivilen Regierung gewesen, hier tätig zu werden oder Einfluss zu nehmen. Ihm gegenüber habe Ion Antonescu die Aktion damit begründet, er habe die dortigen Juden zu ihrem eigenen Schutz deportieren müssen, denn die Deutschen hätten

[245] Memoriu depus de Colonel Leonida Popp în apărare referitor la acuzațiile aduse de acuzatorul public Mocanu, 26.7.1945. USHMM, RG 25.004M, reel 26.

[246] Raport final, 388.

antijüdische Maßnahmen initiiert; auch sei die lokale Bevölkerung außerordentlich antisemitisch eingestellt gewesen.[247]

Ion Antonescus Aussagen während der Befragung in Vorbereitung des Prozesses stimmen mit Mihai Antonescus Ausführungen überein. Die Frage, wer den Befehl zur Deportation der Juden aus Bessarabien und aus der Bukowina nach Transnistrien gegeben habe, beantwortete er knapp, klar und korrekt: „Das war mein Befehl."[248] Damit leitete Ion Antonescu jedoch kein offenes Bekenntnis ein. Er stahl sich aus der scheinbar übernommenen Verantwortung durch die Beteuerung, im Interesse der Betroffenen gehandelt zu haben, die er vor seinen Verbündeten habe retten wollen. An dieser Stelle nannte Ion Antonescu einige vorerst merkwürdig anmutende Details:

> „Die Deutschen hatten die Absicht, die Verwaltung der Bukowina und Bessarabiens zu übernehmen. Unter dem Vorwand, uns beim Wiederaufbau des Landes zu helfen, hat sich in Bukarest mit Assistent und Mitarbeitern für die Landwirtschaft in jedem Județ ein bayrischer Gesandter vorgestellt. Dieser Herr hat verlangt, dass wir die Juden ausliefern, was bedeutet hätte, dass sie umgebracht werden. Ich habe das abgelehnt."[249]

Diese Aussage war für die fragliche Zeit – 1941 – eine den Tatsachen widersprechende Schutzbehauptung. Das konnte schon 1946, als sie getätigt wurde, erkannt werden. Dennoch blieb sie unwidersprochen, sei es in den Verhören, sei es im Prozess (wo diese Behauptung Ion Antonescus überhaupt nicht erwähnt wurde). Das leistete der Legendenbildung Vorschub. Ihr ganzes Ausmaß freilich gab die Lüge erst mit der Öffnung der Archive in Rumänien und in den Nachfolgestaaten der Sowjetunion während des 1990er Jahrzehnts zu erkennen. Denn mochten vordem die Umrisse des schrecklichen Geschehens nachgezeichnet werden, blieben doch die Motive der Täter im Dunkeln. Erst die erhalten gebliebenen Dokumente aus dem Innersten des rumänischen Machtapparates präsentieren die sich hinter dem Chaos verbergende Systematik.

Aufschlussreich sind zuallererst die Protokolle der Ministerratssitzungen von Sommer und Herbst 1941. Sie illustrieren die in höchsten rumänischen Regierungskreisen im Juni und Juli 1941 herrschende Stimmung und Diktion. In vier Sitzungen sprach Mihai Antonescu mit brutaler Offenheit über Pläne, die jüdische Bevölkerung aus Bessarabien und aus der Nordbukowina zu deportieren, ohne bei seinen Zuhörern auf irgendeinen Widerspruch zu stoßen. Den Mitgliedern der Regierung ebenso wie den anwesenden Militärs und Verwaltungsbeamten wurde ein ungeheuerliches Programm verkündet, und die Anwesenden waren diejenigen, die diese Konzeption in den folgenden Monaten und Jahren in wesentlichen Punkten in die Tat umsetzten.

247 Vgl. Ciucă (Hg.), Procesul, Bd. 3, 41.
248 Ebenda, 42.
249 Ebenda. Auf die angesprochenen deutschen Berater wird noch eingegangen. Zunächst bleibt dieser Aspekt ausgespart.

Zum ersten Mal stand die Frage der Verwaltung Bessarabiens und der Bukowina in der Ministerratssitzung vom 17. Juni 1941 auf der Tagesordnung.[250] Bereits zu diesem Zeitpunkt, als der Angriff auf die Sowjetunion noch nicht begonnen hatte, hielt Mihai Antonescu ein geradezu euphorisches Plädoyer für eine „ethnische Säuberung", die er zusammen mit Ion Antonescu nach Eroberung Bessarabiens und der Nordbukowina ins Werk zu setzen gedachte. In diesen beiden Provinzen werde die „Bevölkerungsfrage" das größte Problem sein. Es biete sich ein historischer Moment, den es für eine „Säuberung der Bevölkerung" (purificare a populației) zu ergreifen gelte.

> „Dabei liegen in Bessarabien und in der Bukowina Vergleiche mit der Politik eines Titus nahe, was die Bevölkerung einer bestimmten ethnischen Herkunft betrifft. Ich versichere Ihnen, nicht nur hinsichtlich der Juden, sondern hinsichtlich aller Nationalitäten werden wir eine Politik der totalen und gewaltsamen Beseitigung der fremden Elemente (elementelor străine) in die Tat umsetzen."[251]

Einen Tag nach dem Angriff auf die Sowjetunion, am 23. Juni 1941, präsidierte Mihai Antonescu eine Sitzung des Ministerrats, in der über die künftige Verwaltung Bessarabiens und der Bukowina beraten wurde. Unter anderem betonte er, in Bessarabien und in der Bukowina müssten russischer, ukrainischer und jüdischer Einfluss gebrochen werden. Ebenso seien die lokalen Besonderheiten der verschiedenen Provinzen Rumäniens durch eine Rotation der rumänischen Bevölkerung einzuebnen.[252] Mihai Antonescu teilte mit, sofort nach Einzug der rumänischen Truppen eine Volkszählung durchführen zu lassen. Nicht zu berücksichtigen sei die jüdische Bevölkerung, die gesondert gezählt werde.[253] Am 2. Juli 1941 traf Mihai Antonescu die zukünftigen Spitzenbeamten der neuen Provinzen. Er kündigte ein vollkommen neues System zur Befreiung von allen „fremden" Einflüssen an.[254]

Noch deutlicher wurde Mihai Antonescu am 8. Juli 1941, als er einer erweiterten Sitzung des Ministerrats vorsaß, an der neben verschiedenen Ministern alle unmittelbar vor der Abreise nach Czernowitz stehenden höheren Militärs und Beamten teilnahmen, um in Bessarabien, in der Bukowina und (wie sich später zeigen sollte) in Transnistrien Führungspositionen in der neuen rumänischen Verwaltung zu übernehmen. So waren anwesend General Constantin Voiculescu, zunächst Koordinator für die Rechtsangleichung Bessarabiens und der Bukowina, dann Gouverneur Bessarabiens, sowie Gheorghe Alexianu, der spätere Gouverneur Transnistriens.[255]

[250] Zu dieser Sitzung Ciucă (Hg.), Stenogramele, Bd. 3, 564–582. Zum Tagesordnungspunkt Verwaltung der Bukowina und Bessarabiens siehe ebenda, 570–582. Ausschnittweise liegt eine deutsche Übersetzung vor: Bert Hoppe / Hildrun Glass (Bearb.), Sowjetunion mit annektierten Gebieten, Bd. 1: Besetzte sowjetische Gebiete unter deutscher Militärverwaltung, Baltikum und Transnistrien. München 2011 (Die Verfolgung und Ermordung der europäischen Juden durch das nationalsozialistische Deutschland 1933–1945, Bd. 7), 753–760.

[251] Ciucă (Hg.), Stenogramele, Bd. 3, 570.

[252] Ebenda, 614.

[253] Ebenda, 616f.

[254] Benjamin (Hg.), Problema evreiască, Dok. 96, 258f.

[255] Vgl. Ciucă (Hg.), Stenogramele, Bd. 4, 47–59.

Mihai Antonescu, selbst Professor für Völkerrecht, erläuterte unzweideutig, die Annexion der Nordbukowina und Bessarabiens sei das Ziel, jedoch könne man sich etwas Zeit bis zur Verwirklichung lassen. Bis dahin bestehe eine *occupatio bellica.*

> „Bis zu dem Augenblick, in dem wir die Erklärung der formalen Annexion abgeben – und die können wir nur in dem Augenblick abgeben, sobald die kriegerischen Handlungen beendet oder zu einem Punkt gelangt sind, der uns die formale Annexion erlaubt – bis dahin befinden wir uns vom Gesichtspunkt des reinen Rechts in einer militärischen Besetzung, und der Rechtszustand wird von den Gesetzen des Krieges bestimmt. Es ist demnach die Armee, die entscheidet, es sind die Regeln des Krieges, die alle Operationen und alle Aufgaben diktieren, die die Armee in Vorbereitung der Annexion zu erfüllen hat."[256]

Mihai Antonescu verweilte so lange beim Thema Rechtsordnung, weil er darauf drang, die Vertreibung der jüdischen Bevölkerung aus Bessarabien und aus der Nordbukowina möglichst während der *occupatio bellica* durchzuführen.

> „Selbst wenn einige Traditionalisten, die es unter Ihnen noch geben mag, mich nicht verstehen werden, bin ich für die Zwangsumsiedlung aller jüdischen Elemente aus Bessarabien und aus der Bukowina. Sie müssen über die Grenzen hinausgetrieben werden."[257]

In den ersten Wochen werde es keinerlei rechtliche Schranken für das Handeln der Verantwortlichen geben; man werde sich vorläufig

> „nicht mit gesetzlichen Bestimmungen aufhalten, die wir heute einführen, um sie morgen als Erste zu übertreten. Also ohne Formalitäten, in vollständiger Freiheit."[258]

Ansatzweise erschließen sich die strategischen Überlegungen Ion Antonescus während dieser Monate aus den Äußerungen direkt nach Rückkehr von der Front Anfang September 1941. Am 5. September 1941 wieder an einer Sitzung des Ministerrats teilnehmend, sagte er dessen Mitgliedern, der Krieg dauere länger als erwartet; was daran liege, dass der Feind viel besser vorbereitet gewesen sei als gedacht. Der Kampf um Odessa sei schwer und fordere schmerzliche Opfer. Es sei ein Kampf auf Leben und Tod zwischen Deutschen und Rumänen auf der einen und Juden auf der anderen Seite, denn die russischen Soldaten kämpften nur deshalb so erbittert, weil die „jüdischen Kommissare" sie mit Gewalt daran hinderten sich zu ergeben.[259]

Tags darauf erörterte Ion Antonescu, ebenfalls im Ministerrat, ausführlich die Versorgung der deutschen Truppen und die Währungsfrage in Transnistrien. Einige Bemerkungen, die er dabei fallen ließ, offenbaren seine damalige Einschätzung der Lage. So sprach er unvermittelt die Gründe an, derentwegen er sich mit der Eroberung bis 1940 rumänischer Gebiete (Bessarabien und Nordbukowina) nicht begnügte:

> „Meine Herren, ich habe gestern vergessen, Ihnen zu erklären, weshalb ich mit den Armeen auch den Dnjestr überschritten habe.

[256] Ebenda, 48.
[257] Ebenda, 57.
[258] Ebenda, 58f., Zitat 59.
[259] Ebenda, 546.

> Ich lasse einmal beiseite, dass ich aus politischen Gründen, aus Gründen der Ehre und auch aus militärischen Gründen die Deutschen nicht im Stich lassen kann. Vergessen dürfen Sie aber nicht, dass dieses unglückliche Land eine Reihe von Forderungen an die Russen zu stellen hat, insbesondere den Staatsschatz in Moskau. Man hat mir gesagt, dass dieser Schatz 470 Milliarden Lei wert sei.
> Wenn ich den Kampf eingestellt hätte, könnte ich einfach beiseite geschoben werden, wie ehedem Clemenceau versucht hat, Brătianu beiseite zu schieben, weil dieser einen Separatfrieden abgeschlossen hatte.
> Ich, der ich in meinem Leben diese tragische Erfahrung machen musste, habe die Frage von allen Seiten beleuchtet, und ich habe entschieden weiterzumachen."[260]

Für Transnistrien gedenke er, sich alle Optionen offenzuhalten, solange er nicht wisse, was in der Siebenbürgenfrage geschehen werde.

> „In dieser Hinsicht habe ich gesagt, dass ich unsere Rechte im Westen nicht aufgebe, und wenn ich fünf Gebiete wie Transnistrien erhielte.
> Politisch bin ich keinerlei Verpflichtungen eingegangen.
> Man wird weitersehen, sobald sich die Frage einer Aufteilung Russlands stellt. Eine neue Ukraine, mit einer Bevölkerung von 40 Millionen, wäre in jedem Fall für uns viel gefährlicher als Russland.
> Daher haben wir kein Interesse an der Bildung einer Groß-Ukraine. Unsere Zielsetzung muss es sein, dass ein Staat Galizien gegründet wird, der ein Bindeglied zwischen uns und den Deutschen bildet, und dass dieses Galizien von Juden und Slawen gesäubert wird, genau so wie ich jetzt darum kämpfe, Bessarabien und die Bukowina von Juden und Slawen zu säubern. Auf diese Art und Weise wird vom Baltischen bis zum Schwarzen Meer ein Trennungsstrich zwischen uns und den slawischen Massen gezogen werden."[261]

Ganz nebenbei (eigentliches Thema war der Rubel-Umtausch) erwähnte Ion Antonescu, er beabsichtige, zehntausende Juden „nach Russland hinauszuwerfen".[262]

Schon allein aus den Protokollen des Ministerrats im Sommer 1941 geht also unzweideutig die Absicht einer „ethnischen Säuberung" in den eroberten Provinzen hervor. Erster Schritt war die radikale Vertreibung der jüdischen Bevölkerung. Das wurde systematisch umgesetzt.

Will man der deutschen Einwirkung auf die Formulierung der rumänischen Politik gegenüber den Juden in den von der Sowjetunion eroberten Gebieten nachgehen, ist an erster Stelle zu erörtern, ab wann Ion und Mihai Antonescu einschlägige Pläne entwickelten und verfolgten, und wie sie überhaupt dazu kamen.

260 Ebenda, 597.

261 Ebenda. Ähnlich hatte Ion Antonescu sich bereits am 22. Juli 1941 in einem Telefonat mit dem Leiter der Deutschen Militärmission in Rumänien, General Arthur Hauffe, geäußert. Dieser notierte, Ion Antonescu habe die Ausdehnungspläne mit dem Interesse Rumäniens begründet, die Herausbildung einer starken Ukraine zu verhindern. Für die deutsche Seite bestehe der Vorteil darin, über Galizien einen direkten Zugang vom Nordosten aus zum Balkan zu erhalten. (Herwig Baum, Varianten des Terrors: Ein Vergleich zwischen der deutschen und rumänischen Besatzungsverwaltung in der Sowjetunion 1941–1944. Berlin 2011, 69.)

262 Ciucă (Hg.), Stenogramele, Bd. 4, 599.

In der Ministerratssitzung vom 17. Juni 1941, als er zum ersten Mal so begeistert für die „ethnische Säuberung“ eintrat, behauptete Mihai Antonescu, als er „vor einigen Monaten mit General Antonescu im Anschluss an einige diplomatische Verhandlungen“ diskutiert habe, habe dieser ihm noch gesagt, er, Mihai Antonescu, sei größenwahnsinnig. Jetzt aber könne er, Mihai Antonescu, verkünden:

> „Lasst uns unsere Grenzen bis zum Bug ziehen und unsere historischen Wohnsitze wieder sichern, lasst uns diesen Krieg dazu nutzen, einen großen Krieg gegen die Slawen zu führen.“[263]

Stolz gebärdete sich Mihai Antonescu als treibendes Moment, das schließlich den anfänglich zögernden Ion Antonescu überzeugte. Welche diplomatischen Verhandlungen könnte er indessen gemeint haben? Vorderhand wäre an die Treffen Ion Antonescus mit Hitler zu denken. Aber das eine lag damals schon ein halbes Jahr zurück und das andere erst wenige Tage. Mithin ist es wahrscheinlich, dass Mihai Antonescu auf eine Begegnung anspielte, die etwa drei Monate zuvor stattgefunden hatte: zwischen Ion Antonescu und Göring in Wien.

Laut der für das rumänische Außenministerium erstellten Zusammenfassung standen Wirtschaftsfragen auf dem Programm, als Ion Antonescu am Nachmittag des 7. März 1941 mit Göring, Hermann Neubacher und Guido Schmidt (von 1936 bis 1938 österreichischer Staatssekretär des Äußeren und im Februar/März 1938 kurzzeitig Außenminister) konferierte. Beim ersten Teil der Gespräche war neben Ion Antonescu und Göring nur noch Paul-Otto Schmidt als Dolmetscher zugegen – eine unübliche Konstellation für Wirtschaftsgespräche. Erst für den zweiten Teil der Besprechung wurden die jeweils begleitenden Delegationen beigezogen, deren Zusammensetzung in der Tat auf Beratungen über Wirtschaftsfragen schließen lässt. Abends folgte ein gemeinsamer Opernbesuch (Madame Butterfly), den Göring und Ion Antonescu während der Pausen für weitere Gespräche nur in Gegenwart Paul-Otto Schmidts als Übersetzer nutzten.[264]

Eine deutsche Zusammenfassung liegt lediglich für das Nachmittagstreffen vor, wobei hauptsächlich die Ausführungen Görings zu den deutschen Bedürfnissen und Forderungen hinsichtlich der Erdölversorgung wiedergegeben werden.[265] Aus dieser Aufzeichnung ergibt sich aber, dass es mehrere Gespräche zwischen Göring und Ion Antonescu gab, vormittags und abends. Zu letzterem Treffen vermerkt Paul-Otto Schmidt:

> „Zum Schluss sprach er [Ion Antonescu] unter vier Augen erneut mit dem Reichsmarschall über die Frage der Eisernen Garde und über innenpolitische Verhältnisse in Rumänien in demselben Sinne wie in der Vormittagsunterhaltung.“[266]

263 Ciucă (Hg.), Stenogramele, Bd. 3, 570.

264 Gheorghe Davidescu, Unterredung zwischen Ion Antonescu und Göring am 5.3.1941, 7.3.1941. AMAE, fond 71, Germania, dosar 82, Bl. 167–170.

265 Paul-Otto Schmidt, Unterredung zwischen Göring und Ion Antonescu in Anwesenheit der Herren Staatssekretär Neumann, Gesandter Neubacher, Professor Bentz und Dr. Fischer sowie des rumänischen Unterstaatssekretärs Dimitriuc im Schloss Belvedere in Wien am 5.3.1941, 8.3.1941. ADAP, D, Bd. 12/1, Dok. 126, 182–187.

266 Ebenda, 187. Laut Anm. 7 konnte die Aufzeichnung einer Unterredung zwischen Göring und Ion Antonescu am Vormittag des 5.3.1941 nicht ermittelt werden.

Erwähnt wird noch, in der großen Pause der Opernaufführung habe es eine Aussprache über Fragen der Flakabwehr gegeben. Zustande gekommen war das Gespräch auf Wunsch Görings.[267]

In seinen Aussagen 1946 erwähnte Ion Antonescu ein Treffen mit Göring, das er aus der Erinnerung auf Ende März 1941 datierte. Dabei sei es eigentlich um Fragen rund um das Öl gegangen, jedoch habe Göring eineinhalb Stunden auf ihn eingeredet, um ihn zu bewegen, die Legionäre wieder an der Macht zu beteiligen. Er habe erklärt, weshalb er dies nicht tun könne. Schließlich habe sich Göring entschuldigt und nicht mehr darüber gesprochen.[268]

Unwahrscheinlich ist, dass im politischen Umfeld der damaligen Zeit einzig Fragen einer Beteiligung der Legionäre an der Regierung oder der Flakabwehr den Inhalt der vertraulichen Gespräche unter vier Augen (im Beisein eines Übersetzers) ausmachten. 1946 war es aber für Ion Antonescu zweifellos opportun, seinen Widerstand gegen eine von den Deutschen befürwortete erneute Aufnahme der Legionäre in die Regierung herauszustellen.

Dass in den überlieferten deutschen und rumänischen Protokollaufzeichnungen sowie in den Aussagen Ion Antonescus 1946 etwas verschwiegen wird, besagt eine andere Quelle. Dieser zufolge ging es in den Gesprächen zwischen Ion Antonescu und Göring hauptsächlich um die Mobilisierung für den bevorstehenden Feldzug gegen die Sowjetunion, wobei Ion Antonescu die aktive Teilnahme Rumäniens an den Kampfhandlungen zugesagt habe. Dies erzählte der Leiter der Informationsabteilung der DGB, Hamilkar Hoffmann, am 26. März 1941 dem Presseattaché Kurt Welkisch. Da dieser sowjetischer Agent war, ist die Mitteilung Hoffmanns in einem nach Moskau geschickten Bericht festgehalten.[269]

Nun gibt es keine direkten Belege, dass Göring und Ion Antonescu auch über die „Judenfrage“ gesprochen haben. Mihai Antonescus Bemerkung, wahrscheinlich im Anschluss an diese Unterredungen in Wien, mit Ion Antonescu Diskussionen über die Möglichkeiten einer gewaltsamen Vertreibung der „fremden Elemente“ und der Juden geführt zu haben, legt freilich nahe, dass das Thema berührt wurde. Möglicherweise hat Göring über die aktuellen deutschen Planungen gesprochen, möglicherweise nach Ion Antonescus Absichten gefragt, möglicherweise Ion Antonescu ermutigt, sich die deutschen Pläne zum Vorbild zu nehmen.

Jedenfalls war Göring federführend in die Berliner Planungen zur „Endlösung der Judenfrage“ eingebunden. Laut Longerich waren Ende 1940 die Madagaskarpläne endgültig ad acta gelegt worden. Im Januar 1941 hatte Heydrich den Auftrag erhalten, einen neuen Plan auszuarbeiten, wobei das nunmehrige Ziel der geplanten Deportationen noch nicht festzustehen schien. Im Laufe des Monats März holte Heydrich die formelle Genehmigung für seinen Plan ein; am 26. März 1941 legte er ihn Göring vor, der grundsätzlich zustimm-

[267] Vgl. ebenda, 182f., Anm. 1.

[268] Ciucă (Hg.), Procesul, Bd. 3, 402f.

[269] Leonid E. Rešin, 1941 god. Moskva 1998, Bd. 1, 797; David E. Murphy, What Stalin Knew. The Enigma of Barbarossa. New Haven, London 2005, 73. Die Geschichte Kurt Welkischs und dessen Tätigkeit in Rumänien soll in einem eigenen Beitrag dargestellt werden.

te, wenngleich wegen einiger Änderungen in Kompetenzbelangen die Wiedervorlage empfahl. Zu diesem Zeitpunkt – also Ende März 1941 – stand das Gebiet der Sowjetunion als Endziel der geplanten Deportationen der Juden Europas fest.[270]

Mihai Antonescus Bemerkung über die Vertreibung der „fremden Elemente" und der Juden legt nahe, dass Ion Antonescu bei seinen Kontakten mit der deutschen Seite von den laufenden Planungen zur „Endlösung der Judenfrage" zwei Elemente mitbekommen hat: Deportation als Mittel und das Gebiet der Sowjetunion als Ziel.

Ein weiteres Detail spricht für einen solchen Hergang. Als Ion Antonescu am 11. Juni 1941 in München ankam, um zunächst mit Ribbentrop und am 12. Juni 1941 mit Hitler zusammenzutreffen, weihte er schon im Vorfeld dieser Gespräche den rumänischen Gesandten in Deutschland, Raoul Bossy, in einige Details der rumänischen Beteiligung am bevorstehenden Krieg gegen die Sowjetunion ein. Dabei erklärte er ausdrücklich, der Bug werde die neue Ostgrenze Rumäniens sein und dieses Gebiet von „Russen und Juden" „gesäubert" werden.[271]

Zentrale Bedeutung kommt der Unterredung zwischen Hitler und Ion Antonescu am 12. Juni 1941 in München zu. Protokolliert ist lediglich die Zusammenkunft im „Führerbau" in Anwesenheit Ribbentrops, Keitels, Jodls und eines weiteren, nicht namentlich genannten Generals. Thema war der bevorstehende Angriff auf die Sowjetunion. Eingangs sprach Ion Antonescu Siebenbürgen an und übergab Hitler ein diesbezügliches Memorandum. In weiteren Ausführungen betonte Ion Antonescu, bisher alle seine Zusagen eingehalten zu haben. Weiterhin sicherte er Hitler die volle rumänische Unterstützung im bevorstehenden Krieg gegen die Sowjetunion zu. Hitler fasste seine Sichtweise der bisherigen deutsch-rumänischen Beziehungen zusammen und rechtfertigte dabei sowohl den Nichtangriffspakt mit der Sowjetunion als auch den bevorstehenden Angriff auf dieselbe. Er versprach, Rumänien am Ende des Krieges territorial zu entschädigen. Schließlich erörterten beide – was bereits erwähnt worden ist – das militärische Vorgehen und die Frage des Oberkommandos über die von rumänischem Boden aus angreifenden Truppen.[272]

Im deutschen Protokoll fehlt jeder Hinweis, dass über die Behandlung der Juden in den zu erobernden Gebieten gesprochen worden wäre. In den rumänischen Archiven ist bisher keine Parallelaufzeichnung aufgetaucht. Der Tageskalender Ion Antonescus hält bloß den zeitlichen Ablauf des Münchner Treffens fest. Gleichwohl brachte Ion Antonescu am 16. August 1941 in Tighina, im Gespräch mit Killinger, unumwunden vor, die deutsche Seite halte sich nicht an die ihm „vom Führer in München über die Behandlung der Ostjuden gegebenen Richtlinien".[273]

Mithin belegt die Nichtprotokollierung keineswegs, dass das Thema nicht erörtert wurde. Karl Ritter, im Rang eines Botschafters Verbindungsmann des AA zum OKW, schrieb

[270] Longerich, Politik der Vernichtung, 291.

[271] Raoul Bossy, Jurnal: 2 noiembrie 1940–9 iulie 1969. București 2001, 52–54 (Tagebucheintrag 11.6.1941), hier 52.

[272] Hillgruber (Hg.), Staatsmänner und Diplomaten bei Hitler, Bd. 1, Dok. 81, 580–594.

[273] Killinger an AA, 16.8.1941. NA, T 120, reel 2439, E237577.

dazu, als im Anschluss an das Telegramm Killingers im Auswärtigen Amt vergeblich nach einschlägigen Protokollnotizen gefahndet wurde:

> „In der amtlichen Aufzeichnung über die Unterredung zwischen dem Führer und dem General Antonescu im Führerbau in München ist darüber nichts enthalten. Da der Führer sich mit dem General Antonescu aber auch noch bei anderer Gelegenheit in München unterhalten hat, ist es durchaus möglich, dass dort auch über die Ostjudenfrage gesprochen worden ist. Jedenfalls besteht kein Anlass, an der Richtigkeit der Behauptung des Generals Antonescu zu zweifeln."[274]

Erhalten geblieben ist dieses Indiz eines nicht protokollierten Inhalts, weil es seit Ende Juli 1941 entlang des Dnjestr zu Meinungsverschiedenheiten zwischen örtlichen deutschen und rumänischen Dienststellen wegen der „ungeordneten" Deportationen durch die neue rumänische Verwaltung in Bessarabien und in der Bukowina gekommen war. Otto Wöhler, Chef des Generalstabs des Armeeoberkommandos 11, reagierte am 29. Juli 1941 auf die Meldung des XXX. Armeekorps, nahe Jampol und Soroca befinde sich eine „größere Anzahl von Juden", die anscheinend von den Rumänen aus Bessarabien in die Ukraine abgeschoben werden sollten. Wöhler befürchtete, auch an anderen Übergangsstellen seien „ähnliche Maßnahmen" zu erwarten, und ordnete deshalb an, deren Durchführung „mit allen Mitteln" zu verhindern.[275]

Deutsche Militärdienststellen versuchten also, die von rumänischer Gendarmerie über den Dnjestr – also in das künftige Transnistrien – getriebenen Menschen wieder zurückzuschaffen. Über dieses Verhalten beklagte sich wiederum die rumänische Seite. Entsprechende Telegramme lokaler wie übergeordneter Dienststellen hinterließen Spuren, die heute wichtige Quellen zum Gesamtgeschehen sind, weil es keine besseren Quellen gibt; Dokumente über die eigentlichen Entscheidungsprozesse fehlen.

General Voiculescu beschwerte sich am 13. August 1941 beim rumänischen Hauptquartier, deutsche Truppenteile schickten Juden, die mit den sowjetischen Einheiten hätten fliehen wollen, über den Dnjestr nach Bessarabien und in die Bukowina zurück. Aus diesem Grund befänden sich in der Umgebung von Atachi etwa 10 500 Juden, die aus den Kreisen Soroca, Hotin, Storojineț und Czernowitz stammten. Er bat um Anweisung, was mit ihnen zu tun sei. Die Grenztruppen sollten angewiesen werden, solche Operationen der Deutschen nicht mehr zu dulden.[276]

Killinger und Stelzer überbrachten am 16. August 1941 eine Botschaft Hitlers an den in Tighina weilenden Ion Antonescu.[277] Bei dieser Gelegenheit sprach der „Staatsführer" die Vertreter der DGB auf die Beschwerde Voiculescus an. Noch am Abend desselben Tages schickte Killinger an das Auswärtige Amt ein Telegramm (aus dem die Passage über die Zusage Hitlers an Ion Antonescu oben schon zitiert wurde):

[274] Ritter an Warlimont (OKW), 27.8.1941. NA, T 120, reel 2439, E237568f., Zitat E237569.
[275] AOK II, Abt. Ic/A.O. an OKH, Generalquartiermeister, 29.7.1941. BArch Freiburg, RH 31–I/54.
[276] Voiculescu an Marele Cartier General, 13.8.1941. USHMM, RG25.003M, reel 4.
[277] ANR, PCM, dosar 1940/314, Bl. 227. Der Inhalt dieser Botschaft ist unbekannt.

> „General Antonescu beschwerte sich heute darüber, dass von den Sowjettruppen mitgenommene, bessarabische Juden nunmehr durch deutsche Kommandostellen aus der Ukraine nach Bessarabien zurückgeschoben würden. Es handelt sich zunächst um 11 000 Juden, die in der Gegend von Soroca an der bessarabischen Grenze auf Einreiseerlaubnis warten. Der General bittet dringend, die Rückkehr dieser Juden nach Bessarabien, die mit den ihm vom Führer in München über die Behandlung der Ostjuden gegebenen Richtlinien in Widerspruch stehe, zu verhindern und die deutschen Stellen anzuweisen, den Abschub der Juden in anderer Richtung zu veranlassen."[278]

Killinger fügte an, auch aus innenpolitischer Sicht stelle die Rückkehr nach Bessarabien „eine unerwünschte Belastung für Rumänien" dar.

Zur selben Problematik intervenierte Mihai Antonescu bei der DGB. Dies ergibt sich aus einem von Mihai Antonescu am 18. August 1941 an Ion Antonescu geschickten Telegramm. Unter Punkt zwei heißt es:

> „Was die Juden aus der Bukowina betrifft, so habe ich auch bei der Deutschen Gesandtschaft interveniert, um darauf hinzuweisen, dass man uns eine Masse an Juden geschickt hat."[279]

Er selbst werde Maßnahmen ergreifen, damit „unsere Verwaltung ihre Pflicht erfüllt".

Das Auswärtige Amt in Berlin nahm das Schreiben Killingers vom 16. August zum Anlass, um über Hewel im FHQ nachzufragen,

> „was dort über die Richtlinien zur Behandlung der Ostjuden bekannt ist, die General Antonescu in München vom Führer erhalten haben will."[280]

Außerdem ließ das AA beim OKH nachprüfen, ob tatsächlich der Abtransport von 11 000 Juden aus der Ukraine nach Bessarabien geplant sei; das Auswärtige Amt bat darum, diese Maßnahme gegebenenfalls zurückzustellen, bis der Fall überprüft worden sei.

Zeitgleich lief beim OKH ein Bericht des Armeeoberkommandos II ein, in dem die Lage vor Ort geschildert wird. Demnach lagen mehrfach bestätigte Meldungen vor, Rumänien betrachte „die West-Ukraine bis zum Bug" als rumänisches Interessengebiet und versuche, die „Judenfrage" durch Abschiebung „Zehntausender von Juden über den Dnjestr nach Osten" zu lösen. Vor Ort konnte man sich keinen Reim darauf machen und vermutete, die Maßnahme gründe „in erster Linie auf der Initiative unterer Stellen", werde aber wohl auch von der Regierung gebilligt.

278 Killinger an AA, 16.8.1941. NA, T 120, reel 2439, E237577.

279 Mihai Antonescu an Ion Antonescu, [18].8.1941. ANR, PCM, Cabinet Militar, dosar 1941/170, Bl. 42. Der genaue Tag ist zwar auf dem Dokument selbst nicht zu erkennen, ergibt sich aber aus dem Kontext der Akte. Vgl. Ion Antonescu an Mihai Antonescu, 19.8.1941. Ebenda, Bl. 41. Dort wird der erste Punkt eines auf den 18.8.1941 datierten Telegramms Mihai Antonescus erwähnt, wobei dieser erste Punkt mit dem ersten Punkt des auf Bl. 42 wiedergegebenen Telegramms Mihai Antonescus übereinstimmt. Ancel, Transnistria (Tel Aviv), Bd. 2, Dok. 16, 26 datiert das Telegramm Mihai Antonescus – m. E. irrtümlich – auf den 9.8.1941 (vgl. auch Ancel, Transnistria (Tel Aviv), Bd. 1, 545).

280 Rademacher, Aktennotiz, 19.8.1941. NA, T 120, reel 2439, E237575.

„Da deutsche Kräfte zur Absperrung der Dnjestrgrenze und weiterhin der Buggrenze bis heute nicht zur Verfügung stehen, kann ein Abschieben der Juden nach Osten auf Dauer nicht verhindert werden. Die bis zu vielen Tausenden zusammengetriebenen Judenkolonnen, meist Frauen, Kinder und Greise, sterben in Massen auf den Märschen und in den Lagern, da für Verpflegung nicht gesorgt wird."[281]

Abschließend wird gebeten,

„zur Vermeidung von Unstimmigkeiten und Zusammenstößen baldigst eine Abgrenzung der deutschen und rumänischen Interessen in der Westukraine herbeizuführen."

Als bei Mihai Antonescu in Bukarest erneut eine diesbezügliche Beschwerde Ion Antonescus eingegangen war, formulierte der stellvertretende Ministerpräsident ein Schreiben an Killinger. Seinerseits schickte der deutsche Gesandte am 26. August 1941 dem Auswärtigen Amt in Berlin das in deutscher Sprache abgefasste Dokument Mihai Antonescus in wörtlicher Wiedergabe:

„Exzellenz, Marschall Antonescu übermittelt mir seitens des Verwaltungsbevollmächtigten der Provinz Bessarabien ein Telegramm, in welchem er mitteilt, dass in der Nacht vom 17. auf den 18. August 12 500 Juden von den deutschen Militärbehörden über die militärische Brücke bei Cosăuţi (Kreis Soroca) aus der Ukraine nach Bessarabien abgeschoben worden sind. Trotz aller Einwände der rumänischen Behörden wurden diese Juden auf das rumänische Ufer gebracht.
Dabei waren aber die mit Herrn Pflaumer getroffene Vereinbarung, sowie eines der großen Ziele, für dessen Verwirklichung Marschall Antonescu die vielseitige kolonisatorische Erfahrung Herrn Pflaumer[s] und seiner Mitarbeiter sich zunutze zu machen gedachte[], gerade in entgegengesetztem Sinne bestimmt, indem das rumänische Gebiet von gewissen, in unser Land eingedrungenen fremdrassigen, kommunistischen und sonst gefährlichen Elementen möglichst befreit werden[], keineswegs aber solchen Elementen neuerlich eine Unterkunft gewähren sollte.
Angesichts dieses Vorgehens, das zugleich unsere Rechte sowie das Ansehen der rumänischen Armee, die zur Erfüllung gewisser Aufgaben berufen ist, beeinträchtigt, bitte ich Euer Exzellenz die nötigen Schritte unternehmen zu wollen, damit einerseits diese fremden Elemente in ihre bisherigen Aufenthaltsorte zurückgeschickt werden, und dass andererseits in Zukunft derlei bedauerliche Zwischenfälle sich nicht wieder ereignen. Wenn ich Euer Exzellenz um baldigstes Einschreiten bitte, so geschieht dies darum, dass solche Vorfälle in letzter Zeit sich wiederholt zugetragen haben und weil wir die Überzeugung hegen, dass Sie, Exzellenz, der unseren berechtigten Anliegen schon so oft Verständnis und Unterstützung entgegengebracht haben, uns auch jetzt Beistand leisten werden.
Das rumänische Volk hat eine derartige Anzahl rumänischer Elemente auf seinem Gebiete anzusiedeln, dass es, – Euer Exzellenz mögen mir dies glauben, – keinen Platz mehr für solche Fremdlinge findet."[282]

[281] AOK II, Abt. Ic/A.O. an OKH, Generalquartiermeister, 19.8.1941. BArch Freiburg, RH 31–I/54.

[282] Killinger an AA, 26.8.1941. NA, T 120, reel 2439, E237565f.

Luther wies Franz Rademacher, Leiter des ‚Judenreferats' im AA, am 30. August 1941 an, er solle über Ritter beim OKW „nachstoßen", damit man Killinger einen Bescheid erteilen könne.[283]

Wegen Ion Antonescus erster Beschwerde hatte Ritter am 27. August 1941 Warlimont vom OKW kontaktiert, dabei das Telegramm Killingers vom 16. August 1941 zusammengefasst und empfohlen, den Wunsch Ion Antonescus „zu berücksichtigen" und die deutschen Dienststellen anzuweisen, „dass von der Zurückschiebung der Juden nach Bessarabien abgesehen wird".[284] Am 30. August 1941 schrieb Warlimont an das OKH, laut Bericht der DGB vom 16. August 1941 habe Ion Antonescu beanstandet, deutsche Kommandostellen schickten geflüchtete Juden aus der Ukraine nach Bessarabien zurück. Bei seiner Bitte, solche Vorfälle in Zukunft zu verhindern, habe sich Ion Antonescu „auf Zustimmung des Führers" berufen. Warlimont kommentierte diese Behauptung nicht, was zusammen mit der anschließenden Weisung darauf deutet, dass sich jener Verweis auf Hitler bestätigte. Namens des OKW entschied Warlimont:

> „Soweit es sich um Verschiebung von Juden zwischen dem rumänischen Staatsgebiet und dem demnächst in rumänische Verwaltung übergehenden Gebiet zwischen Bug und Dnjestr handelt, hat ein Eingreifen deutscher Dienststellen zu unterbleiben. Verschiebungen aus diesen Gebieten in die der deutschen Verwaltung unterliegenden besetzten Gebiete und umgekehrt müssen für die Zukunft unterbunden werden."[285]

Damit war letztlich auch eine Antwort auf das Telegramm vom 26. August 1941 gegeben: Die Übereinkunft zwischen Hitler und Ion Antonescu gab es, und sie sollte eingehalten werden. Am 8. September 1941 ließ Rademacher den Text der Weisung Warlimonts auch der DGB zugehen.[286]

Wies Ion Antonescu 1946 die Verantwortung von sich, so taten es ihm die seinerzeit in den eroberten Gebieten agierenden deutschen Berater für Verwaltungsfragen in allen ihren Aussagen vor bundesdeutschen Gerichten während der 1950er und 1960er Jahre gleich; zumal sie in der komfortablen Position waren, nicht als Angeklagte, sondern als Zeugen oder Gutachter aufzutreten.

Wichtigster Exponent dieser Gruppe war Karl Pflaumer (1896–1971). Dass er eine gewisse Rolle in den eroberten Gebieten spielte, geht aus einer Einsatzgruppen-Meldung vom 25. August 1941 hervor. In dieser heißt es aber lediglich, Pflaumer übe bei der Neugliederung der Verwaltung Bessarabiens „entscheidenden Einfluss" aus.[287] Viel mehr war bis vor Kurzem zu seiner Tätigkeit in Rumänien nicht publik. Auch heute erlaubt die Quellenlage keine umfassende Dokumentation; in der Zusammenschau ergeben einzelne Hinweise jedoch eine recht deutliche Vorstellung dessen, was Pflaumer in Rumänien tat.

[283] Vgl. Neuwirth an Rademacher, 30.8.1941. NA, T 120, reel 2439, E237570.
[284] Ritter an Warlimont (OKW), 27.8.1941. NA, T 120, reel 2439, E23756f., Zitat E23757.
[285] Warlimont (OKW) an OKH, 30.8.1941. NA, T 120, reel 2439, E237550.
[286] Rademacher an DGB, 8.9.1941. NA, T 120, reel 2439, E237548.
[287] Zitiert nach Broszat, Das Dritte Reich und die rumänische Judenpolitik, 149.

Freilich zeigt sich die Unterschätzung seiner dortigen Aktivitäten noch in der neueren Literatur. In einer biographischen Skizze gelangt Norma Pralle aufgrund einer Akte im Auswärtigen Amt vorsichtig zur Einschätzung, es sei „nicht ersichtlich", inwieweit Pflaumers Tätigkeit über kluge Ratschläge und Hilfe hinausgegangen sei. Genannt wird Pflaumers Vorschlag, eine zentrale Behörde für die Verwaltung des volks- und staatsfeindlichen Vermögens einzurichten, die sich im Elsass bewährt habe. Auch solle er einen Organisationsplan für die Militärverwaltung entworfen haben. Weiter wird ausgeführt, Pflaumer sei in Transnistrien „die Organisation und die Verwaltung der dort lebenden Volksdeutschen" übertragen gewesen (was unrichtig ist). Zwar habe er einen rumänischen Orden als Anerkennung für geleistete Arbeit erhalten, „doch kann dies über die abermalige Erfolglosigkeit seiner zweifelhaften Bemühungen nicht hinwegtäuschen".[288] Noch in seiner 2011 erschienenen Studie zur rumänischen Besatzungsverwaltung in Transnistrien misst Herwig Baum der Anwesenheit Pflaumers keine große Bedeutung zu:

> „So war Staatsminister Pflaumer, der theoretisch Einfluss hätte wahrnehmen können, von den Rumänen bereits im Sommer 1941 ausgebootet worden."[289]

Der im badischen Rauenberg geborene Pflaumer hatte 1920 eine Polizeikarriere begonnen, war im April 1922 zum Oberleutnant avanciert, am 31. März 1929 allerdings wegen nationalsozialistischer Gesinnung und Betätigung aus dem Dienst der badischen Schutzpolizei entlassen worden. Als er schon SA-Standartenführer für Nordbaden war, trat er 1929 offiziell der NSDAP bei. Tatsächlich war Pflaumer viel früher Parteimitglied geworden; er selbst spricht von 1922. 1931 wurde Pflaumer Mitglied der SS und baute deren Strukturen in Baden aus. In der Partei stieg er zum stellvertretenden Kreisleiter in Mannheim auf.

Nach der Machtergreifung wurde Pflaumer am 6. Mai 1933 Minister des Inneren in Baden. Dieses Amt behielt er bis zum Ende des Dritten Reiches.[290] Am 15. Mai 1933 zum SS-Standartenführer aufgestiegen, wurde er in einer Personalbeurteilung aus dieser Zeit als „guter Nationalsozialist" beurteilt. Die nächste Stufe in der SS-Karriere, zum Oberführer, erklomm Pflaumer am 9. September 1934. Dann gab es jedoch eine mehrjährige Pause.

288 Vgl. Norma Pralle, Zwischen Partei, Amt und persönlichen Interessen. Karl Pflaumer, Badischer Innenminister, in: Michael Kissener/Joachim Scholtyseck (Hgg.), Die Führer der Provinz. NS-Biographien aus Baden und Württemberg. Konstanz 1997, 560.

289 Baum, Varianten des Terrors, 145. Baum ist zu dieser Überzeugung gelangt, obwohl er neben den deutschen Beständen auch ukrainische Archive sowie die am USHMM vorliegenden Mikrofilme ukrainischer, moldauischer und rumänischer Überlieferungen verwendet hat. Pflaumers Verstrickung in Verbrechen ist aber erst aus nicht am USHMM vorhandenen Akten des Ministerrats in Bukarest ersichtlich. Die Autorin vorliegender Studie hat eine ganze Reihe von Verfilmungen am USHMM eingesehen und weiß daher um deren Grenzen: ein guter Einstieg, jedoch in aller Regel bei Weitem nicht das in den Archiven vorhandene Material ausschöpfend. Allzu oft sind Bestände lediglich teilverfilmt, ohne dass explizit angegeben wird, nach welchen Kriterien die Auswahl erfolgt ist.

290 Siehe zu seinen Aktivitäten im Naziregime Pralle, Karl Pflaumer, 539–566; sowie Horst Ferdinand, Karl Pflaumer, NS-Politiker, badischer Innenminister (1933–1945), in: Bernd Ottnad (Hg.), Baden-Württembergische Biographien, Bd. 1. Stuttgart 1994, 266–271.

Am 14. Februar 1939 beschwerte er sich, trotz langer Parteizugehörigkeit und Verdiensten für die Bewegung bei Beförderungen übergangen zu werden. Ihm unterstellte, erst nach der Machtergreifung der NSDAP beigetretene Polizeibeamte seien inzwischen bis zum SS-Standartenführer aufgestiegen. Eine Ursache für diesen Karriereknick waren wahrscheinlich Vorwürfe von Bestechlichkeit im Zusammenhang mit der Spielbank Baden-Baden, die 1935 aufgekommen waren. Ein Jahr nach seiner Beschwerde wurde Pflaumer am 20. April 1940 schließlich Brigadeführer; eingesetzt war er beim Stab des SS-Oberabschnitts Südwest.[291]

Ab Sommer 1940 war Pflaumer Berater beim Chef der Zivilverwaltung im Elsass. Am 14. Februar 1941 schlug das Reichsministerium des Inneren Pflaumer dem Auswärtigen Amt als Berater „bei der Reorganisation des rumänischen Staatsapparates in personeller Hinsicht" vor, und empfahl ihn als für „die vorgesehene Aufgabe in jeder Weise besonders geeignet".[292] Vom März 1941 bis zum März des Folgejahres[293] war Pflaumer dann tatsächlich als „Berater für innere Verwaltung" in Rumänien tätig.[294]

Als einer von vielen Zeugen wurde Pflaumer zur Klärung der gegen Gustav Richter erhobenen Anklagepunkte von der Staatsanwaltschaft Frankenthal vernommen. Allerdings trugen seine Ausführungen zur Sache wenig bei. In der Befragung vom 2. Juli 1964 wollte er sich nicht einmal erinnern, ob er Richter jemals persönlich kennengelernt hatte, und er zeigte sich außerstande, etwas über dessen Tätigkeit auszusagen.

[291] Personalvorgang Karl Pflaumer. BArch, BDC, SSO.

[292] Zitiert nach Pralle, Karl Pflaumer, 559f.

[293] Biographisches Handbuch des deutschen Auswärtigen Dienstes, Bd. 3, 471f. Schon am 3.3. 1941 empfing Ion Antonescu Karl Pflaumer (Întrevederea General Antonescu – Consilier Flammer [Pflaumer], 3.3.1942. ANR, PCM, dosar 1941/330, Bl. 17f.). 1957 nannte Pflaumer als Rückkehrdatum den März 1942 (Zeugenaussage Karl Pflaumer, 26.4.1957. StA Frankenthal, 9 Js 143/61, Bd. 16, Bl. 3834). 1964 bezeichnete er den Zeitraum seines Aufenthalts in Rumänien weniger genau: „von April 1941 bis etwa April 1942" (Zeugenaussage Karl Pflaumer, 2.7.1964. StA Frankenthal, 9 Js 143/61, Bd. 4, Bl. 539).

[294] Killinger an AA, 4.11.1941. PAAA, R 29702, Bl. 18. In Biographisches Handbuch des deutschen Auswärtigen Dienstes, Bd. 3, 471f. wird Pflaumer hingegen als „Berater für Kommunalfragen" bezeichnet. 1957 sagte Pflaumer aus, Ende Februar 1941 von Staatssekretär Stuckart angerufen worden zu sein, der ihn gefragt habe, ob er nach Rumänien gehen wolle, „und zwar als Berater der Regierung in Verwaltungssachen". Als „Sachverständiger für kommunale Fragen" sei ihm Theodor Ellgering beigegeben worden (Zeugenaussage Karl Pflaumer, 26.4.1957. StA Frankenthal, 9 Js 143/61, Bd. 16, Bl. 3833). Theodor Ellgering bezeichnete sich selbst als „Berater für kommunale Verwaltungsfragen" (Zeugenaussage Theodor Ellgering, 23.10.1961. StA Frankenthal, 9 Js 143/61, Bd. 3, Bl. 359). In der schon zitierten Zeugenaussage 1964 führte Pflaumer sein Wirken in Rumänien auf den Wunsch Ion Antonescus zurück, „die rumänische innere Verwaltung" nach deutschem Muster aufzubauen (Zeugenaussage Karl Pflaumer, 2.7.1964. StA Frankenthal, 9 Js 143/61, Bd. 4, Bl. 539). Es spricht also einiges dafür, dass die Bezeichnung „Berater für Kommunalfragen" im Biographischen Handbuch des deutschen Auswärtigen Dienstes nicht korrekt ist.

> „Ich habe mit dem Angeschuldigten Richter nichts weiter zu tun gehabt. Ich kann über die Tätigkeit des Angeschuldigten überhaupt nichts sagen. Auch der Ministerialdirektor Lecca ist für mich kein Begriff, zumindest ist mir der Name heute nicht mehr in Erinnerung."[295]

Immerhin traf Pflaumer eine allgemeine Feststellung zu Richters Arbeitsgebiet:

> „Die von Rumänien im Jahre 1941 hinzugewonnenen Gebiete Bessarabien und Bukowina und Transnistrien unterstanden Gouverneuren, die wiederum dem Marschall Antonescu direkt verantwortlich waren. Ich bin der Meinung, dass diese Gouverneure auch über Judenfragen zu entscheiden hatten. Ich glaube nicht, dass der Angeschuldigte Richter über Lecca Einfluss auf die Judenangelegenheiten in diesen Gebieten nehmen konnte.
> Es ist daher sehr gut möglich, dass sich die Zuständigkeit des Richter in Judenfragen lediglich auf das Altreich erstreckte."

Zur eigenen Tätigkeit in Rumänien gab Pflaumer an, Berater gewesen zu sein. Auf Wunsch Ion Antonescus „sollte die rumänische innere Verwaltung [...] nach deutschem Muster aufgebaut werden". Ohne Überleitung fügte er die Behauptung hinzu: „Mit Judenangelegenheiten habe ich dabei überhaupt nichts zu tun gehabt."[296]

1968 erklärte der mittlerweile über 70 Jahre alte Pflaumer, den 1964 gemachten Aussagen nichts mehr hinzufügen zu können. Darüber hinaus erinnere er sich an keine Einzelheiten mehr. „Auch über die Behandlung der Juden in Rumänien kann ich nichts mehr aussagen."[297] Er leide an fortgeschrittener Arteriosklerose und Gedächtnisschwäche; seit zwei Jahren sei er in Behandlung. Der vernehmende Untersuchungsrichter merkte an, „nach dem äußeren Erscheinungsbild des Zeugen" erscheine dessen „stereotype Antwort, er könne sich an nichts mehr erinnern, glaubhaft".

Viel umfassender hatte Karl Pflaumer als Zeuge in einem Wiedergutmachungsverfahren 1957 seine Mission in Rumänien geschildert. Ende Februar 1941 – er sei damals beim Chef der Zivilverwaltung im Elsass in der Polizei- und Verwaltungsabteilung tätig gewesen – habe ihn der Staatssekretär im Reichsinnenministerium Wilhelm Stuckart angerufen und gefragt, ob er bereit sei, eine Aufgabe in Rumänien zu übernehmen. Die dortige Verwaltung sei nach französischem Muster aufgebaut; er solle die rumänische Regierung in Verwaltungsfragen beraten und sie bei der Reorganisierung unterstützen. Pflaumer führte weiter aus, man habe ihn vermutlich ausgewählt, weil er im Elsass die französische Verwaltung auf das System der deutschen Verwaltung umzustellen hatte. Anfang März 1941 sei er nach Berlin gereist. Der Unterstaatssekretär im Auswärtigen Amt Luther habe ihn über die politische Lage in Rumänien aufgeklärt. Insbesondere sei er angewiesen worden, das Regime Ion Antonescus zu unterstützen, denn die Legionäre seien abgetan. Auch habe er die rumänische Souveränität achten sollen. Ihm gegenüber sei die Sache so dargestellt worden, als ob seine Entsendung dem Wunsch der Rumänen entspräche.[298]

[295] Zeugenaussage Karl Pflaumer, 2.7.1964. StA Frankenthal, 9 Js 143/61, Bd. 4, Bl. 539.
[296] Ebenda.
[297] Zeugenaussage Karl Pflaumer, 31.1.1968. StA Frankenthal, 9 Js 143/61, Bd. 13, Bl. 2312.
[298] Zeugenaussage Karl Pflaumer, 26.4.1957. StA Frankenthal, 9 Js 143/61, Bd. 16, Bl. 3833.

Als Karl Pflaumer Anfang März 1941 in Rumänien ankam, wurde er von Hans-Karl von Reinhard begleitet. Kurz darauf stieß Theodor Ellgering als „Sachverständiger für kommunale Fragen“ hinzu, ebenso Elisabeth Neumayr, damals Fürsorgerin beim Gesundheitsamt in Mannheim, die als „Beraterin für soziale Fragen“ vorgesehen war.[299] Der Stab Pflaumers war vom reichsdeutschen Innenministerium abgeordnet, dem Pflaumer auch seine – bisher nicht auffindbaren – Berichte erstattete.

Extreme Quellenarmut herrscht zu „O.Reg.Rat von Reinhart“[300] bzw. „Oberlandrat Hans-Karl von Reinhard aus Pilsen“.[301] Nichts ließ sich über dessen Herkunft, Leben und Karriere außerhalb der kurzen Zeit in Rumänien feststellen. Nicht einmal die Schreibweise seines Namens steht fest. In rumänischen Regierungsdokumenten lautet der Nachname entweder „Reinhardt“ oder „Reinhard“. Da das Auswärtige Amt „Hans-Karl von Reinhard“ schrieb, wird diese Variante als die wahrscheinlichste in dieser Studie verwendet. Seine Tätigkeit als „Berater für Landverwaltung“ übte Reinhard in Kischinew aus.[302] Richter erklärte 1957, die rumänische Regierung habe ein Mal, 1941, einen „Judenberater für Bessarabien“ angefordert.

> „Meiner Auffassung nach machten sie das nur, um so zu tun, als wenn sie die Judenfrage in unserem Sinne betrieben.“[303]

Die Anfrage sei, so Richter, im Sande verlaufen. Eine andere Möglichkeit ist, dass man schließlich in Hans-Karl von Reinhard einen solchen Berater gefunden hatte.

Mehr als über Hans-Karl von Reinhard ist über den 1897 geborenen Theodor Ellgering in Erfahrung zu bringen. Er stammte aus Duisburg, wo er seit 1914 bei der Stadtverwaltung beschäftigt war, anfangs als Lehrling, schließlich als Stadtobersekretär. Ab 1934 war er Beigeordneter (Bürgermeister) in Duisburg sowie NSDAP-Kreisamtsleiter für Kommunalpolitik. Am 1. Januar 1930 war er der NSDAP beigetreten.[304] Nach der Niederlage Frankreichs hatte Ellgering – ebenso wie Pflaumer – in der deutschen Besatzungsverwaltung im Elsass einen Posten bekleidet: von Ende Juni 1940 bis Februar 1941 als Oberstadtkommissar in Straßburg. Sein Einsatz in Rumänien dauerte von März 1941 bis Ende 1942. 1943 taucht Ellgering als Geschäftsführer des interministeriellen Luftkriegsschädenausschusses auf.[305]

[299] Ebenda. Im Unterschied zu Ellgering und Neumayr nennt Pflaumer nicht den offiziellen Titel Hans-Karl von Reinhards in Rumänien. Immerhin erfährt man, dass von Reinhard inzwischen verstorben sei.

[300] Ebenda.

[301] So unter Berufung auf das AA: Pralle, Karl Pflaumer, 560.

[302] Proces-verbal [Verwaltungskonferenz in Kischinew], 25.7.1941. ANR, PCM, Cabinet Militar, 1941/559, Bl. 121. Ein Empfang zusammen mit Voiculescu durch Ion Antonescu in Tighina am 20.8.1941, in dem es um Verwaltungsfragen Bessarabiens ging, ist dokumentiert in ANR, PCM, dosar 1940/314, Bl. 229f.

[303] Zeugenaussage Gustav Richter (Landgericht Stuttgart, Josef Müller gegen Baden-Württemberg EGR 4101), [1957]. StA Frankenthal, 9 Js 143/61, Bd. 1, Bl. 108.

[304] Personalvorgang Theodor Ellgering. BArch, BDC, PK C 54.

[305] Dietmar Süss, Steuerung durch Information? Joseph Goebbels als „Kommissar der Heimatfront“ und die Reichsinspektion für den zivilen Luftschutz, in: Rüdiger Hachtmann (Hg.),

Die „Beraterin für soziale Fragen" Elisabeth Neumayr kam am 4. April 1941 in Bukarest an. Neumayr spielte keine erkennbare politische Rolle. Auf Betreiben Killingers verlor sie ihre Stellung schon wieder Ende Juli 1941.[306]

Über seine Zeit in Rumänien berichtete Pflaumer 1957, nach seiner Ankunft sei er von Ion Antonescu empfangen worden. Mit diesem habe er vereinbart, einige Monate lang mit einer Kommission von Fachleuten das Land zu bereisen, um die rumänische Verwaltung kennenzulernen.[307] Die rumänische Quellenüberlieferung ist detaillierter. Demnach empfing der „Staatsführer" Pflaumer am 3. März 1941. Er legte seine Grundprinzipien dar: Jede Neuorganisation habe vom Dorf als Keimzelle des Staates auszugehen. Zuallererst sei die soziale Lage der Bauern zu verbessern. Die Neuorganisation des Staates lasse sich nur Schritt für Schritt verwirklichen. Als zentrales Element beinhalte die Neuorganisation die Einführung eines Arbeitsdienstes (muncă obligatorie). Dieser würde gewährleisten, dass jeder arbeite; denn zu viele im Lande arbeiteten nicht. Auch erlaube ein Arbeitsdienst, Fachleute mit Universitätsausbildung auf das flache Land zu schicken, wo sie gebraucht würden.[308]

Ion Antonescu schlug Pflaumer vor, zunächst einmal Dörfer in verschiedenen Landesteilen zu besuchen, um sich ein Bild von der Lage zu machen. Der rumänische Bauer lebe in der Moldau unter ganz anderen Bedingungen als in Muntenien und Oltenien oder in Siebenbürgen. In der Moldau sei er „viel mit Juden in Kontakt getreten", dort stelle sich die Aufgabe einer „rassischen Regeneration", während sich Muntenien und Oltenien „reinrassiger" erhalten hätten. Laut Protokoll riet Karl Pflaumer von übereilten Maßnahmen ab und empfahl eine wohlüberlegte Planung. Für die Neuorganisation des Staates benötige man zudem Verwaltungsgesetze für Kommunen und lokale Verwaltung.[309]

Zusammen mit Hans-Karl von Reinhard absolvierte Karl Pflaumer einige Studienfahrten durch Gemeinden verschiedener Landesteile. In seinem Bericht an den Ministerrat gab der rumänische Begleiter, C. Petriceanu, allerlei Eindrücke wieder, über die Reisebedingungen, die Lebensmittelversorgung und die Stimmung der Bevölkerung.[310]

Pflaumer schlug Mihai Antonescu vor, eine rumänische Delegation für zwei Wochen nach Deutschland zu entsenden; was auch geschah. Karl Pflaumer selbst führte die Rumänen durch Baden, das Elsass und Berlin. Ende Mai kehrten alle wieder nach Rumänien zurück. 1957 erläuterte Pflaumer diese Episode:

Hitlers Kommissare. Sondergewalten in der nationalsozialistischen Diktatur. Göttingen 2006, 191, 193.

306 Vgl. Zeugenaussage Elisabeth Neumayr, 11.6.1968. BArch Ludwigsburg, B 162/3811, Bl. 834–836. Sie war die Geliebte Pflaumers und brachte ein Kind zur Welt. Dieser Vorgang verärgerte Killinger und veranlasste ihn, ihre Abberufung zu betreiben (PAAA, Bukarest, Karton 6).

307 Zeugenaussage Karl Pflaumer, 26.4.1957. StA Frankenthal, 9 Js 143/61, Bd. 16, Bl. 3834.

308 Întrevederea General Antonescu – Consilier Flammer [Pflaumer], 3.3.1942. ANR, PCM, dosar 1941/330, Bl. 17f.

309 Ebenda.

310 Petriceanu, Referat, 2.4.1942. ANR, PCM, dosar 1941/330, Bl. 127f.

„Ich vertrat den Standpunkt, dass man niemals die deutsche Verwaltung auf die rumänischen Verhältnisse sofort übertragen könne. Dafür fehlten die Voraussetzungen und es musste eine Form gefunden werden, die dem Lande angepasst war. Die rumänische Kommission wurde um einige Mitglieder, vor allem Universitätsprofessoren erweitert, um ein neues Verwaltungsgesetz auszuarbeiten, wobei ich beratend tätig war."[311]

Rumänische Quellen bestätigen diese Darstellung. Karl Pflaumer und sein Stab sollten die beim Ministerrat angesiedelte „Kommission zur Reorganisierung öffentlicher Dienste und Eingruppierung der Beschäftigten im öffentlichen Dienst" beraten.[312]

Pflaumer berichtete indes 1957 selbst, diese Aufgabe habe er nicht zu Ende führen können, weil ihm eine andere Rolle zugewachsen sei.

„Mitte Juli 1941 etwa fragte mich der Marschall, ob ich bereit sei, beim Neuaufbau der Verwaltung in den wiedergewonnenen Gebieten der Bukowina und Bessarabiens und später Transnistrien beratend mitzuwirken. Da das über meinen ursprünglichen Auftrag hinausging, fragte ich in Berlin an und erhielt die Genehmigung. Es handelte sich hier um einen ausdrücklichen Wunsch des Marschalls."[313]

Seine Arbeit in der Kommission in Bukarest sei dadurch unterbrochen worden. Er wisse nicht, ob das Verwaltungsgesetz jemals in Kraft gesetzt wurde, da er im März 1942 nach Deutschland zurückgekehrt sei.

Am 10. Mai 1957 schrieb Pflaumer nochmals an das Landgericht Stuttgart. Zwischenzeitlich mit seiner (oben schon einmal genannten) kurzen Erwähnung in den Einsatzgruppen-Berichten konfrontiert, laut denen er bei der Neugliederung der Verwaltung Bessarabiens „entscheidenden Einfluss" ausübte,[314] fühlte sich Pflaumer zu einer Erklärung genötigt.

„In der Judenfrage bin ich weder von rumänischer Seite zu Rate gezogen worden, noch habe ich versucht, Einfluss zu nehmen. Deutsche Wünsche in dieser Hinsicht sind mir nicht bekannt geworden. Wenn von ‚meinem entscheidenden Einfluss' bei der Neugliederung der Verwaltung in Bessarabien gesprochen wird, so kann sich dies nur darauf beziehen, dass der damalige Gouverneur den Aufbau der Verwaltung nach meinen Vorschlägen durchgeführt hat."[315]

Rückblickend erläuterte Karl Pflaumer 1957, wie er versucht habe, die Verwaltung der neuen Provinzen zu reformieren und auf welche Widerstände er dabei gestoßen sei. Der „Gouverneur in Czernowitz" habe Schwierigkeiten gemacht, „da er aus der alten Schule war und außerdem General".[316]

[311] Zeugenaussage Karl Pflaumer, 26.4.1957. StA Frankenthal, 9 Js 143/61, Bd. 16, Bl. 3834.
[312] Petriceanu, Referat, 2.4.1942. ANR, PCM, dosar 1941/330, Bl. 127f.
[313] Zeugenaussage Karl Pflaumer, 26.4.1957. StA Frankenthal, 9 Js 143/61, Bd. 16, Bl. 3834.
[314] Zitiert nach Broszat, Das Dritte Reich und die rumänische Judenpolitik, 149.
[315] Pflaumer an Landgericht Stuttgart, 10.5.1957. StA Frankenthal, 9 Js 143/61, Bd. 16, Bl. 3837.
[316] Irrtümlicherweise bezeichnet Pflaumer hier General Voiculescu als Gouverneur der Bukowina. Tatsächlich war Voiculescu der von ihm gelobte Gouverneur Bessarabiens, weil er „aufgeschlossener" gewesen sei. Ursprünglich hatte Oberstleutnant Rioşanu – ein enger Vertrauter Ion Antonescus – den Gouverneursposten in Czernowitz besetzen sollen; indessen starb er

„Daraufhin trug ich das dem Marschall vor und dieser gab mir ein Schreiben mit, in dem er den Gouverneur anwies, die Verwaltungsreform so wie ich sie vorschlug, durchzuführen. Die Durchführung war in der Bukowina deswegen leicht, weil dort noch eine Anzahl alter österreichischer Verwaltungsbeamten vorhanden war. Das traf für Bessarabien nicht mehr zu, dafür war der dortige Gouverneur aufgeschlossener."[317]

Als dann Transnistrien durch das Abkommen von Tighina Rumänien zur Verwaltung überlassen wurde, sei auch die dortige Administration „entsprechend meinem Vorschlage" neu aufgebaut worden. Seinen Dienstsitz habe er nach wie vor in Bukarest gehabt; allerdings sei er in kürzeren Abständen nach Czernowitz, Kischinew und Odessa gereist.[318] Tatsächlich stand ihm in Czernowitz und Kischinew jeweils ein eigenes Haus zur Verfügung.[319] Fernerhin sagte Pflaumer aus, Mihai Antonescu vorgeschlagen zu haben, in Transnistrien einen Zivilisten als Gouverneur zu ernennen. Von ihm, Pflaumer, sei der Name Alexianu ins Spiel gebracht worden, da er diesen aus der Kommission in Bukarest gekannt habe. Im unmittelbaren Anschluss beteuerte Pflaumer jedoch, seine Tätigkeit sei bloß beratend gewesen, und gegenüber den von Ion Antonescu ernannten Gouverneuren habe er keinerlei Weisungsbefugnis besessen.[320]

In der Sitzung des Ministerrats vom 25. Juli 1941, die sich vor allem mit Wirtschaftsfragen sowie einer Neuordnung Bessarabiens und der Bukowina befasste, erklärte Mihai Antonescu anlässlich der Präsentation einschlägiger Prinzipien, in seinen Planungen zu einer Neuordnung der beiden Provinzen sei Ion Antonescu von den Ratschlägen Pflaumers beeinflusst worden.[321] Am 11. Juli 1941 hatte Pflaumer bei General Voiculescu – in dessen Eigenschaft als Koordinator für die beiden eroberten Provinzen – schriftlich seine Vorschläge für die Neuorganisation der Verwaltung in Bessarabien und in der Bukowina eingereicht. In seinem Begleitschreiben fasste Pflaumer die zu diesem Thema mit Ion und Mihai Antonescu geführten Gespräche zusammen:

„Ursprünglich wollte der Staatsführer für die neugewonnenen Gebiete eine reine Militär-Verwaltung einführen. Er griff aber meine Anregung, dass sich anlässlich der Wiedergewinnung der okkupierten Gebiete eine einmalige Gelegenheit böte, gewisse dringend notwendige Reformen in der rumänischen Verwaltung einzuführen, lebhaft auf und entschied sich gerade aus diesem Gesichtspunkt für die Einführung der Zivilverwaltung."[322]

Insbesondere habe Ion Antonescu überzeugt,

überraschend, und General Calotescu wurde Gouverneur. Letzteren dürfte Pflaumer gemeint haben.

317 Zeugenaussage Karl Pflaumer, 26.4.1957. StA Frankenthal, 9 Js 143/61, Bd. 16, Bl. 3834.

318 Ebenda, Bl. 3834f.

319 Zeugenaussage Elisabeth Neumayr, 11.6.1968. BArch Ludwigsburg, B 162/3811, Bl. 835.

320 Zeugenaussage Karl Pflaumer, 26.4.1957. StA Frankenthal, 9 Js 143/61, Bd. 16, Bl. 3835.

321 Ciucă (Hg.), Stenogramele, Bd. 4, 203f.

322 Pflaumer an Voiculescu, 11.7.1941 [Deutschsprachiges Original]. ANR, PCM, Cabinet Militar, 1941/559, Bl. 28–32, Zitate Bl. 28.

„dass hier erstmals ein Anfang mit der Abkehr von dem überspitzten Zentralismus, unter dem auch nach seiner Meinung die rumänische Verwaltung besonders leidet, gemacht werden kann."

Vorbedingung sei eine Stärkung der Entscheidungsbefugnisse unterer Instanzen gewesen. Daher habe sich Ion Antonescu entschlossen, nicht nur eine Zivilverwaltung zu schaffen, sondern sie obendrein „in weitestem Umfange von der Staatszentrale abzulösen und die Oberleitung persönlich in die Hand zu nehmen".

Leitlinie der von Pflaumer und seinen Mitarbeitern entworfenen Verwaltungsstatuten für Bessarabien und für die Bukowina war eine strikt hierarchisch aufgebaute Verwaltung – die Stellung des Gouverneurs betreffend, der einzig von Ion Antonescu Befehle entgegennahm – und gleichzeitig eine Dezentralisierung auf unterer Ebene. So sollte der zwischen Gemeinde und Judeţ situierte Kreis nach dem Vorbild der deutschen Landkreise gestärkt und mit mehr Eigenverantwortung ausgestattet werden.[323]

Zusammen mit seinem Organisationsentwurf übermittelte Pflaumer am 12. Juli 1941 die dringende Mahnung, schleunigst Gouverneure für Bessarabien und für die Bukowina zu ernennen, denn „nur eine nach dem Führerprinzip aufgebaute Verwaltung" sei fähig, die anfallenden Probleme schnell und entschlossen zu bewältigen.

„Sollte man sich dieser meiner Ansicht nicht anschließen können, würde ich eine reine Militärverwaltung immer noch für besser halten, da mit dem schwerfälligen Verwaltungssystem des Altreiches die Aufbauarbeit nicht geleistet werden kann."[324]

Inzwischen lief in Czernowitz ein Kompetenzstreit zwischen Rioşanu und Voiculescu über die Bühne. Um die Entscheidung Ion Antonescus zu erbitten, suchten sie am 15. Juli 1941 das Hauptquartier auf. Nach Darstellung Mihai Antonescus (in der Sitzung des Wirtschaftskabinetts vom 1. August 1941) verlief diese Auseinandersetzung in Gegenwart Pflaumers, Ellgerings und Reinhards. Ion Antonescu habe sich hinsichtlich der Bukowina für Rioşanu entschieden und diesen mit einem Schreiben ausgestattet, wonach er der alleinige Bevollmächtigte Ion Antonescus sei. In demselben Schriftstück wird freilich ergänzend ausgeführt, Rioşanu solle in Übereinstimmung mit Pflaumer arbeiten und dessen Vorschläge anhören.[325]

Sechs Tage später, am 21. Juli 1941, erstattete Rioşanu Bericht an Ion Antonescu über die Lage in der Bukowina. Dabei erwähnte er, gemeinsam mit den lokalen Behörden arbeite die „deutsche Delegation" an einem neuen Statut für die Verwaltung der Provinz. Für den 22. Juli habe er eine Konferenz der Präfekte, Prätoren, Bürgermeister und höheren Beamten einberufen, an der auch Pflaumer mit seinen Mitarbeitern teilnehmen werde.[326]

323 Vgl. ebenda, Bl. 28–32.
324 Pflaumer an Ion Antonescu, 12.7.1941 [Deutschsprachiges Original]. ANR, PCM, Cabinet Militar, 1941/559, Bl. 27.
325 Ciucă (Hg.), Stenogramele, Bd. 4, 244f.
326 Rioşanu, Raport asupra situaţiei din Bucovina, [21.7.1941]. ANR, PCM, Cabinet Militar, 1941/559, Bl. 78.

Am 23. Juli 1941 setzte Ion Antonescu Voiculescu als seinen Bevollmächtigten für die Leitung und Verwaltung Bessarabiens ein. Ihm zur Seite stellte Antonescu ebenfalls Karl Pflaumer, und zwar „als Berater in allen Fragen" (ca consilier din toate punctele de vedere). Keine andere staatliche Behörde, welcher Ebene auch immer, besaß gemäß dieser Anweisung Ion Antonescus das Recht, sich in Fragen der Verwaltung Bessarabiens und der Bukowina einzumischen. Nur über seine Bevollmächtigten durften sich die Ministerien in Bukarest an die Verwaltung der beiden Provinzen wenden. Dort wiederum unterstanden alle rumänischen Dienststellen den beiden Bevollmächtigten.[327]

Wie weit der Einfluss Pflaumers anfangs sogar in Detailfragen reichte, mag folgender Vorgang illustrieren. Am 31. Juli 1941 setzte Rioşanu den zunächst als Bürgermeister von Czernowitz ernannten Arzt Lupu Strejac wieder ab, da dieser zugleich das Gesundheitsamt der Stadt leitete und er nicht beide Ämter ausfüllen könne. Damit folgte Rioşanu einem Vorschlag Pflaumers, und er bat schriftlich um die Genehmigung Ion Antonescus für diesen Schritt. Neuer Bürgermeister sollte der bisherige stellvertretende Bürgermeister Traian Popovici werden.[328]

Welche Rolle hatte nun Karl Pflaumer bei der Verfolgung der Juden in den eroberten Territorien? Charakteristischerweise gibt es hierfür keine direkten Belege, nur indirekte Hinweise, die einschlägigen Erklärungen Ion und Mihai Antonescus zu entnehmen sind. Direkte Belege liegen hingegen über Theodor Ellgering vor, der wiederum als „Sachverständiger für kommunale Fragen" Mitarbeiter Pflaumers war und der 1941 sehr oft zusammen mit Pflaumer in den Quellen genannt wird.

Doch erst zu Pflaumer. Entgegen dessen Behauptung aus dem Jahr 1957, Ion Antonescu habe ihn Mitte Juli 1941 gebeten, beim „Neuaufbau der Verwaltung in den wiedergewonnenen Gebieten der Bukowina und Bessarabiens und später Transnistriens beratend mitzuwirken", ist eindeutig zu belegen, dass er einige Wochen früher damit betraut wurde. Kurz nach seiner Rückkehr aus München empfing Ion Antonescu am 15. Juni 1941 Pflaumer – zusammen mit Ellgering – in seinem (von Hermann Clejan erbauten) Privathaus in Predeal.[329] Erneut traf Pflaumer – diesmal zusammen mit Mihai Antonescu und einigen Ministern der rumänischen Regierung – am 30. Juli 1941 Ion Antonescu bei Focşani in dessen mobilem Hauptquartier.[330]

In der bereits aufgeführten Sitzung des Ministerrats vom 8. Juli 1941, als Mihai Antonescu seinen flammenden Aufruf zur „ethnischen Säuberung" in Bessarabien und in der Bukowina hielt, waren Karl Pflaumer und Theodor Ellgering ebenfalls zugegen. Mihai Antonescu stellte sie als „Vertreter der deutschen Armee" vor, die zum rumänischen Generalhauptquartier abgeordnet worden seien, ebenso aber auch als Vertreter des deutschen Innenministeriums. General Antonescu wolle sie unmittelbar heranziehen, nicht nur, weil

[327] Proces-verbal [Verwaltungskonferenz in Kischinew], 25.7.1941. ANR, PCM, Cabinet Militar, 1941/559, Bl. 122.

[328] Rioşanu an Ion Antonescu, 31.7.1941. USHMM, RG25.003M, reel 4.

[329] Tageskalender Ion Antonescu, 15.7.1941. ANR, PCM, dosar 1940/314, Bl. 192.

[330] Tageskalender Ion Antonescu, 30.7.1941. ANR, PCM, dosar 1940/314, Bl. 200.

sie als Verbindungsleute fungieren könnten, sondern vielmehr wegen der von ihnen gesammelten Kenntnisse.[331]

In derselben Sitzung präzisierte Mihai Antonescu etwas später, Pflaumer habe „in vielen deutschen Regionen Kolonisierungen durchgeführt" und sich mit den verwaltungstechnischen Regelungen der deutschen Besatzung in verschiedenen Provinzen befasst.

> „Pflaumer hat Erfahrung, vor allem Erfahrung beim Bevölkerungsaustausch und bei Zwangsaussiedlungen. Pflaumer hat Erfahrung darin, wie man eine neue Verwaltung installiert, in der die lokalen Amtsträger mit wirksamen Vollmachten ausgestattet sind."[332]

Mihai Antonescu fuhr fort, Pflaumers Wissen zu preisen. Pflaumer habe Ion Antonescu über die Maßnahmen unterrichtet, die er in Zusammenarbeit mit der deutschen Armee an seinen jeweiligen Einsatzorten getroffen habe:

> „General Antonescu hat diese Informationen als sehr wichtig erachtet, so dass auch wir sie in dieser ersten Phase der Besetzung Bessarabiens und der Bukowina nutzen werden."

Formal betrachtet sei Pflaumer „Verbindungsoffizier bei General Antonescu" und werde dabei helfen, einige der in Bessarabien und in der Bukowina vorhandenen Probleme zu bewältigen.

> „Vor allem haben wir eine gemeinsame Mission bei der Durchführung gewisser Migrationsbewegungen zu erfüllen, die das Territorium unter deutscher und rumänischer Souveränität betreffen. Sie werden also Verbindungsleute sein. Deshalb bitte ich Sie, sich zuvorkommend um Herrn Pflaumer zu kümmern und ihm eine Verbindung zu General Antonescu, mit dem er vor einigen Wochen ein langes Gespräch geführt hat, herzustellen, wann immer er sie benötigt."

Am 1. August 1941 charakterisierte Mihai Antonescu vor dem Wirtschaftskabinett nochmals die Aufgabe der Berater Pflaumer, Ellgering und Reinhard. Diese seien Experten in Fragen der Kolonisierung. Ion Antonescu wolle sich ihre Erfahrungen zunutze machen, insbesondere auf dem Feld der „Migration und Konzentrierung von Bevölkerung, von Juden", denn sie hätten solche Erfahrungen in Elsass-Lothringen und in „einigen Teilen Preußens" gesammelt, wo sie „wichtige Aktionen" durchgeführt hätten.[333] An anderer Stelle führte Mihai Antonescu aus:

> „Ich muss Ihnen gestehen, dass das Konzept einer Autonomie als abgeschlossene Einheit für die erste Phase der Besetzung Bessarabiens und der Bukowina, in der Bevölkerung verschoben werden soll und Verwaltung und Wirtschaft wieder in Gang gesetzt werden sollen, General Antonescu von Minister Pflaumer und von Ellgering vorgeschlagen wurde. Sie haben uns dieses Regime empfohlen, damit schneller eine neue Verwaltungsstruktur erreicht wird, und sie haben für diese Idee die Erfahrungen im Elsass, in Polen und in einigen Teilen Süddeutschlands vorgebracht."[334]

[331] Ciucă (Hg.), Stenogramele, Bd. 4, 55f.
[332] Ebenda, 56.
[333] Ebenda, 244.
[334] Ebenda, 246.

Schon immer sei er skeptisch gewesen, ob man diese Kenntnisse auf die ganz anders gearteten Verhältnisse Rumäniens übertragen könne. Deshalb habe er Pflaumer – „ein Mann voller guter Absichten, voller Fürsorge und voller Leidenschaft für die Wahrheit und für gerechte Lösungen“ – eigene Erfahrungen machen lassen wollen,

> „damit er sieht, was die undurchdringliche Autonomie bei einer rumänischen Provinz bedeutet. Ich habe das getan, damit wir dann dahin kommen, eine Formel zu finden, mit der die Autorität der Regierung gewahrt und die Einheit des Staates und der Nation gesichert wird.“[335]

Theodor Ellgering war von Gustav Richter 1961 als einer von drei Entlastungszeugen benannt worden.[336] Ein Vertreter der Staatsanwaltschaft Frankenthal besuchte ihn am 23. Oktober 1961 in seiner Wohnung in Rhöndorf. Zur eigenen Tätigkeit in Rumänien erklärte Ellgering, im Frühjahr 1941 als „Berater für kommunale Verwaltungsfragen“ ins Land gekommen zu sein und dort ein Jahr lang gearbeitet zu haben. Die Zusammenarbeit mit den rumänischen Behörden sei keineswegs gut gewesen, da diese sich nicht in ihr Verwaltungssystem hätten hineinreden lassen wollen. Während weitere Äußerungen zum eigenen Einsatz nicht protokolliert sind, stellte Ellgering Gustav Richter, wie wohl von diesem erhofft, ein gutes Zeugnis aus:

> „Der Angeschuldigte war auch in der Behandlung der Judenfrage tolerant eingestellt und ließ mit sich reden. Der Angeschuldigte war ein guter Familienvater. Ich hätte ihm damals nicht zugetraut und kann mir auch heute noch nicht vorstellen, dass er Maßnahmen gegen Juden geplant, angeregt und durchgeführt hätte, die auf eine Vernichtung des Judentums in Rumänien hinausliefen.“[337]

Das räumliche Tätigkeitsfeld Ellgerings als „Berater für kommunale Verwaltungsfragen“ war die Bukowina gewesen, ein 1961 schon länger gerichtsbekannter Sachverhalt. Bereits 1957 nämlich war Ellgering von der Entschädigungskammer Stuttgart zwei Mal zur Klärung der Frage hinsichtlich einer deutschen Verantwortung für die Deportation der Juden aus der Bukowina als Zeuge gehört worden. In seiner Aussage vom 14. November 1957 postulierte er, die Deportation sei eine rein rumänische, ohne Wissen und gegen den Widerstand der deutschen Seite erfolgte Aktion gewesen. Er selbst habe über die „Maßnahmen gegen die Juden in Czernowitz“ einen langen Bericht an die DGB geschickt, in dem er darauf hingewiesen habe, „dass diese Maßnahme sinnlos sei, da die Bevölkerung zu 80 oder 90 % aus Juden bestand“.[338] Die DGB, so Ellgering weiter, habe seine Ansicht geteilt.

> „Wir machten auch Marschall Antonescu darauf aufmerksam, wie er denn weiter arbeiten wolle, wenn er aus der Bukowina die ganzen Juden deportiere.“[339]

[335] Ebenda, 246f.
[336] Herbert Humm an Untersuchungsrichter Landgericht Frankenthal, 3.7.1961. StA Frankenthal, 9 Js 143/61, Bd. 2, Bl. 296–298.
[337] Zeugenaussage Theodor Ellgering, 23.10.1961. StA Frankenthal, 9 Js 143/61, Bd. 3, Bl. 359.
[338] Zeugenaussage Theodor Ellgering, 14.11.1957. StA Frankenthal, 9 Js 143/61, Bd. 17, Bl. 4232–4234, Zitate Bl. 4232.
[339] Ebenda, Bl. 4233.

Durchgeführt worden sei das vom rumänischen Militär und weder mit der deutschen Seite noch mit der rumänischen Zivilverwaltung abgesprochen gewesen. Er selbst habe sich bloß einige Wochen in Czernowitz aufgehalten, weshalb er außerstande sei zu sagen, wie lange das Ghetto existierte. Ebenso sei ihm unbekannt, dass Pflaumer den Entwurf für ein Ghetto bestätigt habe.

> „Wenn er irgendetwas bezüglich des Ghettos Cz. veranlasst hätte, hätte er mich davon unterrichten müssen, da ich für dieses Gebiet zuständig war."[340]

Über die Deportation sei Pflaumer „genauso entsetzt und überrascht wie ich" gewesen. Mit ihm zusammen habe Pflaumer darum in Bukarest vorgesprochen.

> „Ich halte es auch schon aus diesem Grunde für unmöglich, dass Pflaumer den Ghettoentwurf bestätigt haben soll."

Seinen „Bericht über die Zustände in Czernowitz" habe er an Stuckart geschickt. Dieser habe ihm anlässlich eines Besuchs in Rumänien erklärt, sich über die Berichte sehr gefreut zu haben, insbesondere über denjenigen zu den Verhältnissen in Czernowitz. „Dieser Bericht sei mutig gewesen und habe in Berlin große Beachtung gefunden."[341] Ellgering ließ offen, was an seinem Bericht „mutig" war und weshalb er „große Beachtung" erfuhr.

Ellgering führte in seiner Aussage 1957 auch aus, Ion Antonescu habe ihm selbst einmal gesagt, „die Juden aus der Bukowina und Bessarabien heraushaben" zu wollen.

> „Ich halte es für ausgeschlossen, dass diese Deportationen auf deutsche Anweisung hin erfolgt sind. Marschall Antonescu war ein viel zu eigenwilliger und selbstbewusster Mann (selbstbewusster Rumäne), als dass er sich in solchen inneren Dingen etwas hätte von den Deutschen vorschreiben lassen."[342]

In eine ähnliche Richtung argumentierte auch Gustav Richter, als er, ebenfalls 1957, in einem Entschädigungsverfahren dem Landgericht Stuttgart einen kurzen Abriss der antijüdischen Maßnahmen in Rumänien unterbreitete. Für die Deportation der Juden aus Bessarabien und aus der Bukowina sowie für die Errichtung von Ghettos in Transnistrien trage einzig und allein die rumänische Regierung die Verantwortung. Tatsächlich seien diese Aktionen den deutschen und auch den rumänischen Interessen eher zuwidergelaufen. Das gelte etwa für die Deportationen aus Czernowitz, die zu einem „vollständigen Erlahmen" des wirtschaftlichen Lebens geführt hätten.

> „Vom Schuhputzer bis zum Handwerker und Geschäftsmann lag fast das gesamte wirtschaftliche Leben in Czernowitz in jüdischen Händen."[343]

[340] Ebenda.
[341] Ebenda.
[342] Ebenda.
[343] Schriftliche Zeugenaussage Gustav Richter (Landgericht Stuttgart, Josef Müller gegen Baden-Württemberg EGR 4101), 27.4.1957. StA Frankenthal, 9 Js 143/61, Bd. 1, Bl. 133–135, Zitat Bl. 133.

Wegen der „Gefahr des vollständigen Stillstands des Handels und Wandels" habe der deutsche Konsul in Czernowitz, Schellhorn, beim rumänischen Gouverneur interveniert und die „verhängnisvollen Auswirkungen der Deportierungen" aufgezeigt. Er selbst habe in einer Unterredung mit Mihai Antonescu auf die Gefahren „der planlos durchgeführten Deportierungen von Juden hingewiesen". Ergebnis dieser deutschen Einwände war laut Richter:

> „Die Deportationen sind zwar nicht vollständig, aber bei weitem nicht mehr in dem früheren Umfang und in der planlosen Art weitergeführt worden."[344]

Was bleibt nun von diesen Aussagen übrig, konfrontiert man sie mit den bis heute bekannt gewordenen zeitgenössischen Dokumenten? Es ergibt sich, dass Karl Pflaumer und sein Stab in der Tat mit der Aufgabe betraut waren, neue Verwaltungsgesetze für Bessarabien und für die Bukowina zu erarbeiten, dass sie aber auch Vorschläge für die Behandlung der Juden erarbeiteten.

Wie steht es um den deutschen Einfluss auf die antijüdischen Maßnahmen der sich etablierenden rumänischen Verwaltung in der Bukowina, insbesondere in Czernowitz? Es wurde schon erwähnt, dass Pflaumer und Ellgering jede Verantwortung für antijüdische Aktionen weit von sich wiesen, schon eine Berührung mit solchen Fragen abstritten. Was beide zugaben, war ohnehin nicht zu leugnen, nämlich die Rolle der Einsatzgruppe D.

Dementgegen ergibt sich die Zuständigkeit der deutschen Berater auch für „Judenfragen" eindeutig aus zwei hier bereits zitierten Quellen: aus den Ausführungen Mihai Antonescus vom 8. Juli 1941 und aus dem Telegramm Mihai Antonescus vom 26. August 1941. Darüber hinaus ist festzustellen, dass man offenkundig darauf achtete, möglichst wenig Spuren zu hinterlassen. Die wesentlichen Besprechungen fanden mündlich statt und wurden möglicherweise überhaupt nicht protokolliert.

Dass es solche Besprechungen gegeben hat, belegt ein zufällig im rumänischen Außenministerium erhalten gebliebenes Schreiben von Theodor Ellgering vom 9. August 1941. Ellgering war von deutschen Armeeeinheiten, die sich bereits jenseits des Dnjestr befanden, darauf hingewiesen worden, die Rumänen schöben Juden aus Bessarabien und aus der Nordbukowina über den Dnjestr ab. Daraufhin wandte sich Ellgering mit der Bitte an Rioşanu, diese Abschiebungen vorerst zurückzustellen:

> „Nach meinem Dafürhalten kann der Abschub der Juden erst einsetzen, wenn die Waffenhandlungen zu einem gewissen Abschluss gekommen sind und wenn zwischen den verbündeten und russischen Truppen eine Demarkationslinie besteht. Damit kommt die Judenfrage besonders für die Stadt Czernowitz in ein akutes Stadium. Es ist nach meiner Ansicht völlig unmöglich, den jetzigen Zustand auch nur für eine vorübergehende Zeit zu belassen. Es liegen keine genauen Zahlen über die Struktur der Bevölkerung der Stadt vor, ich glaube aber nicht zu hoch zu greifen, wenn ich annehme, dass von den schätzungsweise 60 000 vorhandenen Einwohnern 90 % Juden sind. Die auf meine Anregung durchgeführte Kennzeichnung der Juden hat ja erst so recht gezeigt, wieviel Juden überhaupt vorhanden sind. Sie dominieren im Straßenbild und sie werden schon von Tag zu Tag wieder frecher und un-

[344] Ebenda, Bl. 134.

verschämter. Die Verhältnisse liegen daher wie in den Städten Warschau, Krakau und Lodz, wo die deutschen Behörden sich nach der Besetzung ebenfalls gezwungen sahen, besondere Maßnahmen zu ergreifen.
Ich schlage daher vor, nach dem Vorbild dieser Städte die Juden in einem besonderen Stadtviertel zusammenzufassen und ein Ghetto zu bilden, das sie nur mit besonderer Erlaubnis verlassen dürfen. Über die Einzelheiten habe ich Ihnen und Ihrem Generalsekretär mündlich Vortrag gehalten. Vielleicht wird es gut sein, dem Beamten, der die Leitung der bei der Stadtverwaltung für diesen Zweck zu errichtenden Dienststelle erhalten soll, Gelegenheit zu geben, in Krakau die dort vorhandenen Einrichtungen zu besichtigen.
In der Zwischenzeit können hier die statistischen Erhebungen und sonstigen Vorbereitungen in der besprochenen Weise eingeleitet werden.
Die Erfahrung, die wir bei der Durchführung der Aktion machen, kann dann später auch für die übrigen Teile des Landes verwendet werden. Zunächst scheint mir die Aktion für Czernowitz am dringlichsten zu sein. Über die Möglichkeit der Ausnützung der jüdischen Arbeitskraft habe ich Ihnen ebenfalls Vorschläge gemacht, so dass ich's mir ersparen darf, diese Dinge noch einmal schriftlich darzulegen."[345]

In seiner Erklärung von 1946 berichtete Traian Popovici, seinerzeit Bürgermeister von Czernowitz, Ende September 1941 zwecks einer Besprechung über das einzurichtende Ghetto zu Gouverneur Corneliu Calotescu gerufen worden zu sein. Schon vor dem Treffen sei er darüber informiert gewesen, dass die deutschen Berater auf die schnelle Einrichtung eines Ghettos drängten. Deren Vorschläge seien von ihm, Popovici, zu einem abgemilderten Konzept verarbeitet worden, das er noch am gleichen Abend Calotescu vorgelegt habe.[346]

Folgt man der Darstellung Popovicis, war die – im Vergleich zu Kischinew – verspätete Einrichtung eines Ghettos in Czernowitz Ergebnis seiner bewussten Verzögerungstaktik, die er, wenn nicht mit Zustimmung, so wenigstens unter Duldung Alexandru Rioşanus betrieb.[347] Glaubwürdigkeit erhält die Version Popovicis dadurch, dass dieser sich erwiesenermaßen für Belange der bedrohten Juden einsetzte. Schwerer zu beurteilen ist die Haltung Rioşanus. (Nach schwerer Krankheit verstarb Rioşanu am 31. August 1941; General Calotescu hatte ihn deshalb bereits seit etwa Mitte August vertreten.)

Popovici erklärte die Entsendung von Delegierten in die deutschen Ghettos im Generalgouvernement als Teil dieser Verzögerungstaktik. Auch das klingt durchaus glaubhaft, wohingegen Ellgering den Vorschlag zweifellos anders verstand. Ebenso wenig wertete Mihai Antonescu die Entsendung als eine Verzögerung. Am 18. August 1941 teilte er dem an der Front weilenden Ion Antonescu mit, einen Mitarbeiter nach Warschau geschickt zu haben,

[345] Ellgering an Rioşanu, 7.8.1941 [Deutschsprachiges Original]. AMAE, fond 71/1939 E.9, dosar 324, Bl. 14. Eine rumänische Übersetzung dieses Schreibens findet sich in ANR, PCM, Cabinet Civil, 1940/425, Bl. 31f. Auf dem an Ion Antonescu adressierten Begleitschreiben zu dieser Übersetzung ist per handschriftlichem Vermerk vom 23.8.1941 festgehalten, das Originalschreiben sei an Gerhard Stelzer von der DGB übergeben worden; was aus ungeklärten Gründen doch nicht geschehen ist, denn das Original liegt im AMAE.

[346] Traian Popovici, Spovedania – Testimony, Bucureşti 2002, 26.

[347] Ebenda, 18f.

damit sich dieser über die deutsche Vorgehensweise bei der Ghettoisierung der jüdischen Bevölkerung kundig mache. Nach dessen Rückkehr werde er weiteren Bericht erstatten.[348]

Eindeutig lässt sich also belegen, dass die deutschen Berater die rumänischen Behörden in den Methoden unterwiesen, die im Generalgouvernement gegen die dort lebenden Juden angewandt wurden. Etwas schwieriger gestaltet sich die Frage, inwieweit und auf welche Weise die deutschen Berater die rumänische Seite hinsichtlich der Deportationen beeinflussten. Für eine solche Aktivität sprechen vor allem die Erklärungen Mihai Antonescus; indessen fehlen bislang dokumentarische Beweise. Sieht man sich den Weg der Befehle zur Deportation der Juden aus Bessarabien und aus der Bukowina an, verweisen alle Quellen auf Ion Antonescu als Ursprung, der seine zentrale Rolle 1946 unumwunden eingestand, wenngleich er diese in die apologetische Begründung kleidete, die Juden sollten vor den Deutschen geschützt werden.

Theodor Ellgering berief sich später auf seinen angeblichen Widerstand gegen die Deportation der Juden aus Czernowitz. Ist es glaubhaft, dass die deutschen Berater sich gegen eine Deportation wandten? In der Tat hatte Ellgering am 17. Oktober 1941 einen vertraulichen Bericht über die Lage in der Bukowina geschrieben. Darin wird die rumänische Verwaltung einer grundlegenden Kritik unterzogen und insbesondere vor schädlichen Auswirkungen der Deportation der Juden der Provinz für die lokale Wirtschaft gewarnt. Ellgering argumentierte nicht gegen die Deportation der Juden aus der Bukowina als solche; er wandte sich lediglich gegen ein überstürztes und unterschiedsloses Vorgehen. Ohne die Arbeitskraft der Juden drohe das Wirtschaftsleben der Provinz zusammenzubrechen, was auch deutsche Wirtschaftsinteressen gefährden würde.[349]

Fritz Schellhorn, deutscher Konsul in Czernowitz, verwendete in seinen Berichten aus jener Zeit genau dieselben Argumente wie Ellgering. In Schellhorns Fall gibt es jedoch ausreichend Hinweise darauf, dass die wirtschaftliche Argumentation nur ein Vorwand war, und es ihm tatsächlich um die Rettung zumindest einiger Juden vor der Deportation ging.[350] Schellhorns demgemäße Aussagen, die er in den 1960er Jahren machte, entsprechen also nach heutigem Kenntnisstand weitgehend der Wahrheit. Hingegen gilt das für Nachkriegsbehauptungen Ellgerings keineswegs. Die heute zugänglichen Dokumente entlarven sie als Schutzbehauptungen. Bei Ellgering lässt sich kein stichhaltiges Indiz dafür finden, dass es ihm seinerzeit um das Wohl der Bukowiner Juden gegangen sein könnte.

348 Mihai Antonescu an Ion Antonescu, [18].8.1941. ANR, PCM, Cabinet Militar, dosar 1941/170, Bl. 42.

349 Vgl. Theodor Ellgering, Bericht über die Lage in der Bukowina, 17.10.1941, 13 Bll. PAAA, Konsulat Czernowitz, Karton 4. Die hier interessierenden Passagen finden sich in dem Abschnitt „Aufbau der gewerblichen Wirtschaft (Judenproblem)“ (Bl. 4–9. Ebenda).

350 Mariana Hausleitner, Rettungsaktionen für verfolgte Juden unter besonderer Berücksichtigung der Bukowina 1941–1944, in: Wolfgang Benz / Brigitte Mihok (Hgg.), Holocaust an der Peripherie. Judenpolitik und Judenmord in Rumänien und Transnistrien 1940–1044. Berlin 2009, 113–128, hier 114–120; Hartwig Cremers, Generalkonsul Dr. Dr. Fritz Gebhard Schellhorn (zugleich ein Beitrag zur Geschichte der Juden in Czernowitz), *Halbjahresschrift für südosteuropäische Geschichte, Literatur und Politik* 23 (2011), H. 1/2, 129–141.

Um dies zu zeigen, muss zunächst etwas näher auf die Deportation der Juden aus Czernowitz eingegangen werden bzw. auf die Umstände, die dazu führten, dass in dieser Stadt etwa 20 000 Juden der Verschleppung entgingen.

Im Bericht der Ende 1942 vom rumänischen Kriegsministerium eingesetzten Untersuchungskommission über „die Unregelmäßigkeiten bei der Evakuierung der Juden aus Czernowitz" heißt es zur Vorgeschichte der Deportation, Anfang Oktober 1941 hätten der Oberste Militärrichter General Ion Topor sowie Oberstleutnant Gheorghe Petrescu als Vertreter des Generalstabs den Befehl Ion Antonescus zur Evakuierung der Juden aus der Bukowina nach Transnistrien überbracht. Gouverneur Calotescu habe sich gerade in Bukarest aufgehalten und sei telefonisch in Kenntnis gesetzt worden, woraufhin Calotescu angeordnet habe, mit der Evakuierung im Süden der Bukowina zu beginnen; über die Juden in Czernowitz solle erst nach seiner Rückkehr entschieden werden.[351]

Nach Darstellung des Untersuchungsberichtes war Hintergrund des Aufschubs für die Czernowitzer Juden eine Anfang September in Tiraspol getroffene Vereinbarung Ion Antonescus mit Calotescu. Augenscheinlich war dort über die bevorstehende Deportation der Juden aus der Bukowina gesprochen und verabredet worden, in Czernowitz einige Tausend Juden vorläufig nicht zu deportieren, da sie noch für die Aufrechterhaltung des wirtschaftlichen Lebens benötigt würden. Hingegen begann unverzüglich die Evakuierung aus dem Süden der Bukowina, die zum Zeitpunkt der Rückkehr Calotescus nach Czernowitz bereits abgeschlossen war.[352]

In der Tat scheint die Entscheidung Ion Antonescus damals gefallen zu sein, schnellstens mit der Deportation der gesamten jüdischen Bevölkerung aus den beiden eroberten Provinzen zu beginnen. Am 2. September 1941 befahl General Topor dem Kommandeur der Gendarmerie in Transnistrien, Emil Broşteanu, alle erforderlichen Vorbereitungen zu treffen, damit Transfers über den Dnjestr am 6. September beginnen konnten. Broşteanus Antwort vom 3. September ist zu entnehmen, dass er davon ausging, Ion Antonescu und Alexianu hätten abgesprochen, die Transfers am 15. September beginnen zu lassen.[353]

In Czernowitz angelangt, setzte Gouverneur Calotescu am 10. Oktober 1941 Bürgermeister Popovici von der bevorstehenden Deportation aus Czernowitz in Kenntnis. In der Nacht vom 10. auf den 11. Oktober ließ General Vasile Ionescu, Militärkommandant der Bukowina, die Vertreter der jüdischen Gemeinde vorladen, denen er mitteilte, die jüdische Bevölkerung der Stadt müsse sich bis zum Abend desselben Tages in dem von ihm angegebenen Stadtteil einfinden.[354] Die Deportationen nach Transnistrien begannen am 13. Oktober 1941 und dauerten bis zum 15. November. 30 000 Menschen wurden Richtung Dnjestr transportiert. Auf Befehl Ion Antonescus wurde alsdann die Operation unter Berufung auf den nahenden Winter abgebrochen.[355]

351 Siminel an PCM, Cabinetul Militar, 5.2.1942. USHMM, RG 25.004M, reel 14.
352 Ebenda.
353 Carp, Cartea Neagră, Bd. 3, Dok. 73/74, 121f.
354 Popovici, Spovedania – Testimony, 31, 33.
355 Carp, Cartea Neagră, Bd. 3, 144, 147.

Am 15. November 1941 hielten sich noch ca. 20 000 Menschen im Ghetto von Czernowitz auf. Die Mehrheit von ihnen besaß zu diesem Zeitpunkt eine Genehmigung des Gouvernements, die ihnen einen vorläufigen Verbleib in der Stadt ermöglichte. Ion Antonescu hatte sich mit Calotescu – wie bereits erwähnt – darauf geeinigt, für das Wirtschaftsleben unentbehrliche Juden sollten mit ihren Familien vorläufig von der Deportation ausgenommen werden. Die erste aufgrund dieser Absprache erstellte Liste umfasste 550 Familienvorstände und damit etwa 2 500 Personen. Aufgrund verschiedener Interventionen erteilte Ion Antonescu kurz nach Beginn der Deportation, als bereits zwei Züge mit ungefähr 6 000 bis 7 000 Personen abgefahren waren, die Erlaubnis, weitere 13 000 bis 20 000 Juden in Czernowitz zu belassen, sofern sie für das wirtschaftliche Leben von Nutzen seien.[356]

Laut Feststellung der Czernowitzer Dienststelle des rumänischen Armeegeheimdienstes hatte es an keinem anderen Ort der Bukowina derlei offen geäußerten Widerstand lokaler Behörden gegeben.[357] In Czernowitz intervenierten mehrere Personen zugunsten der Juden, darunter neben dem damaligen Bürgermeister Traian Popovici der deutsche Konsul Fritz Schellhorn. Beide sollten sich später jeweils die entscheidende Rolle bei der Erwirkung der Konzession des Bleibens von Juden zuschreiben. Welche der Interventionen tatsächlich ausschlaggebend dafür war, dass Ion Antonescu weitaus mehr Juden in der Stadt beließ, als er ursprünglich beabsichtigt hatte, lässt sich auch heute nicht entscheiden. Letztlich ist es im vorliegenden Kontext nicht von Bedeutung, geht es doch um die Motivlage der Interventionen von deutscher Seite.

Die Rolle von Traian Popovici steht im Mittelpunkt des Geheimdienstberichts vom 29. Dezember 1941. Zu diesem Zeitpunkt wegen seines Eintretens für die Juden der Stadt bereits von seinem Bürgermeisterposten abgesetzt, konnte man sich beim militärischen Geheimdienst das Verhalten Popovicis nur als Folge von Bestechung erklären, wiewohl man einräumen musste, bisher keine Belege hierfür gefunden zu haben. Nicht nur das: Die Darstellung der Agenten untermauert diese These keineswegs, stellten sie doch fest, gerade Popovici sei mehr als alle anderen von den Maßnahmen „überrascht und unangenehm berührt" gewesen.

> „Am 15. und 16. Oktober wurde er im Ghetto gesehen, wie er den Juden seine volle Unterstützung zusicherte und versprach, dass etwa 15 000 Juden in Czernowitz bleiben könnten. Sein Mitgefühl ging soweit, dass er im Ghetto in Tränen ausbrach."[358]

Außerdem habe er versucht, Druck auf die lokalen Militärbehörden auszuüben, und er habe sich bei seinem Eintreten für einzelne Juden heftige Wortgefechte mit dem Leiter der örtlichen Dienststelle der Siguranța geliefert.

Im Bericht des militärischen Geheimdienstes finden – an letzter Stelle – auch die Bemühungen Schellhorns Erwähnung. Ihm wird vorgeworfen, unter wirtschaftlichen Vorwänden

356 Siminel an PCM, Cabinetul Militar, 5.2.1942. USHMM, RG 25.004M, reel 14.

357 Agentura frontului de est, Centrul Nr. 1 Cernăuți, Notă Nr. 199, 29.12.1941. USHMM, RG 25.004M, reel 135.

358 Ebenda.

alle Juden mit österreichischen Pässen als deutsche Staatsbürger aus dem Ghetto geholt zu haben. „Solange das Ghetto bestand, konnte man das Auto des deutschen Konsulats im Ghetto sehen."[359] Auch hier vermuteten die rumänischen Geheimdienstler rein pekuniäre Motive und regten eine Untersuchung an, da ihnen Beweise für ihre Annahme fehlten.

Zwischen Oktober 1941 und Sommer 1942 verfasste Fritz Schellhorn wiederholt Berichte zum Schicksal der Czernowitzer Juden. Durchgängig werden darin die Deportationsmaßnahmen als schädlich für die Wirtschaft kritisiert. Bereits in einer am 15. Oktober 1941 für die DGB erstellten Aufzeichnung äußerte er die Befürchtung, diese „überstürzte Maßnahme" könne zum Zusammenbruch des Wirtschaftslebens der ganzen Provinz führen. Daher habe er den Gouverneur gebeten, Vertreter reichsdeutscher Firmen und absolut erforderliches Personal reichsdeutscher Unternehmen in der Stadt zu belassen. Calotescu habe ihm zugesagt, diesen Wünschen möglichst zu entsprechen.[360]

In einer weiteren Aufzeichnung vom 15. Oktober berichtete Schellhorn über eine Unterredung mit Pflaumer und Ellgering vom selben Tag. Er habe diese Besprechung anberaumt, um die Schritte gegenüber den rumänischen Behörden zu koordinieren. Pflaumer und Ellgering seien von ihm, Schellhorn, ausdrücklich darauf hingewiesen worden, dass es für die ausgefallenen jüdischen Arbeitskräfte keinerlei Ersatz gebe. Mit beiden habe er Übereinstimmung darin erzielt,

> „dass die gegen die jüdische Bevölkerung von Czernowitz geplanten Maßnahmen den völligen Zusammenbruch des Bukowiner Wirtschaftslebens nach sich ziehen müssten."[361]

In verschiedenen Aussagen während der 1950er und 1960er Jahre argumentierte Schellhorn stets, diese Berichte seien Teil seiner Bemühungen gewesen, den Juden der Stadt zu helfen und sie vor der drohenden Deportation zu retten. So sagte er als Zeuge im Rahmen der Vorermittlungen gegen Gustav Richter:

> „Die Rumänen begannen im September und Oktober 1941, die Juden der Nordbukowina nach Transnistrien zu deportieren. Sie fingen an mit der jüdischen Provinzbevölkerung. Die Deportierung dieser Bevölkerungsgruppe ging für rumänische Verhältnisse sehr rasch vor sich. Sie war innerhalb von 3–4 Tagen Ende September/Anfang Oktober 1941 durchgeführt. Daraufhin wurde die Deportierung der rund 50 000 Juden von Czernowitz in Angriff genommen. Ich erhielt damals einen Hinweis durch einen rumänischen Bekannten, der mich von Czernowitz aus in Jassy telephonisch verständigte. Am übernächsten Tag fuhr ich nach Czernowitz und habe mich dort zunächst umgehört. Sodann protestierte ich mündlich bei dem Gouverneur General Calotescu, später verfasste ich hierüber auch eine ausführliche Denkschrift, die ich Calotescu übergab. Sofort nach meiner mündlichen Vorsprache hat sich Calotescu offenbar mit dem Marschall Antonescu verständigt. Antonescu hat dann noch am selben Tage bestätigt, dass die Deportierung abgestoppt werde, dass 20 000 Juden überhaupt von der Deportierung ausgenommen werden sollen. Die Deportierung sollte erst wieder fortgesetzt werden, wenn jene 20 000 Juden ausgesondert waren. Meinen Protest stützte ich auf rein wirtschaftliche Gründe, da nur diese Gründe bei der damaligen Führung Berück-

359 Ebenda.
360 [Fritz Schellhorn], Aufzeichnung [1], 15.10.1941. PAAA, Konsulat Czernowitz, Karton 4.
361 [Fritz Schellhorn], Aufzeichnung [2], 15.10.1941. PAAA, Konsulat Czernowitz, Karton 4.

> sichtigung finden konnten. Aus diesem Grunde sollten die Listen der von einer Deportierung ausgenommenen Juden die Juden erfassen, die von wirtschaftlicher Bedeutung waren. Mit der Ausstellung der Listen waren verschiedene Instanzen, darunter auch das Konsulat, betraut."[362]

Ende 1941 intervenierte Schellhorn erneut und versuchte, bereits deportierte Juden deutscher Staatsbürgerschaft nach Czernowitz zurückzubringen. Die entsprechenden Gesuche erregten den Unwillen der rumänischen Seite und wurden von Ion Antonescu persönlich abschlägig beschieden.[363] Laut erstem Entwurf der Antwort des rumänischen Außenministeriums sollte der deutschen Seite als Entscheidung Ion Antonescus mitgeteilt werden, von der Deportation seien nur Staatsbürger solcher Staaten nicht betroffen gewesen, die in der Behandlung der Juden eine andere Linie verfolgten und derartige Maßnahmen in Rumänien mit Repressalien gegen rumänische Staatsbürger in ihrem Land beantworten könnten.[364] In der schließlich an die DGB gerichteten Verbalnote heißt es dann einfach, die rumänische Regierung habe das Gesuch aufmerksam geprüft, könne diesem jedoch zu ihrem Bedauern nicht stattgeben, da ihre „politischen Grundsätze bei der Behandlung der Juden" denen in Deutschland entsprächen.[365]

Zusammenfassend kann festgehalten werden, dass die Interventionen Schellhorns sowie die Kritik Ellgerings und Pflaumers durchaus nicht einen deutsch-rumänischen Dissens über das Vorgehen gegen die Juden auf höherer Ebene nachweisen. Bleibt noch die Frage, weshalb Ellgering und Pflaumer der Anregung Schellhorns folgten und die Deportation als wirtschaftlich schädlich kritisierten. Während es bei Pflaumer an direkten dokumentarischen Belegen fehlt, sieht es bei Ellgering anders aus. Ellgering nämlich hatte der rumänischen Seite Vorschläge für die Einrichtung eines Ghettos in Czernowitz und für die Ausbeutung der jüdischen Arbeitskraft gemacht. Die Deportation aller Juden aus Czernowitz hätte seine diesbezüglichen Planungen hinfällig werden lassen.

Am 12. September 1941 sprach Karl Pflaumer bei Mihai Antonescu vor. Gemäß der von diesem diktierten Zusammenfassung drückte der soeben aus Berlin zurückgekehrte Pflaumer seine Zustimmung zur Intervention aus, die Mihai Antonescu über Killinger beim Auswärtigen Amt unternommen hatte, damit die deutschen Truppen keine Juden aus der Ukraine „nach Rumänien" schickten. Pflaumer habe das Schreiben Mihai Antonescus im Auswärtigen Amt gelesen und dabei die Formulierung als berechtigt angesehen, „Rumänien sei kein zu besiedelndes Land". Laut Mihai Antonescu fuhr Pflaumer fort, dieser Feststellung stimme er schon deshalb zu,

[362] Zeugenaussage Fritz Gebhard Schellhorn, 3.5.1968. BArch Ludwigsburg, B 162/3811, Bl. 758.
[363] Vgl. hierzu die entsprechende Korrespondenz der Monate Januar und Februar 1942 in AMAE, fond 71/1939 E.9, dosar 324, Bl. 44, 50–55.
[364] Ebenda, Bl. 53f.
[365] Ebenda, Bl. 55.

„als er selbst vor drei Monaten Marschall Antonescu und der Regierung seine fachmännische Kooperation angeboten hat, um uns bei der Migration der fremden Elemente behilflich zu sein."[366]

Mihai Antonescu sprach Pflaumer noch auf einen deutschen Bericht an, in dem Kritik an der rumänischen Verwaltung geübt werde. Hätte er, Mihai Antonescu, offiziell davon Kenntnis genommen, müsste er die Rückbeorderung des Autors nach Deutschland fordern. Pflaumer räumte ein, diesen Bericht zu kennen; er stamme von einem seiner Mitarbeiter. Zugleich distanzierte sich Pflaumer von dem Schriftstück. Er selbst halte die von der rumänischen Verwaltung getroffenen Maßnahmen für richtig.[367] Pflaumer bat schließlich den stellvertretenden Ministerpräsidenten darum, dass ihm gestattet werde, Bessarabien und die Bukowina erneut zu besuchen und den Marschall zu sehen.[368] Umgehend wurde diesem Wunsch entsprochen, denn nur wenige Tage später, am 18. September, war Pflaumer bereits in Tighina, wo er zusammen mit Voiculescu empfangen wurde. Im Tageskalender Ion Antonescus ist vermerkt, er habe beiden Instruktionen für die Verwaltung Bessarabiens erteilt.[369]

Am 20. Oktober 1941 empfing Mihai Antonescu abermals Pflaumer. Zu Beginn seiner Zusammenfassung des Gesprächs beurteilte er die von Pflaumer geleisteten Dienste:

„Der zu uns geschickte Herr Minister Pflaumer hat mit den militärischen und auch mit den zivilen Autoritäten in Bessarabien und in der Bukowina zusammengearbeitet, wobei ihm Marschall Antonescu in einem bestimmten Moment, in der ersten Phase der deutsch-rumänischen Zusammenarbeit in den befreiten Gebieten, eine wichtige Rolle zugedacht hatte, die er in loyaler Weise ausfüllte. Dabei trat er – gerade gegenüber den deutschen militärischen Dienststellen – ganz entschieden dafür ein, die rumänische Souveränität zu wahren."[370]

Bei dieser Gelegenheit stellte Pflaumer dem stellvertretenden Ministerpräsidenten Ernst Ihnen vor, der über Verwaltungsreformen referieren sollte. Mihai Antonescu sagte, er wisse, dass es in Deutschland Kräfte gebe, die glaubten, Rumänien müsse das deutsche nationalsozialistische Modell, vor allem auch hinsichtlich der Organisation einer Staatspartei, kopieren. Er selbst sei jedoch der Meinung, jedes Land müsse seinen eigenen Weg verfolgen. Pflaumer und Ihnen pflichteten Mihai Antonescu bei. Pflaumer schlug vor, die rumänische Seite solle Staatssekretär Stuckart nach Rumänien einladen, um die Lage des Landes kennenzulernen. Seines Erachtens sollte durch Stuckart ein „Führerbefehl" erwirkt werden: Niemand mehr auf deutscher Seite sollte sich anmaßen dürfen, Betrachtungen über die in

[366] Mihai Antonescu, Unterredung mit Pflaumer, 12.9.1941. AMAE, fond 71, România, dosar 83, Bl. 223–225, Zitat Bl. 223.

[367] Unklar bleibt, um welches Papier es sich hierbei handelt. Der bereits erwähnte Bericht Ellgerings vom 17.10.1941 konnte jedenfalls nicht Thema eines Gesprächs am 12.9.1941 gewesen sein.

[368] Vgl. Mihai Antonescu, Unterredung mit Pflaumer, 12.9.1941. AMAE, fond 71, România, dosar 83, Bl. 224f.

[369] ANR, PCM, dosar 1940/314, Bl. 255.

[370] Mihai Antonescu, Unterredung mit Pflaumer, 20.10.1941. AMAE, fond 71, România, dosar 83, Bl. 410.

Rumänien notwendigen Reformen anzustellen. Dieser Bereich gehöre in die Verantwortung des Marschalls und die technische Durchführung ganz in die Hände Mihai Antonescus.[371] Tatsächlich kam der Besuch Stuckarts im Frühjahr 1942 zustande.[372]

Wer war nun Ernst Ihnen? 1899 geboren, war er von 1938 bis 1945 Landrat im Kreis Teltow, Regierungsbezirk Potsdam.[373] Nach Ausbruch des Krieges zunächst im Rahmen einer Sicherungsdivision bei der Militärverwaltung im Baltikum beschäftigt, erhielt Ihnen 1941 vom Generalquartiermeister den Auftrag, nach Bukarest zu gehen, von wo aus er zum deutschen Verbindungsstab Transnistrien weitergeleitet werden sollte. In Bukarest nahm ihn Pflaumer in Empfang und wies ihn in seine künftige Tätigkeit beim Gouverneur von Transnistrien, Alexianu, ein. Dort kam Ihnen Ende Oktober 1941 an. Zu diesem Zeitpunkt war der Verbindungsstab Transnistrien noch nicht vorhanden, wurde jedoch schnell gebildet. Ihnens offizielle Stellung war die eines Kriegsverwaltungsrates beim deutschen Militärbefehlshaber in Transnistrien mit Sitz Odessa. Disziplinarisch war er dessen Stab zugeteilt; in fachlicher Hinsicht stand er mit Pflaumer und mit dem Generalquartiermeister des Heeres in Verbindung.[374]

Ernst Ihnen sagte 1968, damals leitender Regierungsdirektor a. D., als Zeuge in der Voruntersuchung gegen Gustav Richter aus. Berichte habe er an Pflaumer und an den Generalquartiermeister geschrieben, von denen er aber Weisungen weder erbeten noch erhalten habe. Seine Aufgaben seien die Beratung Alexianus in Verwaltungsfragen gewesen sowie im Bedarfsfall die Herbeiführung einer Verbindung zwischen Alexianu und den in Transnistrien befindlichen deutschen militärischen und sonstigen Dienststellen.[375]

Ihnen betonte 1968, wie schon Pflaumer 1961, niemals mit „Judenangelegenheiten" befasst gewesen zu sein. Er gab nur an, Alexianu habe ihn ein Mal, und zwar im Juli 1942, gefragt, was er tun solle, wenn die „Transporte aus Bessarabien" einträfen. Er habe darauf geantwortet, als deutschen Soldaten gingen ihn diese Dinge nichts an.[376] Aus den bisher vorliegenden Quellen bleibt die tatsächliche Tätigkeit Ernst Ihnens nicht minder im Dunkel wie diejenige Hans-Karl von Reinhards. Ebensowenig beleuchten die gesichteten Quel-

371 Ebenda, Bl. 410f.

372 Vgl. die ausführliche Berichterstattung im *Bukarester Tageblatt*, 18.–25.3.1942. Freilich stand der sechstägige Aufenthalt unter einem schlechten Stern. Am 19. März 1942 hielt Mihai Antonescu eine Rede, die gefüllt war mit Polemik gegen Ungarn. Nach ungarischem Protest sagten Himmler und Goebbels ihre geplanten Reisen nach Rumänien ab. Während Goebbels, der anfänglich einen sehr positiven Eindruck von Mihai Antonescu hatte, ebenso wenig wie Himmler jemals nach Rumänien kam, besuchte Wirtschaftsminister Funk im Herbst 1942 das Land (vgl. *Bukarester Tageblatt*, 4.–7.9.1942) und war damit der einzige Nazi-Minister, der jemals dem Antonescu-Regime einen offiziellen Besuch in Bukarest abstattete. Ungeachtet jener diplomatischen Verstimmung bedankte sich Stuckart bei seinen rumänischen Gastgebern artig (*Bukarester Tageblatt*, 9.5.1942, 3).

373 Personalvorgang Ernst Ihnen. BArch, BDC, PK F 108.

374 Zeugenaussage Ernst Ihnen, 26.11.1968. BArch Ludwigsburg, B 162/3812, Bl. 1080–1085.

375 Ebenda, Bl. 1081.

376 Ebenda, Bl. 1082.

len die Betätigung Karl Pflaumers und Theodor Ellgerings ab Herbst 1941 in Rumänien, wo beide noch bis März 1942 verblieben.

Im November 1941 zeichnete die rumänische Regierung Karl Pflaumer mit dem Orden *Coroana României* aus.[377] Mihai Antonescu empfing Pflaumer regelmäßig zu Gesprächen, so am 18. November 1941,[378] am 3. Dezember 1941[379] und am 27. Januar 1942.[380] Vermerkt Mihai Antonescu überhaupt etwas zum Inhalt, ging es demnach um diverse Fragen der Verwaltungsreform.

Initiativ für Pflaumers und Ellgerings Abberufung wurde die deutsche Seite. Im Januar 1942 drängte das Innenministerium auf eine Erklärung des Auswärtigen Amtes, inwieweit beider Anwesenheit in Rumänien noch nötig sei. Luther erkundigte sich am 21. Januar beim Gesandten in Bukarest nach dessen Meinung. Kurz vorher hatte Ellgering Luther über die Verhältnisse in Rumänien unterrichtet. Dem Gespräch hatte Luther entnommen, dass Ellgerings Verhältnis zu Pflaumer zerrüttet war. Nun wollte Ellgering weiter in Bukarest verbleiben, wobei er sich darauf berief, dass dies – anders als bei Pflaumer – auch dem Wunsch des Gesandten entspreche. In einer Beratung mit Staatssekretär Stuckart vom Innenministerium hatte Luther am Vortag seines Schreibens an Killinger zwar noch keine Klärung herbeiführen können, doch neigte das Innenministerium eher dazu, Ellgering zurückzurufen, da man diesen eher in Berlin gebrauchen könne.[381]

Typisch schroff reagierte Killinger am 2. Februar. Weder Pflaumer noch Ellgering wolle er weiter in Bukarest sehen. Beide hätten diverse „Nebenbeschäftigungen", seien mehr in Deutschland als in Rumänien; brauche man sie, seien sie nicht da. Der Gesandte bestätigte das schlechte Verhältnis zwischen Pflaumer und Ellgering. Sie redeten gar nicht mehr miteinander; was Killinger auf Versuche Pflaumers zurückführte, Ellgering bei der rumänischen Regierung anzuschwärzen. Killinger selbst war mit Pflaumer darüber in Streit geraten. Außerdem führte er als Argument gegen Pflaumer an, dieser habe trotz seines ausdrücklichen Verbots „viel in Legionärskreisen verkehrt" und auch den Führer der Nationalen Bauernpartei Iuliu Maniu getroffen, „den gefährlichsten Gegner Deutschlands in Rumänien".[382]

Diese von Killinger erhobenen Vorwürfe scheinen vorderhand widersprüchlich und unglaubhaft zu sein. Unter der Voraussetzung, dass Pflaumer politische Sondierungen im Lager der Opposition durchführte, aber nicht im Auftrag oder in Absprache mit der DGB, machen sie freilich ebenso Sinn, wie sie Killingers Forderung auf Rückberufung Pflaumers erklären. Es könnte sein, dass Pflaumer im Auftrag des RSHA handelte. Und dergestalt

377 Rumänische Gesandtschaft Berlin an MAE, 6.11.1941. AMAE, fond 71, Germania, dosar 85, Bl. 43.

378 Mihai Antonescu, Unterredung mit Pflaumer, 18.11.1941. AMAE, fond 71, Germania, dosar 85, Bl. 128.

379 Mihai Antonescu, Unterredung mit Pflaumer, 3.12.1941. AMAE, fond 71, Germania, dosar 85, Bl. 272.

380 Mihai Antonescu, Unterredung mit Pflaumer, 27.1.1942. AMAE, fond 71, Germania, dosar 86, Bl. 410f.

381 Luther an Killinger, 21.1.1942. PAAA, Bukarest, Karton 11.

382 Killinger an Luther, 2.2.1942. PAAA, Bukarest, Karton 11.

fände ein von Hans-Achim Ploetz, dem Adjutanten Heydrichs, gezeichneter Brief vom 11. Februar 1942 seine Begründung. Darin wird Himmler gebeten, Pflaumers drohende Abberufung abzublocken. In dem Schreiben – dessen eigentlicher Verfasser wohl Heydrich war – heißt es, wahres Motiv für jenes Begehren Killingers sei, dass Pflaumer dem deutschen Gesandten gesagt habe, mit Mihai Antonescu nicht länger zusammenarbeiten zu können.

> „Sollte diese Abberufung erfolgen, so würde einmal mehr eine deutsche Persönlichkeit aus Rumänien fortgehen, die auf Grund ihrer Zusammenarbeit mit Rumänen die Verhältnisse objektiv beurteilen kann."[383]

Mihai Antonescu bediene sich des deutschen Gesandten, um ihm unliebsame Personen aus Rumänien entfernen zu lassen. Ploetz bzw. Heydrich erwähnte Conradi und Langenecker als „ausgesprochene Kenner der rumänischen Verhältnisse", deren Anwesenheit „naturgemäß der heutigen Regierung unangenehm" gewesen sei.

> „Hinzu kommt, dass diese Persönlichkeiten den deutschen Gesandten bei der Durchführung seiner ‚politischen Linie' stören."

Im weiteren Verlauf des Schreibens wird angesprochen, dass die DGB Mihai Antonescus Bemühungen unterstütze, Dissidenten der legionären Bewegung für einen Regierungseintritt zu gewinnen. Solche Bestrebungen seien abzulehnen, da sie nur darauf zielten, die „Garde zu erledigen", womit die „deutschfeindlichen Kräfte" ihr Ziel erreicht hätten. Falle man ihnen nicht in den Rücken, würden die Legionäre sowieso früher oder später an die Macht gelangen.

> „Hierbei ist es dann vollkommen gleichgültig, ob die ehemals führenden Männer der Garde eine Rolle spielen oder nicht. Jedoch wird auch die Legion ihre ihr zufallenden Aufgaben nur mit weitestgehender deutscher Unterstützung lösen können."[384]

Himmler schickte dem Amtschef im RSHA, Bruno Streckenbach, am 5. März 1942 ein Heydrich als Antwort vorzulegendes Schreiben. Darin führte Himmler aus, weshalb das RSHA in Rumänien nicht zugunsten der Legionäre tätig werden könne. Am Beginn steht jedoch die Sache Pflaumer:

> „Es muss uns völlig gleichgültig sein, ob Staatsminister Pflaumer abberufen wird oder nicht. An den rumänischen Angelegenheiten kann man sich nur die Hände verbrennen. Die Lage ist dort unendlich schwierig und verfahren."[385]

Interessant sind Himmlers allgemeine Ausführungen zu Rumänien. Dass sich Marschall Antonescu nur auf das Militär stütze und weder eine Partei noch eine Bewegung habe, sei nicht zu ändern.

> „Diese Tatsache ist auch dem Führer persönlich bekannt und er sieht sie als große Schwäche an. Antonescu ist für Ratschläge, in irgendeiner Form sich auf die Legion zu stützen, nicht

[383] Ploetz an Brandt, 11.2.1942. BArch, NS 19/2882, Bl. 1.
[384] Ebenda, Bl. 1–3, Zitat Bl. 3.
[385] Himmler an Streckenbach, 5.3.1942. BArch, NS 19/2882, Bl. 4.

> zugänglich. Der Führer äußerte sich gestern Abend wieder, dass er dies zwar menschlich verstehen könne, da er Horia Sima und seine Umgebung für verlogene Subjekte hält."[386]

Seinerzeit, zum Jahresanfang 1941, sei Horia Sima, im Unterschied zu Ion Antonescu, unter Vorwänden nicht bei Hitler erschienen; stattdessen habe er die Abwesenheit Ion Antonescus für seinen Putsch ausgenutzt. Hitler habe weiter gesagt, er bedaure, dass Ion Antonescu, ungeachtet der menschlichen Seite, nicht die politische Vernunft „zu einem Friedensschluss und zu einem Heranziehen der legionären Kräfte" aufbringe. Die Schlussfolgerung Himmlers:

> „Insgesamt ist also die Lage bekannt. Der einzige Mann, der in Rumänien in Frage kommt, ist ohne Zweifel der Marschall Antonescu. Wenn er es nicht tut, kann auch der Führer es nicht ändern. Noch weniger können wir es ändern. Wir können uns nur schuldig machen."[387]

Daher ordnete Himmler an, die mit rumänischen Fragen befassten Männer des SD aus Rumänien und vom Balkan zurückzuziehen. Unter Androhung der Ausstoßung aus der SS hätten sie auch privat jede Verbindung nach Rumänien oder mit Rumänen einzustellen. Es sei Himmler ein Bericht vorzulegen,

> „welche Männer wir in Rumänien noch haben und welche Tätigkeit diese dort ausüben. Zugleich ist zu melden, ob für jeden dieser Männer die Genehmigung des Auswärtigen Amtes vorliegt."

Andreas Schmidt werde „genauso scharfe Richtlinien für sein Verhalten in Rumänien" erhalten.[388]

Eigentlich waren, bis auf die nachrichtendienstlichen Agenten des SD, schon ein Jahr zuvor alle einstmals in Rumänien aktiven Mitglieder zurückgezogen worden. Unklar muss bleiben, weshalb Himmler diese Anweisung wiederholte. Vielleicht waren doch noch SS-Leute über den nachrichtendienstlichen Bereich hinaus in Rumänien zugange. So deutlich Himmlers Position zur Nichteinmischung in die inneren Angelegenheiten Rumäniens zutage tritt, so nebelhaft bleibt die Rolle Pflaumers, dessen drohende Rückberufung der Anlass für die Befassung der SS-Spitze mit dem Thema Rumänien war.

Bemerkenswert ist jedenfalls, dass der Vorgang Pflaumer überhaupt Widerhall auf dieser Ebene fand; was eben die Annahme nahelegt, dass Pflaumer als Offizier der SS zuvor in Übereinstimmung oder sogar auf Anweisung des RSHA gehandelt hatte. Mangels sonstiger Quellen kann dazu nicht mehr gesagt werden. Dasselbe gilt für den Vorwurf Manfred von Killingers, Pflaumer habe Kontakte zur Nationalen Bauernpartei gepflegt. In der Diskussion der SS-Führung ist hingegen nur noch von der Legion die Rede.

Es fällt in diesem Zusammenhang die handfeste Differenz zwischen Hitler und Heydrich auf. Selbstredend handelte Killinger in Hitlers Auftrag, als er versuchte, Ion Antonescu zur Versöhnung mit Teilen der Legion zu bewegen. Was von Hitler ausgehende Taktik war, betrachtete Heydrich hingegen im Erfolgsfall als Zerstörung der Legionärsbewegung. Der

386 Ebenda.
387 Ebenda, Bl. 5.
388 Ebenda.

Schriftwechsel vermittelt den Eindruck, als ob Himmler diese Kluft zwischen Hitlers Position und Heydrichs Beurteilung gar nicht gesehen hätte.

Ungeachtet der Auseinandersetzung um Pflaumer, wurde dieser während seines restlichen Rumänienaufenthalts wiederholt von Mihai Antonescu empfangen. Dabei stritt Pflaumer ab, eine illoyale Haltung der rumänischen Regierung gegenüber eingenommen oder sich mit Legionären getroffen zu haben. So am 27. Januar 1942, als er es schade fand, dass Killinger solches von ihm glaube. Seinerseits versicherte der stellvertretende Ministerpräsident, Pflaumer sei ein verantwortungsbewusster Vertreter Deutschlands, der sich nicht in die rumänische Politik einmischen wolle. Er wisse wohl, dass Pflaumer seinerzeit gegen die Intervention deutscher Militärdienststellen in die inneren Angelegenheiten Rumäniens und noch jüngst gegen die Einmischung der SS hinsichtlich der Ukrainer in der Bukowina aufgetreten sei.[389] Freilich sind auch die verbindlichen Worte Mihai Antonescus eventuell nur dessen diplomatischem Geschick zu verdanken. Vieles bleibt offen, weil es darüber hinaus an Quellen fehlt.

Wohl letztmalig sprach Pflaumer am 10. März 1942 bei Mihai Antonescu vor, wobei es um die Festlegung des Programms für den Rumänienbesuch von Stuckart ging.[390]

Das in der Einleitung dieser Studie präsentierte Papier des rumänischen Außenministeriums für die Pariser Friedenskonferenz 1946 behauptet, im Herbst 1941 habe die DGB der rumänischen Regierung den deutschen Plan eröffnet, die rumänischen Juden in eine Region nordöstlich des Schwarzen Meeres (jenseits der Linie Rostow–Charkow) zu deportieren, wo die Juden Europas in einem Ghetto versammelt werden sollten. Gemäß diesem Plan seien die Juden aus Bessarabien und aus der Bukowina vorläufig nach Transnistrien gebracht worden, von wo sie eigentlich noch vor Wintereinbruch weiter östlich abgeschoben werden sollten, was durch das Stocken des deutschen Vormarschs verhindert worden sei.[391] Bestätigt wird diese Planung durch eine Aussage Gheorghe Alexianus vom 11. Oktober 1941:

> „Infolge der erteilten Befehle werden aus den Provinzen Bessarabien und Bukowina sämtliche Juden evakuiert und in die Region westlich des Bug gebracht, wo sie für diesen Herbst verbleiben werden, bis sie gemäß der mit dem deutschen Staat geschlossenen Vereinbarung auf die Ostseite des Bug überführt werden können."[392]

In seinem Rechenschaftsbericht an Ion Antonescu vom 11. Dezember 1942 klagte Alexianu, die etwa 115 000 nach Transnistrien deportierten Juden sorgten für erhebliche Schwierigkeiten. Beruhigen könne sich die Situation erst nach ihrer Abschiebung über den Bug.

[389] Mihai Antonescu, Unterredung mit Pflaumer, 27.1.1941. AMAE, fond 71, Germania, dosar 86, Bl. 410f.

[390] Mihai Antonescu, Unterredung mit Pflaumer, 10.3.1942. AMAE, fond 71, România, dosar 84, Bl. 107. Über diesen Empfang durch Mihai Antonescu enthält auch das *Bukarester Tageblatt*, 11.3.1942, 3 eine Notiz.

[391] Le régime des juifs de 1940 au 23 août 1944. AMAE, fond Conferința Păcii Paris 1946, Bd. 128, Bl. 67f.

[392] Alexianu an Oberkommandierender der 4. Armee, Abt. 2, 11.10.1941. USHMM, RG 25.003M, reel 11; abgedruckt in Ancel, Transnistria (Tel Aviv), Bd. 2, Dok. 72, 137f.

Dazu würden gerade Verhandlungen mit deutschen Stellen geführt.[393] Quellen, die solche Verhandlungen dokumentieren, sind bisher nicht aufgetaucht.

Von Anfang an wurden den Deportierten Plätze entlang des Bug zugewiesen. Den entsprechenden Befehl erteilte das Hauptquartier Ion Antonescus am 6. Oktober 1941.[394] In einem Bericht des Generalinspektorats der Gendarmerie für November 1941 sind drei Deportationszonen eingezeichnet, in welche die Juden verbracht werden sollten: Zone 1 umfasste einen ca. 30 km breiten und fast doppelt so langen Streifen entlang des Bug, geteilt in der Mitte durch die Grenze zwischen dem Kreis Moghilev und dem Kreis Tulcin; dort sollten die Juden aus der Bukowina und aus dem Norden Bessarabiens gesammelt werden, die über Moghilev nach Transnistrien gelangt waren. Zone 2 lag im Judeţ Balta und bildete einen ähnlich breiten Streifen an der oberen Hälfte des Bugufers im Kreis; darin sollten die Juden aus den Kreisen Soroca, Bălţi und Orhei aufgenommen werden, die über Iampol nach Transnistrien geführt worden waren. Am größten war Zone 3. Sie erstreckte sich in einem mehr als dreißig Kilometer breiten Streifen entlang des Bugufers des Kreises Golta mit den Städten Crivoe-Ozero und Bogdanovca; dort sollten die Juden aus Kischinew und aus dem restlichen Bessarabien konzentriert werden.[395]

Auf diese Planungen bezieht sich vermutlich auch eine Aktennotiz Gustav Richters vom 17. Oktober 1941, wonach Lecca ihn über den Befehl Ion Antonescus informiert habe, 110 000 Juden aus Bessarabien und aus der Bukowina in „zwei Wälder" in der Gegend des Bug zu evakuieren. „Sinn der Aktion sei die Liquidierung dieser Juden", gibt Richter die weitere Auskunft Leccas wieder.[396] Dieses Dokument ist in der Forschung viel zitiert worden. Angesichts des heutigen Forschungsstandes belegt eben diese Aktennotiz, wie wenig Richter über die Vorgänge in den eroberten Territorien orientiert war. Offenbar besaß er weder über die den Deportationen zugrunde liegende Absprache mit Deutschland noch über Einzelheiten in Transnistrien Kenntnis. „Zwei Wälder" waren es nicht, sondern drei Deportationszonen erheblichen Umfangs. Sieht man von dieser Ungenauigkeit ab, scheint Richter nicht gewusst zu haben, dass damit keineswegs Endpunkte, sondern bloß Durchgangsstationen benannt wurden. Die Juden sollten in deutsch besetztes Gebiet kommen; deshalb ihre Sammlung am Bug. Falls Lecca tatsächlich von der „Liquidierung dieser Juden" als „Sinn der Aktion" gesprochen hat, wäre es also Aufgabe der deutschen Seite gewesen, diese ins Werk zu setzen. Freilich widerspricht das der heutigen Holocaust-Forschung, die überwiegend die Entscheidung zum Massenmord später ansetzt. Wie oben beschrieben, wurde wahrscheinlich eine solche Entscheidung von der obersten SS-Spitze gerade in den

[393] Alexianu an Ion Antonescu, 11.12.1941. Ancel, Transnistria (Tel Aviv), Bd. 2, Dok. 251, 465; Documente, Dok. 139, 306f.

[394] Ancel, Transnistria (Tel Aviv), Bd. 2, Dok. 63, 123; Documente, Dok. 104, 258.

[395] Inspectoratul General al Jandarmeriei, Probleme informative urmărite pe teritoriul Transnistriei, [28.11.1941]. ANR, PCM, Cabinet Militar, 1941/375, Bl. 330–340, hier: Bl. 334; Transnistria. Zonele de concentrare ale evreilor evacuaţi din Basarabia şi Bucovina (ebenda, Bl. 340). Siehe auch die Karte Nr. 1 in diesem Band, 270.

[396] Richter, Aktenvermerk, 17.10.1941. NA, RG 226, entry 19, box 178, XL 13166.

Tagen getroffen, als Lecca die von Richter notierte Bemerkung machte. Außerdem zeichnet sich das Dokument durch Ungenauigkeiten aus, die seinen Wert empfindlich mindern. Mehr kann man derzeit nicht sagen.

Die zitierten Zahlen der deportierten Juden (115 000 laut Alexianu und 110 000 laut Lecca) stimmen in etwa mit der Angabe überein, die der Generalinspekteur der Gendarmerie über den Abschluss der Deportation der Juden aus Bessarabien und aus der Bukowina nach Transnistrien nannte. Demnach wurden insgesamt 108 002 Juden deportiert.[397]

Die vorgesehene Konzentration am Bug wurde niemals vollständig erreicht. Entlang der Transitrouten bildeten sich große Ghettos, die trotz darauf zielender Maßnahmen der rumänischen Behörden nicht völlig aufgelöst wurden. Am 24. Dezember 1941 befanden sich z. B. noch 56 000 Deportierte im Județ Moghilev.[398] Bis zum April 1942 erhielten 12 276 von ihnen die Erlaubnis, in der Stadt Moghilev zu bleiben. Tatsächlich hielten sich dort wohl eher um die 15 000 Deportierte auf.[399]

Desgleichen wurde der Plan zur räumlichen Konzentrierung der einheimischen ukrainischen Juden innerhalb Transnistriens nur teilweise umgesetzt. Ion Antonescu verfolgte die Idee, diese allesamt in die Osthälfte Transnistriens zu verbringen, genauer: in den östlich der Bahnlinie Smerinka – Odessa liegenden Teil. Nicht bekannt ist, wann dieser Befehl erteilt wurde. Eine Notiz der Kanzlei des Ministerrats vom 30. November 1941 hält jedoch fest, dieser Befehl sei nicht ausgeführt worden.[400] Später konstatierte der mit einer Überprüfung der Situation betraute SSI, am 19. Dezember 1941 hätten sich 55 % der Juden östlich dieser Linie befunden, 45 % dagegen noch westlich davon.[401]

In der Sitzung des Ministerrats vom 13. November 1941 mit den Gouverneuren der neuen Provinzen befahl Ion Antonescu, die noch nicht aus der Bukowina nach Transnistrien deportierten Juden bis auf Weiteres wegen des Winters dort zu belassen.[402] Einen Monat später, am 16. Dezember 1941, ordnete freilich derselbe Ion Antonescu die Deportation der Juden aus Odessa an den Bug an. Das ist jedoch bloß ein scheinbarer Widerspruch zur Einstellung der Deportation nach Transnistrien. Denn bei der Deportation aus Odessa handelte es sich um eine Bevölkerungsverschiebung innerhalb Transnistriens, und dort galt nach wie vor der Befehl für eine Verlagerung östlich der Linie Smerinka – Odessa. Vor dem Ministerrat – abermals in Anwesenheit der Gouverneure der neuen Provinzen – begründete Ion Antonescu an demselben Tag die Deportation aus Odessa, die dann mitten im Winter, im Januar 1942, unter schrecklichsten Bedingungen stattfand, mit militärischen Notwendigkeiten. Da Sewastopol noch nicht gefallen sei, müsse man Vorkehrungen gegen

397 Ancel, Transnistria (Tel Aviv), Bd. 2, Dok. 245, 450f.

398 Carp, Cartea Neagră, Bd. 3, 140.

399 Siegfried Jägendorf, Minunea de la Moghilev. București 1997, 117.

400 Ancel, Transnistria (Tel Aviv), Bd. 2, Dok. 224, 412; Documente, Dok. 133, 300.

401 Ancel, Transnistria (Tel Aviv), Bd. 2, Dok. 317, 591f.; Documente, Dok. 148, 323f.

402 Ciucă (Hg.), Stenogramele, Bd. 5, 121–163. Am 19.11.1941 erging per Ministerratsbeschluss der schriftliche Befehl an den Gouverneur der Bukowina. Siehe zur Befehlskette USHMM, RG 54.004, reel 17.

eine mögliche sowjetische Landung in Odessa treffen, und seiner Meinung nach waren die Juden der Stadt eine fünfte Kolonne, deren weitere Präsenz das Leben der rumänischen Soldaten gefährde.[403]

Im Gefolge dieser Ausführungen Ion Antonescus entspann sich ein aufschlussreicher Dialog mit Gheorghe Alexianu. Ion Antonescu fragte:

> „Bezüglich der Juden, wieviel Zeit brauchen wir, um die Frage zu lösen? Wie viele Juden hast Du in Odessa?“[404]

Alexianu antwortete:

> „Fast Hunderttausend. Ich habe entschieden, alle in einer Kaserne der Marine unterzubringen, aber dort habe ich keine Verpflegung für sie, auch passen nur etwa 10 000 dort hinein. Verteile ich sie aber auf die Dörfer, verseuchen sie auch noch diese mit Flecktyphus. Sollen wir also 10 000 nach Alexandrowka bringen und den Rest an das Ufer des Bug, oder sollen wir sie gar über den Bug schaffen? Aber die Deutschen weigern sich sie anzunehmen.“

Antonescu reagierte:

> „Diese Frage wird in Berlin behandelt. Die Deutschen wollen alle Juden Europas nach Russland bringen und sie dort in einer bestimmten Region ansiedeln. Aber bis zur Durchführung dauert es noch. Was sollen wir bis dahin mit ihnen machen? Sollen wir darauf warten, was in Berlin entschieden wird? Sollen wir eine uns betreffende Entscheidung abwarten? Wir müssen sie irgendwie unterbringen. Steck' sie in die Katakomben, wirf sie ins Schwarze Meer, aber schaff' sie mir aus Odessa heraus. Ich will nichts davon hören. Egal, ob 100 sterben, ob 1000 sterben, oder ob alle sterben, aber es soll mir kein einziger rumänischer Beamter oder Offizier sterben. Ich habe keine Ruhe, ehe ich die Truppen dort nicht verstärkt habe. Unsere Truppen in Odessa können im Falle einer Landung nicht standhalten. Ich weiß nicht, ob es eine Landung geben wird oder nicht, aber ich muss vorausschauend handeln und alle Vorsichtsmaßnahmen treffen.“

Demzufolge nahm Ion Antonescu weiterhin an, die Deutschen wollten die Juden im Süden der eroberten sowjetischen Gebiete konzentrieren und die deutsche Weigerung, die Abschiebung der nach Transnistrien deportierten Juden über den Bug zuzulassen, sei nicht grundsätzlich gemeint und werde wieder aufgehoben, genauso wie dies im Sommer 1941 bei den ersten rumänischen Abschiebungen von Juden über den Dnjestr der Fall gewesen war. Aus Antonescus Worten ergibt sich außerdem, dass diese Entscheidung in Berlin fiel, und die rumänische Seite keinen direkten Einfluss darauf hatte.

403 Ciucă (Hg.), Stenogramele, Bd. 5, 440–468, hier 462f.
404 Ebenda, 463.

4 Divergenz: 1942

4.1 Deutsche Planungen zur Deportation aus Kernrumänien in deutsche Vernichtungslager

1942 nahm die „Judenfrage" einen besonders hohen Stellenwert in den deutsch-rumänischen Beziehungen ein. Freilich unterlag dieses Thema in beiden Staaten strikter Geheimhaltung. Vieles blieb rein mündlich; wurde das Verhandelte indessen schriftlich fixiert, fiel es meist der Vernichtung anheim. Immerhin sind etliche Spuren erhalten geblieben. Neben dem schlichten „Übersehen" von Dokumenten, war dies auf Kontroversen zurückzuführen, die es wenigstens einem der Beteiligten notwendig und sinnvoll erscheinen ließen, Vorgänge schwarz auf weiß festzuhalten und die so entstandenen Dokumente aufzubewahren. Herrschte hingegen Übereinstimmung, genügten offenbar meist mündliche Absprachen.

In diesem Jahr traten die Herrschenden Deutschlands mit neuen Konzepten zur „Lösung der Judenfrage" an die rumänische Regierung heran, die offenbar beträchtlich überstiegen, was Gustav Richter am 17. Dezember 1941 Mihai Antonescu als Plan Görings eröffnet hatte. Nunmehr forderten die Deutschen die Entfernung der Juden aus Kernrumänien – also aus den Teilen, in denen die jüdische Bevölkerung bis dahin von Massendeportationen verschont geblieben war – und deren schrittweise „Aussiedlung" in das Generalgouvernement.

Anknüpfungspunkt der deutschen Vorstöße war die Umsetzung der von Gustav Richter vorgeschlagenen Gesetzgebung und die Preisgabe der Juden mit rumänischer Staatsbürgerschaft im deutschen Herrschaftsbereich durch Ion und Mihai Antonescu. Diese Logik legte Luther am 21. August 1942 in einer Denkschrift für Ribbentrop dar, in der er die Schritte des Auswärtigen Amtes schilderte, dem RSHA bei der „Lösung der Judenfrage" in Südosteuropa behilflich zu sein.[1] Luthers Papier drängt die Folgerung auf, dass Ion Antonescu bereits im Frühjahr 1942 über die deutschen Forderungen nach Abschiebung in das Generalgouvernement informiert wurde. Konkret belegbar ist dies zum gegenwärtigen Zeitpunkt zwar nicht, doch das deutsche Vorgehen gegenüber den anderen verbündeten Staaten lässt einen solchen Schluss zwingend erscheinen. Allerdings ist über die zweifellos in den Monaten danach stattfindenden Verhandlungen keine Spur mehr vorhanden. Lediglich der vorläufige Abschluss vom 22. Juli 1942 ist dokumentiert.

[1] Luther an Feldquartier Feldmark, 21.8.1942. ADAP, E, Bd. 3, Dok. 209, 353–360.

Als deutscher Kanal zu Ion Antonescu, von dem alles abhing in Rumänien, ist auch für dieses Thema zuallererst Gesandter Killinger zu nennen, der ohnehin regelmäßig mit dem Marschall konferierte. (Gustav Richter wurde, wie schon gesagt, nie von Ion Antonescu empfangen.) Die eigentlichen Verhandlungen führten vermutlich hauptsächlich Richter und Mihai Antonescu; möglicherweise aber schaltete sich mehr oder minder oft Killinger ein.

In der ersten Jahreshälfte 1942 waren die deutsch-rumänischen Beziehungen durch verschiedene Faktoren belastet. Vermehrt waren den rumänischen Sicherheitsorganen Aktivitäten der in Deutschland befindlichen Legionäre bekanntgeworden, die Ion Antonescu in Sorge versetzten. Dieser übermittelte eine entsprechende Klage am 8. Januar 1942 auf direktem Weg an Hitler über dessen Heeresadjutanten, Major Gerhard Engel, der ihm einen gepanzerten Mercedes als Geschenk Hitlers überbracht hatte. Hitler ließ daraufhin bei Heydrich anfragen. Dieser erachtete eine politische Betätigung und Verbindungen nach Rumänien von in Deutschland sich aufhaltenden Legionären für ausgeschlossen.[2] Auch das Auswärtige Amt wirkte beruhigend auf die rumänische Regierung ein.[3]

Eine weitere Belastung des bilateralen Verhältnisses war die Haltung Deutschlands im Konflikt zwischen Rumänien und Ungarn. Hitler gab sich neutral und weckte in vertraulichen Gesprächen mit rumänischen und ungarischen Politikern jeweils Hoffnungen bezüglich der Nachkriegsordnung. Göring schürte die Erwartung der Rumänen, nach dem Krieg ganz Siebenbürgen zurückzubekommen.[4] Auch Goebbels, durchweg strikt antiungarisch ausgerichtet, unterstützte zu dieser Zeit recht stark das Antonescu-Regime, unterwarf sich aber im März/April 1942 dem Auswärtigen Amt, obschon er all die Jahre über denkbar schlechte Beziehungen zu diesem und vor allem zu dessen Chef hatte. Ribbentrop und die ihm nachgeordneten Spitzen des Auswärtigen Amtes zeigten immer wieder ihre Präferenz für den alten Bündnispartner Ungarn, was den Rumänen nicht verborgen blieb. Im Januar 1942 war Ribbentrop nach Budapest gereist und hatte dort einige Erklärungen über die Schicksalsgemeinschaft Deutschlands mit Ungarn und die Gültigkeit des Wiener Schiedsspruchs abgegeben. Auf rumänischer Seite rief dieses Verhalten starke Verärgerung hervor.[5]

Auch der Besuch Ion Antonescus bei Hitler im Februar 1942 vermochte die Wogen nicht nachhaltig zu glätten. Am 11. Februar 1942 hatte der rumänische „Staatsführer" zwei Unterredungen mit Hitler. Im ersten Gespräch erörterten beide die allgemeine Kriegslage und insbesondere die Lage an der Ostfront. Antonescu beklagte sich über ungarnfreundliche Äußerungen deutscher Vertreter und betonte, wie sehr ihm dies innenpolitisch schade. Rumänien habe große Opfer an der Front und für die Versorgung Deutschlands erbracht, während sich Ungarn kaum an den Kriegsanstrengungen beteilige. Den Besuch Ribben-

2 PAAA, R 29702, Bl. 173–175, 182, 192.

3 Stănescu an MAE, 12.1.1942. AMAE, fond 71, Germania, dosar 4, Bl. 222–225.

4 Vgl. Mihai Antonescu, Unterredung mit Göring, 26.11.1941. ANR, PCM, Cabinet Militar, 1941/107, Bl. 19f.

5 Siehe beispielsweise Mihai Antonescu, Unterredung mit Killinger, 9.2.1942. ANR, PCM, Cabinet Civil, dosar 387, Bl. 29f.

trops in Budapest und dessen Aussagen rechtfertigte Hitler damit, dass dies dazu gedient habe, „die Ungarn zu größeren Blutleistungen zu verpflichten".[6] Dies sei auch gelungen und daher trage der Besuch eher zur Festigung der Stellung Antonescus bei. Dieser zählte daraufhin nochmals die Opfer Rumäniens auf, für die Hitler dankte. Anschließend begaben sich Hitler und Antonescu zur militärischen Lagebesprechung, die Jodl mit einer Darstellung der Lage an der Ostfront einleitete.

Dem Abendessen folgte eine zweite, kürzere Unterredung. Aufs Neue kam Antonescu auf den seines Erachtens unzureichenden Beitrag Ungarns für die gemeinsamen Kriegsanstrengungen zurück. Er verlangte eine Garantie von Hitler, dass weder Ungarn noch Bulgarien später etwas gegen Rumänien unternehmen könnten. Dazu erklärte sich Hitler bereit und bekundete außerdem seine Entschlossenheit, Ungarn zu einer größeren Kriegsanstrengung zu zwingen. Antonescu dankte Hitler, äußerte aber gleichzeitig die Befürchtung, Ungarn könnte sich dieser Verpflichtung entziehen. Hitler antwortete mit der Zusicherung, dies werde unmöglich sein.[7]

Auch über die deutschen Truppen in Rumänien und schließlich über innenpolitische Probleme Rumäniens wurde geredet. Antonescu dankte Hitler für die Maßnahmen gegen Angehörige der Legion in Deutschland. Hitler antwortete, nur widerwillig die Legionäre in Deutschland aufgenommen zu haben; es sei aber für Antonescu besser gewesen, „wenn Leute, die er hätte zum Tode verurteilen müssen, aus Rumänien herauskamen".[8] Hitler versicherte, Horia Sima an Rumänien auszuliefern oder „selbst erschießen" zu lassen, sollte dieser sein Ehrenwort brechen und etwas gegen Ion Antonescu unternehmen. Hitler fügte hinzu, charakterlich habe er Horia Sima niemals geschätzt.

Ungeachtet aller Beteuerungen blieb ein gehöriges Misstrauen gegenüber den deutschen Absichten haften. Generalstabschef Ilie Steflea sprach am 9. Mai 1942 unter vier Augen mit Ioan Hudiță, der stellvertretender Generalsekretär der Nationalen Bauernpartei und enger Vertrauter Iuliu Manius war. Antonescu erkenne sehr wohl, dass Hitler sich stets der Legionäre bediene, wenn er die verstärkte Beteiligung Rumäniens an den Kriegsanstrengungen fordere. Auf diese Weise solle auf die rumänische Regierung Druck ausgeübt werden. Ion Antonescu halte es aber für richtig, so zu tun, als ob er das alles nicht merke.[9]

Obendrein fühlte sich die rumänische Führung von Ungarn provoziert und beendete ihrerseits den eigentlich vereinbarten Waffenstillstand auf propagandistischem Gebiet. Mihai Antonescu hielt am 19. März 1942 eine scharf antiungarische Rede, in der er den rumänischen Anspruch auf Siebenbürgen bekräftigte. Konkret begründete er seine Rede mit Beleidigungen der rumänischen Armee durch die ungarische Presse – und machte damit deutlich, dass seine Ansprache die Unterstützung Ion Antonescus hatte. Die Rede war groß aufgemacht; nicht nur wurde sie landesweit im Rundfunk übertragen, auf wichtigen Plätzen

6 Hillgruber (Hg.), Staatsmänner und Diplomaten bei Hitler, Bd. 2, Dok. 2, 43–57, Zitat 55.
7 Ebenda, Dok. 3, 57–61.
8 Ebenda, 60.
9 Ioan Hudiță, Jurnal politic (1 martie 1942–31 ianuarie 1943). București 2009, 111f.

waren für ihre Übertragung Lautsprecher aufgestellt.[10] Mihai Antonescu erntete im ganzen Land für diese Ansprache auch bei Gegnern des Antonescu-Regimes Zustimmung. Gegen Ende fiel ein Satz, der womöglich nicht allein auf Ungarn zielte: „Wir sind kein Volk von Dienern und lassen uns nicht führen."[11]

In Ungarn sowie im fast durchweg Ungarn freundlich gesonnenen Auswärtigen Amt bewirkte die Rede Mihai Antonescus höchste Verärgerung. Ribbentrop drängte am 29. März 1942 Killinger, dem stellvertretenden Ministerpräsidenten, der sich bisher nicht von der Unzweckmäßigkeit seiner Rede habe überzeugen lassen, nochmals das Auslandsecho vor Augen zu führen. Deutschland bestehe darauf, dass Rumänien seine Kampagne gegen Ungarn einstelle.[12] Zum Nationalfeiertag am 10. Mai 1942 hatte die rumänische Regierung Goebbels und Himmler eingeladen.[13] Beide sagten ab. Goebbels tat das nachweislich auf Anraten des Auswärtigen Amtes, das keinen Anstoß bei den Ungarn erregen, aber umgekehrt auch bei den Rumänen nicht weiter anecken wollte.[14]

Inmitten dieser gereizten Stimmung erregte eine andere Affäre rumänischen Unwillen. Das Auswärtige Amt bemühte sich nämlich, die Abberufung des rumänischen Presseattachés Ciordas aus Berlin zu verhindern. Mihai Antonescu beklagte sich schriftlich bei Ribbentrop, der sich jedoch hinter sein Auswärtiges Amt stellte. Es kam fast zu einem Eklat. Killinger wurde Ende April 1942 zur Berichterstattung nach Berlin gerufen, wo er den rumänischen Standpunkt vertrat und seinen Rücktritt anbot.[15] Um ihm den Rücken zu stärken, ließ ihn Mihai Antonescu flugs zum Ehrenbürger Rumäniens ernennen.[16] Killinger entging der drohenden Abberufung als Gesandter durch Ribbentrop allein deshalb, weil Hitler an ihm festhielt. Ohne wirklich bereinigt zu sein, wurde die Auseinandersetzung zwischen Mihai Antonescu und dem Auswärtigen Amt beigelegt.[17]

In diese sich verschärfenden deutsch-rumänischen Gegensätze war das Drama der Entscheidung über die Deportation der Juden Rumäniens in das von Deutschland besetzte Polen eingebettet.

[10] Im inoffiziellen Organ der DGB, dem *Bukarester Tageblatt*, 20.3.1942, 1f. und 21.3.1942, 3 wird die Verbalattacke Mihai Antonescus teils in direkter, teils in indirekter Rede ausführlich wiedergegeben. In der reichsdeutschen Presse hingegen fand der Auftritt des stellv. Ministerpräsidenten keine Beachtung.

[11] *Bukarester Tageblatt*, 21.3.1942, 3.

[12] Ribbentrop an Killinger, 29.3.1942. PAAA, R 29702, Bl. 409.

[13] AMAE, fond 71, Germania, dosar 88, Bl. 188, 214.

[14] Vgl. Rintelen an Luther, o. D. PAAA, R 29703, Bl. 3: „Bitten möchte der RAM noch besonders, dafür Sorge zu tragen, dass nicht durchsickert, Dr. Goebbels werde im Hinblick auf die Lage auf dem Balkan die Reise auf Anraten des RAM nicht antreten, weil dies zu einer Belastung des deutsch-rumänischen Verhältnisses führen könnte."

[15] Vgl. Befragung Killinger zur Affäre Schmidt–Ciordas, 30.4.1942: PAAA, R 29703, Bl. 404–409.

[16] Vorgeschlagen hatte das Gerhard Stelzer. Siehe hierzu Mihai Antonescu, Unterredung mit Stelzer und Kraft, 25.4.1942. AMAE, fond 71, Germania, dosar 88, Bl. 153.

[17] Vgl. Mihai Antonescu, Unterredung mit Killinger, 11.5.1942. AMAE, fond 71, România, dosar 84, Bl. 279–285.

Laut seiner auf den 20. Februar 1945 datierten Erklärung in sowjetischer Haft führte Gustav Richter aus, Ende Mai 1942 habe er gemeinsam mit Lecca eine Besprechung bei Mihai Antonescu zu diversen, die Juden betreffenden Themen geführt. In deren Verlauf sei er von diesem gefragt worden,

> „ob es zutreffe, dass die Slowakei bereits Juden nach dem Osten aussiedle. Ich bestätigte ihm dies. Mihai Antonescu erklärte mir, dass die Rumänische Regierung ebenfalls gerne die Juden los sein wolle. Ich erwiderte Mihai Antonescu, falls die Rumänische Regierung dem Beispiel der Slowakei folgen wolle, würde ich dies den zuständigen Stellen in Berlin (Chef der Sipo und Auswärtiges Amt) zur Entscheidung vorlegen. Mihai Antonescu erklärte mir hierauf, dass er vor allem die Juden aus dem Banat aussiedeln wolle."[18]

Daraufhin habe er Mihai Antonescu gebeten, ihm diese Absicht in einer offiziellen Note an die Gesandtschaft mitzuteilen, was ihm der stellvertretende Ministerpräsident zugesagt habe.

Ende Juli 1942 sei er von Eichmann zur Berichterstattung nach Berlin beordert worden. Da die versprochene Note der rumänischen Regierung nicht vorgelegen habe, habe er über Lecca mit Mihai Antonescu nochmals Kontakt aufgenommen, um diesen „über den Zweck meiner Reise in Kenntnis zu setzen" und zu fragen, ob die rumänische Regierung noch zu ihrem Plan stehe. Am Vorabend seiner Abreise nach Berlin sei er zu Mihai Antonescu gerufen worden. Der stellvertretende Ministerpräsident teilte mit, einen an Richter gerichteten „persönlichen Brief in dieser Angelegenheit diktiert" zu haben.[19] Der von Mihai Antonescu diktierte Brief habe „ungefähr" folgenden Inhalt gehabt:

> „Obwohl ich nach unserer mündlichen Besprechung eine schriftliche Bestätigung nicht für notwendig halte, teile ich Ihnen mit, dass die Rumänische Regierung mit der Aussiedlung der Juden aus den Bezirken Turda, Timisoara, Cluj und Hunedoara einverstanden ist, falls Ihre Stellen in der Lage sind, mit dem Abtransport dieser Juden sofort zu beginnen. Es hieß dann wörtlich: ‚Dies ist auch der Wunsch Marschall Antonescus'."[20]

Dieses Schreiben habe er, Richter, Eichmann übergeben, der es fotokopieren ließ und Himmler in Kenntnis setzte. Richter wurde demnach von Eichmann angewiesen, zuallererst die Zahl der „auszusiedelnden" Juden festzustellen. Killinger habe das Auswärtige Amt darüber informiert, woraufhin der Gesandte zurechtgewiesen worden sei,

> „weil er diese Verhandlungen nicht selbst geführt hätte. Er erwiderte, dass ich ja der Gesandtschaft für die Bearbeitung der Judenfragen eigens zugeteilt worden sei und ich die Verhandlungen mit seinem Einverständnis geführt hätte. Im übrigen sei die Angelegenheit keineswegs geklärt, da die bisherigen von mir mit Mihai Antonescu geführten Besprechungen nur vorbereitenden Charakter hätten und die mir zugesagte offizielle Note über das Einverständnis der Rumänischen Regierung zu dieser Aussiedlungsaktion noch nicht vorliegen würde."[21]

[18] Richter, Meine Tätigkeit als Berater für Judenfragen an der Deutschen Gesandtschaft in Bukarest, 20.2.1945. BStU, MfS, HA IX/11 RHE West 270, Bd. 3, Bl. 21.

[19] Ebenda.

[20] Ebenda, Bl. 21f.

[21] Ebenda, Bl. 22.

Bis 1980 wiederholte das Gustav Richter in vielen Verhören. Während sich auch sonst in den meisten Punkten seine Schilderung der Ereignisse nicht oder nur unwesentlich änderte, traf das auf einige wichtige Begebenheiten nicht zu.

Vor allem gilt Letzteres für die Frage, von wem die Initiative zu einer Deportation ausging. 1945 hatte es, wie oben schon zitiert, Richter so dargestellt, als ob Mihai Antonescu am Ursprung gestanden habe, indem sich der stellvertretende Ministerpräsident nach dem Stand der „Aussiedlung" von Juden aus der Slowakei erkundigt und dann Rumäniens Bereitschaft zu einer ebensolchen „Aussiedlung" erklärte habe. In einer späteren sowjetischen Vernehmung aus dem Jahr 1947 schilderte Richter den Hergang geradezu konträr. Laut Protokoll stritt Richter zuerst noch jede eigene Verantwortung ab.

> „An dem Abtransport der Juden aus Rumänien in Lager nach Polen und Transnistrien sowie an der Enteignung von jüdischem Vermögen nahm ich nicht unmittelbar teil. Meine Rolle dabei bestand in der Konsultation und der Erteilung von Ratschlägen gegenüber den rumänischen Organen für die Judenfrage nach dem Vorbild Deutschlands, d. h., ich tat alles von mir abhängende, um die Aufgaben des SD und des Parteiprogramms in der Rassenfrage zu erfüllen."[22]

Mit dieser Antwort war der Vernehmer unzufrieden, wie sein Einwurf unmissverständlich belegt:

> „Sie sagen die Unwahrheit. Dem Ermittlungsorgan ist bekannt, dass Sie von der rumänischen Regierung die Aussiedlung der Juden nach Polen forderten, um sie physisch zu vernichten."

Als Reaktion Richters ist protokolliert:

> „Ich muss zugeben, dass ich im Sommer des Jahres 1942, als ich auf einem Empfang bei Mihai Antonescu war, ihm zu verstehen gab, dass es notwendig sei, die jüdische Bevölkerung in Konzentrationslager nach Polen zu überführen. Dabei bezog ich mich als Beispiel auf die slowakische Regierung, die ihr Land erfolgreich von Juden gesäubert hatte.
> Mihai Antonescu drückte die Bereitschaft aus, dem Beispiel der Slowakei zu folgen und bat mich nach Berlin zu berichten, dass die rumänische Regierung einverstanden ist, die Aussiedlung der jüdischen Bevölkerung nach Polen zu unternehmen.
> Ich bat ihn vermittels einer offiziellen Note die deutsche Botschaft mit diesen ‚Absichten' vertraut zu machen, wozu Mihai Antonescu seine Zustimmung gab."[23]

Es folgt, in der Erinnerung Richters, das Schreiben Mihai Antonescus. Zum Teil stimmt dessen Wortlaut mit der Version zwei Jahre zuvor überein; aber auch sonst ist die Wiedergabe inhaltlich unverändert.

1962 sagte Gustav Richter in eigener Sache vor bundesdeutschen Richtern aus. Dabei enthüllte er, auf Weisung gehandelt zu haben, als er von der rumänischen Regierung die Deportation verlangte. Und er nannte den Namen dessen, der ihm befahl:

22 Protokoll über die Vernehmung des ehemaligen Polizei-Attachés der deutschen Botschaft in Rumänien Gustav Richter, 5.10.1947. StA Frankenthal, 9 Js 143/61, Bd. 20, Bl. 5710.

23 Ebenda, Bl. 5711.

„Ich erhielt von Eichmann den Auftrag, bei der rumänischen Regierung vorzufühlen, ob diese bereit sei, Kontingente von rumänischen Juden zum Arbeitseinsatz in das Generalgouvernement zu geben."[24]

Daraufhin habe diese sich bereit erklärt, die Juden aus dem Banat und aus Südsiebenbürgen[25] – „Temeschburg, Arad, Turda" – in das Generalgouvernement zu deportieren. Richter erwähnte auch das Schriftstück Mihai Antonescus. Über dessen Inhalt führte er bei dieser Gelegenheit nur aus, Ion Antonescu sei mit der Aussiedlung der Juden aus den genannten Gebieten einverstanden.

Später, als Zeuge in einem anderen Verfahren, präsentierte Richter indessen wieder die Mihai Antonescu als Initiator benennende Variante. So erklärte er 1970:

„Als ich wieder einmal von einem Besuch aus Berlin zurückgekehrt war, suchte ich, wie ich es regelmäßig tat, Antonescu auf. Er fragte mich nach der Aussiedlung der Juden aus der Slowakei. Ich gab ihm wieder, was mir Eichmann kurz zuvor in Berlin gesagt hatte und zwar, dass die Aussiedlung reibungslos erfolgt sei. Hieran knüpfte er an und erzählte mir, dass man nunmehr in der rumänischen Regierung auch an eine Aussiedlung von Juden denke."[26]

Der stellvertretende Ministerpräsident habe sich dabei auf die Juden in den Gebieten Arad, Timişoara und Turda bezogen. Ungewiss sei vorerst die Anzahl geblieben.

„Erst später klärte es sich, dass es sich um höchstens 25 000 Juden handeln könne. Auf meine Frage, ob ich meine Stellen hiervon unterrichten könne, bestätigte er mir dies und erklärte sich auch auf meine Bitte hin bereit, mir dies schriftlich zu bestätigen. Dieses Schreiben leitete ich dann nach Berlin weiter."

Laut seiner Aussage 1964 traf Richter am 24. Juli 1942 in Berlin mit Eichmann zusammen und überbrachte diesem das mit Mihai Antonescus Unterschrift versehene Schriftstück. Richter schlug vor, Lecca nach Berlin einzuladen, so dass bei Eichmann die Details der Deportierung der Juden aus Rumänien besprochen werden könnten. Richter führte weiter aus, Eichmann habe ihm nach Übermittlung des Handschreibens Mihai Antonescus schriftlich mitgeteilt, die betroffenen Juden sollten nach Lublin zum „Arbeitseinsatz" gebracht werden. Das war seine neue Verteidigungslinie gegenüber der bundesdeutschen Justiz.

„Ich wusste nicht, welches Schicksal diesen Juden tatsächlich bevorstand. Das kann ich mit gutem Gewissen sagen."[27]

Richters Aussagen zeigen in ihren verschiedenen Schichten Zusammenhänge auf, die den fragmentarisch erhaltenen Dokumenten direkt nicht zu entnehmen sind. Konfrontiert man diese Erzählungen mit den vorhandenen Dokumenten, so wird zwar erkennbar, dass die

[24] Vernehmungsniederschrift Gustav Richter, 28.5.1962, StA Frankenthal, 9 Js 143/61, Bd. 3, Bl. 433.

[25] Richter spricht zwar nur vom Banat, indes liegt Turda in Siebenbürgen.

[26] Zeugenaussage Gustav Richter (1 Js 1/65), 1.4.1970. StA Frankenthal, 9 Js 143/61, Bd. 20, Bl. 5836.

[27] Vernehmungsniederschrift Gustav Richter, 26.11.1964. StA Frankenthal, 9 Js 143/61, Bd. 4, Bl. 612f., Zitat Bl. 613.

nachträglichen Darstellungen Richters in wichtigen Punkten differieren, dass sie aber insgesamt recht genau sind – vermutlich auch deshalb, weil Richter wusste, wie viel man ihm aus den erhalten gebliebenen Dokumenten nachzuweisen vermochte. Die Gegenüberstellung der Schilderungen Richters mit der vorhandenen Dokumentenbasis sei im Folgenden exemplarisch versucht.

Die Erzählung Gustav Richters beginnt 1945 noch mit einem Gespräch im Mai 1942, verlagert sich aber in späteren Varianten immer mehr auf die – dokumentarisch belegbare, wiewohl bisher im Original nicht aufgetauchte – schriftliche Zustimmung Mihai Antonescus zur Deportation.

Schon aus Richters eigener Darstellung ergibt sich jedoch, dass diese Zustimmung keineswegs – wie von ihm in den späteren Varianten insinuiert – den Einstieg in Verhandlungen über die Deportation bedeutete, sondern vielmehr eine Zusammenfassung des bis dahin Erreichten war. So schrieb Unterstaatssekretär Luther in seinem Bericht für Ribbentrop vom 21. August 1942, bei dem Gespräch Richters mit Mihai Antonescu habe es sich um eine „abschließende Besprechung" gehandelt.[28]

Dieser Bericht Luthers ist aufschlussreich in zweierlei Hinsicht. Er zeigt deutlich, wie das RSHA mit Hilfe des Auswärtigen Amtes als ausführendem Organ die Staaten Südosteuropas stufenweise in die Durchführung der „Endlösung" einzubeziehen trachtete. Außerdem demonstriert der Bericht, dass die Bereitwilligkeit der jeweiligen Staaten in informellen Gesprächen abgeklärt wurde, ehe eine offizielle Anfrage durch die deutsche Gesandtschaft vor Ort erfolgte. Seine Entstehung verdankt das Dokument einem Kompetenzstreit zwischen AA und RSHA über Verhandlungen zur „Judenfrage" in Rumänien. Luther rekapitulierte die vom Auswärtigen Amt ergriffenen Maßnahmen gegenüber den Verbündeten und bat Ribbentrop, diese zu genehmigen, was der Reichsaußenminister letztlich auch tat, wobei er sich allerdings für die Zukunft das Recht vorbehielt, in jedem Einzelfall vorab unterrichtet zu werden.

Luthers Darstellung geht von der Feststellung aus, der Krieg gebe „Deutschland die Möglichkeit und auch die Pflicht, die Judenfrage in Europa zu lösen".[29] Er selbst hatte an der Wannseekonferenz teilgenommen und dort gefordert, „alle das Ausland betreffende Fragen" müssten „vorher mit dem Auswärtigen Amt abgestimmt werden".[30] Das habe Heydrich zugesagt und auch „loyal gehalten". Generell, notierte Luther weiter, habe die für „Judensachen" zuständige Dienststelle des RSHA von Anfang an reibungslos mit dem AA zusammengearbeitet. „Das Reichssicherheitshauptamt ist auf diesem Sektor in nahezu übervorsichtiger Form vorgegangen."

Nach Beginn der „Evakuierung der Juden aus Deutschland" aufgrund der „Führerweisung", habe es nahegelegen, „gleich die jüdischen Staatsangehörigen der Länder mitzuerfassen, die ebenfalls Judenmaßnahmen ergriffen hatten".[31] Über die Gesandtschaften Preß-

[28] Luther an Feldquartier Feldmark, 21.8.1942. ADAP, E, Bd. 3, Dok. 209, 360.
[29] Ebenda, 353.
[30] Ebenda, 355.
[31] Ebenda.

burg, Agram und Bukarest sei „aus Gründen der Courtoisie" nachgefragt worden, ob diese Staaten „ihre Juden in angemessener Frist aus Deutschland abberufen oder ihrer Abschiebung in die Ghettos im Osten zustimmen wollten". Alle drei Länder hätten eine „Abschiebung" akzeptiert und das AA habe dem RSHA mitgeteilt: „Juden rumänischer, kroatischer und slowakischer Staatsangehörigkeit könnten mit abgeschoben werden; ihr Vermögen sei sicherzustellen."[32]

In der Slowakei setzte das RSHA mit Hilfe des AA recht schnell nach. Bei Luther liest sich das so: „Die Zahl der auf diese Weise nach dem Osten abgeschobenen Juden reichte nicht aus, den Bedarf an Arbeitskräften dort zu decken."[33] Deshalb sei das RSHA auf Weisung Himmlers an das AA mit dem Anliegen herangetreten, die slowakische Regierung zu bitten, „20 000 junge, kräftige slowakische Juden aus der Slowakei zur Abschiebung in den Osten zur Verfügung zu stellen". Da diese Anregung von der slowakischen Regierung „mit Eifer" aufgegriffen worden sei, habe Himmler den Slowaken vorgeschlagen, „auch den Rest der slowakischen Juden nach dem Osten abzuschieben und die Slowakei so judenfrei zu machen". Auch damit habe sich die slowakische Regierung einverstanden erklärt. Es sei vereinbart worden, dass die slowakische Seite für „jeden evakuierten Juden als Unkostenbeitrag 500 RM zuzahlt".[34] 52 000 Juden seien aus der Slowakei „fortgeschafft" worden; 35 000 hätten Sondergenehmigungen zum Verbleib erhalten. Ministerpräsident Tuka wünsche jedoch die „Judenaussiedlung" fortzusetzen und habe „deshalb um Unterstützung durch diplomatischen Druck des Reichs gebeten". Der Gesandte sei ermächtigt worden, diese Hilfe so zu erteilen, dass er gegenüber Staatspräsident Tiso zum Ausdruck bringen solle, Deutschland wäre über den Verbleib von 35 000 Juden überrascht, „um so mehr, als die bisherige Mitwirkung der Slowakei in der Judenfrage hier sehr gewürdigt worden sei".

Auch an die kroatische Regierung waren RSHA und AA bereits herangetreten. Hier hatte man zum Zeitpunkt der Abfassung des Papiers Luthers eine grundsätzliche Übereinkunft zu einer „Aussiedlung" der Juden erzielt, wobei die kroatische Regierung inzwischen auch ihre „schriftliche Zustimmung" erteilt habe.[35] Schwierigkeiten seien allenfalls von italienischer Seite zu erwarten. Für Bulgarien notierte Luther Vorgespräche über die Behandlung der Juden bulgarischer Staatsangehörigkeit im deutschen Machtbereich.[36] Hingegen sei man an die ungarische Regierung „wegen Judenaussiedlung noch nicht herangetreten [...] weil der Stand der ungarischen Judengesetzgebung bisher einen ausreichenden Erfolg nicht verspricht".[37]

Luthers Darstellung der Einwirkungen des Auswärtigen Amtes auf Rumänien ist ein wenig konfus, weil sich hier zwei Dinge vermischen: die Behandlung der rumänischen Juden im deutschen Herrschaftsbereich und die Frage der Juden in Kernrumänien. Luther

32 Ebenda, 356.
33 Ebenda.
34 Ebenda, 357.
35 Ebenda.
36 Ebenda, 358f.
37 Ebenda, 359.

führte aus, der rumänische Gesandte in Berlin und die rumänischen Konsulate im deutschen Herrschaftsbereich seien von der Zustimmung ihrer Regierung „zur Einbeziehung der rumänischen Juden in die deutschen Maßnahmen" nicht informiert worden, weshalb sie zu deren Gunsten interveniert hätten. Daraufhin sei Killinger gebeten worden, eine Klarstellung zu erwirken.

> „Die Gesandtschaft scheint sich hierzu des ihr zugeteilten Judenberaters Richter bedient zu haben, dem die rumänische Regierung ihre frühere Zustimmung zur Einbeziehung der rumänischen Juden in die deutschen Maßnahmen bestätigte und dem der Stv. Ministerpräsident Mihai Antonescu den Wunsch des Marschalls mitteilte, die deutschen Dienststellen möchten auch die Aussiedlung aus Rumänien selbst durchführen und sofort mit dem Abtransport der Juden aus den Bezirken Arad, Timisoara und Turda beginnen."[38]

Isoliert betrachtet könnte man diese Passage so deuten, als ob die Zustimmung zur Deportation aus den erwähnten Bezirken eher zufällig und nebenbei zustande gekommen sei; als ob dem in anderer Sache tätig werdenden Richter hier eine Entscheidung verkündet wurde, mit deren Herbeiführung er nichts zu tun hatte. Dem ist natürlich nicht so. Luthers Darstellung konzentriert sich auf die vom Auswärtigen Amt unternommenen und durch Dokumente belegten Schritte (daher gibt er auch jeweils das Schriftstück an, auf das er sich stützt). Es geht ihm also in diesem Papier keineswegs um eine Darstellung der Verhandlungen mit den Verbündeten über die „Judenfrage". Andere Akteure, wie vor allem das RSHA, werden nur insoweit erwähnt, als es zur Erklärung der Handlungsweise des Auswärtigen Amtes nötig ist. Verhandlungen, die Richter führte, ohne das Auswärtige Amt schriftlich davon in Kenntnis zu setzen, werden deshalb überhaupt nicht thematisiert. Sie interessierten das Auswärtige Amt erst im Stadium einer absehbaren Einigung.

An den weiteren Ausführungen Luthers zu Rumänien sind andere Probleme des Dokuments zu erkennen. Nicht jede Einschätzung ist zum Nennwert zu nehmen, so etwa die Darstellung der zeitweisen Rückbehaltung Richters in Berlin im Sommer 1941. Hierzu schreibt Luther, auf Wunsch der jeweiligen Regierungen seien den Gesandtschaften Preßburg, Agram und Bukarest „Judenberater" zugeteilt worden, die das RSHA auf Anforderung des Auswärtigen Amtes zur Verfügung gestellt habe. Ihr Auftrag sei zeitlich begrenzt gewesen.

> „Er endet, sobald die Judenfrage in dem betreffenden Lande als im deutschen Sinne gelöst anzusehen ist. Zunächst wurde davon ausgegangen, dass dies der Fall sei, sobald das betreffende Land den deutschen gleichwertige Judengesetze erlassen hat.
> Daher wurde Richter bereits im vorigen Jahre durch das Reichssicherheitshauptamt aus Rumänien zurückberufen.
> Auf dringende Anforderung der Gesandtschaft Bukarest wurde Richter trotz Sträubens des Reichssicherheitshauptamtes erneut der Gesandtschaft mit der ausdrücklichen Absicht zugeteilt, ihn bis zur praktischen Endlösung in Rumänien zu belassen."[39]

[38] Ebenda.

[39] Ebenda, 359f.

Der eigentliche – bereits ausgeführte – Hintergrund, nämlich die Auseinandersetzung zwischen AA und RSHA um die Posten der Polizeiattachés, spart Luthers Version vollkommen aus.

Bedeutsam ist dieses Dokument gleichwohl. Und zwar wegen des Vergleichs der in verbündeten Staaten unternommenen Schritte. Damit wird die innere Logik im Vorgehen des Auswärtigen Amtes offengelegt. Kaum war eine Stufe erklommen, schloss sich die Forderung nach einer weiteren an. Ein gewisser Stand der antisemitischen Gesetzgebung galt dem Auswärtigen Amt als Grundlage, von dem aus zu einer Eskalation der Maßnahmen geschritten werden konnte. Die Einbeziehung der jeweiligen Staatsbürger in die „Judenmaßnahmen" im Deutschen Reich und in den besetzten Gebieten war ein Testballon. Zustimmung hierfür signalisierte dem AA die Bereitschaft zur nächsten Stufe. Es folgte das Verlangen nach Arbeitskräften. Wurde ihm entsprochen, bestand man sogleich auf der Deportation aller Juden. Aufs Neue war die Slowakei das Modell, wie über die Deportation verhandelt werden sollte. Und zwar bis hin zur konkreten Taktik: Falls infolge wachsenden Widerstands nicht auf Anhieb alle Juden deportiert werden konnten, forderte man die Deportation aller unter Hinweis auf das Wohlverhalten in der Vergangenheit. Dieses „Argument" bekam später in der Tat auch die rumänische Regierung zu hören.

Explizit erwähnte Luther Verhandlungen mit der Slowakei und Kroatien über die Deportationsfrage. Betreffs der Slowakei lässt sich belegen, dass deutsche Stellen bereits zu Jahresbeginn 1942 an die Regierung mit entsprechenden Forderungen herangetreten waren. Auf Anfrage Himmlers hatte das Auswärtige Amt den Gesandten Ludin beauftragt, der slowakischen Regierung mitzuteilen, Deutschland sei bereit, die slowakischen Juden zu übernehmen.[40] Die Deportationen von Juden aus der Slowakei begannen im März 1942. Am 25. Juni 1942 meldete Wisliceny, 53 000 Juden seien deportiert worden. Geschützt durch verschiedene Ausnahmegenehmigungen befänden sich noch 35 000 Juden auf slowakischem Gebiet.[41] Für Kroatien waren Verhandlungen ebenfalls schon länger eingeleitet worden; sie standen zur Zeit der Abfassung des Berichts vor dem Abschluss.

Rumänien war der dritte Staat, für den das Auswärtige Amt die Voraussetzungen als gegeben ansah, die Deportation zu verlangen. Spätestens Anfang 1942 hatte die Judengesetzgebung den von Deutschland geforderten Stand erreicht. Die Zustimmung zur Einbeziehung rumänischer Staatsbürger in die „Judenmaßnahmen" im deutschen Herrschaftsbereich war schon im November 1941 erteilt worden (wovon noch die Rede sein wird). Angesichts der deutschen Logik erscheint es zwingend, dass der rumänische Verbündete im Frühling 1942 über das deutsche Vorhaben informiert wurde, die Juden aus Europa nunmehr im Generalgouvernement zu sammeln. Gemäß der in der Slowakei verfolgten Taktik sah sich die rumänische Regierung schließlich mit der Forderung konfrontiert, die auf ihrem Territorium lebenden Juden in diese Maßnahme einzubeziehen.

[40] Longerich, Politik der Vernichtung, 492.
[41] Hradská, Der deutsche Berater, 311.

Nach Angabe Gustav Richters in seiner sowjetischen Vernehmung am 20. Februar 1945 sprach er zum ersten Mal im Mai 1942 mit Mihai Antonescu über Deportationen nach slowakischem Vorbild. Die schriftliche Zustimmung des stellvertretenden Ministerpräsidenten bezeichnet den Zeitpunkt, ab dem Spuren dieser Verhandlungen zurückblieben; wohingegen die Besprechungen in den Monaten zuvor nach wie vor im dokumentarischen Dunkel liegen. Wie aus einigen Aufzeichnungen Richters hervorgeht, traf er in der ersten Jahreshälfte 1942 einige Male Mihai Antonescu.[42] Über das Thema Deportation ist nichts von Mihai Antonescu selbst schriftlich erhalten geblieben. Ob er niemals etwas geschrieben hat oder, falls vorhanden gewesen, rechtzeitig hat verschwinden lassen, ist nach derzeitigem Stand ungeklärt. In den chronologisch geordneten Gesprächsnotizen Mihai Antonescus, die sich heute im Archiv des Außenministeriums und – als bruchstückhafte Doppelüberlieferung – im Bestand des Ministerrats befinden, ist für die fraglichen Monate kein einziges Gespräch mit Gustav Richter verzeichnet. Es ist davon auszugehen, dass hier bewusst gesäubert wurde. Auf jeden Fall unterlag das Sujet strengster Geheimhaltung.

Die in Vernehmungen Richters geschilderten Umstände der Abfassung des Zustimmungsschreibens sind die einzigen vorhandenen Quellen. Die gesichteten rumänischen Dokumente enthalten bis August 1942 keinen Hinweis auf Deportationsabsichten ins Generalgouvernement. Alle wichtigen einschlägigen Quellen aus jener Zeit stammen von deutscher Seite. Insbesondere der Wirbel um den Sachverhalt, dass die schriftliche Zustimmung Mihai Antonescus nicht gegenüber einem Diplomaten des Auswärtigen Amtes, sondern gegenüber einem einfachen Berater erklärt wurde, hat aufschlussreiche Spuren hinterlassen. Nicht zum ersten Mal sind aussagekräftige Dokumente aufgrund von Kompetenzstreitigkeiten entstanden und erhalten geblieben. Erst ab September 1942 sprudeln wieder die rumänischen Quellen zum Thema und ergänzen die deutsche Überlieferung.

Wie sieht nun die Affäre um die Einverständniserklärung Mihai Antonescus im Lichte der vorhandenen zeitgenössischen Quellen aus? Killinger telegrafierte am 12. August 1942 nach Berlin:

> „Der stellvertretende Ministerpräsident Mihai Antonescu hat sich in einem Schreiben vom 22. Juli 1942 an den Berater mit der Aussiedlung der Juden aus Rumänien und mit dem sofortigen Abtransport der Juden aus den Bezirken Arad, Temeschburg und Turda einverstanden erklärt. Mihai Antonescu hat in dem Schreiben darauf hingewiesen, dass dies auch der Wunsch des Marschalls Antonescu sei."[43]

Dieses Telegramm ist das einzige bislang aufgetauchte Dokument, in dem das genaue Datum der Einverständniserklärung Mihai Antonescus genannt wird. Denn weder ist diese Einverständniserklärung selbst erhalten geblieben, noch eine Kopie derselben, obschon Ko-

[42] Ein erstes, schon mehrfach zitiertes Treffen fand am 23.1.1942 statt: Richter, Unterredung mit Mihai Antonescu am 23.1.1942, 23.1.1942. PAAA, R 99394; Eichmann Trial Exhibit T/1009; abgedruckt in URO, Dokumentensammlung, Bd. 3, 496. Ein zweites Treffen ist nachgewiesen für den 22.4.1942: Richter, Unterredung mit Mihai Antonescu am 22.4.1942, 4.5.1942, NA, RG, 226, XL13709; abgedruckt in Ancel (Hg.), Documents, Bd. 3, Dok. 364, 593.

[43] Killinger an AA, 12.8.1942. PAAA, R 100881, Bl. 28.

pien vielfach hin und her geschickt wurden. So ist der exakte Wortlaut nicht bekannt, sondern bloß Wiedergaben von Lesern des von Mihai Antonescu unterzeichneten Dokuments sind überliefert.[44]

Aus einem weiteren Telegramm erschließt sich das Datum der Reise Richters zu Eichmann. Am 5. August 1942 meldete Killinger der Berliner Zentrale:

> „Anlässlich der Besprechung des Beraters für Judenfragen, SS-Hauptsturmführer Richter mit SS-Obersturmbannnführer Eichmann am 24.7.42 wurde zur Festlegung weiterer Einzelheiten über die Aussiedlung der Juden aus Rumänien vereinbart, den Regierungsbeauftragten für Judenfragen, Lecca, zu einer Besprechung Mitte August nach Berlin einzuladen."[45]

Killinger bat das Auswärtige Amt um Bewilligung dieser Reise. Spätestens zu diesem Zeitpunkt, 5. August 1942, war also das Auswärtige Amt informiert, vermutlich aber früher, denn Killingers Telegramm spricht von der „Festlegung weiterer Einzelheiten", was impliziert, dass auch der Empfänger grundsätzlich wusste, wovon die Rede war.

Bei diesem Treffen am 24. Juli 1942 handelte es sich also um die von Richter erwähnte Zusammenkunft mit Eichmann, für die er die Einverständniserklärung Mihai Antonescus benötigte. Zwei Tage darauf, am 26. Juli 1942, schickte Ernst Kaltenbrunner an Himmler ein Telegramm unter der Überschrift „Evakuierung von Juden aus Rumänien" Durch den Beauftragten des RSHA seien

> „die Vorbereitungen in politischer und technischer Hinsicht in bezug auf die Lösung der Judenfrage in Rumänien [...] soweit abgeschlossen, dass mit dem Anlaufen der Evakuierungstransporte in Zeitkürze begonnen werden kann."[46]

Etwa am 10. September 1942 solle der Abtransport in Richtung des Distrikts Lublin einsetzen,

> „wo der arbeitsfähige Teil arbeitseinsatzmäßig angesetzt wird, der Rest der Sonderbehandlung unterzogen werden soll."[47]

Nach Überschreiten der rumänischen Grenze würden die Juden ihre Staatsangehörigkeit verlieren. Mit dem Auswärtigen Amt würden ebenso wie mit dem Reichsverkehrsministerium entsprechende Verhandlungen geführt, die „als durchaus günstig anzusprechen" seien.

[44] Die wichtigste Illustration hierfür ist der am 7.8.1942 von der DGB an das AA zur Weiterleitung an das RSHA geschickte Bericht Gustav Richters über die „Aussiedlung der Juden aus Rumänien". In den Anlagen befand sich die Einverständniserklärung von Mihai Antonescu vom 22.7.1942 (vgl. NA, T 120, reel 2618, E364039). Am 11.8.1942 leitete Klingenfuß vom AA diese Unterlagen an Eichmann weiter. Nach einem Vermerk auf dem Briefentwurf zur Weiterleitung sollten vier Kopien von Mihai Antonescus Schreiben angefertigt werden. Jedoch liegt diesem Dokument weder eine Kopie der Einverständniserklärung noch das Schreiben Richters an Eichmann bei (vgl. NA, T 120, reel 2618, E364037).

[45] Killinger an AA, 5.8.1942. PAAA, R 10116.

[46] Vgl. Rintelen an Luther, 19.8.1942. ADAP, E, Bd. 3, Dok. 203, 342f., Zitat 342. Dort wird der Wortlaut des Telegramms Kaltenbrunners an Himmler vom 24.7.1942 wiedergegeben.

[47] Ebenda, 343.

„Auf Weisung des Reichssicherheitshauptamtes ließ sich der Berater für Judenfragen in Bukarest, SS-Hauptsturmführer Richter, vom stellvertretenden rumänischen Ministerpräsidenten Mihai Antonescu ein persönliches Schreiben aushändigen, dessen Fotokopie ich diesem Schreiben mit der Bitte um Kenntnisnahme beifüge.
Ich bitte um Genehmigung, die Abschiebungsarbeiten in der vorgetragenen Form durchführen zu können."

Aus diesem Telegramm ergibt sich, dass schon vor dem 26. Juli mit der rumänischen Seite verhandelt worden war, worauf die Formulierung „Vorbereitungen [...] abgeschlossen" hindeutet. Das Ergebnis ließ die deutsche Seite annehmen, die Forderungen würden nun umgesetzt. So erklärt sich das Datum des 10. September 1942 als angenommener Start der Deportation.

Es bleibt die Frage, weshalb Eichmann auf einer schriftlichen Erklärung der rumänischen Regierung bestand. Vermutlich liegt die Antwort in den Erfahrungen des RSHA im Umgang mit der rumänischen Regierung. Diese hatte Ende 1941 ihr Plazet erteilt zur Einbeziehung der im deutschen Herrschaftsbereich befindlichen Juden mit rumänischer Staatsbürgerschaft in die „Judenmaßnahmen". Eine solche Zusage hatte damals Mihai Antonescu mündlich gegeben. Dies geht aus deutschen Berichten hervor; in rumänischen Archiven konnte bis heute kein diesen Tatbestand betreffendes Dokument ausgemacht werden.

Am 13. November 1941 unterrichtete Killinger das Auswärtige Amt, Mihai Antonescu habe ihm auf entsprechende Vorsprache hin erklärt, die rumänische überlasse es der deutschen Regierung, die Juden rumänischer Staatsangehörigkeit gemeinsam mit den deutschen Juden in die Ghettos nach dem Osten abschieben zu lassen; sie habe kein Interesse an der Rückkehr dieser Juden nach Rumänien.[48] In einem Brief an Radu Lecca vom 15. Dezember 1942 schrieb Gustav Richter, Mihai Antonescu habe jene Zusage am 13. November 1941 gegenüber Gerhard Stelzer ausgesprochen.[49] Es muss nicht notwendigerweise eine Version falsch sein; stimmen kann entweder beides oder Killinger bezog die Stelzer gemachte Zusage auf sich selbst. Jedenfalls ist keine passende Begegnung in den chronologisch abgehefteten Gesprächsnotizen Mihai Antonescus vermerkt.

Anfang Dezember 1941 sah das Auswärtige Amt keine Hindernisse, auch jüdische Bürger bestimmter verbündeter Staaten in die Deportationsmaßnahmen einzubeziehen. So schien am 8. Dezember 1941 klar, dass zusammen mit Juden deutscher auch solche slowakischer, kroatischer und rumänischer Staatsangehörigkeit „nach dem Osten" abgeschoben werden konnten.[50] In einem geheimen Runderlass bestimmte das Reichsministerium für die besetzten Ostgebiete Anfang Mai 1942, bis auf Weiteres „die geplanten Judenmaß-

[48] Killinger an AA, 3.11.1941. PAAA, R 29702, Bl. 50.

[49] Richter an Lecca, 15.12.1942. NA, RG 226, entry 19, XL 13710. Die Befassung Richters mit der Behandlung von Juden rumänischer Staatsangehörigkeit im deutschen Herrschaftsbereich ist übrigens nirgends dokumentiert. Wäre in den Ermittlungen gegen Richter ein solches Schriftstück aufgetaucht, hätte das juristische Folgen gehabt.

[50] Wünsche und Ideen des Auswärtigen Amtes der vorgesehenen Gesamtlösung der Judenfrage in Europa, 8.12.1941. Ancel (Hg.), Documents, Bd. 3, Dok. 270, 447.

nahmen" auf die Juden slowakischer, kroatischer und rumänischer Staatsangehörigkeit zu beschränken. Das Einverständnis dieser drei Länder liege vor.[51]

Allerdings hatte Mihai Antonescu seine Einwilligung offenkundig weder an die zuständigen Stellen im rumänischen Außenministerium noch an die rumänische Gesandtschaft in Berlin oder gar an irgendeines der rumänischen Konsulate im deutschen Herrschaftsbereich weiterreichen lassen. Deutlich wurde dies, als die deutschen Behörden im Frühjahr 1942 darangingen, Juden mit rumänischer Staatsbürgerschaft bestimmten Beschränkungen zu unterwerfen.

So bekräftigte Gheorghe Davidescu, Generalsekretär des rumänischen Außenministeriums, am 15. Mai 1942 gegenüber der rumänischen Gesandtschaft in Berlin, die rumänische Regierung habe der Ergreifung „diskriminatorischer Maßnahmen" gegen Juden rumänischer Staatsbürgerschaft nicht zugestimmt. Die DGB sei gebeten worden, in diesem Sinne beim AA zu intervenieren.[52] Einige Wochen später, am 8. Juni, teilte Davidescu noch einmal der Berliner rumänischen Gesandtschaft mit, rumänische Juden stünden unter dem Schutz der rumänischen Regierung, was auch dem rumänischen Konsulat in Paris mitgeteilt werden solle.[53]

In dieser Sache wandte sich Luther am 22. Juni an die DGB. Der rumänische Generalkonsul in Paris habe die dortige deutsche Botschaft unterrichtet, seine Regierung sei mit der Anwendung der „Sondermaßnahmen" auf die rumänischen Juden nicht einverstanden. Er berufe sich auf eine Weisung seiner Gesandtschaft in Berlin, wonach die rumänische Regierung nicht zugestimmt habe, die im Ausland lebenden rumänischen Staatsangehörigen jüdischer Abstammung genauso behandeln zu lassen wie Juden deutscher Staatsangehörigkeit. Da ähnliche Einwendungen auch von anderen Konsulaten erhoben worden seien, müsse die Frage in Bukarest geklärt werden. Daher solle die DGB auf die rumänische Regierung einwirken, die Zustimmung zu erteilen, Juden rumänischer Staatsangehörigkeit im deutschen Herrschaftsbereich den deutscherseits erlassenen Bestimmungen zu unterwerfen.

> „Wegen des bei der Abschiebung der rumänischen Juden in jedem Falle sichergestellten Vermögens können Verhandlungen vorbehalten bleiben."[54]

Am 26. Juni 1942 fragte das RSHA beim AA zum Stand in dieser Angelegenheit nach. Vertreter des AA im Protektorat hätten darum gebeten, die Abschiebung von Juden rumänischer Staatsangehörigkeit nicht durchzuführen, da rumänische Stellen vor Ort dagegen Protest eingelegt hätten.[55]

[51] Vgl. Rademacher, Aufzeichnung, 11.5.1942. ADAP, E, Bd. 2, Dok. 197, 338.

[52] Gheorghe Davidescu an Gesandtschaft Berlin, 15.5.1942. AMAE, fond 71, Germania, dosar 88, Bl. 275.

[53] Gheorghe Davidescu an Gesandtschaft Berlin, 8.6.1942. AMAE, fond 71, Germania, dosar 88, Bl. 348.

[54] Luther an DGB, 22.6.1942. Wiedergegeben und zitiert nach Urteil im Strafverfahren gegen Gustav Richter, 11.1.1982. StA Frankenthal, 9 Js 143/61, Bd. 25, Bl. 6990.

[55] RSHA an AA, 26.6.1942. Wiedergegeben nach ebenda.

Am 21. August 1942 erhielt die Konsularabteilung des rumänischen Außenministeriums den Auftrag, allen Konsulaten mitzuteilen, nunmehr seien Juden mit rumänischen Pässen den deutschen Juden gleichgestellt. Deshalb dürften die rumänischen Konsulate keinen Protest mehr gegen ihre Behandlung einlegen.[56]

In der rumänischen Überlieferung ist diese Entscheidung bis heute bloß bruchstückhaft zu belegen. Es scheint, dass Killinger im Sommer 1942 den Sachverhalt Ion Antonescu unterbreitete und dieser – erneut nur mündlich – entschied. Merkwürdig bleibt, dass Mihai Antonescu – folgt man jedenfalls den vorhandenen Quellen – nicht mehr konsultiert wurde, obwohl er faktisch zuständig war, und das Außenministerium die Entscheidung Ion Antonescus umsetzte.

Raoul Bossy, rumänischer Gesandter in Berlin, telegrafierte am 21. Juli 1942 nach Bukarest, das Auswärtige Amt habe ihm mitgeteilt, dass die Entscheidung, laut der rumänische Juden in Deutschland „den gelben Stern tragen müssen und deportiert werden sollen", auf eine mündliche Einverständniserklärung Ion Antonescus in einem Gespräch mit Killinger zurückgehe. Bossy bat um Aufklärung, ob dies stimme.[57] Bereits am nächsten Tag folgte ein weiteres Telegramm mit der dringenden Bitte um Instruktionen, da die Deportation rumänischer Juden durch die deutschen Behörden begonnen habe.[58]

Eine ungezeichnete Notiz des rumänischen Außenministeriums hält fest, dass Gerhard Stelzer am 8. August 1942 seinen – namentlich nicht genannten – rumänischen Gesprächspartner darauf hinwies, über die „Frage der rumänischen Juden in Deutschland" habe es eine Unterredung zwischen Killinger und Ion Antonescu gegeben. In dieser Sache sei auch Richter tätig, der über Radu Lecca mit den rumänischen Behörden zusammenarbeite. Weiter sagte Stelzer – vermutlich in Reaktion auf Vorhaltungen seines rumänischen Gegenübers –, er könne sich nicht vorstellen, dass die rumänischen Juden schlechtergestellt seien als die ungarischen Juden. Stelzer versprach, sich beim Auswärtigen Amt genauer zu erkundigen.[59]

Am 10. August 1942 beratschlagte ein – ebenfalls ungenannter – Angehöriger des rumänischen Außenministeriums mit Richter und Lecca über die Problematik. Auch hier wird behauptet, der Vertreter des Außenministeriums habe erst in diesem Gespräch von der Zusage Ion Antonescus in dem Treffen mit Killinger erfahren. An diesem Tag vereinbarten beide Seiten, das rumänische Außenministerium werde der Gesandtschaft in Berlin und den entsprechenden Konsulaten mitteilen, alle deutschen Maßnahmen gegen die rumänischen Juden in Deutschland, im Protektorat, in Polen sowie in den anderen besetzten Gebieten seien mit Zustimmung der rumänischen Regierung getroffen worden. Die rumänischen

[56] Vgl. Karadja, Referat referitor la raportul Nr. 69 al Legațiunii din Berlin asupra situațiunii evreilor români din Germania, 24.11.1943. USHMM, RG 24.006M, reel 17.
[57] Bossy an MAE, 21.7.1942. AMAE, fond 71, Germania, dosar 89, Bl. 107.
[58] Bossy an MAE, 22.7.1942. AMAE, fond 71, Germania, dosar 89, Bl. 113.
[59] [Notă], 8.8.1942. AMAE, fond 71, Germania, dosar 96, Bl. 48.

Konsulate sollten angewiesen werden, Inventare der Habseligkeiten der Betroffenen aufzustellen, denn dieses Eigentum interessiere die rumänische Seite am meisten.[60]

Wahrscheinlich war es also diese Erfahrung, dass Mihai Antonescu seine mündliche Zusage von 1941 nicht an untere Organe weitergereicht hatte, die es Eichmann geraten sein ließ, sich 1942 die mit Mihai Antonescu getroffene Vereinbarung schriftlich bescheinigen zu lassen.

Indes führte genau dieses Schriftstück zu neuen Komplikationen mit dem Auswärtigen Amt, insbesondere mit Ribbentrop. Zuerst schien alles noch in bester Ordnung. Am 17. August 1942 fertigte Luther eine Aufzeichnung über die Vorgänge in Rumänien an, in der festgehalten ist, Mihai Antonescu habe sein Einverständnis dazu erteilt, dass deutsche Dienststellen die Aussiedlung der Juden aus Rumänien durchführen könnten. Begonnen werden solle mit den Bezirken Timişoara, Arad und Turda.[61] Am selben Tag schrieb Luther an Heinrich Müller vom RSHA, die Frage „der Abbeförderung der Juden aus Rumänien" habe eine „positive Klärung" erfahren. Nur betreffs der ungarischen Juden hätten sich erneut Widerstände ergeben. Hierüber werde verhandelt. In der Zwischenzeit bitte er darum, „die ungarischen Juden in Rumänien von der Abschiebung auszunehmen".[62]

Am 19. August 1942 zeichneten sich Probleme zwischen AA und RSHA ab. Emil von Rintelen, der sich zusammen mit Ribbentrop in dessen Feldquartier Feldmark befand, telegrafierte den Text des schon erwähnten Telegramms Kaltenbrunners (vom 26. Juli 1942 an Himmler über die „Evakuierung der Juden aus Rumänien") an das Auswärtige Amt.[63] Noch am selben Tag ließ Luther Rintelen wissen, die Gesandtschaft in Bukarest sei angewiesen worden, „unverzüglich eine offizielle Behandlung der Angelegenheit nachholen zu wollen".[64]

Den Hintergrund dieses Schriftwechsels erhellt die Aussage Rintelens im Zusammenhang mit den Ermittlungen gegen Gustav Richter. Dabei erinnert sich Rintelen, Ribbentrop habe ihn am 17. August 1942 entrüstet zu sich gerufen. Zuvor habe der Reichsaußenminister den Bericht Kaltenbrunners vom 26. Juli 1942 gelesen, der ihm von Obergruppenführer Wolf überbracht worden sei. Ribbentrop sei damals so entrüstet gewesen, weil er „in dem selbständigen Vorgehen des Angeschuldigten" – damit war Richter gemeint – „eine unzulässige Einmischung in die Geschäfte des Gesandten" gesehen habe, dem allein die Verhandlung mit der rumänischen Regierung vorbehalten sei. Ganz besonders habe ihm missfallen, dass Richter die Verhandlungen mit Mihai Antonescu „auf Weisung des Reichssicherheitshauptamts durchführte, ohne dass er vorher als Außenminister davon wusste und seine Genehmigung erteilt hatte".[65] Ribbentrops Ärger über die Vorgehensweise in Rumänien

60 [Notă], 10.8.1942. AMAE, fond 71, Germania, dosar 96, Bl. 50f.
61 Luther, Aufzeichnung, 17.8.1942. ADAP, E, Bd. 3, Dok. 199, 337f.
62 Luther an Heinrich Müller, 17.8.1942. PAAA, R 100881, Bl. 26.
63 Rintelen an AA, 19.8.1942. ADAP, E, Bd. 3, Dok. 203, 342f.
64 Luther an Rintelen, 19.8.1942. PAAA, R 100881, Bl. 25.
65 Zeugenaussage Emil von Rintelen, 11.12.1968. StA Frankenthal, 9 Js 143/61, Bd. 17, Bl. 4424f., Zitate 4425.

gründete also augenscheinlich im Glauben, das RSHA habe die Kompetenzen des AA in dem Sinne verletzt, dass das RSHA zwar Vorverhandlungen führen dürfe, deren schriftliche Fixierung aber dem AA überlassen müsse. In der von Mihai Antonescu unterschriebenen Erklärung erblickte Ribbentrop einen flagranten Verstoß gegen diese Arbeitsteilung.

Am 21. August 1942 schickte Luther an das Feldquartier Feldmark den bereits erwähnten referierenden Überblick über die deutsche Politik gegenüber den Juden seit 1939. Zur Einverständniserklärung Mihai Antonescus führte Luther aus, alle Verhandlungen mit der rumänischen Regierung seien über das Auswärtige Amt gelaufen. Deshalb sei die Himmler vorgelegte Mitteilung Richters nur als „interner Arbeitsbericht" zu werten.

> „Die ungewöhnliche Form, sich eine abschließende Besprechung durch Handschreiben des Stv. Ministerpräsidenten bestätigen zu lassen, ist sofort nach Eingang des Berichts durch Erlass vom 17. d.M. in scharfer Form beanstandet worden; die offizielle Behandlung der Angelegenheit soll unverzüglich nachgeholt werden."[66]

Luther beschloss das Papier unter anderem mit dem Hinweis auf die Bedeutung der Deportation aus Rumänien. Sie stelle einen weiteren Schritt hin zur „Gesamtlösung" dar, und mit Blick auf andere Staaten – genannt wird Ungarn – sei die Deportation sehr wichtig.

Am 28. August 1942 erteilte Ribbentrop die für Rumänien angeforderte Genehmigung. Gleichzeitig erteilte er die Weisung, von weiteren Schritten gegenüber Ungarn und Bulgarien abzusehen. Vor Aufnahme von Verhandlungen mit fremden Regierungen sei seine Genehmigung einzuholen.[67]

Die am 17. August 1942 verlangte Note richtete Killinger zehn Tage später, am 27. August 1942, an das rumänische Außenministerium. Darin heißt es, unter Bezugnahme „auf den kürzlichen Schriftwechsel" zwischen Mihai Antonescu und Richter teile die Gesandtschaft mit, sie halte nach Leccas Rückkehr aus Berlin,

> „nach abschließender Besprechung über die Aussiedlung der Juden aus Rumänien [...] die Vorverhandlungen für abgeschlossen und bittet um Übermittlung einer alle maßgeblichen Fragen kurz enthaltenden Stellungnahme der königlich rumänischen Regierung zum Zwecke der Vorlage bei der Reichsregierung."[68]

Tags darauf, am 28. August 1942, ließ Killinger das Auswärtige Amt wissen, von einem Abschluss der Verhandlungen mit der rumänischen Regierung könne keine Rede sein. Killinger äußerte sich empört über die seines Erachtens schnöde Abfertigung Leccas durch das Auswärtige Amt. Dieser sei „etwas verschnupft" aus Berlin zurückgekommen, was Killinger gravierend erschien, hatte Leccas Reise doch eine „Vorbereitung für die Aktion" sein sollen.[69]

66 Luther an Feldquartier Feldmark, 21.8.1942. ADAP, E, Bd. 3, Dok. 209, 360.

67 Rintelen an Luther, 28.8.1942. PAAA, R 29705, Bl. 271f.; abgedruckt in URO, Dokumentensammlung, Bd. 2, 364.

68 Der Text der Note ist enthalten in Killinger an AA, 28.8.1942. ADAP, E, Bd. 3, Dok. 244, 422f., Zitat 422; dieser Text findet sich auch in USHMM, RG 25.006M, reel 8.

69 Killinger an AA, 28.8.1942. ADAP, E, Bd. 3, Dok. 244, 422f., Zitate 422.

„Ich bitte, wenn derart wichtige Persönlichkeiten wie Herr Ministerialdirektor Lecca nach Berlin kommen, dieselben nicht in einer Form abzuspeisen, dass das gute Verhältnis zwischen Deutschland und Rumänien getrübt werden könnte."[70]

Unverständlich sei die Annahme, hielt Killinger dem an ihn gerichteten Vorwurf entgegen, dass er eine „derart wichtige Frage" ausschließlich von einem „SS-Führer" erledigen lasse.[71] Selbstverständlich habe Richter die „Vorarbeit" auf seinen Befehl hin erledigt. Killinger erboste der Vorwurf, es versäumt zu haben, offiziell bei der rumänischen Regierung anzufragen. Er habe die Anfrage „unverzüglich nachgeholt, nachdem ich den Zeitpunkt für gekommen erachtete".[72] Sein eigenes Verhalten unter anderem durch Angriffe auf das Verhalten des Auswärtigen Amtes gegenüber Lecca deckend, insinuierte Killinger, dieser Zeitpunkt sei für ihn Leccas Rückkehr gewesen.

1945 sagte Richter aus, nach seiner Rückkehr aus Berlin habe Lecca eine Vorlage für Ion Antonescu ausgearbeitet und diese Mihai Antonescu übergeben. In der Angelegenheit werde nichts weiter unternommen, habe Killinger erklärt, bevor nicht eine offizielle Note der rumänischen Regierung vorliege.[73]

Was hatte es mit dem Besuch Radu Leccas in Berlin auf sich? Mit Telegramm vom 10. August 1942 hatte das Auswärtige Amt sein Einverständnis mit dem Besuch erteilt.[74] Unter Verweis auf das Schreiben Richters vom 7. August kündigte Killinger am 12. d. M. an, am 19. werde Lecca zu Verhandlungen in Berlin eintreffen.[75] Lecca und Richter brachen tatsächlich am 15. August 1942 mit dem Flugzeug in die deutsche Hauptstadt auf.[76] Am 17. August notierte Luther, Lecca habe darum „gebeten, in den nächsten Tagen hierher kommen zu dürfen".[77] Zum Zweck der Reise erläuterte Luther, Lecca komme, um mit dem AA und dem RSHA

„die Einzelheiten der praktischen Durchführung der Aussiedlung in Rumänien zu besprechen und darüber hinaus die weiteren Fragen der Entjudung Rumäniens zu erörtern."

Richter wiederum nannte als Zweck der Reise, Lecca habe mit Eichmann und dessen Referenten sowie mit Luther bekanntgemacht werden sollen. Auch sollte ihm Gelegenheit

70 Ebenda, 423.
71 Ebenda, 422.
72 Ebenda, 423.
73 Richter, Meine Tätigkeit als Berater für Judenfragen an der Deutschen Gesandtschaft in Bukarest, 20.2.1945. BStU, MfS, HA IX/11 RHE West 270, Bd. 3, Bl. 23.
74 Luther an DGB, 10.8.1942. PAAA, R 10116.
75 Killinger an AA, 12.8.1942. PAAA, R 100881, Bl. 28. Dem rumänischen Außenministerium teilte die DGB mit, „Herr Ministerialdirektor Lecca" sei von Himmler zu einer am 19.8.1942 beginnenden mehrtägigen Besprechung nach Berlin eingeladen und beabsichtige, der Einladung in Begleitung Richters Folge zu leisten. USHMM, RG 25.004M, reel 34 (AMAE, fond 71, Germania, dosar 89, Bl. 204).
76 Weck, Rapport politique Nr. 56, 18.8.1942. BAR, E 2300, 1000/716, Bd. 105; abgedruckt in Dumitru Hîncu (Hg.), Confidențial! București – Berna. Rapoartele diplomatice ale lui René de Weck 1940–1944. București 2002, 48.
77 Luther, Aufzeichnung, 17.8.1942. ADAP, E, Bd. 3, Dok. 199, 337f., Zitate 338.

geboten werden, sich allgemein über die „Lösung der Judenfrage" zu informieren. Richter sagte aus, bei diesen Gesprächen nicht anwesend gewesen zu sein. Freilich ist seine aus dem Jahr 1945 stammende Erklärung in der Darstellung dieses Besuchs unvollständig und offensichtlich vom Bemühen geprägt, dessen eigentliche Bedeutung zu verhüllen.[78]

Auch 1964 hielt Richter daran fest, wenigstens bei dem entscheidenden Gespräch Leccas mit Eichmann nicht zugegen gewesen zu sein; zur gleichen Zeit habe er dem Leiter der Abteilung IV des RSHA, Heinrich Müller, Bericht über die allgemeine politische Lage in Rumänien erstattet. Bei dieser Gelegenheit gab Richter zu, von Anfang an sei es darum gegangen, die Deportation der Juden aus Südsiebenbürgen und aus dem Banat zu organisieren. Lecca habe ihm später gesagt, laut Eichmann würde sich das RSHA um den Transport kümmern, der im September beginnen könne. Richter behauptete – woran er bis Prozessende festhielt –, über das wahre Schicksal der Deportierten nicht informiert gewesen zu sein. Er gab vor, Lecca sei nach diesem Gespräch ebenfalls der Ansicht gewesen, die rumänischen Juden sollten zum Arbeitseinsatz gebracht werden. „Seinem ganzen Wesen nach" sei Lecca „gegen Radikalmaßnahmen" gewesen, „auch wenn sie sich gegen Juden richteten".[79] Abermals versteifte sich Richter auf sein Nichtwissen:

> „Der Ausdruck ‚Sonderbehandlung' der Juden war mir zu keiner Zeit ein Begriff. Eichmann hat sich mir gegenüber nie in diesem Sinne geäußert. Ich versichere nochmals, dass ich während meiner dienstlichen Tätigkeit in Rumänien zu keiner Zeit erfahren bzw. gewusst habe, dass die Juden physisch vernichtet werden sollten."

1970 sagte Richter aus, einer Notiz Eichmanns nach diesem Besuch entnommen zu haben, dieser habe mit Lecca vereinbart, den Kreis der „auszusiedelnden Juden" auf arbeitsfähige Männer zwischen 15 und 45 Jahren zu beschränken.

> „Diese sollten in das Gebiet um Lublin gebracht werden. Irgendwelche Anhaltspunkte, dass die Aussiedlung dieser Juden anderen Zwecken als dem Arbeitseinsatz diente, hatte ich nicht."[80]

Eine Aussage Richters von 1967 liefert die Information, dass Lecca in Berlin Besprechungen mit Eichmann und Rademacher führte. Erneut behauptete Richter, an den Besprechungen nicht teilgenommen zu haben. Freilich ist die Begründung diesmal nicht die Berichterstattung an Heinrich Müller, sondern eine touristische Rundreise durch Berlin zusammen mit Frau Lecca. Der Besuch habe nur wenige Tage gedauert. Lecca äußerte sich zu Richter verstimmt darüber, dass er weder im RSHA von Heinrich Müller noch im AA von Luther

[78] Vgl. Richter, Meine Tätigkeit als Berater für Judenfragen an der Deutschen Gesandtschaft in Bukarest, 20.2.1945. BStU, MfS, HA IX/11 RHE West 270, Bd. 3, Bl. 22.

[79] Vernehmungsniederschrift Gustav Richter, 26.11.1964. StA Frankenthal, 9 Js 143/61, Bd. 4, Bl. 614.

[80] Zeugenaussage Gustav Richter (1 Js 1/65), 1.4.1970. StA Frankenthal, 9 Js 143/61, Bd. 20, Bl. 5836.

empfangen worden war[81] – was mit der Empörung Killingers über Leccas Behandlung in Berlin konkordiert.

1968 kamen weitere Details des Lecca-Besuchs zur Sprache. In einer Aussage als Zeuge stellte Richter seinen Aufenthalt in Berlin im Sommer 1942 so dar, als ob er in erster Linie privaten Dingen gewidmet gewesen sei. Gearbeitet habe er im RSHA teilweise im Dienstzimmer Mannels, teilweise auch in einem leerstehenden Büroraum auf derselben Etage. Übereinstimmend hätten Killinger, Auswärtiges Amt und Eichmann den Besuch Leccas gewünscht. Es habe ein außerdienstliches Treffen im Gästehaus am Wannsee gegeben; Eichmann habe Lecca und dessen Ehefrau einmal in die Frasquita-Bar eingeladen; auch sei der Wintergarten besucht worden.[82]

Was ist nun die Erklärung für den unfreundlichen Empfang Radu Leccas im Auswärtigen Amt? Nach dem Krieg sagte Rademacher dazu aus, Luther und er seien übereingekommen, mit Lecca nicht zu verhandeln. Da sie sich nicht weigern konnten, Lecca zu empfangen, heckten sie den Plan aus, Luther solle vorgeben, beschäftigt zu sein und Lecca an Rademacher verweisen, dann jedoch Rademacher ostentativ rufen lassen, so dass kein wirkliches Gespräch zustande kommen könnte.[83] Rademacher behauptete 1948, man habe mit dieser Brüskierung die Missbilligung gegenüber den rumänischen Deportationsversuchen über den Bug vom Frühjahr 1942 ausdrücken wollen. Zu Recht wertet Browning das als „durchschaubares Manöver". Er beurteilt das Verhalten gegenüber Lecca als eine „Episode kleinkarierter Rache", veranlasst durch Luthers Ärger über die wegen der Vorgehensweise Richters entstandenen Verwicklungen.[84]

Eine gewisse Rolle scheint auch Emil Hoffmann gespielt zu haben, der Rademacher Informationen aus Bukarest zutrug und sich sehr negativ über Killinger, Richter und Lecca geäußert hatte.[85] Killinger hatte im Januar 1942 die Abberufung Hoffmanns als Berater für Presse- und Propagandafragen gefordert und erreicht.[86] Beide waren im Streit voneinander geschieden. In einem Bericht über die Aktivitäten Emil Hoffmanns in Bukarest ließ Killinger kein gutes Haar an ihm. Dieser habe sich in andere Bereiche eingemischt und Verdächtigungen gestreut. Er sei ein „pathologischer Intrigant" und fühle sich „als Krone der Schöpfung, während alle anderen Nullen und Dummköpfe sind. Er hält sich für einen star-

81 Zeugenaussage Gustav Richter (1 Js 1/65), 13.6.1967. StA Frankenthal, 9 Js 143/61, Bd. 13, Bl. 2039.

82 Zeugenaussage Gustav Richter (1 Js 1/65), 17.9.1968. StA Frankenthal, 9 Js 143/61, Bd. 17, Bl. 4357f.

83 Christopher R. Browning, Die „Endlösung" und das Auswärtige Amt. Das Referat D III der Abteilung Deutschland 1940–1943. Darmstadt 2010, 156.

84 Ebenda, 298 Anm. 30. Bestätigt wird das durch Rintelen, der 1968 ausführte, Ribbentrops Verstimmung über die Aktion Richters sei der Grund dafür gewesen, dass Lecca von Luther nicht empfangen und Rademacher ostentativ aus der Besprechung mit Lecca herausgerufen worden sei. Das wisse er „aus den Aktenvorgängen" (Zeugenaussage Emil von Rintelen, 11.12.1968. StA Frankenthal, 9 Js 143/61, Bd. 17, Bl. 4424f.).

85 Browning, Die „Endlösung" und das Auswärtige Amt, 156, 298 Anm. 29.

86 Killinger an Luther, 21.1.1942. PAAA, Bukarest, Karton 11.

ken Mann, gegen den niemand etwas machen kann. Seine ständige dumme Redensart war: ‚Ich werde alles zermalmen.'" Er habe immer wieder den hundertprozentigen Nationalsozialisten betont, habe die Beamten des Auswärtigen Amtes beschimpft und immer davon gesprochen, man müsse „eine Nazigesandtschaft aufziehen".[87] Emil Hoffmann wurde zur Waffen-SS eingezogen. Es gab ein „Abschiedsessen" für ihn als „Freund Rumäniens". Dabei ließ sich nicht nur Killinger vertreten, sondern auch, wegen „Arbeitsüberlastung", Mihai Antonescu. An dem Essen nahmen trotzdem unter anderem die beiden von Hoffmann angeschwärzten Gustav Richter und Radu Lecca teil. Dazu gesellte sich übrigens auch noch Theodor Ellgering.[88] Anfang April beschwerte sich Killinger, nach nur vier Wochen beim Militär habe Hoffmann Urlaub bekommen und halte sich wieder in Bukarest auf. Abermals verlangte der Gesandte die Rückberufung Emil Hoffmanns.[89]

In den Memoiren Radu Leccas wird die August-Reise nach Berlin in Verbindung mit einer Interpretation der vorangegangenen und der folgenden Ereignisse um die Frage einer Deportation aus Rumänien dargelegt.[90] In lebendiger Beschreibung mischen sich groteske Falschbehauptungen und Übertreibungen mit genauen und überprüfbar richtigen Details. Man muss sich die Umstände ins Gedächtnis rufen, unter denen Lecca seine Memoiren verfasste. Sie waren das Ergebnis jahrelanger Befragungen in der Haft und der Versuch einer nachträglichen Rechtfertigung.

Schenkt man Lecca Glauben, hatte der Besuch zur Vorgeschichte, dass im Winter 1943/1944 (die Datierung ist offensichtlich falsch – es handelt sich um die Ereignisse im Sommer 1942) Richter aus Berlin per Sonderkurier ein an Mihai Antonescu adressiertes Schreiben Himmlers erhielt, worin dieser, umkleidet von einigen höflichen Formulierungen, die Auslieferung der Juden aus Südsiebenbürgen und aus dem Banat forderte. Vorwand dafür war, es fehle in Polen an Arbeitskräften. Mihai Antonescu habe geglaubt, sich mit einer Zustimmung zu diesem Plan wieder gut mit den Deutschen stellen zu können. Ohne weiter zu überlegen, habe er Richter gebeten, einige Minuten zu warten, sei zu Ion Antonescu ins Büro gegangen, habe dessen Zustimmung zu dem Plan Himmlers eingeholt, sei danach zu Richter zurückgekehrt, habe ihm die positive Antwort der rumänischen Regierung mitgeteilt und auch gleich ein entsprechendes Schriftstück diktiert. Als Bedingung habe Mihai Antonescu lediglich genannt, der Transport solle mit deutschen Eisenbahnwaggons erfolgen. Richter habe das Ergebnis sogleich telefonisch Himmler mitgeteilt und das Schriftstück einem Sonderkurier übergeben.

Noch am Abend desselben Tages sei er, Lecca, zum Haus in Băneasa gerufen worden, in dem Mihai Antonescu wohnte. Dieser habe ihm offenbart, bei weiterem Nachdenken bedauere er seine Zustimmung und bitte Lecca, nach einer Möglichkeit zu suchen, sich der eingegangenen Verpflichtung zu entledigen. Lecca will geantwortet haben, er werde Killinger konsultieren. Am kommenden Tag, während seines täglichen Gesprächs mit dem

87 Killinger an AA, 6.3.1942. PAAA, Bukarest, Karton 11.
88 *Bukarester Tageblatt*, 17.2.1942, 3.
89 Killinger an Luther, 1.4.1942. PAAA, R 29703, Bl. 1.
90 Die folgenden Absätze referieren Lecca, Eu i-am salvat, 272–282.

Gesandten das Thema ansprechend, habe dieser gesagt, nichts mehr tun zu können, da der Zettel bereits in Deutschland sei. Er könne Lecca nur raten, nach Berlin zu fahren und bei Himmler vorzusprechen. Killinger habe angeboten, dem AA eine Einladung zu empfehlen und dem Amt mitzuteilen, dass Mihai Antonescu einen Fehler begangen habe, indem er vor Einholung der Meinung von Spezialisten seine Zustimmung erteilte.

In noch breiteren Details wird in Leccas Memoiren der Ablauf seiner Reise nach Berlin beschrieben. Gemeinsam mit Richter sei er aufgebrochen, und zwar in der Eisenbahn über Polen. Am Bahnhof Friedrichstraße angekommen, habe sie ein Vertreter des Auswärtigen Amtes erwartet und zum Hotel Eden begleitet. Richter sei nur einige Stunden in Berlin geblieben, weil er seine Familie im Westen Deutschlands besuchen wollte. Lecca hingegen sei zum Auswärtigen Amt geführt worden, wo ihn ein Abteilungsleiter empfangen habe, weil Ribbentrop abwesend gewesen sei. Ein Vertreter des AA habe ihn zum „Sitz der SS" begleitet, wo er Kaltenbrunner vorgestellt worden sei und sein Anliegen vorgebracht habe. Kaltenbrunner, dem das Deportationsprojekt bekannt gewesen sei, habe behauptet, der Eisenbahndirektion seien schon die entsprechenden Befehle erteilt worden. Doch zur Sache selbst habe er ihn beschieden, seine Frage könne nur Himmler beantworten, den er am Abend bei einem Essen treffen würde. Für den Abend sei er, Lecca, ins Gästehaus auf einer Insel im Wannsee eingeladen worden.

Lecca will mit Kaltenbrunner, Suhr und anderen im Hotel Eden zu Mittag gespeist haben. Dann sei derselbe Abteilungsleiter aus dem Auswärtigen Amt erschienen, von dem er schon am Bahnhof abgeholt worden sei und habe ihm Berlin zeigen wollen. Auf dieses Ansinnen will Lecca geantwortet haben, Berlin gut zu kennen. Mit dem Beamten habe er bloß einen Kaffee getrunken. Dabei sei ihm gesagt worden, Killinger habe das Auswärtige Amt gebeten, alles Erdenkliche zu tun, damit Leccas Reise nicht vergeblich sei, denn er, Killinger, sei selbst überzeugt, dass die Deportation der siebenbürgischen Juden zu einer wirtschaftlichen Krise führen müsse.

Am Abend habe ihn Suhr zum Gästehaus am Wannsee gebracht. Zunächst habe er an einem Tisch Platz genommen, an dem neben Kaltenbrunner noch Suhr und zwei SS-Offiziere gesessen hätten. Erst später sei Himmler eingetreten. Auf dessen Zeichen hin seien alle Mitarbeiter verschwunden, und er, Lecca, sei allein mit Himmler zurückgeblieben. Lecca will den Sachverhalt so erklärt haben, dass die Zustimmung durch Mihai Antonescu voreilig erteilt worden sei, ohne die gravierenden wirtschaftlichen Folgen zu bedenken. Himmler habe sich verständnisvoll gezeigt, sei jedoch unzufrieden darüber gewesen, dass die Anweisungen hinsichtlich des Eisenbahntransports widerrufen werden müssten. Schließlich habe Himmler noch gefragt, ob die Deportation in sechs Monaten stattfinden könne, und dabei betont, im Vergleich mit anderen europäischen Ländern befinde sich Rumänien bereits im Rückstand. Lecca will entgegnet haben, diese Frage erst in Bukarest nach einer Besprechung mit Mihai Antonescu beantworten zu können. Von Himmler sei er dann beauftragt worden, dem stellvertretenden Ministerpräsidenten auszurichten, es sollten alle Vorkehrungen getroffen werden, so dass die Transporte in sechs Monaten abrollen könnten. Außerdem habe ihm Himmler während der Unterredung auch kundgetan, gerne sei er bereit, später den Rumänen auch die Juden aus dem Altreich abzunehmen.

Himmler habe daraufhin Suhr, der im Nebenzimmer wartete, hereingerufen und ihm befohlen, die in Richtung Rumänien fahrenden Züge abzubestellen. Himmler sei noch etwa eine halbe Stunde geblieben, habe über die Lage in Rumänien gesprochen und die Hoffnung geäußert, Rumänien bald einmal besuchen zu können. Dann sei er, Lecca, mit Kaltenbrunner und den anderen zurückgeblieben. Kaltenbrunner und Suhr habe es sehr erstaunt, dass er diese Konzession Himmlers erreicht habe. Am folgenden Tag habe er nochmals das Auswärtige Amt aufgesucht, wo er von Ribbentrop empfangen worden sei. Außerdem habe er noch Rosenberg erreichen wollen, der jedoch abwesend gewesen sei, so dass er nur Walter Malletke – einen Mitarbeiter des Ministers, den er von früher her kannte – habe treffen können.

Mit dieser phantasievollen Erzählung hat Radu Lecca für sich den Erfolg reklamiert, die Juden Rumäniens aus größter Gefahr gerettet zu haben. Seine Reise nach Berlin wird zu entscheidender Bedeutung hochstilisiert. Mit Himmler persönlich will Lecca konferiert haben, und dieser soll in Windeseile zur erstaunlichen Konzession einer Verschiebung der Deportation bereit gewesen sein. Seinen wirklichen Kontakt im RSHA, Eichmann, verschweigt Lecca, und schon gar nicht gibt er den Inhalt der mit diesem geführten Gespräche wieder. Wie schon geschildert, hatte Lecca laut Richter seine Enttäuschung bekundet, nicht von Gestapo-Müller empfangen worden zu sein. Von Himmler war offenbar überhaupt nicht die Rede, und es wäre auch außergewöhnlich gewesen, hätte Himmler einen Ministerialdirigenten aus Rumänien empfangen. Genauso ist der angebliche Abschiedsempfang durch Ribbentrop zu werten. Kein Wort über die Brüskierung durch Luther und Rademacher im Auswärtigen Amt. Stattdessen werden AA und RSHA als ausnehmend freundlich und entgegenkommend geschildert.

Hier hat einer geschrieben, der in Details beweist, dass er Deutschland gut kennt, und deshalb mag man ihm erst einmal eine gewisse Glaubwürdigkeit zugestehen; schließlich ist er einer der entscheidenden Akteure des Dramas. Jedoch sind die von Lecca berichteten Unterredungen schlichtweg erlogen. Diese Episode ist besonders eklatant; immerhin ist der Schwindel recht einfach nachzuweisen. In anderen Fällen ist dies ungleich schwieriger, weil es an Dokumenten mangelt. Gäbe es weniger Quellen über die von Lecca geschilderten Vorgänge seiner Reise nach Berlin im August 1942, würde seine Version ernster genommen als sie es verdient.

Als weitere Darstellung eines in Rumänien unmittelbar Beteiligten liegen noch die Erklärungen Nandor Gingolds, Generalsekretär und späterer Präsident der „Judenzentrale", vor. Auch er verbrachte lange Jahre in Haft und gab dort eine Vielzahl von Erklärungen ab. Seine Erzählung war stets eine Rechtfertigung seiner Tätigkeit an der Spitze der „Judenzentrale". Unermüdlich verteidigte er sich gegen Vorwürfe, die Interessen der jüdischen Bevölkerung missachtet zu haben. Dabei spielte die Frage der ausgebliebenen Deportation im Sommer 1942 eine geringere Rolle als bei Lecca. Jedoch erwähnte Gingold nach dem Umsturz vom 23. August 1944 immer wieder, sich bemüht zu haben, diese Maßnahme zu verhindern, sobald sie ihm zur Kenntnis gekommen war. In seiner ersten Rechtfertigungsschrift vom 11. November 1944 ist zu lesen, es sei ihm durch Maria Antonescu und Dr. Stroescu gelungen, dass die Regierung alle in diese Richtung gehenden Maßnahmen zurückgenommen habe.[91]

In den bekannt gewordenen Erklärungen Gingolds aus seiner Haftzeit wurde den deutschen Plänen zur Deportierung rumänischer Juden wenig Aufmerksamkeit gewidmet. Gleichwohl enthalten sie einige neue Informationen. So führte Gingold 1952 aus, Richter habe Lecca und ihm, Gingold, 1943 (das Jahr stimmt offensichtlich nicht, gemeint ist 1942) zusammen mit der Mitteilung, die rumänische Regierung habe der Deportation der Juden, beginnend mit dem Banat, zugestimmt, bereits einen fertigen Plan für diese Aktion vorgelegt. Nach Gingolds Darstellung widersprach Lecca diesem Plan und erklärte, von völliger Evakuierung könne keine Rede sein, wirtschaftlich wichtige Juden müssten ausgenommen werden. Sie beide, Gingold und Lecca, hätten einen Aufschub von einigen Wochen erbeten, vorgeblich, um genügend Zeit für die Ausarbeitung der Listen der zu Deportierenden zu haben. Tatsächlich aber sei diese Frist für diverse Interventionen genutzt worden mit dem Ziel, den deutschen Plan scheitern zu lassen. Er selbst habe Samuel Ligheti (damals Vorsitzender der Banater „Judenzentrale“) und Filderman informiert, während Lecca bemüht gewesen sei, auf Ion Antonescu über dessen Frau Einfluss zu nehmen.[92] Jetzt also war es Lecca, und nicht mehr Gingold selbst, der via Maria Antonescu auf den Marschall einwirkte.

In einer undatierten Befragung in Bukarest, die aber offensichtlich im Zusammenhang mit den bundesdeutschen Ermittlungen gegen Gustav Richter durchgeführt wurde und vor der Aufnahme diplomatischer Beziehungen zwischen der Bundesrepublik und Rumänien 1967 stattgefunden haben muss,[93] lieferte Nandor Gingold eine ausführlichere Erklärung zu den Vorgängen im Sommer 1942. Er sagte:

> „Die Tätigkeit Gustav Richters gipfelte in dem von ihm ausgearbeiteten Plan zur Verschleppung der Juden aus Rumänien.“[94]

Von diesem Plan habe er „Ende Oktober oder Anfang November 1942“ erfahren, als Gustav Richter ihn sowie – namentlich ungenannt bleibende – andere Personen in die Gesandtschaft bestellt habe.

[91] Gingold, [Memoriu], 14.11.1944. ANR, PCM, SSI, 1944/41, Bl. 8. Maria Antonescu war die Ehefrau Ion Antonescus. Stroescu, Arzt und Offizier, war dessen Leibarzt. Ion Antonescu durchlitt im Sommer und Frühherbst 1942 eine schwere gesundheitliche Krise, und Stroescu war in diesen Monaten fast ständig um ihn, wie die Aufzeichnungen über den Tagesablauf Ion Antonescus belegen.

[92] Gingold, Declarație, 1.1.1952. CNSAS, I 210516, Bd. 13, Bl. 93f.

[93] Zu dieser zeitlichen Einordnung vgl. Croissant an Fassunge [Entwurf], o. D. StA Frankenthal, 9 Js 143/61, Bd. 12, Bl. 1762–1764 unter Bezug auf ein Treffen dieser beiden Staatsanwälte aus der BRD und aus der DDR vom 3.5.1966.

[94] Protokoll einer Zeugenvernehmung. BStU, MfS, HA IX/11 RHE West 270, Bd. 1, Bl. 148–155, Zitat Bl. 152.

„Bei dieser Gelegenheit erklärte uns Gustav Richter strahlend, dass er uns zu sich gebeten hat, um uns mitzuteilen, dass er die Genehmigung der rumänischen Regierung zur Verschleppung der Juden aus Rumänien erhalten hat. Er hat uns ein von Mihai Antonescu unterzeichnetes Schreiben vorgelegt, dass jener mit der Verschleppung der Juden aus dem Banat und Siebenbürgen einverstanden war. Das war die erste Etappe seines Planes.
Nach dieser Nachricht zeigte uns Richter auf einer Karte das Schema seines Planes; das hat mich entsetzt. Die Juden sollten nach Polen gebracht werden. Für diese Aktion war die Zahl der Züge, die Fahrtstrecke, die Anzahl der Personen je Zug, das mitzuführende Gepäck u. a. in Verbindung mit der Verschleppung festgelegt worden."

Nunmehr, führte Gingold weiter aus, sei ihm der Zweck der Zählung der Juden klargeworden; denn deren Ergebnisse hätten dem Plan als Grundlage gedient.

„Aus dem Plan ging noch hervor, dass alle Züge mit den verschleppten Juden nach Czernowitz geleitet werden sollten, wo eine Selektion stattfinden sollte."[95]

Er sei sehr beunruhigt gewesen und habe die Planungen Richters verschiedenen Personen mitgeteilt: dem Schriftsteller Ion Mosof (Sekretär der „Judenzentrale"), Adolf Grossman-Grozea (Leiter der Finanzabteilung der „Judenzentrale"), Samuel Ligheti, Wilhelm Filderman, Chefrabbiner Alexandru Şafran sowie anderen Personen, die bei der rumänischen Regierung Einfluss besaßen. Mit deren Unterstützung sowie derjenigen Radu Leccas sei es gelungen,

„das Wohlwollen der Regierung zu gewinnen und insbesondere des Staatsoberhauptes, der, wie wir erfuhren, nichts von der Weisung des Mihai Antonescu wusste."

Im Auftrag der betroffenen Juden aus dem Banat und aus Siebenbürgen sei einer Wohltätigkeitsgesellschaft[96] die Summe von 60 Millionen Lei gespendet worden.

„Auf Grund der unternommenen Schritte verfügte das Staatsoberhaupt, dass kein einziger Jude den Deutschen übergeben wird. So kam der Plan Gustav Richters zu Fall."[97]

Damit spielte Gingold auf eine zwischen der zweiten September- und der ersten Novemberhälfte gefallene Entscheidung Ion Antonescus an, die Deportationen nicht zu beginnen, sondern sie lediglich zu prüfen.[98] Außerordentlich zweifelhaft ist indes, ob das an den behaupteten Bemühungen Gingolds und Leccas lag. Sofern überhaupt solche Interventionen eine Rolle spielten, waren andere wichtiger, etwa diejenigen Iuliu Manius oder des Nuntius Andrea Cassulo.

Bedeutsam ist, dass Ion Antonescu, wie schon erwähnt, im Sommer und Frühherbst 1942 sehr krank und zeitweise entscheidungs- und handlungsunfähig war. Durchaus zutreffend mag daher die Bemerkung Gingolds sein, Ion Antonescu habe nichts von der Zustimmung Mihai Antonescus gewusst. Eben wegen der schweren Erkrankung des Marschalls

95 Ebenda, Bl. 153.
96 Gemeint ist vermutlich *Patronaj al Operelor Sociale*, deren Vorsitzende Maria Antonescu war.
97 Protokoll einer Zeugenvernehmung. BStU, MfS, HA IX/11 RHE West 270, Bd. 1, Bl. 153.
98 Vgl. ANR, PCM, 1942/401, Bl. 52. Der Wortlaut der Entscheidung Ion Antonescus wird weiter unten in deutscher Übersetzung wiedergegeben.

besaß Mihai Antonescu so viel Macht. Entscheidungen mussten getroffen werden, und recht oft war Ion Antonescu überhaupt nicht in der Lage, wie früher gewohnt, mit Mihai Antonescu zu konferieren und diesem Weisungen zu erteilen. Abgesehen von dieser Periode ist generell zu berücksichtigen, dass es zur Herrschaftstechnik Ion Antonescus gehörte, den stellvertretenden Ministerpräsidenten vorzuschicken und diesem unliebsame Entscheidungen aufzubürden. Das war nützlich im Verhältnis zu Deutschland, aber es galt genauso in der Innenpolitik.

Natürlich hat letztendlich Ion Antonescu die Entscheidung getroffen, den Deutschen die rumänischen Juden nicht auszuliefern. Er war damals die maßgebende politische Instanz in Rumänien. Aber es führt in die Irre zu meinen, dieser Entschluss des Marschalls habe vor allem an Gingolds und Leccas angeblichen Aktionen zur Rettung der rumänischen Juden gelegen. Noch verfehlter wäre es, einen Gegensatz zwischen Ion und Mihai Antonescu zu konstruieren. Wenn einer von beiden zuerst sah, dass das Kriegsglück die Deutschen verlassen hatte und dass daraus auch und vor allem für die Politik des Regimes gegenüber den Juden Folgen gezogen werden mussten, dann war es Mihai Antonescu. Und tatsächlich legte Ion Antonescu am Schluss seiner Entscheidung fest, maßgebend für Planungen des Innenministeriums seien die Weisungen Mihai Antonescus.

Doch vorerst zurück zu Gingolds Aussage aus den 1960er Jahren, in der weiter ausgeführt wird, Richter habe die Unterstützung der „Judenzentrale" für die Verwirklichung seines Plans angefordert, zu dem er später weitere Einzelheiten habe mitteilen wollen. Radu Lecca habe ihm, Gingold, gesagt, so schnell werde dieser Plan nicht zu verwirklichen sein, da er gut vorbereitet sein müsse, um das Wirtschaftsleben nicht zu desorganisieren.

> „Auf diese Weise wollte man die Durchführung des von Richter erarbeiteten Planes verzögern. In der Zwischenzeit wurden die erforderlichen Schritte zur Vereitlung dieser Maßnahme unternommen."[99]

Es fällt auf, dass weder Lecca noch Gingold die zeitliche Verankerung der Ereignisse im Sommer des Jahres 1942 erinnerlich ist. Bei Gingold ist bemerkenswert die Veränderung der Personen, die angeblich kontaktiert wurden; was freilich dem Kontext der jeweiligen Befragungen geschuldet sein mag. Jahrelang vernahmen die rumänischen Untersuchungsbehörden Gingold und Lecca, wobei der Zweck sich wandelte: Ging es zunächst darum, beider Schuld festzustellen, handelte es sich dann in den Verhören während der Haft vor allem um Untersuchungen gegen andere Personen. So erklärt sich auch die Tatsache, dass immer neue Fassungen derselben Geschichte erzählt wurden, dass einmal der eine, dann wieder ein anderer Aspekt hervorgehoben wurde, dass einmal die eine und dann wieder eine ganz andere Person dargestellt wurde, die für ein bestimmtes Ereignis von Bedeutung gewesen sei.

Kurz nach Leccas Besuch in Berlin nahm Richter am 28. August 1942 auf Einladung Eichmanns an einer Arbeitstagung des RSHA teil. 1962 erklärte Richter, in deren Verlauf habe Eichmann seine Skepsis über die Aussiedlung der rumänischen Juden zum Ausdruck

[99] Protokoll einer Zeugenvernehmung. BStU, MfS, HA IX/11 RHE West 270, Bd. 1, Bl. 153.

gebracht und geäußert, die Rumänen wollten wohl nur den sie störenden jüdischen Bevölkerungsteil loswerden. Andere wichtige Fragen zur Aussiedlung der rumänischen Juden seien nicht besprochen worden.[100] Dass dem offenbar nicht so war, macht eine Aussage Richters zweieinhalb Jahre hernach deutlich:

> „Ich habe Eichmann gegenüber zum Ausdruck gebracht, dass auch nach der Ansicht Leccas die rumänische Regierung die Deportierungen hinauszögere. Ich erhielt von Eichmann den Auftrag, mich bei der rumänischen Regierung dafür einzusetzen, dass diese ihre gegebene Zusage hinsichtlich der Deportierungen von Juden aus Rumänien in das Generalgouvernement doch einhalten möchte."[101]

Mihai Antonescu empfing den aus Berlin zurückgekehrten Gustav Richter am 8. September 1942. Die vom stellvertretenden Ministerpräsidenten diktierte Zusammenfassung ist die erste für das Jahr 1942 im Archiv des rumänischen Außenministeriums gefundene Aufzeichnung einer Unterredung mit dem deutschen „Judenberater". Letztes zuvor vermerkte Treffen ist dasjenige vom 17. Dezember 1941, in dem Richter – wie bereits ausgeführt – Mihai Antonescu von einem inhaltlich nicht näher erläuterten Plan Görings zur internationalen „Lösung der Judenfrage" unterrichtet hatte. Es besteht also in der Überlieferung offenbar eine Lücke von mehr als neun Monaten, und dies für eine Zeitspanne, in der beide häufig miteinander sprachen. Die Annahme liegt nahe, dass es sich dabei um keinen Zufall handelt. Angesichts der Brisanz des mit Richter Besprochenen, hat Mihai Antonescu wohl entweder von vorneherein darauf verzichtet, eine Zusammenfassung dieser Unterredungen zu Papier zu bringen, oder er hat seine Aufzeichnungen nach dem Scheitern der Verhandlungen aus seinen Unterlagen entfernt.

Laut Mihai Antonescu beschrieb Richter ihm am 8. September 1942 den „guten Eindruck", den man im RSHA von der „Judenpolitik" in Rumänien habe. Allerdings war dieses Lob an eine Forderung gekoppelt: die Schaffung einer Zentralstelle für die einheitliche Bearbeitung aller „Judenfragen".[102] Dies stimmt mit einer Notiz Richters überein, wonach er an diesem Tag Mihai Antonescu die Einrichtung eines Generalkommissariats für „Judenfragen" vorgeschlagen habe. Tatsächlich wurde alsbald ein Gremium eingerichtet, das scheinbar diesem Verlangen entsprach, aber nicht, wie von Richter festgehalten, in der Ministerratssitzung vom 30. September,[103] sondern fast einen Monat später, in der vom 27. Oktober 1942.

An diesem Tag wurde von Mihai Antonescu im Ministerrat ein „Ministerialausschuss" eingesetzt, der „alle Arbeiten zur Lösung der Judenfrage in Rumänien einzuleiten, zu ver-

[100] Vernehmungsniederschrift Gustav Richter, 28.5.1962, StA Frankenthal, 9 Js 143/61, Bd. 3, Bl. 434f.

[101] Vernehmungsniederschrift Gustav Richter, 26.11.1964. StA Frankenthal, 9 Js 143/61, Bd. 4, Bl. 614.

[102] Vgl. Mihai Antonescu, Unterredung mit Richter, 8.9.1942. AMAE, fond 71, România, dosar 85, Bl. 147.

[103] Vorschlag Richters und Entscheidung des Ministerrats werden angeführt im Urteil im Strafverfahren gegen Gustav Richter, 11.1.1982. StA Frankenthal, 9 Js 143/61, Bd. 25, Bl. 6977.

folgen und durchzuführen hat".[104] Vorsitzender des Gremiums war der Justizminister, Ion C. Marinescu, und Generalsekretär der sattsam bekannte Radu Lecca. Ausschussmitglieder waren: die Unterstaatssekretäre für Rumänisierung, Titus Dragoş; für Inneres, General Constantin Z. Vasiliu; für Arbeit, Constantin Dănulescu; für die Marine, Admiral Nicolae Păiş; dazu kam als Vertreter des Generalstabs General Ioan Arhip.[105] Eine nur scheinbare Konzession war dies schon deshalb, weil das zentrale deutsche Begehren nach Deportation unterdes ins Stocken geraten war.

Zu den Ereignissen im Herbst 1942 beantwortete Richter 1947 in Moskau die Frage, ob er Anweisungen Eichmanns ausgeführt habe.

> „Ja, für den Abtransport der Juden in die Konzentrationslager nach Polen war alles fertig, wir stellten einen entsprechenden Entwurf dieser Operation her und legten ihn über Mihai Antonescu dem Marschall Antonescu zur Bestätigung vor."[106]

Dann allerdings sei nichts weiter geschehen:

> „Es vergingen zwei Monate und es wurden keinerlei praktische Schritte seitens der rumänischen Behörden unternommen. In dieser Zeit wurde ich mehrfach aus Berlin von Eichmann angerufen, er forderte, die Durchführung der Operation zu beschleunigen. Ich erläuterte ihm, dass ich alles von mir abhängende getan habe, meine Bemühungen jedoch auf die Langsamkeit der rumänischen Behörden gestoßen seien."

Unter dem Datum des 15. September 1942 formulierte Gustav Richter für die rumänische Regierung Vorschläge zur Deportation der Juden aus Rumänien.[107] Gleichfalls am 15. September schickte Richter ein von Killinger abgezeichnetes Telegramm an Eichmann, in dem er sich auf ein Telefonat Eichmanns vom 11. September bezog. Er wiederholte Killingers Verbalnote vom 27. August 1942 und schrieb dazu:

> „Da die rumänische Regierung auf diese Verbalnote noch nicht geantwortet hat, kann ein Termin über den Beginn der Aussiedlungsaktion noch nicht festgelegt werden. Auf Grund der zwischen dem Berater und dem Leiter der Transportkommandantur in Rumänien, sowie dem Vertreter der deutschen Reichsbahn in Bukarest geführten Unterredung ergibt sich, dass

[104] *Bukarester Tageblatt*, 1.11.1942, 3; siehe außerdem *Bukarester Tageblatt*, 30.10.1942, 3. Allerdings irrt sich dieses inoffizielle Organ der DGB in wenigstens zwei weiteren Artikeln hinsichtlich des Datums der Einsetzung. Sie soll auf einer Ministerratssitzung vom 7.10.1942 erfolgt sein (*Bukarester Tageblatt*, 24.11.1942, 3 und 8.12.1942, 3). An diesem Tag fand jedoch keine Ministerratssitzung statt.

[105] Vgl. *Bukarester Tageblatt*, 1.11.1942, 3.

[106] Protokoll über die Vernehmung des ehemaligen Polizei-Attachés der deutschen Botschaft in Rumänien Gustav Richter, 5.10.1947. StA Frankenthal, 9 Js 143/61, Bd. 20, Bl. 5712.

[107] Richter, Aussiedlung der Juden aus Rumänien, 15.9.1942. ANR, PCM, Cabinet Militar, dosar 1941/566, Bl. 19–25 mit dem deutschen Text und Bl. 13–18 mit der rumänischen Übersetzung. Beide Sprachfassungen sind abgedruckt in Ancel (Hg.), Documents, Bd. 4, Dok. 96, 190–196 und Dok. 97, 197–202; nur die rumänische Übersetzung ist abgedruckt in 1940–1942, Bd. 3, Tlbd. 2, Dok. 542, 256–259.

Schwierigkeiten in der Durchführung der Transporte nicht auftreten, sobald der Termin der Aussiedlung feststeht."[108]

Am 18. September 1942 unterbreitete Radu Lecca der rumänischen Regierung Vorschläge über die Kriterien, nach denen die Deportationen aus Siebenbürgen und aus dem Banat zu erfolgen hätten. In Reaktion auf Leccas Dokument traf Ion Antonescu eine wichtige Entscheidung, die zwar undatiert ist, aber auf September / Oktober 1942 angesetzt werden muss.[109]

> „Die Evakuierung der Juden aus Siebenbürgen wird *nur* geprüft. Sie wird nicht beginnen, ehe nicht der geeignete Moment gekommen ist. Bis dahin wird sie, auf Grundlage der Weisungen von M. Antonescu, bis ins Detail vom Innenministerium vorbereitet."[110]

Damit waren die Deportationspläne vorerst gestoppt. Wie sich später zeigen sollte, hatten sie sich damit überhaupt erledigt und konnten nicht umgesetzt werden, obwohl die deutsche Seite sich noch monatelang darum bemühte.

Richter führte 1968 zu den Hintergründen der Entscheidung Ion Antonescus aus, diese sei im Zusammenhang mit Stalingrad gefallen; es sei jedoch auch schon vorher deutlich geworden, dass die Rumänen hinhaltend operierten.

> „Ein solches Hinhalten kam z. B. in der rumänischen Stellungnahme zur Gestellung von Transportmitteln zum Ausdruck. Um seinerseits zum Ziel zu kommen, versuchte Eichmann deshalb dieses Problem dadurch zu umgehen, dass er die Transportmittel von deutscher Seite, und zwar von der Wehrmacht, stellen lassen wollte."[111]

Die Telefonate Eichmanns und Boßhammers hätten nicht nur dazu gedient, bei ihm nach dem Stand der Dinge anzufragen, sondern vielmehr auch dazu, Druck auf die Rumänen auszuüben, die Zusage einzuhalten.

> „Wie es meiner Aufgabe entsprach, habe ich über die drängenden Anfragen Eichmanns und Boßhammers Lecca von Zeit zu Zeit unterrichtet, der dann auch seinerseits seine Regierungsstellen über das deutscherseits geäußerte Begehren informierte."

[108] Richter an Eichmann, 15.9.1942. PAAA, R 100881, Bl. 51f., Zitat Bl. 52.

[109] Die zeitliche Umgrenzung basiert auf Richter, Stand der Frage der Aussiedlung der Juden aus Rumänien, o. D. ADAP, E, Bd. 4, Dok. 230, 410f. Laut diesem Dokument informierte Mihai Antonescu am 22.10.1942 Richter über die Entscheidung Ion Antonescus. Lecca hatte seine Ausarbeitung am 18.9.1942 übergeben. Also muss Ion Antonescus Entscheidung zwischen diesen beiden Daten getroffen und schriftlich fixiert worden sein. In Richters Papier wird der Text Ion Antonescus in einer deutschen Übersetzung wiedergegeben, die mit der folgenden – eigenen – nicht identisch ist.

[110] ANR, PCM, 1942/401, Bl. 52. Im Original ist das hier kursiv ausgezeichnete Wort „nur" (numai) unterstrichen. Diese Entscheidung Ion Antonescus ist in einer vom Zivilkabinett erstellten Übersicht der Erledigung von Korrespondenzen mit Datum des 18.9.1942 enthalten. Normalerweise versuchte Ion Antonescu, seine Entscheidungen zu Vorlagen möglichst schnell zu treffen. Ob das auch im hier interessierenden Fall gilt, muss offenbleiben. Jedenfalls plagten ihn zu dieser Zeit erhebliche gesundheitliche Probleme.

[111] Zeugenaussage Gustav Richter (1 Js 1/65), 17.9.1968. StA Frankenthal, 9 Js 143/61, Bd. 17, Bl. 4360.

In späteren Aussagen betonte Richter den durch die wiederholten Anrufe Eichmanns und Boßhammers bei ihm entstandenen Zugzwang. Zur Ratio dieser Anrufe meinte er 1970:

> „Ich kann mir vorstellen, dass das Referat deswegen auf die Durchführung dieser Aussiedlung drängte, um hierdurch einen Anknüpfungspunkt für die Aussiedlung der Juden in Rumänien überhaupt zu erhalten. Dass die Tendenz bestand, die Balkanländer judenfrei zu machen, war mir bekannt. Das war ja auch mein eigentlicher Auftrag, Rumänien hierzu zu veranlassen.“[112]

Persönlich sei ihm der Druck zu viel geworden, insbesondere weil seine Aktionsmöglichkeiten eingeschränkt gewesen seien. So habe er sich schließlich verleugnen lassen, um den häufigen Nachfragen auszuweichen.[113]

In einem entscheidenden Punkt oszillieren Richters Angaben. 1970 kam er wohl der Wahrheit am nächsten, als er sagte, das Drängen Eichmanns habe daran gelegen, die Deportation aus Südsiebenbürgen und aus dem Banat (Richter nennt diese Regionen nicht, aber sie sind gemeint) wäre ein „Anknüpfungspunkt für die Aussiedlung der Juden in Rumänien überhaupt“. Genau in diesem Punkt unterschied sich Richters Deportationsplan vom 15. September von dem drei Tage später datierenden Plan Leccas. Während Richters Plan die Deportation aller Juden Rumäniens vorsah, beschränkte sich Leccas Deportationsplanung auf die Juden Südsiebenbürgens und des Banats.

Mit dieser Unterscheidung ist zugleich ein ganz wesentlicher Teil der deutsch-rumänischen Kontroverse jener Zeit aus den so schlecht dokumentierten Verhandlungen von Frühjahr bis Herbst 1942 benannt. War man seitens Deutschlands bestrebt, alle Juden Rumäniens zu deportieren, versuchte man von rumänischer Seite her die Deportation auf Südsiebenbürgen und auf das Banat zu beschränken – und auch diese Deportation fand schließlich nie statt. Aufgrund des vorhandenen Materials ist nicht zu entscheiden, ob diese von der rumänischen Regierung vertretene geographische Begrenzung ernst gemeint oder selbst Teil einer Verzögerungstaktik war.

Luther notierte am 24. September 1942, Ribbentrop habe ihn an diesem Tag angewiesen,

> „die Evakuierung der Juden aus den verschiedensten Ländern Europas möglichst zu beschleunigen, da feststeht, dass die Juden überall gegen uns hetzen und für Sabotageakte und Attentate verantwortlich gemacht werden müssen.“

Weiter führte Luther aus, nachdem er kurz zur Lage der „im Gange befindliche[n] Judenevakuierung aus der Slowakei, Kroatien, Rumänien und den besetzten Gebieten“ referiert habe, sei durch Ribbentrop angeordnet worden, wir sollten nun an die Regierungen Bulgariens, Ungarns und Dänemarks mit dem Ziel herantreten, „die Judenevakuierung aus diesen Ländern in Gang zu setzen“. Für Italien wollte Ribbentrop die Regelung der „Judenfrage“

[112] Zeugenaussage Gustav Richter (1 Js 1/65), 2.4.1970. StA Frankenthal, 9 Js 143/61, Bd. 20, Bl. 5841.

[113] Zeugenaussage Gustav Richter (1 Ks 1/71), 7.1.1972. StA Frankenthal, 9 Js 143/61, Bd. 20, Bl. 5855.

bis auf Weiteres sich selbst vorbehalten. Dort solle die Angelegenheit entweder zwischen Hitler und Mussolini oder zwischen Ribbentrop und Ciano besprochen werden.[114]

Auffällig ist, dass Rumänien in einer Reihe mit der Slowakei, Kroatien und den besetzten Gebieten genannt wird, also für das Auswärtige Amt nach wie vor zu denjenigen Ländern gehörte, die keinen wesentlichen Widerstand gegen die deutschen Pläne leisten würden. Dieser Befund ist umso bedeutsamer, als Ribbentrop in den Tagen zuvor Mihai Antonescu gesehen hatte und dieses Thema besprochen worden war, wie sich – zumindest indirekt – aus den erhalten gebliebenen deutschen Gesprächszusammenfassungen ergibt.

Am 13. September 1942 ließ Ion Antonescu durch Killinger Hitler bitten, Mihai Antonescu zu empfangen, um einige Dinge zu klären.[115] Dieser weilte am 22. und 23. September 1942 im Feldquartier Ribbentrops in Schitomir, wo die beiden mehrere Besprechungen absolvierten. Am Nachmittag des zweiten Tages reisten sie gemeinsam zu Hitler nach Winniza. Auf der Tagesordnung standen Fragen der militärischen und wirtschaftlichen Zusammenarbeit. Mihai Antonescu betonte den rumänischen Kriegsbeitrag und legte verschiedene Denkschriften vor. Von deutscher Seite gibt es nicht für alle Beratungen Protokolle. Die deutschen Protokolle decken die Aussprachen zwischen Mihai Antonescu und Ribbentrop vom Nachmittag des 22. September sowie vom Vormittag des 23. ab, ebenso die Unterredung zwischen Mihai Antonescu und Hitler am Nachmittag des 23.[116] Nach seiner Rückkehr diktierte Mihai Antonescu eine Zusammenfassung aller geführten Gespräche.[117]

In den meisten Punkten klingen deutsche und rumänische Überlieferung gleich; Unterschiede sind größtenteils auf divergente Akzentsetzungen der Verhandlungspartner zurückzuführen. So schilderte Mihai Antonescu technische Detailfragen der Wirtschaftsverhandlungen, die in der deutschen Zusammenfassung nicht auftauchen. In beiden Hinterlassenschaften werden Diskussionen über die Siebenbürgen-Problematik vermerkt; indes erscheinen sie bei Mihai Antonescu weniger kontrovers als in den deutschen Protokollen.

Einige schärfere Kontraste gibt es, darunter in der Politik gegenüber den Juden. Laut deutschem Protokoll zur Begegnung am Vormittag des 23. September 1942 sprach Ribben-

[114] Luther, Notiz, 24.9.1942. ADAP, E, Bd. 3, Dok. 307 526.

[115] Hudiță, Jurnal politic (1 martie 1942–31 ianuarie 1943), 232f.

[116] Vgl. Paul-Otto Schmidt, Unterredung zwischen Ribbentrop und Mihai Antonescu am 22.9.1942 nachmittags, 26.9.1942. ADAP, E, Bd. 3, Dok. 311, 538–548; Paul-Otto Schmidt, Unterredung zwischen Hitler und Mihai Antonescu in Anwesenheit Ribbentrops und Hewels im FHQ am 23.9.1942, 26.9.1942. ADAP, E, Bd. 3, Dok. 312, 548–552. Das von Paul-Otto Schmidt am 28.9.1942 verfertigte Protokoll der Besprechung mit Ribbentrop vom Vormittag des 23.9.1942 ist in ADAP nicht abgedruckt. Es findet sich (in nichtchronologischer Reihenfolge und auf zwei Aktennummern verteilt) unter PAAA, R 35482, Bl. 207–211 und PAAA, R 35494, Bl. 409–430, 436–443.

[117] Mihai Antonescu, Unterredungen mit Hitler und Ribbentrop am 22./23.9.1942 im FHQ, o. D. AMAE, fond 71, România, dosar 85, Bl. 180–194. Die Gespräche mit Ribbentrop finden sich auf Bl. 180–188, dasjenige mit Hitler auf Bl. 190–193. Ebenfalls enthalten sind diese Aufzeichnungen in AMAE, fond 71, Germania, dosar 90, Bl. 103–117. Die Unterredungen mit Ribbentrop umfassen Bl. 103–113, die Unterredung mit Hitler Bl. 114–117.

trop gegenüber Mihai Antonescu die „Judenfrage“ an. Es ist das die erste Stelle, in der dieses Thema in den vorliegenden deutschen Protokollen über Treffen Ion und Mihai Antonescus mit Mitgliedern der Führung des nationalsozialistischen Deutschland festgehalten ist. Ribbentrop brachte die Rede auf Maniu, der seiner Ansicht nach hinter der regierungsfeindlichen Propaganda in Rumänien stecke. In diesem Zusammenhang sagte er:

> „Nach den deutschen Erfahrungen seien in derartigen Fällen stets einige Rädelsführer die Triebfeder. Oft seien die Hauptträger Juden. In den Gebieten, in denen alle Juden evakuiert worden seien, herrsche seitdem vollkommene Ruhe. Ob nicht Rumänien weitere Maßnahmen in dieser Hinsicht treffen könne?
> Antonescu erwiderte, dass in Bessarabien und der Bukowina ebenso wie in Transnistrien die Juden evakuiert bezw. mit der deutschen SS Abmachungen zur Durchführung solcher Maßnahmen getroffen worden seien.“[118]

Während er auf diese Weise dem deutschen Gesprächspartner hinsichtlich der Juden zustimmte, bestritt Mihai Antonescu, Maniu stelle irgendeine Gefahr für die rumänische Regierung dar. Er gab sogar den Deutschen eine Mitschuld, dass man Maniu nicht längst habe verhaften können. Die Frage Ribbentrops nach englischen Verbindungen Manius verneinte Mihai Antonescu – ganz offensichtlich wider besseres Wissen. Seinem deutschen Gesprächspartner kam er nur insofern entgegen, als er zusicherte, Maniu „demnächst in innerpolitischen Angelegenheiten“ anzugreifen. Zugleich schränkte er allerdings ein, die rumänische Regierung wolle nicht zu viel in dieser Angelegenheit tun, um Maniu nicht aufzuwerten.[119]

Etwas anders gibt die Übersicht Mihai Antonescus die Angelegenheit wieder, wobei der Wortwechsel über die Juden völlig fehlt. Es heißt nur, auch der Name Maniu sei gefallen – allerdings laut Mihai Antonescu bereits am Nachmittag des 22. September. Ausgehend von Mihai Antonescus Beschwerde über die Unterdrückung der Rumänen in Ungarn habe Ribbentrop nach Maniu gefragt, worauf Mihai Antonescu geantwortet haben will, Maniu vertrete bloß die nationale Position Rumäniens. In inhaltlicher Übereinstimmung mit dem deutschen Protokoll heißt es in der Aufzeichnung Mihai Antonescus unmissverständlich, die rumänische Regierung werde keinerlei Schritte gegen Maniu unternehmen. Allerdings fehlen die verbalen Konzessionen, die Mihai Antonescu laut deutschem Protokoll gegenüber Ribbentrop hinsichtlich Manius machte.[120]

Wie ist dies alles zu deuten? Es wurde bereits darauf hingewiesen, dass die deutschen Protokolle über die Gespräche zwischen Hitler und Ion Antonescu im Jahr 1941 – wo eine große Übereinstimmung in der Vorgehensweise gegen die Juden herrschte, und wo

[118] Paul-Otto Schmidt, Unterredung zwischen Ribbentrop und Mihai Antonescu am 23.9.1942 vormittags, 28.9.1942. PAAA, R 35494, Bl. 442; die zitierte Passage ist abgedruckt in URO, Dokumentensammlung, Bd. 4, 578.

[119] Paul-Otto Schmidt, Unterredung zwischen Ribbentrop und Mihai Antonescu am 23.9.1942 vormittags, 28.9.1942. PAAA, R 35494, Bl. 443.

[120] Vgl. Mihai Antonescu, Unterredungen mit Hitler und Ribbentrop am 22./23.9.1942 im FHQ, o. D. AMAE, fond 71, România, dosar 85, Bl. 186.

offensichtlich Absprachen getroffen wurden – die Politik gegenüber den Juden überhaupt nicht anreißen. Nun taucht eine solche Spur auf. Freilich ist es bloß eine Spur, die eine blasse Ahnung von dem vermittelt, was wirklich debattiert wurde. Und dies 1942, als der Einklang zwischen deutschen und rumänischen Regierenden in der Politik gegenüber den Juden noch intakt schien. Die oben zitierten Anweisungen Ribbentrops an Luther vom 24. September 1942 belegen, dass Ribbentrop aus dem Gedankenaustausch mit Mihai Antonescu den Eindruck gewonnen hatte, der vom RSHA betriebenen Deportation rumänischer Juden stehe nichts mehr im Wege.

Auf den ersten Blick scheint dieser Befund der in dieser Studie vorgetragenen Interpretation zu widersprechen, wonach ein Widerhall des Themas in den deutschen Protokollen als Indiz für Meinungsverschiedenheiten zu werten ist. Gewiss treten an dieser Stelle Meinungsverschiedenheiten nicht offen zutage; indessen hegte die deutsche Seite den Verdacht, die Rumänen verzögerten die Deportation. Nicht umsonst hatte Eichmann Richter gedrängt, sich das rumänische Einverständnis schriftlich geben zu lassen. So ist diese erste Erwähnung der „Judenfrage" vermutlich ein Zeichen für Unsicherheit auf deutscher Seite, die deshalb festhalten wollte, dass die Frage der Deportation angesprochen worden und dass Mihai Antonescu mit einer Deportation einverstanden gewesen war. Und er widersprach nicht, verwies auf Deportationen von Juden in der Vergangenheit und auf Abmachungen mit der SS.

Schon am 21. März 1942 vertrat der rumänische Generalstabschef Steflea die Auffassung, Deutschland müsse, um den Krieg zu gewinnen, im laufenden Jahr die Sowjetunion besiegen.[121] Klang hier bereits Skepsis durch, gab sich Ion Antonescu in einem Gespräch mit Nicolae Lupu, einem der Führer der Nationalen Bauernpartei, eine Woche später sicher, dass der Krieg bis zum Herbst siegreich beendet sein werde. Man möge ihm keine Schwierigkeiten bereiten; im August oder spätestens im September werde es sich erweisen, dass er, Ion Antonescu, Recht habe mit seiner Einschätzung.[122] Anfang August schließlich sagte der im rumänischen Generalstab tätige Oberst Marinescu, infolge der hohen Verluste unter den rumänischen Truppen wachse die Besorgnis der rumänischen Militärführung. Von den Generälen seien drei, darunter auch Generalstabschef Steflea, vom deutschen Sieg nicht mehr überzeugt[123] – was nur konsequent war, angesichts Stefleas im Frühjahr d. J. geäußerter Meinung.

Die Reise Mihai Antonescus war auf rumänisches Drängen hin zustande gekommen und Ausdruck dieser wachsenden Verunsicherung. Indiz derselben ist eine vom Schweizer Gesandten wörtlich wiedergegebene Bemerkung aus einem Gespräch, das er am 8. September 1942 mit Mihai Antonescu führte:

[121] Hudiță, Jurnal politic (1 martie 1942 – 31 ianuarie 1943), 63f. Hudiță gibt ein Vieraugengespräch wieder.

[122] Ebenda, 69f. Laut Wiedergabe eines Gesprächs zwischen Nicolae Lupu und Maniu vom 5.5.1942, bat ersterer, zu keinem weiteren Treffen mit Ion Antonescu geschickt zu werden; es sei sinnlos (ebenda, 105f.).

[123] Ebenda, 177f.

„‚Sie haben Verbindungen, die uns fehlen. Sie können mir helfen klar zu sehen. Wir sind an einem Punkt angekommen, an dem es entscheidend ist, jede Unvorsichtigkeit zu vermeiden, die die vitalen Interessen unseres Landes verletzen könnte.'"[124]

Wie sehr Mihai Antonescu je nach Kriegslage schwankte, zeigt sich darin, dass René de Weck Mitte Februar 1942, während der deutschen Winterkrise, den Eindruck gewonnen hatte, der stellvertretende Ministerpräsident glaube nicht länger an einen totalen Sieg der Achsenmächte, an dem er vorher keinen Zweifel gehabt habe.[125]

Freilich ist die wirkliche Meinung des stellvertretenden Ministerpräsidenten über die Kriegsaussichten schwer auszuloten, weil offenbar der jeweilige Gesprächspartner für seine Äußerungen maßgebend war. So bekundete er gegenüber Ion Hudiţă in der zweiten Junihälfte sein Vertrauen in einen deutschen Sieg.[126] Gegenüber demselben Gesprächspartner nannte er noch am 26. September 1942, nach seiner Reise zur deutschen Führung, Hitler „genial" und gab sich äußerst optimistisch über die Kriegslage.[127] Allerdings war man im Juni übereingekommen, sich Anfang September wiederzusehen. Dann werde sich erwiesen haben, wessen Einschätzung über die deutsche Sommeroffensive richtig gewesen sei.[128] Mihai Antonescus Terminierung war also ähnlich der von Ion Antonescu im Gespräch mit Nicolae Lupu Ende März d. J., wo der Marschall von August, spätestens September als für den Kriegsausgang entscheidenden Monaten gesprochen hatte. Ende September hätte Mihai Antonescu eigentlich bekennen müssen, mit seinem Optimismus über die deutsche militärische Stärke falsch gelegen zu haben. Ein solches Eingeständnis gegenüber dem politischen Gegner von der Bauernpartei blieb aus. Anders verhielt sich Mihai Antonescu gegenüber engen Vertrauten, denen er signalisierte – allerdings ohne es klipp und klar auszusprechen –, seit Oktober 1942 nicht mehr an einen deutschen Sieg zu glauben.[129]

Eine andere Auffassung vermittelte – nach außen hin jedenfalls – Ion Antonescu. Obwohl zunächst – so stellten es Personen aus seiner Umgebung dar – durch die anglo-amerikanische Intervention in Nordafrika sehr betroffen, habe sich der Marschall schnell gefasst, „zweifellos bestärkt durch die beruhigenden Erklärungen, mit denen seine deutschen Be-

124 Weck, Rapport Politique Nr. 63, 9.9.1942. BAR, E 2300, 1000/716, Bd. 105. In seinem Tagebuch notiert René de Weck, Journal de guerre, 310 zwar, Mihai Antonescu sei erkennbar beunruhigt und beginne zu erkennen, dass das Antonescu-Regime langsam im Sand versinke, hebt dann jedoch ausschließlich ab auf Mihai Antonescus Absicht, sich auf die Nachfolge Ion Antonescus vorzubereiten – eine völlig verfehlte Einschätzung.

125 Weck, Rapport Politique Nr. 12, 16.2.1942. BAR, E 2300, 1000/716, Bd. 105.

126 Hudiţă, Jurnal politic (1 martie 1942–31 ianuarie 1943), 157f.

127 Ebenda, 239–241.

128 Ebenda, 157f.

129 Das erwähnt Weck, Rapport Politique Nr. 83, 21.11.1942. BAR, E 2300, 1000/716, Bd. 105. Er besaß hervorragende Kontakte zur unmittelbaren Umgebung Mihai Antonescus. Als Gesandter ging René de Weck im rumänischen Außenministerium ein und aus. Zudem war die von ihm vertretene Schweiz für die rumänische Regierung sehr wichtig geworden, wichtiger jedenfalls als in Friedenszeiten, weil man sie als Kanal zu Großbritannien und vor allem zu den USA ansah.

rater ihn um den Finger wickeln wollten".[130] Gegenüber Nicolae Lupu[131] zeigte sich Ion Antonescu „entschlossen, mit Hitler zu siegen oder zu sterben".[132] Die Ereignisse in Afrika, führte der Marschall demnach aus, seien bloß eine Episode.

> „‚Was zählt, ist die russische Front. Wir können nicht – und ich will nicht – unsere Truppen von dort zurückziehen. Außerdem, selbst wenn ich es wollte, würden die Deutschen dem nicht zustimmen.'"

Deutet schon der letzte Satz in eine andere Richtung, als die von Ion Antonescu explizit kommunizierte, ist für die Erkundung von dessen wirklicher Meinung noch interessanter und relevanter der Eindruck, den der türkische diplomatische Vertreter gewann. René de Weck – gut bekannt mit Suphi Tanriör, Botschafter der Türkei in Bukarest – fasste Beobachtungen zusammen, die Tanriör während zweier Treffen gemacht hatte: mit Ion und mit Mihai Antonescu.

Suphi Tanriör hatte Bukarest im Juli 1942 verlassen und war nach über zwei Monaten zurückgekehrt. Er traf – mehr als zwei Wochen vor der alliierten Invasion in Nordafrika – einen zweifelnden und deprimierten Marschall an. Inwieweit dabei der fragile Gesundheitszustand des Marschalls zu dieser Zeit eine Rolle spielte, wird leider nicht ausgeführt. Während des Gedankenaustauschs habe er, Tanriör, sich mehr als einmal gefragt, ob er mit demselben Mann spreche wie Ende Juli, als Ion Antonescu seinen Glauben an den Sieg der Achse verkündet habe. „‚Kein Wort mehr von diesem Sieg.'" Stattdessen habe Ion Antonescu über die furchtbaren Konsequenzen eines russischen Sieges für ganz Europa gesprochen[133] – damit das Hauptthema der nach der Niederlage in Stalingrad einige Wochen lang hinausposaunten deutschen Propaganda vorwegnehmend.

Ion Antonescu hielt der Türkei vor, nicht in den Krieg gegen die Sowjetunion eingetreten zu sein. „‚Wenn die Türkei es getan hätte, wäre heute der ganze Kaukasus erobert. Wir hätten gesiegt.'" Tanriör habe darauf verwiesen, dass auch bei weiterem Waffenglück der Achse Amerika am Ende sein Gewicht in die Waagschale geworfen hätte. Auch deshalb sei die Türkei neutral geblieben. Auf diese Bemerkung habe Ion Antonescu mit einem lauten Ausfall gegen Präsident Roosevelt reagiert,[134] wobei er sich auf die deutsche Theorie über den „Lebensraum" gestützt habe. Dazu merkte Suphi Tanriör maliziös an, vor einigen Jah-

130 Ebenda.

131 Dessen Bitte an Maniu, ausgesprochen nach dem Treffen mit dem Marschall vom 5.5.1942, ihn nicht mehr dorthin zu schicken, von der Hudiță, Jurnal politic (1 martie 1942–31 ianuarie 1943), 105f. – wie oben angeführt – schreibt, hatte augenscheinlich nicht gefruchtet, wie auch andere Begegnungen mit Ion Antonescu belegen.

132 Weck, Rapport Politique Nr. 83, 21.11.1942. BAR, E 2300, 1000/716, Bd. 105.

133 Weck, Rapport Politique Nr. 78, 24.10.1942. BAR, E 2300, 1000/716, Bd. 105.

134 Ganz anders einige Wochen darauf Mihai Antonescu gegenüber dem Schweizer Gesandten: Obschon die deutsche Seite einen öffentlichen antiamerikanischen Auftritt des Marschalls oder einer anderen herausgehobenen rumänischen Persönlichkeit verlangt habe, lehnten demnach Ion und Mihai Antonescu eine öffentliche Beleidigung des Präsidenten der USA ab. Mihai Antonescu fügte unmissverständlich hinzu, er wünsche, dass man dies erkenne. (Vgl. Weck, Rapport Politique Nr. 88, 16.12.1942, BAR, E 2300 1000/716, Bd. 105.)

ren habe der Marschall diese ganze Theorie überhaupt nicht gekannt. „Seitdem hat man ihm seine Lektion gut beigebracht.'"[135]

Ion Antonescu wollte also den Eindruck vermitteln, unbeirrt an einen deutschen Sieg zu glauben. Ein hellsichtiger Beobachter wie der türkische Botschafter erkannte indessen Signale, die darauf hindeuteten, dass Ion Antonescu weniger zuversichtlich war, als er nicht nur nach außen hin, sondern vielleicht auch sich selbst eingestand. Gleichwohl blieb er in der einmal eingeschlagenen Bahn des Bündnisses mit Deutschland gefangen.

Anders bewertete Tanriör aufgrund seiner Gesprächserfahrung den stellvertretenden Ministerpräsidenten.

> „Herr Mihai Antonescu ist ihm weitsichtiger, informierter, flexibler erschienen. Der Präsident ad interim [des Ministerrats] geht wohl davon aus, dass Rumänien nötigenfalls rechtzeitig die Stellung wechseln könne."[136]

Bei Mihai Antonescus Begegnung mit Ribbentrop am 22. September 1942 war auch Gheorghe Davidescu, Generalsekretär im rumänischen Außenministerium, zugegen. In einer Zeugenaussage vor dem „Volksgericht" am 3. Dezember 1945 erzählte er, am Essen mit Ribbentrop habe auch ein deutscher Oberst teilgenommen, von dem die Behauptung aufgestellt worden sei, Stalingrad werde innerhalb der nächsten 48 Stunden fallen; was Ribbentrop mit den Worten kommentiert habe, der deutsche Sieg in Stalingrad bedeute das schnelle Ende Sowjetrusslands. Später will Davidescu Mihai Antonescu gefragt haben, was er davon halte. Der habe geantwortet, kein Wort zu glauben. Davidescu vertrat die Auffassung, seit jenem Augenblick habe Mihai Antonescu nicht mehr mit dem Sieg Deutschlands gerechnet.[137] Und Davidescu gehörte zu den von René de Weck erwähnten engen Vertrauten des stellvertretenden Ministerpräsidenten.

Aber auch nach den Aussagen René de Wecks, Suphi Tanriörs und Gheorghe Davidescus bleiben Denken und Haltung Mihai Antonescus vielschichtig. Die demgegenüber Ion Hudiță als Vertrauten Iuliu Manius gezeigte Siegeszuversicht ist im Sommer / Herbst 1942 nicht einfach nur Fassade gewesen. Gewiss war Mihai Antonescus Glaube an einen deutschen „Endsieg" erloschen. Doch das bedeutete für ihn keineswegs notwendigerweise die Niederlage Deutschlands. Er stellte sich auf eine längere Kriegsdauer ein und darauf, dass weitere Eroberungen in der Sowjetunion unmöglich seien. Er konstatierte ein Patt. Seine Folgerung war das Streben nach einem Kompromissfrieden.

Darauf deutet seine Äußerung im Ministerrat vom 29. September 1942, wonach der Krieg in eine Phase getreten sei, die keine militärische Lösung mehr zulasse; der Kampf müsse sich auf die politische Ebene verlagern.[138] Thema dieser überlangen Sitzung waren vornehmlich wirtschaftliche Fragen sowie die Ergebnisse der Gespräche mit der deutschen

[135] Weck, Rapport Politique Nr. 78, 24.10.1942. BAR, E 2300, 1000/716, Bd. 105.
[136] Ebenda.
[137] Proces Verbal Gheorghe Davidescu, 3.12.1945. USHMM, RG 25.004M, reel 32.
[138] Ciucă (Hg.), Stenogramele, Bd. 8, 193.

Führung.[139] An der Stelle über die Verlagerung des Kampfes von der militärischen auf die politische Ebene führte Mihai Antonescu weiter aus, riesige Summen Geldes flössen für Zwecke der Propaganda nach Rumänien. Es würden Gerüchte lanciert und Unruhe geschürt.

> „Beachten Sie, mit wieviel Geschick, mit welch genauen Informationen und mit welchem Apparat zur Verbreitung der Nachrichten hier gearbeitet wird. Es ist meine feste Überzeugung, dass der Jude der hauptsächliche Organisator dieses Apparats ist. Wenn das so weitergeht, dann seien Sie versichert, dass auch wir zu immer härteren Maßnahmen greifen werden.“[140]

Damit wiederholte Mihai Antonescu in eigenen Worten die von Ribbentrop gemachten Ausführungen. Mihai Antonescu fuhr fort:

> „Ich habe diese ganze Sache an einer Angelegenheit nachgeprüft, als man nämlich zu einem gewissen Zeitpunkt darüber sprach, einige Juden aus unserem Land anderswohin zu schicken. Von dieser Sache haben nur Marschall Antonescu, ich selbst und noch ein Verbindungsmann zur Reichsregierung gewusst. Es wurden nur drei Zeilen schriftlich festgehalten, sehr vage formuliert, und von diesen Zeilen, von dieser ganzen Angelegenheit wusste nur noch einer vom deutschen Geheimdienst. Und was ist geschehen? Genau fünf Tage nach diesem Gespräch war ganz Siebenbürgen mit Nachrichten überschwemmt, die rumänische Regierung wolle die gesamte jüdische Bevölkerung Siebenbürgens aus dem Land jagen, um an ihre Stelle 80 000 oder 100 000 deutsche Familien aus den von den Engländern bombardierten Städten zu setzen. Diese Nachricht wurde innerhalb kürzester Frist verbreitet. Das zeigt mir, aus welchen Quellen dieser Apparat schöpft, und mit welchem System die Nachrichten verbreitet werden.“

Kaum verhüllt bezog sich Mihai Antonescu auf seine Einverständniserklärung vom 22. Juli 1942. Dass die darin schriftlich gebilligte Deportierung bekanntgeworden war, präsentierte er als Beispiel für die Macht des feindlichen Propagandaapparates, hinter dem er die Juden ausmachte, die er deshalb „mit immer härteren Maßnahmen“ bedrohte. Und das in einer Situation, wo die von Deutschland gewünschte Deportation der Juden ausblieb. Wie geht das zusammen?

Über die Besprechungen zur geplanten Deportation und zu seiner eigenen schriftlichen Zustimmung sagte er, dass nur wenige Personen darüber Bescheid gewusst hätten: Der Marschall (demnach war Ion Antonescu also sehr wohl informiert); er selbst; ein Verbindungsmann zur Reichsregierung (încă cineva, de legătură cu Guvernul Reichului), womit vermutlich der Gesandte Killinger gemeint war; außerdem „einer vom deutschen Geheimdienst“, also wahrscheinlich Gustav Richter. „Genau fünf Tage nach diesem Gespräch“ sei ganz Siebenbürgen mit Nachrichten überschwemmt gewesen, die Regierung wolle alle Juden aus Siebenbürgen deportieren.

Obwohl er die Angelegenheit, wie er ausführte, genau nachgeprüft hatte, überging Mihai Antonescu schweigend die entscheidende Frage: Wie wurde denn die Sache öffent-

[139] Vgl. ebenda, 162–233.
[140] Ebenda, 193.

lich, von der nur so wenige wussten? Denn die von Mihai Antonescu beklagte Propaganda verbreitete keine Phantasmen, sondern beruhte auf einer korrekten Information aus dem innersten Machtzirkel über die geplante Deportation. In dieser Studie ist ein Weg bereits nachgezeichnet worden: die Aktivitäten Gingolds, der seinerseits von Lecca in Kenntnis gesetzt worden war. Auf einen anderen Weg soll im folgenden Abschnitt näher eingegangen werden: ein Artikel im *Bukarester Tageblatt* vom 8. August, der auf den Ausführungen desselben Lecca vor deutschen Pressevertretern fußte. Entgegen der üblichen deutschen Presselinie wurde darin die geplante Deportation lauthals der Öffentlichkeit verkündet.

Mihai Antonescu konnte diesen Artikel des inoffiziellen Organs der deutschen Gesandtschaft aber nicht anführen, ohne unumwunden die Deutschen zu beschuldigen, sie selbst verhinderten die geplante Deportation. Aber jeder seiner Zuhörer im Ministerrat wusste, was gemeint war, denn der Artikel hatte großes Aufsehen erregt, und die Veröffentlichung lag erst wenige Wochen zurück.

Allerdings datierte Mihai Antonescu den Beginn der von ihm inkriminierten Propaganda auf „genau fünf Tage nach diesem Gespräch", also auf den 27. Juli 1942. Der Artikel im *Bukarester Tageblatt* erschien jedoch erst zwölf Tage später, am 8. August. Möglicherweise wollte Mihai Antonescu damit wieder von der eigentlich anvisierten deutschen Seite ablenken, auf die er doch zuvor subkutan alle Aufmerksamkeit seiner Zuhörer gerichtet hatte. Just die Ausführungen im *Bukarester Tageblatt* hatten zu einer Panik unter der potentiell betroffenen jüdischen Bevölkerung geführt. Die Aktivitäten Gingolds und der von diesem Alarmierten konnten und wollten eine so schnelle Mobilisierung der Öffentlichkeit nicht bewirken. Statt sich an diese zu wenden, versuchten sie, an maßgebende Entscheidungsträger, letztendlich an Ion Antonescu heranzukommen.

Mihai Antonescu wusste sehr gut, dass im Ministerrat Besprochenes z.T. den Deutschen bekannt war. Schon deshalb musste er es vermeiden, offen die Deutschen zu attackieren. So bemühte er sich, in der geschilderten versteckten Art und Weise aus der Defensive herauszukommen.

Etwa Mitte September 1942 erhielt die Generaldirektion der rumänischen Eisenbahnen (CFR) eine Einladung der Reichsbahndirektion Ost zu einer vom 26. bis 28. September in Berlin angesetzten Fahrplankonferenz. Wegen der Teilnahme wandte sich die zuständige Fahrplanstelle am 22. September an das Innenministerium, das die verlangten Anweisungen nicht erteilte, sondern an Radu Lecca verwies. Auch dieser antwortete ausweichend.[141] Immerhin belegt die Anfrage der Fahrplanstelle an Lecca den Zweck der Konferenz, der aus der – bislang nicht aufgefundenen – Einladung der Reichsbahn hervorgegangen sein muss. Demnach handelte es sich um die Besprechung über die Fahrpläne für Sonderzüge, mit denen Juden aus Rumänien ins Generalgouvernement transportiert werden sollten. Ihrerseits bat die Fahrplanstelle um nähere Informationen über die bisherigen Beschlüsse, damit die Delegierten eine Entscheidungsgrundlage hätten.[142]

141 Vgl. Orezeanu an PCM, 27.10.1942. ANR, PCM, 1942/342, Bl. 19.

142 Generaldirektion der rumänischen Eisenbahn, Direktion Transport an Lecca, 23.9.1942. Ancel (Hg.), Documents, Bd. 4, Dok. 117, 250.

Am Ende wurde die Konferenz ohne die rumänische Delegation abgehalten. Diese entschuldigte sich telefonisch am ersten Konferenztag wegen ihres Fernbleibens aus „dienstlichen Gründen". In Berlin standen derweil zwei Punkte auf der Tagesordnung: Fahrpläne für die Deportation polnischer Juden in die Vernichtungslager Treblinka, Belzec und Sobibor sowie die „Verschickung von zweihunderttausend Juden Rumäniens in das Generalgouvernement". Über den zweiten Tagesordnungspunkt kamen die (im Protokoll ungenannt bleibenden) Anwesenden überein, die Deportationszüge aus Rumänien in Adjud abfahren und über die Linie Ploieşti – Czernowitz führen zu lassen. Grenzstation zum Generalgouvernement sollte Sniatyn sein, Bestimmungsort Belzec. Alle zwei Tage sollte ein „Spezialzug" verkehren, bestehend aus 50 Güterwaggons und einem Personenwagen für das Begleitpersonal. Der Generalvertreter der Reichsbahn in Bukarest wurde gebeten, gemeinsam mit den rumänischen Eisenbahnen sicherzustellen, dass die benötigten Waggons zur Verfügung standen.[143]

Die zuständige Reichsbahndirektion schickte das Protokoll dieser Sitzung an die rumänischen Eisenbahnen. Dringend bat deren Direktor, General Teodor. C. Orezeanu, den Ministerrat am 13. Oktober um weitere Anweisungen. Ein Vermerk auf dem Dokument zeigt, wie die Antwort lautete: „Ministerrat vom 13. Oktober 1942 hat die Deportation der Juden gestoppt."[144] Mit dem Protokoll der angesprochenen Ministerratssitzung vom 13. Oktober 1942 stimmt das nicht ganz überein; denn dort geht es um einen Bericht von Unterstaatssekretär Vasiliu und den Vollzug des von Mihai Antonescu verordneten Stopps der Deportation. worüber der Ministerrat informiert wurde.[145]

Für den vorliegenden Zusammenhang ist die wichtigste Erkenntnis aus der Korrespondenz über die Fahrplankonferenz, dass das rumänische Innenministerium am 22. September 1942 nicht mehr bereit war, der Fahrplanstelle der rumänischen Eisenbahnen Anweisungen für eine Teilnahme an der Konferenz in Berlin zu erteilen.

Derweil hatte sich im RSHA schon im Frühjahr/Sommer 1942 die Unzufriedenheit mit der rumänischen Politik gegenüber den Juden verstärkt. Im Frühjahr 1942 war es dem RSHA gelungen, eine Neubesetzung der seit Anfang 1941 vakanten Stelle des Polizeiattachés durchzusetzen. Dessen Funktion hatte *de facto* Richter ausgeübt; aber das RSHA war offensichtlich nicht nur damit unzufrieden, sondern auch mit Richters eigentlicher Tätigkeit als „Judenberater". Am 23. Mai 1942 – vier Tage vor dem Attentat – hatte Reinhard Heydrich dem Auswärtigen Amt mitgeteilt, wen er als Polizeiattaché nach Bukarest schicken wolle. Es war SS-Standartenführer Horst Böhme, bis dahin Befehlshaber der Sipo und des SD in Prag[146] – und von Heydrich seit Jahren mit Spezialaufträgen betraut. Böh-

[143] Klem, Protokoll über die in Berlin am 26. und 28.9.1942 abgehaltene Konferenz, betreffend die Evakuierung der Juden des Generalgouvernements und die Verschickung der Juden Rumäniens in das Generalgouvernement, o. D. Ancel (Hg.), Documents, Bd. 4, Dok. 131, 265.

[144] Orezeanu an PCM, 27.10.1942. ANR, PCM, 1942/342, Bl. 19.

[145] Vgl. Ciucă (Hg.), Stenogramele, Bd. 8, 379–386. Wie weiter unten näher ausgeführt wird, hatte Mihai Antonescu am 9. Oktober 1942 diesen Stopp der Deportation nach Transnistrien angeordnet und am 10. dem Ministerrat verkündet (ebenda, 341).

[146] Personalvorgang Horst Böhme. BArch, BDC, SSO.

mes Entsendung signalisierte die Unzufriedenheit im RSHA über die Entwicklung in Rumänien und den Willen, die Situation dort im gewünschten Sinne zu radikalisieren. Am 1. Juni 1942 stimmte auch Ribbentrop der Delegierung Böhmes zu; Killinger informierte die rumänische Regierung am 11. d. M. und bat um Böhmes Einschreibung in die Diplomatenliste als Polizeiattaché.[147]

Dagegen erhob die rumänische Regierung Einwände, vermutlich nicht zuletzt infolge der Warnungen Hermann von Ritgens, Böhme sei „die rechte Hand Heydrichs in Prag" gewesen und „an die dortigen Methoden im Protektorat gewöhnt".[148] Zwar wies das RSHA die Einwände zurück, überlegte zwischenzeitlich gleichwohl, Böhme in Prag zu belassen. Entsprechend dem ursprünglichen Plan teilte schließlich das RSHA am 14. Juli 1942 dem AA mit, Böhme könne nunmehr nach Bukarest entsandt werden. Erneut verlangte die DGB am 18. August 1942 seine Einschreibung in die Diplomatenliste als Polizeiattaché, was das rumänische Außenministerium dann am 27. August 1942 zugestand.[149] Im selben Monat hielt sich Horst Böhme bereits in Bukarest auf.[150] Seinen Antrittsbesuch bei Mihai Antonescu absolvierte der neue Polizeiattaché am 7. September 1942.[151]

Obwohl er seine Kompetenzen als Polizeiattaché überschritt, begann Böhme sogleich nach seiner Ankunft in das Aufgabengebiet Gustav Richters einzugreifen. Böhmes ehemalige Sekretärin an der DGB erinnerte sich 1969, Böhme habe sich ebenfalls als „Berater für Judenfragen" tituliert, und sei so in Konkurrenz zu Richter getreten.[152] Gerhard Stelzer, damals zweiter Mann der DGB, erwähnt in seinen Erinnerungen an die Jahre in Bukarest Böhme bloß mit dessen eigenen Worten, er sei nach Bukarest gekommen, „um die Hausmacht Himmlers zu vermehren".[153]

Lecca schreibt in seinen Memoiren, unmittelbar nach Ankunft habe sich Böhme zu Richter begeben und diesem befohlen, die Leiter der „Judenzentrale" herbeizuzitieren. Den darob herangeeilten Gingold habe er angewiesen, ihm eine Wohnung samt Möblierung zu besorgen, da er nicht beabsichtige, in einem Hotel zu bleiben. Sobald er, Lecca, davon erfahren habe, sei von ihm der „Judenzentrale" verboten worden, diesem Ansinnen nachzukommen. Aus Furcht vor etwaigen Konsequenzen habe Gingold hinter seinem Rücken Böhme dennoch eine Wohnung besorgt und möbliert. Als er, Lecca, sich bei Killinger über die Vorgehensweise Böhmes beschwert habe, sei er von diesem gebeten worden, die Sache auf sich beruhen zu lassen.[154]

Die direkte Befassung Böhmes mit der „Judenfrage" in Rumänien macht auch der Bericht eines Informanten aus dem Umkreis der DGB an Mihai Antonescu deutlich. Darin

[147] Trașcă, Atașații de poliție SS, 358.
[148] Ritgen an Mihai Antonescu, 16.6.1942. AMAE, fond 71, Germania, dosar 88, Bl. 374.
[149] Trașcă, Atașații de poliție SS, 358–360.
[150] Zeugenaussage Ilse Ellen Böhme, 3.1.1969. BArch Ludwigsburg, B 162/3813, Bl. 1356f.
[151] Mihai Antonescu, Unterredung mit Böhme, 7.9.1942. AMAE, fond 71, România, dosar 85, Bl. 141.
[152] Zeugenaussage Ilse Weyerstrahs, 16.1.1969. BArch Ludwigsburg, B 162/3813, Bl. 1349.
[153] Gerhard Stelzer, Deutsche Gesandtschaft in Bukarest, Mai 1938 bis August 1944, 10.10.1958, Bl. 118. PAAA, NL Stelzer.
[154] Lecca, Eu i-am salvat, 215.

wird ein Gespräch mit Horst Böhme vom 1. Oktober 1942 wiedergegeben: Auf der einen Seite habe Böhme abgestritten, sich in die inneren Angelegenheiten Rumäniens einmischen zu wollen; seine Aufgabe sei überwiegend die Überwachung der Reichsdeutschen. Böhme äußere sich betroffen über die ablehnende Aufnahme, die er im Lande gefunden habe. Er wünsche eine direkte Verbindung zum SSI; außerdem bitte er um die Erlaubnis, zwei Mitarbeiter ins Land zu bringen. In erkennbarer Spannung zu dieser Beteuerung der Nichteinmischung in die inneren Angelegenheiten steht die in der Notiz ebenfalls festgehaltene Aussage Böhmes, in der „jüdischen Frage" sei er zur Überzeugung gelangt, in Rumänien müsse noch viel getan werden. Gemeinsam mit Richter befasse er sich damit, welche Maßnahmen zu ergreifen seien und wolle hierbei mit den rumänischen Behörden zusammenarbeiten. Das biete den Vorteil, die „europaweite Lösung der Judenfrage", so wie Hitler sie in seiner letzten Rede angedeutet habe, zu erleichtern. Der nächste Satz steht wiederum in Kontrast zu Böhmes Feststellung, in Rumänien sei noch viel zu tun hinsichtlich der „jüdischen Frage": „Er werde die jüdische Frage in Rumänien gründlich studieren, und seine Meinung und seine Schlussfolgerungen in einem Bericht an Himmler zusammenfassen", wobei Böhme versichert habe, diesen Bericht vor Absendung auch Mihai Antonescu vorlegen zu wollen.[155]

In Reaktion auf diesen Bericht wies Mihai Antonescu am 10. Oktober 1942 einen seiner engen Mitarbeiter, Gheorghe Barbul, an, Richter und Böhme zu einem Gespräch mit ihm in der darauffolgenden Woche einzuladen. Über Richter sollte Barbul außerdem eine Nachricht des Inhalts Böhme zuleiten, Mihai Antonescu sei sehr erstaunt gewesen zu erfahren, dass Böhme gegenüber einem „sehr seriösen Mann" erklärt habe, Mihai Antonescu habe etwas gegen ihn. Das sei natürlich nicht der Fall und müsse schnell geklärt werden.[156] Bisher liegt keine Quelle über eine solche Aussprache zwischen Mihai Antonescu und Böhme vor, so dass offen bleiben muss, ob die von Mihai Antonescu avisierte Begegnung stattfand.

Eine Anfrage des AA über die Abberufung der vier noch an der DGB tätigen Berater beantwortete Killinger am 6. Oktober 1942 in puncto „Berater für Judenfragen", dieser könne abberufen werden.

> „Meine Einstellung zu seinen Erfolgen hat sich als richtig erwiesen. Auf meine offizielle Note betreffs der Judenaussiedlung aus dem Banat habe ich bis jetzt keinerlei Antwort; ein Beweis für mich, dass man – wie in Rumänien üblich – zu allem ‚ja' sagt, aber keine Tatsachen folgen lässt."[157]

Lecca sei so weit eingearbeitet, um ohne die Hilfe Richters auszukommen.

> „Abgesehen hiervon hat er immer die Möglichkeit, sich mit dem neuen Polizeiattaché der Gesandtschaft, Oberst Böhme, in Verbindung zu setzen. Ich nehme an, dass dieser in der Judenfrage genau so firm ist wie Richter."

[155] O.V., Zusammenfassung eines Gesprächs mit Böhme am 1.10.1942, o.D. AMAE, fond 71, Germania, dosar 90, Bl. 185–187; abgedruckt in Ancel (Hg.), Documents, Bd. 9, Dok. 177, 461–463; 1940–1942, Bd. 3, Tlbd. 2, Dok. 467, 173.

[156] Mihai Antonescu, Notă, 10.10.1942. AMAE, fond 71, Germania, dosar 96, Bl. 106.

[157] Killinger an AA, 6.10.1942. PAAA, R 99396.

Am 7. Oktober 1942 hatte Killinger eine Unterredung mit Mihai Antonescu. In dem offensichtlichen Bemühen, die zugesagte schriftliche Antwort zu forcieren, schnitt er im Verlauf des Treffens die „Judenfrage“ offensiv an. Wohl aufgrund der Informationen Killingers fasste Richter dieses Gesprächsthema zusammen. Der deutsche Gesandte habe Mihai Antonescu erklärt, in der „Judenfrage“ könne es „auf die Dauer nicht mehr so weiter gehen“. Folgt man Richters Vermerk, handelte es sich für Killinger zuerst einmal darum,

> „dass hohe Persönlichkeiten aus der Politik und der Wirtschaft von ihren Beziehungen zu Juden nicht lassen könnten und auch ihre Geldgeschäfte mit diesen bedenkenlos fortsetzen.“[158]

Anschließend seien von Killinger die laufenden Deportationen nach Transnistrien angesprochen und kritisiert worden (eine vorderhand überraschende Kritik, auf die weiter unten noch eingegangen wird). Mihai Antonescu habe die Deportationen damit gerechtfertigt, dass es sich bei den nach Transnistrien Deportierten ausschließlich um kommunistisch eingestellte Juden handle. Killinger habe entgegnet, nach seinen Informationen seien auch Juden deportiert worden, die ihre Freilassung nicht hätten durch Bestechung erwirken können. Erst dann kam Killinger auf den eigentlichen Kern seiner Unzufriedenheit:

> „Er machte den Stv. Ministerpräsidenten darauf aufmerksam, dass er jedenfalls über die Judenfrage in Rumänien gut informiert sei und auch im einzelnen die Judenknechte kenne, die eine Lösung der Judenfrage in Rumänien mit allen Mitteln sabotieren. In dieser Hinsicht sei aber dafür gesorgt, dass diesen Leuten zu gegebener Zeit die Rechnung zur Begleichung vorgelegt wird.“

Mihai Antonescu habe erwidert,

> „dass es nicht an ihm liegen würde, sondern der Marschall Antonescu der Ansicht sei, dass die augenblickliche Lage zu delikat sei, um in der Judenfrage konsequenter vorzugehen.“

Ohne die Forderung der Deportation nach dem Generalgouvernement *expressis verbis* zu erheben, sprach Killinger genau das Thema an, mit dem Eichmann durch Anrufe und Nachfragen Richter traktierte. In verhüllter Form jedoch wiederholte der Gesandte, was der deutschen Führung vor allem anderen wichtig war. Mihai Antonescu fühlte sich als „Judenknecht“ angegriffen und reagierte, indem er die Verantwortung von sich abwies und sie ausdrücklich Ion Antonescu übertrug – womit hinwiederum Killingers Tadel ausgehebelt wurde, denn den Marschall auch nur verdeckt zu rügen, hätte bedeutet, die ganze deutsche Rumänienpolitik in Frage zu stellen.

Ebenfalls von Gustav Richter schriftlich festgehalten wurde die Behandlung desselben Gegenstandes aus einer Begegnung Gerhard Stelzers mit Mihai Antonescu zwei Tage später, am 9. Oktober 1942. Stelzer erkundigte sich nach einer Antwort auf die Verbalnote vom 27. August 1942. Mihai Antonescu entgegnete, diese keineswegs vergessen zu haben; ob einer Antwort sei er allerdings noch im Unklaren. Er stehe zu seiner schriftlich gegebenen

[158] Richter, Unterredung Killinger mit Mihai Antonescu am 7.10.1942, 8.10.1942. NA, RG 226, entry 19, XL 13178; eine rumänische Übersetzung ist abgedruckt in 1940–1942, Bd. 3, Tlbd. 2, Dok. 548, 264f.

Zusage. Sowohl die Besprechungen Leccas in Berlin als auch vor allem seine, Mihai Antonescus, ausführliche Unterhaltungen zu dieser Frage anlässlich seines letzten Besuchs im FHQ hätten sich auf dieser Linie bewegt.

> „Nachdem er somit die grundsätzliche Bereitwilligkeit der rumänischen Regierung deutlich habe erkennen lassen und vor allem mit dem Herrn Reichsaußenminister ein vollständiges Einverständnis erzielt habe, sei es eher an uns, ihm konkrete Vorschläge zu machen."[159]

Schon tags darauf unterbreitete Gerhard Stelzer solche Vorschläge, als er in Erledigung verschiedener laufender Angelegenheiten das rumänische Außenministerium aufsuchte. Als letzten Punkt notierte nämlich sein Gesprächspartner (wahrscheinlich Generalsekretär Gheorghe Davidescu, der ihn normalerweise empfing):

> „Herr Stelzer informierte mich darüber, dass die deutschen Behörden bereits umfangreiche Maßnahmen getroffen hätten, um die Juden ins Generalgouvernement zu schicken, wo man für diese bereits ganze Barackendörfer errichtet habe. Er gab mir zu verstehen, in diesem Rahmen könne auch eine Lösung für die Juden bei uns gefunden werden, möglicherweise ebenfalls für die Zigeuner."[160]

Wiederum am nächsten Tag, am 11. Oktober 1942, veröffentlichte das *Bukarester Tageblatt* als Sprachrohr der deutschen Gesandtschaft einen besonders rabiaten Artikel unter dem Titel „Judenknechte". Dies war ein im Nazi-Jargon üblicher Begriff, dessen konkrete Bedeutung jedoch daher rührte, dass ihn Killinger am 7. Oktober in dem oben angeführten Gespräch mit Mihai Antonescu ebenfalls verwendet hatte. Der Artikel ist deshalb wichtig, weil er eines der nicht alltäglichen Beispiele für öffentliche Kritik an der rumänischen Regierung im Organ der Bukarester deutschen Gesandtschaft bietet. Gegen Ende heißt es:

> „Die Stellung aller Staaten, die sich zum neuen Europa bekennen, wird in diesem neuen Europa wesentlich davon abhängen, wie sie die Judenfrage in ihren Grenzen lösen."[161]

Auf diese Weise wird die „Judenfrage" verbunden mit dem zentralen rumänischen Problem neben dem Krieg im Osten: Siebenbürgen. Alsdann wird der rumänischen Regierung bescheinigt, sich dessen bewusst zu sein, „denn sonst hätte sie sich nicht bereits so tatkräftig und zielbewusst der jüdischen Frage in Rumänien angenommen". Sie werde diese Frage auch lösen – sie war also aus deutscher Sicht keineswegs gelöst. Und das „trotz aller Sabotagemaßnahmen der Juden und ihrer Knechte". Immerhin scheint durch deren Tätigkeit gegenwärtig Sand im Getriebe zu sein. Aber die Zukunft soll hier Abhilfe schaffen:

> „Dann wird auch die Zeit kommen, wo jedem Juden und vor allem auch jedem Judenknecht die Rechnung präsentiert werden wird. Des sind wir gewiss."

159 Richter, Stand der Frage der Aussiedlung der Juden aus Rumänien, o. D. ADAP, E, Bd. 4, Dok. 230, 410.

160 Vgl. [Gheorghe Davidescu?], [Notă], 10.10.1942. AMAE, fond 71, Germania, dosar 96, Bl. 147.

161 Vgl. Ml. [Hans Müller], Judenknechte, *Bukarester Tageblatt*, 11.10.1942, 1f.

Augenscheinlich ist die Ähnlichkeit mit dem von Gustav Richter erstellten Protokoll. Dort wird Killinger mit den Worten wiedergegeben (es ist oben schon einmal zitiert worden), „dass diesen Leuten zu gegebener Zeit die Rechnung zur Begleichung vorgelegt wird".[162] Wie erinnerlich, hatte sich Mihai Antonescu höchstpersönlich von Killingers Diatribe gegen die „Judenknechte" angesprochen gefühlt und zur Abwehr auf Ion Antonescu verwiesen. Deshalb ist der Artikel im *Bukarester Tageblatt* als Attacke auf Mihai Antonescu zu verstehen.

Dieser Artikel erregte gehöriges Aufsehen in der Öffentlichkeit und wurde als direkte Einmischung in die inneren Angelegenheiten Rumäniens gewertet – was zweifellos seiner Intention entsprach. Die rumänische Regierung war verstimmt. Umgehend zog der SSI Erkundigungen ein und meldete am 12. Oktober, schon einen Tag nach Erscheinen des Artikels, von deutschen Journalisten habe man die Auskunft erhalten, man möge den Artikel nicht so ernst nehmen, er sei Ausdruck des Übereifers „der von Richter geleiteten Abteilung", die über die deutsche Zeitung aus Bukarest verfüge[163] – womit Richters Einfluss maßlos überschätzt wurde. Aber die Ohren der Regierenden in Rumänien beruhigte das. Den wirklich Verantwortlichen für das Blatt im Allgemeinen und diesen Artikel im Besonderen, den deutschen Gesandten Killinger, auch nur intern zu kritisieren, waren die Umstände noch nicht reif, so wie umgekehrt von deutscher Seite aus Ion Antonescu damals noch nicht kritisiert werden durfte.

Am 10. Oktober 1942 stand im Ministerrat mit Punkt 11 „Die Frage der Abschiebung einiger Elemente aus dem Altreich über den Dnjestr" und Punkt 12 „Bestimmungen zur freiwilligen und erzwungenen Ausbürgerung von Juden" auf der Tagesordnung. Mihai Antonescu gab bekannt, am Abend des Vortags angeordnet zu haben, jede Art der Verschickung von Juden und „Zigeunern" (Roma) anzuhalten, und zwar insbesondere „jede Verschickung von Juden aus Bukarest und aus den Städten des Altreichs". Es habe Vorfälle gegeben, die Unordnung schüfen und den Ordnungskräften nicht zur Ehre gereichten. Diese Vorfälle könnten sich gegen Rumänien wenden und seien geeignet, das Land lächerlich zu machen. General Vasiliu solle darüber einen Bericht erstellen.[164]

Hauptsächlich war die Ministerratssitzung vom 13. Oktober 1941 Wirtschaftsfragen gewidmet.[165] Die „Abschiebung einiger Elemente aus dem Altreich über den Dnjestr" kam als Punkt 26 auf die Tagesordnung.[166] Zuerst erstattete Unterstaatssekretär Vasiliu Rapport über die aktuellen Abschiebungen nach Transnistrien und lieferte dabei eine andere Begründung für den Stopp als drei Tage zuvor Mihai Antonescu. Vasiliu führte aus, der Ge-

162 Richter, Unterredung Killinger mit Mihai Antonescu am 7.10.1942, 8.10.1942. NA, RG 226, entry 19, XL 13178; eine rumänische Übersetzung ist abgedruckt in 1940–1942, Bd. 3, Tlbd. 2, Dok. 548, 264f.

163 SSI. Buletine rezumative ale informaţiilor culese, 12.10.1942, Bl. 84–87. USHMM, RG 25.004M, reel 14.

164 Ciucă (Hg.) Stenogramele, Bd. 8, 341.

165 Vgl. ebenda, 344–393.

166 Ebenda, 379–386.

neralstab fordere die Deportation von weiteren 14247 Juden wegen diverser Vergehen bei der Erfüllung der Arbeitsdienstpflicht. Da die Delinquenten mit ihrer gesamten Familie deportiert werden sollten, käme eine so große Zahl zusammen, für die in Transnistrien keine Aufnahmekapazität vorhanden sei. Deshalb habe er am Samstag (also noch am 10. Oktober, unmittelbar nach der Ministerratssitzung desselben Tages), wie von Mihai Antonescu angeordnet, diese Verschickung angehalten. Er warf das Problem auf, was mit den bereits Verhafteten zu tun sei.[167]

Als die 124 Juden angesprochen wurden, die in Bukarest auf ihre Abschiebung nach Transnistrien warteten, setzte Mihai Antonescu zu einem seiner längeren Monologe an. In allerlei gewundenen Formulierungen seine Haltung zur „Judenfrage" darlegend, bekräftigte er schließlich nochmals, vorläufig sollten keine Verschickungen mehr über den Dnjestr stattfinden.[168]

Gewiss sei er kein Philosemit; er sei jedoch dafür, die antijüdischen Maßnahmen systematisch und allmählich durchzuführen, zum Nutzen der rumänischen Mittelklasse. Dabei war Mihai Antonescu der schrittweise Ersatz jüdischer Arbeitskräfte wichtig, der so organisiert werden müsse, dass er zu einer Rumänisierung der Wirtschaft führe, aber nicht zu einer Demoralisierung, etwa durch Anwachsen der Korruption. Alsdann folgte eine klare Distanzierung von den deutschen Methoden:

> „Mich interessiert die Realität und das wahre Leben, mich interessieren keine oberflächlichen oder demagogischen Maßnahmen. Ich führe antisemitische Reformen nicht den Deutschen oder den Lehren Dr. Rosenbergs zuliebe durch."[169]

Er sei rumänischer Nationalist und übernehme von den „Reformen des Dr. Rosenberg" und den deutschen Erfahrungen nur die

> „vernünftigen Entscheidungen und nicht jede Maßnahme, die dann nicht zu den Verhältnissen in unserem Lande passt."

In Rumänien gebe es viel mehr Juden als in Deutschland; sie seien tiefer in Wirtschaft und Politik verankert.

> „Das sind die Realitäten. Ich bin nicht dafür, die Juden zu pfählen, ihr Blut zu vergießen oder sonst eine Barbarei zu begehen, die letzten Endes überhaupt nicht zum rumänischen Wesen passt. Dieses rumänische Wesen müssen wir hegen und pflegen, wenn wir eine rumänische Revolution durchführen wollen. Das rumänische Wesen ist charakterisiert durch Schaffensfreude und Aufrichtigkeit, nicht durch Hass oder Demagogie."[170]

Schließlich sprach Mihai Antonescu die zu bildende Dienststelle an, die die Regierungsaktivitäten in der „Judenfrage" bündeln sollte (also eine der Forderungen Richters) und regte an, zunächst eine Kommission einzusetzen. Gefragt nach seiner eigenen Meinung, meinte

[167] Ebenda, 379f.
[168] Ebenda, 380–382.
[169] Ebenda, 380f., Zitate 381.
[170] Ebenda, 382.

er, ginge es nach ihm, könnte alles so bleiben wie bisher, mit einem Beauftragten der Regierung, der mit der „Judenzentrale" zusammenarbeite. Allerdings hänge er nicht an der Person Lecca; es könne auch ein anderer diese Funktion ausüben. Lecca habe jedoch seine Aufgabe bisher ohne größere Fehler erfüllt.[171]

Am 27. Oktober 1942 kritisierte Mihai Antonescu im Ministerrat den Vorschlag des Generalstabs für ein Gesetz, durch das die Juden gezwungen werden sollten, ihre rumänischen Namen abzulegen. Damit überschreite der Generalstab seine Kompetenzen. Auch in diesem Zusammenhang distanzierte sich Mihai Antonescu von den deutschen Methoden. Er erzählte nämlich, in der vorangegangenen Nacht habe er die „Judenstatute" Bulgariens und Ungarns gelesen und dabei befunden, dass in Rumänien eine ganze Reihe von Exzessen begangen worden sei. Das habe er auch dem Marschall gesagt. Es gehe um eine grundlegende nationale Reform, die ohne Provokationen auskommen müsse. Man dürfe sich nicht unnötig Gegner schaffen, die sich einmal gegen Rumänien wenden könnten. Wolle man für die Zivilisation kämpfen, könne man dabei keine barbarischen Mittel anwenden. Es gehe darum, die Wurzeln der jüdischen Positionen zu kappen; es könne nicht darum gehen, „einige Personen zu foltern".[172]

Unterdessen hielten AA und RSHA am Deportationsziel Generalgouvernement fest. Am 11. Oktober 1942 drahtete Luther an die Bukarester Gesandtschaft:

> „Die im Lagebericht über Judenaussiedlung aus Rumänien aufgeführten Tatsachen lassen befürchten, dass bereits in Angriff genommene sowie in Altrumänien weiter notwendige Aussiedlungsmaßnahmen nicht mit der vorgesehenen Schnelligkeit durchgeführt werden, bezw. auf neuen Widerstand stoßen."[173]

Luther forderte eine umgehende Stellungnahme an. Alles andere als schnell erfolgte die Antwort der DGB erst sechs Wochen später, am 26. November 1942, als Killinger den Bericht Richters über den „Stand der Frage der Aussiedlung der Juden aus Rumänien" nach Berlin schickte. Darin wird das vorläufige Scheitern der deutschen Bemühungen eingestanden, der rumänischen Regierung den sofortigen Beginn von Deportationen in das Generalgouvernement abzutrotzen. Nach wochenlangem Drängen habe Richter von Mihai Antonescu am 22. Oktober 1942 erstmals eine konkretere Aussage erhalten: Die Aktion werde verschoben, wobei sich Mihai Antonescu auf die – oben zitierte – Entscheidung Ion Antonescus berufen habe.[174]

[171] Ebenda, 384–386.
[172] Ebenda, 437.
[173] Luther an DGB, 11.10.1942. NA, T 120, reel 2618, E364040.
[174] Killinger an AA, 26.11.1942. ADAP, E, Bd. 4, Dok. 230, 410. Diesem Anschreiben ist hinzugefügt: Richter, Stand der Frage der Aussiedlung der Juden aus Rumänien, o. D. Ebenda, 410f. 1947 sagte Richter in Moskau aus, ihm sei „ungefähr im November 1942" in Schriftform von Lecca die Entscheidung des Marschalls übergeben worden (Protokoll über die Vernehmung des ehemaligen Polizei-Attachés der deutschen Botschaft in Rumänien Gustav Richter, 5.10.1947. StA Frankenthal, 9 Js 143/61, Bd. 20, Bl. 5712). Das muss einer Information Richters durch Mihai Antonescu am 22.10.1942 keineswegs widersprechen. Möglicherweise hat Mihai Anto-

Auf Richters Frage, wie es mit der Beantwortung der Verbalnote vom 27. August 1942 stehe, erklärte demnach Mihai Antonescu, die Richter „schriftlich gegebene Erklärung" betrachte er als „genügend". Nun solle „die Frage der Aussiedlung der Juden aus Rumänien [...] durch den eingesetzten Ministerialausschuss für die Judenfrage weiterbehandelt werden".[175]

In den Monaten Oktober und November 1942 änderte sich die rumänische Haltung grundlegend. Ein ganz neuer Tonfall ist zunächst im Ministerrat zu spüren, im November dann auch in den direkten Kontakten mit deutschen Repräsentanten. Im Archiv des rumänischen Außenministeriums befindet sich die aufschlussreiche Zusammenfassung eines Gesprächs, das Mihai Antonescu am 11. November 1942 mit Radu Lecca und Gustav Richter führte.

Mit Ausführungen zur Einsetzung des Ministerialausschusses, der sich künftig mit allen Regelungen zur „Judenfrage" befassen und helfen solle, Missbräuche und Missstände abzustellen, die sich verschiedentlich eingeschlichen hätten, leitete Mihai Antonescu die Unterredung ein. Er selbst sei immer dafür gewesen, so der stellvertretende Ministerpräsident, die wirtschaftlichen Aktivitäten der Juden einzuschränken, denn das sei eine rationale Politik. Hingegen lehne er „barbarische Maßnahmen" und „Terrorakte" gegen Wehrlose ab. Ganz im Sinne dieser Grundhaltung habe er zugestimmt, Kleidung für die Juden nach Transnistrien zu schicken. Einzelne Vorfälle würden von den Ungarn für eine Kampagne im Ausland hinsichtlich angeblicher rumänischer Gräueltaten gegen Juden genutzt.

> „Ich stehe hinter wirtschaftlichen Maßnahmen zur Stärkung des rumänischen Volkes, aber nicht hinter grausamen Kampfmethoden, die sinnlose Gewalt gegen Personen bedeuten."[176]

Mihai Antonescu kündigte an, sich persönlich um eine Auswanderung Richtung Palästina zu kümmern.

Alsdann sprach der stellvertretende Ministerpräsident das Problem derjenigen Juden an, „die am Bug einem strengen Regime unterworfen wurden". Dabei bezog sich Mihai Antonescu auf Vorgänge, deren Kenntnis im Protokoll vorausgesetzt wird. Worum handelte es sich? Deutsche Besatzungsbehörden hatten Juden aus Transnistrien für Straßenbauarbeiten „ausgeliehen". Im Oktober 1942 wurde bekannt, dass solche Arbeiter ermordet worden waren.[177] Mit dem „strengen Regime" meinte Mihai Antonescu diese Erschießungsaktionen – drückte sich also, obwohl intern, ebenso kryptisch wie die von ihm zunehmend ob ihrer Grausamkeit kritisierten deutschen Vollstrecker der „Endlösung" aus. Er wies Richter darauf hin, dass er, Mihai Antonescu, auch für diejenigen rumänischen Bürger Ver-

nescu die Entscheidung des Marschalls nicht in Schriftform überreicht, was demnach durch Lecca geschah.

175 Richter, Stand der Frage der Aussiedlung der Juden aus Rumänien, o.D. ADAP, E, Bd. 4, Dok. 230, 411.

176 Mihai Antonescu, Unterredung mit Richter und Lecca, 11.11.1942. AMAE, fond 71, România, dosar 85, Bl. 303–306, Zitat Bl. 304.

177 Vgl. Carp, Cartea neagră, Bd. 3, 298.

antwortung trage, die rumänisches Territorium verließen. Außerdem habe er Richter über in Siebenbürgen in Umlauf gewesene Gerüchte informiert, wonach die Juden ausgesiedelt würden, um Deutsche anzusiedeln. Diese Kampagne sei von den Juden ausgegangen, die geglaubt hätten, „dass wir sie jenseits des Bug in den Tod schicken wollen und dass wir dies mit voller Absicht tun".[178]

Richter habe darauf geantwortet, die in Rumänien oder anderswo eingesammelten Juden würden nach Polen gebracht und dort zur Arbeit eingesetzt. Sie hätten dabei Lebensbedingungen, „die weit entfernt davon sind luxuriös zu sein, die jedoch ein Überleben gewährleisten". Hinsichtlich der Erschießungen am Bug durch deutsche Kräfte reagierte Richter vorsichtig und zugleich ausweichend. Falls es einige „Unfälle" gegeben haben sollte, seien diese entstanden, weil die deutschen Grenztruppen Befehl hätten, niemanden passieren zu lassen. Es gehe darum, den Rücken der Front freizuhalten; deshalb die Härte der Maßnahmen. In Zukunft sollten solche Überstellungen über den Bug angekündigt werden.[179] Ausgehend von der Kritik Mihai Antonescus an Erschießungsaktionen kam Richter auf eine alte deutsch-rumänische Kontroverse zurück: rumänische Versuche, Juden über den Bug und damit aus Transnistrien hinauszutreiben und die Reaktion deutscher Truppen darauf. Derart vermied Richter eine Antwort auf den aktuellen rumänischen Vorwurf.

Im Auswärtigen Amt war man sich durchaus über die veränderte Einstellung der rumänischen Regierung im Klaren, hoffte aber noch, diese sei lediglich vorübergehend. Am 7. Dezember 1942 fasste Luther den Stand der deutschen Bemühungen (unter Verwertung des Berichts der DGB vom 26. November 1942) zusammen. Auf verschiedene Nachfragen wegen der Verbalnote vom 27. August 1942 habe die rumänische Regierung ausweichend geantwortet. Nach vorliegendem Bericht gehe dies auf Ion Antonescu zurück, der die Durchführung der Aussiedlung bis zu einem günstigeren Augenblick zurückstellen wolle.

> „Für die Durchführung der Aussiedlung, die nach der schriftlichen Zusage des stellv. Ministerpräsidenten als feststehend gelten konnte, waren deutscherseits alle notwendigen Vorbereitungen getroffen."[180]

Nicht klar ersichtlich sei, weshalb Ion Antonescu nun anders entschieden habe. Mögliche Ursachen werden aufgezählt: verschiedene Interventionen für die Juden (Iuliu Maniu, Dinu Brătianu, der „Bukarester Medizinprofessor" Dr. N. Gh. Lupu[181]); wirtschaftliche Erwägun-

[178] Mihai Antonescu, Unterredung mit Richter und Lecca, 11.11.1942. AMAE, fond 71, România, dosar 85, Bl. 305.

[179] Ebenda.

[180] Luther, Vortragsnotiz, 7.12.1942. PAAA, R 100881, Bl. 94f., Zitat Bl. 94.

[181] Nicolae Gh. Lupu war ein Bruder des bereits erwähnten, damals in der Bauernpartei Iuliu Manius tätigen Nicolae Lupu. Nicolae Gh. Lupu war Medizinprofessor und zugleich einer der von Ion Antonescu zu dieser Zeit regelmäßig konsultierten Ärzte. Auch Nicolae Lupu hatte Medizin studiert, praktizierte aber nicht, sondern widmete sich ganz seiner politischen Laufbahn. Eine Verwechslung ist umso leichter möglich, als der erste Vorname derselbe ist.

gen in Regierungskreisen (General Vasiliu); sowie Befürchtungen, eine Aussiedlung von Juden käme „in erster Linie einer Ausbreitung des deutschen Elements im Banat zugute".[182]

> „Im übrigen halte ich es nicht für ausgeschlossen, dass die sehr zögernde Politik der Ungarischen Regierung in der Judenfrage den Marschall bewogen hat, auch seinerseits eine mehr abwartende Haltung einzunehmen."[183]

Eine Woche später, am 14. Dezember 1942, teilte Luther der DGB mit, eigentlich falle zurzeit die ins Stocken geratene „Aussiedlung der Juden" nicht so schwer ins Gewicht, denn während der Hauptwintermonate sei ein „Abtransport" ohnehin unerwünscht. Desto notwendiger sei es aber, die Dinge im Fluss zu halten, da zu Beginn des Frühjahrs mit einem Fortgang der Maßnahmen gerechnet werden könne. Er bat um zweierlei: Vorschläge, wie in der Zwischenzeit die Sache zweckmäßigerweise weiterbehandelt werden sollte sowie eine Stellungnahme zu einem von Lecca angeregten Besuch Eichmanns in Rumänien.

> „Da Lecca zweifelsohne guten Willens ist, wird ihm dieser Wunsch kaum zu versagen sein, der ihm unter Umständen in seiner eigenen Arbeit vorwärts helfen kann."[184]

Gegen den Besuch Eichmanns in Rumänien erhob die DGB offensichtlich keine Einwände. Geplant war der Aufenthalt für Januar 1943. Nach den Auseinandersetzungen um die Flucht Horia Simas hielt das RSHA diese Reise allerdings wohl nicht mehr für opportun. Dem AA teilte es am 11. Januar 1943 bloß kurz mit, die Dienstreise Eichmanns müsse „im Augenblick infolge Arbeitsüberlastung" verschoben werden.[185]

Derweil hatte Killinger Berlin einen neuerlichen Kurswechsel der rumänischen Regierung mitgeteilt. Lecca habe ihn informiert, dass Ion Antonescu die „Judenzentrale" angewiesen habe, die Auswanderung von 75 000 oder 80 000 Juden nach Palästina bzw. Syrien zu organisieren. Außerdem liege ein Angebot Irans zur Aufnahme von Juden vor. Der Marschall habe freilich zur Bedingung gemacht, die Auswanderungswilligen müssten 200 000 Lei pro Person an den rumänischen Staat zahlen. Und Lecca habe versichert, schon allein wegen fehlenden Schiffsraums sei gegenwärtig an eine Durchführung des Plans nicht zu denken. Zu dem ganzen Sachverhalt meinte Killinger, der Marschall wolle zwei Fliegen mit einer Klappe schlagen.

> „Er will einerseits für ihn sehr notwendige 16 Milliarden Lei herausschlagen und andererseits einen großen Teil der Juden, die ihm innerpolitische Schwierigkeiten machen, auf bequeme Art loswerden. Eine Radikallösung lehnt er ab gegenüber den Juden, die nicht nachgewiesenermaßen bolschewistisch sind. Ob es ratsam ist, gegen seinen Plan Stellung zu nehmen, kann ich von hier aus nicht beurteilen. Ich bitte daher, mir die Stellungnahme des Auswärtigen Amtes baldigst zu übermitteln."[186]

[182] Luther, Vortragsnotiz, 7.12.1942. PAAA, R 100881, Bl. 95.
[183] Ebenda.
[184] Luther an DGB, 14.12.1942. PAAA, R 100881, Bl. 97.
[185] RSHA an AA, 11.1.1943. PAAA, R 100881, Bl. 120.
[186] Killinger an AA, 12.12.1942. ADAP, E, Bd. 4, Dok. 279, 492f., Zitat 493.

Nicht zuletzt aufgrund der prekären Lage der rumänischen Truppen vor Stalingrad hatten im Dezember 1942 die Spannungen im deutsch-rumänischen Verhältnis zugenommen. Anfang des Monats liefen bei der rumänischen Regierung beunruhigende Nachrichten ein. So erhielt sie die Meldung, von Deutschland aus würden Legionäre in SS-Uniformen nach Rumänien geschickt, um Attentate für einen kommenden Staatsstreich vorzubereiten. Darüber unterrichtete Böhme Berlin.[187] Diese Angst vor legionären Aktionen lässt sich auch rumänischen Quellen entnehmen. Am 12. Dezember 1942 notierte Ioan Hudiță Aussagen des schon erwähnten, im Generalstab tätigen und augenscheinlich mit Geheimdienstmaterial wohlvertrauten Oberst Mihai Marinescu. Diesem zufolge hatte sich das Verhältnis zwischen Ion Antonescu und Hitler so stark verschlechtert, dass nicht zu erkennen sei, wie es wieder bereinigt werden könne. Wiederum scheine Hitler auf Erpressungsversuche mit den in Deutschland befindlichen Legionären zu verfallen. Aus abgefangener Post habe man erfahren, Horia Sima und Gefolgsleute hegten die Hoffnung, eine aktive Rolle zu übernehmen. Unterstützt würden sie dabei von Himmler.[188]

Wie ein Vorfall verdeutlichte, war die Spannung derart angeheizt, dass man deutscherseits nicht davor zurückschreckte, der rumänischen Seite direkt mit den Legionären zu drohen. Dies geschah, als Ion Antonescu nicht bereit war, eine ab dem 1. Dezember 1942 geltende Entscheidung der Nationalbank rückgängig zu machen, an der Deutschland Anstoß nahm. Als er das dem Repräsentanten des Reichs verkündete, ließ dieser erbost den Namen Horia Sima fallen, was wiederum den Marschall erzürnte.[189]

Mihai Antonescu sagte im November / Dezember 1942 wiederholt zu Killinger, die Regierung werde eine Wiederkehr gewisser Ereignisse, wie sie unter der nationallegionären Herrschaft vorgekommen seien, nicht dulden. Neben den Massakern von Jilava nannte Mihai Antonescu auch das Pogrom in Iași. Trotzdem wurden heimlich antisemitische Pamphlete im Sinne der legionären Ideologie gedruckt, und es gab Gerüchte, über ein von den Deutschen und von den Legionären geplantes Pogrom. Dies ging so weit, dass in der Nacht, als dieses Pogrom angeblich stattfinden sollte, vom 5. auf den 6. Dezember 1942, Patrouillen in jüdisch bewohnten Stadtteilen Bukarests verstärkt wurden und die Garnison von Bukarest Anweisungen erhielt, die auf der Hypothese beruhten, die Legio-

187 Böhme an RSHA IV, 9.12.1942. PAAA, R 29707, Bl. 341.

188 Hudiță, Jurnal politic (1 martie 1942–31 ianuarie 1943), 378.

189 Weck, Rapport Politique Nr. 89, 17.12.1942, BAR, E 2300 1000/716, Bd. 105. Leider nennt René de Weck weder den Termin des Gesprächs noch den Namen des deutschen Unterhändlers. Folgt man dem – allerdings unvollständigen – Tageskalender Ion Antonescus, kommt einzig die Begegnung mit Hermann Neubacher am 11.11.1942 in Frage. Der Marschall empfing Neubacher in Anwesenheit Mihai Antonescus. Als Thema werden nichtssagend „außenpolitische Fragen" genannt. Mit Nationalbankchef Alexandru Ottulescu – ein alter Freund Ion Antonescus und in der ganzen Affäre wichtig – traf sich der Marschall erst am 25.11.1942, 1.12.1942 und 8.12.1942, wobei immerhin beim ersten Termin u. a. Wirtschaftsverhandlungen mit Deutschland eingetragen sind (ANIC, PCM, Cabinet Militar, dosar 1943/253, Bl. 102, 108, 111 und Buzatu u. a. (Hgg.), Pace și război, Bd. 2, 217 Anm. 470).

näre wollten Straßenunruhen hervorrufen.[190] Als in der zweiten Dezemberhälfte die Deutschen aufs Neue energischeres Vorgehen in der „Judenfrage“ verlangten, soll Mihai Antonescu dem Gesandten Killinger vorgeworfen haben, die Deutschen wollten ein Pogrom organisieren.[191]

Als Horia Sima am 16. Dezember 1942 mit gefälschten Papieren aus Deutschland nach Italien reiste und die rumänische Regierung hiervon zuerst durch die eigenen Geheimdienste (und nicht durch die Deutschen) erfuhr, schienen sich die Befürchtungen zu bewahrheiten. Entsprechend groß war die Aufregung bei Ion und Mihai Antonescu. Am 26. Dezember forderte die rumänische Regierung offiziell die Auslieferung Horia Simas und anderer in Deutschland befindlicher Legionäre.[192]

Bis heute ungeklärt ist der Hintergrund dieser Flucht. Das gilt besonders für die Rolle des RSHA. Hitler gab sich von dem Vorgang überrascht und machte Himmler heftige Vorwürfe; vor allem, weil dieser ihm die Flucht Simas nicht sofort gemeldet und die diplomatischen Verwicklungen mit Rumänien heraufbeschworen hatte.[193]

Mit der Flucht Simas endete auch abrupt der Einsatz Böhmes in Rumänien. Dieser hatte inzwischen die Erfahrung machen müssen, dass er dort mit seinen Methoden wenig auszurichten vermochte. So erhob die Bukarester Regierung im November Einspruch gegen die Entsendung weiterer Mitarbeiter für Böhme. Daraufhin teilte das AA dem RSHA mit, „von einer Entsendung eines kleinen Exekutiv-Komitees“ zum Polizeiattaché müsse abgesehen werden.[194]

Doch Böhme hatte nicht nur Probleme mit der rumänischen Seite, sondern ebenso mit der deutschen. Mehrmals beschwerte sich Killinger über ihn. Anfang Dezember schrieb er zum Beispiel, Böhme habe sich in Bukarest durch sein „überhebliches Wesen und sein ständiges sich-auf-die-Füße-getreten-Fühlen“ überall unbeliebt gemacht.[195] Luther antwortete Killinger, Böhme habe sich einzuordnen; er sei Polizeiattaché und kein „Vertreter des Reichsführer-SS im Ausland“. Er werde den Leiter der Attachégruppe im RSHA, Achim Ploetz, bitten, Böhme nochmals darauf hinzuweisen.[196] Auch das Verhältnis zu Richter war von Anfang an schlecht.[197]

Über die Flucht Horia Simas fühlte sich Killinger von Böhme unzureichend informiert und verlangte dessen Abberufung. Killinger war durch das Auswärtige Amt am 24. Dezem-

[190] Weck, Rapport Politique Nr. 85, 2.12.1942, BAR, E 2300 1000/716, Bd. 105; Weck, Rapport Politique Nr. 87, 13.12.1942, BAR, E 2300 1000/716, Bd. 105; Rapport Nr. 87 ist abgedruckt in Hîncu (Hg.), Confidențial!, 143–145.

[191] Weck, Journal de guerre, 333.

[192] Vgl. Killinger an AA, 26.12.1942. PAAA, R 29707, Bl. 414f.

[193] Wie aus seinem Dienstkalender hervorgeht, stand vom 25.12.1942 bis zum 31.12.1942 die Flucht Horia Simas im Mittelpunkt der Aufmerksamkeit Himmlers (vgl. Der Dienstkalender Heinrich Himmlers 1941/42. Hamburg 1999, 652–661).

[194] Luther an Killinger, 3.12.1942. PAAA, R 27658, Bl. 31.

[195] Killinger an Luther, 9.12.1942. PAAA, R 27658, Bl. 118–120, Zitat Bl. 119.

[196] Luther an Killinger, 15.12.1942. PAAA, R 27658, Bl. 19–23, hier Bl. 20.

[197] Zeugenaussage Ilse Weyerstrahs, 16.1.1969. BArch Ludwigsburg, B 162/3813, Bl. 1349.

ber 1942 ins Bild gesetzt worden. Über seine eigenen Verbindungen hatte Böhme offensichtlich einige Tage zuvor von der Sache Wind bekommen, jedoch darüber geschwiegen.[198] In der gegebenen Situation stimmte Himmler der von Ribbentrop verlangten Abberufung Böhmes widerstandslos zu. Luther wollte wissen, wie Böhme zu seinen Informationen über die Flucht Horia Simas gekommen sei und empfing den aus Rumänien entfernten Polizeiattaché noch einmal im Auswärtigen Amt. In seiner Erwartung wurde Luther allerdings enttäuscht. Wie er Killinger schrieb, seien seine Vorhaltungen von Böhme mit „unerhörten" Angriffen auf Killinger beantwortet worden, woraufhin er Böhme hinausgeworfen habe.[199]

4.2 Rumänische Deportationsplanungen

Die gegen die Juden ergriffenen Maßnahmen waren Teil eines Vorgehens, das auf die umfassende Neuordnung des ethnischen Gefüges der eroberten Provinzen und letztendlich ganz Rumäniens abzielte. Während des Sommers 1941 sprach Mihai Antonescu in diversen Ministerratssitzungen einschlägige Überlegungen an. So hielt er am 17. Juni 1941 ein euphorisches Plädoyer für eine „ethnische Säuberung", die er zusammen mit Ion Antonescu nach der Eroberung Bessarabiens und der Nordbukowina durchführen wolle.[200]

Einerseits reproduzierte das Antonescu-Regime damit die ideologische Tradition der Rumänisierungsbestrebungen gegenüber nationalen Minderheiten, die alle rumänischen Parteien des bürgerlichen Spektrums in der Zwischenkriegszeit verfolgt hatten. Andererseits eröffnete die von der Hegemonie des nationalsozialistischen Deutschland geprägte Mächtekonstellation auf dem europäischen Kontinent in den 1930er und zu Anfang der 1940er Jahre neue Handlungsoptionen. Die vormalige Konzeption einer Rumänisierung des Territoriums durch langsame Neutralisierung der Minderheiten wurde vom Streben nach einer unmittelbaren Rumänisierung der Bevölkerung ersetzt. Mittel hierzu waren Austausch von Territorien und Verschieben von Bevölkerungsgruppen, ohne Rücksicht auf deren Wollen oder Wohlfahrt. Nicht länger waren Planungen und ihre praktische Umsetzung an den Rahmen der Verfassung von 1923 gebunden oder durch internationale Vereinbarungen wie die Minderheitenschutzverträge eingeengt.

Weiter angefacht wurde diese Radikalisierung durch den gemeinsam mit Deutschland geführten Krieg gegen die Sowjetunion. In den eroberten und z.T. zurückgewonnenen Territorien wurde ein besonders hartes Regime etabliert. Sie wurden zu einem Laboratorium für eine Bevölkerungspolitik, die bis dahin gültige rechtliche und auch moralische Schranken nicht mehr anerkannte.

In einem auf den 15. Oktober datierten Memorandum an Ion Antonescu legte der Leiter des Statistischen Zentralamtes in Bukarest, Sabin Manuilă, ein umfassendes Umsied-

[198] Killinger an Luther, 28.12.1942. PAAA, R 27658, Bl. 14.
[199] Luther an Killinger, 14.1.1943. PAAA, R 27658, Bl. 9–11, hier Bl. 10.
[200] Vgl. Ciucă (Hg.), Stenogramele, Bd. 3, 570.

lungs-Projekt zur Schaffung eines ethnisch homogenen Landes vor. Alle Minderheiten mit „zentrifugalen Tendenzen" (Ungarn, Bulgaren, Russen, Ukrainer) sollten durch Bevölkerungstausch – bei kleineren territorialen Zugeständnissen Rumäniens – schrittweise umgesiedelt werden. Zum Schluss war beabsichtigt, die deutsche Minderheit nach Deutschland sowie Türken und Tataren in die Türkei abzuschieben. Nur ganz am Rande werden Juden und Roma erwähnt. Für beide war ein „einseitiger Transfer" angedacht, zu dem ein eigenes Memorandum erstellt werden sollte – das bislang nicht aufgefunden worden ist. Nach dem Umsiedlungsprojekt Manuilăs sollten 3,6 Millionen Minderheitler das neue Staatsgebiet verlassen und 1,6 Millionen Rumänen hinzukommen. Außerdem würden etwa eine Million Menschen „repatriiert": 820 000 Deutsche sowie 195 000 Türken und Tataren. Das hätte einen Netto-Verlust von ungefähr drei Millionen Einwohnern ergeben. Evident waren die negativen Auswirkungen auf das Leben im Lande; indessen wurden sie als notwendiges patriotisches Opfer verklärt. Als Hauptzweck der geplanten Bevölkerungsverschiebungen wird die Wiedergewinnung Siebenbürgens bei gleichzeitiger Vermeidung einer kriegerischen Auseinandersetzung mit Ungarn genannt.[201]

In eine Bewertung der rumänischen Planungen zur ethnischen Homogenisierung muss die prägende Erfahrung der im Sommer 1940 erlittenen Gebietsverluste einfließen. Gegenüber Bulgarien war die rumänische Gebietsabtretung mit einem Bevölkerungsaustausch verbunden. Auch aus rumänischer Sicht galt danach das Verhältnis beider Staaten als im Wesentlichen bereinigt. Mit dem Vertrag von Craiova hatte Rumänien zwei Județe der Dobrudscha (Caliacra und Durostor) abgetreten. Dort hatten 106 640 Rumänen gelebt, die unter den Bestimmungen des Vertrages umgesiedelt werden sollten. Dafür sollten aus den Județen Tulcea und Constanța 71 778 Bulgaren nach Bulgarien gehen. Darüber hinaus sah der Vertrag einen Bevölkerungsaustausch vor, der sich auf die Rumänen in ganz Bulgarien und die Bulgaren in ganz Rumänien erstreckte. Jedem der beiden Staaten stand es frei, so viele Minderheitenangehörige zum Gehen zu verpflichten, wie sich Angehörige der eigenen Ethnie freiwillig zur gegengerichteten Übersiedlung anmeldeten.[202]

Eine Lösung mit Bevölkerungsaustausch hatte die rumänische Regierung 1940 auch in der Siebenbürgenfrage angestrebt, wogegen sich aber neben den Ungarn auch die Deutschen ausgesprochen hatten.[203]

201 Vgl. Manuilă an Ion Antonescu, 15.10.1941. ANR, fond Manuilă, XII/211, Bl. 1–10. Diese und die folgenden Ausführungen über eine ethnische Umgestaltung Rumäniens basieren auf den Arbeiten Viorel Achims und Vladimir Solonaris. Achim, The Romanian Population Exchange Project; ders., Schimbul de populație; ders., Romanian-German Collaboration in Ethnopolitics. In der Studie von Solonari, Purifying the Nation, sind vor allem die Ausführungen über die Vorstellungen Ion Antonescus und Sabin Manuilăs sowie über die Umsiedlungsplanungen im rumänischen Außenministerium wichtig (ebenda, 307–329).

202 Subsecretariat de Stat al Colonizării și populației evacuate, Raport de activitate dela 18.9. 1940–18.11.1940, o. D. USHMM, RG 25.013M, reel 1.

203 In diplomatischen Unterredungen kam man verschiedentlich auf diesen Punkt zurück. Vgl. etwa Bossy an MAE, 9.10.1941. AMAE, fond 71, Germania, telegrame 1935–1944, dosar 5, Bl. 606–608.

Zwar entsprangen die rumänischen Planungen generell der eigenen Minderheitenproblematik und aktuell den 1940 erlittenen Gebietsverlusten; doch zugleich sind sie im Kontext des „Generalplan Ost" zu sehen. Dessen Inhalt blieb der rumänischen Führung vermutlich unbekannt. Durch ihre Gespräche mit Hitler, Ribbentrop, Göring und Himmler waren Ion und Mihai Antonescu ebenso wie auf diplomatischem Weg und durch Geheimdienstberichte jedoch zweifellos über bereits stattgefundene Bevölkerungsverschiebungen sowie über einige Umrisse der dahinterstehenden deutschen Konzepte unterrichtet. In dieser Situation hielten sie es für angezeigt, eigene Vorschläge zu entwickeln, die das rumänische Interesse bei einer Umgestaltung der ethnischen Zusammensetzung Ost- und Südosteuropas markierten. Für einen solchen Zusammenhang spricht die Vorgeschichte des Memorandums von Manuilă.

Nach mehrtägigem Aufenthalt in Kischinew hatte Ion Antonescu mitsamt seinem Gefolge am 14. August 1941 in Tighina Quartier genommen, wo ihn Killinger am 16. August 1941 aufsuchte. Bei dieser Gelegenheit beschwerte sich Ion Antonescu – wie oben ausgeführt –, die deutsche Seite verhalte sich nicht nach Maßgabe seiner mit Hitler getroffenen Abmachung.[204] Tags darauf, am 17. August 1941, begann die rumänische Offensive mit dem Ziel Odessa. Am Vormittag desselben Tages empfing Ion Antonescu in einer 40 Minuten dauernden Audienz Sabin Manuilă. Zum Inhalt ist im Tageskalender Ion Antonescus vermerkt: „Besprechung über eine Bestandsaufnahme der Bevölkerung und der Besitztümer in Bessarabien und in der Bukowina"; wobei Ion Antonescu „Anweisungen für politische Bevölkerungsprojekte erteilt" habe, „die er in Gang zu setzen wünscht".[205] In seinem Memorandum vom 15. Oktober 1941 bezieht sich Manuilă ausdrücklich auf dieses Gespräch in Tighina. Ion Antonescu habe seine Ansichten über die künftige Gestaltung des Raums dargelegt, und er, Manuilă, habe sich bemüht, sein Konzept daran auszurichten.[206]

Rumänische Vorstellung war, dass diese Planungen Basis für die Verhandlungen auf einer zukünftigen Friedenskonferenz sein sollten. Dies ist ein maßgeblicher Unterschied zum deutschen „Generalplan Ost", dessen Umsetzung weder mit anderen Großmächten noch gar mit Nachbarstaaten ausgehandelt werden sollte.

Solchen rumänischen Planungen stand man im Auswärtigen Amt letztlich desinteressiert gegenüber. Zwar schrieb Unterstaatssekretär Luther mit Datum 11. Dezember 1941 eine Vortragsnotiz über einen „Vorschlag des Marschalls Antonescu für die Neugestaltung des Südostraums", in der es heißt, Ion Antonescu habe die Ausarbeitung eines solchen Plans auf Basis der letzten Volkszählungen in Auftrag gegeben und beabsichtige, diesen Plan Hitler zu unterbreiten.[207] Die Informationen über den rumänischen Vorschlag zur „Neugestaltung des Südostraums" hatte Luther von dem im Rasse- und Siedlungshauptamt tätigen Historiker Wilfried Krallert erhalten, der mit dem Sonderkommando Künsberg in den eroberten sowjetischen Territorien unterwegs gewesen war. Krallert unterrichtete das Aus-

[204] Killinger an AA, 16.8.1942. PAAA, R 29702, Bl. 148.
[205] ANR, PCM, dosar 1940/314, Bl. 228.
[206] Manuilă an Ion Antonescu, 15.10.1941. ANR, fond Manuilă, XII/211, Bl. 1.
[207] Luther, Vortragsnotiz, 11.12.1941. PAAA, R 10113.

wärtige Amt am 21. Juli 1942 noch einmal über den Fortgang der rumänischen Planung, diesmal mit der Zusatzinformation, der in Ausarbeitung befindliche Plan zur „Neuordnung des Südostraums" solle Hitler erst nach Beendigung des Krieges vorgelegt werden. Für die Ausarbeitung sei das Statistische Zentralamt unter Manuilă zuständig. Krallert beschrieb im Wesentlichen den Plan Manuilăs vom Oktober 1941.

> „Der Plan sieht einen weitgehenden Bevölkerungsaustausch in Form von Umsiedlungen vor und enthält eine ganze Reihe von Gesichtspunkten, die auch von uns aus besondere Berücksichtigung verdienen und vielfach in den kürzlich ausgearbeiteten Vortrag an den Herrn Reichsaußenminister in entsprechender Form eingearbeitet werden können. Das neuartige der geplanten Umsiedlungen besteht darin, dass nicht eine Volksgruppe gegen eine zweite ausgetauscht wird, sondern eine etwa kreisförmige Bewegung der Umsiedlungen vorsichgehen soll."[208]

Mit keinem Wort erwähnte Krallert Juden oder Roma. Diese werden, wie beschrieben, in dem Konzept Manuilăs zwar erwähnt, spielen aber weiter keine Rolle. Es wird verwiesen auf eine weitere Ausarbeitung über beide Gruppen, für die ein „einseitiger Transfer" vorgesehen war. Die rumänischen Planungen zur umfassenden ethnischen Neuordnung des eigenen Machtbereichs, so wie sie 1941 auf dem Höhepunkt der Siegeseuphorie entworfen worden waren, wurden indes nur für diese beiden Gruppen in die Praxis umgesetzt.

Bei der Deportation der Roma nach Transnistrien[209] ist bisher keine direkte deutsche Einflussnahme zu Tage getreten; jedoch konnten sich die Rumänen sicher sein, dass diese Maßnahme nicht auf deutschen Widerstand stoßen würde. In der Sitzung des Ministerrats vom 7. Februar 1941 sprach Ion Antonescu davon, die Roma aus Bukarest in eigene Dörfer in eine dünn besiedelte ländliche Region (die Bărăgan-Steppe) umzusiedeln.[210] Gut ein Jahr später wies derselbe Ion Antonescu die Deportation bestimmter Gruppen der Roma aus Rumänien nach Transnistrien an. Das bestätigte er selbst im Prozess 1946.[211]

Aus den vorhandenen Dokumenten lässt sich die Entscheidungsfindung nicht nachvollziehen. Indes legt die Abfolge der Ereignisse nahe, dass dieser Entschluss wohl im Mai 1942 gefasst wurde. Am 22. Mai wurde das Innenministerium davon in Kenntnis gesetzt, der „Staatsführer" habe die Deportation verschiedener Kategorien von „Zigeunern" nach Transnistrien angeordnet, die als „gefährlich" oder „unerwünscht" betrachtet wurden. Am 25. Mai 1942 erstellten Gendarmerie und Polizei aus ihrem jeweiligen Zuständigkeitsbereich Listen der Betroffenen. Von den insgesamt 40909 Personen wurden bis September 24686 nach Transnistrien verbracht, und zwar in einer ersten Aktion (ab dem 1. Juni 1942) die nomadisierenden Roma aus ganz Kernrumänien und in einer zweiten Aktion (im Sep-

[208] Krallert an Triska. 21.7.1942. PAAA, R 10116.

[209] Siehe dazu Raport final, 227–242; Viorel Achim, The Antonescu Government's Policy towards the Gypsies, in: Mihail E. Ionescu / Liviu Rotman (Hgg.), The Holocaust in Romania: History and Contemporary Significance. București 2003, 55–60; Viorel Achim (Hg.), Documente privind deportarea țiganilor în Transnistria, 2 Bde. București 2004.

[210] Ciucă (Hg.), Stenogramele, Bd. 2, 181.

[211] Raport final, 229.

tember 1942) einige der „Gefährlichen" und „Unerwünschten" unter den sesshaften Roma.[212]

Im Unterschied zu dieser Planung und der daran ausgerichteten Politik gegen die Roma mit dem Deportationsziel Transnistrien gab es 1942 verschiedene, teilweise sogar parallel laufende Deportationsplanungen, die gegen die Juden gerichtet waren. Dies ist für ein Verständnis von zentraler Bedeutung. Und diese unterschiedlichen Deportationsplanungen hängen unmittelbar mit dem deutschen Einfluss zusammen. Zum einen sind die deutschen Planungen zur Deportation rumänischer Juden in das deutsche Vernichtungslager Belzec im besetzten Polen von den rumänischen Planungen zu unterscheiden. Zum anderen gilt es, die verschiedenen rumänischen Planungen voneinander abzugrenzen, nämlich im Einzelnen:

- Deportation von Juden aus Bessarabien und aus der Bukowina nach Transnistrien;
- Deportation der am Bug befindlichen Juden in deutsch besetztes Gebiet östlich des Bug;
- Deportation der Juden innerhalb Transnistriens in die Osthälfte der Provinz, jenseits der Linie Smerinka – Odessa;
- Deportation bestimmter Gruppen von Juden aus Kernrumänien nach Transnistrien;
- Deportation der in Südsiebenbürgen und im Banat lebenden Juden nach Transnistrien.

Die drei erstgenannten Planungen beziehen sich auf das eroberte sowjetische Territorium und reichen in das Jahr 1941 zurück; ihre Anfänge sind bereits dargestellt worden. Die unter den beiden letzten Punkten genannten Planungen betreffen Kernrumänien; sie entstanden 1942 neu und wurden lediglich ansatzweise umgesetzt. Dabei ist hinsichtlich der vorgesehenen Deportation der in Südsiebenbürgen und im Banat lebenden Juden nach Transnistrien zu fragen, ob es sich um eine nach innen gerichtete Camouflage für die Umsetzung der deutschen Planungen handelte, deren Ziel nicht Transnistrien, sondern das Generalgouvernement war.

Doch zurück zur Entwicklung der Deportationsplanungen hinsichtlich der jüdischen Bevölkerung, und zwar hier an erster Stelle die Planungen betreffs der schon in Transnistrien anwesenden Juden. Nicht allein war Transnistrien im Winter 1941/1942 und im darauffolgenden Frühling Schauplatz der Tragödie des Sterbens unter den Deportierten, die weitgehend mittellos, ohne Unterkunft, Verpflegung und medizinische Hilfe an Kälte, Hunger und Krankheiten elend zugrunde gingen. Darüber hinaus kam es in Transnistrien zu Massentötungen durch die rumänischen Behörden und durch den „Selbstschutz" in den quasiautonomen (d. h. der VOMI unterstellten) Dörfern der deutschen Siedlungsgebiete.[213]

Wie oben beschrieben hatte im Herbst 1941 der Plan bestanden, die aus Bessarabien und aus der Bukowina deportierten Juden in drei Zonen entlang des Bug zu konzentrieren. Die Juden aus Nordbessarabien und aus der Bukowina hatten an die Buggrenze in Teile der Judeţe Moghilev und Tulcin gebracht werden sollen: jene aus den bessarabischen Bezirken

212 Ebenda, 230, 232.

213 Vgl. hierzu vor allem ANCEL, Transnistria (Tel Aviv), Bd. 1, 87–330.

Soroca, Bălți und Orhei in einige Gebiete der Buggrenze des Județ Balta; jene aus Kischinew und dem restlichen Bessarabien an die Buggrenze des Județ Golta.[214]

Im Herbst 1941 befahl Ion Antonescu außerdem die Verlagerung der einheimischen ukrainischen Juden aus den Gebieten westlich der Eisenbahnlinie Odessa–Smerinka in Gebiete östlich dieser Eisenbahnstrecke. In einem oben schon erwähnten Bericht des SSI wurde Ion Antonescu darüber informiert, dass sich am 19. Dezember 1941 erst 45 % der in Transnistrien lebenden Juden östlich jener Linie befänden.[215] Mihai Antonescu bezeichnete die Angelegenheit in der Ministerratssitzung vom 23. Januar 1942 als ungelöst.[216] Am 21. März 1942 meldete der Generalstab der 3. Armee dem Generalstab der Armee, inzwischen seien die Juden in Transnistrien in Dörfern östlich der Eisenbahnlinie Odessa–Smerinka und nördlich der Linie Tiraspol–Berezovca untergebracht worden.[217] Demnach befanden sich keine Juden in denjenigen Gebieten, die den Județ Ovidiopol und Teile der Județe Odessa und Tiraspol umfassten.

Es hielten sich aber nach wie vor Juden in einem Teil der Județe westlich der Eisenbahnlinie Odessa–Smerinka auf, nämlich in den (nördlichen) Județen Râbnița, Jugastru und Moghilev. Betrachtet man die geographische Verteilung der in Transnistrien seit Herbst 1941 gebildeten Ghettos und Lager, tritt hervor, dass sich diese tatsächlich in den drei ursprünglichen Deportationszonen zusammenballten. Die größten Abweichungen lassen sich im Norden ausmachen, wo in den Județen Moghilev und Tulcin zwar etliche Ghettos und Lager in der Nähe des Bug zu finden sind, aber insbesondere im Județ Moghilev noch viele andere außerhalb dieser Zone. Sie verteilten sich ziemlich gleichmäßig über das ganze Territorium. Bei den beiden anderen Deportationszonen fällt die Bildung von Ghettos und Lagern entlang der Transitrouten auf; besonders ausgeprägt betrifft das den Județ Berezovca entlang der Transitroute, die über den Județ Golta dorthin führte.[218]

Vergleicht man die Zahl der jüdischen Bevölkerung (deportierte und einheimische Juden) nach den Zählungen der Gouvernements vom 1. April 1942 – 88 187 Juden – und des Generalinspektorats der Gendarmerie vom 1. September 1943 – 50 741 Juden –, so ergibt sich folgendes Bild der räumlichen Verteilung:[219]

[214] Siehe hierzu Karte Nr. 1 in diesem Band, 270.
[215] Ancel, Transnistria (Tel Aviv), Bd. 2, Dok. 317, 591f.; Documente, Dok. 148, 323f.
[216] Ciucă (Hg.), Stenogramele, Bd. 5, 721.
[217] Bogdan [Generalstab 3. Armee] an Carpați [Generalstab rumänische Armee], 21.3.1942. USHMM, RG 25.003M, reel 20. „Bogdan" und „Carpați" sind Codeworte.
[218] Zu den geplanten Deportationszonen siehe die Karte in ANR, PCM, Cabinet Militar, 1941/375, Bl. 340. Vgl. Karte 1 in diesem Band. Einen Überblick über die tatsächliche räumliche Verteilung der Ghettos und Lager in Transnistrien bietet die Karte im Anhang (ohne Seitenangabe) von Dora Litani, Transnistria, Tel Aviv 1981. Siehe auch die Karte Nr. 2 in diesem Band, 271.
[219] Ancel, Contribuții, Bd. 2, Tlbd. 2, 368.

Jüdische Einwohner in	*am 1. April 1942*	*am 1. September 1943*
Moghilev	54604	32002
Balta	16503	12477
Jugastru	7807	1625
Tulcin	4638	2344
Râbnița	1371	499

In den acht anderen Județen wurden jeweils weniger als 1000 jüdische Einwohner gezählt. 1942 hielten sich im Județ Golta angeblich nur 878 Juden auf, 1943 waren es 874; für Berezovca liegt für 1942 überhaupt keine Zählung vor, 1943 lebten dort noch 66 Juden. Indessen sind die Zahlen für diese Gebiete lügenhaft und sollen das Ungeheuerliche verdecken, das dort stattfand. Diese beiden Județe waren 1941 und 1942 Schauplatz von Mordaktionen, denen Zehntausende zum Opfer fielen.[220]

Opfer waren im Winter 1941/1942 die in den Bereich Golta deportierten bessarabischen Juden. An dieser Stelle muss daran erinnert werden, dass Alexianu am 15. Dezember 1941 berichtet hatte, 108002 Juden seien in drei Județe entlang des Bug deportiert worden: 47545 in die entsprechenden Regionen des Județ Tulcin (was ungefähr der Deportationszone Moghilev–Tulcin entsprechen dürfte), 30981 nach Balta, 29476 nach Golta. Die Zahl der insgesamt aus Transnistrien und aus der Bukowina Deportierten war höher und dürfte zwischen 154449 und 170737 Personen betragen haben.[221]

In den Bereich der Județe Golta und Berezovca wurden ab Januar 1942 auch die aus Odessa deportierten ukrainischen Juden gebracht. Der entsprechende Befehl Alexianus ist auf den 2. Januar 1942 datiert. Darin wird als Beginn der Aktion der 10. Januar 1942 genannt. Mitnehmen durften die Betroffenen lediglich Kleidung und einige Lebensmittel; sämtliche Vermögenswerte mussten den Behörden übergeben werden. Obendrein heißt es in der Verordnung, am Zielort hätten die Betroffenen selbst ihren Lebensunterhalt zu bestreiten.[222] Am 11. April meldete die Evakuierungskommission abschließend, insgesamt seien 32643 Juden aus Odessa deportiert worden.[223] Diese waren teils in den Județ Golta transportiert worden, teils aber auch im Județ Berezovca verblieben, durch den ihr Transit Richtung Golta verlief.

Somit konzentrierten die rumänischen Besatzungsbehörden immer mehr Juden in der Nähe des Bug, was wiederum die Deutschen auf der anderen Seite des Flusses beunruhigte. Sie befürchteten die weitere Abschiebung in ihr Besatzungsgebiet. Aus den erhalten gebliebenen Schrift- und Telegrammwechseln geht nicht klar hervor, ob der Gouverneur von Transnistrien begonnen hatte, Juden aus dem Bereich Golta und Berezovca über den Bug abschieben zu lassen. Eindeutig ist jedoch seine Absichtsbekundung gegenüber der

[220] Ebenda, 77–172, 274–318.
[221] Raport final, 176.
[222] Ancel, Transnistria (Tel Aviv), Bd. 2, Dok. 312, 578f.; Documente, Dok. 147, 322.
[223] Ancel, Transnistria (Tel Aviv), Bd. 3, Dok. 606, 1156.

deutschen Seite. Auch schweigen die vorhandenen Quellen darüber, ob diese Vorstöße direkt von Ion Antonescu angeordnet worden waren oder ob sie dem Bemühen Alexianus entsprangen, einen „Erfolg" zu präsentieren.

Jedenfalls trieb Ion Antonescu Anfang 1942 die Frage um, was er mit den 1941 nach Transnistrien deportierten und den innerhalb Transnistriens an den Bug verbrachten Juden tun sollte. Das sah er als drängendes Problem an. In der Tat beabsichtigte er, die Deportierten möglichst schnell über den Bug hinweg in deutsch besetztes Gebiet zu vertreiben und auf diese Weise loszuwerden. Dabei berief er sich, wie gezeigt, auf eine Zusage Hitlers. Seit Herbst 1941 wartete die rumänische Seite auf deren Einlösung.

Am 8. Februar 1942 übermittelte der Präfekt des Judeţ Berezovca, Oberst Constantin Loghin, ein Schreiben des deutschen Gebietskommissars Schlüter an das Gouvernement von Transnistrien. In diesem Schriftstück wird die Verlegung der auf der rumänischen Seite des Bug konzentrierten Juden verlangt. Auf das Anschreiben Loghins notierte Alexianu die Antwort auf das deutsche Begehren: Man solle auf das Abkommen von Tighina verweisen, laut dem die Juden aus Transnistrien nach Osten deportiert werden sollten, sobald es die Frontlage erlaube.

> „Wir halten sie für die Überquerung des Bug in Bereitschaft und können sie nicht weiter ins Landesinnere verlegen. Wir verlangen informiert zu werden, ob die Umsetzung der Abmachung nun möglich ist."[224]

Die schließlich auf den 14. Februar 1942 datierte und von Alexianus Generalsekretär unterzeichnete Antwort auf die deutsche Beschwerde ist zwar verbindlicher im Ton, und sie kommt der deutschen Seite im Detail mehr entgegen, doch ist sie im Kern unverändert: Die Zusammenfassung von Juden in Konzentrationslagern entlang des Bug entspreche Artikel 7 des Abkommens von Tighina.

> „Eine Zurückziehung der Juden in das Innere Transnistriens ist aus technischen Rücksichten derzeit undurchführbar. Hingegen haben wir durchgreifende Maßnahmen zur Bewachung der Judenlager und zur tunlichsten Verhütung des Überschreitens des Bugflusses getroffen."[225]

Noch vor Verfertigung dieser Antwort beanstandete am 9. Februar 1942 der deutsche Generalkommissar des Generalbezirks Nikolajew, Ewald Oppermann – also der Vorgesetzte Schlüters –, direkt beim Gouvernement Transnistrien, dass westlich des Bug, „in unmittelbarer Nähe der Interessengrenze", Tausende von Juden behelfsmäßig untergebracht seien.

> „Täglich sterben eine sehr große Anzahl von Juden, die kaum oder unzureichend beerdigt werden."[226]

[224] Ancel, Transnistria (Tel Aviv), Bd. 2, Dok. 434, 799–802, Zitat 799; siehe dazu Ancel, Transnistria (Tel Aviv), Bd. 1, 309f.

[225] Ancel, Transnistria (Tel Aviv), Bd. 2, Dok. 457, 841. Dieses Schreiben ist in deutscher Sprache verfasst.

[226] Vgl. Oppermann an Reichskommissariat Ukraine, 9.2.1942. NA, RG 200, box 6, folder 55. (Oppermann hatte seine an das Gouvernement Transnistrien gerichtete Beschwerde im Wort-

Was ihn störte, waren nicht die toten Juden, sondern die „große Gefahr für die Volksdeutschen Dörfer in Transnistrien und für das angrenzende Gebiet" des Reichskommissariats Ukraine sowie für die deutschen Truppen. „Bei eintretender milder Witterung" seien „große Seuchen zu erwarten". Er erbitte „umgehende durchgreifende Abhilfe".

Solche Klagen lokaler deutscher Besatzungsbehörden gelangten nach Berlin. Schon am 11. Februar 1942 notierte Luther, der Reichsminister für die besetzten Ostgebiete habe mitgeteilt, die Rumänen hätten in Wosnessensk „illegal" 10 000 Juden über den Bug in die Ukraine abgeschoben, denen weitere 60 000 folgen sollten. Luther befürwortete die Bitte Rosenbergs um eine Intervention bei der rumänischen Regierung zwecks Stopp dieser Abschiebung. Er empfahl, die DGB solle auf Ion Antonescu einwirken, damit in Zukunft Juden ausschließlich nach vorheriger Absprache mit dem Auswärtigen Amt abgeschoben würden.[227]

Indes scheint es, als stimmten jene Angaben nicht ganz. Eine Lektüre der der Einschätzung Luthers offensichtlich zugrunde liegenden Meldungen des Gebietskommissars Ewald Oppermann zeigt auf, dass dieser in den meisten Fällen keineswegs schrieb, die Juden seien bereits abgeschoben worden, sondern er befürchtete dies und gedachte, dagegen Vorkehrungen zu treffen. So beanstandete er unter dem Datum des 12. Februar 1942, am Westufer des Bug seien in verschiedenen Bereichen insgesamt 14 500 Juden ohne Bewachung aufgetaucht. Gemäß Mitteilung der rumänischen „Grenzbehörde Kantakusenka" seien weitere 60 000 Juden im Raum Berezovca „Richtung Bug im Anmarsch". Einzelne „Judentrupps" hätten bereits versucht, den Fluss zu überqueren. Die Wehrmacht erhebe gegen diese von Alexianu eingeleitete „Judenverschiebung" Einspruch wegen „Seuchengefährdung und bereits eingetretener Fleckfieberansteckung"; außerdem seien volksdeutsche Siedlungen im Raum Landau gefährdet. Bei „Waterloss" sei schon eine „Judensiedlung" festgestellt worden. Oppermann bat um sofortigen Einspruch bei der rumänischen Regierung; seine eigenen Bemühungen seien ohne jeden Erfolg geblieben. Er hielt auch eine zeitweise Verstärkung der Gendarmerie in den Gebieten Nikolajew, Wosnessensk und Perwomaisk durch die SS für notwendig, da seine eigenen Polizeikräfte nicht ausreichten.[228]

Am 18. Februar 1942 funkte Oppermann, der rumänische Gouverneur von Transnistrien habe ihm mitgeteilt, die „Judenverschiebung nach Westufer Bug" würde im Sinne von Punkt 7 des Abkommens vom 30. August 1941 durchgeführt. Oppermann erklärte, dieses Abkommen sei den örtlichen Stellen der Wehrmacht unbekannt.[229]

laut auch dem Reichskommissariat Ukraine geschickt.) Am 14.2.1942 ging das Telegramm beim Gouvernement Transnistrien ein. Als Alexianu am 16.2.1942 die Übersetzung vorgelegt wurde, fragte er, wie reagiert worden sei. Zwei Tage darauf schrieb sein Generalsekretär auf das Dokument: „Wir haben Generalkommissar Oppermann geantwortet, dass wir Maßnahmen ergreifen, um die jüdischen Leichen zu verbrennen." (Ancel, Transnistria (Tel Aviv), Bd. 1, 311.)

227 Luther, Notiz, 11.2.1942. ADAP, E, Bd. 1, Dok. 230, 405.

228 Oppermann an Reichskommissariat Ukraine, 12.2.1942. NA, RG 200, box 6, folder 55.

229 Oppermann an Reichskommissariat Ukraine, 18.2.1942. NA, RG 200, box 6, folder 55. In der Tat hatte sich Alexianu – wie oben erwähnt – auf dieses Abkommen berufen (Ancel, Transnis-

Oppermann drang auf die sofortige Entfernung der Juden vom Bug, und zwar aus einer Zone von 50 Kilometern Tiefe. Zum einen begründete er dies damit, dass die direkte Nachrichtenverbindung zwischen dem lokalen Chef der Luftflotte 4 und Göring durch das „Judengebiet" gehe; zum anderen führte Oppermann das Argument der wachsenden Seuchengefahr durch unbeerdigte Leichen an.[230] Am 20. Februar 1942 wies Erich Koch, Reichskommissar der Ukraine, Oppermann an, mit Alexianu in Verhandlungen einzutreten und diesen „in verbindlicher Form, aber mit Nachdruck" auf die Unanwendbarkeit von Punkt 7 des Abkommens von Tighina hinzuweisen, da die Operationen im Osten noch nicht abgeschlossen seien.[231]

Otto Bräutigam, Verbindungsmann des Reichsministeriums für die besetzten Ostgebiete zum Auswärtigen Amt, übersandte diesem am 5. März 1942 einen „Schnellbrief des Reichskommissars für die Ukraine" vom 20. Februar 1942 einschließlich zweier Anlagen mit der Bitte um „weitere Veranlassung". Er habe vom Reichskommissar zusätzliche Berichte erbeten. Sollten sich die rumänischen Stellen auf Punkt 7 des Abkommens vom 30. August 1941 berufen, sei dies „im Hinblick darauf, dass die Operationen noch nicht abgeschlossen sind" unbegründet.[232] Am gleichen Tag schilderte Rademacher der DGB den Sachverhalt, wobei er die Korrespondenz mit dem Reichsministerium für die besetzten Ostgebiete und die Funksprüche Oppermanns beilegte. Die Gesandtschaft in Bukarest wurde beauftragt, die rumänische Regierung auf die Lage anzusprechen und „auf tunlichst sofortige Einstellung der ungeregelten Judenabschiebungen nach der Ukraine hinzuwirken und über das Ergebnis zu berichten".[233]

Das Problem wurde von Gerhard Stelzer am 13. März 1942 Gheorghe Davidescu vorgetragen. Dieser notierte, Stelzer habe ihn über Nachrichten informiert, denen zufolge Juden aus Bessarabien und aus der Bukowina über den Bug gebracht würden. Wegen der Gefahr von Seuchen bitte die deutsche Regierung, die „unorganisierten Transporte" einzustellen. Stelzer bezog sich auf die von Oppermann in seinem Funkspruch vom 12. Februar 1942 genannte Zahl von 60 000 Juden.[234] Am 17. März 1942 leitete das rumänische Außenministerium die deutschen Klagen an den Chef des Generalstabs weiter.[235]

In einer am 20. März von der DGB dem rumänischen Außenministerium überreichten Notiz wird um die „Einstellung der Abschiebungsaktion" gebeten. Anschließend erfolgt der Vorschlag, die Juden auf rumänisches Gebiet zurückzuführen,

tria (Tel Aviv), Bd. 2, Dok. 457, 841).

230 Oppermann an Reichskommissariat Ukraine, 18.2.1942. NA, RG 200, box 6, folder 55.

231 Koch an Oppermann, 20.2.1942. NA, RG 200, box 6, folder 55.

232 Bräutigam an AA, 5.3.1942. NA, RG 200, box 6, folder 55.

233 Rademacher an DGB, 20.2.1942. NA, RG 200, box 6, folder 55.

234 Vgl. Gheorghe Davidescu, Unterredung mit Stelzer, 13.3.1942. AMAE, fond 71, Germania, Bd. 87, Bl. 48; auch in AMAE, fond 71/1939 E.9, dosar 324, Bl. 86f.; abgedruckt in Hîncu (Hg.), Confidențial!, 176.

235 MAE an Steflea, 17.3.1942. AMAE, fond 71/1939 E.9, dosar 324, Bl. 86.

„wo geeignete Maßnahmen durch rumänische militärische oder polizeiliche Kommandos zu ergreifen wären; gegebenenfalls käme die Entsendung entsprechender deutscher Formationen in Frage."

Außerdem sei eine 50 km-Zone in West-Ost-Richtung zu schaffen, innerhalb derer sich Juden nicht aufhalten sollten, um eine Berührung mit den sich in dieser Richtung bewegenden militärischen Verbänden zu vermeiden.[236]

Erneut hakte Stelzer am 26. März 1942 bei Gheorghe Davidescu nach.[237] Selbigen Tags telegrafierte Killinger an das Auswärtige Amt:

„Die Frage der ungeregelten Judenabschiebung aus Rumänien nach der Ukraine im Sinne des obenbezeichneten Erlasses habe ich zum Gegenstand einer eingehenden Rücksprache mit dem Generalsekretär des Außenministeriums und dem Vizeministerpräsident gemacht und dringend eine sofortige Einstellung der Aktion erbeten. Der Vizeministerpräsident sah die Notwendigkeit einer Revidierung der rumänischen Maßnahmen ein, behielt sich jedoch, da er über Einzelheiten nicht informiert war, weitere Mitteilungen nach Kenntnis des rumänischen Materials vor, mit dem Ziel, eine klare Haltung in dieser gemeinsam interessierenden Frage zu vereinbaren.
Ich habe dem Vizeministerpräsident nach Rücksprache mit Generalkommissar Oppermann einige konkrete Vorschläge zur möglichst raschen befriedigenden Erledigung der Angelegenheit übermittelt."[238]

In der am 27. März 1942 verfassten Antwort des rumänischen Generalstabs auf die Anfrage des eigenen Außenministeriums ist zu lesen, rumänische Behörden hätten keine Juden über den Bug geschickt. Allerdings sei die Flucht Einiger aus nahegelegenen Ghettos nicht auszuschließen. In Berezovca befänden sich noch 30 000 Juden, die aber nicht über den Bug gebracht würden.[239] Als einen Tag später Davidescu dies telefonisch Stelzer mitteilte, fragte dieser zurück, „welche Vorschläge die rumänische Regierung für die weitere Behandlung dieses Problems zu machen gedenke", worauf Davidescu antwortete, dies werde „noch z. Zt. erwogen".[240]

Eichmann schrieb am 14. April 1942 an das Auswärtige Amt, der Reichsminister für die besetzten Ostgebiete habe mitgeteilt, örtliche rumänische Stellen hätten in der letzten Zeit etwa 10 000 Juden über den Bug in das Generalkommissariat Nikolajew abgeschoben; es

236 DGB an MAE, 20.3.1942. AMAE, fond 71/1939 E.9, dosar 324, Bl. 90f. Wie aus einem Entwurf hervorgeht, war der Verfasser Wolfgang Dittler (vgl. NA, RG 200, box 6, folder 55). Als Volkstumsreferent lag seine Zuständigkeit eigentlich in der Verbindung zur Deutschen Volksgruppe (Biographisches Handbuch des deutschen Auswärtigen Dienstes, Bd. 1, 435f.). Vermutlich schaltete er sich hier wegen zeitweiliger Abwesenheit Richters ein.

237 Gheorghe Davidescu, Unterredung mit Stelzer, 26.3.1942. AMAE, fond 71/1939 E.9, dosar 324, Bl. 94; auch in AMAE, fond 71, Germania, Bd. 87, Bl. 112; abgedruckt bei Hîncu (Hg.), Confidential!, 177.

238 Killinger an AA, 26.3.1942. NA, RG 200, box. 6, folder 55. Entworfen wurde das Telegramm wieder von Dittler, und er hat wohl auch die Verhandlungen mit der rumänischen Seite geführt.

239 Steflea / Ionescu an MAE, 27.3.1942. AMAE, fond 71/1939 E.9, dosar 324, Bl. 95.

240 Stelzer, Aktennotiz, 28.3.1942. NA, RG 200, box 6, folder 55.

werde die Abschiebung weiterer 60 000 Juden befürchtet. „Grundsätzlich" hieß Eichmann zwar „die Entjudungsbestrebungen Rumäniens" gut; jedoch seien diese „im gegenwärtigen Zeitpunkt" unerwünscht. Alsdann benennt er die Gründe dafür: „Durch eine regellose und unkontrollierbare Abschiebung von tausenden rumänischer Juden in das Reichskommissariat Ukraine, so wie sie bisher erfolgte", entstünden „zwangsläufig" für die dort stationierten deutschen Truppen und die Einwohnerschaft „erhöhte Gefahren", nämlich „Ausbruch von Seuchen u. a.". Auch könne die Versorgungslage der betreffenden Gebiete dadurch in einer Weise belastet werden, „die geeignet erscheint, alle bisher erreichten Befriedungserfolge bei der Einwohnerschaft wieder zunichte zu machen".

> „Zum anderen wird durch die planlose und vorzeitige Abschiebung der rumänischen Juden in die besetzten Ostgebiete die bereits in Gang befindliche Evakuierung der deutschen Juden stärkstens gefährdet."[241]

Deshalb drängte Eichmann darauf, „bei der rumänischen Regierung auf die unverzügliche Einstellung dieser illegalen Judentransporte hinzuwirken". In der Annahme, die rumänische Regierung werde „dem dortigen Ersuchen bedingungslos entsprechen", habe er „zur Vermeidung einer Verschärfung" der Spannung „zunächst von sicherheitspolizeilichen Maßnahmen abgesehen". Komme jedoch die rumänische Regierung dem „Ersuchen um Einstellung der illegalen Judentransporte" nicht nach oder sollten

> „örtliche rumänische Stellen entgegen einer Weisung der rumänischen Regierung handeln und weiterhin Juden abschieben, [...] behalte ich mir sicherheitspolizeiliche Maßnahmen vor."

Damit wurden abermalige Vorsprachen bei der Bukarester Regierung in die Wege geleitet. So kam erneut Gerhard Stelzer im rumänischen Außenministerium auf dieses Thema zurück, und zwar am 17. April 1942.[242] In einer Notiz für Wolfgang Dittler vom 30. April 1942 legte Gustav Richter dar, während einer Unterredung mit Mihai Antonescu habe er, Richter, am 22. April die „Abschiebung von 60 000 Juden nach dem Osten" angesprochen.

> „Ich erklärte ihm, dass zwar von Seiten des Ministers von Killinger gegen diese Abschiebung schon entsprechend interveniert worden sei, aber bis heute von Seiten der rumänischen Regierung auf diese Intervention hin keine klare Stellungnahme und Zusicherung erfolgt ist, dass derartige Abschiebungen künftighin nicht mehr vorgenommen werden."[243]

Mihai Antonescu habe vorgeschlagen, den Ende des Monats anstehenden Besuch Alexianus in Bukarest zu nutzen, um „diese Angelegenheit mit dem Gouverneur in einer persönlichen Aussprache zu bereinigen". Er werde über das Ergebnis der Besprechung mit Alexianu be-

241 Eichmann an Engelke, 14.4.1942. NA, T 120, reel 3132, E510813–E510815, Zitate E510813f.

242 [Gheorghe Davidescu], Notă, 17.4.1942. AMAE, fond 71/1939 E.9, dosar 324, Bl. 102.

243 Richter, Aktennotiz, 30.4.1942. NA, RG 226, entry 19, XL 13178.

richten.[244] Weitere Dokumente hierzu liegen indes nicht vor; auch die erhaltenen Ministerratsprotokolle geben keine Auskunft.[245]

Es seien keine Juden über den Bug abgeschoben worden, meldete das Gouvernement Transnistrien am 7. Mai 1942 an die rumänische Regierung. Möglicherweise seien einzelne Juden aus Transnistrien geflüchtet. Umgekehrt hätten aber größere Gruppen die Grenze vom Generalgouvernement kommend überschritten, wofür aber nicht das Gouvernement Transnistrien verantwortlich zu machen sei.[246] Diesen Befund teilte das rumänische Außenministerium am 3. Juni 1942 der DGB mit.[247] Inzwischen gingen keine Klagen mehr aus Nikolajew ein. Bräutigam vom Reichsministerium für die besetzten Ostgebiete ließ das Auswärtige Amt am 19. Mai 1942 wissen, Oppermann habe ihm mitgeteilt, in den letzten Wochen seien „Grenzübertritte von Juden" nicht mehr erfolgt.

> „Ein erheblicher Teil der Juden in Transnistrien ist gestorben, weitere Juden sind nach Odessa zurücktransportiert worden."[248]

Diese Aussage verschweigt, dass eine unbekannte Zahl umgebracht worden waren bei dem Versuch, in das deutsche Besatzungsgebiet zu wechseln. Außerdem hatte es den behaupteten Rücktransport nach Odessa nicht gegeben.

Bechthold Freiherr von Massenbach – im Judeţ Golta als landwirtschaftlicher Berater eingesetzt – trat 1968 als Zeuge im Verfahren gegen Gustav Richter auf. Dabei sagte er aus, das Frühjahrshochwasser 1942 habe ein Massengrab hochgespült. Als er hierüber mit dem örtlichen Präfekten Modest Isopescu gesprochen habe, sei ihm erklärt worden, in dem Massengrab lägen 16 000 bis 18 000 jüdische Leichen. Isopescu habe noch von einem weiteren Massengrab innerhalb seiner Präfektur weiter stromabwärts erzählt, in dem sich 28 000 Leichen von Juden befänden.[249] Auf Nachfrage teilte die Gendarmerie Transnistrien am 9. September 1942 dem Gouvernement Transnistrien mit, die rund 65 000 aus dem Judeţ Odessa an den Bug deportierten Juden seien ebenso wie die Juden aus den Judeţen Berezovca, Ananiev, Ovidiopol und Oceacov „verschwunden".[250]

Obwohl – oder besser: weil – selbst involviert, ist der Stellvertreter Killingers an der DGB, Gerhard Stelzer, in seinen nach dem Krieg verfassten Memoiren auf die Behand-

[244] Ebenda.

[245] Vgl. etwa das Protokoll der Sitzung des Ministerrats mit den Gouverneuren der neuen Provinzen vom 30.4.1942: Ciucă (Hg.), Stenogramele, Bd. 6, 535–583.

[246] Gouvernement Transnistrien an PCM, Cabinet Militar, 7.5.1942. AMAE, fond 71/1939 E.9, dosar 324, Bl. 143.

[247] Memorandum an die DGB, 3.6.1942. AMAE, fond 71/1939 E.9, dosar 324, Bl. 144; die deutsche Übersetzung findet sich in NA, RG 200, box 6, folder 55.

[248] Bräutigam an AA, 19.5.1942. NA, RG 200, box. 6, folder 55.

[249] Zeugenaussage Bechthold Freiherr von und zu Massenbach, 3.9.1968. BArch Ludwigsburg, B 162/3812, Bl. 970. Seit Oktober 1941 Präfekt des Judeţ Golta, wusste Isopescu, wovon er sprach; denn er war selbst in die Massenmorde verwickelt (siehe Ancel, Contribuţii, Bd. 2, Tlbd. 1, 117–120).

[250] Ancel, Contribuţii, Bd. 1, Tlbd. 1, 45.

lung der Juden in Rumänien mit keinem Wort eingegangen.[251] Auch in seinen Aussagen als Zeuge in Wiedergutmachungsverfahren gab sich Stelzer nahezu völlig unkundig. 1957 führte er lediglich aus, die Deportationen aus Bessarabien und aus der Bukowina seien nicht auf deutschen Wunsch hin durchgeführt worden. Ion Antonescu habe die Juden der eroberten Provinzen Bessarabien und Bukowina als „weitgehend kommunistisch infiziert“ betrachtet.[252]

Stelzer wusste um die Haltung Schellhorns. „Generalkonsul Schellhorn hat sich damals für die Erhaltung des Judentums, vor allem aus wirtschaftlichen Gründen, eingesetzt.“[253] Diese war damals jedoch die Ausnahme unter Angehörigen des Auswärtigen Amtes, wobei die wirtschaftlichen Gründe – wie beschrieben – aller Wahrscheinlichkeit bloß vorgeschoben waren, um bei deutschen wie bei rumänischen Behörden Gehör zu finden und sich selbst zu schützen. Dann ging Stelzer auf das eigene Verhalten ein und stellte es demjenigen Schellhorns gleich. Auch er selbst sei „in diesem Sinne bei den Rumänen vorstellig“ geworden. In einer Besprechung habe sich der Generalsekretär im Außenministerium Davidescu verwundert darüber gezeigt, „dass ein Vertreter des Dritten Reiches für die rumänischen Juden plädiere“. Glatt wahrheitswidrig sagte Stelzer:

> „Die Gesandtschaft in Bukarest hat vom Auswärtigen Amt in Berlin m. Wissens keinerlei Weisungen über ihr Verhalten zur Judenfrage bekommen. Ich habe mich sonst mit maßgebenden rumänischen Leuten nicht über die Judenfrage unterhalten.“[254]

Solche Dinge seien wahrscheinlich zwischen Richter und Lecca besprochen worden. „Darüber ist mir jedoch nichts Näheres bekannt.“ Abgesehen von den in vorliegender Studie präsentierten Dokumenten, die das Gegenteil belegen, sagte Stelzer selbst, mit Generalsekretär Davidescu sehr wohl über das Thema der Juden geredet haben – zur eigenen Entlastung. Es ließe sich noch mehr dazu ausführen, aber die Glaubwürdigkeit von Nachkriegsäußerungen des zweiten Mannes an der DGB, Gerhard Stelzer, sollte hinreichend geklärt sein.

Seit Frühjahr 1942 hatte Ion Antonescu eine Vielzahl von Befehlen erteilt, um die Deportation weiterer Juden aus Bessarabien und aus der Bukowina in Gang zu setzen, ebenso wie die Deportation bestimmter Gruppen von Juden aus Kernrumänien. In der Sitzung des Ministerrats mit den Gouverneuren der neuen Provinzen vom 28. Mai 1942 verkündete Mihai Antonescu, inmitten von Verhandlungen über verschiedene Probleme von Industrie und Landwirtschaft, in Absprache mit dem Gouvernement Bukowina und der Besatzungsverwaltung Transnistrien sei die Deportation von Juden aus Czernowitz nach Transnistrien wieder aufgenommen worden.[255] Die Entscheidung hierüber hatte jedoch schon viel früher Ion Antonescu gefällt. Darüber hatte Lecca die DGB im April 1942 unterrichtet. Nach Lec-

[251] Vgl. Gerhard Stelzer, Deutsche Gesandtschaft in Bukarest, Mai 1938 bis August 1944, 10.10. 1958, 174 Bll., Anhang. PAAA, NL Stelzer.

[252] Zeugenaussage Gerhard Stelzer, 14.11.1957. StA Frankenthal, 9 Js 143/61, Bd. 17, Bl. 4231f.

[253] Ebenda, Bl. 4231.

[254] Ebenda. Wie eine handschriftliche Anmerkung zeigt, bezweifelte diese Aussage Stelzers auch der später für die Sache Gustav Richter zuständige Frankenthaler Untersuchungsrichter.

[255] Ciucă (Hg.), Stenogramele, Bd. 7, 242f.

cas Informationen sollten etwa 10 000 Juden deportiert werden.[256] Im Juni 1942 wurden dann etwa 4 000 Juden aus Czernowitz direkt an den Bug deportiert. Diese zweite Deportationswelle blieb eine Einzelaktion, bei der es auch keine vorhergehende Ghettoisierung gab.[257]

In einer Notiz aus dem Koordinationsbüro des Ministerrats vom 21. September 1942 ist festgehalten, auf Befehl Ion Antonescus seien die Provinzverwaltungen Bessarabiens und der Bukowina gebeten worden, die Zahl der verbleibenden Juden mitzuteilen und Vorschläge für zusätzliche Deportationen zu unterbreiten. Demnach lebten in Bessarabien 793 Juden, in der Bukowina 19 089. Das Gouvernement der Bukowina schlug vor, 6 234 Juden aus Czernowitz und 392 aus Dorohoi zu deportieren.[258]

Eine andere Zahl als im September hatte der Gouverneur Bessarabiens Voiculescu ein halbes Jahr vorher, am 17. März 1942, genannt. Damals hatte er es als untragbar bezeichnet, dass es noch 425 Juden in seiner Provinz gebe. Er erreichte die Deportation des überwiegenden Teils der noch in Bessarabien verbliebenen Juden im Herbst 1942. Ein Gesuch der Ghettoinsassen von Kischinew, die Deportation wegen des nahenden Winters zu verschieben, wies Voiculescu zurück. Auf seine Anordnung hin begann die Deportation am 10. Oktober 1942. Am 5. November 1942 meldete Voiculesu nach Bukarest, im Ghetto von Kischinew befänden sich noch 118 Juden, darunter 53 Kranke. Er kündigte an, auch diese würden bald deportiert werden.[259]

Unterdessen hielt Ion Antonescu mindestens bis zum Sommer 1942 an dem Plan fest, Abschiebungen über den Bug vorzunehmen. Am 17. August 1942 wurde General Eric Hansen, der von seinem Kommando in Rumänien – nur zeitweise, wie sich später erweisen sollte – abberufen worden war, von Ion Antonescu zum Abschied im Landhaus von Predeal empfangen. Nach Hansens Eindruck wollte Ion Antonescu einige Sachverhalte erläutern, in der offenbaren Annahme, sie würden auf diese Weise schnell an die oberste Militärführung und auch an Hitler weitergereicht. Drei Punkte vor allem habe der Marschall betont: unveränderte Treue im gemeinsamen Kampf; wirtschaftliche Erfolge in Transnistrien; feste Haltung in der „Judenfrage“. Zu letzterem Punkt habe Ion Antonescu erläutert, in Bessarabien und in der Bukowina gebe es keine Juden mehr. In Transnistrien befänden sich mit den aus diesen beiden Gebieten Abgeschobenen nur noch insgesamt 40 000 Juden.[260] Hansen

256 O. V., [Notiz], 24.4.1942. NA, RG 200, box 3, folder 40.

257 Carp, Cartea Neagră, Bd. 3, 237–239.

258 Direcţia Relaţiilor cu departamentele, Deportarea evreilor, 21.9.1942. ANR, PCM, 1942/149, Bl. 259.

259 Fragment aus dem Urteil des Berufungsgerichts, das Voiculescu nach seiner am 28.2.1948 erfolgten Verurteilung angerufen hatte, o. D. USHMM, RG 25.004M, reel 26.

260 Diese ohnehin viel zu niedrig angegebene Zahl wird noch unterboten in einem Artikel, der im Gefolge einer für Diplomaten und Journalisten organisierten Reise nach Transnistrien erschienen ist: „Juden, die sich früher in reicher Zahl, insbesondere in Odessa fanden, sind aus Transnistrien fast völlig entfernt. Die jüdische Frage ist dort jedenfalls in rascher Weise gelöst worden. Vereinzelt findet man in kleineren Städten und Dörfern noch Juden, die dort als Handwerker tätig sind.“ (Ml. [Hans Müller], Transnistrien, *Bukarester Tageblatt*, 30.8.1942,

hatte Zweifel an dieser Zahl, schwieg dazu jedoch gegenüber dem Marschall. Während eines Aufenthalts in Transnistrien einige Tage zuvor hatte der deutsche General bei der dortigen Verbindungsstelle der Deutschen Wehrmacht nämlich „viel höhere Zahlen gehört".[261] So konnte Ion Antonescu ungehindert fortfahren:

> „Bisher hätte Hitler immer ihren Abschub über den Bug abgelehnt [...]. Er hoffe, dass Hi[tler] nun endlich bald dies freigäbe, dann hoffe er, dass spätestens in einem Jahre ganz Rumänien judenfrei sein würde."[262]

Hansen merkte dazu an: „Bereits bei meiner Rückkehr Ende Jan. 43 war davon keine Rede mehr." Im Sommer 1942 wurde tatsächlich nicht nur mit Gustav Richter über die Deportationen ins Generalgouvernement verhandelt; gleichzeitig wurden Deportationen von Juden aus Kernrumänien nach Transnistrien vorbereitet. Blicken wir aber erst einmal auf die Entstehungsgeschichte entsprechender Planungen. Ion Antonescu – und mit ihm die gesamte engere Militärführung – hielt an der Vorstellung einer unterschiedlichen Behandlung der Juden fest, je nachdem, wie lange sie schon in Rumänien ansässig waren und welche Verdienste sie sich für das Land erworben hatten. Sogar in Phasen größter Radikalität ist das spürbar. Fernziel blieb zwar die Entfernung aller Juden aus Rumänien und bisweilen wurde dieses Ziel auch formuliert, doch blieb Fixpunkt, erst nach einem Friedensschluss würde es erreichbar sein.

Ende 1941 legte das Hauptquartier Ion Antonescus eine Denkschrift zur Zwangsarbeit der Juden vor, worin die bis dahin gemachten Erfahrungen dargestellt sowie Planungen für den Winter 1941/1942 präsentiert werden. Die abschließende Passage gibt Auskunft

1f.) Über diese Besichtigungstour erschienen Berichte in vielen deutschen Presseorganen; Juden werden aber kaum erwähnt. Umso mehr sticht der Artikel Hans Müllers heraus. Eine Ausnahmestellung unter der Presse Deutschlands nimmt die *Berliner Börsenzeitung* in ihrer Berichterstattung über jene Transnistrien-Reise ein. In zwei Artikeln wird die Zahl von 112 000 Juden in Transnistrien genannt. (Beide sind verfasst von dem Korrespondenten Ri [Franz Riedl], *Berliner Börsenzeitung*, Nr. 424, 9.9.1942, 2; Nr. 442, 19.9.1942, 2.) Unterstaatssekretär Vasiliu nannte am 30.11.1942 intern als Ziffer ungefähr 82 000 der nach Transnistrien Deportierten, die noch am Leben seien. Hier sind, wie der Zusammenhang des Dokuments klärt, die aus Transnistrien stammenden Juden nicht berücksichtigt. (Vgl. ANR, PCM, Cabinet Civil, 1940/458, Bl. 47f.) Die grausame Wirklichkeit hinter all diesen Zahlen wird in dem ebenfalls internen Papier des im August 1942 nach Transnistrien mitgereisten zweiten Mannes der Schweizer Gesandtschaft in Bukarest, Beat von Fischer, formuliert: „Sie werden dort zu Zehntausenden einfach ausgesetzt und ihrem Schicksal überlassen. [...] Tag für Tag geht eine Anzahl Juden elend zugrunde, was gewollt ist." (Beat von Fischer, Bericht über meine Reise nach Transnistrien vom 21.–26.8.1942, o. D., 9 Bll., Zitat Bl. 8. BAR, E 2300 1000/716, Bd. 105.) Mit Sicherheit erfuhr das Beat von Fischer nicht offiziell auf dieser Reise. Woher ihm die tatsächliche Lage der Juden bekannt war, geht aus dem Schriftstück leider nicht hervor.

[261] Hansen, Antworten in erweiterter Berichtsform auf eine Anfrage des Instituts für Zeitgeschichte – München vom 21.1.1956, 30.7.1956, 49 Bll., hier Bl. 47f. BArch Freiburg, N 229/3 (Hansen).

[262] Ebenda, Bl. 48.

darüber, wie sich Ion Antonescus Hauptquartier die Zukunft vorstellte. Die Vorschläge im Hinblick auf den Arbeitsdienst seien nur eine „temporäre Lösung“,

> „die endgültige Lösung kann nur darin bestehen, dass *alle Juden ohne Ausnahme aus dem Land entfernt werden*, auch wenn dies erst nach und nach in die Tat umgesetzt werden kann.“[263]

Die Juden würden nicht leicht zu ersetzen sein, und es würde schwere Opfer erfordern, sie loszuwerden. Sogar ein Rückgang der staatlichen Einkünfte dürfe nicht von einer „radikalen Lösung“ abhalten.

> „Die Juden müssen alle bis auf den letzten verschwinden, so wie sie gekommen sind, unter Zurücklassung aller Reichtümer, die sie sich in diesem Land zusammengerafft haben. Die ersten, die das Land verlassen, müssen die nach 1916 gekommenen Juden sein. Der Augenblick, in dem die Juden verschwinden, muss ein Augenblick der Ruhe sein, wenn die Rumänen zurückgekehrt sind und sich möglichst wenige Fremde im Land aufhalten, denn die entstehenden Lücken sollen nur von Rumänen ausgefüllt werden. Das kann nur nach Kriegsende geschehen.
> Ihr Verschwinden muss allerdings rechtzeitig vorbereitet werden, so dass wir, wenn wir die Juden einmal losgeworden sind, auch tatsächlich Herr im eigenen Hause sein werden.“

Aus einer Aufzeichnung des Hauptquartiers Ion Antonescus vom Jahresende 1941 geht hervor, dass bis Ende 1942 mit der Einrichtung von Ghettos in allen Hauptstädten der Judeţe Kernrumäniens gerechnet wurde.[264] Anfang Juni 1942 wurde Wilhelm Filderman von Nandor Gingold über Pläne zur Ghettoisierung der rumänischen Juden informiert. Der ursprünglich auf den 16. Juni festgesetzte Termin für den Beginn der Aktion sei jedoch verschoben worden. (Zu diesem Sachverhalt gibt es bisher keine anderen Quellen.)[265] Diese Ghettoisierung, die wohl der Vorbereitung des „Verschwindens“ der nach 1916 ins Land gekommenen Juden dienen sollte, ist in Kernrumänien nie umgesetzt worden.

Was 1942 aber durchgeführt wurde, war die Deportierung gesonderter Gruppen nach Transnistrien. In einem von General Nicolae Tătăranu unterzeichneten Bericht schlug der rumänische Generalstab am 11. Februar 1942 vor, verschiedene Gruppen von Juden in die Lager in Bessarabien zu deportieren, damit sie im Frühjahr weiter nach Transnistrien zum Bug hin abgeschoben werden könnten. Er zählte auf:

- Die Juden aus dem Erdölgebiet (4 321 Personen aus Ploieşti, Târgovişte und Buzău) und den Häfen Constanţa (1 470) und Giurgiu (98);
- die Juden aus den „Militärzonen“ der Hauptstadt (9 267 Personen nach den Grundbüchern; es solle jedoch die Zahl 12 000 angenommen werden, da auf diese Weise verschie-

[263] Marele Cartier General, Dare de seamă generală asupra folosirii evreilor la muncă de interes obştesc [Ende 1941]. USHMM, RG 25.003M, reel 136. Im Original ist die hier kursiv ausgezeichnete Passage unterstrichen.

[264] Marele Cartier General, Notă pentru şedinţa de Colaborare [Ende 1941]. USHMM, RG 25.003M, reel 136.

[265] Filderman, Unterredung mit Gingold, 15.6.1942. Ancel (Hg.), Documents, Bd. 4, Dok. 8, 14.

dene „unerwünschte Personen" aus den Vorstädten ebenfalls deportiert werden könnten);
- alle von Militär- oder Zivilgerichten verurteilten Juden sowie alle jüdischen Kommunisten;
- alle Juden, die sich nach dem 28. Juni 1941 in der Hauptstadt niedergelassen sowie Juden, die sich illegal in Bukarest aufgehalten hätten.[266]

Allerdings akzeptierte Ion Antonescu diesen Vorschlag des Generalstabs nicht. Er verordnete deutliche Einschränkungen, als er am 13. Februar 1942 entschied, zwei Gruppen von Juden seien in Lager zu internieren und im Frühjahr nach Transnistrien zu schicken:
- Alle jüdischen Kommunisten im ganzen Land, zuallererst aber diejenigen der Hauptstadt, des Erdölgebiets und der Häfen;
- alle Juden, die sich in den letzten zwei Jahren illegal in der Hauptstadt niedergelassen haben.

Ion Antonescu lehnte es allerdings ab, pauschal die Juden aus dem Erdölgebiet und aus den Hafenstädten zu evakuieren. Er begründete dies mit seiner Garantie für Freiheit und Leben der alteingesessenen Juden; sein Wort müsse er halten. Allerdings folgte die Ausnahme: Über umfassendere Maßnahmen könne man nachdenken, unternähme die jüdische Bevölkerung feindselige Akte.[267] Jene Garantie, verbunden mit dieser Einschränkung hatte er – wie oben angeführt – am 18. September 1940 gewährt und Filderman übermitteln lassen,[268] der es freilich für möglich hielt, dass sich Ion Antonescu daran nicht halten könnte, wie er gut ein Jahr später einem Mitarbeiter der amerikanischen Gesandtschaft in Bukarest sagte.[269]

Abgesehen von der schriftlichen Zusage gab es noch mündliche Aussagen Ion Antonescus, auf die sich Filderman bezog. Sie schränken die Garantie Ion Antonescus empfindlich ein. Demnach war dieser bereit, bis Kriegsende hinsichtlich einer Deportation der jüdischen Bevölkerung in Kernrumänien stillzuhalten.[270] Filderman stimmte einer solchen zeitlichen Begrenzung zu, weil er die Juden Rumäniens lebend durch den Krieg bringen wollte, an dessen Ende seiner festen Überzeugung nach die Niederlage des Antonescu-Regimes stünde. Demgegenüber rechnete Ion Antonescu lange Zeit mit seinem eigenen Sieg an der Seite Deutschlands. Deshalb widersprechen die Planungen des rumänischen Generalstabs, nach Kriegsende alle Juden Rumäniens zu vertreiben, den Zusicherungen Ion Antonescus nicht. Allerdings gingen dem „Staatsführer" die Pläne des Generalstabs gegen die Juden in Kernrumänien während des Krieges zu weit und deshalb schränkte er sie ein.

Dies bedeutete freilich keineswegs, dass die Juden Kernrumäniens allesamt unter einer Sicherheitsgarantie bis Kriegsende standen. Ab Juli 1942 erließ Ion Antonescu in schneller

[266] Şeful Marelui Stat Major General, Notă, 11.2.1942. ANR, PCM, SSI, dosar 1939/31, Bl. 173.
[267] Vgl. Radu Davidescu an Generalstab, 19.2.1941. ANR, PCM, SSI, dosar 1939/31, Bl. 175.
[268] Ancel (Hg.), Documents, Bd. 1, Dok. 105, 495.
[269] Gunther an Hull, 4.11.1941. Ancel (Hg.), Documents, Bd. 3, Dok. 221, 337f.
[270] Filderman / Clejan, Unterredung mit Ion Antonescu, 8.9.1941. Ancel (Hg.), Documents, Bd. 3, Dok. 74, 132.

Folge Dekrete, die bei Verfehlungen von Juden gegen bestehende Gesetze die Deportation nach Transnistrien verfügten.

- Verletzungen staatlicher Preisfestsetzungen und Verbote des Handels mit bestimmten Waren, Nichtableistung von Zwangsarbeit, Übertritt zu einer anderen Religion;
- Spekulation und Wirtschaftssabotage;
- Mitgliedschaft in der Kommunistischen Partei oder Sympathie für dieselbe sowie Antrag auf ein sowjetisches Visum im Jahr 1940.[271]

In Übereinstimmung mit Ion Antonescu veröffentlichte der rumänische Generalstab am 27. Juni 1942 Anweisungen zur Zwangsarbeit der Juden. Darin werden Verstöße gegen die Arbeitspflicht festgelegt (Nichtmitteilung der Adresse, Verspätung, nachlässige Arbeit, Verlassen der Arbeitsstelle ohne Erlaubnis usw.), die ausnahmslos mit der Deportation des Betroffenen samt Familie nach Transnistrien zu ahnden waren.[272] Der Generalstab ging von 30 000 bis 40 000 Betroffenen in ganz Rumänien aus, die deswegen nach Transnistrien zu verbringen seien. In dieser Auffassung bestätigte ihn das Innenministerium am 29. August 1942 und nochmals Ion Antonescu selbst (21. September).[273]

Der erste Deportationszug von Bukarest nach Transnistrien fuhr am 8. September 1942 ab. Waggons anderer Abfahrtsorte wurden angekoppelt und schließlich befanden sich mehr als 1 500 Menschen in dem Zug. Bei 578 Personen handelte es sich um Juden, die nach dem Anschluss Bessarabiens an die Sowjetunion 1940 bei der sowjetischen Botschaft ein Visum beantragt hatten. 407 Personen waren jüdische politische Häftlinge aus dem Lager Târgu Jiu und 554 „kommunistische Sympathisanten" aus dem ganzen Land.[274] Tiraspol erreichte der Zug am 12. September 1942. Während die politischen Häftlinge am 16. September 1942 im Lager Vapniarca ankamen, wurde die Gruppe von Juden, die ein sowjetisches Visum beantragt hatten, in Tiraspol vom Zug der übrigen abgekoppelt und erreichte am 22. September Mostovoi im Judeţ Berezovca. In der acht Kilometer entfernten deutschen Siedlung Rastadt wurden die Juden der dort stationierten SS-Einheit übergeben und am zweiten Tag nach ihrer Ankunft erschossen. Nur 16 der Deportierten überlebten das Massaker.[275]

In der Nacht vom 15. auf den 16. September 1942 wurden in Bukarest 160 Juden mit ihrer Familie wegen Verstößen gegen die Bestimmungen zur Zwangsarbeit verhaftet. Eine Woche später fuhren sie mit der Eisenbahn nach Transnistrien. Während der Fahrt stiegen noch mehrere hundert Personen zu, die aus dem ganzen Land stammten.[276] Realiter wurden also weit weniger Menschen deportiert als ursprünglich geplant. Nach einer Aufstellung

[271] Ancel, Contribuţii, Bd. 2, Tlbd. 1, 164–172.

[272] Ancel (Hg.), Documents, Bd. 4, Dok. 21, 32–44.

[273] Ancel, Contribuţii, Bd. 2, Tlbd. 2, 173.

[274] Ebenda, 176f.

[275] Ebenda, 177; Carp, Cartea neagră, Bd. 3, 296f.

[276] Vgl. die bei Ancel (Hg.), Documents, Bd. 5, Dok. 204, 382–389 abgedruckte Liste von 275 Juden aus ganz Rumänien, die wegen Verstoßes gegen die Regelungen zur Zwangsarbeit gemeinsam mit ihrer Familie verhaftet und in besagten Transport gesteckt worden waren. Radu Lecca sprach 1943 davon, etwa 350 Juden aus dem Altreich, aus Siebenbürgen und aus dem

des rumänischen Innenministeriums vom November 1943 wurden im September 1942 insgesamt 2216 Juden aus Kernrumänien nach Transnistrien verbracht.[277]

Offen ist die Frage, ob es rumänische Planungen zur Deportation der jüdischen Bevölkerung aus Südsiebenbürgen und aus dem Banat nach Transnistrien gab. Einige Quellen scheinen dies nahezulegen. So erteilte Radu Davidescu, Leiter des Militärkabinetts Ion Antonescus, dem Innenministerium am 10. Juli 1942 die Weisung, Übersichten der Juden dieser Gebiete zu erstellen. Zur Begründung führte er an, es solle die Option geprüft werden, die siebenbürgischen Juden, mit Ausnahme für die Wirtschaft unentbehrlicher Kräfte (wie Ingenieure oder Ärzte), an den Bug zu deportieren, damit rumänische Flüchtlinge aus Nordsiebenbürgen ihre Plätze einnehmen könnten.[278] Da jedoch kaum Spuren für eine solche doch sehr umfangreiche Aktion vorhanden sind, ist alternativ erwägenswert, dass es sich bei der Weisung Radu Davidescus keineswegs um einen rumänischen Schritt handelte, sondern vielmehr um eine Tarnung zwecks Vorbereitung der Deportation nach deutschem Plan.

Am 8. August 1942 erschienen im *Bukarester Tageblatt* drei Artikel zum Thema Juden in Rumänien.[279] Aufhänger waren die Ergebnisse der Zählung der jüdischen Bevölkerung durch die „Judenzentrale" sowie die Auflösung der letzten eigenständigen jüdischen Organisationen. Bemerkenswert ist, dass sich das inoffizielle Organ der DGB nicht mit dunklen Drohungen für die Zukunft begnügte, sondern offen die bevorstehende Deportation der Juden Rumäniens ankündigte. Diese Offenheit sticht heraus, weil ansonsten deutsche wie rumänische Stellen um Geheimhaltung gerade in diesem Bereich bemüht waren. Nun stand jedoch am 8. August 1942 im *Bukarester Tageblatt* zu lesen, dass

> „im Laufe des September und Oktober ein erstes Kontingent von Juden, das infolge der Transportschwierigkeiten auf etwa 25000 begrenzt werden dürfte, nach dem Osten, also noch über Transnistrien hinaus, abgeschoben wird. Weitere Kontingente werden im Laufe des Frühjahr 1943 folgen und der Rest der Juden Rumäniens, einschließlich der sich in Transnistrien befindlichen, [sic] wird dann bis zum Herbst 1943 Rumänien verlassen haben. Im Laufe des kommenden Jahres wird Rumänien also vollständig judenrein sein."[280]

Die Informationen zu diesem Artikel stammten von Radu Lecca; was freilich verschwiegen wird. Am 7. August 1942 hatte Lecca den in der DGB versammelten deutschen Korrespondenten erklärt, die Arbeit der „Judenzentrale" sei soweit gediehen, dass die „Aussiedlung"

Banat seien wegen entsprechender Vorwürfe deportiert worden (CARP, Cartea Neagră, Bd. 3, Dok. 242, 452f.).

277 ANCEL, Contribuții, Bd. 2, Tlbd. 2, 355. Die entsprechende Quelle ist abgedruckt in CARP, Cartea Neagră, Bd. 3, Dok. 248, 463–467.

278 BENJAMIN (Hg.), Problema evreiască, Dok. 145, 453.

279 272409 Volljuden in Rumänien, 1; ML. [Hans MÜLLER], Rumänien wird judenrein, 1f.; DR. R. [Lothar ROSSIPAUL], Wieder ein Schritt, 3. Alle drei Artikel des *Bukarester Tageblatts* vom 8.8.1942 sind abgedruckt in ANCEL (Hg.), Documents, Bd. 4, Dok. 49–51, 93–95.

280 ML. [Hans MÜLLER], Rumänien wird judenrein, *Bukarester Tageblatt*, 8.8.1942, 2; abgedruckt in ANCEL (Hg.), Documents, Bd. 4, Dok. 49, 94.

der Juden aus Rumänien bevorstehe, wie es in einem von Gustav Richter dem deutschen Gesandten Killinger vorgelegten Bericht heißt.[281]

Denselben Hintergrund meldete am 18. August 1942 René de Weck nach Bern. In dem Artikel „Rumänien wird judenrein" würden die Erklärungen zusammengefasst, die Radu Lecca einen Tag vorher gegenüber den akkreditierten deutschen Journalisten in Killingers Residenz abgegeben habe. Bei dieser Gelegenheit habe Lecca verkündet, noch in diesem Jahr würden 25 000 bis 30 000 Juden auf die andere Seite des Dnjestr befördert. Er habe sich seinem Publikum gegenüber regelrecht dafür entschuldigt, dass die Deportation der übrigen Juden umständehalber auf das kommende Jahr habe verschoben werden müssen.[282]

Freilich entspringt dem die naheliegende Frage: Weshalb äußerte sich Lecca in diesem Sinne vor Journalisten in der DGB? Und – noch erstaunlicher – weshalb wurden Leccas Informationen über an sich geheime Planungen am nächsten Tag ausgerechnet im inoffiziellen Organ der deutschen Gesandtschaft publiziert? Ganz zu Recht erregte dieser Artikel größtes Aufsehen.

Erste Gerüchte über eine bevorstehende „Evakuierung" hätten sich, heißt es in dem von Killinger Anfang Oktober dem Auswärtigen Amt übermittelten Bericht, schon einige Monate zuvor verbreitet. Damals habe das Innenministerium über die Präfekturen die lokalen Stellen der „Judenzentrale" in Siebenbürgen und im Banat angewiesen, nach Geschlecht, Alter und Beruf aufgeschlüsselte Listen mit den Namen aller Juden dieser Provinzen zu erstellen und abzuliefern. Als einige Wochen lang sich nichts weiter ereignet habe, sei die Sache in Vergessenheit geraten. Die ausführliche Berichterstattung der Siebenbürger und Banater Presse über die Äußerungen Leccas habe die Juden dieser Provinzen dann darüber belehrt, „dass sie damit gemeint waren". Panik sei ausgebrochen. Ihr Vermögen wie Möbel, Teppiche und Schmuckstücke hätten die Betroffenen begonnen zu verkaufen. Wichtiger seien jedoch die politischen Folgen gewesen.

> „Die angeschnittene Frage der Aussiedlung der Juden aus Rumänien hat bewirkt, dass führende rumänische Regierungskreise und maßgebende Politiker nun ihre wahre Einstellung zur Judenfrage und ihrer Lösung in Rumänien zu erkennen gaben."[283]

[281] Stimmungs- und Lagebericht über die Aussiedlung der Juden aus Rumänien, o. D. PAAA, R 100881, Bl. 62–66, hier Bl. 62. Der Bericht ist im AA überliefert als Anlage zu Killinger an AA, 5.10.1942. PAAA, R 100881, Bl. 72. In diesem Anschreiben wird nur die Herkunft, nämlich Richter, genannt. Vgl. damit: Stimmungsbericht zur Frage der Aussiedlung der Juden aus Siebenbürgen und dem Banat, 1.9.1942. NA, RG 226, entry 19, XL 13164. Aus dem Inhalt des letzteren Schriftstücks ergibt sich, dass es von einem jüdischen Agenten Richters verfasst worden sein muss. Dafür kommt vor allem Grünberg-Willman in Frage. Etliche Passagen dieses Agentenberichts vom 1.9.1942 sind in den undatierten Bericht, den Killinger am 5.10.1942 an das AA schickte, eingeflossen. Beide Dokumente dürfen aber nicht miteinander verwechselt werden.

[282] Weck, Rapport Politique Nr. 55, 15.8.1942. BAR, E 2300, 1000/716, Bd. 105; abgedruckt in Hîncu (Hg.), Confidențial!, 117–120.

[283] Stimmungs- und Lagebericht über die Aussiedlung der Juden aus Rumänien, o. D. PAAA, R 100881, Bl. 62–66, Zitat Bl. 62f.

Die betroffenen Juden hätten verschiedene Interventionen in die Wege geleitet. Es sei ihnen gelungen, Iuliu Maniu und den Mitropoliten Nicolae Bălan für ihre Sache zu gewinnen. Eine jüdische Delegation aus den betroffenen Gebieten habe sich an Filderman gewandt, von dem daraufhin eine Denkschrift verfasst und an die Nationale Bauernpartei sowie an die Nationalliberale Partei weitergereicht worden sei.[284]

Nach Erscheinen des Artikels im *Bukarester Tageblatt* vom 8. August 1942 wandte sich Filderman auch an die rumänische Regierung. Kurz gab er den Inhalt der Drohung wieder und verlieh gleichzeitig seiner Hoffnung Ausdruck, dass Marschall Antonescu niemals solche Maßnahmen zulassen würde, weil er zugesagt habe, die Juden in Kernrumänien sowie die noch in Bessarabien und in der Bukowina Verbliebenen würden bis zu einem allgemeinen Friedensschluss unbehelligt bleiben.[285]

Hier erhebt sich die Frage, was für ein Plan eigentlich gemeint war: ein rumänischer oder ein deutscher? Offensichtlich bezogen sich die meisten der von dem Artikel Aufgeschreckten auf einen rumänischen Plan zur Deportation der Juden nach Transnistrien. In einer entscheidenden Passage heißt es „nach dem Osten, also noch über Transnistrien hinaus“. Damit wurde die alte rumänische Forderung an Deutschland, die Juden aus Transnistrien über den Bug in deutsches Besatzungsgebiet abzuschieben, in der offiziellen Zeitung der DGB wiederholt. Dabei war gerade die DGB immer wieder in Proteste deutscher Stellen gegen solches rumänisches Beharren auf einem Abschieben über Transnistrien hinaus in deutsches Besatzungsgebiet eingeschaltet. Der übrige Inhalt des Artikels aber bezog sich auf keine rumänische sondern auf eine deutsche Planung, die nicht Transnistrien und Gebiete unter deutscher Besatzungsverwaltung östlich davon, sondern das Generalgouvernement als Ziel hatte. Das aber wird nicht gesagt und war auch wohl den Wenigsten klar. Im Übrigen ging es um eine Verhinderung der Deportation, unabhängig davon, wer den Plan entworfen hatte und was das Zielgebiet war.

Zwar ging Iuliu Maniu stets davon aus, die Deutschen hätten ihr Auge auf Siebenbürgen geworfen. Das heißt jedoch keineswegs, er habe Kenntnis über einen deutschen Deportationsplan besessen, bei dem nicht Transnistrien das Ziel war, sondern das Generalgouvernement. René de Weck berichtete am 18. August 1942 über ein Gespräch mit Maniu, in dem dieser sich überzeugt gab, nach einem Sieg der Achsenmächte würde Siebenbürgen zu einem deutschen Protektorat. Daher bestünden die Deutschen auch darauf, dass die Rumänen diese Provinz von den Juden „säubern“.[286] Das spricht eher gegen ein Wissen Manius über die deutsche Deportationsplanung.

Später notierte René de Weck in seinem Tagebuch Einzelheiten über ein Geheimtreffen zwischen Iuliu Maniu und Ion Antonescu am 23. August 1942, das ihm Maniu geschildert hatte. Demnach hatten beide drei Stunden miteinander gesprochen. Vergeblich versuch-

[284] Stimmungsbericht zur Frage der Aussiedlung der Juden aus Siebenbürgen und dem Banat, 1.9.1942. NA, RG 226, entry 19, XL 13164.

[285] Filderman, [Notă], [?].8.1942. Ancel (Hg.), Documents, Bd. 4, Dok. 54, 99.

[286] Weck, Rapport Politique Nr. 56, 18.8.1942. BAR, E 2300, 1000/716, Bd. 105; abgedruckt in Hîncu (Hg.), Confidențial!, 121–127.

te der Chef der Nationalen Bauernpartei den Marschall zu überzeugen, den rumänischen Kriegsbeitrag auf ein Mindestmaß zu reduzieren und die Verfolgung der Juden einzustellen. Erneut habe Ion Antonescu sein Vertrauen auf einen deutschen Sieg, wenigstens an der russischen Front, bekundet. Hinsichtlich der Juden habe er wiederholt, die Juden Bessarabiens und der Bukowina seien antirumänisch und bolschewistisch; sie hätten ihr Schicksal verdient. Maniu hatte den Eindruck, gegenüber den anderen Juden sei Ion Antonescu geneigt, mehr Milde walten zu lassen, „soweit Hitler ihm dies erlaubt".[287]

In der Sache – aber nicht unbedingt in den Details – stimmt die Darstellung René de Wecks mit der des rumänischen Geheimdienstes SSI überein. Dieser berichtete 1943 rückblickend, Maniu habe als Argumente gegen eine Deportation der Juden Siebenbürgens die Beschlüsse von Alba Iulia angeführt sowie die Tatsache, dass die Ungarn solche Maßnahmen nicht getroffen hätten.

> „Die Deutschen, so sagt Maniu, wollen die Juden aus Siebenbürgen eliminieren, um damit eine wirtschaftliche Konkurrenz auszuschalten und ein Protektorat vorzubereiten."[288]

Bei Ion Antonescu habe Maniu gegen die Deportierungen protestiert und auf die negativen Konsequenzen für das Land hingewiesen. Über diese Intervention habe er die Gesandten dreier neutraler Länder – Schweiz, Schweden, Türkei – informiert, als diese ihn mit Fotos von in Schulen versammelten Juden konfrontiert hätten.

Wie schon erwähnt sagte Nandor Gingold im 1960er Jahrzehnt aus, Richter habe ihm seinen Deportationsplan offengelegt, woraufhin von ihm unter anderem Filderman unterrichtet worden sei. Er datiert dies auf Ende Oktober / Anfang November 1942. Darüber hinaus führte Gingold aus, Richter habe für diese Aktion die Unterstützung der „Judenzentrale" angefordert; Einzelheiten wollte er später mitteilen. Lecca habe Richter darauf aufmerksam gemacht, dass der Plan nicht so schnell wie vorgesehen zu verwirklichen sei; er müsse gut vorbereitet werden, um das Wirtschaftsleben nicht zu desorganisieren. Auf diese Weise habe man die Durchführung des von Richter erarbeiteten Plans verzögern wollen. In der Zwischenzeit seien die erforderlichen Schritte zu dessen Vereitelung unternommen worden.[289]

Detaillierter ist das von Wilhelm Filderman gezeichnete Bild über jene Ereignisse. Demnach verfasste Filderman am 22. August 1942 ein Memorandum an die rumänische Regierung wegen der im *Bukarester Tageblatt* vom 8. August angekündigten Deportation. Als Argument dagegen führte er vor allem an, die Juden in Kernrumänien seien loyal und

[287] Weck, Journal de guerre, 310.

[288] Raport asupra activității grupării național-țărăniste și a lui Iuliu Maniu, de la 1.9.1940 până în prezent [Mai 1943]. Cristian Troncotă / Alin Spânu / Florin Pintilie, Documente SSI despre poziția și activitățile politice din România. 6 Septembrie 1940 – 23 August 1944, Bd. 2. București 2006, Dok. 82, 171f., Zitat 172.

[289] Protokoll einer Zeugenvernehmung. BStU, MfS, HA IX/11 RHE West 270, Bd. 1, Bl. 152f.

wirtschaftlich nützlich, was auch für die noch in der Bukowina verbliebenen Juden gelte.[290] Des Weiteren intervenierte er bei Innenminister Popescu.[291]

Am 24. September 1942 fand sich Mathias Grünberg-Willman bei Filderman ein und berichtete, Richter arbeite an einem Deportationsprojekt. Grünberg-Willman forderte Filderman auf, mit Richter zu sprechen; einige Erleichterungen seien zu erreichen.[292] Am 27. September drang Grünberg-Willman erneut in Filderman, doch einmal Richter zu treffen. Das könne auch auf neutralem Terrain geschehen, also weder in der Gesandtschaft noch in Richters Wohnung. Filderman gab zu bedenken, eine solche Zusammenkunft nicht ohne Billigung der rumänischen Regierung wagen zu wollen, damit nicht etwa der Eindruck entstünde, Rumänien sei ein Vasall Deutschlands. Auch brauche er die Gewissheit, etwas bewirken zu können. Man verblieb mit dem Ausblick, Filderman werde sich die Sache noch einmal überlegen.[293]

Am 30. September 1942 erhielt Filderman den Besuch eines Vertreters der jüdischen Gemeinde in Lugoj, L. Sebestyén. Dieser dankte ihm für die Rettung der Juden Siebenbürgens und des Banats. Ein hoher lokaler Beamter habe ihm versichert, die Deportation sei verschoben worden. Angesichts der ihm gegenüber vorgebrachten Begründung war Sebestyén aufgefallen, dass Argumente benutzt wurden, die er aus Memoranden Fildermans kannte. Seitens jenes Beamten sei erklärt worden, Maniu habe interveniert und diese Argumente angeführt. Am Nachmittag desselben Tages suchte Grünberg-Willman Filderman auf und teilte mit, ein Treffen mit Richter sei nicht länger möglich, denn die rumänische Regierung habe infolge eines Memorandums Fildermans beschlossen, die geplante Deportation bis zum kommenden Frühjahr zu verschieben. Richter sei im Besitz einer Kopie des Memorandums und sehr verärgert über Filderman.[294]

Stefan Anthal, ein Vertreter des siebenbürgischen Judentums, diktierte Carp eine Erzählung über eine andere Intervention Fildermans. Anthal selbst sowie Wilhelm Filderman, L. Sebestyén und Aladár Lakatos hätten nach Veröffentlichung der Drohung (gemeint ist wiederum der Artikel im *Bukarester Tageblatt* vom 8. August 1942) mehrfach bei Unterstaatssekretär Vasiliu vorgesprochen. Eines Tages habe Vasiliu Anthal gerufen und ihm einen Befehl gezeigt, wonach die Deportation der Juden aus Siebenbürgen in zwei Tagen beginnen solle. Er sei bis nachts um 11 Uhr bei Vasiliu geblieben und habe diesen bedrängt. Der habe jedoch erklärt, nichts mehr tun zu können, denn der schriftliche Befehl Ion Antonescus liege bereits vor. Daraufhin habe er, Anthal, Filderman eingeschaltet, der erreicht habe, dass Vasiliu einen Bericht an Ion Antonescu geschrieben und dem Marschall vorgeschlagen habe, die Deportationen wegen des regnerischen Wetters auf das kommende Frühjahr zu verschieben. Dies habe von zwei bis vier Uhr nachts gedauert. Am zweiten Tag danach habe

290 Filderman, [Notă], 22.8.1942. Ancel (Hg.), Documents, Bd. 4, Dok. 69, 125–128.

291 Filderman, Unterredung mit Popescu, 22.9.1942. Ebenda, Dok. 114, 241; siehe auch die zwei Einträge vom 21./22.9.1942 aus dem Tagebuch von Matatias Carp. Ebenda, Dok. 152, 301.

292 Filderman, [Notă], 24.9.1942. Ebenda, Dok. 118, 251.

293 Filderman, [Notă], 27.9.1942. Ebenda, Dok. 126, 259.

294 Filderman, [Notă], 30.9.1942. Ebenda, 259f.

Vasiliu dann die Zustimmung Ion Antonescus zu seinem Vorschlag erhalten. „Das war das einzige Mal, dass ich Filderman in Tränen gesehen habe."[295]

Freilich deutet diese Geschichte eher auf eine Erpressung durch Vasiliu, nachdem dieser wusste, dass die Entscheidung zur Aussetzung des Deportationsbefehls schon gefallen war.[296] Verdächtig ist die Herbeizitierung Anthals durch Vasiliu, obwohl der angebliche Befehl schon vorlag, und Vasiliu zunächst erklärte, daran sei nichts mehr zu ändern. Weshalb dann das Treffen mit Anthal? Schließlich wird durch Anthal Filderman eingeschaltet, und dieser erreicht von Vasiliu eine Intervention bei Ion Antonescu. Anthal sagt nicht, dass Wilhelm Filderman über die für eine Bestechung erforderlichen Gelder verfügte.

Aus diesen z.T. widersprüchlichen und in sich unstimmigen Darstellungen lässt sich herausfiltern, dass die am 10. Oktober 1942 von Mihai Antonescu im Ministerrat verkündete Entscheidung zur Einstellung der Deportation nach Transnistrien Ende September 1942 gefallen sein muss. Sie ging einher mit dem Abstoppen der Vorbereitungen für die Deportation aus Siebenbürgen und aus dem Banat. Zahlreiche Persönlichkeiten des rumänischen öffentlichen Lebens und Diplomaten neutraler Staaten hatten in diesem Sinne bei der rumänischen Regierung interveniert, und jeder der Petenten mochte sich einen Anteil an dem Verdienst für die Einstellung zuschreiben.

Ebenfalls als Erfolg verbuchte das zunächst die deutsche Seite. In einer Aktennotiz für Killinger hielt Gustav Richter am 12. Oktober 1942 fest, es seien deutsche Bedenken gegen die Deportationen nach Transnistrien erhoben worden, weil diese „vollkommen planlos und willkürlich" durchgeführt und propagandistisch gegen Deutschland verwertet würden, das man der „Barbarei" bezichtige. Auf wiederholte Vorstellungen des Gesandten, seiner eigenen Person sowie Leccas hin habe Mihai Antonescu schließlich reagiert und am 9. Oktober 1942 das Innenministerium angewiesen, die Deportationen nach Transnistrien sofort einzustellen.[297]

Anders als von Ion Antonescu gewünscht, gestattete die deutsche Seite auch weiterhin keine Abschiebungen in deutsches Besatzungsgebiet. Nochmals wurde die deutsche Ablehnung sichtbar, als Richter am 26. September 1942 beim Bukarester Außenministerium verlangte, in der rumänischen Presse sollten keine Artikel mehr über die angeblich kommende Deportation aller Juden über den Bug publiziert werden. Solche Artikel seien in den Zeitungen *Capitala* und *Porunca Vremii* erschienen[298] – wobei letzteres Blatt ohne die Subventionen der DGB längst verschwunden wäre.

Am 4. Oktober 1942 verfertigte Richter einen Aktenvermerk zu den Bug-Abschiebungen für Stelzer „mit der Bitte um Kenntnisnahme und weitere Veranlassung". In der Presse war eine Äußerung Alexianus während einer Verwaltungskonferenz in Odessa am 21. Sep-

[295] Carp, Diktat von Anthal über Intervention mit Filderman bei Vasiliu, [?].10.1942. Ebenda, Dok. 145, 290.

[296] Eine ähnliche Interpretation vertritt ANCEL, Contribuții, Bd. 2, Tlbd. 2, 257f.

[297] Richter, Vermerk, 12.10.1942. NA, RG 226, entry 19, XL 13166.

[298] Gheorghe Davidescu, Unterredung mit Richter, 26.9.1942. 1940–1942, Bd. 3, Tlbd. 2, Dok. 619, 369f.

tember 1942 wiedergegeben worden. Demzufolge hatte der Gouverneur von Transnistrien ausgeführt, Juden und „Zigeuner" müssten planmäßig zur Arbeit herangezogen werden; wer nicht arbeiten wolle, werde über den Bug abgeschoben. Nachdem, folgerte Richter, das rumänische Außenministerium durch Gheorghe Davidescu habe verlauten lassen, rumänischerseits hätten keine Deportationen über den Bug stattgefunden,

> „liefert die rumänische Presse selbst den Beweis dafür, dass auch heute noch derartige Absichten bestehen. Das Auswärtige Amt stand damals auf dem Standpunkt, dass Abschiebungen von Juden rumänischer Staatsangehörigkeit aus Transnistrien über den Bug in deutsches Operationsgebiet nur im Einverständnis mit dem Auswärtigen Amt und den zuständigen militärischen Stellen des Reichs erfolgen dürfen."[299]

Schon am 26. September habe er Davidescu gesprächsweise aufgezeigt, dass die rumänische Presse fortwährend die Deportierung von Juden über den Bug propagiere. Da ungeachtet aller Zusagen die entsprechende Agitation nicht eingestellt worden sei, habe er, Richter, es für angeraten gehalten, in einer Verbalnote das rumänische Außenministerium davon zu unterrichten, dass derartige Deportierungen „nicht erwünscht" seien.

Nun besaß die Aussage Alexianus noch eine andere Konnotation, die Richters Notiz nicht anspricht. Denjenigen, die angeblich nicht arbeiten wollten, mit der Deportation über den Bug zu drohen, bedeutete eine Drohung mit der Auslieferung an deutsche Kommandos, die in Transnistrien verschiedentlich jüdische Arbeitskräfte zwangsrekrutierten. Diese Praxis hatte sich herumgesprochen, und sie kam für diejenigen, die von solchen Kommandos mitgenommen wurden, einem Todesurteil gleich.[300]

Weshalb setzten sich deutsche Repräsentanten so vehement gegen die rumänischen Pläne für weitere Deportationsmaßnahmen Richtung Transnistrien ein, und weshalb gegen die Erwähnung einer Deportierung von Juden über den Bug?

Die wahrscheinlichste Erklärung besteht darin, dass diese Maßnahmen nicht nur den deutschen Plänen grundsätzlich zuwiderliefen, sondern auch geeignet schienen, Unruhe unter den Juden in Rumänien hervorzurufen, wodurch die deutsche Deportationsplanung beeinträchtigt zu werden drohte, die eigentlich geräuschlos vonstatten gehen sollte. Anlässlich einer Besprechung mit Vertretern verschiedener Ministerien (u. a. Franz Rademacher vom AA und Werner Feldscher vom Judenreferat des RMI) im RSHA über die „Endlösung der Judenfrage" hatte Eichmann am 6. März 1942 erklärt, die Juden sollten unter keinen Umständen von den Vorbereitungen zur „Evakuierung" Kenntnis erhalten; deshalb sei ab-

299 Richter an Stelzer, 4.10.1942. NA, RG 200, box 6, folder 55.

300 Siehe z. B. die Erinnerungen von Arnold DAGHANI, Lasst mich leben, Tel Aviv 1960; sowie zum historischen Kontext das Nachwort Lya Benjamins zur rumänischen Fassung: Arnold DAGHANI, Groapa e în livada cu vişini. Bucureşti ²2004, 223–248. Siehe auch Andrej ANGRICK, Forced Labor along the „Straße der SS", in: Forced and Slave Labor in Nazi-Dominated Europe. Symposium Presentations. Washington/DC 2004, 83–93, unter <http://www.ushmm.org/research/center/publications/occasional/2004-02/paper.pdf>

solute Geheimhaltung erforderlich.[301] Zweifellos hatte Gustav Richter dementsprechende Instruktionen erhalten.

Angesichts dessen stellt sich die weitere Frage, warum das *Bukarester Tageblatt* so breit und schockierend offen über Deportationsplanungen berichtete, und zwar in einer Form, die unter den potentiell Betroffenen äußerste Unruhe hervorrufen musste?

Ein erster Erklärungsansatz ist es, nicht zuletzt rekurrierend auf die wiederholten deutschen Interventionen hinsichtlich wirklicher oder vermeintlicher rumänischer Deportationen über den Bug, Sabotage gegen die rumänischen Deportationsplanungen nach Transnistrien anzunehmen. Demnach wären die gegen eine Deportation gerichteten jüdischen Aktivitäten von deutscher Seite durchaus gewollt gewesen. Viel gängiger und bis heute vorherrschend ist eine zweite Deutung: Mit dem von Mihai Antonescu unterzeichneten Schriftstück in der Tasche habe sich Richter bereits so sicher gefühlt, dass er den Juden Rumäniens triumphierend das ihnen bevorstehende Schicksal verkünden wollte.

Ein Zentralproblem nicht nur für Zeitgenossen, sondern auch für die historische Forschung lag und liegt darin, dass deutsche und rumänische Planungen nicht strikt genug auseinandergehalten werden.

Erstere Interpretation scheitert daran, dass es sich überhaupt nicht um die rumänischen, sondern um die deutschen Deportationspläne handelt, die in der Zeitung wiedergegeben werden. Nur ein Unterschied besteht, der die Konfusion mit hervorruft: Als Ziel wird Transnistrien genannt, was Ziel oder – genauer gesagt – Durchgangsstation rumänischer und nicht deutscher Deportationsplanungen war. Aber der sonstige Inhalt gibt ausschließlich die deutschen Deportationspläne wieder. Deren Ziel aber hieß nicht Transnistrien, sondern Generalgouvernement.

Die zweite Interpretation versagt am angegebenen Motiv. Dieses wird rein in der persönlichen Psychologie verankert, dem Gefühl des Sieges über die Juden Rumäniens, und nicht in dem, was vor allem anderen bedacht werden sollte: einer politischen Absicht. Wenn anstatt dessen sogleich auf die Psychologie verwiesen wird, handelt es sich entweder um bewusste Ablenkung von den wirklichen Hintergründen oder um schiere Hilflosigkeit mangels weiterer Argumente. Es kommt hinzu, dass die Veröffentlichung von Deportationsplanungen eklatant Eichmanns Forderung nach strikter Geheimhaltung widersprach. Allenfalls in damaligen Meldungen der Presse Deutschlands im Sommer und Herbst 1942 über das Schicksal der Juden der Slowakei findet das eine gewisse Parallele. Aber nur das *Bukarester Tageblatt* und diesem folgend die deutschsprachige Presse Rumäniens berichteten in diesem Sinne. Hingegen findet sich nichts Vergleichbares in der Presse Deutschlands über die Juden Rumäniens.

Somit bleibt die Frage bestehen: warum die Veröffentlichung der Deportationsplanung im *Bukarester Tageblatt*? Restlos aufklären lässt sich die Angelegenheit derzeit nicht. Jedoch

[301] Bericht über eine am 6.3.1942 im RSHA-Amt IV B 4 stattgefundene Besprechung, 9.3.1942. StA Frankenthal, 9 Js 143/61, Bd. 13, Bl. 2022–2024.

ist auch eine ganz anders gelagerte Erklärung in Betracht zu ziehen. Sie ist naheliegender als die bislang gängigen zwei Versionen.

Auch im Vergleich mit den meisten anderen deutschsprachigen Zeitungen befolgte das *Bukarester Tageblatt* 1942 eine rabiat antisemitische Linie. Zum einen setzte die Zeitung eine Vorgabe des Auswärtigen Amtes um, das im Frühjahr 1942 eine neue antisemitische Kampagne verordnet hatte;[302] zum anderen drängte gerade Killinger auf eine besonders radikale antisemitische Propaganda.[303]

Unmittelbar zuständig für die Lenkung des *Bukarester Tageblatts* als inoffizielles Organ der DGB war zu dieser Zeit der Presseattaché der DGB, Kurt Welkisch. Bei Bedarf redigierte er wichtige Leitartikel.[304] Killinger pflegte ein enges Verhältnis zu ihm; er hielt Welkisch für fachlich fähig und hegte keine Zweifel an dessen nationalsozialistischer Gesinnung.[305] Indes irrte sich Killinger hinsichtlich der ideologisch-politischen Ausrichtung Welkischs gründlich. Wie bereits erwähnt, war Kurt Welkisch sowjetischer Agent. Als überzeugter Gegner des Nationalsozialismus hatte er sich Mitte der 1930er Jahre in den Dienst der GRU gestellt. 1942 war er in einer schwierigen Situation, weil er den Kontakt zur Zentrale in Moskau verloren hatte; er suchte nach Wegen, diesen wiederherzustellen.

Gewiss hätte er nicht die Geheimhaltung und damit seine eigene Sicherheit aufs Spiel gesetzt. Es lässt sich aber durchaus die These vertreten, dass er es wagen konnte, unter dem Deckmantel der antisemitischen Propaganda, die das *Bukarester Tageblatt* zu betreiben hatte, eine als Triumphgeheul verpackte Warnung an die Juden Rumäniens einzuschmuggeln. Sein späteres Verhalten belegt eine feste persönliche Überzeugung. Er war nämlich nicht bereit, nach dem Sturz der Nazis als sowjetischer Agent in Westdeutschland zu arbeiten, obwohl er für seine Weigerung mitsamt Familie einen hohen Preis zahlen musste. Er wurde Agent, weil er den Nationalsozialismus ablehnte und nicht einfach wegen seiner kommunistischen Überzeugung. Jeder Geheimdienst ist sich der Schwierigkeiten bewusst, die ein Agent mit festem eigenem Kompass bereiten kann. Diese Gesinnung von Kurt Welkisch war geeignet, auf eine Art und Weise in die geplante Deportation der jüdischen Bevölkerung Südsiebenbürgens und des Banats einzugreifen, die eigentlich für einen Agenten untypisch ist.

Binnen zweier Tage nach dem Stopp der Deportationen nach Transnistrien meldete der SSI, diese Entscheidung habe ein sehr positives Echo unter neutralen Diplomaten und in Kreisen der Oppositionsparteien hervorgerufen. So habe der Schweizer Gesandte, René

302 Richter berief sich auf eine entsprechende Aussage Welkischs. Unter Hinweis auf diese Anordnung des AA sei er beauftragt worden, einen Artikel über die „Judenfrage" in Rumänien zu schreiben. Vgl. Meyer an Landgericht Frankenthal, 3.9.1980. StA Frankenthal, 9 Js 143/61, Bd. 23, Bl. 6586f.

303 Ein Beispiel dafür ist zu finden in ebenda, Bl. 6589f.

304 Ebenda, Bl. 6588f.; Vernehmungsniederschrift Gustav Richter, 26.11.1964. StA Frankenthal, 9 Js 143/61, Bd. 4, Bl. 611. Zur allgemeinen Aufgabe Welkischs siehe The Press Department of the German Legation in Bucharest, 10.1.1945. NA, RG 226, entry 108a, box 177.

305 Killinger an AA, 1.4.1944. PAAA, R 16387.

de Weck, am 14. Oktober die Ansicht geäußert, die Entscheidung sei der Intervention von Vertretern neutraler Mächte zu verdanken. Diese hätten alle Mittel genutzt, um der rumänischen Regierung die eventuellen Konsequenzen der Deportationen aufzuzeigen. Insbesondere Nuntius Cassulo habe die rumänische Regierung wiederholt auf die Gebote der Menschlichkeit hingewiesen. Desgleichen wird Iuliu Maniu mit einer Äußerung über die Verdienste der Diplomaten zitiert. Maniu erklärte demnach überdies, das *Bukarester Tageblatt* habe mit einem unverschämten Artikel, in dem Regierungsmitglieder als „Judenknechte" angegriffen worden seien, letztlich den Juden einen Dienst erwiesen.[306]

In seinem Bericht vom 16. Oktober 1942 an das Schweizer Außenministerium hatte René de Weck hingegen angenommen, mit den „Judenknechten" im Artikel des *Bukarester Tageblattes* vom 11. Oktober 1942 seien, ohne sie namentlich zu nennen, vor allem der päpstliche Nuntius und Maniu gemeint. Richtete sich der in dem Artikel erkennbare deutsche Zorn vor allem gegen diese beiden, hatten laut dem Schweizer Gesandten auch die Erklärungen Roosevelts, Churchills und Stalins, wonach alle Gräuel bestraft werden sollten, ihre Wirkung auf den Ministerrat.[307]

Während eines am 1. Dezember 1942 geführten Gesprächs teilte René de Weck „völlig persönlich und freundschaftlich" Mihai Antonescu mit, dass der Stopp der Deportationen nach Transnistrien „auf das Washingtoner Kabinett einen guten Eindruck gemacht hat", und zweifellos sei das auch in die Entscheidung des State Department eingeflossen, Ex-König Carol die Einreise zu verweigern.[308]

Allerdings kann aus diesem Tagebucheintrag nicht gefolgert werden, der Schweizer Gesandte habe eine Botschaft der USA überbracht. Zwar hatte es das Gerücht einer Demarche Washingtons oder Londons gegen die Deportationen nach Transnistrien gegeben; auch war trotz aller Dementis die Annahme verbreitet, René de Weck sei der Mittelsmann.[309] Doch stützt man sich auf dessen Bericht vom 24. September 1942 an die Berner Zentrale, war das Ondit nicht durch Fakten untermauert. Es nutze nichts, ist da aus der Feder des vermeintlichen Überbringers zu lesen, wenn er, René de Weck, es immer wieder dementiere; das Gerücht verbreite sich trotzdem. Sogar die „ernsthaftesten politischen Persönlichkeiten" beteiligten sich daran. Aus diesem Geschehen folgerte er, „falls London oder Washington die von jedermann wohl erwartete Demarche unternähmen, wäre der Widerhall beträchtlich".[310]

306 Buletine rezumative ale informaţiilor culese 1942, [15.10.1942]. USHMM, RG 25.004M, reel 14.

307 Weck, Rapport Politique Nr. 76, 16.10.1942. BAR, E 2300, 100/716, Bd. 105.

308 Weck, Journal de guerre, 330. Tags darauf berührte René de Weck in seinem Bericht an die Berner Zentrale dieses Sujet nicht (vgl. Weck, Rapport Politique Nr. 85, 2.12.1942, E 2300, 1000/716, Bd. 105).

309 Gerüchte über eine amerikanische Demarche und über die Rolle des Schweizer Gesandten René de Weck bei deren Übermittlung werden in der Literatur weithin als Tatsache geschildert. So unter Berufung auf eine Meldung Killingers vom 2.10.1942 nach Berlin: Balta, Rumänien und die Großmächte, 294; und, dies übernehmend, Solonari, Purifying the Nation, 296.

310 Weck, Rapport Politique Nr. 70, 24.9.1942, E 2300, 1000/716, Bd. 105; abgedruckt in Hîncu (Hg.), Confidenţial!, 131–134.

Nicht nur neutrale Diplomaten und innenpolitische Rivalen Ion Antonescus hatten gegen die Deportationen nach Transnistrien interveniert. Vorderhand überraschend ist eine andere Quelle: die Spitzen der DGB Killinger und Stelzer, nicht zuletzt aber Gustav Richter. Aus den Aufzeichnungen Killingers und Richters gehen die deutschen Beweggründe hervor. Demnach war der 1941 der rumänischen Seite mitgeteilte Plan zur Konzentrierung der Juden in Südrussland obsolet geworden, weil die deutschen Planungen sich verändert hatten. Das wiederholte Richter, als er Mihai Antonescu in dem Treffen am 22. Oktober 1942 vorhielt, als „Aussiedlungsgebiet" für die zu deportierenden Juden sei, wie in den „einschlägigen Besprechungen" immer wieder betont, nicht die Gegend jenseits des Bug, sondern das Generalgouvernement vorgesehen.[311]

Noch eine ganze Weile hielt die rumänische Seite an dem ursprünglichen Plan fest. Obschon die Quellen nicht eindeutig sind, vermitteln sie den Eindruck, als hätten Ion und Mihai Antonescu ihre Zustimmung zur Deportation eines Teils der Juden aus Kernrumänien an die deutsche Erlaubnis zur Abschiebung der in Transnistrien befindlichen Juden über den Bug gekoppelt. Diesen Konnex nahm die deutsche Seite nicht ernst; sie verstand nicht, weshalb die rumänische Seite so obstinat an Planungen festhielt, die nach deutscher Auffassung veraltet waren.

Aus heutiger Sicht bedeutete die von Mihai Antonescu verkündete Einstellung der Deportationen nach Transnistrien das Ende für alle Pläne zur Deportation von Juden aus Kernrumänien. Ganz anders stellte sich das damals aus deutscher Perspektive dar. Man verbuchte die Entscheidung des rumänischen Ministerrats als Sieg! Zwar zeichnete sich das rumänische Zögern ab, den deutschen Forderungen nach Preisgabe der Juden Südsiebenbürgens und des Banats nachzukommen; doch schien das noch keine endgültige Rücknahme der rumänischen Einwilligung zu bedeuten.

[311] Richter, Stand der Frage der Aussiedlung der Juden aus Rumänien, o. D. ADAP, E, Bd. 4, Dok. 230, 411.

5 Dissens: 1943/1944

5.1 Fortgesetzte deutsche Versuche zur Einbeziehung in die „Endlösung der Judenfrage"

Als Mihai Antonescu am 11. November 1942 Richter zusammen mit Lecca empfing und erklärte, er lehne gegen Wehrlose gerichtete „barbarische Maßnahmen" und „Terrorakte" ab, brachte er der deutschen Seite erstmals offen die veränderte Haltung der rumänischen Regierung hinsichtlich einer Deportation zur Kenntnis.[1]

Dieser Kurswechsel zeigte sich 1943 im hinhaltenden rumänischen Widerstand gegen das hartnäckige deutsche Drängen, die rumänischen Juden in das Generalgouvernement deportieren zu lassen, sowie in einer Wiederaufnahme der Bemühungen um die Auswanderung von Juden nach Palästina. Im April 1943 stellte Rumänien auch die im Ausland lebenden Juden mit rumänischer Staatsbürgerschaft wieder unter seinen Schutz.

Nicht nur beharrte Deutschland auf einem Auswanderungsstopp und auf seiner Forderung nach Deportation ins Generalgouvernement, sondern erweiterte den Kreis der Betroffenen, indem es seine Bereitschaft bekundete, alle Juden im rumänischen Machtbereich, einschließlich der in Transnistrien befindlichen, in das Generalgouvernement zu deportieren.

In dieser Phase der Divergenz wurde die Frage einer Deportation in Bukarest ausschließlich zwischen Killinger einerseits sowie Ion und Mihai Antonescu andererseits behandelt und auf höchster Ebene während der Treffen Ion Antonescus mit Hitler und Ribbentrop sowie dann auch wieder – nach Aufhebung der Kontaktsperre – zwischen Mihai Antonescu und Ribbentrop. Gustav Richter spielte in diesem Bereich keine Rolle mehr. Für das Jahr 1943 gibt es keine einzige Notiz Mihai Antonescus über ein Gespräch mit Richter. Nun würde das alleine keineswegs bedeuten, solche Begegnungen hätten nicht stattgefunden. Indes finden sich auch auf deutscher Seite keine Aufzeichnungen über Interventionen Richters bei Mihai Antonescu. In seinen Nachkriegsaussagen erwähnte Richter nur, Anfang 1943 noch einige Male bei Mihai Antonescu gegen eine Auswanderung von Juden protestiert zu haben. Allem Anschein nach wurde er danach als „Judenberater" nicht mehr empfangen.

1 Vgl. Mihai Antonescu, Unterredung mit Richter und Lecca, 11.11.1942. AMAE, fond 71 România, dosar 85, Bl. 303–306.

Richter beschäftigte sich mit polizeilichen und nachrichtendienstlichen Aufgaben, mit seinen Agentennetzwerken und der Pflege seiner Karteien. Die Betätigung als „Berater für Judenfragen" konzentrierte sich auf die Beobachtung prominenter jüdischer Persönlichkeiten, vor allem Fildermans und der Repräsentanten zionistischer oder internationaler jüdischer Organisationen. Verschiedentlich diente er den rumänischen Behörden die von ihm gesammelten Materialien an und versuchte – mit wechselndem Erfolg – Ermittlungsverfahren in Gang zu setzen, Verhaftungen zu erreichen und Verurteilungen zu erwirken.[2] Im November 1943 schlug Killinger Kaltenbrunner vor, Richter zum Polizeiattaché zu ernennen. Seit dem Weggang Böhmes war dieser Posten wieder längere Zeit vakant gewesen. Noch im Januar 1943 hatte Killinger als Böhmes Nachfolger den in Transnistrien tätigen SS-Oberführer Horst Hoffmeyer empfohlen.[3] Auch Mihai Antonescu hatte zu jener Zeit gegenüber Hermann von Ritgen Hoffmeyer ins Spiel gebracht.[4] Indes war diese personelle Option nicht gewählt worden und die Stelle des Polizeiattachés blieb 1943 unbesetzt. Danach präferierte Killinger die Einsetzung Richters.

In der Begründung für seinen Vorschlag an Kaltenbrunner lobte Killinger die bisherige Tätigkeit Richters. „Über den Rahmen eines Beraters hinaus" sei es diesem „auch gelungen, die Beobachtung der rumänischen Judenschaft im Allgemeinen mit allen Verflechtungen und ihren Verbindungen nach dem Auslande durchzuführen". Dabei habe sich „zwangsläufig eine Erweiterung seines Aufgabenbereiches" ergeben, nämlich die „Beobachtung aller verdächtigen Personen, die mit Juden in Zusammenhang stehen, Spionageverdächtigen etc". Deswegen habe er Richter „auch die Überwachung der Passstelle übertragen". Killinger lobte die „gute Verbindung zu rumänischen Polizeistellen" und bescheinigte Richter, sich „durch sein rücksichtsloses und markantes Wesen würdig eingeführt" zu haben. „Eigentlich" übe Richter „bereits die Tätigkeit eines Polizei-Attachés aus".[5]

Offiziell bezog Richter den Posten des Polizeiattachés am 29. Dezember 1943. Er selbst berief sich später darauf, in der Ernennungsurkunde ausdrücklich von seinen Aufgaben als „Berater für Judenfragen" entbunden worden zu sein.[6] Allerdings wandte die gegen ihn

2 Das tags zuvor über das AA an Kaltenbrunner gerichtete Schreiben wird zitiert in Killinger an AA, 12.11.1943. PAAA, R 29710, Bl. 25f

3 Killinger an Luther, 21.1.1943. PAAA, R 29708, Bl. 106.

4 Mihai Antonescu, Unterredung mit Ritgen, 26.1.1943. AMAE, fond 71, România, dosar 86, Bl. 54f.

5 Vgl. Killinger an AA, 12.11.1943. PAAA, R 29710, Bl. 25f. Volksgruppenführer Andreas Schmidt missfiel das enge Verhältnis zwischen Killinger und Richter. Seinem Schwiegervater Gottlob Berger schrieb er: „Der Polizeiattaché Richter spielt ja seit Jahren in diesem Lande auf zwei Klavieren, tut vor Killinger genau so schön, wie vor seiner Dienststelle. Killinger wollte ja auch nur ihn als Polizeiattaché haben." (Andreas Schmidt an Berger, 18.5.1944. BArch, NS 19/2859, Bl. 88.)

6 Siehe z. B. Protokoll über die Vernehmung des ehemaligen Polizei-Attachés der deutschen Botschaft in Rumänien Gustav Richter, 5.10.1947. StA Frankenthal, 9 Js 143/61, Bd. 20, Bl. 5713; Zeugenaussage Gustav Richter (1 Js 1/65), 13.6.1967. StA Frankenthal, 9 Js 143/61, Bd. 13, Bl. 2042. 1967 kommentierte Richter: „Ich war sehr froh darüber, dass ich Polizeiattaché wurde und die mir zuwider gewordene Tätigkeit des Judenberaters nicht auszuüben hatte." (Ebenda.)

ermittelnde Staatsanwaltschaft Frankenthal 1972 ein, zwar sei das richtig, doch nur als rein formelle Floskel zur außenpolitischen Absicherung zu werten, da die Polizeiattachés laut Dienstanweisung vom 28. August 1941 gehalten gewesen seien, auf jede innenpolitische Einmischung zu verzichten.[7] Im Gegensatz zu Richters Behauptung bestätigte Killinger am 1. Februar 1944 dem Auswärtigen Amt, mit dessen Vorschlag, dass „Richter gleichzeitig die Funktionen eines Beraters für Judenfragen beibehält“, sei er „vollkommen einverstanden“. Dabei handle es sich um „die praktischste Lösung, da er auf diesem Gebiet eingearbeitet ist“. Somit erübrige sich „die Kommandierung eines besonderen Beraters für Judenfragen“.[8] Auf diese Weise vermied der Gesandte, dass ein anderes, ihm unbekanntes Mitglied des RSHA nach Bukarest kam. Gewiss wirkte die Erinnerung an Böhme nach.

Mihai Antonescu empfing Richter noch ein einziges Mal, als dieser am 1. Februar 1944 seinen Antrittsbesuch als Polizeiattaché abstattete. An erster Stelle drückte Mihai Antonescu sein Vertrauen aus, Richter werde die rumänische Souveränität achten – womit der stellvertretende Ministerpräsident unmissverständlich illustrierte, worauf es ihm vor allem anderen ankam. Glaubt man seinen eigenen Aufzeichnungen, blickte Mihai Antonescu alsdann in die Vergangenheit zurück. Von Beginn seines Aufenthalts in Rumänien an, zu einem Zeitpunkt, als die deutschen Vorschläge in der „jüdischen Frage“ „sehr weitgehend“ gewesen seien, habe Richter Verständnis für die rumänische Haltung an den Tag gelegt. Rumänien sei immer gegen eine „physische Lösung“ und gegen „Akte des Terrors“ gewesen und für die Auswanderung als einzige „Lösung“. Richter habe sich in dieser Richtung als hilfreich erwiesen.[9]

Diese Behauptungen Mihai Antonescus stehen in eklatantem Widerspruch zu den vorliegenden Dokumenten aus der Zeit bis zum Herbst 1942. Zum einen sah die rumänische Führung keineswegs durchweg einzig in der Auswanderung eine „Lösung“. Zum anderen hat Richter in seinen Nachkriegsaussagen niemals behauptet, Rumänien dabei behilflich gewesen zu sein, deutsche Forderungen zu unterlaufen oder auch nur abzumildern. Noch vor der bundesdeutschen Justiz betonte Richter seine Pflichterfüllung und sein Bemühen, den Vorgaben Eichmanns zu entsprechen.

Wahrscheinlich hat sich Mihai Antonescu in dem Sinne geäußert, wie er es schriftlich fixiert hat. Freilich ging es ihm überhaupt nicht um eine Verzerrung der Haltung Richters, sondern diese wurde wahrheitswidrig geschildert, um etwas anderes zu verhüllen, nämlich die eigene Politik gegenüber den Juden bis zum Herbst 1942. Mihai Antonescu konnte mit Sicherheit davon ausgehen, dass ihm weder Richter noch der ebenfalls anwesende Stelzer, die es beide besser wussten, anlässlich eines Antrittsbesuchs widersprechen würden. Längst erwartete Mihai Antonescu das Ende und bereitete sich auf seine Verteidigung vor.

7 Dürk (Leitender Oberstaatsanwalt), Vermerk, 31.10.1972. StA Frankenthal, 9 Js 143/61, Bd. 21, Bl. 5937.

8 Zitiert nach ebenda, Bl. 5938.

9 Mihai Antonescu, Unterredung mit Richter und Stelzer, 1.2.1944. AMAE, fond 71, România, dosar 88, Bl. 56f.

Was hat es mit dem Sinneswandel der rumänischen Regierung im Herbst 1942 auf sich? Denn ein solcher hat nachweislich stattgefunden. Demgegenüber versuchte Mihai Antonescu den Eindruck zu erwecken, als ob auch vorher die Politik gegenüber den Juden genau dieselbe gewesen sei wie seit dem Herbst 1942.

Im Ministerrat deutete sich eine Änderung an, als Mihai Antonescu am 29. September 1942 ein Thema ansprach, das lange Zeit vermieden worden war: die Auswanderung von Juden. Die wollte er von der „Judenzentrale" organisiert wissen, und zwar so, dass Einkünfte für den Staat generiert würden.[10] Das ließ sich noch mit Vorschlägen Richters aus der ersten Jahreshälfte 1941 vereinbaren, als dieser unter anderem die Einrichtung eines Auswanderungsfonds vorgesehen hatte.[11] Auch in der Sitzung vom 13. Oktober 1942 streifte Mihai Antonescu die Auswanderung als Einnahmequelle. Nicht alles dürfe die Regierung Privaten überlassen; sie müsse die Rahmenbedingungen der Auswanderung bestimmen, etwa die Höhe der zu entrichtenden Steuern und die Modalitäten des zu leistenden Vermögensverzichts.[12]

In einer der ersten Sitzungen der Interministeriellen Kommission zur Regelung der „Judenfrage" wurde gleichfalls die Auswanderung erwähnt. Am 30. November 1942 teilte Radu Lecca den Versammelten mit, Ion Antonescu habe entschieden, die in Transnistrien befindlichen deportierten Juden gegen Zahlung von mindestens drei Milliarden Lei nach Palästina ausreisen zu lassen. Vasiliu sah jedoch Probleme bei der praktischen Umsetzung dieses Vorhabens, da es sich immerhin um ca. 82 000 Personen handle.[13]

Berlin widersetzte sich dem Projekt Ion Antonescus. Luther ließ die DGB am 9. Januar 1943 wissen, der von Lecca vorgebrachte Plan einer jüdischen Auswanderung nach Palästina und Syrien

> „stellt innerhalb der von der deutschen Regierung verfolgten Grundlinien einer europäischen Lösung der Judenfrage eine untragbare Teillösung dar, deren Durchführung mit allen Mitteln verhindert werden sollte."[14]

Deshalb sei Lecca zu sagen, der Vorschlag stoße in Berlin auf allerschwerste Bedenken. Als Gründe führte Luther an, ein solches Vorgehen würde das Vertrauensverhältnis zu den politischen Freunden im Nahen Osten belasten, und „80 000 innerlich auf der Seite unserer Kriegsgegner stehende Juden" wären eine Stärkung des Feindpotentials. Außerdem könne es nicht ohne Rückwirkung in Europa bleiben, wähle man plötzlich ein Vorgehen, das zuvor abgelehnt worden sei. Das würde als Zeichen von Schwäche gewertet.

Am 10. Januar 1943 traf Ion Antonescu mit Hitler in dessen Hauptquartier zusammen. Hauptthemen waren die Verwicklungen im Gefolge der Flucht Horia Simas und die Lage

10 Ciucă (Hg.), Stenogramele, Bd. 8, 212.

11 Richter's Activity, Report written by himself, 11.7.1941. NA, RG 226, entry 108a, box 178.

12 Ciucă (Hg.), Stenogramele, Bd. 8, 385.

13 Proces-Verbal a celei de a cincea comisiuni interministeriale, alcătuită conform dispozițiunilor Consiliului de Miniștri din 27.10.1942, 30.11.1942. ANR, PCM, Cabinet Civil, 1940/458, Bl. 47f.

14 Luther an DGB, 9.1.1943. ADAP, E, Bd. 5, Dok. 28, 52f.

in der Schlacht um Stalingrad.[15] Mihai Antonescu begleitete Ion Antonescu und führte verschiedene Wirtschaftsverhandlungen mit Ribbentrop, Funk und Clodius.[16]

Das Gespräch zwischen Hitler und Ion Antonescu fand in gespannter Atmosphäre statt. Während der Begegnung vormittags sei Hitler stehengeblieben, wie das deutsche Protokoll vermerkt. Demnach sprach Hitler sogleich die Affäre Sima an. Er betonte, Sima nicht zu schätzen; eindeutig habe er sich bereits im ersten Treffen für Ion Antonescu entschieden. Umso mehr habe ihn der Vorwurf getroffen, deutsche Stellen hätten die Flucht Simas ermöglicht. Sogar er selbst sei mit der Angelegenheit in Verbindung gebracht worden. Er, Hitler, habe angeordnet, Sima bei Rückkehr nach Deutschland erschießen zu lassen. Diesen Befehl habe er jedoch zurückgenommen, als ihm mitgeteilt worden sei, Ion Antonescu habe die Erschießung Simas zur Vorbedingung für die weitere Zusammenarbeit Rumäniens mit Deutschland gemacht.

Laut deutschem Protokoll hörte sich Ion Antonescu die „in sehr bestimmtem Ton" vorgetragenen Ausführungen Hitlers „etwas betreten" an und bestritt, irgendeine Art von Zusammenhang zwischen der Flucht Simas und Hitler hergestellt oder die Erschießung Horia Simas gefordert zu haben.

> „Er habe lediglich von der Verantwortung der deutschen Überwachungsstellen gesprochen, und Herr von Killinger müsse seine Äußerungen völlig missverstanden haben."

Er bat darum, diesen zu den Unterredungen beizuziehen – eine Bitte, der Hitler nicht entsprach.[17] Dann wandte sich, dem Protokoll zufolge, die Aufmerksamkeit der Lage an der Front zu und schließlich berührte Hitler noch wirtschaftliche Fragen.[18]

Am Abend wurden die Gespräche fortgesetzt, diesmal in Anwesenheit Ribbentrops, Keitels und Zeitzlers sowie Mihai Antonescus, Dobres und Stefleas. Hitler gab einen Überblick über die politische und militärische Lage der Achsenmächte. Er gestand ein, vor schweren Aufgaben zu stehen, zeigte sich jedoch zuversichtlich, dass Deutschland und seine Verbündeten den Kampf siegreich bestehen könnten. Seine Ausführungen gipfelten in der Behauptung, nur Stalin sei als „großer Gegner" zu bewerten, was die Zuversicht rechtfertige. Ion Antonescu stimmte in diesem Punkt zu und erklärte laut Protokoll, „dass Rumänien in den Krieg eingetreten sei, um alle ihm zur Verfügung stehende Kraft für die Erringung des Sieges einzusetzen".[19]

In einer Aufzeichnung aus dem Auswärtigen Amt vom 24. Mai 1943 heißt es rückblickend, Ion Antonescu habe „beim Besuch im Führerhauptquartier" (also am 10. und

[15] Vgl. Hillgruber (Hg.), Staatsmänner und Diplomaten bei Hitler, Bd. 2, Dok. 26/27, 196–208.

[16] Vgl. Paul-Otto Schmidt, Unterredung zwischen Ribbentrop und Mihai Antonescu in Anwesenheit Funks im FHQ am 11.1.1943, 13.1.1943. ADAP, E, Bd. 5, Dok. 30, 54–59.

[17] Hillgruber (Hg.), Staatsmänner und Diplomaten bei Hitler, Bd. 2, Dok. 26, 198.

[18] Ebenda, 199–201.

[19] Ebenda, 202–208, Zitat 208.

11. Januar)[20] seine „Bereitwilligkeit zur Aussiedlung zahlreicher Juden nach Russland" angedeutet, aber gleichzeitig erklärt, „dass er noch Bedenken hätte, da sie dort doch nur umgebracht würden".[21] Die referierten und zitierten deutschen Protokolle enthalten dazu nichts; rumänische Aufzeichnungen über die Gespräche vom Januar 1943 sind bisher nicht aufgefunden worden.

Wie ist das zu deuten? Man erfährt, dass die Deportation der Juden im direkten Kontakt Ion Antonescus mit Hitler bzw. Ribbentrop angesprochen wurde, obwohl die vorliegenden Protokolle dazu schweigen. Im einzelnen ist zu lesen, Ion Antonescu habe seine „Bereitwilligkeit" zu Deportationen von Juden aus dem rumänischen Machtbereich bekundet. Verbunden ist das jedoch mit der Nennung Russlands. Dort lag das von den Deutschen einst versprochene Deportationsziel, an dem die rumänische Führung festhielt, obwohl ihr die deutsche Seite wiederholt klargemacht hatte, dass es längst aufgegeben worden war. Dieses einstige Deportationsziel war freilich inzwischen auch deshalb illusorisch, weil die Front in den vergangenen Wochen weit nach Westen hin verschoben und Mitte Januar 1943 die Niederlage der in Stalingrad eingekesselten 6. Armee praktisch sicher war. Und dann kritisierte Ion Antonescu auch noch den Massenmord. Ungeachtet seiner grundsätzlichen „Bereitwilligkeit" zu Deportationen waren somit die anschließenden Aussagen faktisch eine Absage, auch wenn sie diplomatisch „Bedenken" genannt wurde. Dass diese nicht ausgeräumt werden konnten, musste Ion Antonescu wissen, und seine deutschen Gesprächspartner ohnehin. Ion Antonescu selbst hatte in Transnistrien nicht nur durch Kälte, Hunger und Krankheit viele Tote in Kauf genommen, sondern auch von ihm jetzt kritisierte Massentötungen vornehmen lassen. Es hatten sich freilich die Kriegsaussichten verschlechtert, was sich schon im Herbst 1942 abgezeichnet hatte. Und deshalb war inzwischen die Politik des Antonescu-Regimes gegenüber den Juden vorsichtiger geworden. Das wiederum konnte Ion Antonescu seinen deutschen Gesprächspartnern nicht ins Gesicht sagen. Zwar sind keine Ausführungen Ion Antonescus zum Thema Auswanderung festgehalten, doch ansonsten entsprach die Argumentation des Marschalls offenbar der Linie, die Mihai Antonescu in seiner Unterredung mit Richter und Lecca am 11. November 1942 erstmals gezogen hatte. Das in Transnistrien Geschehene konnte Ion Antonescu allerdings (noch) nicht leugnen. Schon deshalb beharrte er Anfang 1943 weiterhin – wie noch gezeigt wird – auf der Unterscheidung zwischen verschiedenen Gruppen von Juden.

Am 14. Januar 1943 schickte Heinrich Müller einen Bericht an Himmler über die „Gefährdung der im Rahmen der europäischen Gesamtlösung geplanten Judenendlösungsfragen in Rumänien". Der Bericht ist bislang nicht aufgetaucht; seine Existenz ergibt sich aus der Antwort Himmlers an Heinrich Müller vom 20. Januar 1943. Er scheint die in dem Bericht enthaltenen Forderungen nicht geteilt zu haben. Nicht zum ersten Mal seit Niederschlagung des Legionärsaufstandes Anfang 1941 äußerte sich Himmler sehr skeptisch:

20 Es kann nicht die Begegnung vom 13./14.4.1943 gemeint sein, denn diese fand auf Schloss Kleßheim statt. Siehe dazu die weiteren Ausführungen in diesem Kapitel.

21 Aufzeichnung über den gegenwärtigen Stand der Judenfrage, 24.5.1943. ADAP, E, Bd. 6, Dok. 54, 94–97, Zitat 96.

„In Rumänien ist im Augenblick meines Erachtens garnichts zu machen. Ich selbst neige zu der Ansicht, dass es besser wäre, wenn wir unseren Juden-Bearbeiter von dort zurückzögen. Teilen Sie mir darüber Ihre Meinung mit. In den nächsten Monaten wird auf dem Judengebiet dort bestimmt nichts geschehen. Wenn wir einen Bearbeiter dort haben, kann es nur sein, dass wir mit irgendetwas beschuldigt werden."[22]

Himmler stand offensichtlich noch unter dem Eindruck der Vorhaltungen, die ihm Hitler wegen der Flucht Horia Simas gemacht hatte. Er zog daraus die Konsequenz, vorläufig, bis zur Beruhigung der Lage, keine weiteren Schritte zu unternehmen, verzichtete also darauf, die rumänische Regierung zur Erfüllung ihrer Zusage zur Deportation Richtung Generalgouvernement zu drängen. Insofern bedeutete die Affäre um Horia Sima eine deutliche Entlastung für die rumänische Seite in der Deportationsfrage.

Ferner erreichten Himmler Informationen, die es ihm ebenfalls ratsam erscheinen ließen, erst einmal eine eher abwartende Haltung einzunehmen. Am 22. Januar 1943 empfing Ion Antonescu Volksgruppenführer Andreas Schmidt zusammen mit dem Bischof der evangelisch-lutherischen Kirche Siebenbürgens, Wilhelm Staedel (einem auf Druck der Volksgruppe im Januar 1941 eingesetzten fanatischen Nationalsozialisten). Allem Anschein nach nutzte Ion Antonescu Gespräche mit Andreas Schmidt zu Aussagen, die er Himmler zu Gehör bringen wollte. Am 22. Januar 1943 wurden verschiedene Themen abgehandelt, nicht zuletzt die Rekrutierung von Rumäniendeutschen für die Waffen-SS. Abschließend kam die Sprache aber auch auf die Juden. Andreas Schmidt fasste die diesbezüglichen Aussagen Ion Antonescus in seiner Aufzeichnung zusammen:

„Man würde ihn auch belasten wollen, weil er die Judenfrage nicht lösen würde. Der Marschall teilte mit, er könne die Judenfrage in Siebenbürgen und dem Banat nur dann lösen, wenn die Juden dazu einen ernsten Anlass geben würden. Die Judenfrage in Altrumänien jedoch habe er im Buchenland und in Bessarabien gelöst auf Grund dessen, dass die Juden bei dem Einmarsch der Bolschewisten in diese Gebiete sich gegen die rumänische Armee und Bevölkerung furchtbar aufgeführt hätten. Er hätte also einen ernsten Grund zur Lösung der Judenfrage in diesen Gebieten gehabt. In den weiteren Gebieten Altrumäniens jedoch könne er die Judenfrage jetzt noch nicht lösen, weil er bei der Machtübernahme eine Erklärung abgegeben habe, die er heute bedauere und die auf ungenügenden Informationen aufgebaut gewesen sei, wo er nämlich versprochen habe, nur diejenigen Juden aus Rumänien herauszutun, die nach der nationalen Einigung in diese Gebiete eingedrungen seien. Solange Staaten wie Italien und insbesondere Ungarn die Judenfrage nicht angegangen seien, könne er es sich nicht erlauben, die Judenfrage in Rumänien radikal zu lösen."[23]

In gleicher Weise hatte sich Ion Antonescu schon vorher gegenüber Killinger gerechtfertigt, der allerdings das Gehörte dem Auswärtigen Amt offensichtlich stark verkürzt zur Kenntnis brachte, als er am 12. Dezember 1942 die Haltung Ion Antonescus schilderte.

[22] Himmler an Heinrich Müller, 20.1.1943. BArch, NS 19/2859, Bl. 50.

[23] Andreas Schmidt, Unterredung mit Ion Antonescu, nachmittags gemeinsam mit Bischof Städel, am 22.1.1943, o. D. PAAA, R 99393.

„Eine Radikallösung lehnt er ab gegenüber den Juden, die nicht nachgewiesenermaßen bolschewistisch sind.“[24]

Gustav Richter führte 1962 aus, die Einstellung der rumänischen Regierung sei ihm klarer geworden, als ihm Gerhard Stelzer Anfang 1943 einen Bericht Killingers an das Auswärtige Amt zur Kenntnisnahme vorgelegt habe. Darin wurde eine Unterredung Killingers mit Ion Antonescu wiedergegeben, die etwa folgenden Inhalt gehabt habe:

„Er betrachte die Juden Altrumäniens als gute Rumänen und treue Staatsbürger. Dagegen handele es sich bei den Juden in den neubesetzten Gebieten Bukowina, Bessarabien und Transnistrien durchweg um Kommunisten, deren Schicksal ihn nicht interessiere. Er sei für deren physische Vernichtung.“[25]

Während Himmler taktische Zurückhaltung anordnete, hielt das Auswärtige Amt den Druck auf Rumänien und auf andere Verbündete aufrecht. So erinnerte Luther am 16. Januar 1943 den ungarischen Gesandten in Berlin, Döme Sztójay, daran,

„dass der Führer unter allen Umständen gewillt sei, alle Juden noch während des Krieges aus Europa zu entfernen, da diese, wie er ja genauestens wisse, ein Element der Zersetzung darstellten und in den meisten Fällen an vorkommenden Sabotageakten die Schuld trügen und sich im übrigen auch vornehmlich mit Feindspionage beschäftigten.“

Deutschland sei besorgt darüber, so Luther weiter,

„dass ein uns befreundetes Land mitten in Europa allein ca. 1 Million Juden beherberge. Wir könnten dieser Gefahr auf die Dauer nicht untätig zusehen.“

Sztójay habe die ungarische Politik mit den bekannten Argumenten entschuldigen wollen, dabei aber wenig Überzeugungskraft ausgestrahlt.

„Auf jeden Fall wird er dieses von mir betont sehr ernst gehaltene Gespräch nach Budapest weiterberichten und wir können nur hoffen, dass unser dauerndes Drängen doch einmal zum Erfolg führen wird.“[26]

Über dieses Gespräch informierte Luther auch Killinger, als dieser tags darauf, am 17. Januar, um Mitteilung bat, welche Haltung Ungarn und Italien augenblicklich zur „Judenfrage“ einnähmen. Denn, so hatte der Gesandte aus Bukarest gemeldet, die rumänische Regierung halte deutschem Drängen entgegen, Rumänien gehe doch schon „viel schärfer“ gegen die Juden vor als diese beiden Verbündeten.[27] Eine Woche später teilte Luther telegrafisch Killinger mit, was er dem ungarischen Gesandten gesagt hatte und fügte hinzu, der italienischen Regierung seien die Absichten Hitlers zur Entfernung der Juden aus Europa bereits im Zusammenhang mit der Einbeziehung der Juden italienischer Staatsangehörigkeit in die „Evakuierungsmaßnahmen“ in den besetzten Westgebieten bekanntgegeben worden.

[24] Killinger an AA, 12.12.1942. ADAP, E, Bd. 4, Dok. 279, 492f., Zitat 493.
[25] Zeugenaussage Gustav Richter (VU 16/54), 28.5.1962. StA Frankenthal, 9 Js 143/61, Bd. 4, Bl. 578f., Zitat Bl. 579.
[26] Luther, Notiz, 16.1.1943. PAAA, R 100881, Bl. 111f., Zitat 112.
[27] Killinger an AA, 17.1.1943. PAAA, R 100881, Bl. 122.

> „Diese Einstellung, die in der letzten Führerrede neuerlich in unbezweifelbarer Formulierung Ausdruck fand, wird von uns gegenüber sämtlichen europäischen Staaten vertreten."[28]

Luther wies Killinger an, der rumänischen Regierung aufzuzeigen, dass die „Juden Elemente der Zersetzung darstellen, Sabotage treiben und im feindlichen Spionagedienst stehen". Die deutsche Regierung verfüge über „zahlreiche Beweise". Die „Evakuierung" der Juden aus Europa sei daher „zwingendes Gebot der inneren Sicherheit des Kontinents". Das bisherige positive Verhalten der rumänischen Regierung in der „Judenfrage berechtige uns zu der Hoffnung, dass sie sich auch weiterhin beispielgebend für gemeinsame Interessen einsetze".[29]

Trotz Luthers Schreiben mahnte Killinger drei Tage später, am 26. Januar 1943, erneut das Auswärtige Amt zur Beantwortung der Anfrage der rumänischen Regierung hinsichtlich der Reaktion Italiens und Ungarns auf die deutschen Vorschläge zur „Lösung der Judenfrage".[30] Etwa zwei Wochen darauf musste das Auswärtige Amt zugeben, dass ungeachtet allen Drängens weder Ungarn noch Italien der Einbeziehung ihrer eigenen Staatsbürger in die deutsche Deportationsplanung voll entsprochen hätten. In beiden Ländern sei „die Bedeutung der jüdischen Gefahr noch nicht voll erkannt" worden.

> „Diese Rückständigkeit gewisser Völker kann jedoch niemals geeignet sein, die Rumänische Regierung, die die Gefahr der Judenfrage für ihr Volk bereits voll erkannt hat, daran zu hindern, auf dem nun einmal im ureigensten Interesse begangenen Weg weiterzugehen."[31]

Unter dem Datum des 17. Februar 1943 berichtete Killinger dem Auswärtigen Amt eine längere Besprechung mit Radu Lecca. Von diesem sei ihm der Standpunkt Ion Antonescus erläutert worden. Zudem habe er, Killinger, mit Mihai Antonescu über die Stellung Rumäniens zur „Judenfrage" konferiert. Dabei habe er angeregt, die rumänische Regierung möge ihre Haltung zur „Judenfrage" für die deutsche Seite schriftlich festlegen. Mihai Antonescu habe dies zugesagt und auch für die deutschen Forderungen Verständnis an den Tag gelegt. Er erkenne klar die „insbesondere von Juden ausgehende bolschewistische Propaganda".[32]

In den von Mihai Antonescu in diesen Monaten über seine Gespräche mit dem deutschen Gesandten verfertigten Notizen spielt die „jüdische Frage" bloß ganz am Rand eine Rolle. Während die Mitteilungen Killingers über die Haltung des Auswärtigen Amtes gar nicht auftauchen, wird dessen Wunsch nach einer schriftlichen Fixierung zwar erwähnt, doch anders wiedergegeben als in der deutschen Überlieferung. In der Aufzeichnung über eine Unterredung mit Killinger vom 4. März 1943 heißt es:

> „Herr von Killinger hat mir erklärt, er fühle sich unserem Land so verbunden, dass er auch in der jüdischen Frage unseren Standpunkt vertreten wolle, dass wir nämlich die Auswanderung erleichtern müssen, um zum einen die jüdische Frage, wenn auch nur zum Teil, zu

[28] Luther an DGB, 23.1.1943. ADAP, E, Bd. 5, Dok. 70, 134.
[29] Ebenda. Im Original (PAAA, R 100881, Bl. 124) steht „berechtige", in ADAP „berechtigte".
[30] Killinger an AA, 26.1.1943. PAAA, R 100881, Bl. 133.
[31] AA an DGB, 10.2.1943. PAAA, R 100881, Bl. 134.
[32] Killinger an AA, 17.2.1943. ADAP, E, Bd. 5, Dok. 138, 240.

lösen, und zum anderen dem Staat zu einer Zeit Einkünfte zu verschaffen, in der die Ausgaben dermaßen hoch sind. Er hat mich sogar gebeten, ihm eine diesbezügliche Denkschrift vorzubereiten."[33]

Die von Killinger angeforderte schriftliche Festlegung ging beim Auswärtigen Amt am 26. März 1943 ein. In dieser Denkschrift der rumänischen Regierung über die seit 1938 getroffenen antijüdischen Schritte heißt es gegen Ende:

> Für die endgültige Lösung des jüdischen Problems in Rumänien gibt es – unserer Meinung nach – nur eine einzige Lösung: *die Auswanderung*."[34]

Nunmehr sei eine solche Auswanderung möglich, weil die Regierungen der angelsächsischen Länder die Einwanderung von Juden „in gewissen Gebieten" zuließen. Auch stehe der zur Auswanderung benötigte Schiffsraum zur Verfügung. Eine solche Auswanderung sei sehr vorteilhaft für das Land. Einerseits würden „die unterminierenden Elemente beseitigt" und andererseits dem Staat „beträchtliche Einkünfte" aus zu erhebenden Auswanderungsgebühren zufließen. Dabei übergeht der Schriftsatz der rumänischen Regierung die gegen die Juden in Bessarabien, in der Bukowina und in Transnistrien unternommenen Aktionen mit Schweigen.

Entgegen dieser obstinaten Haltung Mihai Antonescus schien in einem ganz wesentlichen Punkt das deutsche Drängen erfolgreich zu sein. Am 26. Februar 1943 stimmte die rumänische Regierung zu, die von ihr favorisierte Auswanderung nach Palästina nunmehr doch wieder zu unterbinden. Dies berichtete Lecca am 1. März an Richter.[35] Ungeachtet dieser Zusicherung liefen jedoch die Auswanderungsanstrengungen der rumänischen Regierung weiter.

Obwohl Himmler die Lage in Rumänien aus seiner Sicht eher pessimistisch beurteilte, blieb das RSHA nicht völlig untätig. Es bemühte sich, wenigstens propagandistisch Deportationen aus Rumänien in das Generalgouvernement vorzubereiten. Schlaglichtartig zeigt das ein Briefwechsel um die – wenig erfolgreiche – Lancierung verharmlosender Artikel über die Zustände in deutschen Konzentrationslagern.

Gustav Richter schickte dem Presseattaché der DGB, Kurt Welkisch, am 9. März 1943 eine im Herbst 1942 erschienene Artikelreihe aus dem *Grenzboten*:

> „Da die rumänische Regierung und weite Kreise der Auffassung sind, dass die nach Polen ausgewanderten Juden erschossen würden, ist der Chef der Sicherheitspolizei und des SD da-

33 Mihai Antonescu, Unterredung mit Killinger, 4.3.1943. AMAE, fond 71, România, dosar 86, Bl. 179–185, Zitat Bl. 180.

34 So die Denkschrift zusammenfassend Killinger an AA, 26.3.1943. PAAA, R 100881, Bl. 156f. Als Anlage: Denkschrift bezüglich der vom Rumänischen Staat getroffenen Maßnahmen für die Lösung der Judenfrage in Rumänien, o. D. PAAA, R 100881, Bl. 158–166, Zitate Bl. 165f. Die hier kursiv ausgezeichneten Worte sind im Original unterstrichen.

35 Richter an Eichmann, 2.3.1943. PAAA, R 100881, Bl. 138. Vgl. auch die Weitergabe dieser Meldung auf deutscher Seite: Hahn (AA) an OKW (Sonderstab für Handelskrieg und wirtschaftliche Kampfmaßnahmen), 3.3.1943. URO, Dokumentensammlung, Bd. 3, 518.

ran interessiert, dass die von dem slowakischen Journalisten Fiala verfasste Artikelreihe in der deutschen und, soweit möglich, auch in der rumänischen Presse in Rumänien erscheint."[36]

Welkisch antwortete am nächsten Tag, die Artikel Fialas seien bereits im Vorjahr von der rumänischen Presse aufgegriffen worden, aber nicht in dem beabsichtigten Sinn. Damals hätten die deutschen Konsulate gemeldet, diese Artikel seien in der rumänischen Provinz von den Juden und der Opposition benutzt worden, um Propaganda gegen die „Judenpolitik" der rumänischen Regierung zu betreiben. Auch habe man Deutschland gegen Rumänien auszuspielen versucht. Scharf kritisiert worden sei, dass Deutschland ein „mildes Judenregime" propagiere, während von Rumänien „harte Maßnahmen" verlangt würden.[37] Welkischs Bemerkungen übernehmend, schickte Richter drei Monate später die Artikel an Boßhammer zurück.[38]

Am 31. März 1943 informierte Killinger den Reichsaußenminister über die Einstellung der rumänischen Regierung zu ihrem deutschen Bündnispartner. Mutmaßlicher Anlass war der bevorstehende Besuch Ion Antonescus auf Schloss Kleßheim. Killinger führte aus, seit einem Jahr sehr genau die Haltung der rumänischen Regierung zu England und zu den USA zu beobachten. Inzwischen habe er seinen schon länger gehegten Verdacht bestätigt gefunden, dass sich die rumänische Regierung mit Wissen Ion Antonescus gegenüber diesen Mächten absichere und keineswegs eine „klare Haltung" einnehme.

Unter anderem belegte Killinger das mit der rumänischen Haltung in der „Judenfrage": Während Rumänien zu Beginn des Krieges gegen die Sowjetunion „rigoros" gegen Juden vorgegangen sei, seien die „Zügel im Laufe der letzten Monate immer lockerer gelassen" worden. Ion Antonescus Bemerkungen zu Berichten (die Killinger also geläufig waren!) zeigten,

> „dass man radikale Lösung der Judenfrage gar nicht will, und zwar nicht etwa aus humaner Einstellung heraus oder aus wirtschaftlichen Gründen, sondern um die westlichen Demokratien, die unter Freimaurer- und Judenführung stehen, nicht gegen sich einzunehmen. Man fürchtet, dass, wenn die Judenfrage radikal gelöst wird, sich gesamte Judenschaft der Welt mit ihrer Propaganda auf Rumänien stürzen, und dass dadurch eine andere politische Lage gegenüber England und Amerika geschaffen wird."[39]

Auf Ribbentrops Rückfrage, wie er die Behauptung begründe, Ion Antonescu sei über die Strategie der Absicherung gegenüber den Westmächten voll im Bilde, rekurrierte Killinger unter anderem erneut auf die „Judenfrage": Radu Lecca, mit dem er „in engster Verbindung" stehe, liefere ihm „alle einschlägigen Berichte".

> „Die Randbemerkungen des Marschalls liefern den Beweis, dass er eine radikale Lösung der Judenfrage nicht will. Ich ansprach ihn auf die Judenfrage und sagte, dass, wenn überhaupt eine zweite Front in Rumänien bestehe, diese durch die Juden gebildet würde. Sie besorgen die Geschäfte der Feindmächte, wie defaitistische Flüsterpropaganda – Nachrichtendienst –

[36] Richter an Welkisch, 9.3.1943. NA, RG 226, entry 19, XL 13709.
[37] Welkisch an Richter, 10.3.1943. NA, RG 226, entry 19, XL 13709.
[38] Richter an Boßhammer, 10.6.1943. NA, RG 226, entry 19, XL 13709.
[39] Killinger an Ribbentrop, 31.3.1943. ADAP, E, Bd. 5, Dok. 268, 512–515, Zitat 514.

> Versuche Währung zu schwächen – Zurückhaltung von Waren – Weitergabe der feindlichen Reuteragenturnachrichten. Er meinte, er wisse darüber Bescheid, aber es würde ungeheuer übertrieben. Im übrigen hätte er in der Judenfrage viel mehr getan und wäre viel schärferer Vorkämpfer als Italien und vor allen Dingen Ungarn."[40]

Auffällig ist, dass Ion Antonescu zwischen März und Mai 1943 verschiedentlich Lecca wieder empfing (zuletzt war das Anfang 1941 geschehen). Am 10. April 1943 überbrachte Lecca eine Botschaft Killingers.[41]

Als sich Ion Antonescu am 12. April 1943 auf Schloss Kleßheim mit Hitler traf, wurde er mit einer Fülle von Vorwürfen wegen der Friedensfühler rumänischer Diplomaten konfrontiert. Hitler nahm insbesondere Mihai Antonescu aufs Korn, dem er vorwarf, Friedenssignale nicht nur für Rumänien auszusenden, sondern auch noch vorzugeben, für Deutschland zu sprechen.[42] In der deutschen Zusammenfassung dieses Gesprächs (für das es keine vergleichbare rumänische Parallelüberlieferung gibt) taucht zum Ende hin die „Judenfrage" auf – und damit zum ersten Mal überhaupt in einem erhaltenen Protokoll eines Gesprächs zwischen Hitler und Ion Antonescu. Das geschieht in einer Art und Weise, die auf tiefgreifende Meinungsunterschiede schließen lässt. Doch sei zunächst beschrieben, in welchem Zusammenhang diese Thematisierung der „Judenfrage" stand.

Folgt man dem deutschen Protokoll, erklärte Hitler bei dem Treffen am 12. April, das Gespräch mit dem unangenehmsten Teil beginnen zu wollen – also den Vorwürfen wegen rumänischer Friedensfühler – und nicht sofort eine Antwort zu erwarten. Darauf reagierte Ion Antonescu aber sogleich, indem er seine persönliche Loyalität beteuerte und auf die von Rumänien für die gemeinsame Sache gebrachten Opfer hinwies. Er versicherte, das Heft nach wie vor fest in der Hand zu haben. Weder Königshof noch Iuliu Maniu könnten die Politik Rumäniens beeinflussen. Ion Antonescu erklärte auch, niemals irgendeine Initiative zu ergreifen, „ohne den Führer vorher davon zu benachrichtigen".[43] Dieses „Gebot der einfachen Loyalität" werde er „unbedingt respektieren". Auch er gehe davon aus, dass von Russland her „die größte Gefahr" drohe.

> „Ein Kompromiss sei nicht möglich, sondern würde nur für Europa umso größere Schwierigkeiten schaffen. Der Krieg müsse bis zur letzten Konsequenz durchgeführt werden."

Hinsichtlich der Vorwürfe gegen Mihai Antonescu könne er versichern, dass dieser loyal zum Bündnis mit Deutschland stehe.

> „Es sei undenkbar, dass Mihai jemals Friedensbesprechungen eingeleitet oder bei Amerika oder anderen Ländern Unterstützung gesucht habe; denn er (der Marschall) würde jemand, der Deutschland gegenüber nicht loyal sei, nie an seiner Seite dulden."[44]

40 Killinger an Ribbentrop, 4.4.1943. PAAA, R 29709, Bl. 9–12, Zitate Bl. 11. Das Zitat Killingers wird mit allen sprachlichen Eigenheiten des verwendeten Telegrammstils wiedergegeben.

41 Vgl. Buzatu u. a. (Hgg.), Pace și război, Bd. 2, 265, 271, 275.

42 Hillgruber (Hg.), Staatsmänner und Diplomaten bei Hitler, Bd. 2, Dok. 29, 214–227, hier 217–223.

43 Ebenda, 224.

44 Ebenda, 224f.

Hitler forderte seinen Gesprächspartner nicht direkt auf, sich von Mihai Antonescu zu trennen; freilich stellte er Ion Antonescu anheim, die Folgerungen aus den Mitteilungen über Friedensfühler zu ziehen, wobei er unmissverständlich durchblicken ließ, eine Entlassung Mihai Antonescus zu wünschen.

In der Tat hatte Mihai Antonescu seit Ende September 1942 – nach dem Besuch in Winniza – begonnen, Möglichkeiten für einen Kompromissfrieden zu sondieren. Nicht nur der Schweizer Gesandte René de Weck hatte dies registriert;[45] auch der deutschen Führung war es nicht verborgen geblieben. Schon am 14. Oktober 1942 hatte Ribbentrop dem Gesandten in Bukarest telegrafiert, „aus streng geheimer Quelle“[46] sei bekannt geworden, dass Mihai Antonescu „in Besprechungen mit neutralen Missionschefs sich in Erörterungen über Friedensmöglichkeiten“ einlasse, die den Eindruck eines Zweifels der rumänischen Regierung am Sieg der Achse erweckten. Killinger wurde von Ribbentrop aufgetragen, bei passender Gelegenheit Mihai Antonescu darzulegen, die Gegenseite würde versuchen, jedes Eingehen auf Gespräche über Friedensmöglichkeiten als Schwäche auslegen.

Im Beisein Ribbentrops wurde die Unterredung zwischen Hitler und Ion Antonescu am 13. April 1943 fortgesetzt. Noch mehr als tags zuvor dominierten die deutschen Vorwürfe rund um die Friedenssondierungen. Die deutsche Seite drang auf die Entlassung Mihai Antonescus, ohne diese ausdrücklich zu fordern. Ion Antonescu spürte natürlich, dass seine Verbündeten auf den Rauswurf des Vizeministerpräsidenten pochten. Schließlich schien er nachzugeben. Obwohl dieser sein „volles Vertrauen“ genieße, habe er „in letzter Zeit mit Mihai Antonescu Schwierigkeiten gehabt“.[47] Als Grund führte Ion Antonescu entschuldigend an, „Mihai Antonescu habe zuviel gearbeitet und sich zu wenig geschont. Er sei daher jetzt völlig überanstrengt und ermüdet.“ Und dann kamen die entscheidenden Worte, auf die die deutschen Gesprächspartner gewartet hatten: Es schmerze ihn, sich von Mihai Antonescu zu trennen, nach all dem, was dieser für ihn, den Marschall, getan habe.

[45] Weck, Journal de guerre, 310, 314.

[46] Ribbentrop an Killinger, 14.10.1942. ADAP, E, Bd. 4, Dok. 48, 82f., Zitat 82. Der Reichsaußenminister dürfte tatsächlich auf mehrere Quellen angespielt haben. Zweifellos war vor allem das Forschungsamt gemeint. Hitler selbst sagte in der Unterredung mit Ion Antonescu am 13.4.1943, die Berichte über rumänische Friedenssondierungen beruhten „auf abgehörten Telephongesprächen und aufgefangenen und entzifferten Telegrammen“. (Hillgruber (Hg.), Staatsmänner und Diplomaten bei Hitler, Bd. 2, Dok. 30, 231.) Aus „fachlicher“ Sicht war diese Offenlegung des Forschungsamtes als Quelle durch Hitler denkbar dilettantisch, auch wenn es zur Druckausübung auf Ion Antonescu in dem Sinne gemeint war, die deutsche Regierung wisse ohnehin alles. Neben den auf Abhorchen und Entziffern beruhenden Berichten des Forschungsamtes war jedoch auch das sozusagen klassische geheimdienstliche Vorgehen mittels Agenten beliebt und wurde von Deutschland auch gegen Verbündete wie Rumänien eingesetzt. So betätigte sich ein Kurier der Schweizer Gesandtschaft als deutscher Spion – und zugleich als Kurier jüdischer Organisationen. Ein anderer, den Maniu als Mittelsmann zu den Westmächten nutzte, bediente auch – offenbar auf eigene Rechnung – die Geheimdienste dreier Länder: Rumänien, Deutschland und Großbritannien.

[47] Hillgruber (Hg.), Staatsmänner und Diplomaten bei Hitler, Bd. 2, Dok. 30, 228–233, Zitat 231.

„Ob diese Trennung im jetzigen Augenblick erfolgen würde, könne er nicht sagen." Eine sofortige Entscheidung wurde von Ion Antonescu ohnehin nicht erwartet, die Äußerung des „Staatsführers" jedoch so verstanden, dass die Entfernung des rumänischen Vizeministerpräsidenten folgen würde. Aber das tat sie mitnichten. Darob fühlte sich die deutsche Führung düpiert. Der kleinere Verbündete erbrachte auch hier bloß eine Scheinkonzession.

Nicht einmal auf eine solche Scheinkonzession ließ sich Ion Antonescu ein, sondern es entspann sich eine recht offen geführte Kontroverse, als schließlich die „Judenfrage" berührt wurde. Leider geht aus dem Protokoll nicht hervor, wer sie einführte. Womöglich war das Hitler, denn er wird sogleich mit der Meinung wiedergegeben, „in diesem Punkt – was jedoch keine Kritik bedeuten solle – anderer Auffassung" zu sein „als der Marschall und Admiral Horthy".[48] Ion Antonescu musste die Gleichstellung mit dem Reichsverweser schon deshalb unangenehm berühren, als es zum Selbstverständnis der rumänischen Führung gehörte, auch und gerade hinsichtlich des Antisemitismus sei Rumänien viel weiter gegangen als der ungeliebte Nachbar. Trotz der Beteuerung Hitlers, er übe keine Kritik, war es unverkennbar, dass die Beanstandung der rumänischen Politik durch den deutschen Verbündeten, die bis dahin die Unterredung beherrscht hatte, fortgesetzt wurde. Den Vorwürfen über Fühlungnahmen für einen Kompromissfrieden gesellte sich die Politik gegenüber den Juden als weiteres Monitum bei.

Zwei Unterschiede fallen freilich auf. Zum Ersten dominiert das Thema Kompromissfrieden die Gespräche, während die „Judenfrage" zwar erwähnt wird – im Unterschied zu vorhergehenden Protokollen –, jedoch einen viel geringeren Raum in Anspruch nimmt als das erste Thema. Zum Zweiten markiert Hitler beim Punkt „Judenfrage" ausdrücklich einen Meinungsunterschied mit Ion Antonescu, wohingegen dieser hinsichtlich des Kompromissfriedens von jeder Kritik ausgenommen wird.

Hitler begründete die Forderung nach weiteren Schritten in der antisemitischen Politik mit der Lage in Deutschland.

> „In dem Augenblick, in dem die Juden entfernt wurden, habe in der Wirtschaft, im Kulturleben und auf anderen Gebieten eine Blüte eingesetzt. In anderen Ländern, wo die Judenfrage nicht so energisch bereinigt worden sei, wie z. B. in Ungarn, seien die Verhältnisse sehr schwierig. Die Juden seien die natürlichen Verbündeten des Bolschewismus und die Kandidaten für die Stellen, die die jetzige bei der Bolschewisierung zu ermordende Intelligenz innehabe. Deshalb sei der Führer im Gegensatz zu Marschall Antonescu der Meinung, dass man je radikaler desto besser gegen die Juden vorgehen müsse. Er (der Führer) ziehe eine Seeschlacht von Salamis einem ungeklärten Gefecht vor und breche lieber alle Brücken hinter sich ab,[49] da der jüdische Hass sowieso riesengroß sei. In Deutschland habe man in-

[48] Ebenda, 232.

[49] Albert Speer hat erzählt, nach einer Lagebesprechung in der ersten Jahreshälfte 1943 habe Hitler gesagt: „‚Meine Herren, die Brücken hinter uns sind verbrannt.'" Speer behauptet, schon damals sei ihm ein Frösteln über den Rücken gelaufen; heute glaube er, damit habe Hitler das gemeint, „‚was man den Juden angetan hat'". (Gitta Sereny, Das Ringen mit der Wahrheit. Albert Speer und das deutsche Trauma. München 1995, 446.) Speer bringt also genau jene Formulierung Hitlers über die abgebrochenen bzw. verbrannten Brücken mit dem Holocaust

folge der Bereinigung der Judenfrage ein geschlossenes Volk ohne Opposition zur Verfügung. Es gäbe keine Wirtschaftsopposition; allerdings gäbe es auch kein Zurück auf dem einmal eingeschlagenen Wege."[50]

Antonescu erwiderte,

> „dass er an und für sich gern die Juden aus Rumänien herausbrächte, dass er aber nicht recht wisse, wo er mit ihnen hin solle. Er erwähnte dabei, dass er Schwierigkeiten bei dem Durchtransport rumänischer Juden durch Bulgarien habe, und führte diese Schwierigkeiten, die ihm die bulgarischen Behörden machten, auf deutsche Einwirkung zurück. Auf deutscher Seite wurde eine Prüfung dieser Frage zugesagt."[51]

Im Unterschied zum Januar erwähnte Ion Antonescu das alte rumänische Deportationsziel, Russland, nicht länger, sondern offenbarte seine Ratlosigkeit, wohin er mit den Juden solle, die er eigentlich gern los wäre. Weder wiederholte, folgt man dem Protokoll, Ion Antonescu seine Befürchtung, die von ihm den Deutschen ausgelieferten Juden würden umgebracht, noch nannte er das deutsche Ziel einer Deportation: Generalgouvernement. Indirekt war beides in Hitlers Satz angetippt worden, „im Gegensatz zu Marschall Antonescu" sei er, Hitler, „der Meinung, dass man je radikaler desto besser gegen die Juden vorgehen müsse". Obwohl sein Mordvorwurf vom Januar im Protokoll nicht mehr auftaucht, zeigte sich Ion Antonescu auch im April 1943 nicht gewillt, den Deutschen Juden aus dem rumänischen Machtbereich auszuliefern.

Stattdessen beschuldigte Ion Antonescu die Deutschen, ihn in eine schwierige Lage gebracht zu haben, weil sie die für ihn akzeptablen Varianten der Abschiebung (in der Vergangenheit über den Bug) oder der Auswanderung (in der Gegenwart) abblockten. Für die Vergangenheit nannte er zwar die Deutschen nicht beim Namen; doch resultierte seine Ratlosigkeit, wohin er mit den Juden solle, daher, dass er die deutsche Methode des Massenmordes und das Generalgouvernement als nunmehriges deutsches Deportationsziel nicht akzeptierte. Wie schon im Januar konnte er nicht offen sagen, dass seine Reserve mit den für die Achse schlechteren Kriegsaussichten verbunden war.

Für die Gegenwart wiederholte er als Vorgehensweise der rumänischen Regierung die Auswanderung – wohl wissend, dass diese von Deutschland abgelehnt wurde. Er ging noch weiter, indem er Deutschland beschuldigte – diesmal mit direkter Namensnennung – auf die bulgarische Regierung einzuwirken, die Durchreise jüdischer Auswanderer zu stoppen. Angesichts dieser direkten Beschuldigung war die deutsche Reaktion, eine „Prüfung" zuzusagen, bloß eine diplomatische Floskel, die einerseits die Unvereinbarkeit der Positionen bestätigte – beide Seiten wussten, dass es da nichts zu prüfen gab –, andererseits wurde signalisiert, den Dissens zu dieser Thematik in diesem Gespräch nicht weiter zuzuspitzen. Das war auch Leitlinie der deutschen Politik in der Folgezeit.

zusammen. Ist es nicht wahrscheinlicher, dass auch nach jener Lagebesprechung Hitler selbst die Verknüpfung mit der „Judenfrage" ausdrücklich herstellte und nicht erst nachträglich Albert Speer?

50 Hillgruber (Hg.), Staatsmänner und Diplomaten bei Hitler, Bd. 2, Dok. 30, 232f.

51 Ebenda, 233.

Doch bedeutete das keineswegs den Verzicht auf eine weitere deutsche Einflussnahme auf die Vorgänge in Rumänien. Aus der schon erwähnten Korrespondenz Killingers mit Ribbentrop von Ende März / Anfang April wusste die deutsche Führung um die Rolle Ion Antonescus in der Politik gegenüber den Juden. Dass sie, im Gegensatz zur Kritik an den Friedensfühlern, den Marschall ausdrücklich einbezog und direkt ansprach, war vermutlich den Informationen des deutschen Gesandten geschuldet. Freilich lag die Annahme nahe, dass Ion Antonescu generell die Politik Mihai Antonescus deckte, einschließlich dessen Bemühungen um einen Kompromissfrieden mit den Westmächten. Allerdings konnte der deutschen Seite nicht daran gelegen sein, rundum gegen Ion Antonescu vorzugehen, denn sie hätte die ganze Staatsführung auswechseln müssen. So bot es sich an, zumindest einen Keil zwischen Ion und Mihai Antonescu zu treiben. Letzteren hatte inzwischen die deutsche Seite geradezu zu einem Sündenbock für alle jene Aspekte des deutsch-rumänischen Verhältnisses aufgebaut, die aus ihrer Sicht unbefriedigend waren.

Mihai Antonescu hatte sich im Laufe des Jahres 1942 in verschiedenen Bereichen zu einem schwierigen Gesprächs- und Verhandlungspartner für die Deutschen entwickelt. 1941 war er in Berlin hoch angesehen; vor allem Goebbels war von ihm sehr angetan gewesen. Im Frühjahr 1942 begann Hitler, sich negativ über ihn zu äußern; Ribbentrop teilte diese Haltung. Überwiegend proungarisch orientiert, war das Auswärtige Amt Mihai Antonescu nicht gewogen. Es machte den stellvertretenden Ministerpräsidenten dafür verantwortlich, dass rumänische Diplomaten bei jeder Gelegenheit die Siebenbürgenfrage vorbrachten und den Wiener Schiedsspruch in Frage stellten. Die bereits angesprochene antiungarische Rede Mihai Antonescus vom 19. März 1942 besiegelte diese ohnehin kritische Einstellung zu Rumänien.

Ein nicht zu unterschätzender Faktor waren schließlich die sich ausweitenden Differenzen in der „Lösung der Judenfrage". Obwohl sich Hitler in diesem Punkt auch ausdrücklich von Ion Antonescu distanzierte, konnte er, wie geschrieben, schwerlich dessen Abberufung verlangen. Stattdessen nutzte er die den Deutschen seit Monaten bekannten Versuche Mihai Antonescus, Friedensgespräche mit Großbritannien und mit den USA in Gang zu bringen. Aufschlussreich ist hierbei, dass die deutsche Seite Abhörberichte aus geheimer Quelle ins Feld führte, wo sie doch nicht nur durch die Berichte Killingers genau im Bild war. Obendrein hatte nur wenige Tage vor dem Treffen mit Ion Antonescu, nämlich am 2. April 1943, Mihai Antonescu höchstselbst über Andreas Schmidt den deutschen Bündnispartner unmissverständlich aufgefordert, mit den Westmächten unter rumänischer Vermittlung zu verhandeln.[52] In der Zusammenfassung von Andreas Schmidt heißt es:

> „Die Deutschen, meinte Mihai Antonescu, hätten die Übersicht über die Wirklichkeit verloren. Wir befänden uns heute nicht mehr in einem Krieg gegen Polen, meinte er, sondern die ganze Welt ist gegen Deutschland und Deutschland sieht es nicht. Es hätte gar keinen Sinn, dass unsere Söhne im Osten fallen, denn wir werden den Krieg doch verlieren. Deutschland könne den Krieg nur dann gewinnen, wenn er 30 Jahre lang dauern würde. So lange Zeit

[52] Andreas Schmidt, [Aufzeichnung], 8.4.1942. BArch, NS 19/2859, Bl. 137–141, hier 138–140. Dieser Bericht war Ribbentrop am 11.4.1942 übersandt worden (ebenda, Bl. 135).

würde nötig sein, um eine Kriegsflotte aufzubauen, mit der man allein Amerika und England besiegen könnte. Man müsse die Wirklichkeit einsehen und müsse mit Amerika und England Frieden schließen, um die russische Flut gegen Europa aufhalten zu können."[53]

Freilich waren, wie dann Hitler unter anderem gegenüber Ion Antonescu ausdrückte, gerade wegen des Holocaust alle Brücken abgebrochen. Dies musste Mihai Antonescu wissen. Daher war sein Appell Ausdruck der Sackgasse, in die er geraten war. Da er in diesem Gespräch, das über Andreas Schmidt der SS-Führung zugehen sollte, Ribbentrop scharf angegriffen hatte, erstaunt die Attacke auf ihn umso weniger.

Außerdem war das deutsche Bemühen erkennbar, den Einfluss auf den kleinen Verbündeten nicht gänzlich zu verlieren. Durch den Sturz Mihai Antonescus wäre es gelungen, Ion Antonescu noch stärker von Deutschland abhängig zu machen, indem man im nächsten Schritt dem „Staatsführer" einen Deutschland genehmeren Mann an die Seite gestellt hätte. Gegenüber Ungarn wurde zur selben Zeit auch diese Taktik angewendet: Druck auf Reichsverweser Miklós Horthy, sich von Ministerpräsident Miklós Kállay zu trennen. Gemeinsam waren zudem die Vorwürfe: Friedensvorstöße und „Judenfrage". Unterschiedlich indessen die Gewichtung. Im Falle Ungarn nahm die „Judenfrage" einen größeren Raum ein, was an der – im Vergleich zu Rumänien – durchweg zurückhaltenderen antisemitischen Politik Ungarns lag.[54]

Und wusste man deutscherseits um den Konflikt, der im Frühjahr 1943 in der Tat zwischen den beiden Antonescus schwelte? Bis heute besteht in der Forschung Unsicherheit über die eigentlichen Konfliktlinien zwischen beiden Männern. Am wahrscheinlichsten ist eine unterschiedliche Beurteilung der internationalen Lage. Eine Vielzahl von Gerüchten schwirrte umher. Ion und Mihai Antonescu waren jedoch sorgsam bemüht, die Details nicht nach außen dringen zu lassen. Ebenso gab es Gerüchte in Bukarest über die Attacken Hitlers und Ribbentrops auf Mihai Antonescu. Konkretes Wissen darüber war außerhalb allerengster Regierungszirkel nicht vorhanden.

Dies bestätigen die wenigen Äußerungen über die Gespräche in Kleßheim. General Radu Rosetti, der 1941 Bildungsminister unter Ion Antonescu gewesen war, hatte am Abend des 5. Mai 1943 eine längere Unterredung mit dem Marschall unter vier Augen, in deren Verlauf er fragte, ob dieser mit den Ergebnissen der letzten Zusammenkunft mit Hitler zufrieden sei. Ion Antonescu verneinte und begründete das mit deutschen Belegen für Kontakte Iuliu Manius zu den Westmächten. (Diese Verbindungen seien ihm schon vorher bekannt gewesen.) Folgt man der Aufzeichnung Rosettis, enthielt sich Ion Antonescu jeder Bemerkung über die Angriffe seiner deutschen Partner auf Mihai Antonescu und über die von beiden Seiten ziemlich offen ausgetragene Differenz zur Politik gegenüber den Juden.[55] Mihai Antonescu wiederum erzählte dem italienischen Gesandten Renato di Bova Scoppa

53 Ebenda, Bl. 139.
54 Vgl. Hillgruber (Hg.), Staatsmänner und Diplomaten bei Hitler, Bd. 2, Dok. 31–33, 233–263.
55 Vgl. Radu R. Rosetti, Pagini de jurnal. București 1993, 238–241.

über die Gespräche in Kleßheim, der Empfang durch Hitler sei kühl gewesen. Dieser habe Ion Antonescu über die Friedensfühler der rumänischen Regierung befragt, wobei er die Angelegenheit sehr dramatisiert habe. Auch hier ist nichts zu lesen über die Attacken auf Mihai Antonescu und die Gegensätze in der „Judenfrage".[56]

Durch den gut unterrichteten Schweizer Gesandten René de Weck ist zu erfahren, nach seiner Rückkehr habe Ion Antonescu nicht zuerst den Ministerrat einberufen, sondern am 15. April 1943 ihm besonders nahestehende Generale zu sich eingeladen und viele Stunden mit diesen konferiert. Wegen Krankheit habe Mihai Antonescu gefehlt. Mit einigem, was dort gesprochen wurde, war René de Weck vertraut, weil ihn einer der Teilnehmer informierte. Freilich findet sich in dem diesbezüglichen Bericht des Schweizer Gesandten nichts über zwei ausführlich diskutierte Themen auf Schloss Kleßheim: Mihai Antonescu und Antisemitismus. Es werden lediglich in Bukarest umlaufende Gerüchte geschildert, laut denen die Deutschen Mihai Antonescus Entlassung verlangt hätten. Es folgt René de Wecks eigene Erwägung, die Stellung Mihai Antonescus scheine ihm inzwischen unsicher, denn die Deutschen könnten ihre Augen vor der Entwicklung des Außenministers nicht länger verschließen.

> „Was in den Augen patriotischer Rumänen ein verspätetes und ängstliches Ränkespiel ist, das Land von der Hypothek zu befreien, mit der der Marschall es belastet hat, erscheint den Führern des Reichs als Verrat. Zweifellos müssen diese den Abgang eines Mannes wünschen, der nicht länger an ihren Sieg glaubt. Erzwingen sie diesen Abgang, in welchem Augenblick und in welcher Art und Weise? Wir werden es zweifellos bald wissen."[57]

So hellsichtig diese Analyse ist, so wenig beruht sie auf anderem als auf umlaufenden Gerüchten und nicht auf der Auskunft sog. informierter Kreise, die ansonsten der Schweizer Gesandte in seinen Berichten immer wieder anführt. Völlig unerwähnt bleibt die Politik gegenüber den Juden.

Ribbentrop war bemüht, der Forderung nach Entlassung Mihai Antonescus gehörigen Nachdruck zu verleihen. Er ordnete einen diplomatischen Boykott des stellvertretenden Ministerpräsidenten an. Sollte Mihai Antonescu Killinger zu einem Gespräch bitten, habe der Gesandte

> „sich streng rezeptiv zu verhalten und keinesfalls ein Gespräch mit dem Vizeministerpräsidenten aufzunehmen, auf Grund dessen dieser behaupten könnte, dass unser Wunsch auf seine Ersetzung durch eine andere Persönlichkeit etwa nicht ernst gemeint sei."[58]

Die DGB wurde angewiesen, möglichst jeden Kontakt mit Mihai Antonescu zu vermeiden, alles – außer besonders dringenden und wichtigen Anliegen – nur dem Generalsekretär im

[56] Vgl. Renato Bova Scoppa, Colloqui con due dittatori, wiedergegeben nach dem Teilabdruck in Mihai Pelin, Diplomaţie de război. Bucureşti 2005, 142f.

[57] Weck, Rapport Politique Nr. 25, 18.4.1943. BAR, E 2300, 1000/716, Bd. 105.

[58] Ribbentrop an Killinger, 21.4.1943. ADAP, E, Bd. 5, Dok. 330, 669.

rumänischen Außenministerium vorzutragen.[59] Recht bald jedoch beschwerte sich Killinger über negative Folgen.[60] Trotzdem wurde der Boykott weitergeführt. Ungeachtet dieses deutschen Verhaltens blieb die Entlassung Mihai Antonescus aus. Schließlich beendete das Auswärtige Amt Ende 1943 den Boykott sang- und klanglos.[61]

Anfang Mai 1943 liefen bei den rumänischen Sicherheitsdiensten Meldungen ein, die Deutschen bereiteten „Säuberungsaktionen" gegen die Juden in Rumänien vor und planten, auch gegen anglophile Kreise vorzugehen.[62] Isoliert besagen solche Nachrichten natürlich wenig, denn Geheimdienstberichte sind nicht immer zuverlässig – sie können stimmen, müssen es aber nicht. Bevor sie in eine Analyse eingehen, sind sie einer rigorosen Bewertung zu unterziehen. Im vorliegenden Fall gibt es immerhin Indizien, die für einen abermaligen deutschen Vorstoß sprechen, bald nach dem Treffen in Kleßheim Ion Antonescu in puncto „Judenfrage" doch noch umzustimmen.

Ein solches Indiz liefert die Aussage Herbert Freiherr von Stetten-Erbs, der zwischen 1941 und 1944 Leiter der Deutschen Arbeitsfront in Bukarest war. Die 1968 im Rahmen der Vorermittlungen gegen Gustav Richter gemachte Aussage ist nicht unproblematisch, da sie wichtige Details widersprüchlich und wenig glaubhaft schildert. Dennoch sei daraus eine Passage zitiert:

> „Durch einige Vorfälle habe ich davon Kenntnis erlangt, dass die deutsche Gesandtschaft in der Judenfrage auf die rumänische Regierung Einfluss zu nehmen versuchte. Wenn ich in diesem Zusammenhang von Gesandtschaft spreche, so meine ich den Gesandten Killinger, ferner SA-Führer Rödel und den Angeschuldigten. Wahrscheinlich von General-Adjutant Palangeanu[63] habe ich erfahren, dass Killinger einige Tage vor dem 1. Mai – ich weiß nicht mehr in welchem Jahr – den Marschall Antonescu aufsuchte, um ihm die deutsche Forderung vorzutragen, alle rumänischen Juden aus Rumänien zu entfernen. Der Marschall habe ihm geantwortet, dass er zwar auch kein Freund von Juden in verantwortlichen Stellen sei, dass für ihn jedoch nur in Frage käme, den rumänischen Juden die Ausreise dann zu ermöglichen, wenn er ihnen ihr Vermögen in Devisen mitgeben könne."[64]

Mit hoher Wahrscheinlichkeit stimmt die Begründung nicht, die Ion Antonescu für seine Weigerung, auf den deutschen Vorschlag einzugehen, angeführt haben soll. Alle anderen vorliegenden Quellen weisen darauf hin, dass es den rumänischen Behörden gerade darum zu tun war, möglichst viel Geld von den jüdischen Auswanderern zu erpressen. Die Stetten-Erb nicht mehr erinnerliche Datierung lässt sich durch einen anderen Hinweis lösen.

[59] Gerhard Stelzer, Deutsche Gesandtschaft in Bukarest, Mai 1938 bis August 1944, 10.10.1958. Bl. 128f. PAAA, NL Stelzer.

[60] Killinger an Ribbentrop, 18.5.1943. PAAA, R 29709, Bl. 214–218.

[61] Vgl. Bielfeld an Hencke, 18.12.1943. PAAA, R 29711, Bl. 100.

[62] AMAE, fond 71, Germania, dosar 137, Bl. 131f.

[63] Nicolae Pălăngeanu war beim Angriff auf die Sowjetunion Leiter des Großen Hauptquartiers gewesen, dann Polizeipräfekt von Bukarest bis Anfang März 1943 und anschließend Kommandeur der Territorialarmee für die Region Bukarest.

[64] Zeugenaussage Herbert Freiherr von Stetten-Erb, 22.7.1968. BArch Ludwigsburg, B 162/3811, Bl. 808.

Stetten-Erb fährt nämlich fort, danach habe Killinger eine sehr scharfe Rede gegen „Judenfreunde" gehalten, was große Verstimmung auf rumänischer Seite hervorgerufen habe, zumal seine Rede durch ein „Versehen der Zensurbehörde" auch noch im *Bukarester Tageblatt* abgedruckt worden sei.[65] In der Tat hielt Killinger Anfang Mai 1943 eine rabiat antisemitische Tirade vor der reichsdeutschen Kolonie in Bukarest, die zur Gänze im halboffiziellen Blatt der Gesandtschaft erschien. Gegenüber Mihai Antonescu rechtfertigte sich Killinger am 7. Mai 1943 mit den Worten, die ausgesprochenen Drohungen seien ausschließlich an die Adresse von Juden und Anglophilen und keineswegs gegen die rumänische Regierung gerichtet gewesen.[66]

Noch im August 1943 erging sich Killinger in Drohungen gegen die Juden in Rumänien. Als ihn ein Repräsentant des rumänischen Außenministeriums aufsuchte, um eine Beschwerde über ungarische Pressemeldungen zu übergeben, reagierte Killinger mit verschiedenen Vorwürfen, darunter vor allem die Suche Mihai Antonescus nach einer Verständigung mit den Westalliierten und die „Judenfrage". Killinger habe erklärt, die Juden würden immer unverschämter, sie seien überall, und sie wüssten alles. Die besten seiner eigenen Informanten seien Juden; von diesen könne man alles erfahren. Er wisse, wer in der rumänischen Führung Geld annehme. Es werde noch der Augenblick kommen, wo er den 60 000 Juden in Bukarest die Rechnung präsentieren werde, und er garantiere, dass dann niemand übrigbleibe.[67] Trotz dieser Worte sind keine Initiativen der DGB zur Ingangsetzung von Deportationsmaßnahmen gemäß den deutschen Plänen mehr nachzuweisen.

Wiederholt forderte das Auswärtige Amt energische Vorsprachen zwecks Verhinderung der weiteren Auswanderung von Juden aus Rumänien. Generell finden sich in den Berichten des deutschen Gesandten in Bukarest 1943 und 1944 öfter Klagen über ein Nachlassen der antijüdischen Politik. So beispielsweise in einem Schreiben vom 1. November 1943, in dem konstatiert wird, das „Vorgehen gegen Juden" sei „eingeschlafen", was geschehe, „um Engländer-Amerikaner nicht zu vergrämen".[68] Zwar kritisierte in diesem Zusammenhang Killinger wiederholt auch die Förderung der Auswanderung von Juden durch die rumänische Regierung,[69] doch trotz des Wunsches der Zentrale in Berlin vermochte er dagegen wenig zu unternehmen.

Typisch ist eine Episode aus dem Frühjahr 1944. Das Auswärtige Amt wies Killinger an, die Antwort auf eine Verbalnote der rumänischen Regierung vom 2. Februar 1944 wegen des Plans zur „Einschiffung rumänischer Judenkinder nach Palästina" Ion Antonescu persönlich zu überbringen. Darüber hinaus sollte Killinger dem Marschall vor Augen führen, dass die Ausreise jüdischer Kinder nach Palästina die Araber, welche die Freunde der

65 Ebenda.
66 Mihai Antonescu, Unterredung Ion und Mihai Antonescu mit Killinger, 7.5.1943. AMAE, fond 71, România, dosar 86, Bl. 339–341.
67 Notă de convorbire [August 1943]. AMAE, fond 71, Germania, telegrame 1935–1944, dosar 3, Bl. 113.
68 Killinger an AA, 1.11.1943. ADAP, E, Bd. 7, Dok. 72, 139–141, Zitat 140f.
69 So zuletzt noch Killinger an AA, 17.7.1944. ADAP, E, Bd. 8, Dok. 122, 223–225.

Deutschen seien, verstimmen würde. Daher wäre es zweckmäßig, entspräche die Haltung der rumänischen Regierung derjenigen der deutschen Regierung. Sollte eine Genehmigung bereits erteilt worden sein, so bitte man, „diese wieder rückgängig zu machen".[70]

Es gelang Killinger nicht, von Ion Antonescu empfangen zu werden. Stattdessen sprach er am 15. Februar 1944 bei Mihai Antonescu vor. Der habe eine endgültige Stellungnahme in Aussicht gestellt, meldete Killinger. Schon vorab charakterisierte er in seinem Telegramm nach Berlin die Haltung Ion Antonescus:

> „Marschall Antonescu möchte möglichst viel Juden aus Rumänien loswerden. Auf radikale Maßnahmen will er sich wegen ungünstiger propagandistischer Auswirkung bei Feindstaaten, auf Grund Einstellung maßgebender rumänischer Kreise, die zum großen Teil jüdisch versippt sind und wohl auch wegen persönlicher Einstellung nicht einlassen."[71]

In den Notizen Mihai Antonescus über seine Unterredung wird die deutsche Seite in Übereinstimmung mit den deutschen Quellen wiedergegeben. Dementgegen enthält Killingers Bericht nur die schon erwähnte Aussage, Mihai Antonescu habe eine endgültige Antwort in Aussicht gestellt. Killinger gibt jedoch nicht dessen sofortige Reaktion wieder, die sich lediglich in Mihai Antonescus Darstellung findet:

> „Ich habe Herrn von Killinger aufgezeigt, dass die rumänische Regierung sich wiederholt klar für die jüdische Auswanderung ausgesprochen hat, und ich habe ihm unmissverständlich gesagt, dass die rumänische Regierung und das rumänische Volk die Juden nicht umbringen können."[72]

Wenn Ribbentrop sich so viele Gedanken über die Empfindlichkeiten der Araber mache, so sollte er auch über die Gefühle der Rumänen nachdenken. Der Nationalsozialismus habe den Antisemitismus zu einer Schlüsselfrage erhoben. Die Interessen des rumänischen Volkes seien anders gelagert; das müsse anerkannt werden. Im Unterschied zur Mitteilung Killingers ist in der Aufzeichnung Mihai Antonescus keine Rede von einer noch kommenden endgültigen rumänischen Antwort.

Dagegen konnte Killinger wenig unternehmen; zunehmend musste er sich auf eine Defensivposition beschränken. So hatte er darum zu ringen, dass Radu Lecca sein Amt behielt. Killinger hielt das für essentiell, denn er sah in Lecca seinen wichtigsten Informanten unter anderem über alle Entwicklungen in der „Judenfrage".

Inzwischen hatten sich die Widerstände gegen Lecca in der rumänischen Regierung verstärkt. Untersuchungen wegen Korruption wurden gegen ihn eingeleitet. Dass er gleichwohl seine Stellung bis zum Ende des Antonescu-Regimes behauptete, verdankte er Killingers und Richters Rückendeckung. Als im Oktober 1943 das AA bei der DGB bezüg-

[70] Lohmann, Aufzeichnung, 9.2.1944. NA, T 120, reel 2722, E421628.

[71] Killinger an AA, 16.2.1944. ADAP, E, Bd. 7, Dok. 220, 421.

[72] Mihai Antonescu, Unterredung mit Killinger, 15.2.1944. AMAE, fond 71, Germania, Bd. 94, Bl. 47–50, Zitat Bl. 50; abgedruckt in Hîncu (Hg.), Confidențial!, 197–200, Zitat 199.

lich Meldungen über eine dem Auswärtigen Amt unbekannte Einladung an Lecca durch Deutschland anfragte,[73] bestätigte Killinger, Lecca sei

> „von Deutschland aus nicht eingeladen worden. Einladung war von mir fingiert, weil ich damit Druck auf rumänische Regierung ausüben wollte, die auf Grund von Intrigen (Lecca sei nicht mehr persona grata bei Deutschen) ihn veranlassen wollte, zu demissionieren."[74]

In einem Bericht über den Vorfall resümierte Richter die Tätigkeit Leccas und präsentierte – ausgerechnet – diesen als einen Kämpfer gegen die in Rumänien herrschende Korruption. Von Anfang an seien Lecca durch den Unterstaatssekretär im Innenministerium, Vasiliu, Probleme bereitet worden. Seine Arbeit habe Lecca Einblick in das „Treiben" Vasilius gegeben. Bis dahin sei die „Lösung der Judenfrage in Rumänien" nicht prinzipiell angegangen, sondern als „Schmiergeldsystem" betrieben worden.

> „So wurden einerseits nicht zahlungsfähige Juden nach Transnistrien deportiert, um durch dieses Beispiel zahlungsfähige Juden zum Zahlen anzutreiben, andererseits nur solche Juden zum jüdischen Arbeitseinsatz eingezogen, die vollkommen verarmt und meistens auch gesundheitlich nicht auf der Höhe waren, diese Arbeit zu verrichten, um dagegen die zahlungsfähigen und gesunden Juden gegen entsprechende Schmiergelder von jeglichem Arbeitseinsatz zu befreien."[75]

Diesem von Vasiliu und dessen Freunden betriebenen System habe sich Lecca widersetzt. Es sei ihm „in enger Zusammenarbeit mit dem Berater für Judenfragen, SS-Hauptsturmführer Richter" gelungen, „das Arbeitsverhältnis der Juden in Rumänien trotz aller Widerstände fast restlos zu klären und das Schmiergeldsystem auf diesem Gebiet abzustellen". Lecca habe „Milliardenbeträge als offizielle Steuern über die Judenzentrale dem rumänischen Staat" zugeführt. Er habe ebenfalls erreicht,

> „die nur zu Erpressungszwecken benützten Deportationen der Juden nach Transnistrien bis zu einer neuen Regelung dieses ganzen Problems zur großen Erbitterung der bisherigen Nutznießer dieser Deportationen, abzustellen."

Nicht auf allen Gebieten sei Lecca freilich so erfolgreich gewesen, gestand Richter, so bei Ausstellungen von Reisebewilligungen oder bei der Kontrolle über die jüdischen Hilfsgelder für Transnistrien, die nach wie vor über die Organe des Innenministeriums verteilt würden.

Wegen dieses Vorgehens intrigiere Vasiliu gegen Lecca und habe durch seine guten Kontakte zu Ion Antonescu (Vasiliu sei ein Schulkamerad gewesen) fast die Ausschaltung Leccas erreicht. So habe Vasiliu den Marschall überredet,

> „dass die Stelle eines Regierungsbevollmächtigten für Judenfragen beim Ministerpräsidium durch die nunmehrige Kriegslage nicht mehr aktuell sei, sondern im Gegenteil in Zukunft

[73] Wagner an DGB, 21.10.1943. PAAA, R 10117.
[74] Killinger an AA, 22.10.1943. PAAA, R 10117.
[75] Richter, Einladung des Regierungskommissars für Judenfragen nach Deutschland, 28.10.1943. PAAA, R 10117.

vielleicht einmal schwerwiegend werden könne, da man dem Marschall persönlich antijüdische Aktionen vorwerfen könnte."[76]

Tatsächlich wurde die Stelle eines „Regierungsbevollmächtigten für Judenfragen beim Ministerpräsidium" aufgehoben und stattdessen „ein dem Arbeitsministerium unterstelltes Amt eines Generalkommissars für Judenfragen" errichtet. Es sei aber nicht gelungen, die von Vasiliu gewünschte Person auf den neuen Posten zu bringen. Diese Stelle sei wieder von Radu Lecca besetzt worden. Neben dem Arbeitsminister sei Mihai Antonescu dafür verantwortlich gewesen, der Lecca in den Jahren zuvor schon unterstützt und wegen seiner Haltung bei Schaffung des Postens eines „Generalkommissars für Judenfragen" eine ziemlich heftige Auseinandersetzung mit dem Marschall gehabt habe. Indes sei es bei der von Mihai Antonescu gewünschten Besetzung geblieben.[77]

Später eingegangene Informationen hätten besagt, Vasiliu traktiere Ion Antonescu dahingehend, Lecca einfach abzusetzen. In diesem Zusammenhang sei die „fingierte Einladung" Leccas nach Berlin zu verstehen, „die zum Zweck hatte, im Interesse der Lösung der Judenfrage in Rumänien die Position Leccas in dem neu geschaffenen Generalkommissariat zu festigen". Dieser Zweck sei erreicht worden. Die „um den Marschall Antonescu unter Führung des Generals Vasiliu gegen Lecca intrigierende Clique" sei in ihrem Konzept „gründlich gestört" worden, „einen ihnen genehmen, aber 100 % deutschfeindlich eingestellten Mann" zu lancieren.[78]

Einen nicht unwesentlichen Punkt übergeht das Papier Richters. Zweifellos war Vasiliu korrupt, und die gegen ihn erhobenen Vorwürfe entsprechen wohl der Wahrheit. Ein wahrscheinliches Beispiel für solches korruptes Verhalten Vasilius ist in dieser Studie präsentiert worden. Aber Lecca war ebenso korrupt. Richter beschrieb den Kampf zweier korrupter Personen um den Zugriff auf die jüdischen Gelder. Möglicherweise war Richter zu naiv, um dies zu erkennen. Möglicherweise war aber das Schweigen über die Korruptheit Leccas einfach Berechnung, die auf dessen Diensten für die deutsche Seite gründete.

Als das Auswärtige Amt einige Monate später, im Januar 1944, von sich aus auf die Idee verfiel, Lecca „im Zuge der Verstärkung der antijüdischen Arbeit" tatsächlich nach Deutschland einzuladen,[79] winkte Killinger ab. Er hielt eine solche Einladung nunmehr aufgrund „augenblicklicher Einstellung in der Judenfrage" in Rumänien und aufgrund der Schwierigkeiten, die Lecca mit der rumänischen Regierung habe, „nicht für zweckmäßig, da sonst [die] Position Leccas wegen seiner deutschfreundlichen Einstellung gefährdet ist". Die Posse vom Herbst 1943 wurde noch überboten: Killinger schlug vor, Lecca zwar einzuladen,

76 Ebenda.

77 So verwunderlich auf den ersten Blick die Unterstützung Mihai Antonescus für Radu Lecca ist, stößt man in Lecca, Eu i-am salvat, 239 auf eine plausible Erklärung. Demnach war Mihai Antonescu Empfänger größerer Summen. Dieses Geld habe er in seinem Heimatkreis investiert, um sich dort eine politische Basis zu schaffen.

78 Richter, Einladung des Regierungskommissars für Judenfragen nach Deutschland, 28.10.1943. PAAA, R 10117.

79 Wagner an Killinger, 20.1.1944. PAAA, R 99394.

um dessen Stellung zu stärken, gleichzeitig aber Lecca zu sagen, eine Nichtannahme der Einladung würde die deutsche Seite nicht überraschen.[80]

Kurze Zeit später, Anfang Februar 1944, besprach Killinger anlässlich eines Aufenthalts in Berlin die Angelegenheit mit Thadden und riet erneut von einer Einladung ab, sollte sie mehr als nur pro forma ausgesprochen werden. Die Position Leccas sei so stark erschüttert, dass sie keinen „schweren Belastungen" ausgesetzt werden dürfe. „Dies umso mehr, als" Lecca „für uns einen besonders wertvollen Freund darstellt".[81]

Im März 1944 setzte Killinger einem Vertreter der rumänischen Regierung in einem vertraulichen Gespräch auseinander, er vertraue Lecca und wolle diesen nicht ersetzt sehen. Der rumänischen Seite suchte er das Festhalten an Lecca mit dem Hinweis schmackhaft zu machen, es würde schwer, jemanden zu finden, der so viel Geld aus den Juden herauspresse, wie es Lecca gelungen sei.[82]

Radu Lecca betrachtete seinerseits Killinger als einen persönlichen Freund und widmete dem deutschen Gesandten in seinen nach dem Krieg geschriebenen Memoiren recht freundliche Zeilen. Durch seine Passivität habe Killinger den Juden in Rumänien indirekt geholfen. Bestimmte Dinge habe er treiben lassen und nicht weiter verfolgt; den Argumenten Leccas habe er sich immer zugänglich gezeigt. Lecca führt diese Passivität auf seinen Einfluss zurück, aber auch auf die Wirkung der von ihm aus Quellen der „Judenzentrale" gespeisten Zahlungen an die DGB, deren Minderung oder gar Verlust die Folge einer Deportation der Juden aus Kernrumänien gewesen wäre. Killinger habe immer Geld für die DGB und deren Angestellte benötigt, da die Inflation in Rumänien die Gehälter aufgefressen habe, die nach wie vor zu dem 1939 festgesetzten Kurs in Lei getauscht wurden (1:60), während auf dem Schwarzmarkt der Kurs der Reichsmark gegen den Kurs von 1939 auf 30–40 Lei für eine Reichsmark abgesunken war. Lecca will beispielsweise die Zigaretten gestiftet haben, die der Gesandte bei seinen Besuchen in Hospitälern an Verwundete zu verteilen pflegte. Die Kosten hierfür seien über die „Judenzentrale" abgerechnet worden. Zusätzlicher großer Geldbedarf sei 1943 entstanden, als Killinger den neuen Gesandten Mussolinis habe erhalten müssen, da die zu Badoglio übergelaufenen Gesandtschaftsmitglieder mit Bova Scoppa an der Spitze das Gesandtschaftsgebäude und alle Finanzmittel für sich behalten hätten.[83]

Mag daran vieles stimmen, so sind andere mit dieser Darstellung verwobene Behauptungen doch zu hinterfragen, weil sie bloße Schutzbehauptungen sind. Wenig glaubhaft begegnete Lecca etwa den an seine Adresse gerichteten Korruptionsvorwürfen damit, dass er bereits 1942 ein reicher Mann gewesen sei. Er habe die Möglichkeiten der persönlichen Bereicherung, die sein Amt geboten habe, nicht genutzt. Ebenso unglaubwürdig ist sein Bestreben, sich als jemand darzustellen, der immer von dem Willen beseelt gewesen sei, den

80 Vgl. Killinger an AA, 24.1.1944. PAAA, R 99394.

81 Thadden, Vermerk, 17.2.1944. PAAA, R 99394.

82 O.V., Unterredung mit Killinger heute, am 14.3.1944, über den Fall Lecca. CNSAS, Fond Penal, 1815, Bd. 1, Bl. 131–133.

83 Lecca, Eu i-am salvat, 240f.

ärmeren Schichten unter den Juden zu helfen, die keinerlei Fürsprecher gehabt hätten, da die Vertreter der traditionellen jüdischen Organisationen und der Zionisten (gemeint sind Wilhelm Filderman, Alexandru L. Zissu und Mişu Benvenisti) sich hauptsächlich um das Schicksal der begüterten Juden gekümmert hätten.[84]

Als Lecca am 12. September 1944 verhaftet wurde,[85] fanden sich in seinem für eine Flucht vorbereiteten Gepäck neben Kleidung, Haushaltsgegenständen und persönlichen Utensilien auch Vermögenswerte: 1477 Goldmünzen, 12 kg Goldbarren, 715000 Lei in Banknoten sowie Devisen und Schmuck.[86]

Am 24. März 1943 fragte die rumänische Gesandtschaft in Berlin beim Auswärtigen Amt wegen der Verlegung zweier Lager für Juden in Transnistrien an. Diese befänden sich in „nächster Nähe Bessarabiens", was „ernste Beeinträchtigungen und Nachteile" verursache. Daher sei es wünschenswert, diese Lager möglichst weit ins Innere Transnistriens zu verlegen, in eine Gegend, „die in Übereinstimmung mit den deutschen Behörden festgestellt werden könnte".[87] Tags darauf berichtete Geschäftsträger Stănescu, er habe im Auswärtigen Amt wegen der Lager bei Moghilev[88] und Râbniţa vorgesprochen. Woermann habe zugesagt, in dem geforderten Sinne zu intervenieren.[89] Am 21. April 1943 richtete die rumänische Gesandtschaft eine zweite Verbalnote an das Auswärtige Amt.[90]

Diese Nachfrage der rumänischen Gesandtschaft schickte Thadden am 15. Mai 1943 an die DGB mit der Bitte um Klärung, ob es sich bei den „Judenlagern" um solche unter deutscher Führung handle. „Gegebenenfalls wird um Vorschläge gebeten, wie dem rumänischen Wunsch entsprochen werden kann." Richter erklärte dazu am 18. Mai 1943, er habe diese Angelegenheit bei seinem letzten Aufenthalt in Berlin mündlich erledigen können. Dem AA sei vom Chef Sipo und SD Bescheid gegeben worden, die Verlegung werde befürwortet, weil durch sie die Flucht von Juden erschwert und der bisher herrschende „Schleichhandel" an der bessarabischen Grenze eingedämmt würde.[91]

Eine ganz andere Antwort auf die Anfrage der rumänischen Gesandtschaft formulierte das RSHA am 22. Mai 1943 in einem Schreiben an das Auswärtige Amt. Zunächst wird auf den formalen Charakter der Note hingewiesen, die vermutlich nur deshalb vorgelegt worden sei, weil das Abkommen von Tighina stipuliere, Deutschland sei „hinsichtlich der Ver-

84 Ebenda.
85 Rădulescu (Direcţiunea Poliţiei de Siguranţă, Biroul III), Referat, 4.10.1944. USHMM, RG25.004M, reel 156.
86 Banca Naţională an Direcţiunea Poliţiei de Siguranţă, Biroul III, 2.11.1944. USHMM, RG25.004M, reel 156.
87 Rumänische Gesandtschaft Berlin an AA, Verbalnote, 24.3.1943. PAAA, R 99393.
88 In den deutschen Schriftwechseln ist hartnäckig von „Zgochilew" die Rede. Hierbei handelt es sich um die Übernahme einer Fehlschreibung von „Moghilev" aus der rumänischen Verbalnote.
89 Stănescu an MAE, 25.3.1943. AMAE, fond 71, Germania, telegrame 1935–1944, dosar 5, Bl. 406.
90 Rumänische Gesandtschaft Berlin an AA, Verbalnote, 21.4.1943. PAAA, R 99393.
91 Richter, Vermerk, 18.5.1943. NA, RG 226, entry 19, XL 13166.

waltungsanordnungen über Transnistrien [...] in gewissem Umfang zu Rate zu ziehen".[92] Danach wird vorgeschlagen, die Gelegenheit für etwas zu nutzen, was überhaupt nicht angefragt worden war:

> „Die Beantwortung der Note bietet erneut Veranlassung, den Rumänen im Rahmen der europäischen Gesamtlösung des Judenproblems die Abnahme jener Juden zur Evakuierung in die *vom Reich vorgesehenen Gebiete* des Ostens vorzuschlagen."[93]

Nicht zustimmen könne das RSHA der Anfrage selbst. In der rumänischen Note werde das Vorhaben mit der Nähe zu Bessarabien begründet. Die sich daraus ergebenden „Schwierigkeiten" aber würden „durch die rumänischerseits vorgesehene Verlegung in andere *offene* Lager nicht aus der Welt geschafft".[94] Zum Schluss kommt das Schreiben des RSHA noch einmal auf das eigene Anliegen zurück:

> „Deutsche Lager für die sofortige Aufnahme dieser Juden können, sofern die Rumänen hierauf eingehen sollten, jederzeit bekanntgegeben werden."

Nur drei Tage später heißt es im Konzept einer Verbalnote des Auswärtigen Amtes an die Rumänische Gesandtschaft Berlin, gegen die Verlegung der Lager bestünden keine Bedenken – insoweit eine konträre Position zur Auffassung des RSHA vom 22. Mai. Dann ist aber weiter zu lesen, allerdings stünde zu befürchten, dass der eigentliche Zweck nicht erreicht werde – insoweit Übernahme der Einwände des RSHA. Dessen Anliegen wiederum rezipierte das Auswärtige Amt ohne Einschränkung.

> „Die zuständigen inneren deutschen Stellen sind daher bereit, auf dortiges Verlangen die in Betracht kommenden Juden in Lager zu übernehmen, die in den vom Reich zur Evakuierung der Juden bestimmten Gebieten des Ostens gelegen sind."[95]

Eine Notiz auf diesem Schriftstück klärt auf, weshalb das Auswärtige Amt zunächst, wie in dem Vermerk Richters vom 18. Mai festgehalten, vom Chef Sipo und SD den gegenläufigen Bescheid zum Brief des RSHA vom 22. Mai erhalten hatte – der eine die rumänische Anfrage befürwortend, der andere sie ablehnend. Eine telefonische Rücksprache bei Boßhammer vom RSHA habe ergeben, heißt es in der Notiz, die Aussage, man könne nicht zustimmen, sei nur dazu gedacht gewesen, das Auswärtige Amt zu veranlassen, den Rumänen erneut „die Evakuierung von Juden in die deutschen Ostgebiete" vorzuschlagen. Das Auswärtige Amt kam dann auf die Idee, auch die Zustimmung zur rumänischen Anfrage mit dem Angebot einer „Evakuierung" nach deutschem Plan zu verknüpfen. So war die Eintracht innerhalb des RSHA sowie zwischen diesem und dem AA hergestellt.

Nachdrücklich wurde der rumänischen Seite bedeutet, Deportationsziel könne nur das Generalgouvernement sein. Als generelle Aussage war das nicht neu. Neu war indessen die

92 RSHA an Thadden, 22.5.1943. PAAA, R 99393.
93 Ebenda. Im Original sind die hier kursiv ausgezeichneten Wörter unterstrichen.
94 Ebenda. Im Original ist das hier kursiv ausgezeichnete Wort unterstrichen.
95 Konzept einer Verbalnote des AA an Rumänische Gesandtschaft Berlin, 25.5.1943. PAAA, R 99393.

deutsche Bereitschaft, die in Transnistrien befindlichen Juden in die „Endlösung“ einzubeziehen. Doch davor schreckte Ion Antonescu zurück. Hätte sich der Kriegsverlauf anders entwickelt, wäre seine Entscheidung möglicherweise eine andere gewesen, denn wie geschildert bewertete er die nach Transnistrien deportierten Juden Bessarabiens und der Bukowina besonders negativ.

Nicht eindeutig auszumachen ist, was die rumänische Seite überhaupt mit jenem in der Anfrage formulierten Vorgehen bezweckte, sieht man von der den Deutschen gegebenen Begründung ab. Es könnte ein Test der deutschen Bereitschaft gewesen sein, doch eine Deportation über den Bug zu billigen. Unwahrscheinlich ist das freilich schon deshalb, weil die Achse den Raum nicht mehr beherrschte, in den eine Abschiebung hätte erfolgen sollen. Und wie noch zu zeigen ist, ließ sich umgekehrt die rumänische Führung auf die von Deutschland angebotene Alternative nicht mehr ein. Nach einer anderen Deutung könnte es sich um einen letzten Versuch gehandelt haben, die Verlagerung der deportierten Juden aus der Westhälfte Transnistriens in die Osthälfte zu erreichen, weil die Absicht bestand, wenigstens den westlichen Teil in einem Friedensschluss zu annektieren. Dafür könnte sprechen, dass Râbnița in dem Bereich liegt, auf den – geht man zumindest nach den Planungen von 1941/1942 – Ion Antonescu bei einem Friedensschluss Ansprüche hatte anmelden wollen. Mit einer solchen Interpretation unvereinbar ist wiederum, dass Moghilev außerhalb dieses Bereichs liegt.

Bei der im Telegrammstil verfertigten und bereits erwähnten Übersicht des Auswärtigen Amtes zum „gegenwärtigen Stand der Judenfrage“ vom 24. Mai 1943, die Ribbentrop als Vorbereitung für ein Gespräch mit Himmler dienen sollte, wird zur Lage in Rumänien ausgeführt, zwar bestehe dort eine „weit fortgeschrittene Judengesetzgebung“. In letzter Zeit sei jedoch eine „Auflockerung“ festzustellen. Es gebe eine „erleichterte Möglichkeit“ für Juden, „die Rechtstellung von Blutrumänen zu erlangen“. Die „Handhabung der Judengesetzgebung“ sei „in letzter Zeit mild“. Und abermals wird Kritik am rumänischen Verhalten geübt: „Keine Zustimmung zur Deportierung von Juden nach dem Osten.“[96]
Für die „im deutschen Machtbereich lebenden rumänischen Juden“ sei 1941 die „Zustimmung zur Deportierung erteilt“, im April 1943 aber widerrufen und der Wunsch geäußert worden, rumänische Juden wie ungarische und italienische zu behandeln. Rumänische Juden sollten nach Rumänien „zum Zwecke der Überführung nach Transnistrien“ zurückkehren dürfen. Im Unterschied zu den beiden Ländern, auf die sich die rumänische Regierung bei ihrer Rücknahme der Deportationsgenehmigung stützte, sagte es Deutschland ausdrücklich zu, die Juden nicht in ihrem Heimatland zu belassen, sondern sie nach erfolgter Rückkehr nach Transnistrien zu deportieren.

In der Tat hatte die rumänische Seite die Juden mit rumänischer Staatsbürgerschaft wieder unter ihren Schutz gestellt, als das Konsulat in Berlin am 6. April 1943 gemeldet hatte, die dortige Polizei verhafte rumänische, slowakische und kroatische Juden, behellige aber

96 Vgl. Aufzeichnung über den gegenwärtigen Stand der Judenfrage, 24.5.1943. ADAP, E, Bd. 6, Dok. 54, 96.

keine Juden ungarischer, bulgarischer oder italienischer Staatsangehörigkeit.[97] Noch selbigen Tags leitete Gheorghe Davidescu eine Anordnung Mihai Antonescus weiter, wonach die rumänische Gesandtschaft in Berlin eine Gleichbehandlung der rumänischen mit den ungarischen, bulgarischen und italienischen Juden verlangen solle. Seitens der rumänischen Regierung werde vorgeschlagen, die in Deutschland und in Frankreich sich aufhaltenden rumänischen Juden nach Rumänien ausreisen zu lassen, von wo aus sie nach Transnistrien gebracht würden. Was deren Besitz angehe, so hätten die rumänische und die deutsche Regierung vereinbart, gegenseitig auf Ansprüche zu verzichten.[98]

Freilich waren schon viele Juden rumänischer Staatsangehörigkeit in Deutschland und in den besetzten Gebieten verhaftet, deportiert und ermordet worden. Am 18. November 1943 berichtete der rumänische Gesandte in Berlin, Ion Gheorghe, seine Interventionen betreffend Rückführung von in deutschen Lagern inhaftierten Juden mit rumänischer Staatsbürgerschaft seien erfolglos geblieben. Stets hätten sich die deutschen Stellen außerstande erklärt, über die inhaftierten Personen eine Auskunft zu erteilen. Von einer Freilassung derselben zwecks Rückkehr nach Rumänien könne überhaupt keine Rede sein. In allen deutschen Antworten werde darauf verwiesen, dass die Internierung zu einer Zeit stattgefunden habe, als die rumänische Regierung mit ihr einverstanden gewesen sei. Daher seien diese Internierungen endgültig; sie könnten nicht mehr rückgängig gemacht werden.[99] Als der rumänische Gesandte in Berlin auf Weisung aus Bukarest trotz solcher Antworten weiter intervenierte, erhielt er nach eigener Aussage schließlich überhaupt keine Antwort mehr.[100]

Drei Mal traf Ion Antonescu 1944 mit Hitler zusammen: am 26. und 27. Februar auf Schloss Kleßheim, wo die allgemeine politische und militärische Lage besprochen wurde;[101] am 23. und 24. März ebenfalls auf Schloss Kleßheim zur Erörterung der Situation in Ungarn;[102] sowie am 5. August in der Wolfsschanze, wo es Hitler vor allem um die weitere

97 Stănescu an MAE, 6.4.1943. USHMM, RG 24.006M, reel 17.

98 Gheorghe Davidescu an Gesandtschaft Berlin, 6.4.1943. AMAE, fond 71, Germania, telegrame 1935–1944, dosar 5, Bl. 440.

99 Gheorghe an Mihai Antonescu, 18.11.1943. USHMM, RG 24.006M, reel 17. Vgl. Ion Gheorghe, Rumäniens Weg zum Satellitenstaat, Heidelberg 1952, 352–354. Generell kennzeichnet die Erinnerungen des ehemaligen Gesandten ein stark apologetischer und auch verzerrender Charakter. (Vgl. zum Thema dieser Studie vor allem ebenda, 351f.) Dazu gesellt sich eine scharfe Polemik gegen Mihai Antonescu.

100 Gheorghe, Rumäniens Weg, 354.

101 Hillgruber (Hg.), Staatsmänner und Diplomaten bei Hitler, Bd. 2, Dok. 44–46, 348–363.

102 Ebenda, Dok. 50/51, 389–406. Hitler sagte bei dieser Gelegenheit Ion Antonescu indirekt zu, nach Beendigung des Krieges Nordsiebenbürgen Rumänien zurückzugeben. Er erklärte nämlich, nach der „illoyalen Haltung der ungarischen Regierung“ und dem Ausfall Italiens werde Deutschland nicht mehr als Signatar des Wiener Schiedsspruchs fungieren. Allerdings bat er seinen Gast, dies vorerst geheimzuhalten; zu gegebener Zeit wollte Hitler das selbst bekanntgeben. Gegenwärtig liege es in beiderseitigem Interesse, „einen Partisanenkrieg in Ungarn zu vermeiden“. (Ebenda, 391f.)

Unterstützung durch Rumänien ging.[103] Auf den beiden letzten Reisen begleitete Mihai Antonescu den Marschall, konferierte aber nur noch mit Ribbentrop, nicht mit Hitler.

Andreas Schmidt sprach – getrennt – mit beiden Antonescus am 28. März – also kurz nach deren Rückkehr vom Treffen mit Hitler und Ribbentrop am 23. und 24. März 1944. Er berichtete, Ion Antonescu habe den Eindruck vermittelt, als besitze er großes Vertrauen in Hitler und sei bereit, den Krieg bis zum Ende durchzustehen.[104] Anders war das von Mihai Antonescu gewonnene Bild. Dieser habe sich über seine Behandlung beschwert. Er habe keine Gelegenheit gehabt, mit Hitler unter vier Augen zu sprechen; auch zum Essen sei nur Ion Antonescu eingeladen gewesen; er habe mit Ribbentrop gegessen und sich dann noch zwei Stunden mit diesem unterhalten. Mihai Antonescu vertraute Andreas Schmidt an, wahrscheinlich weil er wieder hoffte, auf diesem Wege seine Einstellung an Himmler heranzutragen:

> „‚Ich habe Herrn Ribbentrop gesagt, nehmen Sie doch um Gotteswillen Kontakt mit den Engländern und Amerikanern auf, was warten Sie noch in dieser Lage, und tun sie es noch, bevor wir ruiniert sind.'"[105]

Mihai Antonescu sei wohl in letzter Zeit bei seinen Fühlungnahmen mit den „Feindmächten" vorsichtiger geworden, fuhr Andreas Schmidt fort; aufgegeben habe er sie keineswegs. Seine jungen Mitarbeiter, wie etwa Barbul, seien ohnehin die ganze Zeit im Ausland.[106] Nachdem es misslungen sei, „ihn vor zwei Jahren" von der Macht zu entfernen, sei es jetzt besser, ihn zu binden, „oder es sei denn, man hält die Möglichkeit für richtig, ihn ins Jenseits zu befördern". Er wisse „unheimlich viel und könnte zumindest vorübergehend uns politisch schaden".[107]

In keiner der deutschen Zusammenfassungen über die Unterredungen Ion Antonescus mit Hitler wird die „Judenfrage" erwähnt. Anders verhält es sich mit einem protokollierten Gespräch zwischen Mihai Antonescu und Ribbentrop.

Am 5. August 1944 kamen Hitler und Ion Antonescu zu einem Frühstück in der Wolfsschanze zusammen; auch Ribbentrop und Keitel waren anwesend. Erst einmal schilderte Hitler das überstandene Attentat, dann ging es vornehmlich um die V 1.[108] Im Anschluss an das Frühstück fand die eigentliche Unterredung zwischen Hitler und Ion Antonescu statt.[109]

Später sprach Mihai Antonescu mit Ribbentrop. Der erkennbar kontroverse Dialog begann mit einer Übersicht Ribbentrops über die militärische und politische Lage, wobei er

103 Ebenda, Dok. 63/64, 481–501.
104 Andreas Schmidt an Wolff, Bericht über meine Vorsprache beim Marschall Antonescu und Vizeministerpräsident Mihai Antonescu am 28.3.1944, 3.4.1944. BArch, NS 19/2859, Bl. 74–81, hier Bl. 74.
105 Ebenda, Bl. 79.
106 Ebenda, Bl. 80f.
107 Ebenda, Bl. 81.
108 Hillgruber (Hg.), Staatsmänner und Diplomaten bei Hitler, Bd. 2, Dok. 63, 480–484.
109 Ebenda, Dok. 64, 484–501.

alsbald die rumänischen Friedensfühler aufgriff, die Mihai Antonescu rechtfertigte. Wiederholt war der rumänische Gast bemüht, seinen Gesprächspartner von der Notwendigkeit einer politischen Lösung zu überzeugen. So fragte Mihai Antonescu den deutschen Außenminister, „ob er denn keine Möglichkeit sähe, politisch etwas für den Frieden zu tun", worauf Ribbentrop antwortete, das sei derzeit unmöglich. „Man könne jetzt nichts anderes tun, als die Völker im Kampf stark zu halten."[110] Auch die anschließende Besprechung zu Wirtschaftsfragen legte schwerwiegende Differenzen offen.[111]

Als letzten Punkt brachte Ribbentrop die „Judenfrage" vor

> „und sprach sein Bedauern darüber aus, dass die rumänische Regierung nach wie vor eine so konziliante Haltung den Juden gegenüber einnähme.
> Mihai Antonescu entgegnete, dass in vier Jahren 2000 Juden Rumänien verlassen hätten, doch konnte ihm der Herr RAM einige Beispiele über eine zu laxe Behandlung dieses Problems entgegenhalten. Man wisse überdies aus Berichten deutscher Missionschefs, dass rumänische Gesandte in europäischen Hauptstädten wiederholt in Gesprächen darauf hingewiesen hätten, wie vorsichtig man in Rumänien mit den Juden verfahre. Es sei unvermeidlich, dass derartiges als Schwäche ausgelegt werde."[112]

Mihai Antonescu gab zu bedenken, man müsse der ungarischen Propaganda entgegentreten, von der seinerzeit „die Rumänen als Judenschlächter" hingestellt worden seien. Hinsichtlich der rumänischen Politik gegenüber den Juden fügte Mihai Antonescu hinzu:

> „Man wolle sie ja auch gern entfernen und lasse sie daher zum Beispiel nach Palästina ausreisen."

Ohne den gemeinsamen Antisemitismus zu verlassen, beharrte er also auf der Auswanderung, was selbst zu diesem späten Zeitpunkt auf den entschiedenen Widerspruch Ribbentrops stieß, der

> „entgegnete, dass dies keineswegs erwünscht sei, man möge sie lieber Deutschland für Arbeitsbataillone zur Verfügung stellen."

Abschließend protestierte Mihai Antonescu – wiewohl nicht offen den wahren Urheber benennend –, gegen die Deportation der Juden aus Nordsiebenbürgen. Die Ungarn hätten „im Rahmen ihrer neuen Judenpolitik" in Nordsiebenbürgen „unverhältnismäßig viele Juden evakuiert". Im Grunde sei das

> „gegen Rumänien gerichtet, weil man damit eine starke magyarische Ansiedlung bezwecke, die zum Schaden des rumänischen Teiles der Bevölkerung ausfalle. Er bat, diese Aktion von deutscher Seite aus doch nicht zu unterstützen."[113]

110 Loesch, Unterredung zwischen Ribbentrop und Mihai Antonescu im FHQ am 5.8.1944, 7.8.1944. ADAP, E, Bd. 8, Dok. 149, 278–292, Zitate 288.
111 Vgl. ebenda, 289–292.
112 Ebenda, 292.
113 Ebenda.

Freilich unterstützte Deutschland diese Deportation nicht einfach; Deutschland betrieb diese Deportation. Diesen Sachverhalt dürfte Mihai Antonescu durchaus gekannt haben. Er vermied eine direkte Kritik der deutschen Vernichtungspolitik und rekurrierte stattdessen auf den ungarisch-rumänischen Gegensatz. Auf jeden Fall richteten sich die Worte Mihai Antonescus an die richtige Adresse. Eine Antwort Ribbentrops zu diesem Punkt ist nicht protokolliert.

5.2 Rumänische Optionen nach Verzicht auf eigene Deportationsplanungen

Bis zum Umsturz am 23. August 1944 blieb die Lage der Juden in Rumänien prekär. Die staatsbürgerliche Entrechtung wurde nicht zurückgenommen. Der Ausschluss aus Beschäftigungsverhältnissen in der Privatwirtschaft hielt an und die Einberufungen zum Arbeitsdienst wurden fortgesetzt. Zwar funktionierte die „Judenzentrale" anders als von Gustav Richter konzipiert, dennoch war sie ein Zwangsorganismus, der von Radu Lecca als Instrument zur Ausplünderung der Juden benutzt wurde – zugunsten der Kassen des Staates und nicht zuletzt zugunsten der Taschen von Lecca und dessen Umfeld.

Immerhin war die rumänische Regierung ab Herbst 1942 zunehmend wieder bereit, den Juden ein Lebensrecht zuzugestehen. Mihai Antonescu war im Herbst 1942 umgeschwenkt und hatte sich auch gegenüber seinen deutschen Gesprächspartnern gegen Akte der Barbarei ausgesprochen. Ion Antonescu folgte letztendlich dieser neuen Linie; freilich ist das bei ihm nicht so direkt zu belegen wie bei Mihai Antonescu.

Im Frühjahr 1943 gab der Marschall die Umsiedlungsprojekte auf, die er im Herbst 1941 vom Statistischen Zentralamt unter Sabin Manuilă für eine künftige Friedenskonferenz hatte ausarbeiten lassen. Als Killinger am 7. Mai 1943 in einem gemeinsamen Empfang durch Ion und Mihai Antonescu weitere Forderungen wegen der Rekrutierungen der Deutschen Volksgruppe für die Waffen-SS präsentierte, verknüpfte er das mit der Frage, ob nach dem Krieg die Deutschen nicht aus Rumänien ausgesiedelt werden sollten, denn dieser Krieg solle doch zur Bildung ethnisch homogener Staaten ohne Minderheiten führen. Obwohl damit eine ursprüngliche Vorstellung ihres Regimes von deutscher Seite aufgegriffen wurde, nahmen die beiden Antonescus Killingers Anerbieten nicht auf, sondern reagierten ausweichend. Es sei sehr schwer, eine vollständige ethnische Bereinigung zu erreichen, vor allem dann, wenn es sich um alte Siedlungsgebiete handle. Wichtiger als eine ethnische Bereinigung sei es, dass der Staat einen inneren Zusammenhalt besitze, und es keine die Einheit und Souveränität gefährdende Einmischung von außen gebe.[114]

[114] Mihai Antonescu, Unterredung Ion und Mihai Antonescu mit Killinger, 7.5.1943. AMAE, fond 71, România, dosar 86, Bl. 339f.

Aber nicht nur diese in die fernere Zukunft ausgerichtete Planung war hinfällig geworden, sondern auch die zeitlich näher liegenden Absichten hinsichtlich der Juden. 1943 begann Mihai Antonescu, gegenüber neutralen Diplomaten und Vertretern des Roten Kreuzes die Unterschiede zwischen der rumänischen und der deutschen Linie in der Politik gegenüber den Juden herauszustellen.

Am 19. Januar 1943 empfing Mihai Antonescu den chilenischen Geschäftsträger Samuel del Campo, der für unter dem Schutz Chiles stehende Juden mit polnischer Staatsbürgerschaft, die sich in die Bukowina geflüchtet hatten, intervenierte. Laut eigener Aufzeichnung versicherte Mihai Antonescu dem Chilenen,

> „dass wir keine Gewalttaten auf rumänischem Territorium zulassen, da wir keine Barbaren sind. Ich werde sorgfältig darüber wachen, dass es keine Übergriffe, geschweige denn barbarische Akte gegen Personen geben wird."[115]

Als der chilenische Vertreter sich nach dem Wahrheitsgehalt von Gerüchten über eine Verschickung polnischer Juden nach Transnistrien erkundigte, erwiderte Mihai Antonescu, er brauche sich keine Sorgen zu machen; niemand werde die polnischen Staatsbürger behelligen, „da wir das Völkerrecht achten und das rumänische Volk kein unzivilisiertes Volk ist". Entsprechende Anweisungen seien von ihm der Provinzregierung der Bukowina erteilt worden.

Anfang März 1943 konstatierte René de Weck ein erneutes Aufflammen antisemitischer Propaganda.[116] Einige Tage später beteuerte Mihai Antonescu dem Schweizer Gesandten, die Verantwortung trage nicht die rumänische Regierung; Polizeiberichte ebenso wie Gespräche mit Killinger und Stelzer belegten, dass jene Propaganda gegen die Juden und gegen Präsident Roosevelt von der deutschen Gesandtschaft ausgegangen sei. Nach den Ausführungen Mihai Antonescus und den von diesem vorgelegten Dokumenten kam René de Weck in seinem Tagebuch zur zugespitzten Konklusion: „Das Bukarester Kabinett ist zum Beschützer der Juden gegen die bösen Nazis geworden."[117]

Genauso nachdrücklich grenzte die rumänische Führung in Kontakten mit Vertretern des Roten Kreuzes die eigene Politik gegenüber den Juden von Deutschland ab. Edouard Chapuisat, Mitglied des Internationalen Komitees vom Roten Kreuz (IKRK), reiste im Frühjahr 1943 mit seinem Sekretär David de Traz durch Südosteuropa, um die Verbindung des IKRK mit den nationalen Gesellschaften zu stärken und Arbeitsmöglichkeiten auszu-

[115] Mihai Antonescu, Unterredung mit Geschäftsträger Chiles [Samuel del Campo], 19.1.1943. AMAE, fond 71 România, dosar 86, Bl. 19f.

[116] Weck, Rapport Politique Nr. 17, 7.3.1943, BAR, E 2300, 1000/716, Bd. 105; abgedruckt in Hîncu, Confidențial!, 146–149.

[117] Weck, Journal de guerre, 365. Im Wortlaut ähnlich ist der Bericht an Bern: Weck, Rapport Politique Nr. 20, 18.3.1943, BAR, E 2300, 1000/716, Bd. 105. Nur in letzterem Papier ist zu lesen, Mihai Antonescu sehe in René de Weck einerseits einen Freund Rumäniens, andererseits einen Repräsentanten der Westmächte – die Schweiz hatte unter anderem die Vertretung amerikanischer Interessen übernommen –, an die er sich durch ihn, René de Weck, wende. In beiden Quellen wird notiert, noch nie habe sich Mihai Antonescu so offen geäußert.

loten.[118] In der zweiten Maihälfte hielt er sich in Rumänien auf, besuchte Kriegsgefangenenlager und bereiste Transnistrien. Zwei Mal, am 17. und am 27. d. M. empfing ihn Mihai Antonescu. Gesprächsthemen waren Kriegsgefangene (sowjetische in Rumänien und rumänische in der Sowjetunion) sowie Juden in Transnistrien.[119]

Über die „nicht-arischen Zivilgefangenen" habe Chapuisat in der Begegnung am 17. Mai in Erfahrung bringen wollen, wie das Rote Kreuz deren Lage erleichtern könne, ob durch Hilfssendungen an Lebensmitteln und Kleidung oder durch Unterstützung der Auswanderung. Eingangs legte Mihai Antonescu seinem Gast die Umstände dar, die zu den antijüdischen Maßnahmen in Rumänien geführt hätten. Hier findet sich eine frühe Variante der späteren Rechtfertigungs-Legende des Antonescu-Regimes. Durch die Friedensverträge nach dem Ersten Weltkrieg sei Rumänien gezwungen worden, einem von der österreichisch-ungarischen Monarchie ererbten Völkergemisch die Staatsbürgerschaft zu gewähren, so dass sich schließlich fast eine Million Juden in Rumänien befunden hätten. Diese seien in Wirtschaft, freie Berufe und Presse eingedrungen. Sie hätten die Rumänen verdrängt, was zu Ungleichgewichten geführt und schließlich gewaltsame Gegenreaktionen hervorgerufen habe. Die Ereignisse im November 1940 und im Januar 1941 seien der „revolutionäre Ausdruck" solcher Tendenzen gewesen.[120] Diese Umstände erklärten die Maßnahmen der rumänischen Regierung,

> „die das Leben der Juden geschützt hat, wo sie nur konnte, die aber auch der Ausbreitung revolutionärer Zustände entgegentreten musste, so wie sie auch in Bessarabien und in der Bukowina schärfere Maßnahmen zu ergreifen hatte, weil sich dort die jüdische Bevölkerung 1940 erbärmlich gegenüber unserer im Rückzug befindlichen Armee aufgeführt hat."[121]

Nach Wiedereroberung dieser beiden Provinzen habe es eine Reaktion auf dieses Verhalten gegeben, auch sei die Lage in der noch unorganisierten Provinz Transnistrien anfangs schwer gewesen. In letzter Zeit habe sie sich allerdings gebessert.

Im deutschen Herrschaftsbereich sei die Situation der Juden anders als in Rumänien. Lediglich aufgrund „der Umstände und der anfänglichen Maßnahmen der Jahre 1940 / 1941" habe sich ein gewisse Übereinstimmung ergeben. Als seinerzeit die „deutschen Delegierten" mit der rumänischen Regierung über die „jüdische Frage" verhandelt hätten, habe er die Haltung der rumänischen Regierung in drei Punkten formuliert:

[118] Die Mission Chapuisats 1943 in Rumänien, seine Gespräche mit Mihai Antonescu sowie ein Besuch in Odessa und Tiraspol werden erwähnt in Jean-Claude Favez, The Red Cross and the Holocaust, Cambridge 1999, 203. Zu den Bemühungen des IKRK 1943/44 um die Juden in Transnistrien einschließlich der Verhandlungen mit Mihai Antonescu siehe ebenda, 198–214.

[119] Vgl. Mihai Antonescu, Unterredung mit Chapuisat, 17.5.1943. AMAE, fond 71, România, dosar 86, Bl. 354–358; Mihai Antonescu, Unterredung mit Chapuisat, 25.5.1943. AMAE, fond 71, România, dosar 86, Bl. 383f.

[120] Mihai Antonescu, Unterredung mit Chapuisat, 17.5.1943. AMAE, fond 71, România, dosar 86, Bl. 354.

[121] Ebenda, Bl. 355.

- „Jede Art von physischer Lösung“ sei abzulehnen. „Das rumänische Volk ist tolerant. Grausam gegen die Juden vorzugehen, würde für eine Regierung bedeuten, das christliche und tolerante Wesen der Rumänen zu missachten und diese gegen sich aufzubringen.“[122]
- Man werde alle Lösungen hinsichtlich der wirtschaftlichen Lage und der Vermögen der Juden aufgreifen, die die außergewöhnlichen Zeitumstände aufnötigten.
- Man strebe eine internationale Lösung der „jüdischen Frage“, insbesondere durch die Unterstützung der Auswanderung an.

Im ersten und im dritten Punkt sagte Mihai Antonescu die Unwahrheit. Ion Antonescu und er selbst, als die beiden ausschlaggebenden Personen des Regimes, hatten 1941 eine „physische Lösung“ befürwortet und praktiziert. Bei Punkt drei verschwieg Mihai Antonescu seine Zustimmung zu einem prinzipiellen Auswanderungsstopp Ende 1941 / Anfang 1942. Danach war in den ersten neun Monaten des Jahres 1942 die Auswanderung von der Agenda der rumänischen Regierung verschwunden.

Beim zweiten Punkt verhält es sich etwas komplizierter. Entrechtung und Enteignung galten für die Juden weiterhin; in diesem Bereich gab es keine Änderung der rumänischen Politik. In gewundenen Worten gestand der stellvertretende Ministerpräsident das auch gegenüber Chapuisat ein. Zur Entschuldigung dieses Verhaltens verwies Mihai Antonescu auf die „außergewöhnlichen Zeitumstände“. Was waren diese Umstände? Das Bündnis mit Deutschland, der Krieg, der deutsche Druck. Letztendlich insinuierte Mihai Antonescu, Entrechtung und Enteignung seien der Preis für die Ablehnung der „physischen Lösung“.

Am 25. Mai 1943 drehte sich das Gespräch mit Chapuisat unter anderem um die Frage einer deutschen Garantie für Auswandererschiffe aus Rumänien und Bulgarien. Chapuisat schlug vor, Schiffe unter der Flagge des Roten Kreuzes fahren zu lassen und sagte zu, sich um die deutsche Genehmigung für diesen Plan zu bemühen. Vorab brauche er aber die Zustimmung der rumänischen Regierung, die Mihai Antonescu auch erteilte.[123]

Seinerseits hatte Mihai Antonescu schon bei den Deutschen hinsichtlich einer Garantie für Auswandererschiffe nachgefragt. Killinger, den er ebenfalls, wie Chapuisat, am 25. Mai empfing, überbrachte die Antwort der deutschen Regierung. Diese sehe sich angesichts der Aktivitäten der sowjetischen Flotte außerstande, der rumänischen Forderung nach einer Garantie für Auswandererschiffe im Bereich des Schwarzen Meeres zu entsprechen. Laut eigenem Diktat reagierte Mihai Antonescu mit der Erinnerung,

> „dass ich von Beginn der deutsch-rumänischen Zusammenarbeit an für die Auswanderung der Juden als Lösung eingetreten bin, ja sogar für eine internationale Lösung, die solche Transporte erleichtert.
>
> Ebenso habe ich den Gesandten von Killinger daran erinnert, dass damals, als das Oberkommando unserer Armee die Juden aus Bessarabien und einige Juden aus der Bukowina nach Transnistrien transportiert hat, diese Maßnahme ergriffen wurde, um einerseits Reaktionen der Bevölkerung Bessarabiens oder der zurückgekehrten Flüchtlinge aufgrund der unange-

122 Ebenda.

123 Mihai Antonescu, Unterredung mit Chapuisat, 25.5.1943. AMAE, fond 71, România, dosar 86, Bl. 383f.

> brachten Haltung der Juden beim Rückzug unserer Truppen zu vermeiden; und andererseits deshalb, weil uns zur selben Zeit eröffnet worden war, nach deutschen Plänen seien alle jüdischen Bevölkerungsgruppen, die evakuiert werden sollten, in einem Gebiet am äußersten Ende der Ukraine zu konzentrieren."[124]

Nun sei jedoch die damals nach Transnistrien gebrachte jüdische Bevölkerung bis heute dort geblieben und stelle eine schwere Belastung für die rumänische Regierung dar, zumal sie nicht wirklich nutzbringend verwendet werden könne. Auf all diese Reminiszenzen Mihai Antonescus ging Killinger nicht ein. Er wiederholte die deutsche Ablehnung, bog allerdings die Verantwortung von sich ab, indem er betonte, während der vergangenen sechs Monate mehrfach den Standpunkt der rumänischen Regierung bei seiner eigenen vertreten zu haben. Der deutschen Regierung fehlten aber gegenwärtig die Mittel, eine Garantie für die Auswanderertransporte auszusprechen. Damit verzerrte Killinger die deutsche Haltung, die grundsätzlich Auswanderungen für Juden ablehnte. Schlussendlich sprach Mihai Antonescu den deutschen Gesandten auf den Vorschlag Chapuisats an, Auswanderertransporte unter der Flagge des Roten Kreuzes zu ermöglichen. Killinger sagte zu, dies in Berlin vorzubringen[125] – wobei er wissen musste, wie die Antwort lauten würde.

Einige Monate später, in den letzten Wochen des Jahres 1943, war das Antonescu-Regime mit Problemen anderer Natur konfrontiert. Die Rote Armee näherte sich, und man war gezwungen, den Rückzug aus Transnistrien vorzubereiten. Deshalb erhob sich die Frage, was mit den dorthin deportierten Juden aus Bessarabien und aus der Bukowina geschehen sollte.

Unter dem Datum des 10. November 1943 berichtete das rumänische Innenministerium dem Ministerrat über Möglichkeiten einer Rückkehr der überlebenden Juden.[126] In der Ministerratssitzung vom 17. November 1943 wurde diskutiert, welche Bevölkerungsgruppen aus Transnistrien evakuiert werden sollten. Es wurde vorgeschlagen, auch einige der nach Transnistrien deportierten Juden in den Rückzug miteinzubeziehen und in der Gegend von Vijniţa in der Nordbukowina zu konzentrieren. Ion Antonescu meinte, das Innenministerium solle für eine Bewachung der Juden sorgen, damit diese sich nicht über die ganze Bukowina zerstreuen könnten. Ansonsten müssten sie für sich selbst aufkommen und in der Anfangszeit gegebenenfalls von den übrigen jüdischen Gemeinden versorgt werden, die nach Ion Antonescus Ansicht über ausreichend Ressourcen verfügten. „Sie ernähren sich also aus ihrem eigenen Geld. Wir tragen dazu nichts bei."[127] Damit wiederholte er die bei der Deportation nach Transnistrien geltende Haltung der rumänischen Regierung. Daran hatte sich also nichts geändert.

Drei Tage nach dieser Ministerratssitzung richtete Radu Lecca am 20. November 1943 ein Memorandum an Ion Antonescu, in dem er einen Plan zur Rückführung von Juden

[124] Mihai Antonescu, Unterredung mit Killinger, 25.5.1943. AMAE, fond 71, România, dosar 86, Bl. 374–376, Zitat Bl. 374.
[125] Ebenda, Bl. 375.
[126] Ancel (Hg.), Documents, Bd. 5, Dok. 231–233, 510–514.
[127] Ciucă (Hg.), Stenogramele, Bd. 9, 559–568, Zitat 566.

aus Transnistrien entwarf.[128] Ion Antonescu erklärte am 26. Januar 1944 in einer Sitzung des Ministerrats mit den Gouverneuren der neuen Provinzen, er beabsichtige nicht, weitere Gruppen deportierter Juden aus Transnistrien zurückkehren zu lassen. Aus Bessarabien und aus der Bukowina sollten lediglich bestimmte Gruppen von Rumänen nach Kernrumänien evakuiert werden; keinesfalls dürften Juden und Ukrainer mitkommen.[129]

In einem Brief an Ion Antonescu forderte Hermann Clejan am 2. Februar 1944 die Repatriierung aller deportierten Juden. In seinem Antwortschreiben vom 4. Februar legte Ion Antonescu dar, weshalb er nur einer partiellen Rückkehr zustimme.[130] Im gleichen Sinn teilte Vasiliu am 7. Februar 1944 Filderman mit, es werde keine generelle Repatriierung der Deportierten geben.[131] Dann jedoch gestand im März 1944 die rumänische Regierung allen nach Transnistrien deportierten Juden das Rückkehrrecht nach Rumänien zu.[132]

[128] Lecca an Ion Antonescu, 20.11.1943. Ancel (Hg.), Documents, Bd. 7, Dok. 393, 547–551; Benjamin (Hg.), Problema evreiască, Dok. 176, 529–532.
[129] Ciucă (Hg.), Stenogramele, Bd. 10, 64–66.
[130] Carp, Cartea Neagră, Bd. 3, Dok. 254/255, 473–475.
[131] Ebenda, Dok. 256, 476.
[132] Documente, 224.

6 Zusammenfassung

Thema der vorliegenden Studie ist die deutsch-rumänische Interaktion bei Herausbildung, Umsetzung und Wandel der jeweiligen Planungen für eine „Lösung der Judenfrage" unter dem Antonescu-Regime. Hierbei lassen sich drei Phasen unterscheiden.

1. Kongruenz: 1940/1941

Das Antonescu-Regime beabsichtigte ursprünglich, die Juden schrittweise zu entrechten, zu enteignen und zur Auswanderung zu zwingen. Lediglich eine kleine Zahl sollte aufgrund besonderer Verdienste oder fortgeschrittener Assimilation dauerhaft im Lande bleiben dürfen.

Am deutschen Angriff auf die Sowjetunion teilzunehmen war für die rumänische Führung nicht bloß wegen der Aussicht verlockend, die 1940 an die Sowjetunion abgetretenen Territorien wiederzugewinnen, sondern sie sah darin auch eine günstige Gelegenheit, die jüdische Bevölkerung Bessarabiens und der Bukowina zwangsauszusiedeln und so aus beiden Provinzen im Windschatten des Krieges unauffällig verschwinden zu lassen. Dabei erwartete die rumänische Regierung, nach dem Krieg würden die Westalliierten über Vertreibungen und Massaker hinwegsehen.

Ab dem Sommer 1941 war das Vorgehen zweigeteilt. In den von der Sowjetunion eroberten Gebieten war es gekennzeichnet von Deportation und Mord. Die Juden aus Bessarabien und aus der Bukowina wurden im Herbst 1941 in das rumänische Besatzungsgebiet Transnistrien deportiert. Sie sollten dort in drei Zonen an der Ostgrenze entlang des Bug konzentriert werden. Währenddessen sollten die einheimischen ukrainischen Juden aus der West- in die Osthälfte Transnistriens, jenseits der Bahnlinie Smerinka–Odessa verlagert werden, was zusammen mit anderen Indizien dafür spricht, dass damals eine Annexion zumindest derjenigen Teile Transnistriens erwogen wurde, in denen bereits ein gewisser Prozentsatz ethnischer Rumänen lebte.

In Kernrumänien – also im Altreich, dem verbliebenen Teil Siebenbürgens (Südsiebenbürgen) und dem Banat – wurden Entrechtung und Enteignung der Juden auf juristischem Wege fortgeführt sowie Erfassung und Zählung im Hinblick auf eine Aussiedlung nach Kriegsende vorangetrieben.

Von Anfang an orientierte sich das Antonescu-Regime in seiner Politik gegenüber den Juden an deutschen Vorbildern. Ein wesentlicher Schritt zur direkten Übernahme deutscher Methoden war die Entsendung eines deutschen „Beraters für Judenfragen" im April 1941.

Ausgegangen war die Initiative für die Entsendung deutscher Berater von Deutschland, das auf diese Weise entscheidenden Einfluss auf Regierung und Verwaltung, auf Formulierung und Umsetzung innenpolitischer Entscheidungen erlangen wollte. Die rumänische Seite wiederum erhoffte sich von deutschen Beratern gerade in den eroberten Territorien nicht nur Hilfe bei der Neugestaltung der Verwaltung, sondern auch bei der Durchführung der Vertreibung von Juden.

Die deutschen Berater brachten der rumänischen Regierung deutsche Modelle für eine „Lösung der Judenfrage" nahe.

In Kernrumänien war es das „Modell Slowakei". Gustav Richter, an der deutschen Gesandtschaft als „Berater für Judenfragen" tätiger SS-Hauptsturmführer, legte der rumänischen Regierung Kopien der Vorschläge vor, die Dieter Wisliceny der slowakischen Regierung gemacht hatte.

In den im Sommer 1941 von der Sowjetunion eroberten Provinzen war es das „Modell Generalgouvernement". Karl Pflaumer und Theodor Ellgering, im Frühjahr 1941 vom Reichsinnenministerium als Berater abgeordnet, traten als Experten für deutsches Besatzungsrecht und für die Organisierung von Zwangsmigrationen auf. Sie berieten die neue rumänische Verwaltung darin, die Lebensverhältnisse der Juden so zu regeln, wie dies seit der Niederlage Polens geschehen war.

Den Kern der Kongruenz deutscher und rumänischer Planungen bildete 1941 die Übereinkunft zur Deportierung der Juden Bessarabiens und der Bukowina über Transnistrien hinaus in ein „großes Judenghetto", das die Deutschen nordöstlich des Schwarzen Meeres und der Linie Rostov – Charkov einzurichten gedachten.

Die rumänischen Maßnahmen gegen die jüdische Bevölkerung der beiden Provinzen beruhten auf mündlichen Absprachen. Möglicherweise wurde darüber bereits am 5. März 1941 zwischen Ion Antonescu und Göring verhandelt. Ebenso wenig dokumentiert, jedoch schlüssig belegbar ist eine informelle Abmachung zwischen Ion Antonescu und Hitler spätestens am 12. Juni 1941, auf ihrem letzten Treffen vor Beginn des Feldzugs gegen die Sowjetunion.

In den Monaten Dezember 1941 / Januar 1942 erklärte sich das Antonescu-Regime sofort bereit, der deutschen Forderung zu entsprechen, die bis dahin propagierte Auswanderung der Juden zu stoppen. Bis in den Herbst 1942 war dieses Thema von der Agenda der rumänischen Regierung verschwunden. Kein Beleg ist bisher dafür aufgefunden worden, dass die rumänische Führung schon damals über die deutschen Planungen zur „Endlösung der Judenfrage" in Form eines Massenmordes unterrichtet war. Die vorhandenen Indizien sprechen dafür, dass dieser Tatbestand auch zu keinem späteren Zeitpunkt der rumänischen Führung ausdrücklich mitgeteilt wurde. Auch intern wurde deutscherseits durchweg gesagt und geschrieben, es gehe um einen Arbeitseinsatz. Es ist jedoch anzunehmen, dass den rumänischen Partnern im Frühjahr 1942 die Nachricht zukam, das Ziel der Deportationen habe sich geändert. Dieses Ziel sei nicht länger das „Judenghetto" am äußersten Zipfel der Ukraine, sondern das Generalgouvernement.

2. Divergenz: 1942

Die auf der Wannseekonferenz am 20. Januar 1942 besprochenen Planungen sahen die Einbeziehung von 342 000 Juden aus Rumänien in die „Endlösung der Judenfrage" vor. Folglich bezog das alle in Kernrumänien lebenden Juden ein.

Beginnend im Frühjahr 1942 unternahm Gustav Richter die entsprechenden Vorstöße bei der rumänischen Regierung. Dabei folgte er dem deutschen Vorgehen in der Slowakei. Unter Berufung auf einen dringenden Bedarf an Arbeitskräften verlangte er die Deportation der arbeitsfähigen Juden aus Kernrumänien ins Generalgouvernement. Bei einer Zusage hätte er sogleich die Forderung nach Deportation der gesamten jüdischen Bevölkerung nachgeschoben. Monatelang wurde verhandelt. Schließlich erhielt Richter Ende Juli 1942 die schriftliche Zustimmung der rumänischen Regierung für die Deportation eines Teils der Juden Rumäniens, nämlich aus Südsiebenbürgen und aus dem Banat.

Allerdings verzögerte sich die praktische Umsetzung. Schließlich setzte sie Ion Antonescu im Oktober 1942 bis zum kommenden Frühjahr aus. Diese Entscheidung erwies sich nicht nur im Nachhinein als endgültig; sie war auch, wie etliche Indizien untermauern, von Anfang an als endgültig gedacht. Die Aussetzung war lediglich ein Vorwand, der die deutsche Seite erst einmal beruhigen sollte.

Hinsichtlich der Behandlung der Juden in Bessarabien, in der Bukowina, und in Transnistrien ist eine direkte deutsche Beratertätigkeit für 1942 weder nachzuweisen noch anzunehmen. Zunächst hielt das Antonescu-Regime an dem gemeinsamen Plan von 1941 fest und fuhr fort, Juden nach Transnistrien an den Bug zu deportieren; einige Kontingente aus Kernrumänien kamen hinzu. Gleichzeitig versuchte die rumänische Führung, die Abschiebung der deportierten Juden über den Bug durchzusetzen. Sie stieß jedoch auf deutschen Widerstand, den sie nicht zu überwinden vermochte.

Im Oktober 1942 wurden vorläufig alle Deportationen nach Transnistrien gestoppt. Zeitlich und inhaltlich war diese Entscheidung mit derjenigen über die Aussetzung der schon zugesagten Auslieferung der Juden aus dem Banat und aus Südsiebenbürgen an die deutsche Vernichtungsmaschinerie eng verbunden. Für beide Entscheidungen gab es eine Reihe innen- wie außenpolitischer Gründe.

Zentral für die entstehende Divergenz war das Zögern und schließlich das Widerstreben der rumänischen Führung, die Juden Kernrumäniens unterschiedslos und vor Kriegsende abzuschieben, also wie in Bessarabien und in der Bukowina vorzugehen. Unterschied wäre nur gewesen, dass das Ziel für eine Deportation der Juden Kernrumäniens nicht mehr Transnistrien, sondern, entsprechend den deutschen Vorgaben, das Generalgouvernement sein sollte.

Hinsichtlich der nach Transnistrien deportierten Juden wiederum hielt die rumänische Seite an den Absprachen des Vorjahrs fest, also einer Abschiebung über den Bug in das noch zu errichtende Ghetto nordöstlich des Schwarzen Meers. Sie weigerte sich, die grundlegende Wende in den deutschen Planungen wahrzunehmen, obschon sie selbst für Teile Kernrumäniens einer Deportation ins Generalgouvernement erst einmal zugestimmt hatte.

Zu dieser Zeit scheinen die Deutschen nicht angeboten zu haben, die in Transnistrien befindlichen Juden in das Generalgouvernement zu deportieren.

Diese ohnehin komplexe Lage wurde außerdem durch den Kriegsverlauf maßgeblich beeinflusst. Im September 1942 war der rumänischen Führung vollends klargeworden, dass es den erhofften schnellen Durchbruch an der russischen Front nicht mehr geben würde; ernsthafte Zweifel an den deutschen Kriegsaussichten griffen um sich.

Verschiedene Äußerungen Ion und Mihai Antonescus lassen annehmen, dass sie spätestens ab Herbst 1942 darüber informiert waren, was im Generalgouvernement tatsächlich geschah. Offen bleibt, ob und inwieweit ihre Weigerung, die in Kernrumänien lebenden Juden an Deutschland auszuliefern, mit diesem Wissen zusammenhing. Gegenüber deutschen Gesprächspartnern wandten sie sich seit Herbst 1942 gegen eine „physische Lösung" oder äußerten in Gesprächen mit der deutschen Führung unverhohlen, die Juden würden umgebracht. Freilich muss dahingestellt bleiben, ob solche Erklärungen auch bei weiterem Vormarsch oder gar raschem Sieg der Achse über die Sowjetunion vorgebracht worden wären.

3. Dissens: 1943/1944

Kern des Dissens war die stete deutsche Forderung, alle Juden im rumänischen Machtbereich in die „Endlösung" einzubeziehen. Schließlich erklärte sich die deutsche Seite auch bereit, die in Transnistrien befindlichen Juden ins Generalgouvernement zu deportieren, was sie erst 1943 ausdrücklich zusagte.

Mit Beginn des Jahres 1943 verweigerte sich die rumänische Seite diesem Begehren offen und ohne die vordem üblichen Winkelzüge. Stattdessen propagierte sie wiederum die jüdische Auswanderung, insbesondere nach Palästina. Außerdem ließ sie vermehrt Hilfe für die nach Transnistrien deportierten Juden zu und gestattete Ende 1943 eine teilweise und im März 1944 die vollständige Rückführung der überlebenden Deportierten.

Als das Bündnis mit dem nationalsozialistischen Deutschland keine Siegesaussicht mehr bot, wich das Antonescu-Regime zurück und verabschiedete sich von der weiteren Anwendung von Deportation und Mord.

Dem lag wohl keine Abkehr von der eigenen ideologischen Intention zugrunde, sondern eher die Erkenntnis, das angestrebte Ziel – die Deportierung der Juden aus Bessarabien und aus der Bukowina nach Osten sowie die Vertreibung der Juden Kernrumäniens nach Kriegsende – lasse sich nicht mehr wie ursprünglich geplant verwirklichen, und jedes weitere Eingehen auf die von Deutschland praktizierte „Endlösung der Judenfrage" mindere Rumäniens Chance auf einen Kompromissfrieden mit den Westalliierten.

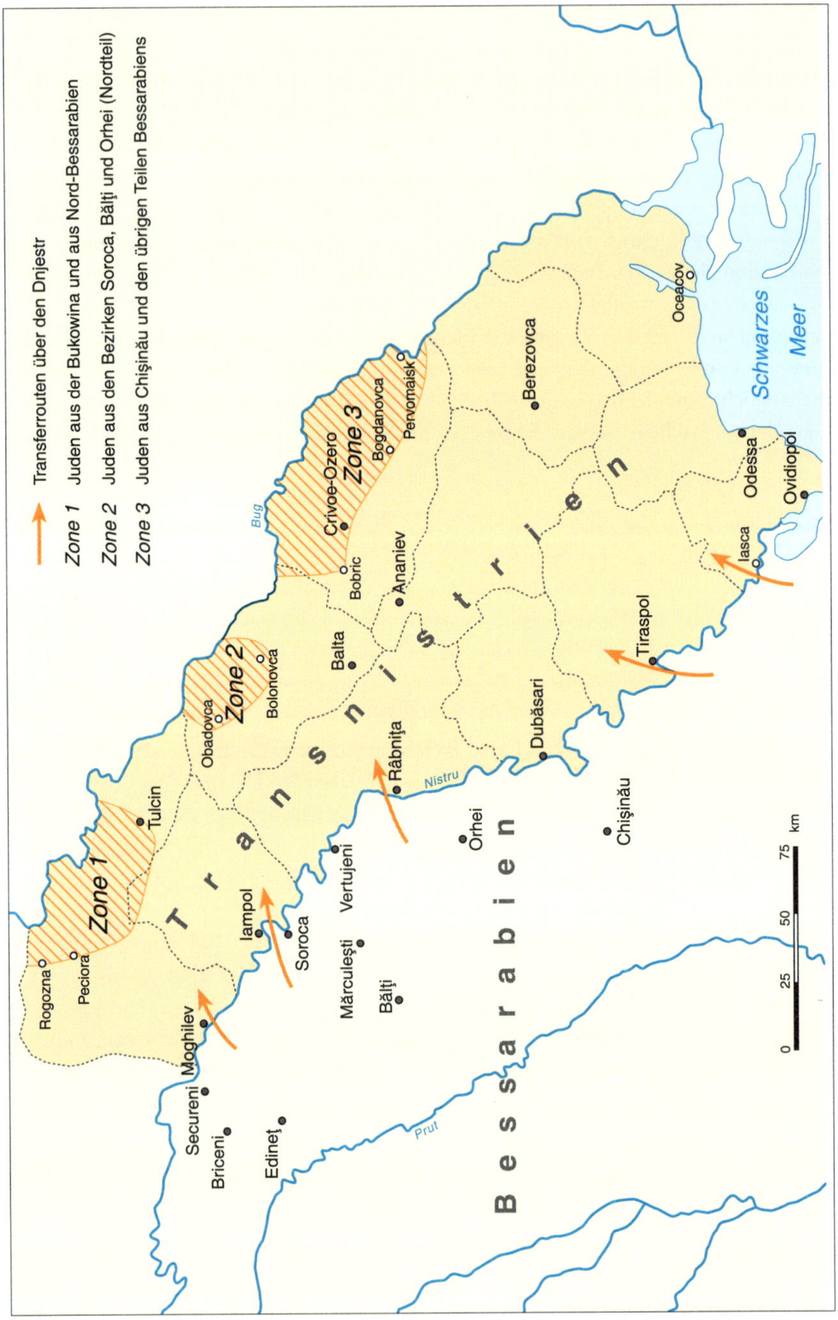

Karte 1: Deportationsplanung der rumänischen Regierung (Ende 1941).

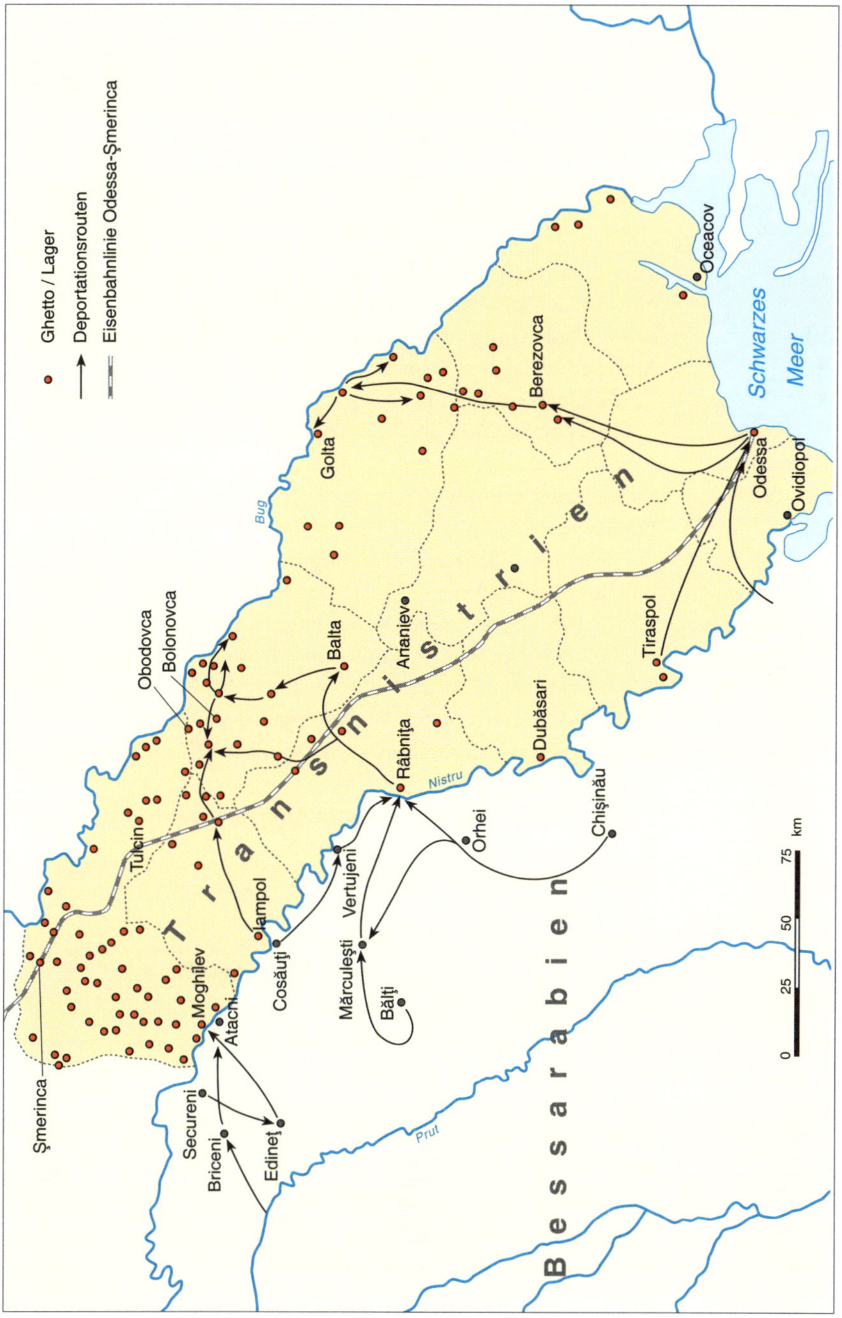

Karte 2. Ghettos und Lager in Tranbsniustrien: Geographische Verteilung.

Abkürzungen

AA	Auswärtiges Amt
AMAE	Arhive Diplomatice ale Ministerului Afacerilor Externe
ANR	Arhivele Naționale ale României
AOK	Armee-Oberkommando
APA	Außenpolitisches Amt der NSDAP
AST	Abwehrstelle
BAR	Schweizerisches Bundesarchiv
BArch	Bundesarchiv Berlin
BArch Freiburg	Bundesarchiv-Militärarchiv Freiburg
BArch Koblenz	Bundesarchiv Koblenz
BArch Ludwigsburg	Bundesarchiv, Außenstelle Ludwigsburg
BCU	Bibliothèque cantonale et universitaire, Fribourg / Freiburg
BDC	Berlin Document Center
BStU	Der Bundesbeauftragte für die Unterlagen des Staatssicherheitsdienstes der ehemaligen Deutschen Demokratischen Republik
CFR	Căile Ferate Române
CNSAS	Consiliul Național pentru Studierea Arhivelor Securității
CSIER	Centrul de Istorie a Evreilor din România
DGB	Deutsche Gesandtschaft Bukarest
FHQ	Führerhauptquartier
FSB	Federal'naja služba bezopasnosti
FUCE	Federația Uniunilor Comunităților Evreilor din România
GRU	Glavnoe razvedyvatel'noe upravlenie
IKRK	Internationales Komitee vom Roten Kreuz
IMT	International Military Tribunal
KUB	Kantons- und Universitätsbibliothek, Freiburg / Fribourg
KZ	Konzentrationslager
MAE	Ministerul Afacerilor Externe
NA	National Archives, College Park/MD
NEF	Near East Foundation
NSDAP	Nationalsozialistische Deutsche Arbeiter-Partei

NSDAP/AO	Nationalsozialistische Deutsche Arbeiter-Partei / Auslandsorganisation
OKH	Oberkommando des Heeres
OKW	Oberkommando der Wehrmacht
PAAA	Politisches Archiv des Auswärtigen Amtes
PCM	Preşedinţia Consiliului de Miniştri
PRO	Public Record Office
RAM	Reichsaußenminister
RF	Reichsführer
RFSS	Reichsführer-SS
RG	Record Group
RKK	Reichskassenschein
RMI	Reichsinnenministerium
RSHA	Reichssicherheitshauptamt
SA	Sturmabteilung
SD	Sicherheitsdienst
Sipo	Sicherheitspolizei
SOE	Special Operations Executive
SS	Schutzstaffel
SSI	Serviciul Secret de Informaţii / (ab November 1940) Serviciul Special de Informaţii
StA	Staatsanwaltschaft
TNA	The National Archives, London
UCE	Uniunea Comunităţilor Evreilor din Vechiul Regat
UER	Uniunea Evreilor Români
URO	United Restitution Organization
USHMM	United States Holocaust Memorial Museum
VOMI	Volksdeutsche Mittelstelle
WFSt	Wehrmachtsführungsstab

Quellen und Literatur

Unveröffentlichte Quellen

Arhive diplomatice a Ministerului Afacerilor Externe, București (AMAE)
Arhivele Naționale ale României, București (ANR)
Bibliothèque cantonale et universitaire, Fribourg / Freiburg (BCU / KUB)
Bundesarchiv, Außenstelle Ludwigsburg (BArch Ludwigsburg)
Bundesarchiv, Berlin (BArch)
Bundesarchiv, Koblenz (BArch Koblenz)
Bundesarchiv – Militärarchiv, Freiburg (BArch Freiburg)
Der Bundesbeauftragte für die Unterlagen des Staatssicherheitsdienstes der ehemaligen Deutschen Demokratischen Republik, Berlin (BStU)
Centrul de Istorie a Evreilor din România. Arhiva, București (CSIER)
Consiliul Național pentru Studierea Arhivelor Securității, București (CNSAS)
National Archives, College Park/MD (NA)
The National Archives: Public Record Office, London (TNA:PRO)
Österreichisches Staatsarchiv, Wien (ÖStA)
Politisches Archiv des Auswärtigen Amtes, Berlin (PAAA)
Schweizerisches Bundesarchiv, Bern (BAR)
Staatsanwaltschaft Frankenthal (StA Frankenthal)
United States Holocaust Memorial Museum, Washington/DC (USHMM)

Veröffentlichte Quellen

1940–1942: Perioada unei mari restriști. București 1997 (Evreii din România între anii 1940–1944, Bd. 3, 2 Tlbde.) [zitiert als: 1940–1942, Bd. 3, Tlbd.].

1943–1944: Bilanțul Tragediei – Renașterea speranței. București 1998 (Evreii din România între anii 1940–1944. Bd. 4).

Achim, Viorel (Hg.): Documente privind deportarea țiganilor în Transnistria, 2 Bde. București 2004.

Activitatea Centralei Evreilor din România. București 1944 [Reprint București 1998].

Akten zur deutschen auswärtigen Politik [ADAP] 1918–1945, Serie D (1937–1941), 13 Bde.; Serie E (1941–1945), 8 Bde. Göttingen 1950–1979.

Ambasciata di Romania presso la Santa Sede (Hg.): La Romania e la Santa Sede. Documenti diplomatici. Vaticano 2000.

ANCEL, Jean (Hg.): Documents Concerning the Fate of Romanian Jewry during the Holocaust, 12 Bde. New York 1985/86.

– Transnistria, 3 Bde. București 1998.

– Transnistria, 1941–1942: The Romanian Mass Murder Campaigns, 3 Bde. Tel Aviv 2003 [zitiert als: ANCEL (Hg.), Transnistria (Tel Aviv)].

BELDIMAN, Dana Honciuc: Statul Național Legionar. Septembrie 1940 – Ianuarie 1941. Cadrul legislativ. București 2005.

BENJAMIN, Lya (Hg.): Legislația antievreiască. București 1993 (Evreii din România între anii 1940–1944. Bd. 1).

– (Hg.): Problema evreiască în stenogramele Consiliului de Miniștri. București 1996 (Evreii din România între anii 1940–1944. Bd. 2).

Berliner Börsenzeitung, 1941–1943.

BODEA, Gheorghe I.: Tragedia evreilor din nordul Transilvaniei 1944. Cluj-Napoca 2001.

Bukarester Tageblatt, 1941–1944.

BUZATU, Gheorghe (Hg.): România în ecuația războiului și păcii (1939–1947). București 2009.

– / CHEPTEA, Stela / CÎRSTEA, Marusia (Hgg.): Pace și război (1940–1944). Jurnalul Mareșalului Ion Antonescu, 2 Bde. Iași 2008/2010.

CALAFETEANU, Ion (Hg.): Emigrarea populației evreiești din România în anii 1940–1944. Culegere de documente din Arhiva Ministerului Afacerilor Externe al României. București 1993.

– (Hg.): Români la Hitler. București 1999.

CARP, Matatias: Cartea neagră: fapte și documente. Suferințele evreilor din România 1940–1944, 3 Bde. București 1946–48 [Reprint București 1996].

CHRISTOFOROV, Vasilij Stepanovič (Bearb.): Tajny diplomatii Tret'ego Rejcha: Germanskie diplomaty, rukovoditeli zarubežnych voennych missij, voennye i policejskie attaše v sovetskom plenu. dokumenty iz sledstvennych del 1944–1955. Moskva 2011.

CIUCĂ, Marcel-Dumitru (Hg.): Procesul Mareșalului Antonescu. Documente, 3 Bde. București 1996.

– (Hg.): Stenogramele ședințelor Consiliului de Miniștri. Guvernarea Ion Antonescu, 11 Bde. București 1997–2008.

CONSTANTINIU, Florin (Hg.): Antonescu – Hitler. Corespondență și întîlniri inedite (1940–1944), 2 Bde. București 1991.

Der Dienstkalender Heinrich Himmlers 1941/42. Hamburg 1999.

DOBRINCU, Dorin: Listele morții. Deținuți politici decedați în sistemul carceral din România potrivit documentelor Securității, 1945–1958. Iași 2008.

DOBRINESCU, Valeriu Florin / PĂTROIU, Ion / NICOLESCU, Gheorghe (Hgg.): Relații militare româno-germane, 1939–1944, Documente. București 2000.

Documente, hg. von: Comisia Internațională pentru Studierea Holocaustului în România. Iași 2005 [zitiert als: Documente].

„Führer-Erlasse" 1939–1945. Edition sämtlicher überlieferter, nicht im Reichsgesetzblatt abgedruckter, von Hitler während des Zweiten Weltkrieges schriftlich erteilter Direktiven aus den Bereichen Staat, Partei, Wirtschaft, Besatzungspolitik und Militärverwaltung. Stuttgart 1997.

HILLGRUBER, Andreas (Hg.): Staatsmänner und Diplomaten bei Hitler. Vertrauliche Aufzeichnungen über Unterredungen mit Vertretern des Auslandes 1939–1944, 2 Bde. Frankfurt/M. 1967/1970.

HÎNCU, Dumitru (Hg.): Confidențial! București – Berna. Rapoartele diplomatice ale lui René de Weck 1940–1944. București 2002.

HOPPE, Bert / GLASS, Hildrun (Bearb.): Sowjetunion mit annektierten Gebieten, Bd. 1: Besetzte sowjetische Gebiete unter deutscher Militärverwaltung, Baltikum und Transnistrien. München 2011 (Die Verfolgung und Ermordung der europäischen Juden durch das nationalsozialistische Deutschland 1933–1945, Bd. 7).

IANCU, Carol (Hg.): La Shoah en Roumanie. Les juifs sous le régime d'Antonescu (1940–1944): Documents diplomatiques français inédits. Montpellier 1998.

– (Hg.): Alexandru Șafran și Șoahul neterminat în România: culegere de documente (1940–1944). București 2010.

IOANID, Radu (Hg.): Lotul Antonescu în ancheta SMERS: Moscova, 1944–1946. Documente din arhiva FSB. Iași 2006.

– / KELSO, Michelle / MIHAI CIOABĂ, Luminița (Hgg.): Tragedia romilor deportați în Transnistria 1942–1945. Mărturii și documente. Iași 2009.

JOCHMANN, Werner (Hg.): Adolf Hitler. Monologe im Führerhauptquartier 1941–1944. Die Aufzeichnungen Heinrich Heims. München 1980.

KLEIN, Peter (Hg.): Die Einsatzgruppen in der besetzten Sowjetunion 1941/42. Berlin 1997.

MALLMANN, Klaus-Michael u. a. (Hgg.): Die „Ereignismeldungen UdSSR". Dokumente der Einsatzgruppen in der Sowjetunion, Bd. 1: 1941. Darmstadt 2011.

Martiriul evreilor din România 1940–1944. Documente și mărturii. București 1991.

MAVRODIN, Teodor: Mareșalul Antonescu întemnițat la Moscova. Pitești 1998.

Nazi Conspiracy and Aggression, 8 Bde., Washington/DC 1946.

OTU, Petre (Hg.): Pacea de mâine. Documente ale Comisiei constituite în vederea pregătirii conferinței de pace de după cel de-al doilea război mondial (1942–1944). București 2006.

PANTELIMONESCU, V.: Statutul evreilor din România. București 1941.

PELIN, Mihai: Sioniști sub anchetă. A. L. Zissu. Declarații, confruntări, interogatorii. 10 mai 1951 – 1 martie 1952. București 1993.

REŠIN, Leonid E.: 1941 god. Moskva 1998.

SCURTU, Ioan (Hg.): România și marile puteri (1933–1940). Documente. București 2000.

ȘIPERCO, Andrei (Hg.): Acțiunea internațională de ajutorare a evreilor din România. Documente 1943–1945. București 2003.

TRAȘCA, Ottmar (Hg.): „Chestiunea evreiască" în documente militare române 1941–1944. București 2010.

– / DELETANT, Denis (Hgg.): Al III-lea Reich și Holocaustul din România 1940–1944: Documente din arhivele germane. București 2007.

– / STAN, Ana-Maria: Rebeliunea legionară în arhive străine: germane, maghiare, franceze. București 2002.

Trial of the Major War Criminals before the International Military Tribunal, Nuremberg 14 November 1945 – 1 October 1946 [IMT], 42 Bde. Nürnberg 1947–1949.

Trials of War Criminals before the Nuernberg Military Tribunals, 15 Bde. Washington/DC o. J.

Troncotă, Cristian / Spânu, Alin / Pintilie, Florin: Documente SSI despre poziția și activitățile politice din România. 6 Septembrie 1940–23 August 1944, 2 Bde. București 2005/2006.

United Restitution Organization [URO]: Dokumentensammlung über die Judenverfolgung in Rumänien, 4 Bde. Frankfurt/M. 1959/60.

Văratec, Vitalie (Hg.): Preliminarii la raptul Basarabiei și Nordului Bucovinei 1938–1940. Volum de documente din fostele arhive secrete române. București 2000.

Wexler, Teodor / Popov, Mihaela: Anchete și procese uitate. 1945–1960. Documente, 2 Bde. București o. J.

Autobiographische Aufzeichnungen

Ancel, Jean (Hg.): Wilhelm Filderman. Memoirs and Diaries, Bd. 1 (1900–1940). Tel Aviv, Jerusalem 2004.

Anny Matar's Story of the German Occupation of Czernowitz, unter <http://czernowitz.ehpes.com/stories/matar/matar-ger.html>.

Argetoianu, Constantin: Însemnări zilnice, 10 Bde. București 1998–2009.

Aroni, Samuel: Memories of The Holocaust: Kishinev (Chisinau) 1941–1944, unter <http://www2.aud.ucla.edu/aroni/kishinev/index.html>.

Barbul, Gheorghe: Le IIIe homme de l'Axe. Paris 1950.

Benjamin, Lya (Hg.): Arnold Daghani: Groapa e în livada cu vișini. București ^{2}2004.

Benvenisti, Mișu: Sionismul în vremea prigoanei. București 1944.

Bossy, Raoul: Jurnal: 2 noiembrie 1940–9 iulie 1969. București 2001.

Brănișteanu, B.: Jurnal, 3 Bde. București 2003–2006.

Buium Beniamini, Carol: Un sionist în vremea lui Antonescu și după aceea. București 1999.

Călinescu, Armand: Însemnări politice 1916–1939. București 1990.

Carmelly, Felicia (Hg.): Shattered! 50 Years of Silence: History and Voices of the Tragedy in Romania and Transnistria. Toronto 1997, unter <http://www.nizkor.org/hweb/people/carmelly-felicia/toc-02.html>.

Carol II: Între datorie și pasiune. Însemnări zilnice (1904–1939), 4 Bde. București 1996–2003.

Crainic, Nichifor: Memorii. București o. J.

„Czernowitz is gewen an alte, jidische Schtot ...". Jüdische Überlebende berichten, Berlin 1999.

Diplomați germani la București 1937–1944. Din memoriile dr. Rolf Pusch, atașat de legație, și dr. Gerhard Stelzer, consilier de legație. București 2001.

Eitan [Fichman], Shalom: Überleben und Berichten. Autobiographie, unter <http://www.jewishgen.org/yizkor/lipkany/Lipkany.html#TOC>.

Fröhlich, Elke (Hg.): Die Tagebücher von Joseph Goebbels, 32 Bde. München 1993–2008.

Gafencu, Grigore: Jurnal, 2 Bde. București 2006/2008.

Gheorghe, Ion: Rumäniens Weg zum Satellitenstaat. Heidelberg 1952.

Glasberg-Gold, Ruth: Ruth's Journey. A Survivor's Memoir. Gainesville/FL 1996.

Glondys, Viktor: Tagebuch. Aufzeichnungen von 1933 bis 1949. Dinklage 1997.

Höttl, Wilhelm: Einsatz für das Reich. Koblenz 1997.

Holocaustul evreilor români. Din mărturiile supraviețuitorilor. Iași 2004.
Holtzendorff, Hans Graf von: Landsknecht und Hofnarr. Göttingen u. a. 1971.
Hudiță, Ioan: Jurnal politic, 12 Bde. București, Iași, Pitești 1997–2009.
Jagendorf, Siegfried: Jagendorf's Foundry: A Memoir of the Romanian Holocaust. New York 1991.
– Minunea de la Moghilev. Memorii 1941–1944. București 1997.
Kornis, Geza: Überlebt durch Solidarität. KZ Wapniarka, Ghetto Olgopol in Transnistrien, Arbeitslager in Rumänien. Ein Zeitzeugenbericht. Konstanz 2004.
Manstein, Erich von: Verlorene Siege. Erinnerungen 1939–1944. Bonn 1991.
Miloiu, Silviu (Hg.): Generalul Titus Gârbea. Memorial și însemnări zilnice, 3 Bde. Târgoviște 2011/2012.
Moscovici, Serge: Chronique des années égarées. Paris 1997.
Mouton, Jean: Jurnal. România 1939–1946. București 2008.
Neubacher, Hermann: Sonderauftrag Südost 1940–1945. Bericht eines fliegenden Diplomaten. Göttingen, Berlin, Frankfurt/M. 1957.
Palty, Sonia: Jenseits des Dnjestr. Jüdische Deportationsschicksale aus Bukarest in Transnistrien 1942–1943. Konstanz 1995.
Pantazi, Constantin: Cu Mareșalul până la moarte. Memorii. București 1999.
Politzer, Bernard: O tinerețe în România. București 2004.
Pop, Valeriu: Amintiri politice 1936–1945. București 1999.
Popovici, Traian: Spovedania–Testimony. București 2002.
Rieper, Felix/Brandl-Bowen, Mollie (Hgg.): „Lasst mich leben!" Stationen im Leben des Künstlers Arnold Daghani. Lüneburg 2002.
Rosen, Moses: Primejdii, încercări, miracole. Povestea vieții șef rabinului Dr. Moses Rosen. București 1991.
Rosenstock, Wolf: „Das vergiß nicht". Notizen aus dem rumänisch-deutschen Vernichtungslager Dschurin. St. Michael 1984.
Șafran, Alexandre: Resisting the Storm – Romania 1940–1947. Memoirs. Jerusalem 1987.
Sănătescu, Constantin: Jurnalul Generalului Sănătescu. București 2007.
Schächter, Klara: Woss ich hob durchgelebt. Brief einer Jüdin aus der Bukowina, verfaßt in Transnistrien 1943. Konstanz 1996.
Schreiber, Gerhard Bobby: A Tale of Survival, unter <http://czernowitz.ehpes.com/stories/schreiber/>.
Schwefelberg, Arnold: Amintirile unui intelectual evreu din România. București 2000.
Sebastian, Mihai: Jurnal 1935–1944. București 1996.
– „Voller Entsetzen, aber nicht verzweifelt". Tagebücher 1935–1944. Berlin 2005.
Seraphim, Hans Günther (Hg.): Das politische Tagebuch Alfred Rosenbergs. Göttingen 1956.
Shmueli, Ileana: Ein Kind aus guter Familie: Czernowitz 1924–1944. Aachen 2006.
Sima, Horia: Sfîrșitul unei domnii sîngeroase. Madrid 1977.
– Era libertății. Statul național-legionar. Madrid 1982.
Solheim, Magne: Im Schatten von Hakenkreuz, Hammer und Sichel, Judenmissionar in Rumänien 1937–1948. Erlangen 1986.
Șorban, Raoul: Invazie de stafii. București 2003, unter <http://geocities.ws/rsorban/invazie.htm>.

TEICH Meir: The Jewish Self-Administration in Ghetto Shargorod (Transnistria), *Yad Vashem Studies* 2 (1958), 219–254.

„... und das Herz wird mir schwer dabei". Czernowitzer Juden erinnern sich. Potsdam 2009.

WAGNER, Elsa Moravek Perou de: My Roots Continents Apart: A Tale of Courage and Survival. New York 2005.

WECK, René de: Jurnalul unui diplomat elvețian în România 1939–1945. București 2000.

– Journal de guerre (1939–1945). Un diplomate suisse à Bucarest. Genève 2001.

WEISGLAS, Isak: Steinbruch am Bug. Bericht einer Deportation nach Transnistrien. Berlin 1995.

[ZILBER, Belu] ȘERBULESCU, Andrei: Monarhia de drept dialectic. București 1991.

ZILBER, Belu: Actor în procesul Pătrășcanu. Prima versiune a memoriilor lui Belu Zilber. București 1997.

Zwischen Pruth und Jordan. Lebenserinnerungen Czernowitzer Juden. Köln u. a. 2003.

Sekundärliteratur

ACHIM, Viorel: Țiganii în istoria României. București 1998.

– Proiectul guvernului de la București vizând schimbul de populație româno-ruso-ucrainian (1943), *Revista istorică* 11 (2000), H. 5/6, 395–421.

– The Romanian Population Exchange Project Elaborated by Sabin Manuilă in October 1941, *Annali dell'Istituto storico italo-germanico in Trento / Jahrbuch des italienisch-deutschen Instituts in Trient* 27 (2001), 593–617.

– Schimbul de populație în viziunea lui Sabin Manuilă, *Revista istorică* 13 (2002), H. 5/6, 133–150.

– Romanian-German Collaboration in Ethnopolitics. The Case of Sabin Manuila, in: Ingo HAAR / Michael FAHLBUSCH / Georg IGGERS (Hgg.), German Scholars and Ethnic Cleansing, 1920–1945. Oxford 2004, 139–154.

– / IORDACHI, Constantin (Hgg.): România și Transnistria: Problema Holocaustului. București 2004.

ANCEL, Jean: Plans for Deportation of the Rumanian Jews and Their Discontinuation in Light of Documentary Evidence, *Yad Vashem Studies* 16 (1984), 381–420.

– The Romanian Way of Solving the „Jewish Problem" in Bessarabia and Bukovina, June–July 1941, *Yad Vashem Studies* 19 (1988), 187–232.

– The Romanian „Christian" Regimes from 1940 to 1944 and Their Attitude towards Jews. The Church, the Clergy, the Press, in: Yehuda BAUER (Hg.), Remembering for the Future, Bd. 3. London u. a. 1989, 2813–2829.

– Antonescu and the Jews, *Yad Vashem Studies* 23 (1993), 213–280.

– The „Christian" Regimes of Romania and the Jews 1940–42, *Holocaust and Genocide Studies* 7 (1993), H. 1, 14–29.

– German-Romanian Relations During the Second World War, in: Randolph L. BRAHAM (Hg.), The Tragedy of Romanian Jewry. New York 1994, 57–76.

– The Romanian Campaigns of Mass Murder in Transnistria, 1941–1942, in: Randolph L. BRAHAM (Hg.), The Destruction of Romanian and Ukrainian Jews during the Antonescu Era. New York 1997, 87–134.

- Contribuţii la istoria României. Problema evreiască 1933–1944, Bd. 1 (2 Tlbde.). Bucureşti 2001; Bd. 2 (2 Tlbde.). Bucureşti 2003.
- The German-Romanian Relationship and the Final Solution, *Holocaust and Genocide Studies* 19 (2005), H. 2, 252–275.
- Preludiu la asasinat. Pogromul de la Iaşi 29 iunie 1941. Iaşi 2005.
- The Economic Destruction of Romanian Jewry. Jerusalem 2007.
- Distrugerea economică a evreilor români. Bucureşti 2008.
- The History of the Holocaust in Romania. Lincoln/NE 2011.

ANGRICK, Andrej: Die Einsatzgruppe D., in: Peter KLEIN (Hg.), Die Einsatzgruppen in der besetzten Sowjetunion 1941/42: Die Tätigkeits- und Lageberichte des Chefs der Sicherheitspolizei und des SD. Berlin 1997, 88–110.
- The Escalation of German-Rumanian Anti-Jewish Policy after the Attack on the Soviet Union, *Yad Vashem Studies* 26 (1998), 203–238.
- Die Einsatzgruppe D. Struktur und Tätigkeiten einer mobilen Einheit der Sicherheitspolizei und des SD in der deutsch besetzten Sowjetunion. Berlin 1999 (Diss.).
- Im Windschatten der 11. Armee. Die Einsatzgruppe D., in: Gerhard PAUL / Klaus-Michael MALLMANN, Die Gestapo in Europa: Heimatfront und besetztes Europa. Darmstadt 2000, 481–502.
- Rumänien, die SS und die Vernichtung der Juden, in: Mariana HAUSLEITNER / Brigitte MIHOK (Hgg.), Rumänien und der Holocaust. Zu den Massenverbrechen in Transnistrien 1941–1944. Berlin 2001, 113–138.
- Besatzungspolitik und Massenmord. Die Einsatzgruppe D in der südlichen Sowjetunion 1941–1943. Hamburg 2003.
- Otto Ohlendorf und die SD-Tätigkeit der Einsatzgruppe D., in: Michael WILDT (Hg.), Nachrichtendienst, politische Elite, Mordeinheit. Hamburg 2003, 267–302.
- Forced Labor along the „Straße der SS", in: Forced and Slave Labor in Nazi-Dominated Europe. Symposium Presentations. Washington/DC 2004, 83–93, unter <http://www.ushmm.org/research/center/publications/occasional/2004-02/paper.pdf>.

ARAD, Yitzhak: The Holocaust of Soviet Jewry in the Occupied Territories of the Soviet Union, *Yad Vashem Studies* 21 (1991), 1–47.
- Plunder of Jewish Property in the Nazi-occupied Areas of the Soviet Union, *Yad Vashem Studies* 29 (2001), 109–148.

ARONSON, Shlomo: The „Quadruple Trap" and the Holocaust in Hungary, in: David CESARANI (Hg.), Genocide and Rescue. The Holocaust in Hungary 1944. Oxford 1997, 93–121.
- Preparation for the Nuremberg Trial: The OSS, Charles Dwork and the Holocaust, *Holocaust and Genocide Studies* 12 (1998), 257–281.
- Hitler, the Allies and the Jews. Cambridge 2004.

AXWORTHY, Mark u. a.: Third Axis, Fourth Ally. Romanian Armed Forces in the European War, 1941–1945. London 1995.

BALTA, Sebastian: Rumänien und die Großmächte in der Ära Antonescu (1940–1944). Stuttgart 2005.

BALTEANU, Boris: Aspecte ale aservirii economice a României de către Germania hitleristă (1940–1944), *Studii. Revista de Istorie* 12 (1959), H. 6, 5–34.

BAUM, Herwig: Varianten des Terrors: Ein Vergleich zwischen der deutschen und rumänischen Besatzungsverwaltung in der Sowjetunion 1941–1944. Berlin 2011.

BEER, Mathias: Wege zur Historisierung der Südostforschung. Voraussetzungen, Ansätze, Themenfelder, in: Mathias BEER / Gerhard SEEWANN (Hgg.), Südostforschung im Schatten des Dritten Reiches. München 2004, 7–38.

BENDITER, Yehiel: The Nuremberg-inspired Antisemitic Legislation of the Goga-Cuza Government in Romania. New York u. a. 1999.

BENJAMIN, Lya: Anti-Semitism as Reflected in the Records of the Council of Ministers, 1940 1944. An Analytical Overview, in: Randolph L. BRAHAM (Hg.), The Destruction of Romanian and Ukrainian Jews During the Antonescu Era. New York 1997, 1–18.

– Marschall Ion Antonescus Anschauungen über die „Lösung der jüdischen Frage" in Rumänien, *Südost-Forschungen* 59/60 (2000/2001), 442–461.

BENZ, Wolfgang / MIHOK, Brigitte (Hgg.): Holocaust an der Peripherie. Judenpolitik und Judenmord in Rumänien und Transnistrien 1940–1944. Berlin 2009.

BERENBAUM, Michael / PECK, Abraham (Hgg.): Holocaust and History: The Known, the Unknown, the Disputed, and the Reexamined. Bloomington/IN 1998.

BEZBORODOVA, Irian: Generäle des Dritten Reiches in sowjetischer Hand 1943–1956. Graz, Moskau 1998.

Biographisches Handbuch des deutschen Auswärtigen Dienstes 1871–1945, 5 Bde. Paderborn 2000–2013.

BIRN, Ruth Bettina: Die höheren SS- und Polizeiführer: Himmlers Vertreter im Reich und in den besetzten Gebieten. Düsseldorf 1986.

BOECKH, Katrin: Rumänisierung und Repression: Zur Kirchenpolitik im Raum Odessa/Transnistrien 1941–1944, *Jahrbücher für Geschichte Osteuropas* 45 (1997), H. 1, 64–84.

BÖHM, Johann: Das Nationalsozialistische Deutschland und die Deutsche Volksgruppe in Rumänien 1936–1944: das Verhältnis der Deutschen Volksgruppe zum Dritten Reich und zum rumänischen Staat sowie der interne Widerstreit zwischen den politischen Gruppen. Frankfurt/M. 1985.

– Die Deutschen in Rumänien und das Dritte Reich: 1933–1940. Frankfurt/M. 1999.

– Die Gleichschaltung der Deutschen Volksgruppe in Rumänien und das „Dritte Reich": 1941–1944. Frankfurt/M. 2003.

BOLOVAN, Ioan / BOLOVAN, Sorina: Problemele demografice ale Transilvaniei între știință și politică 1920–1945, in: Camil MUREȘAN (Hg.), Transilvania între medieval și modern. Cluj 1996.

BOOG, Horst u. a.: Der Angriff auf die Sowjetunion. Stuttgart 1983 (Das Deutsche Reich und der Zweite Weltkrieg, Bd. 4).

BRAHAM, Randolph L. (Hg.): The Destruction of Hungarian Jewry: A Documentary Account, 2 Bde. New York 1963.

– (Hg.): The Tragedy of Romanian Jewry. New York 1994.

– (Hg.): The Destruction of Romanian and Ukrainian Jews During the Antonescu Era. New York 1997.

BREITMANN, Richard: Der Architekt der „Endlösung". Himmler und die Vernichtung der europäischen Juden. Paderborn 1996.

BRESTOIU, Horia: Acțiuni secrete în România. București 1973.

– Memoria frontului secret. Tranșee ale luptei nevăzute din România în anii celui de-al doilea război mondial. București 1991.

– România și marile bătălii ale frontului secret. București 1994.

BRINGMANN, Tobias C.: Handbuch der Diplomatie 1815–1963. Auswärtige Missionschefs in Deutschland und deutsche Missionschefs im Ausland von Metternich bis Adenauer. München 2001.

BROSZAT, Martin: Das Dritte Reich und die rumänische Judenpolitik, in: Gutachten des Instituts für Zeitgeschichte, Bd. 1. München 1958, 102–183.

– Die Entwicklung der Judenverfolgung in Rumänien unter besonderer Berücksichtigung des deutschen Einflusses hierauf, in: Hellmuth HECKER, Praktische Fragen des Entschädigungsrechtes. Judenverfolgung im Ausland. Hamburg 1958, 201–264.

– Deutschland – Ungarn – Rumänien. Entwicklung und Grundfaktoren nationalsozialistischer Hegemonial- und Bündnispolitik 1938–1941, in: Manfred FUNKE (Hg.), Hitler, Deutschland und die Mächte. Düsseldorf 1977, 524–564.

BROWN, Paul B.: The Senior Leadership Cadre of the Geheime Feldpolizei, 1939–1945, *Holocaust and Genocide Studies* 17 (2003), H. 2, 278–304.

BROWNING, Christopher: The Final Solution and the German Foreign Office. A Study of Referat D III of Abteilung Deutschland 1940–1943. New York, London 1978.

– Die Entfesselung der „Endlösung". Nationalsozialistische Judenpolitik 1939–1942. München 2003.

– Die „Endlösung" und das Auswärtige Amt. Das Referat D III der Abteilung Deutschland 1940–1943. Darmstadt 2010.

BRÜGEL, J. W.: Das sowjetische Ultimatum an Rumänien im Juni 1940, *Vierteljahreshefte für Zeitgeschichte* 11 (1963), H. 4, 404–417.

BUZATU, Gheorghe: Din istoria secretă a celui de al doilea război mondial, 2 Bde. București 1988/1995.

– Mareșalul Ion Antonescu în fața istoriei, 2 Bde. Iași 1990.

– România cu și fără Antonescu. Iași 1991.

– România și războiul mondial din 1939–1945. Iași 1995.

CALAFETEANU, Ion: Regimul antonescian și emigrarea populației evreiești, *Revista istorică* 3 (1992), 371–384; 5 (1994), 463–478.

– Constantin I. Karadja – biografia unui nedreptățit, *Magazin Istoric* 2001, H. 1, unter <http://www.itcnet.ro/history/archive/mi2001/current1/mi21.htm>.

CAMPUS, Eliza: Politica externă a României în perioada interbelică 1919–1939. București 1975.

– Din politica externă a României, 1913–1947. București 1980.

– Mică înțelegere, București ^{2}1997.

CARP, Matatias: Le martyre des Juifs de Roumanie, in: Les Juifs en Europe (1939–1945). Paris 1949.

CHALOU, George C. (Hg.): The Secret War. The Office of Strategic Services in World War II. Washington/DC 2002.

CHIPER, Ioan: L'expansion économique de l'Allemagne nazie dans les Balkans: objectifs, méthodes, résultats (1933–1939), *Studia Balcanica* 7 (1973), 121–127.

– România și Germania nazistă. Relațiile româno-germane între comandamente politice și interese economice. București 2000.

CHIRNOAGĂ, Platon: Istoria politică și militară a războiului României contra Rusiei Sovietice. 22 iunie 1922 – 23 august 1944. Madrid ^{3}o. J.

COHEN, Asher: Pétain, Horthy, Antonescu, and the Jews, 1942–1944: Toward a Comparative View, *Yad Vashem Studies* 18 (1987), 163–198.

CONSTANTINESCU, N. N.: L'exploitation et le pillage de l'économie roumaine par l'allemagne hitlérienne dans la période 1939–1944, *Revue roumaine d'histoire* 3 (1964), H. 1, 93–114.
CONSTANTINIU, Florin: Între Hitler și Stalin. România și Pactul Ribbentrop-Molotov. București 1991.
– L'Allemagne, l'Union Soviétique et l'amputation territoriale de la Roumanie (1940), *Revue roumaine d'histoire* 34 (1995), H. 3/4, 331–336.
– 1941. Hitler, Stalin și România. România și geneza operațiunii „Barbarossa". București 2002.
– / SCHIPOR, Ilie: Trecerea Nistrului. 1941. București 1995.
CREMERS, Hartwig: Generalkonsul Dr. Dr. Fritz Gebhard Schellhorn (zugleich ein Beitrag zur Geschichte der Juden in Czernowitz), *Halbjahresschrift für südosteuropäische Geschichte, Literatur und Politik* 23 (2011), H. 1/2, 129–141.
CSATÁRI, Dániel: Dans la tourmente: Les relations hungaro-roumaines de 1940 à 1944. Budapest 1974.
DASCALU, Nicolae: Une mission de l'office of strategic services en roumanie (août-septembre 1944), *Revue roumaine d'histoire* 17 (1978), H. 1, 153–164.
– Contribuția Biroului pentru Servicii Strategice (O.S.S.) al S.U.A. la victoria Națiunilor Unite (1941–1945), *Revista Istorică* 1 (1990), 73–83, 177–186.
DEAN, Martin: Local Collaboration in the Holocaust in Eastern Europe, in: Dan STONE (Hg.), The Historiography of the Holocaust. Basingstoke 2004, 120–140.
DELETANT, Dennis: Ghetto Experience in Golta. Transnistria, 1942–1944, *Holocaust and Genocide Studies* 18 (2004), 1–26.
– Hitler's Forgotten Ally. Ion Antonescu and His Regime, Romania 1940–1944. Basingstoke 2006.
– Transnistria and the Romanian Solution to the „Jewish Problem", in: Ray BRANDON / Wendy LOWER (Hgg.), The Shoah in Ukraine: History, Testimony, Memorialization. Bloomington/IN 2008, 156–189.
DOBRINESCU, Valeriu Florin / NICOLESCU, Gheorghe: Plata și răsplata istoriei: Ion Antonescu, militar și diplomat (1914–1940). Iași 1994.
DOERNER, H.: Über Verfolgungsmaßnahmen gegen Angehörige der jüdischen Rasse in Jugoslawien (mit Bulgarien), Ungarn und Rumänien während des 2. Weltkrieges und zur Frage der Veranlassung durch deutsche Dienststellen, in: Hellmuth HECKER, Praktische Fragen des Entschädigungsrechtes. Judenverfolgung im Ausland. Hamburg 1958, 1–68.
DÖSCHER, Hans-Jürgen: SS und Auswärtiges Amt im Dritten Reich. Diplomatie im Schatten der „Endlösung". Frankfurt/M. 1991.
DREWS, Joachim: Vom Soja-Anbau zum „Wohltat-Vertrag", in: Besatzung und Bündnis. Deutsche Herrschaftsstrategien in Ost- und Südosteuropa. Berlin 1995, 61–109.
DREYFUS, Jean-Marc: Elsass-Lothringen, in: Wolf GRUNER / Jörg OSTERLOH (Hgg.), Das „Großdeutsche Reich" und die Juden. Nationalsozialistische Verfolgung in den „angegliederten" Gebieten. Frankfurt/M., New York 2010, 363–382.
DUMITRIU, Robert: Die Außenpolitik Rumäniens 1918–1939 zwischen Solidarität und Sacro egoismo. Frankfurt/M. 2006.
DUȚU, Alesandru: Între Wehrmacht și Armata Roșie. Relații de comandament româno-germane și româno-sovietice. București 2000.
– / DOBRE, Florica / LOGHIN, Leonida: Armata română în al doilea război mondial (1941–1945). Dicționar enciclopedic. București 1999.

– / RETEGAN, Mihai (Hgg.): Eliberarea Basarabiei și nordului Bucovinei (22 iunie – 26 iulie 1941). București 1999.

EICHHOLTZ, Dietrich: Deutsche Ölpolitik im Zeitalter der Weltkriege. Studien und Dokumente. Leipzig 2010.

ELLENBOGEN, Ze'ev Walter: Nathan Klipper and the Underground Aid to the Transnistria Deportees, unter <http://czernowitz.ehpes.com/stories/klipper/>.

Encyclopedia of Jewish Life before and during the Holocaust, 3 Bde. New York 2001.

ESSNER, Cornelia: Die „Nürnberger Gesetze" oder Die Verwaltung des Rassenwahns 1933–1945. Paderborn u. a. 2002.

FAHLBUSCH, Michael: Im Dienste des Deutschtums in Südosteuropa: Ethnopolitische Berater als Tathelfer für Verbrechen gegen die Menschlichkeit, in: Mathias BEER / Gerhard SEEWANN (Hgg.), Südostforschung im Schatten des Dritten Reiches. München 2004, 175–214.

FALTRAN, Gila: Die Deportation der Juden aus der Slowakei, *Bohemia* 37 (1996), 98–119.

FĂTU, Mihai: Contribuții la studierea regimului politic din România (septembrie 1940 – august 1944). București 1984.

– Cu pumni strînși. Octavian Goga în viața politică a României (1918–1938). București 1993.

– / SPĂLĂȚELU, Ion: Garda de Fier, organizație teroristă de tip fascist. București 1980.

FAVEZ, Jean-Claude: The Red Cross and the Holocaust. Cambridge 1999.

FERDINAND, Horst: Karl Pflaumer, NS-Politiker, badischer Innenminister (1933–1945), in: Bernd OTTNAD (Hg.), Baden-Württembergische Biographien, Bd. 1. Stuttgart 1994, 266–271.

Final Report, hg. von International Commission on the Holocaust in Romania. Iași 2005, unter <http://www.ispaim.ro>.

FISCHER, Julius: Transnistria: The Forgotten Cemetery. New York 1969.

FLORIAN, Alexandru u. a. (Hgg.): Cum a fost posibil? Evreii din România în perioada Holocaustului. București 2007.

FÖRSTER, Jürgen: Rumäniens Weg in die deutsche Abhängigkeit. Zur Rolle der deutschen Militärmission 1940/41, *Militärgeschichtliche Mitteilungen* 25 (1979), H. 1, 47–78.

– Zur Bündnispolitik Rumäniens vor und während des Zweiten Weltkrieges, in: Manfred MESSERSCHMIDT (Hg.), Militärgeschichte. Probleme – Thesen – Wege. Stuttgart 1982, 294–310.

– Die Gewinnung von Verbündeten in Südosteuropa, in: Horst BOOG u. a., Der Angriff auf die Sowjetunion. Frankfurt/M. 1991 (Das Deutsche Reich und der Zweite Weltkrieg, Bd. 4), 327–364.

– Complicity or Entanglement? Wehrmacht, War, and Holocaust, in: Michael BERENBAUM / Abraham PECK (Hg), Holocaust and History. The Known, the Unknown, the Disputed, and the Reexamined. Bloomington/IN, 1998, 266–284.

– Hitlers Verbündete gegen die Sowjetunion 1941 und der Judenmord, in: Christian HARTMANN / Johannes HÜRTER / Ulrike JUREIT (Hgg.), Verbrechen der Wehrmacht. Bilanz einer Debatte. München 2005, 91–97.

FOX, Barry C.: German Relations with Romania, 1933–1944. Ann Arbor 1995 (Ph. D. Western Reserve University 1964).

FREUDIGER, Kerstin: Die juristische Aufarbeitung von NS-Verbrechen, Tübingen 2002.

FRIEDLÄNDER, Saul: Das Dritte Reich und die Juden, Die Jahre der Verfolgung 1933–1939. München 1998.

– Das Dritte Reich und die Juden. Bd. 2: Die Jahre der Vernichtung 1939–1945. München 2006.

Friling, Tuvia: Nazi-Jewish Negotiations in Istanbul in mid 1944, *Holocaust and Genocide Studies* 13 (1999), H. 3, 405–436.

– Arrows in the Dark: David Ben-Gurion, the Yishuv Leadership and Rescue Attempts during the Holocaust, 2 Bde. Madison/WI 2005.

Geller, Iaacov: Rezistenţa spirituală a evreilor români în timpul Holocaustului. Bucureşti 2004.

Gerlach, Christian: Kalkulierte Morde. Die deutsche Wirtschafts- und Vernichtungspolitik in Weißrußland 1941 bis 1944. Hamburg 1999.

– „Militärische Versorgungszwänge", Besatzungspolitik und Massenverbrechen: Die Rolle des Generalquartiermeisters des Heeres und seiner Dienststellen im Krieg gegen die Sowjetunion, in: Norbert Frei / Sybille Steinbacher / Bernd C. Wagner (Hgg.), Ausbeutung, Vernichtung, Öffentlichkeit: Neue Studien zur nationalsozialistischen Lagerpolitik. München 2000, 175–208.

– / Aly, Götz: Das letzte Kapitel: Realpolitik, Ideologie und der Mord an den ungarischen Juden 1944/1945. Stuttgart 2002.

Giurescu, Dinu C.: România în al doilea război mondial 1939–1945. Bucureşti 1999.

Glass, Hildrun: Zerbrochene Nachbarschaft. Das deutsch-jüdische Verhältnis in Rumänien 1918–1938. München 1996.

– Die Rezeption des Holocaust in Rumänien (1944–1947), in: Mariana Hausleitner / Brigitte Mihok (Hgg.), Rumänien und der Holocaust. Zu den Massenverbrechen in Transnistrien 1941–1944. Berlin 2001, 153–165.

– Minderheit zwischen zwei Diktaturen. Zur Geschichte der Juden in Rumänien 1944–1949. München 2002.

– Historiographie und Politik: Die Aufarbeitung der Massenverbrechen an den Juden im rumänischen Herrschaftsbereich, *Südosteuropa* 55 (2007), H. 2/3, 276–300.

– Transnistrien in der Forschung: Anmerkungen zur Historiographie, in: Wolfgang Benz / Brigitte Mihok (Hgg.), Holocaust an der Peripherie. Judenpolitik und Judenmord in Rumänien und Transnistrien 1940–1944. Berlin 2009, 143–151.

Gold, Hugo (Hg.): Geschichte der Juden in der Bukowina, Bd. 2. Tel Aviv 1962.

Goma, Paul: Săptămâna roşie. 28 iunie – 3 iulie 1950 sau Basarabia şi evreii. Bucureşti 2007.

Grenzebach, William S.: Germany's Informal Empire in East-Central Europe: German Economic Policy Toward Yugoslavia and Rumania, 1933–1939. Stuttgart 1988.

Greve, Michael: Der justitielle und rechtspolitische Umgang mit den NS-Gewaltverbrechen in den sechziger Jahren. Frankfurt/M. 2001.

Gutman, Israel (Hg.): Enzyklopädie des Holocaust. Die Verfolgung und Ermordung der europäischen Juden. München ^{2}1998.

Haar, Ingo: Historiker im Nationalsozialismus. Deutsche Geschichtswissenschaft und der „Volkstumskampf" im Osten. Göttingen 2000.

Hájková, Alena: Erfassung der jüdischen Bevölkerung des Protektorates, *Theresienstädter Studien und Dokumente* 4 (1997), 50–62.

– Ursprung und Zusammensetzung einer Personenkartei der Juden aus der Zeit des Protektorats, *Theresienstädter Studien und Dokumente* 7 (2000), 343–352.

Hausleitner, Mariana: Rumänische Sonderwege. Pogrome und Hilfsaktionen, in: Wolfgang Benz / Juliane Wetzel (Hgg.), Solidarität und Hilfe für Juden während der NS-Zeit. Re-

gionalstudien 1: Griechenland, Luxemburg, Norwegen, Polen, Rumänien, Schweiz. Berlin 1996.
- War Antonescu ein Kriegsverbrecher? Zur aktuellen Diskussion über den Nationalismus in Rumänien, *Jahrbuch für Antisemitismusforschung* 8 (1999), 312–328.
- Großverbrechen im rumänischen Transnistrien, in: Mariana Hausleitner / Brigitte Mihok (Hgg.), Rumänien und der Holocaust. Zu den Massenverbrechen in Transnistrien 1941–1944. Berlin 2001, 15–24.
- Die Rumänisierung der Bukowina. Berlin 2001.
- Auf dem Weg zur „Ethnokratie". Rumänien in den Jahren des Zweiten Weltkriegs, in: Christoph Dieckmann u. a. (Hgg.), Kooperation und Verbrechen. Formen der „Kollaboration" im östlichen Europa 1939–1944. Göttingen 2003, 78–112.
- Deutsche und Juden in Bessarabien 1814–1941. Zur Minderheitenpolitik Russlands und Großrumäniens. München 2005.
- Rettungsaktionen für verfolgte Juden unter besonderer Berücksichtigung der Bukowina 1941–1944, in: Wolfgang Benz / Brigitte Mihok (Hgg.), Holocaust an der Peripherie. Judenpolitik und Judenmord in Rumänien und Transnistrien 1940–1944. Berlin 2009, 113–128.
- / Mihok, Brigitte (Hgg.): Rumänien und der Holocaust. Zu den Massenverbrechen in Transnistrien 1941–1944. Berlin 2001.

Haynes, Rebecca: German Historians and the Romanian Legionary State 1940–41, *Slavonic and East European Review* 71 (1993), H. 4, 676–683.
- Germany and the Establishment of the Romanian National Legionary State, September 1940, *Slavonic and East European Review* 77 (1999), H. 4, 700–725.
- Romanian Policy towards Germany, 1936–1940. New York 2000.

Hazard, Elizabeth W.: Cold War Crucible: United States Foreign Policy and the Conflict in Romania 1943–1953. New York 1996.

Hegemann, Margot: Bericht über die Quellenlage in den Archiven der DDR zur Geschichte der deutsch-rumänischen Beziehungen, *Zeitschrift für Geschichtswissenschaft* 4 (1957), H. 4, 849-858.
- Die „Deutsche Volksgruppe in Rumänien": eine fünfte Kolonne des deutschen Imperialismus in Südosteuropa, *Jahrbuch für Geschichte der UdSSR und der Volksdemokratischen Länder Europas* 4 (1960), 371–381.
- Einige Dokumente zur „Deutschen Heeresmission in Rumänien" (1940/1941), *Jahrbuch für Geschichte der UdSSR und der Volksdemokratischen Länder Europas* 5 (1961), 315–346.
- Die ungarisch-rumänische Grenze und die Politik des deutschen Imperialismus im Jahre 1940, *Jahrbuch für Geschichte der UdSSR und der Volksdemokratischen Länder Europas* 9 (1966), 55–95.

Heinen, Armin: Die Legion „Erzengel Michael" in Rumänien. Soziale Bewegung und politische Organisation. Ein Beitrag zum Problem des internationalen Faschismus. München 1986.
- Ethnische Säuberung – Rumänien, der Holocaust und die Regierung Antonescu, in: Krista Zach (Hg.), Rumänien im Brennpunkt. München 1998, 169–197.
- Gewalt – Kultur. Rumänien, der Krieg und die Juden (Juni – Oktober 1941), in: Mariana Hausleitner / Brigitte Mihok (Hgg.), Rumänien und der Holocaust. Zu den Massenverbrechen in Transnistrien 1941–1944. Berlin 2001, 33–51.
- Rumänien, der Holocaust und die Logik der Gewalt. München 2007.

– / Oliver Jens SCHMITT (Hgg.): Inszenierte Gegenmacht von rechts. Die „Legion Erzengel Michael" in Rumänien 1918–1938. München 2013.

HELM, Sarah: A Life in Secrets. The Story of Vera Atkins and the Lost Agents of SOE. London 2005.

HERBERT, Ulrich: Vernichtungspolitik. Neue Antworten und neue Fragen zur Geschichte des „Holocaust", in: DERS. (Hg.), Nationalsozialistische Vernichtungspolitik 1939–1945. Neue Forschungen und Kontroversen. Frankfurt/M. 1998, 9–66.

HILBERG, Raul: Die Vernichtung der europäischen Juden. Berlin ^{2}1982.

HILLGRUBER, Andreas: Hitler, König Carol und Marschall Antonescu. Die deutsch-rumänischen Beziehungen 1938–1944. Wiesbaden 1954.

– Deutschland und Ungarn 1933–1944. Ein Überblick über die politischen und militärischen Beziehungen im Rahmen der europäischen Politik, *Wehrwissenschaftliche Rundschau* 9 (1959), 651–676.

– Das deutsch-ungarische Verhältnis im letzten Kriegsjahr. Vom Unternehmen „Margarethe I" (19. März 1944) bis zur Räumung Ungarns durch die deutschen Truppen (4. April 1945), *Wehrwissenschaftliche Rundschau* 10 (1960), 78–104.

HITCHINS, Keith: Rumania, 1866–1947. Oxford 1994.

HÖHNE, Heinz: Der Orden unter dem Totenkopf. Die Geschichte der SS. München 2008 [Reprint].

HÖPFNER, Hans-Paul: Deutsche Südosteuropapolitik der Weimarer Republik. Frankfurt/M. 1983.

[HÖTTL, Wilhelm] HAGEN, Walter: Die geheime Front. Organisation, Personen und Aktionen des deutschen Geheimdienstes. Zürich 1950.

HONCIUC Beldiman, Dana: Dosar Horia Sima. București 2007.

HOPPE, Hans-Joachim: Die Balkanstaaten Rumänien, Jugoslawien, Bulgarien – Nationale Gegensätze und NS-Großraumpolitik, in: Erhard FORNDRAN u. a. (Hgg.), Innen- und Außenpolitik unter nationalsozialistischer Bedrohung. Determinanten internationaler Beziehungen in historischen Fallstudien. Opladen 1977, 161–175.

HRADSKÁ, Katarína: Der deutsche Berater und die „Lösung der Judenfrage" in der Slowakei, *Theresienstädter Studien und Dokumente* 9 (2002), 300–317.

HÜRTER, Johannes: Hitlers Heerführer. Die deutschen Oberbefehlshaber im Krieg gegen die Sowjetunion 1941/42. München 2007.

IANCU, Carol: Les juifs en Roumanie (1919–1938). De l'émancipation à la marginalisation. Paris 1996.

– (Hg.): Permanențe și rupturi în istoria evreilor din România (secolele XIX–XX). București 2006.

– Alexandru Șafran. O viață de luptă, o rază de lumină. București 2008.

IOANID, Radu: The Holocaust in Romania: The Iasi Pogrom of June 1941, *Contemporary European History* 2 (1993), H. 2, 119–148.

– Romania, in: David S. WYMAN (Hg.), The World Reacts to the Holocaust 1945–1992. Baltimore/MD 1996, 225–255.

– The Fate of Romanian Jews in Nazi-Occupied Europe, in: Randolph L. BRAHAM (Hg.), The Destruction of Romanian and Ukrainian Jews During the Antonescu Era. New York 1997, 217–236.

– Evreii sub regimul Antonescu. București 1997.

– The Holocaust in Romania. The Destruction of Jews and Gypsies Under the Antonescu-Regime 1940–1944. Chicago 2000.
– Holocaustul în România. Distrugerea evreilor și romilor sub regimul Antonescu 1940–1944. București 2006.

IONESCU, Mihail E. / ROTMAN, Liviu (Hgg.): The Holocaust and Romania. History and Contemporary Significance. Bucharest 2003.

IONESCU-GURA, Nicoleta: 1940–1944. Cetățeni români cu steaua lui David în Europa lui Hitler, *Magazin Istoric* (2000), H. 11, unter <http://www.itcnet.ro/history/archive/mi2000/current11/mi45.htm>.

IORDACHI, Constantin / ACHIM, Viorel (Hgg.): România și Transnistria: problema Holocaustului. Perspective istorice și comparative. București 2004.

JACOBSEN, Hans-Adolf: Nationalsozialistische Außenpolitik 1933–1938. Frankfurt/M. 1968.

KAREȚKI, Aurel / COVACI, Maria: Zile însîngerate la Iași (28 – 30 iunie 1941). București 1978.

KARNER, Stefan / KNOLL, Harald: Verurteilte Kriegsgefangene in der Sowjetunion. Stand der Forschung. in: Stefan KARNER / Vjačeslav SELEMENOV (Hgg.), Österreicher und Sudetendeutsche vor sowjetischen Militär- und Strafgerichten in Weißrussland 1945–1950. Graz, Minsk 2007, 36–47.

KISSEL, Hans: Die Katastrophe in Rumänien 1944. Darmstadt 1964.

KISSNER, Michael / SCHOLTYSECK, Joachim (Hgg.): Die Führer der Provinz. NS-Biographien aus Baden und Württemberg. Konstanz 1997.

KLARSFELD, Serge: Vichy-Auschwitz. Die Zusammenarbeit der deutschen und französischen Behörden bei der „Endlösung" der „Judenfrage" in Frankreich. Nördlingen 1989.
– Soarta evreilor români din Franța în timpul celui de al doilea război mondial. București 2007 (Caietele Institutului Național pentru studierea Holocaustului din România „Elie Wiesel", 1/2007).

KLEE, Ernst: Das Personenlexikon zum Dritten Reich. Frankfurt/M. 2003.

KOMJATHY, Anthony / STOCKWELL, Rebecca: German Minorities and the Third Reich. New York, London 1980.

KOVACS-EICHNER, Gheorghe: Evreii în umbra Holocaustului (Transilvania de Sud 1940–1944). Typoskript o. O. [1994].

KRAUSNICK, Helmut: Die Truppe des Weltanschauungskrieges. Die Einsatzgruppen der Sicherheitspolizei und des SD 1938–1942. Stuttgart 1981.

KULLER, Hary (Hg.): Evreii din România. Breviar biobibliografic. București 2008.

LAVI, Theodor: Jews in Romanian Historiography of World War II, *Soviet Jewish Affairs* 4 (1974), H. 1, 45–52.

LAZĂR, Traian D.: Iuliu Maniu și serviciile secrete. București 2006.

LITANI, Dora: Transnistria. Tel Aviv 1981.

LIVEZEANU, Irina: The Romanian Holocaust: Family Quarrels, *East European Politics and Societies* 16 (2002), H. 3, 934–947.

LONGERICH, Peter: Politik der Vernichtung. Eine Gesamtdarstellung der nationalsozialistischen Judenverfolgung. München 1998.

LUMANS, Valdis O.: Himmler's Auxiliaries: The Volksdeutsche Mittelstelle and the German National Minorities of Europe, 1933–1945. Chapel Hill/NC 1993.

LUNGU, Dov: Romania and the Great Powers, 1933–1940. Durham, London 1989.

MANER, Hans-Christian: Parlamentarismus in Rumänien (1930–1940). Demokratie im autoritären Umfeld. München 1997.
– Voraussetzungen der autoritären Monarchie in Rumänien, in: Erwin OBERLÄNDER u. a. (Hgg.), Autoritäre Regime in Ostmittel- und Südosteuropa 1919–1944. Paderborn u. a. 2001, 431–469.
MANOSCHEK, Walter: „Serbien ist judenfrei". Militärische Besatzungspolitik und Judenvernichtung in Serbien 1941/42. München 1993.
MANUILĂ, Sabin: Studiu etnografic asupra populației României. București 1940.
MARK, Eduard: The OSS in Romania 1944–1945. An Intelligence Operation in the Early Cold War, *Intelligence and National Security* 9 (1994), 320–344.
MATTHÄUS, Jürgen: Historiography and the Perpetrators of the Holocaust, in: Dan STONE (Hg.), The Historiography of the Holocaust. Basingstoke 2004, 197–215.
MENDELSOHN, John: Trial by Document: The Use of Seized Records in the United States Proceedings at Nürnberg. New York, London 1988.
MEYER, Winfried (Hg.): Verschwörer im KZ: Hans von Dohnanyi und die Häftlinge des 20. Juli 1944 im KZ Sachsenhausen. Berlin 1999.
MICHMANN, Dan: Jewish Leadership in Extremis, in: Dan STONE (Hg.), The Historiography of the Holocaust. Basingstoke 2004, 319–340.
MIEGE, Wolfgang: Das Dritte Reich und die Deutsche Volksgruppe in Rumänien, 1933–1938. Ein Beitrag zur nationalsozialistischen Volkstumspolitik. Bern, Frankfurt/M. 1972.
MIHAIL, Alexandre: La Roumanie en 1940: enjeu des services de renseignements, *Revue Historique des Armées* 4 (2000), 79–90.
MILATA, Paul: Zwischen Hitler, Stalin und Antonescu. Rumäniendeutsche in der Waffen-SS. Köln, Weimar, Wien 2007.
MOISUC, Viorica: Tratatul economic româno-german din 23 martie 1939 și semnificația sa, *Analele Institutului de Studii Istorice și Social-Politice de pe lînga C.C. al P.C.R.* 13 (1967), H. 4, 30–146.
– Diplomația României și problema apărării suveranității naționale în perioada martie 1938 – mai 1940. București 1971.
– The Offensive of Hitlerite Germany for Seizing Romania's Economy (January 1938 – May 1940), *Revue roumaine d'études internationales* 5 (1971), H. 4, 117–140.
– Premisele izolării politice a României 1919–1940. București 1991.
MORARU, Pavel: Bucovina sub regimul Antonescu (1941–1944), Bd. 1: Administrație, economie, societate. Chișinău 2004.
– Informații militare pe frontul de est. București 2005.
– Armata lui Stalin văzută de Români. București 2006.
– Serviciile secrete și Basarabia. Dicționar 1918–1991. București 2008.
MÜLLER, Florin: Autoritäre Regime in Rumänien 1938–1944, in: Erwin OBERLÄNDER u. a. (Hgg.), Autoritäre Regime in Ostmittel- und Südosteuropa 1919–1944. Paderborn u. a. 2001, 471–498.
MÜNZ, Max: Die Verantwortlichkeit für die Judenverfolgungen im Ausland während der nationalsozialistischen Herrschaft. Frankfurt/M. 1958.
MURPHY, David E.: What Stalin Knew. The Enigma of Barbarossa. New Haven/CT, London 2005.
MUȘAT, Ștefan: Coloana a V-a hitleristă în România, *Anale de Istorie* 16 (1970), H. 6, 128–144.

NAFTALI, Haiya Feder: Iasi in Context: The Pogrom of June 1941 and Its Aftermath. Arlington 1998 (Ph. D. University of Texas).

NAFTALI, Timothy: The CIA and Eichmann's Associates, in: Richard BREITMAN / Norman J. W. GODA / Timothy NAFTALI / Robert WOLFE, U.S. Intelligence and the Nazis. Washington/ DC 2004, 337–374.

– / GODA, Norman J. W. / BREITMAN, Richard / WOLFE, Robert: The Mystery of Heinrich Muller: New Materials From the CIA, *Holocaust and Genocide Studies* 15 (2001), H. 3, 453–467.

NEAGOE, Stelian: Istoria guvernelor României de la începuturi până în zilele noastre, 1859–1995. București 1995.

– Istorie politică încarcerată. București 2006.

NEDELCU, Florea: Étude concernant le rôle de l'Allemagne hitlérienne dans l'évolution des organisations fascistes de Roumanie dans la période 1933–1937, *Revue roumaine d'histoire* 10 (1971), H. 6, 991–1011.

OFER, Dalia: The Holocaust in Transnistria. A Special Case of Genocide, in: Lucjan DOBROSZYCKI / Jeffrey S. GUROCK (Hgg.), The Holocaust in the Soviet Union: Studies and Sources on the Destruction of the Jews in the Nazi-occupied Territories of the USSR. New York, London 1993, 133–154.

– Life in the Ghettos of Transnistria, *Yad Vashem Studies* 25 (1996), 229–274.

OGORRECK, Ralf: Die Einsatzgruppen und die Genesis der Endlösung. Berlin 1996.

ORLOW, Dietrich: The Nazis in the Balkans. A Case Study in Totalitarian Politics. Pittsburgh/ PA 1968.

OTU, Petre: Îmbrățișarea anacondei. Politica militară a României în perioada 1 septembrie 1939 – 22 iunie 1941. București 2006.

PADFIELD, Peter: Himmler Reichsführer SS. London 1990.

PAIKERT, Geza C.: The Danube Swabians. German Populations in Hungary, Rumania, Yugoslavia and Hitlers Impact on their Patterns. The Hague 1967.

PELIN, Mihai: Diplomație de război. București 2005.

– Raidul escadrei trădate. București 2005.

PERELS, Joachim: Die schrittweise Rechtfertigung der NS-Justiz. Der Huppenkothen-Prozeß, in: Peter NAHAMOWITZ / Stefan BREUER (Hgg.), Politik – Verfassung – Gesellschaft. Traditionslinien und Entwicklungsperspektiven. Otwin Massing zum 60. Geburtstag. Baden-Baden 1995, 51–65.

PETRENCU, Anatol: Basarabia în timpul celui de-al doilea război mondial. Chișinău 2006.

PETROV, Nikita. Deutsche Kriegsgefangene unter der Justiz Stalins. Gerichtsprozesse gegen Kriegsgefangene der deutschen Armee in der UdSSR 1943–1952, in: Stefan KARNER (Hg.), Gefangen in Rußland. Die Beiträge des Symposions auf der Schallaburg 1995. Graz, Wien 1995, 176–221.

PHILIPPI, Alfred / HEIM, Ferdinand: Der Feldzug gegen Sowjetrußland. Ein operativer Überblick. Stuttgart 1962.

POHL, Dieter: Nationalsozialistischer Judenmord als Problem von osteuropäischer Geschichte und Osteuropa-Geschichtsschreibung, *Jahrbücher für Geschichte Osteuropas* 40 (1992), H. 1, 96–119.

– Verfolgung und Massenmord in der NS-Zeit 1933–1945. Darmstadt 2003.

POPA, Ioan / POPA, Luiza: Românii, Basarabia și Transnistria. București 2009.

PORAT Dina: The Transnistria Affair and the Rescue Policy of the Zionist Leadership in Palestine, 1942–1943, *Studies in Zionism* 6 (1985), 27–52.

PRALLE, Norma: Zwischen Partei, Amt und persönlichen Interessen. Karl Pflaumer, Badischer Innenminister, in: Michael KISSENER / Joachim SCHOLTYSECK (Hgg.), Die Führer der Provinz. NS-Biographien aus Baden und Württemberg. Konstanz 1997, 539–566.

PREDA, Gavril: Importanţa strategică a petrolului românesc (1939–1947). Ploieşti 2001.

Probleme fundamentale ale istoriei României. Bucureşti 1983.

PUCHERT, Berthold: Die Handelsbeziehungen des Deutschen Reiches zu Rumänien zwischen den beiden Weltkriegen, *Jahrbuch für Wirtschaftsgeschichte* 3 (1983), 51–76.

QUINLAN, Paul D.: Clash over Romania. British and American Policies 1939–1947. Los Angeles 1977.

Reflecţii despre Holocaust. Studii, articole, memorii. Bucureşti 2005.

REIFER, Manfred: Geschichte der Juden in der Bukowina (1919–1944), in: Hugo GOLD (Hg.), Geschichte der Juden in der Bukowina, Bd. 2. Tel Aviv 1962, 1–26.

REMPEL, Gerhard: Gottlob Berger – „Ein Schwabengeneral der Tat", in: Roland SMELSER / Enrico SYRING, Die SS-Elite unter dem Totenkopf. Paderborn 2000, 45–59.

RÖSSLER, Mechthild (Hg.): Der „Generalplan Ost". Hauptlinien der nationalsozialistischen Planungs- und Vernichtungspolitik. Berlin 1993.

ROHWER, Jürgen: Die Versenkung der jüdischen Flüchtlingstransporter Struma und Mefkure im Schwarzen Meer (Februar 1942, August 1944). Frankfurt/M. 1965.

ROLLER, Mihai (Hg.), Istoria României. Bucureşti 1947.

ROTARU, Jipa: Antonescu – Hitler. Caucazul şi Crimea. Sânge românesc şi german pe frontul de Est. Bucureşti 1999.

– / u. a.: Mareşalul Antonescu la Odessa. Grandoarea şi amărăciunea unei victorii. Bucureşti 1999.

ROTHKIRCHEN, Livia: Czech and Slovak Wartime Jewish Leadership: Variants in strategy and Tactics, in: Michael BERENBAUM / Abraham PECK (Hgg.), Holocaust and History. The Known, the Unknown, the Disputed, and the Reexamined. Bloomington/IN 1998, 629–646.

SAFRIAN, Hans: Adolf Eichmann. Organisator der Judendeportation, in: Roland SMELSER / Enrico SYRING, Die SS-Elite unter dem Totenkopf. Paderborn 2000, 134–146.

ŞANDRU, Dumitru: Unele aspecte privind consecinţele economice ale prezenţei trupelor germane în România (1940–1944), *Anuarul Institutului de Istorie şi Arheologie* 4 (1967), 117–144.

– Mişcări de populaţie în România (1940–1948). Bucureşti 2003.

– / SAIZU, Ion: Cu privire la acapararea petrolului românesc de către Germania hitleristă (1940–1944), *Anuarul Institutului de Istorie şi Arheologie* 2 (1965), 5–35.

SCHÖNHERR, Klaus: Der deutsche Lehrverband und der Legionärsputsch in Rumänien, Januar 1941, *Militärgeschichtliche Mitteilungen* 53 (1994), H. 2, 421–447.

– Die Auswirkungen der militärischen Situation 1944 auf die deutsch-rumänischen Beziehungen, *Revue roumaine d'histoire* 38 (1999), H. 1/4, 151–181.

SECRIERU, Vasile: Radu R. Rosetti – istoric militar, academician şi bibliotecar, *Confluenţe bibliologice* (2006), H. 1/2, 31–33.

SEEGER, Andreas: „Gestapo"-Müller. Die Karriere eines Schreibtischtäters. Berlin 1996.

SEEWANN, Gerhard: Das Südost-Institut 1930–1960, in: Mathias BEER / Gerhard SEEWANN (Hgg.), Südostforschung im Schatten des Dritten Reiches. München 2004, 49–92.

SERENY, Gitta: Das Ringen mit der Wahrheit. Albert Speer und das deutsche Trauma. München 1995.
SHACHAN, Avigdor: Burning Ice: The Ghettos in Transnistria. Boulder/CO 1996.
SHAMIR, Haim: Das „Dritte Reich" und das Judentum in Rumänien Anfang 1938, *Jahrbuch des Instituts für Deutsche Geschichte* 8 (1979), 433–444.
SHAPIRO, Paul A.: Prelude to Dictatorship in Romania: The National Christian Party in Power, December 1937 – February 1938, *Canadian-American Slavic Studies* 8 (1974), H. 1, 45–88.
– The Jews of Chişinău (Khishinev): Romanian Reoccupation, Ghettoization, Deportation, in: Randolph L. BRAHAM (Hg.), The Destruction of Romanian and Ukrainian Jews During the Antonescu Era. New York 1997, 135–194.
SIMION, Aurica: Regimul politic din România în perioada sept. 1940 – ian. 1941. Cluj-Napoca 1976.
– Dictatul de la Viena. Bucureşti ^{2}1996.
ŞIPERCO, Andrei: Relaţii româno-elveţiene în anii celui de-al doilea război mondial (1939–1944). Bucureşti 2001.
SMELSER, Ronald / SYRING, Enrico: Die SS: Elite unter dem Totenkopf. 30 Lebensläufe. Paderborn 2000.
SOLOMOVICI, Teşu: Securitatea şi evreii. Despre călăi şi despre victime. Bucureşti 2003.
– Istoria Holocaustului din România. Transnistria. Transilvania de Nord. Bucureşti 2006.
SOLONARI Vladimir: From silence to justification?: Moldovan historians on the Holocaust of Bessarabian and Transnistrian Jews, *Nationalities Papers* 30 (2002), H. 3, 435–457.
– „Model Province": Explaining the Holocaust of Bessarabian and Bukovinian Jewry, *Nationalities Papers* 34 (2006), H. 4, 471–500.
– Patterns of Violence: The Local Population and the Mass Murder of Jews in Bessarabia and Northern Bukovina, July – August 1941, *Kritika: Explorations in Russian and Eurasian History* 8 (2007), H. 4, 749–787.
– Purifying the Nation. Population Exchange and Ethnic Cleansing in Nazi-Allied Romania. Washington/DC 2010.
SOLOVEI, Rodica: Activitatea Guvernământului Transnistriei în domeniul social-economic şi cultural (19 august 1941 – 29 ianuarie 1944). Iaşi 2004.
SPÂNU, Alin: Istoria serviciilor de informaţii / contrainformaţii româneşti în perioada 1919–1945. Bucureşti 2010.
STAN, Ana-Maria: Relaţiile franco-române în timpul regimului de la Vichy 1940–1944. Cluj-Napoca 2006.
STĂNESCU, Nicolae D.: Întâmplări şi oameni din Serviciul Secret. Bucureşti 2002.
ŞTEFĂNESCU, Paul: Istoria serviciilor secrete române. Bucureşti 2007.
STERNBERG, Hermann: Zur Geschichte der Juden in Czernowitz. Tel Aviv 1962.
STEUR, Claudia: Theodor Dannecker: Ein Funktionär der „Endlösung". Essen 1997.
– Eichmanns Emissäre. Die „Judenberater" in Hitlers Europa, in: Gerhard PAUL / Klaus-Michael MALLMANN, Die Gestapo in Europa: Heimatfront und besetztes Europa. Darmstadt 2000, 403–436.
STOENESCU, Alex Mihai: Armata, Mareşalul şi evreii. Cazurile Dorohoi, Bucureşti, Iaşi, Odessa. Bucureşti 1998.
STOIAN, Mihai: Ultima cursă. De la Struma la Mefkure. Bucureşti 1995.

SÜSS, Dietmar: Steuerung durch Information? Joseph Goebbels als „Kommissar der Heimatfront" und die Reichsinspektion für den zivilen Luftschutz, in: Rüdiger HACHTMANN (Hg.), Hitlers Kommissare. Sondergewalten in der nationalsozialistischen Diktatur. Göttingen 2006, 183–206.

SUNDHAUSSEN, Holm: Die Weltwirtschaftskrise im Donau-Balkan-Raum und ihre Bedeutung für den Wandel der deutschen Außenpolitik unter Brüning, in: Aspekte deutscher Außenpolitik im 20. Jahrhundert. Aufsätze Hans Rothfels zum Gedächtnis. Stuttgart 1976, 121–164.

– Die Königsdiktaturen in Südosteuropa: Umrisse einer Synthese, in: Erwin OBERLÄNDER u. a. (Hgg.), Autoritäre Regime in Ostmittel- und Südosteuropa 1919–1944. Paderborn u. a. 2001, 337–348.

TALPEŞ, Ioan: Diplomaţie şi apărare. Coordonate ale politicii externe româneşti, 1933–1939. Bucureşti 1988.

TAMIR, Vicki: Bulgaria and Her Jews. The History of a Dubious Symbiosis. New York 1979.

TEICH, Meier: Die große Tragödie des bessarabischen Judentums, *Zeitschrift für Geschichte der Juden* 4 (1966), 21–45.

TEMPLE, Marc: The Politicization of History: Marshal Antonescu and Romania, *East European Politics and Societies* 10 (1996), H. 3, 457–504.

TIBORI SZABÓ, Zoltán: Frontiera dintre viaţă şi moarte. Refugiul şi salvarea evreilor la graniţa româno-maghiară (1940–1944). Bucureşti 2005.

TÖNSMEYER, Tatjana: Das Dritte Reich und die Slowakei 1939–1945. Politischer Alltag zwischen Kooperation und Eigensinn. Paderborn 2003.

– Kollaboration als handlungsleitendes Motiv? Die slowakische Elite und das NS-Regime, in: Christoph DIECKMANN u. a. (Hgg.), Kooperation und Verbrechen. Formen der „Kollaboration" im östlichen Europa 1939–1944. Göttingen 2003, 25–54.

TONCH, Hans: Wirtschaft und Politik auf dem Balkan. Untersuchungen zu den deutsch-rumänischen Beziehungen in der Weimarer Republik unter besonderer Berücksichtigung der Weltwirtschaftskrise. Frankfurt/M. 1984.

TRAŞCĂ, Ottmar: Ataşaţii de poliţie SS din cadrul Legaţiei germane din Bucureşti şi influenţa activităţii lor asupra evoluţiei relaţiilor româno-germane, 1940–44, *Anuarul Institutului de Istorie „George Bariţiu"* 46 (2007), 319–383.

– Ocuparea oraşului Odessa de către armata română şi măsurile adoptate faţă de populaţia evreiască, octombrie 1941 – martie 1942, *Anuarul Institutului de Istorie „George Bariţiu"* 47 (2008), 377–425.

TRONCOTĂ, Cristian: Eugen Cristescu. Asul serviciilor secrete româneşti. Memorii, mărturii, documente. Bucureşti 1994.

– Informaţii secrete, acţiuni diplomatice şi măsuri cu caracter militar la graniţa de est a României în perioada august 1939 – iunie 1940, *Revista Istorică* 8 (1997), H. 3/4, 219–253.

– Mihail Moruzov şi Serviciul Secret de Informaţii al Armatei Române. Bucureşti ^{2}1997.

– Istoria serviciilor secrete româneşti. De la Cuza la Ceauşescu. Bucureşti 1999.

– Glorie şi tragedii. Momente din istoria Serviciilor de informaţii şi contrainformaţii române pe frontul de Est. Bucureşti 2003.

– Mihail Moruzov şi frontul secret. Bucureşti 2004.

– Omul de taină al Mareşalului. Bucureşti 2005.

VAGO, Bela: The Jewish Policy of the Monarchist Dictatorship in Rumania 1938–40, *Zion* 29 (1964), 21–45.

– The Shadow of the Swastika: The Rise of Fascism and Anti-Semitism in the Danube Basin, 1939–1939. Farnborough 1975.

VAGO, Raphael: The Situation of Romanian Jewry During the Antonescu Period: Reactions and Perceptions of the Yishuv, in: Randolph L. BRAHAM (Hg.), The Destruction of Romanian and Ukrainian Jews During the Antonescu Era. New York 1997, 237–248.

VĂLENAŞ, Liviu: Mareşalul Ion Antonescu şi frontul secret. Convorbiri cu Gheorghe Barbul. Bucureşti 2001.

– Memorialul Apocalipsei. România între anii 1940–1948. Bucureşti 2002.

– Cartea Neagră a României 1940–1948. Bucureşti 2006.

VĂTĂMAN, Dan: România în relaţiile internaţionale (1939–1947), 2 Bde. Bucureşti 2009.

VERENCA, Olivian: Administraţia civilă română în Transnistria 1941–1944. Bucureşti 2002.

Violenţă şi teroare în istoria recentă a României. Bucureşti 2006.

VÖLKL, Ekkehard: Transnistrien und Odessa (1941–1944). Regensburg 1996.

VOICU, George (Hg.): Pogromul de la Iaşi. 28–30 iunie 1941. Prologul Holocaustului din România. Iaşi 2006.

WAGNER, Andreas: Mutschmann gegen von Killinger: Konfliktlinien zwischen Gauleiter und SA-Führer während des Aufstiegs der NSDAP und der „Machtergreifung“ im Freistaat Sachsen. Beucha 2001.

WATTS, Larry: Romanian Cassandra: Ion Antonescu and the Struggle for Reform. 1916–1941. Boulder/COL 1993.

WAWRZINEK, Bert: Manfred von Killinger (1886–1944). Ein politischer Soldat zwischen Freikorps und Auswärtigem Amt. Preußisch Oldendorf 2003.

WEBER, Hermann: Die Bukowina im Zweiten Weltkrieg. Völkerrechtliche Aspekte der Lage der Bukowina im Spannungsfeld zwischen Rumänien, der Sowjetunion und Deutschland. Hamburg 1972.

WEINKE, Annette: Die Verfolgung von NS-Tätern im geteilten Deutschland. Vergangenheitsbewältigungen 1949–1969 – oder – Eine deutsch-deutsche Beziehungsgeschichte im Kalten Krieg. Paderborn 2002.

WEITKAMP, Sebastian: Braune Diplomaten. Horst Wagner und Eberhard von Thadden als Funktionäre der „Endlösung“. Bonn 2008.

WETTE, Wolfram: Deutsche Kriegspropaganda während des Zweiten Weltkrieges. Die Beeinflussung der südosteuropäischen Satellitenstaaten Ungarn, Rumänien und Bulgarien, in: Manfred MESSERSCHMIDT (Hg.), Militärgeschichte. Probleme – Thesen – Wege. Stuttgart 1982, 311–323.

WILDT, Michael: Generation des Unbedingten. Das Führungskorps des Reichssicherheitshauptamtes. Hamburg 2003

– (Hg.): Nachrichtendienst, politische Elite, Mordeinheit. Der Sicherheitsdienst des Reichsführers SS. Hamburg 2003.

WOLFE, Robert: Flaws in the Nuremberg Legacy: An Impediment to International War Crimes Tribunals' Prosecution of Crimes Against Humanity, *Holocaust and Genocide Studies* 12 (1998), H. 3, 434–453.

WYMAN, David S.: The Abandonment of the Jews. America and the Holocaust, 1941–1945. New York 1984.

ZACH, Krista: Rumänien, in: Wolfgang BENZ, Dimension des Völkermords. Die Zahl der jüdischen Opfer im Nationalsozialismus. München 1991.

Personenregister

Orts- und Sachregister

Ortsnamen werden in der damals üblichen deutschen oder rumänischen Schreibweise verwendet. Soweit diese vom heute gültigen Namen abweicht, ist ein solcher in runden Klammern nachgesetzt.